Friedrich von Schiller

Die Räuber

Kabale und Liebe

Don Karlos, Infant von Spanien

Maria Stuart

Wilhelm Tell

Neudruck nach der von Ludwig Bellermann 1895 herausgegebenen Ausgabe

STUDIENKREIS Edition

Text-, seiten- und zeilenidentischer Nachdruck
nach den Bänden
2 *(Die Räuber* und *Kabale und Liebe),*
3 *(Don Karlos, Infant von Spanien* und *Maria Stuart)* und
5 *(Wilhelm Tell)*
der 1895 von Ludwig Bellermann herausgegebenen Ausgabe
des Bibliographischen Instituts Leipzig und Wien
(= Meyers Klassiker-Ausgaben).

Herausgeber: Studienkreis
Idee: Studienkreis und Stiftung Lesen
Lektorat und Nachwort: Hans-Diether Grohmann
Korrektur: Hans-Peter Grohmann und Anja Kühn

ISBN 978-3-935723-44-2
Satz, Druck und Bindung: Druckerei C. H. Beck, Nördlingen

Inhalt

Die Räuber.

Ein Schauspiel.

„Quae medicamenta non sanant, *ferrum* sanat, quae ferrum non sanat, *ignis* sanat."
Hippokrates.

Personen.

Maximilian, regierender Graf von Moor.
Karl
Franz } seine Söhne.
Amalia von Edelreich.
Spiegelberg
Schweizer
Grimm
Razmann
Schufterle
Roller
Kosinsky
Schwarz } Libertiner[1], nachher Banditen.
Hermann, Bastard von einem Edelmann.
Daniel, Hausknecht des Grafen von Moor.
Pastor **Moser.**
Ein Pater.
Räuberbande.
Nebenpersonen.

Der Ort der Geschichte ist Teutschland, die Zeit ohngefähr zwei Jahre.

---

[1] Nach dem französischen *libertin* (Mensch von freier, zügelloser Lebensweise) Bezeichnung der ehemaligen Studenten, die ein wüstes, ungebundenes Leben führen.

Vorrede.

Man nehme dieses Schauspiel für nichts anders als eine dramatische Geschichte, die die Vorteile der dramatischen Methode, die Seele gleichsam bei ihren geheimsten Operationen zu ertappen, benutzt, ohne sich übrigens in die Schranken eines Theaterstücks einzuzäunen oder nach dem so zweifelhaften Gewinn bei theatralischer Verkörperung zu geizen. Man wird mir einräumen, daß es eine widersinnige Zumutung ist, binnen drei Stunden drei außerordentliche Menschen zu erschöpfen, deren Thätigkeit von vielleicht tausend Räderchen abhängt, sowie es in der Natur der Dinge unmöglich kann gegründet sein, daß sich drei außerordentliche Menschen auch dem durchdringendsten Geisterkenner innerhalb vierundzwanzig Stunden entblößen. Hier war Fülle ineinander gedrungener Realitäten vorhanden, die ich unmöglich in die allzu enge Palissaden des Aristoteles[1] und Batteux[2] einkeilen konnte.

Nun ist es aber nicht sowohl die Masse meines Schauspiels als vielmehr sein Inhalt, der es von der Bühne verbannet. Die Ökonomie desselben machte es notwendig, daß mancher Charakter auftreten mußte, der das feinere Gefühl der Tugend beleidigt und die Zärtlichkeit unserer Sitten empört. Jeder Menschenmaler ist in diese Notwendigkeit versetzt, wenn er anders eine Kopie der

[1] Der berühmte Philosoph aus Stagira (384–322 v. Chr.), aus dessen „Poetik" die französischen Kunstrichter die sogenannten „drei Einheiten" (die der Zeit, des Ortes und der Handlung) als strenges Gesetz für die Tragödie ableiteten.

[2] Charles Batteux (1713–1780), Begründer der französischen Kunstphilosophie, in der er ganz auf Aristoteles zurückging.

wirklichen Welt und keine idealische Affektationen, keine Kompendienmenschen will geliefert haben. Es ist einmal so die Mode in der Welt, daß die Guten durch die Bösen schattiert werden und die Tugend im Kontrast mit dem Laster das lebendigste Kolorit erhält. Wer sich den Zweck vorgezeichnet hat, das Laster zu stürzen und Religion, Moral und bürgerliche Gesetze an ihren Feinden zu rächen, ein solcher muß das Laster in seiner nackten Abscheulichkeit enthüllen und in seiner kolossalischen Größe vor das Auge der Menschheit stellen – er selbst muß augenblicklich seine nächtlichen Labyrinthe durchwandern – er muß sich in Empfindungen hineinzuzwingen wissen, unter deren Widernatürlichkeit sich seine Seele sträubt.

Das Laster wird hier mitsamt seinem ganzen innern Räderwerk entfaltet. Es löst in Franzen all die verworrenen Schauer des Gewissens in ohnmächtige Abstraktionen auf, skelettisiert die richtende Empfindung und scherzt die ernsthafte Stimme der Religion hinweg. Wer es einmal so weit gebracht hat (ein Ruhm, den wir ihm nicht beneiden), seinen Verstand auf Unkosten seines Herzens zu verfeinern, dem ist das Heiligste nicht heilig mehr – dem ist die Menschheit, die Gottheit nichts – beide Welten sind nichts in seinen Augen. Ich habe versucht, von einem Mißmenschen dieser Art ein treffendes lebendiges Konterfei hinzuwerfen, die vollständige Mechanik seines Lastersystems auseinander zu gliedern – und ihre Kraft an der Wahrheit zu prüfen. Man unterrichte sich demnach im Verfolg dieser Geschichte, wie weit ihr's gelungen hat. – Ich denke, ich habe die Natur getroffen.

Nächst an diesem stehet ein anderer, der vielleicht nicht wenige meiner Leser in Verlegenheit setzen möchte. Ein Geist, den das äußerste Laster nur reizet um der G r ö ß e willen, die ihm anhänget, um der K r a f t willen, die es erheischet, um der G e f a h r e n willen, die es begleiten. Ein merkwürdiger, wichtiger Mensch, ausgestattet mit aller Kraft, nach der Richtung, die diese bekömmt, notwendig entweder ein Brutus oder ein Catilina[1] zu werden. Unglückliche Konjunkturen entscheiden für das Zweite, und erst am Ende einer ungeheuren Verirrung gelangt er zu dem Ersten. Falsche Begriffe von Thätigkeit und Einfluß, Fülle von Kraft, die alle Gesetze übersprudelt, mußten sich natürlicherweise an bürgerlichen Verhältnissen zerschlagen, und zu diesen enthusiastischen Träumen von Größe und Wirksamkeit durfte sich nur eine Bitterkeit gegen die unidealische Welt gesellen, so war der seltsame Don Quixote fertig, den wir im Räuber Moor verabscheuen und lieben, bewundern und bedauern. Ich werde es hoffentlich nicht erst anmerken dürfen, daß ich dieses Gemälde so wenig nur allein Räubern vorhalte, als die Satyre[2] des Spaniers nur allein Ritter geißelt.

Auch ist itzo der große Geschmack, seinen Witz auf Kosten der Religion spielen zu lassen, daß man beinahe für kein Genie mehr passiert, wenn man nicht seinen gottlosen Satyr[2] auf ihren heiligsten Wahrheiten sich herumtummeln läßt. Die edle Einfalt der Schrift muß sich in alltäglichen Assembleen von den sogenannten witzigen Köpfen mißhandeln und ins Lächerliche verzerren lassen; denn was ist so heilig und ernsthaft, das, wenn man es falsch verdreht, nicht belacht werden kann? – Ich kann hoffen, daß ich der Religion und der wahren Moral keine gemeine Rache verschafft habe, wenn ich diese mutwillige Schriftverächter in der Person meiner schändlichsten Räuber dem Abscheu der Welt überliefere.

Aber noch mehr. Diese unmoralische Charaktere, von denen vorhin gesprochen wurde, mußten von gewissen Seiten glänzen, ja oft von seiten des Geistes gewinnen, was sie von seiten des

---

[1] Brutus, der Rom durch Cäsars Ermordung zu befreien strebte, gilt als Beispiel des edelsten Vaterlandsfreundes (vgl. Karl Moors „Römerlied", S. 126). – Catilina bedrohte das Vaterland mit blutigem Umsturz.

[2] „Satire" ist das lateinische Wort für ein Spottgedicht; „Satyr" heißen die ziegenfüßigen Waldgötter der Griechen. Die unrichtige Annahme eines Zusammenhanges beider Wörter, die auch bei Schiller hier zu Grunde liegt, veranlaßte die falsche Schreibung „Satyre", „satyrisch".

Herzens verlieren. Hierin habe ich nur die Natur gleichsam wörtlich abgeschrieben. Jedem, auch dem Lasterhaftesten, ist gewissermaßen der Stempel des göttlichen Ebenbilds aufgedrückt, und vielleicht hat der große Bösewicht keinen so weiten Weg zum großen Rechtschaffenen als der kleine; denn die Moralität hält gleichen Gang mit den Kräften, und je weiter die Fähigkeit, desto weiter und ungeheurer ihre Verirrung, desto imputabler[1] ihre Verfälschung.

Klopstocks Adramelech[2] weckt in uns eine Empfindung, worin Bewunderung in Abscheu schmilzt. Miltons Satan folgen wir mit schauderndem Erstaunen durch das unwegsame Chaos[3]. Die Medea der alten Dramatiker bleibt bei all ihren Greueln noch ein großes, staunenswürdiges Weib, und Shakespeares Richard hat so gewiß am Leser einen Bewunderer, als er auch ihn hassen würde, wenn er ihm vor der Sonne stünde. Wenn es mir darum zu thun ist, ganze Menschen hinzustellen, so muß ich auch ihre Vollkommenheiten mitnehmen, die auch dem Bösesten nie ganz fehlen. Wenn ich vor dem Tiger gewarnt haben will, so darf ich seine schöne, blendende Fleckenhaut nicht übergehen, damit man nicht den Tiger beim Tiger vermisse. Auch ist ein Mensch, der ganz Bosheit ist, schlechterdings kein Gegenstand der Kunst und äußert eine zurückstoßende Kraft, statt daß er die Aufmerksamkeit der Leser fesseln sollte. Man würde umblättern, wenn er redet. Eine edle Seele erträgt so wenig anhaltende moralische Dissonanzen, als das Ohr das Gekritzel eines Messers auf Glas.

Aber eben darum will ich selbst mißraten haben, dieses mein Schauspiel auf der Bühne zu wagen. Es gehört beiderseits, beim Dichter und seinem Leser, schon ein gewisser Gehalt von Geisteskraft dazu: bei jenem, daß er das Laster nicht ziere, bei diesem, daß er sich nicht von einer schönen Seite bestechen lasse, auch den

[1] D. h. höher anzurechnen, mehr ins Gewicht fallend.
[2] In Klopstocks „Messias" ein mit dem Satan verbündeter Teufel.
[3] Im 2. Gesang von Miltons Epos „Das verlorene Paradies".

häßlichen Grund zu schätzen. Meinerseits entscheide ein Dritter – aber von meinen Lesern bin ich es nicht ganz versichert. Der Pöbel, worunter ich keineswegs die Gassenkehrer allein will verstanden wissen, der Pöbel wurzelt (unter uns gesagt) weit um und gibt zum Unglück – den Ton an. Zu kurzsichtig, mein Ganzes auszureichen, zu kleingeistisch, mein Großes zu begreifen, zu boshaft, mein Gutes wissen zu wollen, wird er, fürcht' ich, fast meine Absicht vereiteln, wird vielleicht eine Apologie des Lasters, das ich stürze, darin zu finden meinen und seine eigene Einfalt den armen Dichter entgelten lassen, dem man gemeiniglich alles, nur nicht Gerechtigkeit widerfahren läßt.

Es ist das ewige Dakapo[1] mit Abdera[2] und Demokrit[3], und unsre gute Hippokrate[4] müßten ganze Plantagen Nieswurz[5] erschöpfen, wenn sie dem Unwesen durch ein heilsames Dekokt abhelfen wollten. Noch so viele Freunde der Wahrheit mögen zusammenstehen, ihren Mitbürgern auf Kanzel und Schaubühne Schule zu halten, der Pöbel hört nie auf, Pöbel zu sein, und wenn Sonne und Mond sich wandeln und Himmel und Erde veralten wie ein Kleid. Vielleicht hätt' ich den Schwachherzigen zu Frommen der Natur minder getreu sein sollen; aber wenn jener Käfer, den wir alle kennen, auch den Mist aus den Perlen stört, wenn man Exempel hat, daß Feuer verbrannt und Wasser ersäuft habe, soll darum Perle – Feuer – und Wasser konfisziert werden?

Ich darf meiner Schrift zufolge ihrer merkwürdigen Katastrophe mit Recht einen Platz unter den moralischen Büchern ver-

---

[1] Es wiederholt sich ewig.

[2] Griechische Stadt in Thracien, deren Einwohner als besonders einfältig galten (wie unsere „Krähwinkler" oder „Schildbürger"), bekannt durch Wielands Roman „Die Abderiten".

[3] Demokrit, der „lachende Philosoph", um 470 in Abdera geboren, wurde von seinen beschränkten Mitbürgern nicht verstanden.

[4] Hippokrates aus Kos, berühmtester Arzt der Griechen, um 420 v. Chr.

[5] Eine Pflanze, *Helleborus,* im Altertum als Mittel gegen Wahnsinn sprichwörtlich.

sprechen; das Laster nimmt den Ausgang, der seiner würdig ist. Der Verirrte tritt wieder in das Geleise der Gesetze. Die Tugend geht siegend davon. Wer nur so billig gegen mich handelt, mich ganz zu lesen, mich verstehen zu wollen, von dem kann ich erwarten, daß er – nicht den Dichter bewundere, aber den rechtschaffenen Mann in mir hochschätze.

Geschrieben in der Ostermesse. 1781.

Der Herausgeber.

Erster Akt.

Erste Szene.

Franken.
Saal im Moorischen Schloß.

Franz. Der alte Moor.

Franz. Aber ist Euch auch wohl, Vater? Ihr seht so blaß.

Der alte Moor. Ganz wohl, mein Sohn – was hattest du mir zu sagen?

Franz. Die Post ist angekommen – ein Brief von unserm Korrespondenten in Leipzig –

D. a. Moor (begierig). Nachrichten von meinem Sohne Karl?

Franz. Hm! Hm! – So ist es. Aber ich fürchte – ich weiß nicht – ob ich – Eurer Gesundheit? – Ist Euch wirklich ganz wohl, mein Vater?

D. a. Moor. Wie dem Fisch im Wasser! Von meinem Sohne schreibt er? – Wie kommst du zu dieser Besorgnis? du hast mich zweimal gefragt.

Franz. Wenn Ihr krank seid – nur die leiseste Ahndung habt, es zu werden, so laßt mich – ich will zu gelegnerer Zeit zu Euch reden. (Halb vor sich.) Diese Zeitung ist nicht für einen zerbrechlichen Körper.

D. a. Moor. Gott! Gott! was werd' ich hören?

Franz. Laßt mich vorerst auf die Seite gehn und eine Thräne des Mitleids vergießen um meinen verlornen Bruder. – Ich sollte schweigen auf ewig – denn er ist Euer Sohn; ich sollte seine Schande verhüllen auf ewig – denn er ist mein Bruder. – Aber Euch gehorchen, ist meine erste, traurige Pflicht – darum vergebt mir.

D. a. Moor. O Karl! Karl! Wüßtest du, wie deine Aufführung das Vaterherz foltert! Wie eine einzige frohe Nachricht von dir meinem Leben zehen Jahre zusetzen würde – mich zum Jüngling machen würde – da mich nun jede, ach! einen Schritt näher ans Grab rückt.

Franz. Ist es das, alter Mann, so lebt wohl – wir alle würden noch heute die Haare ausraufen über Eurem Sarge.

D. a. Moor. Bleib! – Es ist noch um den kleinen kurzen Schritt zu thun – laß ihm seinen Willen! (Indem er sich niedersetzt.) Die Sünden seiner Väter werden heimgesucht im dritten und vierten Glied – laß ihn's vollenden.

Franz (nimmt den Brief aus der Tasche). Ihr kennt unsern Korrespondenten! Seht! den Finger meiner rechten Hand wollt' ich drum geben, dürft' ich sagen, er ist ein Lügner, ein schwarzer, giftiger Lügner. – – Faßt Euch! Ihr vergebt mir, wenn ich Euch den Brief nicht selbst lesen lasse – noch dürft Ihr nicht alles hören.

D. a. Moor. Alles, alles – mein Sohn, du ersparst mir die Krücke.[1]

Franz (liest). „Leipzig, vom 1sten Mai. – Verbände mich nicht eine unverbrüchliche Zusage, Dir auch nicht das Geringste zu verhehlen, was ich von den Schicksalen Deines Bruders auffangen kann, liebster Freund, nimmermehr würde meine unschuldige Feder an Dir zur Tyrannin geworden sein. Ich kann aus hundert Briefen von Dir abnehmen, wie Nachrichten dieser Art Dein brüderliches Herz durchbohren müssen; mir ist's, als säh' ich Dich schon um den Nichtswürdigen, den Abscheulichen" – – (Der alte Moor verbirgt sein Gesicht.) Seht, Vater! ich lese Euch nur das Glimpflichste – „den Abscheulichen in tausend Thränen ergossen"; – ach, sie flossen – stürzten stromweis' von dieser mitleidigen Wange – „mir ist's, als säh' ich schon Deinen alten, frommen Vater totenbleich" – Jesus Maria! Ihr seid's, eh' Ihr noch das Mindeste wisset?

D. a. Moor. Weiter! Weiter!

---

1 Ein sieches Alter, in dem ich an der Krücke gehen müßte.

Franz. – „totenbleich in seinen Stuhl zurücktaumeln und dem Tage fluchen, an dem ihm zum erstenmal Vater entgegengestammelt ward. Man hat mir nicht alles entdecken mögen, und von dem Wenigen, das ich weiß, erfährst Du nur weniges. Dein Bruder scheint nun das Maß seiner Schande gefüllt zu haben; ich wenigstens kenne nichts über dem, was er wirklich[1] erreicht hat, wenn nicht sein Genie das meinige hierin übersteigt. Gestern um Mitternacht hatte er den großen Entschluß, nach vierzigtausend Dukaten Schulden" – ein hübsches Taschengeld, Vater! – „nachdem er zuvor die Tochter eines reichen Bankiers allhier entjungfert und ihren Galan, einen braven Jungen von Stand, im Duell auf den Tod verwundet, mit sieben andern, die er mit in sein Luderleben gezogen, dem Arm der Justiz zu entlaufen." – Vater! Um Gotteswillen, Vater, wie wird Euch?

D. a. Moor. Es ist genug. Laß ab, mein Sohn!

Franz. Ich schone Eurer – „Man hat ihm Steckbriefe nachgeschickt, die Beleidigte schreien laut um Genugthuung, ein Preis ist auf seinen Kopf gesetzt – der Name Moor" – Nein! Meine arme Lippen sollen nimmermehr einen Vater ermorden! (Zerreißt den Brief.) Glaubt es nicht, Vater! Glaubt ihm keine Silbe!

D. a. Moor (weint bitterlich). Mein Name! Mein ehrlicher Name!

Franz (fällt ihm um den Hals). Schändlicher, dreimal schändlicher Karl! Ahndete mir's nicht, da er, noch ein Knabe, den Mädels so nachschlenderte, mit Gassenjungen und elendem Gesindel auf Wiesen und Bergen sich herumhetzte, den Anblick der Kirche wie ein Missethäter das Gefängnis floh und die Pfennige, die er Euch abquälte, dem ersten, dem besten Bettler in den Hut warf, während daß wir daheim mit frommen Gebeten und heiligen Predigtbüchern uns erbauten? – Ahndete mir's nicht, da er die Abenteuer des Julius Cäsar und Alexander Magnus und anderer stockfinsterer Heiden lieber las als die Geschichte des bußfertigen Tobias? – Hundertmal hab' ich's Euch geweissagt, denn meine Liebe zu ihm war immer in den Schranken der kindlichen Pflicht

---

[1] Gegenwärtig, jetzt. Ebenso 38,4; 50,18; 107,4.

– der Junge wird uns alle noch in Elend und Schande stürzen! – O, daß er Moors Namen nicht trüge! daß mein Herz nicht so warm für ihn schlüge! Die gottlose Liebe, die ich nicht vertilgen kann, wird mich noch einmal vor Gottes Richterstuhl anklagen.

D. a. Moor. O – meine Aussichten! Meine goldenen Träume!

Franz. Das weiß ich wohl. Das ist es ja, was ich eben sagte. Der feurige Geist, der in dem Buben lodert, sagtet Ihr immer, der ihn für jeden Reiz von Größe und Schönheit so empfindlich macht, diese Offenheit, die seine Seele auf dem Auge spiegelt, diese Weichheit des Gefühls, die ihn bei jedem Leiden in weinende Sympathie dahinschmelzt, – dieser männliche Mut, der ihn auf den Wipfel hundertjähriger Eichen treibet und über Gräben und Palissaden und reißende Flüsse jagt, dieser kindische Ehrgeiz, dieser unüberwindliche Starrsinn und alle diese schöne, glänzende Tugenden, die im Vatersöhnchen keimten, werden ihn dereinst zu einem warmen Freund eines Freundes, zu einem trefflichen Bürger, zu einem Helden, zu einem großen, großen Manne machen. – Seht Ihr's nun, Vater! – Der feurige Geist hat sich entwickelt, ausgebreitet, herrliche Früchte hat er getragen. Seht diese Offenheit, wie hübsch sie sich zur Frechheit herumgedreht hat! Seht diese Weichheit, wie zärtlich sie für Koketten girret, wie so empfindsam für die Reize einer Phryne![1] Seht dieses feurige Genie, wie es das Öl seines Lebens in sechs Jährchen so rein weggebrannt hat, daß er bei lebendigem Leibe umgeht; und da kommen die Leute und sind so unverschämt und sagen: *c'est l'amour qui a fait ça!* Ah! seht doch diesen kühnen, unternehmenden Kopf, wie er Plane schmiedet und ausführt, vor denen die Heldenthaten eines Cartouches und Howards[2] verschwinden! – Und wenn erst diese prächtigen Keime zur vollen Reife erwachsen – was läßt sich auch von einem so zarten Alter Vollkommenes erwarten? – Vielleicht, Vater, erlebet Ihr noch die Freude, ihn

---

[1] Berühmte Buhlerin („Hetäre") in Athen.

[2] Louis Dominique Cartouche, ein berühmter französischer Spitzbube, geb. 1693 zu Paris, hingerichtet 1721. Von Howard ist nichts bekannt.

an der Fronte eines Heeres zu erblicken, das in der heiligen Stille der Wälder residieret und dem müden Wanderer seine Reise um die Hälfte der Bürde erleichtert – vielleicht könnt Ihr noch, eh' Ihr zu Grabe geht, eine Wallfahrt nach seinem Monumente thun, das er sich zwischen Himmel und Erden errichtet – vielleicht, o Vater, Vater, Vater! – seht Euch nach einem andern Namen um, sonst deuten Krämer und Gassenjungen mit Fingern auf Euch, die Euren Herrn Sohn auf dem Leipziger Marktplatz im Porträt gesehen haben.[1]

D. a. Moor. Und auch du, mein Franz, auch du? O meine Kinder! wie sie nach meinem Herzen zielen!

Franz. Ihr seht, ich kann auch witzig sein, aber mein Witz ist Skorpionstich. – Und dann der trockne Alltagsmensch, der kalte, hölzerne Franz, und wie die Titelchen alle heißen mögen, die Euch der Kontrast zwischen ihm und mir mocht' eingegeben haben, wenn er Euch auf dem Schoße saß oder in die Backen zwickte – der wird einmal zwischen seinen Grenzsteinen sterben und modern und vergessen werden, wenn der Ruhm dieses Universalkopfes von einem Pole zum andern fliegt. – Ha! mit gefaltnen Händen dankt dir, o Himmel, der kalte, trockne, hölzerne Franz – daß er nicht ist wie dieser!

D. a. Moor. Vergib mir, mein Kind! Zürne nicht auf einen Vater, der sich in seinen Planen betrogen findet. Der Gott, der mir durch Karln Thränen zusendet, wird sie durch dich, mein Franz, aus meinen Augen wischen.

Franz. Ja, Vater, aus Euren Augen soll er sie wischen. Euer Franz wird sein Leben dran setzen, das Eurige zu verlängern. Euer Leben ist das Orakel, das ich vor allem zu Rate ziehe über dem, was ich thun will; der Spiegel, durch den ich alles betrachte – keine Pflicht ist mir so heilig, die ich nicht zu brechen bereit bin, wenn's um Euer kostbares Leben zu thun ist. – Ihr glaubt mir das?

D. a. Moor. Du hast noch große Pflichten auf dir, mein Sohn – Gott segne dich für das, was du mir warst und sein wirst!

[1] Wo man die Verbrecher, wenn man ihrer selbst nicht habhaft werden konnte, *in effigie* an den Pranger stellte.

Franz. Nun sagt mir einmal – wenn Ihr diesen Sohn nicht den Euren nennen müßtet, Ihr wärt ein glücklicher Mann?

D. a. Moor. Stille! o stille! Da ihn die Wehmutter mir brachte, hub ich ihn gen Himmel und rief: „Bin ich nicht ein glücklicher Mann?"

Franz. Das sagtet Ihr. Nun, habt Ihr's gefunden? Ihr beneidet den schlechtesten Eurer Bauren, daß er nicht Vater ist zu diesem. Ihr habt Kummer, solang' Ihr diesen Sohn habt. Dieser Kummer wird wachsen mit Karln. Dieser Kummer wird Euer Leben untergraben.

D. a. Moor. O! er hat mich zu einem achtzigjährigen Manne gemacht.[1]

Franz. Nun also – wenn Ihr dieses Sohnes Euch entäußertet?

D. a. Moor (auffahrend). Franz! Franz! was sagst du?

Franz. Ist es nicht diese Liebe zu ihm, die Euch all den Gram macht? Ohne diese Liebe ist er für Euch nicht da. Ohne diese strafbare, diese verdammliche Liebe ist er Euch gestorben – ist er Euch nie geboren. Nicht Fleisch und Blut, das Herz macht uns zu Vätern und Söhnen. Liebt Ihr ihn nicht mehr, so ist diese Abart auch Euer Sohn nicht mehr, und wär' er aus Eurem Fleische geschnitten. Er ist Euer Augapfel gewesen bisher; nun aber, ärgert dich dein Auge, sagt die Schrift, so reiß es aus. Es ist besser, einäugig gen Himmel als mit zwei Augen in die Hölle. Es ist besser, kinderlos gen Himmel, als wenn beide, Vater und Sohn, in die Hölle fahren. So spricht die Gottheit!

D. a. Moor. Du willst, ich soll meinen Sohn verfluchen?

Franz. Nicht doch! nicht doch! – Euren Sohn sollt Ihr nicht verfluchen. Was heißt Ihr Euren Sohn? – Dem Ihr das Leben gegeben habt, wenn er sich auch alle ersinnliche Mühe gibt, das Eurige zu verkürzen?

D. a. Moor. O, das ist allzu wahr! das ist ein Gericht über mich. Der Herr hat's ihm geheißen!

Franz. Seht Ihr's, wie kindlich Euer Busenkind an Euch

[1] Frühzeitig alt gemacht. Er ist also erheblich jünger. In der Theaterbearbeitung V, 6 redet Karl den Vater „Sechzigjähriger!" an.

handelt? Durch Eure väterliche Teilnehmung erwürgt er Euch, mordet Euch durch Eure Liebe, hat Euer Vaterherz selbst bestochen, Euch den Garaus zu machen. Seid Ihr einmal nicht mehr, so ist er Herr Eurer Güter, König seiner Triebe. Der Damm ist weg, und der Strom seiner Lüste kann itzt freier dahinbrausen. Denkt Euch einmal an seine Stelle! Wie oft muß er den Vater unter die Erde wünschen – wie oft den Bruder – die ihm im Lauf seiner Exzesse so unbarmherzig im Weg stehen? Ist das aber Liebe gegen Liebe? Ist das kindliche Dankbarkeit gegen väterliche Milde, wenn er dem geilen Kitzel eines Augenblicks zehn Jahre Eures Lebens aufopfert? Wenn er den Ruhm seiner Väter, der sich schon sieben Jahrhunderte unbefleckt erhalten hat, in Einer wollüstigen Minute aufs Spiel setzt? Heißt Ihr das Euren Sohn? Antwortet! heißt Ihr das einen Sohn?

D. a. Moor. Ein unzärtliches Kind! ach! aber mein Kind doch! mein Kind doch!

Franz. Ein allerliebstes, köstliches Kind, dessen ewiges Studium ist, keinen Vater zu haben. – O daß Ihr's begreifen lerntet! Daß Euch die Schuppen fielen vom Auge! Aber Eure Nachsicht muß ihn in seinen Liederlichkeiten befestigen, Euer Vorschub ihnen Rechtmäßigkeit geben. Ihr werdet freilich den Fluch von seinem Haupte laden; auf Euch, Vater, auf Euch wird der Fluch der Verdammnis fallen.

D. a. Moor. Gerecht! sehr gerecht! Mein, mein ist alle Schuld!

Franz. Wie viele Tausende, die voll gesoffen haben vom Becher der Wollust, sind durch Leiden gebessert worden! Und ist nicht der körperliche Schmerz, der jedes Übermaß begleitet, ein Fingerzeig des göttlichen Willens? Sollte ihn der Mensch durch seine grausame Zärtlichkeit verkehren? Soll der Vater das ihm anvertraute Pfand auf ewig zu Grund richten? – Bedenkt, Vater, wenn Ihr ihn seinem Elend auf einige Zeit preisgeben werdet, wird er nicht entweder umkehren müssen und sich bessern? Oder er wird auch in der großen Schule des Elends ein Schurke bleiben, und dann – wehe dem Vater, der die Ratschlüsse einer höheren Weisheit durch Verzärtlung zernichtet! – Nun, Vater?

D. a. Moor. Ich will ihm schreiben, daß ich meine Hand von ihm wende.

Franz. Da thut Ihr recht und klug daran.

D. a. Moor. Daß er nimmer vor meine Augen komme.

Franz. Das wird eine heilsame Wirkung thun.

D. a. Moor (zärtlich). Bis er anders worden!

Franz. Schon recht, schon recht. – Aber wenn er nun kommt mit der Larve des Heuchlers, Euer Mitleid erweint, Eure Vergebung sich erschmeichelt und morgen hingeht und Eurer Schwachheit spottet im Arm seiner Huren? – Nein, Vater! Er wird freiwillig wiederkehren, wenn ihn sein Gewissen rein gesprochen hat.

D. a. Moor. So will ich ihm das auf der Stelle schreiben.

Franz. Halt! noch ein Wort, Vater! Eure Entrüstung, fürchte ich, möchte Euch zu harte Worte in die Feder werfen, die ihm das Herz zerspalten würden. – Und dann – glaubt Ihr nicht, daß er das schon für Verzeihung nehmen werde, wenn Ihr ihn noch eines eigenhändigen Schreibens wert haltet? Darum wird's besser sein, Ihr überlaßt das Schreiben mir.

D. a. Moor. Thu das, mein Sohn. – Ach! es hätte mir doch das Herz gebrochen! – Schreib ihm – –

Franz (schnell). Dabei bleibt's also?

D. a. Moor. Schreib ihm, daß ich tausend blutige Thränen, tausend schlaflose Nächte – aber bring' meinen Sohn nicht zur Verzweiflung!

Franz. Wollt Ihr Euch nicht zu Bette legen, Vater? Es griff Euch hart an.

D. a. Moor. Schreib ihm, daß die väterliche Brust – ich sage dir, bring' meinen Sohn nicht zur Verzweiflung. (Geht traurig ab.)

Franz (mit Lachen ihm nachsehend). Tröste dich, Alter, du wirst ihn nimmer an diese Brust drücken; der Weg dazu ist ihm verrammelt wie der Himmel der Hölle. – Er war aus deinen Armen gerissen, eh' du wußtest, daß du es wollen könntest. – Da müßt' ich ein erbärmlicher Stümper sein, wenn ich's nicht einmal so weit gebracht hätte, einen Sohn vom Herzen des Vaters loszulösen, und wenn er mit ehernen Banden daran geklammert wäre. Ich hab' einen magischen Kreis von Flüchen um dich gezogen, den er nicht überspringen soll. – Glück zu, Franz! Weg ist das Schoßkind – der Wald ist heller. Ich muß diese Papiere vollends aufheben, wie leicht könnte jemand meine Handschrift kennen? (Er liest die zerrissenen Briefstücke zusammen.) – Und Gram wird auch den Alten bald fortschaffen – und ihr muß ich diesen Karl aus dem Herzen reißen, wenn auch ihr halbes Leben dran hängen bleiben sollte.

Ich habe große Rechte, über die Natur ungehalten zu sein, und, bei meiner Ehre! ich will sie geltend machen. – Warum bin ich nicht der erste aus Mutterleib gekrochen? Warum nicht der einzige? Warum mußte sie mir diese Bürde von Häßlichkeit aufladen? gerade mir? Nicht anders, als ob sie bei meiner Geburt einen Rest gesetzt[1] hätte. Warum gerade mir die Lappländersnase? Gerade mir dieses Mohrenmaul? Diese Hottentottenaugen? Wirklich, ich glaube, sie hat von allen Menschensorten das Scheußliche auf einen Haufen geworfen und mich daraus gebacken. Mord und Tod! Wer hat ihr die Vollmacht gegeben, jenem dieses zu verleihen und mir vorzuenthalten? Konnte ihr jemand darum hofieren, eh' er entstund? oder sie beleidigen, eh' er selbst wurde? Warum ging sie so parteilich zu Werke?

Nein! nein! Ich thu' ihr Unrecht. Gab sie uns doch Erfindungsgeist mit, setzte uns nackt und armselig ans Ufer dieses großen Ozeans Welt. – Schwimme, wer schwimmen kann, und wer zu plump ist, geh' unter! Sie gab mir nichts mit; wozu ich mich machen will, das ist nun meine Sache. Jeder hat gleiches Recht zum Größten und Kleinsten, Anspruch wird an Anspruch, Trieb an Trieb und Kraft an Kraft zernichtet. Das Recht wohnet beim Überwältiger, und die Schranken unserer Kraft sind unsere Gesetze.

Wohl gibt es gewisse gemeinschaftliche Pakta, die man geschlossen hat, die Pulse des Weltzirkels zu treiben. Ehrlicher

---

[1] „Einen Rest setzen" schwäbisch für Defekte in der Kasse haben. Die Natur hatte gleichsam Bankrott gemacht und konnte ihn nicht mehr ordentlich ausstatten.

Name! – Wahrhaftig, eine reichhaltige Münze, mit der sich meisterlich schachern läßt, wer's versteht, sie gut auszugeben. Gewissen, – o ja freilich! ein tüchtiger Lumpenmann, Sperlinge von Kirschbäumen wegzuschrecken! – auch das ein gut geschriebener Wechselbrief, mit dem auch der Bankerottierer zur Not noch hinauslangt.

In der That sehr lobenswürdige Anstalten, die Narren im Respekt und den Pöbel unter dem Pantoffel zu halten, damit die Gescheiten es desto bequemer haben. Ohne Anstand, recht schnackische Anstalten! Kommen mir für wie die Hecken, die meine Bauren gar schlau um ihre Felder herumführen, daß ja kein Hase drüber setzt, ja beileibe kein Hase! – Aber der gnädige Herr gibt seinem Rappen den Sporn und galoppiert weich über der weiland Ernte.

Armer Hase! Es ist doch eine jämmerliche Rolle, der Hase sein müssen auf dieser Welt – aber der gnädige Herr braucht Hasen!

Also frisch drüber hinweg! Wer nichts fürchtet, ist nicht weniger mächtig als der, den alles fürchtet. Es ist itzo die Mode, Schnallen an den Beinkleidern zu tragen, womit man sie nach Belieben weiter und enger schnürt. Wir wollen uns ein Gewissen nach der neuesten Façon anmessen lassen, um es hübsch weiter aufzuschnallen, wie wir zulegen. Was können wir dafür? Geht zum Schneider! Ich habe langes und breites von einer sogenannten Blutliebe schwatzen gehört, das einem ordentlichen Hausmann den Kopf heiß machen könnte. – Das ist dein Bruder! – das ist verdolmetscht: Er ist aus eben dem Ofen geschossen worden, aus dem du geschossen bist – also sei er dir heilig! – Merkt doch einmal diese verzwickte Konsequenz, diesen possierlichen Schluß von der Nachbarschaft der Leiber auf die Harmonie der Geister, von ebenderselben Heimat zu ebenderselben Empfindung, von einerlei Kost zu einerlei Neigung. Aber weiter – es ist dein Vater! Er hat dir das Leben gegeben, du bist sein Fleisch, sein Blut – also sei er dir heilig! Wiederum eine schlaue Konsequenz! Ich möchte doch fragen, warum hat er mich gemacht? Doch wohl nicht gar aus Liebe zu mir, der erst ein Ich werden sollte? Hat er mich gekannt, ehe er mich machte? Oder hat er mich gedacht, wie er mich machte? Oder hat er mich gewünscht, da er mich machte? Wußte er, was ich werden würde? Das wollt' ich ihm nicht raten, sonst möcht' ich ihn dafür strafen, daß er mich doch gemacht hat! Kann ich's ihm Dank wissen, daß ich ein Mann wurde? So wenig, als ich ihn verklagen könnte, wenn er ein Weib aus mir gemacht hätte. Kann ich eine Liebe erkennen, die sich nicht auf Achtung gegen mein Selbst gründet? Konnte Achtung gegen mein Selbst vorhanden sein, das erst dardurch entstehen sollte, davon es die Voraussetzung sein muß? Wo stickt dann nun das Heilige? Etwa im Aktus selber, durch den ich entstund? Als wenn dieser etwas mehr wäre als viehischer Prozeß zur Stillung viehischer Begierden! Oder stickt es vielleicht im Resultat dieses Aktus, der doch nichts ist als eiserne Notwendigkeit, die man so gern wegwünschte, wenn's nicht auf Unkosten von Fleisch und Blut geschehn müßte? Soll ich ihm etwa darum gute Worte geben, daß er mich liebt? Das ist eine Eitelkeit von ihm, die Schoßsünde aller Künstler, die sich in ihrem Werk kokettieren, wär' es auch noch so häßlich. – Sehet also, das ist die ganze Hexerei, die ihr in einen heiligen Nebel verschleiert, unsre Furchtsamkeit zu mißbrauchen. Soll auch ich mich dadurch gängeln lassen wie einen Knaben?

Frisch also! mutig ans Werk! – Ich will alles um mich her ausrotten, was mich einschränkt, daß ich nicht Herr bin. Herr muß ich sein, daß ich das mit Gewalt ertrotze, wozu mir die Liebenswürdigkeit gebricht. (Ab.)

Zweite Szene.

Schenke an den Grenzen von Sachsen.

Karl von Moor in ein Buch vertieft. **Spiegelberg** trinkend am Tisch.

Karl von Moor (legt das Buch weg). Mir ekelt vor diesem tintenklecksenden Säkulum, wenn ich in meinem Plutarch[1] lese von großen Menschen.

---

[1] Griechischer Schriftsteller (50–130 n. Chr.), besonders berühmt durch seine Biographien griechischer und römischer Feldherren und Staatsmänner; gehörte zur Lieblingslektüre Schillers.

Spiegelberg (stellt ihm ein Glas hin und trinkt). Den Josephus[1] mußt du lesen.

Moor. Der lohe Lichtfunke Prometheus' ist ausgebrannt, dafür nimmt man itzt die Flamme von Bärlappenmehl[2] – Theaterfeuer, das keine Pfeife Tabak anzündet. Da krabbeln sie nun wie die Ratten auf der Keule des Herkules und studieren sich das Mark aus dem Schädel, was das für ein Ding sei, das er in seinen Hoden geführt hat. Ein französischer Abbé doziert, Alexander sei ein Hasenfuß gewesen; ein schwindsüchtiger Professor hält sich bei jedem Wort ein Fläschchen Salmiakgeist vor die Nase und liest ein Kollegium über die Kraft. Kerls, die in Ohnmacht fallen, wenn sie einen Buben gemacht haben, kritteln über die Taktik des Hannibals – feuchtohrige Buben fischen Phrases aus der Schlacht bei Cannä[3] und greinen über die Siege des Scipio, weil sie sie exponieren[4] müssen.

Spiegelberg. Das ist ja recht alexandrinisch geflennt.[5]

Moor. Schöner Preis für euren Schweiß in der Feldschlacht, daß ihr jetzt in Gymnasien lebet und eure Unsterblichkeit in einem Bücherriemen mühsam fortgeschleppt wird. Kostbarer Ersatz eures verpraßten Blutes, von einem Nürnberger Krämer um Lebkuchen gewickelt – oder, wenn's glücklich geht, von einem französischen Tragödienschreiber auf Stelzen geschraubt und mit Drahtfäden gezogen zu werden. Hahaha!

Spiegelberg (trinkt). Lies den Josephus, ich bitte dich drum!

Moor. Pfui! pfui über das schlappe Kastraten-Jahrhundert, zu nichts nütze, als die Thaten der Vorzeit wiederzukäuen und die Helden des Altertums mit Kommentationen zu schinden und zu verhunzen mit Trauerspielen. Die Kraft seiner Lenden ist

---

[1] Flavius Josephus, der (griechische) jüdische Geschichtschreiber, geb. 37 nach Chr. Daß Spiegelberg ihn zweimal zum Lesen empfiehlt, deutet auf seinen Plan für die Aufrichtung des jüdischen Königreichs Jerusalem.

[2] Bärlapp, ein Farrenkraut, dessen Samen das sogenannte Druden- oder Hexenmehl ist, womit man auf dem Theater den Blitz nachahmt.

[3] Wo 216 v. Chr. Hannibal die Römer besiegte; gemeint ist die Darstellung dieser Schlacht bei dem römischen Geschichtschreiber Livius.

[4] In der württembergischen Schulsprache gleich: übersetzen (aus der fremden Sprache ins Deutsche).

[5] Recht gelehrt gejammert.

versiegen gegangen, und nun muß Bierhefe den Menschen fortpflanzen helfen.

Spiegelberg. Thee, Bruder, Thee!

Moor. Da verrammeln sie sich die gesunde Natur mit abgeschmackten Konventionen, haben das Herz nicht, ein Glas zu leeren, weil sie Gesundheit dazu trinken müssen – belecken den Schuhputzer, daß er sie vertrete bei Ihro Gnaden, und hudeln den armen Schelm, den sie nicht fürchten. Vergöttern sich um ein Mittagessen und möchten einander vergiften um ein Unterbett, das ihnen beim Aufstreich[1] überboten wird. – Verdammen den Sadduzäer, der nicht fleißig genug in die Kirche kommt, und berechnen ihren Judenzins am Altare – fallen auf die Kniee, damit sie ja ihren Schlamp ausbreiten können – wenden kein Aug' von dem Pfarrer, damit sie sehen, wie seine Perücke frisiert ist. – Fallen in Ohnmacht, wenn sie eine Gans bluten sehen, und klatschen in die Hände, wenn ihr Nebenbuhler bankerott von der Börse geht. – – So warm ich ihnen die Hand drückten: – „Nur noch einen Tag" – Umsonst! – Ins Loch mit dem Hund! – Bitten! Schwüre! Thränen! (Auf den Boden stampfend.) Hölle und Teufel!

Spiegelberg. Und um so ein paar tausend lausige Dukaten –

Moor. Nein! ich mag nicht daran denken! Ich soll meinen Leib pressen in eine Schnürbrust und meinen Willen schnüren in Gesetze. Das Gesetz hat zum Schneckengang verdorben, was Adlerflug geworden wäre. Das Gesetz hat noch keinen großen Mann gebildet, aber die Freiheit brütet Kolosse und Extremitäten aus. Sie verpalissadieren sich ins Bauchfell eines Tyrannen, hofieren der Laune seines Magens und lassen sich klemmen von seinen Winden. – Ah! daß der Geist Hermanns noch in der Asche glimmte! – Stelle mich vor ein Heer Kerls wie ich, und aus Deutschland soll eine Republik werden, gegen die Rom und Sparta Nonnenklöster sein sollen. (Er wirft den Degen auf den Tisch und steht auf.)

Spiegelberg (aufspringend). Bravo! Bravissimo! Du bringst

---

[1] Öffentliche Versteigerung (Auktion). Ebenso 40,14; 53,22.

mich eben recht auf das Chapitre. Ich will dir was ins Ohr sagen, Moor, das schon lang' mit mir umgeht, und du bist der Mann dazu – sauf, Bruder, sauf! – wie wär's, wenn wir Juden würden und das Königreich wieder aufs Tapet brächten?

Moor (lacht aus vollem Halse). Ah! nun merk' ich – nun merk' ich – du willst die Vorhaut aus der Mode bringen, weil der Barbier die deinige schon hat?

Spiegelberg. Daß dich, Bärenhäuter[1]! Ich bin freilich wunderbarerweis schon voraus beschnitten. Aber sag', ist das nicht ein schlauer und herzhafter Plan? Wir lassen ein Manifest ausgehen in alle vier Enden der Welt und citieren nach Palästina, was kein Schweinefleisch ißt. Da beweis' ich nun durch triftige Dokumente, Herodes, der Vierfürst, sei mein Großahnherr gewesen, und so ferner. Das wird ein Victoria abgeben, Kerl, wenn sie wieder ins Trockene kommen und Jerusalem wieder aufbauen dürfen. Itzt frisch mit den Türken aus Asien[2], weil's Eisen noch warm ist, und Zedern gehauen aus dem Libanon, und Schiffe gebaut, und geschachert mit alten Borten und Schnallen das ganze Volk. Mittlerweile –

Moor (nimmt ihn lächelnd bei der Hand). Kamerad! mit den Narrenstreichen ist's nun am Ende.

Spiegelberg (stutzig). Pfui, du wirst doch nicht gar den verlorenen Sohn spielen wollen? Ein Kerl wie du, der mit dem Degen mehr auf die Gesichter gekritzelt hat, als drei Substituten[3] in einem Schaltjahr ins Befehlbuch schreiben! Soll ich dir von der großen Hundsleiche vorerzählen? Ha! ich muß nur dein eigenes Bild wieder vor dich rufen, das wird Feuer in deine Adern blasen, wenn dich sonst nichts mehr begeistert. Weißt du noch, wie die Herren vom Kollegio[4] deiner Dogge das Bein hatten abschießen lassen, und du zur Revanche ließest ein Fasten ausschreiben in der ganzen Stadt? Man schmollte[5] über dein

---

[1] Eigentlich: der auf der Bärenhaut liegt, der Faulenzer; dann Schimpfwort, etwa gleich Hundsfott.

[2] D. h. werft sie frisch hinaus!

[3] Die Vertreter, d. h. die ersten Schreiber der Amtleute oder Stadtschreiber; sie hatten alle Erlasse des Amtes oder der Regierung in das „Befehlbuch" zu schreiben.

[4] Dem Ratskollegium der Stadt.

[5] Lachte höhnisch. Ebenso 105,7; 237,8.

Reskript. Aber du nicht faul, lässest alles Fleisch aufkaufen in ganz L., daß in acht Stund kein Knoch mehr zu nagen ist in der ganzen Rundung und die Fische anfangen im Preise zu steigen. Magistrat und Bürgerschaft düsselten[1] Rache. Wir Pursche frisch heraus zu siebzehnhundert, und du an der Spitze, und Metzger und Schneider und Krämer hinterher, und Wirt und Barbierer und alle Zünfte, und fluchen, Sturm zu laufen wider die Stadt, wenn man den Purschen ein Haar krümmen wollte. Da ging's aus wie's Schießen zu Hornberg[2], und mußten abziehen mit langer Nase. Du lässest Doktores kommen ein ganzes Konzilium und botst drei Dukaten, wer dem Hund ein Rezept schreiben würde. Wir sorgten, die Herren werden zu viel Ehr' im Leib haben und n e i n sagen, und hatten's schon verabred't, sie zu forcieren. Aber das war unnötig; die Herren schlugen sich um die drei Dukaten, und kam's im Abstreich[3] herab auf drei Batzen[4]; in einer Stund' sind zwölf Rezepte geschrieben, daß das Tier auch bald drauf verreckte.

Moor. Schändliche Kerls!

Spiegelberg. Der Leichenpomp wird veranstaltet in aller Pracht, Carmina gab's die schwere Meng' um den Hund, und zogen wir aus des Nachts gegen Tausend, eine Laterne in der einen Hand, unsre Raufdegen in der andern, und so fort durch die Stadt mit Glockenspiel und Geklimper, bis der Hund beigesetzt war. Drauf gab's ein Fressen, das währt' bis an den lichten Morgen, da bedanktest du dich bei den Herren für das herzliche Beileid und ließest das Fleisch verkaufen ums halbe Geld. *Mort de ma vie!* da hatten wir dir Respekt wie eine Garnison in einer eroberten Festung.

Moor. Und du schämst dich nicht, damit groß zu prahlen? Hast nicht einmal so viel Scham, dich dieser Streiche zu schämen?

Spiegelberg. Geh, geh! Du bist nicht mehr Moor. Weißt du noch, wie tausendmal du, die Flasche in der Hand, den alten

---

[1] Schwäbisch, eigentlich: flüsterten, hier gleich brüteten, sannen auf Rache.

[2] Sprichwörtlich von einem Schießen, von dem die Schützen wieder abzogen, ohne geschossen zu haben, also „mit langer Nase".

[3] Abstreich, Ausbietung an den Mindestfordernden (Submission).

[4] Ein Batzen gleich 4 Kreuzer (etwa 10 –12 Pfennige).

Filzen[1] hast aufgezogen und gesagt: Er soll nur drauf los schaben und scharren, du wollest dir dafür die Gurgel absaufen. – Weißt du noch? he? weißt du noch? O du heilloser, erbärmlicher Prahlhans! das war noch männlich gesprochen und edelmännisch, aber –

Moor. Verflucht seist du, daß du mich dran erinnerst! Verflucht ich, daß ich es sagte! Aber es war nur im Dampfe des Weins, und mein Herz hörte nicht, was meine Zunge prahlte.

Spiegelberg (schüttelt den Kopf). Nein! nein! nein! das kann nicht sein. Unmöglich, Bruder, das kann dein Ernst nicht sein. Sag', Brüderchen, ist es nicht die Not, die dich so stimmt? Komm, laß dir ein Stückchen aus meinen Bubenjahren erzählen. Da hatt' ich neben meinem Haus einen Graben, der, wie wenig[2], seine acht Schuh breit war, wo wir Buben uns in die Wette bemühten, hinüberzuspringen. Aber das war umsonst. Pflumpf! lagst du, und ward ein Gezisch und Gelächter über dir, und wurdest mit Schneeballen geschmissen über und über. Neben meinem Haus lag eines Jägers Hund an einer Kette, eine so bissige Bestie, die dir die Mädels wie der Blitz am Rockzipfel hatte, wenn sie sich's versahn und zu nah dran vorbeistrichen. Das war nun mein Seelengaudium, den Hund überall zu necken, wo ich nur konnte, und wollt' halb krepieren vor Lachen, wenn mich dann das Luder so giftig anstierte und so gern auf mich losgerannt wär', wenn's nur gekonnt hätte. – Was geschieht? Ein andermal mach' ich's ihm auch wieder so und werf' ihn mit einem Stein so derb an die Ripp', daß er vor Wut von der Kette reißt und auf mich dar, und ich, wie alle Donnerwetter, reißaus und davon. – Tausend Schwerenot! Da ist dir just der vermaledeite Graben dazwischen. Was zu thun? Der Hund ist mir hart an den Fersen und wütig, also kurz resolviert – ein Anlauf genommen – drüben bin ich. Dem Sprung hatt' ich Leib und Leben zu danken; die Bestie hätte mich zu schanden gerissen.

[1] Moors Vater.
[2] Wenigstens.

Moor. Aber wozu itzt das?

Spiegelberg. Dazu, daß du sehen sollst, wie die Kräfte wachsen in der Not. Darum lass' ich mir's auch nicht bange sein, wenn's aufs äußerste kommt. Der Mut wächst mit der Gefahr. Die Kraft erhebt sich im Drang. Das Schicksal muß einen großen Mann aus mir haben wollen, weil's mir so quer durch den Weg streicht.

Moor (ärgerlich). Ich wüßte nicht, wozu wir den Mut noch haben sollten und noch nicht gehabt hätten.

Spiegelberg. So? – Und du willst also deine Gaben in dir verwittern lassen? Dein Pfund vergraben? Meinst du, deine Stinkereien in Leipzig machen die Grenzen des menschlichen Witzes aus? Da laß uns erst in die große Welt kommen. Paris und London! – wo man Ohrfeigen einhandelt, wenn man einen mit dem Namen eines ehrlichen Mannes grüßt. Da ist es auch ein Seelenjubilo, wenn man das Handwerk ins Große praktiziert. – Du wirst gaffen! du wirst Augen machen! Wart', und wie man Handschriften nachmacht, Würfel verdreht, Schlösser aufbricht und den Koffern das Eingeweid' ausschüttet – das sollst du noch von Spiegelberg lernen! Die Kanaille soll man an den nächsten besten Galgen knüpfen, die bei g e r a d e n Fingern verhungern will.

Moor (zerstreut). Wie? Du hast es wohl gar noch weiter gebracht?

Spiegelberg. Ich glaube gar, du setzest ein Mißtrauen in mich. Wart', laß mich erst warm werden! du sollst Wunder sehen; dein Gehirnchen soll sich im Schädel umdrehen, wenn mein kreißender Witz in die Wochen kommt. – (Steht auf, hitzig.) Wie es sich aufhellt in mir! Große Gedanken dämmern auf in meiner Seele! Riesenplane gären in meinem schöpfrischen Schädel. Verfluchte Schlafsucht (sich vorn Kopf schlagend), die bisher meine Kräfte in Ketten schlug, meine Aussichten sperrte und spannte; ich erwache, fühle, wer ich bin – wer ich werden muß!

Moor. Du bist ein Narr. Der Wein bramarbasiert aus deinem Gehirne.

Spiegelberg (hitziger). Spiegelberg, wird es heißen, kannst du hexen, Spiegelberg? Es ist schade, daß du kein General worden bist, Spiegelberg, wird der König sagen, du hättest die Östreicher durch ein Knopfloch gejagt.[1] Ja, hör' ich die Dokters jammern, es ist unverantwortlich, daß der Mann nicht die Medizin studiert hat, er hätte ein neues Kropfpulver erfunden. Ach! und daß er das Camerale nicht zum Fach genommen hat, werden die Sullys[2] in ihren Kabinetten seufzen, er hätte aus Steinen Louisdore hervorgezaubert. Und Spiegelberg wird es heißen in Osten und Westen, und in den Kot mit euch, ihr Memmen, ihr Kröten, indes Spiegelberg mit ausgespreiteten Flügeln zum Tempel des Nachruhms emporfliegt.

Moor. Glück auf den Weg! Steig du auf Schandsäulen zum Gipfel des Ruhms. Im Schatten meiner väterlichen Haine, in den Armen meiner Amalia lockt mich ein edler Vergnügen. Schon die vorige Woche hab' ich meinem Vater um Vergebung geschrieben, hab' ihm nicht den kleinsten Umstand verschwiegen, und wo Aufrichtigkeit ist, ist auch Mitleid und Hilfe. Laß uns Abschied nehmen, Moritz. Wir sehen uns heut und nie mehr. Die Post ist angelangt. Die Verzeihung meines Vaters ist schon innerhalb dieser Stadtmauren.

Schweizer, Grimm, Roller, Schufterle, Razmann treten auf.

Roller. Wißt ihr auch, daß man uns auskundschaftet?

Grimm. Daß wir keinen Augenblick sicher sind, aufgehoben zu werden?

Moor. Mich wundert's nicht. Es gehe, wie es will! Saht ihr den Schwarz nicht? Sagt' er euch von keinem Brief, den er an mich hätte?

Roller. Schon lang' sucht er dich, ich vermute so etwas.

Moor. Wo ist er? wo, wo? (Will eilig fort.)

Roller. Bleib! wir haben ihn hieher beschieden. Du zitterst?

Moor. Ich zittre nicht. Warum sollt' ich auch zittern?

---

[1] Es ist Anfang Mai 1756, also augenblicklich kein Krieg. Vgl. 59,21.

[2] Herzog Maximilian von Sully (1560–1641), der bekannte Staatsmann und Minister Heinrichs IV. (dessen Memoiren Schiller später herausgegeben hat).

Kameraden! dieser Brief – freut euch mit mir! Ich bin der Glücklichste unter der Sonne, warum sollt' ich zittern?

Schwarz tritt auf.

Moor (fliegt ihm entgegen). Bruder! Bruder! den Brief! den Brief!

Schwarz (gibt ihm den Brief, den er hastig aufbricht.) Was ist dir? Wirst du nicht wie die Wand?

Moor. Meines Bruders Hand!

Schwarz. Was treibt denn der Spiegelberg?

Grimm. Der Kerl ist unsinnig. Er macht Gestus wie beim Sankt Veits-Tanz.

Schufterle. Sein Verstand geht im Ring herum. Ich glaub', er macht Verse.

Razmann. Spiegelberg! He, Spiegelberg! – Die Bestie hört nicht.

Grimm (schüttelt ihn). Kerl! träumst du, oder – ?

Spiegelberg (der sich die ganze Zeit über mit den Pantomimen eines Projektmachers im Stubeneck abgearbeitet hat, springt wild auf). *La bourse ou la vie!* (und packt Schweizern an der Gurgel, der ihn gelassen an die Wand wirft. – Moor läßt den Brief fallen und rennt hinaus. Alle fahren auf).

Roller (ihm nach). Moor! wo'naus, Moor! was beginnst du!

Grimm. Was hat er, was hat er? Er ist bleich wie die Leiche.

Schweizer. Das müssen schöne Neuigkeiten sein! Laß doch sehen!

Roller (nimmt den Brief von der Erde und liest).

„Unglücklicher Bruder!" der Anfang klingt lustig. „Nur kürzlich muß ich Dir melden, daß Deine Hoffnung vereitelt ist. – Du sollst hingehen, läßt Dir der Vater sagen, wohin Dich Deine Schandthaten führen. Auch, sagt er, werdest Du Dir keine Hoffnung machen, jemals Gnade zu seinen Füßen zu erwimmern, wenn Du nicht gewärtig sein wollest, im untersten Gewölb' seiner Türme mit Wasser und Brot so lang' traktiert zu werden, bis Deine Haare wachsen wie Adlersfedern und Deine Nägel wie Vogelsklauen werden. Das sind seine eigene Worte. Er befiehlt mir, den Brief zu schließen. Leb' wohl auf ewig! Ich bedaure Dich – Franz von Moor."

Schweizer. Ein zuckersüßes Brüderchen! In der That! – Franz heißt die Kanaille?

Spiegelberg (sachte herbeischleichend). Von Wasser und Brot ist die Rede? Ein schönes Leben! Da hab' ich anders für euch gesorgt! Sagt' ich's nicht, ich müßt' am Ende für euch alle denken?

Schweizer. Was sagt der Schafskopf? Der Esel will für uns alle denken?

Spiegelberg. Hasen, Krüppel, lahme Hunde seid ihr alle, wenn ihr das Herz nicht habt, etwas Großes zu wagen!

Roller. Nun, das wären wir freilich, du hast recht – aber wird es uns auch aus dieser vermaledeiten Lage reißen, was du wagen wirst? wird es?

Spiegelberg (mit einem stolzen Gelächter). Armer Tropf! aus dieser Lage reißen? hahaha! – aus dieser Lage reißen? – und auf mehr raffiniert[1] dein Fingerhut voll Gehirn nicht? Und damit trabt deine Mähre zum Stalle?[2] Spiegelberg müßte ein Hundsfott sein, wenn er mit dem nur anfangen wollte. Zu Helden, sag' ich dir, zu Freiherrn, zu Fürsten, zu Göttern wird's euch machen!

Razmann. Das ist viel auf einen Hieb, wahrlich! Aber es wird wohl eine halsbrechende Arbeit sein, den Kopf wird's wenigstens kosten.

Spiegelberg. Es will nichts als Mut, denn was den Witz betrifft, den nehm' ich ganz über mich. Mut, sag' ich, Schweizer! Mut! Roller, Grimm, Razmann, Schufterle! Mut! –

Schweizer. Mut? – Wenn's nur das ist – Mut hab' ich genug, um barfuß mitten durch die Hölle zu gehn.

Schufterle. Mut genug, mich unterm lichten[3] Galgen mit dem leibhaftigen Teufel um einen armen Sünder zu balgen.

Spiegelberg. So gefällt mir's! Wenn ihr Mut habt, tret' einer auf und sag', er habe noch etwas zu verlieren und nicht alles zu gewinnen!

---

[1] Schlau und verschmitzt auf etwas sinnen.
[2] D. h. damit bist du zufrieden?
[3] Hell sichtbar, leibhaftig zu sehen. Ebenso S. 71,5.

Schwarz. Wahrhaftig, da gäb's manches zu verlieren, wenn ich das verlieren wollte, was ich noch zu gewinnen habe![1]

Razmann. Ja, zum Teufel! und manches zu gewinnen, wenn ich das gewinnen wollte, was ich nicht verlieren kann.[1]

Schufterle. Wenn ich das verlieren müßte, was ich auf Borgs auf dem Leibe trage, so hätt' ich allenfalls morgen nichts mehr zu verlieren.

Spiegelberg. Also denn! (Er stellt sich mitten unter sie mit beschwörendem Ton.) Wenn noch ein Tropfen deutschen Heldenbluts in euren Adern rinnt – kommt! Wir wollen uns in den böhmischen Wäldern niederlassen, dort eine Räuberbande zusammenziehen und – Was gafft ihr mich an? – ist euer bißchen Mut schon verdampft?

Roller. Du bist wohl nicht der erste Gauner, der über den hohen Galgen weggesehen hat – und doch – was hätten wir sonst noch für eine Wahl übrig?

Spiegelberg. Wahl? Was? Nichts habt ihr zu wählen! Wollt ihr im Schuldturm stecken und zusammenschnurren, bis man zum Jüngsten Tag posaunt? Wollt ihr euch mit der Schaufel und Haue um einen Bissen trocken Brot abquälen? Wollt ihr an der Leute Fenster mit einem Bänkelsängerlied ein mageres Almosen erpressen? Oder wollt ihr zum Kalbsfell schwören[2] – und da ist erst noch die Frage, ob man euren Gesichtern traut – und dort unter der milzsüchtigen Laune eines gebieterischen Korporals das Fegfeuer zum voraus abverdienen? oder bei klingendem Spiel nach dem Takt der Trommel spazieren gehn?[3] oder im Galliotenparadies das ganze Eisenmagazin Vulkans hinterher schleifen?[4] Seht, das habt ihr zu wählen, da ist es beisammen, was ihr wählen könnt!

Roller. So unrecht hat der Spiegelberg eben nicht. Ich hab' auch meine Plane schon zusammen gemacht, aber sie treffen end-

---

1 Beides ausgeklügelter Ausdruck für: ich habe nichts zu verlieren und alles zu gewinnen, d. h. ich habe gar nichts.

2 Soldat werden.

3 Bittere Umschreibung für Spießruten laufen unter Trommelklang. Das „klingende Spiel" sind die klatschenden Rutenhiebe.

4 Auf der Galeere fest angeschmiedet sein.

lich auf Eins. Wie wär's, dacht' ich, wenn ihr euch hinsetztet und ein Taschenbuch, oder einen Almanach[1], oder so was Ähnlichs zusammensudeltet und um den lieben Groschen rezensiertet, wie's wirklich Mode ist?

Schufterle. Zum Henker! ihr ratet nah' zu meinen Projekten. Ich dachte bei mir selbst: wie, wenn du ein Pietist würdest und wöchentlich deine Erbauungsstunden hieltest?

Grimm. Getroffen! und wenn das nicht geht, ein Atheist! Wir könnten die vier Evangelisten aufs Maul schlagen, ließen unser Buch durch den Schinder verbrennen, und so ging's reißend ab.

Razmann. Oder zögen wir wider die Franzosen[2] zu Felde – ich kenne einen Dokter, der sich ein Haus von purem Quecksilber[3] gebauet hat, wie das Epigramm auf der Hausthüre lautet.

Schweizer (steht auf und gibt Spiegelberg die Hand). Moritz, du bist ein großer Mann! – oder es hat ein blindes Schwein eine Eichel gefunden.

Schwarz. Vortreffliche Plane! honette Gewerbe! Wie doch die großen Geister sympathisieren! Itzt fehlte nur noch, daß wir Weiber und Kupplerinnen würden, oder gar unsere Jungferschaft zu Markte trieben.

Spiegelberg. Possen! Possen! Und was hindert's, daß ihr nicht das meiste in einer Person sein könnt? Mein Plan wird euch immer am höchsten poussieren, und da habt ihr noch Ruhm und Unsterblichkeit! Seht, arme Schlucker! Auch so weit muß man hinausdenken! Auch auf den Nachruhm, das süße Gefühl von Unvergeßlichkeit –

Roller. Und obenan in der Liste der ehrlichen Leute! Du bist ein Meisterredner, Spiegelberg, wenn's drauf ankommt, aus einem ehrlichen Mann einen Hollunken zu machen. – Aber sag' doch einer, wo der Moor bleibt?

Spiegelberg. Ehrlich, sagst du? Meinst du, du seist nachher weniger ehrlich, als du itzt bist? Was heißt du ehrlich? Reichen

---

1 Gegen Stäudlins Almanach. Vgl. dazu die biograph. Einleitung, Bd. 1, S. 23.
2 D. h. wider die sogen. „französische Krankheit" oder Lustseuche (Syphilis).
3 Hauptheilmittel gegen diese Krankheit.

Filzen ein Dritteil ihrer Sorgen vom Hals schaffen, die ihnen nur den goldnen Schlaf verscheuchen, das stockende Geld in Umlauf bringen, das Gleichgewicht der Güter wiederherstellen, mit einem Wort, das goldne Alter wieder zurückrufen, dem lieben Gott von manchem lästigen Kostgänger helfen, ihm Krieg, Pestilenz, teure Zeit und Dokters ersparen – siehst du, das heiß' ich ehrlich sein, das heiß' ich ein würdiges Werkzeug in der Hand der Vorsehung abgeben, – und so bei jedem Braten, den man ißt, den schmeichelhaften Gedanken zu haben: den haben dir deine Finten, dein Löwenmut, deine Nachtwachen erworben – von groß und klein respektiert zu werden –

Roller. Und endlich gar bei lebendigem Leib gen Himmel fahren und trutz Sturm und Wind, trutz dem gefräßigen Magen der alten Urahne Zeit unter Sonn' und Mond und allen Fixsternen schweben, wo selbst die unvernünftigen Vögel des Himmels, von edler Begierde herbeigelockt, ihr himmlisches Konzert musizieren und die Engel mit Schwänzen[1] ihr hochheiliges Synedrium halten? Nicht wahr? – und wenn Monarchen und Potentaten von Motten und Würmern verzehrt werden, die Ehre haben zu dürfen, von Jupiters königlichem Vogel Visiten anzunehmen? – Moritz, Moritz, Moritz! nimm dich in acht! nimm dich in acht vor dem dreibeinigten Tiere[2]!

Spiegelberg. Und das schreckt dich, Hasenherz! Ist doch schon manches Universalgenie, das die Welt hätte reformieren können, auf dem Schindanger verfault, und spricht man nicht von so einem Jahrhunderte-, Jahrtausendelang, da mancher König und Kurfürst in der Geschichte überhüpft würde, wenn sein Geschichtschreiber die Lücke in der Successionsleiter nicht scheute, und sein Buch dardurch nicht um ein paar Oktavseiten gewönne, die ihm der Verleger mit barem Gelde bezahlt. – Und wenn dich der Wanderer so hin und her fliegen sieht im Winde – der muß auch kein Wasser im Hirn gehabt haben, brummt er in den Bart und seufzt über die elenden Zeiten.

---

[1] Die Raubvögel.
[2] Dem Galgen.

Schweizer (klopft ihn auf die Achsel). Meisterlich, Spiegelberg! Meisterlich! Was, zum Teufel, steht ihr da und zaudert?

Schwarz. Und laß es auch Prostitution heißen – was folgt weiter? Kann man nicht auf den Fall immer ein Pülverchen mit sich führen, das einen so im stillen übern Acheron[1] fördert, wo kein Hahn darnach kräht? Nein, Bruder Moritz, dein Vorschlag ist gut. So lautet auch mein Katechismus.

Schufterle. Blitz! Und der meine nicht minder. Spiegelberg, du hast mich geworben!

Razmann. Du hast wie ein anderer Orpheus die heulende Bestie, mein Gewissen, in den Schlaf gesungen. Nimm mich ganz, wie ich da bin!

Grimm. *Si omnes consentiunt ego non dissentio.*[2] Wohlgemerkt, ohne Komma. Es ist ein Aufstreich[3] in meinem Kopf: Pietisten – Quacksalber – Rezensenten und Jauner. Wer am meisten bietet, der hat mich. Nimm diese Hand, Moritz!

Roller. Und auch du, Schweizer? (Gibt Spiegelberg die rechte Hand.) Also verpfänd' ich meine Seele dem Teufel.

Spiegelberg. Und deinen Namen den Sternen! Was liegt daran, wohin auch die Seele fährt? Wenn Scharen vorausgesprengter Kuriere unsere Niederfahrt melden, daß sich die Satane festtäglich herausputzen, sich den tausendjährigen Ruß aus den Wimpern stäuben und Myriaden gehörnter Köpfe aus der rauchenden Mündung ihrer Schwefelkamine hervorwachsen, unsern Einzug zu sehen! Kameraden! (aufgesprungen) frisch auf! Kameraden! Was in der Welt wiegt diesen Rausch des Entzückens auf? Kommt Kameraden!

Roller. Sachte nur! sachte! Wohin? Das Tier muß auch seinen Kopf haben, Kinder!

Spiegelberg (giftig). Was predigt der Zauderer? Stand nicht der Kopf schon, eh' noch ein Glied sich regte? Folgt, Kameraden!

---

[1] Fluß in der Unterwelt, also: ins Jenseits.

[2] „Wenn alle zustimmen, will ich nicht dagegen sein." Ein Komma (eigentlich eine stärkere Interpunktion) nach *non* gibt dem Satze den umgekehrten Sinn: „Wenn auch alle zustimmen, thue ich's doch nicht; ich bin dagegen."

[3] Vgl. S. 29.

Roller. Gemach, sag' ich. Auch die Freiheit muß ihren Herrn haben. Ohne Oberhaupt ging Rom und Sparta zu Grunde.

Spiegelberg (geschmeidig). Ja – haltet – Roller sagt recht. Und das muß ein erleuchteter Kopf sein. Versteht ihr? Ein feiner politischer Kopf muß das sein. Ja! wenn ich mir's denke, was ihr vor einer Stunde waret, was ihr itzt seid, – durch einen glücklichen Gedanken seid – ja, freilich, freilich müßt ihr einen Chef haben – und wer diesen Gedanken entsponnen, sagt, muß das nicht ein erleuchteter, politischer Kopf sein?

Roller. Wenn sich's hoffen ließe – träumen ließe – aber ich fürchte, er wird es nicht thun.

Spiegelberg. Warum nicht? Sag's keck heraus, Freund! – So schwer es ist, das kämpfende Schiff gegen die Winde zu lenken, so schwer sie auch drückt, die Last der Kronen – sag's unverzagt, Roller! – Vielleicht wird er's doch thun.

Roller. Und leck ist das Ganze, wenn er's nicht thut. Ohne den Moor sind wir Leib ohne Seele.

Spiegelberg (unwillig von ihm weg). Stockfisch!

Moor (tritt herein in wilder Bewegung und läuft heftig im Zimmer auf und nieder, mit sich selber). Menschen – Menschen! falsche, heuchlerische Krokodilbrut! Ihre Augen sind Wasser! Ihre Herzen sind Erzt! Küsse auf den Lippen! Schwerter im Busen! Löwen und Leoparden füttern ihre Jungen, Raben tischen[1] ihren Kleinen auf dem Aas, und er, er, – Bosheit hab' ich dulden gelernt, kann dazu lächeln, wenn mein erboster Feind mir mein eigen Herzblut zutrinkt – aber wenn Blutliebe zur Verräterin, wenn Vaterliebe zur Megäre wird, o so fange Feuer, männliche Gelassenheit, verwilde zum Tiger, sanftmütiges Lamm, und jede Faser recke sich auf zu Grimm und Verderben!

Roller. Höre, Moor! was denkst du davon? Ein Räuberleben ist doch auch besser als bei Wasser und Brot im untersten Gewölbe der Türme?

Moor. Warum ist dieser Geist nicht in einen Tiger gefahren, der sein wütendes Gebiß in Menschenfleisch haut? Ist das Vatertreue? Ist das Liebe für Liebe? Ich möchte ein Bär sein und

[1] Den Tisch, das Mahl bereiten.

die Bären des Nordlands wider dies mörderische Geschlecht anhetzen. – Reue, und keine Gnade! – O, ich möchte den Ozean vergiften, daß sie den Tod aus allen Quellen saufen! Vertrauen, unüberwindliche Zuversicht, und kein Erbarmen!

Roller. So höre doch, Moor, was ich dir sage!

Moor. Es ist unglaublich, es ist ein Traum, eine Täuschung – so eine rührende Bitte, so eine lebendige Schilderung des Elends und der zerfließenden Reue – die wilde Bestie wär' in Mitleid zerschmolzen! Steine hätten Thränen vergossen, und doch – man würde es für ein boshaftes Pasquill aufs Menschengeschlecht halten, wenn ich's aussagen wollte – und doch, doch – o, daß ich durch die ganze Natur das Horn des Aufruhrs blasen könnte, Luft, Erde und Meer wider das Hyänengezücht ins Treffen zu führen!

Grimm. Höre doch, höre! vor Rasen hörst du ja nicht.

Moor. Weg, weg von mir! Ist dein Name nicht Mensch? Hat dich das Weib nicht geboren? – Aus meinen Augen, du mit dem Menschengesicht! – Ich hab' ihn so unaussprechlich geliebt! so liebte kein Sohn; ich hätte tausend Leben für ihn – (Schäumend auf die Erde stampfend.) Ha! wer mir itzt ein Schwert in die Hand gäb', dieser Otterbrut eine brennende Wunde zu versetzen! wer mir sagte, wo ich das Herz ihres Lebens erzielen, zermalmen, zernichten – er sei mein Freund, mein Engel, mein Gott – ich will ihn anbeten!

Roller. Eben diese Freunde wollen ja wir sein, laß dich doch weisen!

Schwarz. Komm mit uns in die böhmischen Wälder! Wir wollen eine Räuberbande sammeln, und du – (Moor stiert ihn an.)

Schweizer. Du sollst unser Hauptmann sein! Du mußt unser Hauptmann sein!

Spiegelberg (wirft sich wild in einen Sessel). Sklaven und Memmen!

Moor. Wer blies dir das Wort ein? Höre, Kerl! (Indem er Schwarzen hart ergreift.) Das hast du nicht aus deiner Menschenseele hervorgeholt! Wer blies dir das Wort ein? Ja, bei dem tausendarmigen Tod! das wollen wir! das müssen wir! Der Gedanke verdient Vergötterung – Räuber und Mörder! – So wahr meine Seele lebt, ich bin euer Hauptmann!

Alle (mit lärmendem Geschrei). Es lebe der Hauptmann!

Spiegelberg (aufspringend, vor sich). Bis ich ihm hinhelfe!

Moor. Siehe, da fällt's wie der Star von meinen Augen! was für ein Thor ich war, daß ich ins Käficht zurückwollte! – Mein Geist dürstet nach Thaten, mein Atem nach Freiheit, – Mörder, Räuber! – mit diesen Worten war das Gesetz unter meine Füße gerollt. – Menschen haben Menschheit vor mir verborgen, da ich an Menschheit appellierte; weg dann von mir Sympathie und menschliche Schonung! – Ich habe keinen Vater mehr, ich habe keine Liebe mehr, und Blut und Tod soll mich vergessen lehren, daß mir jemals etwas teuer war! Kommt, kommt! – O, ich will mir eine fürchterliche Zerstreuung machen – es bleibt dabei, ich bin euer Hauptmann! Und Glück zu dem Meister unter euch, der am wildesten sengt, am gräßlichsten mordet, denn ich sage euch, er soll königlich belohnet werden. – Tretet her um mich ein jeder und schwöret mir Treu' und Gehorsam zu bis in den Tod! – Schwört mir das bei dieser männlichen Rechte!

Alle (geben ihm die Hand). Wir schwören dir Treu' und Gehorsam bis in den Tod!

Moor. Nun, und bei dieser männlichen Rechte schwör' ich euch hier, treu und standhaft euer Hauptmann zu bleiben bis in den Tod! Den soll dieser Arm gleich zur Leiche machen, der jemals zagt oder zweifelt oder zurücktritt! Ein Gleiches widerfahre mir von jedem unter euch, wenn ich meinen Schwur verletze! Seid ihr's zufrieden? (Spiegelberg läuft wütend auf und nieder.)

Alle (mit aufgeworfenen Hüten). Wir sind's zufrieden.

Moor. Nun dann, so laßt uns gehn! Fürchtet euch nicht vor Tod und Gefahr, denn über uns waltet ein unbeugsames Fatum! Jeden ereilet endlich sein Tag, es sei auf dem weichen Kissen von Flaum, oder im rauhen Gewühl des Gefechts, oder auf offenem Galgen und Rad! Eins davon ist unser Schicksal! (Sie gehen ab.)

Spiegelberg (ihnen nachsehend, nach einer Pause). Dein Register hat ein Loch. Du hast das Gift weggelassen.[1] (Ab.)

---

[1] Er denkt daran, ihn zu vergiften, wie schon Zeile 2 angedeutet war.

Dritte Szene.

Im Moorischen Schloß, Amaliens Zimmer.

Franz. Amalia.

Franz. Du siehst weg, Amalia? Verdien' ich weniger als der, den der Vater verflucht hat?

Amalia. Weg! – Ha des liebevollen, barmherzigen Vaters, der seinen Sohn Wölfen und Ungeheuern preisgibt! Daheim labt er sich mit süßem, köstlichem Wein und pflegt seiner morschen Glieder in Kissen von Eider, während sein großer, herrlicher Sohn darbt. – Schämt euch, ihr Unmenschen! schämt euch, ihr Drachenseelen, ihr Schande der Menschheit! – seinen einzigen Sohn!

Franz. Ich dächte, er hätt' ihrer zween.

Amalia. Ja, er verdient, solche Söhne zu haben, wie du bist. Auf seinem Todbett wird er umsonst die welken Hände ausstrecken nach seinem Karl und schaudernd zurückfahren, wenn er die eiskalte Hand seines Franzens faßt. – O es ist süß, es ist köstlich süß, von deinem Vater verflucht zu werden! Sprich, Franz, liebe brüderliche Seele! was muß man thun, wenn man von ihm verflucht sein will?

Franz. Du schwärmst, meine Liebe, du bist zu bedauren.

Amalia. O ich bitte dich – bedauerst du deinen Bruder? – Nein, Unmensch, du hassest ihn? Du hassest mich doch auch?

Franz. Ich liebe dich wie mich selbst, Amalia!

Amalia. Wenn du mich liebst, kannst du mir wohl eine Bitte abschlagen?

Franz. Keine, keine! wenn sie nicht mehr ist als mein Leben.

Amalia. O wenn das ist! Eine Bitte, die du so leicht, so gern erfüllen wirst. – (Stolz) Hasse mich! Ich müßte feuerrot werden vor Scham, wenn ich an Karln denke und mir eben einfiel', daß du mich nicht hassest. Du versprichst mir's doch? Itzt geh und laß mich, ich bin so gern allein!

Franz. Allerliebste Träumerin! wie sehr bewundere ich dein sanftes, liebevolles Herz. (Ihr auf die Brust klopfend.) Hier, hier herrschte Karl wie ein Gott in seinem Tempel, Karl stand vor dir im Wachen, Karl regierte in deinen Träumen, die ganze

Schöpfung schien dir nur in den Einzigen zu zerfließen, den Einzigen wiederzustrahlen, den Einzigen dir entgegen zu tönen.

Amalia (bewegt). Ja, wahrhaftig, ich gesteh' es. Euch Barbaren zum Trutz will ich's vor aller Welt gestehen – ich lieb' ihn!

Franz. Unmenschlich, grausam! Diese Liebe so zu belohnen! Die zu vergessen –

Amalia (auffahrend). Was, mich vergessen?

Franz. Hattest du ihm nicht einen Ring an den Finger gesteckt? einen Diamantring zum Unterpfand deiner Treue! – Freilich nun, wie kann auch ein Jüngling den Reizen einer Metze Widerstand thun? Wer wird's ihm auch verdenken, da ihm sonst nichts mehr übrig war wegzugeben, – und bezahlte sie ihn nicht mit Wucher dafür mit ihren Liebkosungen, ihren Umarmungen?

Amalia (aufgebracht). Meinen Ring einer Metze?

Franz. Pfui, pfui! das ist schändlich. Wohl aber, wenn's nur das wäre! – Ein Ring, so kostbar er auch ist, – ist im Grunde bei jedem Juden wieder zu haben – vielleicht mag ihm die Arbeit daran nicht gefallen haben, vielleicht hat er einen schönern dafür eingehandelt.

Amalia (heftig). Aber meinen Ring – ich sage meinen Ring?

Franz. Keinen andern, Amalia – Ha! solch ein Kleinod, und an meinem Finger – und von Amalia! – Von hier sollt' ihn der Tod nicht gerissen haben. – Nicht wahr, Amalia? nicht die Kostbarkeit des Diamants, nicht die Kunst des Gepräges – die Liebe macht seinen Wert aus. – Liebstes Kind, du weinest? Wehe über den, der diese köstliche Tropfen aus so himmlischen Augen preßt – ach, und wenn du erst alles wüßtest, ihn selbst sähest, ihn unter der Gestalt sähest?

Amalia. Ungeheuer! wie, unter welcher Gestalt?

Franz. Stille, stille, gute Seele, frage mich nicht aus! (Wie vor sich, aber laut.) Wenn es doch wenigstens nur einen Schleier hätte, das garstige Laster, sich dem Auge der Welt zu entstehlen! Aber da blickt's schrecklich durch den gelben, bleifarbenen Augenring; da verrät sich's im totenblassen, eingefallenen Gesicht und dreht die Knochen häßlich hervor – da stammelt's in der halben, verstümmelten Stimme – da predigt's fürchterlich laut vom zitternden, hinschwankenden Gerippe – da durchwühlt es der Knochen innerstes Mark und bricht die mannhafte Stärke der Jugend – da, da spritzt es den eitrichten, fressenden Schaum aus Stirn und Wangen und Mund und der ganzen Fläche des Leibes zum scheußlichen Aussatz hervor und nistet abscheulich in den Gruben der viehischen Schande. – Pfui, pfui! mir ekelt. Nasen, Augen, Ohren schütteln sich – du hast jenen Elenden gesehen, Amalia, der in unserem Siechenhause seinen Geist auskeuchte; die Scham schien ihr scheues Auge vor ihm zuzublinzen – du ruftest Wehe über ihn aus. Ruf dies Bild noch einmal ganz in deine Seele zurück, und Karl steht vor dir! – Seine Küsse sind Pest, seine Lippen vergiften die deinen!

Amalia (schlägt ihn). Schamloser Lästerer!

Franz. Graut dir vor diesem Karl? Ekelt dir schon vor dem matten Gemälde? Geh, gaff' ihn selbst an, deinen schönen, englischen, göttlichen Karl! Geh, sauge seinen balsamischen Atem ein und laß dich von den Ambrosiadüften begraben, die aus seinem Rachen dampfen! Der bloße Hauch seines Mundes wird dich in jenen schwarzen, todähnlichen Schwindel hauchen, der den Geruch eines berstenden Aases und den Anblick eines leichenvollen Walplatzes begleitet.

Amalia (wendet ihr Gesicht ab).

Franz. Welches Aufwallen der Liebe! Welche Wollust in der Umarmung. – Aber ist es nicht ungerecht, einen Menschen um seiner siechen Außenseite willen zu verdammen? Auch im elendesten Äsopischen Krüppel[1] kann eine große, liebenswürdige Seele wie ein Rubin aus dem Schlamme glänzen. (Boshaft lächelnd.) Auch aus blattrichten Lippen kann ja die Liebe –

Freilich, wenn das Laster auch die Festen des Charakters erschüttert, wenn mit der Keuschheit auch die Tugend davonfliegt, wie der Duft aus der welken Rose verdampft – wenn mit dem Körper auch der Geist zum Krüppel verdirbt –

Amalia (froh aufspringend). Ha! Karl! nun erkenn' ich dich wieder! Du bist noch ganz! ganz! Alles war Lüge! – Weißt

[1] Der griechische Fabeldichter Äsop (im 6. Jahrh. v. Chr.) soll bucklig und verwachsen gewesen sein, dabei aber von edlem und liebenswürdigem Charakter.

du nicht, Bösewicht, daß Karl unmöglich das werden kann? (Franz steht einige Zeit tiefsinnig, dann dreht er sich plötzlich, um zu gehen.) Wohin so eilig? Fliehst du vor deiner eigenen Schande?

Franz (mit verhülltem Gesicht). Laß mich! laß mich! – meinen Thränen den Lauf lassen. – Tyrannischer Vater! den besten deiner Söhne so hinzugeben dem Elend – der ringsumgebenden Schande. – Laß mich, Amalia! ich will ihm zu Füßen fallen, auf den Knieen will ich ihn beschwören, den ausgesprochenen Fluch auf mich, auf mich zu laden – mich zu enterben – mich – mein Blut – mein Leben – alles –

Amalia (fällt ihm um den Hals). Bruder meines Karls! bester, liebster Franz!

Franz. O Amalia! Wie lieb' ich dich um dieser unerschütterten Treue gegen meinen Bruder – verzeih', daß ich es wagte, deine Liebe auf diese harte Probe zu setzen! – Wie schön hast du meine Wünsche gerechtfertigt! – mit diesen Thränen, diesen Seufzern, diesem himmlischen Unwillen – auch für mich, für mich – unsere Seelen stimmten so zusammen.

Amalia. O nein, das thaten sie nie!

Franz. Ach, sie stimmten so harmonisch zusammen, ich meinte immer, wir müßten Zwillinge sein! und wär' der leidige Unterschied von außen nicht, wobei leider freilich Karl verlieren muß[1], wir würden zehnmal verwechselt. Du bist, sagt' ich oft zu mir selbst, ja, du bist der ganze Karl, sein Echo, sein Ebenbild!

Amalia (schüttelt den Kopf). Nein, nein, bei jenem keuschen Lichte des Himmels! kein Äderchen von ihm, kein Fünkchen von seinem Gefühle –

Franz. So ganz gleich in unsern Neigungen. – Die Rose war seine liebste Blume – welche Blume war mir über die Rose? Er liebte die Musik unaussprechlich, und ihr seid Zeugen, ihr Sterne! ihr habt mich so oft in der Totenstille der Nacht beim Klaviere belauscht, wenn alles um mich begraben lag in Schatten und Schlummer. – Und wie kannst du noch zweifeln, Amalia,

[1] Wenn wir den Unterschied aufheben, würde freilich leider (ironisch) dein geliebter Karl stark verlieren.

wenn unsere Liebe in einer Vollkommenheit[1] zusammentraf, und wenn die Liebe die nämliche ist, wie könnten ihre Kinder entarten?[2]

Amalia (sieht ihn verwundernd an).

Franz. Es war ein stiller, heiterer Abend, der letzte, eh' er nach Leipzig abreiste, da er mich mit sich in jene Laube nahm, wo ihr so oft zusammensaßet in Träumen der Liebe. – Stumm blieben wir lang' – zuletzt ergriff er meine Hand und sprach leise mit Thränen: „Ich verlasse Amalia, ich weiß nicht – mir ahndet's, als hieß' es auf ewig – verlaß sie nicht, Bruder! – sei ihr Freund – ihr Karl – wenn Karl – nimmer – wiederkehrt" – (Er stürzt vor ihr nieder und küßt ihr die Hand mit Heftigkeit.) Nimmer, nimmer, nimmer wird er wiederkehren, und ich hab's ihm zugesagt mit einem heiligen Eide!

Amalia (zurückspringend). Verräter, wie ich dich ertappe! In eben dieser Laube beschwur er mich, keiner andern Liebe – wenn er sterben sollte – siehst du, wie gottlos, wie abscheulich du – geh aus meinen Augen!

Franz. Du kennst mich nicht, Amalia, du kennst mich gar nicht!

Amalia. O ich kenne dich, von itzt an kenn' ich dich. – Und du wolltest ihm gleich sein? Vor dir sollt' er um mich geweint haben? Vor dir? Ehe hätt' er meinen Namen auf den Pranger geschrieben! Geh den Augenblick!

Franz. Du beleidigst mich!

Amalia. Geh, sag' ich. Du hast mir eine kostbare Stunde gestohlen, sie werde dir an deinem Leben abgezogen!

Franz. Du hassest mich.

Amalia. Ich verachte dich, geh!

Franz (mit den Füßen stampfend). Wart'! so sollst du vor mir zittern! Mich einem Bettler aufopfern! (Zornig ab.)

Amalia. Geh, Lotterbube! – Itzt bin ich wieder bei Karln – Bettler, sagt er? So hat die Welt sich umgedreht! – Bettler sind Könige, und Könige sind Bettler! – Ich möchte die Lumpen,

[1] D. h. in derselben vollkommenen Persönlichkeit, Amalien.

[2] Sich und Karl nennt er die „Kinder" der Liebe, die ihnen gleichsam erst das Leben gegeben hat.

die er anhat, nicht mit dem Purpur der Gesalbten vertauschen – der Blick, mit dem er bettelt, das muß ein großer, ein königlicher Blick sein – ein Blick, der die Herrlichkeit, den Pomp, die Triumphe der Großen und Reichen zernichtet! In den Staub mit dir, du prangendes Geschmeide! (Sie reißt sich die Perlen vom Hals.) Seid verdammt, Gold und Silber und Juwelen zu tragen, ihr Großen und Reichen! Seid verdammt, an üppigen Mahlen zu zechen! Verdammt, euren Gliedern wohlzuthun auf weichen Polstern der Wollust! Karl! Karl! so bin ich dein wert. – (Ab.)

K
- gute Absichten
- Rächer
- abhängig
- inkonsequent
- liefert sich Justiz aus

F
- böse Abs.
- lässt andere für sich arbeiten
- autonom / selbstst.
- konsequent
- begehrt Selbst...

Zweiter Akt.

Erste Szene.

Franz von Moor nachdenkend in seinem Zimmer.

Es dauert mir zu lange – der Doktor will, er sei im Umkehren[1] – das Leben eines Alten ist doch eine Ewigkeit! – Und nun wär' freie ebene Bahn bis auf diesen ärgerlichen zähen Klumpen Fleisch, der mir, gleich dem unterirdischen Zauberhund in den Geistermärchen[2], den Weg zu meinen Schätzen verrammelt.

Müssen denn aber meine Entwürfe sich unter das eiserne Joch des Mechanismus beugen? – Soll sich mein hochfliegender Geist an den Schneckengang der Materie ketten lassen? Ein Licht ausgeblasen, das ohnehin nur mit den letzten Öltropfen noch wuchert – mehr ist's nicht – und doch möcht' ich das nicht gern selbst gethan haben um der Leute willen. Ich möcht' ihn nicht gern getötet, aber abgelebt. Ich möcht' es machen wie der gescheite Arzt, nur umgekehrt. – Nicht der Natur durch einen Querstreich den Weg verrannt, sondern sie in ihrem eigenen Gange befördert. Und wir vermögen doch wirklich die Bedingungen des Lebens zu verlängern, warum sollten wir sie nicht auch verkürzen können?

Philosophen und Mediziner lehren mich, wie treffend die Stimmungen des Geists mit den Bewegungen der Maschine zusammenlauten. Gichtrische Empfindungen werden jederzeit von einer Dissonanz der mechanischen Schwingungen begleitet – Leidenschaften mißhandeln die Lebenskraft – der überladene Geist

---

[1] Behauptet, es bessere sich wieder mit ihm.

[2] Schätze werden in Märchen oft von verzauberten Hunden oder Drachen bewacht. Vgl. S. 91,17 und 131,13.

drückt sein Gehäuse zu Boden. – Wie denn nun? – Wer es verstünde, dem Tod diesen ungebahnten Weg in das Schloß des Lebens zu ebenen? – den Körper vom Geist aus zu verderben – ha! ein Originalwerk! – wer das zu stand' brächte? – Ein Werk ohne gleichen! – Sinne nach, Moor! – Das wär' eine Kunst, die's verdiente, dich zum Erfinder zu haben. Hat man doch die Giftmischerei beinahe in den Rang einer ordentlichen Wissenschaft erhoben und die Natur durch Experimente gezwungen, ihre Schranken anzugeben, daß man nunmehr des Herzens Schläge jahrlang vorausrechnet und zu dem Pulse spricht: bis hieher und nicht weiter![*)] – Wer sollte nicht auch hier seine Flügel versuchen?

Und wie ich nun werde zu Werk gehen müssen, diese süße, friedliche Eintracht der Seele mit ihrem Leibe zu stören? Welche Gattung von Empfindnissen ich werde wählen müssen? Welche wohl den Flor des Lebens am grimmigsten anfeinden? Zorn? – dieser heißhungrige Wolf frißt sich zu schnell satt – Sorge? – dieser Wurm nagt mir zu langsam – Gram? – diese Natter schleicht mir zu träge – Furcht? – die Hoffnung läßt sie nicht umgreifen. – Was? sind das all' die Henker des Menschen? – Ist das Arsenal des Todes so bald erschöpft? – (Tiefsinnend.) Wie? – Nun? – Was? Nein! – Ha! (Auffahrend.) Schreck! – Was kann der Schreck nicht? – Was kann Vernunft, Religion wider dieses Giganten eiskalte Umarmung? – Und doch? – Wenn er auch diesem Sturm stünde? – Wenn er? – O so komme du mir zu Hülfe, Jammer, und du, Reue, höllische Eumenide, grabende Schlange, die ihren Fraß wiederkäut und ihren eigenen Kot wiederfrißt; ewige Zerstörerinnen und ewige Schöpferinnen eures Giftes! und du, heulende Selbstverklagung, die du dein eigen Haus verwüstest und deine eigene Mutter verwundest. – Und kommt auch ihr mir zu Hülfe, wohlthätige Grazien selbst, sanftlächelnde Vergangenheit, und du mit dem über-

[*)] Eine Frau in Paris soll es durch ordentlich angestellte Versuche mit Giftpulvern so weit gebracht haben, daß sie den entfernten Todestag mit ziemlicher Zuverlässigkeit vorausbestimmen konnte. Pfui über unsere Ärzte, die diese Frau im Prognostizieren beschämt!

quellenden Füllhorn, blühende Zukunft, haltet ihm in euren Spiegeln die Freuden des Himmels vor, wenn euer fliehender Fuß seinen geizigen[1] Armen entgleitet. – So fall' ich, Streich auf Streich, Sturm auf Sturm, dieses zerbrechliche Leben an, bis den Furientrupp zuletzt schließt – die Verzweiflung! Triumph! Triumph! – Der Plan ist fertig – schwer und kunstvoll wie keiner – zuverlässig – sicher – denn (spöttisch) des Zergliederers Messer findet ja keine Spuren von Wunde oder korrosivischem[2] Gift.

(Entschlossen.) Wohlan denn! (Hermann tritt auf.) Ha! *Deus ex machina!*[3] Hermann!

Hermann. Zu Euren Diensten, gnädiger Junker!

Franz (gibt ihm die Hand). Die du keinem Undankbaren erweisest.

Hermann. Ich hab' Proben davon.

Franz. Du sollst mehr haben mit nächstem – mit nächstem, Hermann! – Ich habe dir etwas zu sagen, Hermann.

Hermann. Ich höre mit tausend Ohren.

Franz. Ich kenne dich, du bist ein entschlossner Kerl – Soldatenherz – Haar' auf der Zunge![4] – Mein Vater hat dich sehr beleidigt, Hermann!

Hermann. Der Teufel hole mich, wenn ich's vergesse.

Franz. Das ist der Ton eines Manns! Rache geziemt einer männlichen Brust. Du gefällst mir, Hermann. Nimm diesen Beutel, Hermann. Er sollte schwerer sein, wenn ich erst Herr wäre.

Hermann. Das ist ja mein ewiger Wunsch, gnädiger Junker; ich dank' Euch.

Franz. Wirklich, Hermann? wünschest du wirklich, ich wäre Herr? – aber mein Vater hat das Mark eines Löwen, und ich bin der jüngere Sohn.

---

[1] Begehrenden, die euch nicht fahren lassen wollen.

[2] Zerfressendem, ätzendem (lat. *corrodere*, zernagen).

[3] Sprichwörtlich von jemand, der unerwartet und gerade zur rechten Zeit kommt, weil in der alten Tragödie, besonders bei Euripides, öfters die Verwickelung durch einen Gott gelöst wurde, der auf einer Flugmaschine (*machina*) auf die Bühne schwebte.

[4] Sonst „auf den Zähnen".

Hermann. Ich wollt', Ihr wärt der ältere Sohn und Euer Vater hätte das Mark eines schwindsüchtigen Mädchens.

Franz. Ha! wie dich der ältere Sohn dann belohnen wollte, wie er dich aus diesem unedlen Staub, der sich so wenig mit deinem Geist und Adel verträgt, ans Licht emporheben wollte! – Dann solltest du, ganz wie du da bist, mit Gold überzogen werden und mit vier Pferden durch die Straßen dahinrasseln, wahrhaftig, das solltest du! – Aber ich vergesse, wovon ich dir sagen wollte – hast du das Fräulein von Edelreich schon vergessen, Hermann?

Hermann. Wetter Element! was erinnert Ihr mich an das?

Franz. Mein Bruder hat sie dir weggefischt.

Hermann. Er soll dafür büßen!

Franz. Sie gab dir einen Korb. Ich glaube gar, er warf dich die Treppen hinunter.

Hermann. Ich will ihn dafür in die Hölle stoßen.

Franz. Er sagte, man raune sich einander ins Ohr, du seist zwischen dem Rindfleisch und Meerrettich gemacht worden, und dein Vater habe dich nie ansehen können, ohne an die Brust zu schlagen und zu seufzen: „Gott sei mir Sünder gnädig!"

Hermann (wild). Blitz, Donner und Hagel, seid still!

Franz. Er riet dir, deinen Adelbrief im Aufstreich zu verkaufen und deine Strümpfe damit flicken zu lassen.[1]

Hermann. Alle Teufel! ich will ihm die Augen mit den Nägeln auskratzen.

Franz. Was? du wirst böse? Was kannst du böse auf ihn sein? Was kannst du ihm Böses thun? Was kann so eine Ratze gegen einen Löwen? Dein Zorn versüßt ihm seinen Triumph nur. Du kannst nichts thun, als deine Zähne zusammenschlagen und deine Wut an trocknem Brode auslassen.

Hermann (stampft auf den Boden). Ich will ihn zu Staub zerreiben.

Franz (klopft ihm auf die Achsel). Pfui, Hermann! du bist ein Kavalier. Du mußt den Schimpf nicht auf dir sitzen lassen. Du

[1] Mit dem in der Auktion erlösten Gelde.

mußt das Fräulein nicht fahren lassen, nein, das mußt du um alle Welt nicht thun, Hermann! Hagel und Wetter! ich würde das äußerste versuchen, wenn ich an deiner Stelle wäre.

Hermann. Ich ruhe nicht, bis ich ihn und ihn unterm Boden hab'.

Franz. Nicht so stürmisch, Hermann! Komm näher – du sollst Amalia haben!

Hermann. Das muß ich, trutz dem Teufel! das muß ich!

Franz. Du sollst sie haben, sag' ich dir, und das von meiner Hand. Komm näher, sag' ich – du weißt vielleicht nicht, daß Karl so gut als enterbt ist?

Hermann (näher kommend). Unbegreiflich! das erste Wort, das ich höre.

Franz. Sei ruhig und höre weiter! du sollst ein andermal mehr davon hören – ja, ich sage dir, seit elf Monaten so gut als verbannt. Aber schon bereut der Alte den voreiligen Schritt, den er doch (lachend), will ich hoffen, nicht sebst gethan hat. Auch liegt ihm die Edelreich täglich hart an mit ihren Vorwürfen und Klagen. Über kurz oder lang wird er ihn in allen vier Enden der Welt aufsuchen lassen, und gute Nacht, Hermann! wenn er ihn findet. Du kannst ihm ganz demütig die Kutsche halten, wenn er mit ihr in die Kirche zur Trauung fährt.

Hermann. Ich will ihn am Kruzifix erwürgen!

Franz. Der Vater wird ihm bald die Herrschaft abtreten und in Ruhe auf seinen Schlössern leben. Itzt hat der stolze Strudelkopf den Zügel in Händen, itzt lacht er seiner Hasser und Neider – und ich, der ich dich zu einem wichtigen, großen Manne machen wollte, ich selbst, Hermann, werde tiefgebückt vor seiner Thürschwelle –

Hermann (in Hitze). Nein, so wahr ich Hermann heiße, das sollt Ihr nicht! wenn noch ein Fünkchen Verstand in diesem Gehirne glostet[1], das sollt Ihr nicht!

Franz. Wirst du es hindern? Auch dich, mein lieber Hermann, wird er seine Geißel fühlen lassen, wird dir ins Angesicht

[1] Glimmt.

speien, wenn du ihm auf der Straße begegnest, und wehe dir dann, wenn du die Achsel zuckst oder das Maul krümmst. – Siehe, so steht's mit deiner Anwerbung ums Fräulein, mit deinen Aussichten, mit deinen Entwürfen.

Hermann. Sagt mir, was soll ich thun?

Franz. Höre dann, Hermann! daß du siehst, wie ich mir dein Schicksal zu Herzen nehme als ein redlicher Freund. – Geh – kleide dich um – mach' dich ganz unkenntlich, laß dich beim Alten melden, gib vor, du kämest geraden Wegs aus Böhmen, hättest mit meinem Bruder dem Treffen bei Prag[1] beigewohnt – hättest ihn auf der Walstatt den Geist aufgeben sehen.

Hermann. Wird man mir glauben?

Franz. Hoho! dafür laß mich sorgen! Nimm dieses Packet. Hier findest du deine Kommission ausführlich. Und Dokumente darzu, die den Zweifel selbst glaubig machen sollen. – Mach' itzt nur, daß du fortkommst, und ungesehen! Spring durch die Hinterthüre in den Hof, von da über die Gartenmauer – die Katastrophe dieser Tragikomödie überlaß mir!

Hermann. Und die wird sein: Vivat der neue Herr, Franciscus von Moor!

Franz (streichelt ihm die Backen). Wie schlau du bist! – denn, siehst du, auf diese Art erreichen wir alle Zwecke zumal und bald. Amalia gibt ihre Hoffnung auf ihn auf. Der Alte mißt sich den Tod seines Sohnes bei, und – er kränkelt – ein schwankendes Gebäude braucht des Erdbebens nicht, um übern Haufen zu fallen – er wird die Nachricht nicht überleben. – Dann bin ich sein einiger Sohn – Amalia hat ihre Stützen verloren und ist ein Spiel meines Willens – da kannst du leicht denken – kurz, alles geht nach Wunsch – aber du mußt dein Wort nicht zurücknehmen!

Hermann. Was sagt Ihr? (Frohlockend.) Eh' soll die Kugel in ihren Lauf zurückkehren und in dem Eingeweid' ihres Schützen wüten. – Rechnet auf mich! Laßt nur mich machen. – Adieu!

Franz (ihm nachrufend). Die Ernte ist dein, lieber Hermann!

---

[1] Am 6. Mai 1757, wo Feldmarschall Graf von Schwerin fiel.

– Wenn der Ochse den Kornwagen in die Scheune gezogen hat, so muß er mit Heu vorlieb nehmen. Dir eine Stallmagd und keine Amalia! (Geht ab.)

Zweite Szene.

Des alten Moors Schlafzimmer.

Der alte Moor schlafend in einem Lehnsessel. **Amalia.**

Amalia (sachte herbeischleichend). Leise, leise! er schlummert. (Sie stellt sich vor den Schlafenden.) Wie schön, wie ehrwürdig! – ehrwürdig, wie man die Heiligen malt. – Nein, ich kann dir nicht zürnen! Weißlockigtes Haupt, dir kann ich nicht zürnen! Schlummre sanft, wache froh auf, ich allein will hingehn und leiden.

D. a. Moor (träumend). Mein Sohn! mein Sohn! mein Sohn!

Amalia (ergreift seine Hand). Horch, horch! sein Sohn ist in seinen Träumen.

D. a. Moor. Bist du da? bist du wirklich? Ach! wie siehst du so elend! Sieh mich nicht an mit diesem kummervollen Blick! ich bin elend genug.

Amalia (weckt ihn schnell). Seht auf, lieber Greis! Ihr träumtet nur. Faßt Euch!

D. a. Moor (halb wach). Er war nicht da? drückt' ich nicht seine Hände? Garstiger Franz! willst du ihn auch meinen Träumen entreißen?

Amalia. Merkst du's, Amalia?

D. a. Moor (ermuntert sich). Wo ist er? wo? wo bin ich? Du da, Amalia?

Amalia. Wie ist Euch? Ihr schlieft einen erquickenden Schlummer.

D. a. Moor. Mir träumte von meinem Sohn. Warum hab' ich nicht fortgeträumt? Vielleicht hätt' ich Verzeihung erhalten aus seinem Munde.

Amalia. Engel grollen nicht – er verzeiht Euch. (Faßt seine Hand mit Wehmut.) Vater meines Karls! ich verzeih' Euch.

D. a. Moor. Nein! meine Tochter! diese Totenfarbe deines

Angesichts verdammet den Vater. Armes Mädchen! Ich brachte dich um die Freuden deiner Jugend – o fluche mir nicht!

Amalia (küßt seine Hand mit Zärtlichkeit). Euch?

D. a. Moor. Kennst du dieses Bild, meine Tochter?

Amalia. Karls!

D. a. Moor. So sah er, als er ins sechzehente Jahr ging. Itzt ist er anders. – O, es wütet in meinem Innern – diese Milde ist Unwillen, dieses Lächeln Verzweiflung. – Nicht wahr, Amalia? Es war an seinem Geburtstage in der Jasminlaube, als du ihn maltest? – O meine Tochter! Eure Liebe machte mich so glücklich.

Amalia (immer das Aug' auf das Bild geheftet). Nein! nein! er ist's nicht. Bei Gott! das ist Karl nicht. – Hier, hier (auf Herz und Stirne zeigend) so ganz, so anders. Die träge Farbe reicht nicht, den himmlischen Geist nachzuspiegeln, der in seinem feurigen Auge herrschte. Weg damit! Dies ist so menschlich! Ich war eine Stümperin.

D. a. Moor. Dieser huldreiche, erwärmende Blick – wär' er vor meinem Bette gestanden, ich hätte gelebt mitten im Tode! Nie, nie wär' ich gestorben!

Amalia. Nie, nie wärt Ihr gestorben! Es wär' ein Sprung gewesen, wie man von einem Gedanken auf einen andern und schönern hüpft – dieser Blick hätt' Euch übers Grab hinübergeleuchtet. Dieser Blick hätt' Euch über die Sterne getragen!

D. a. Moor. Es ist schwer, es ist traurig! Ich sterbe, und mein Sohn Karl ist nicht hier – ich werde zu Grabe getragen, und er weint nicht an meinem Grabe. – Wie süß ist's, eingewiegt zu werden in den Schlaf des Todes von dem Gebet eines Sohns – das ist Wiegengesang.

Amalia (schwärmend). Ja süß, himmlisch süß ist's, eingewiegt zu werden in den Schlaf des Todes von dem Gesang des Geliebten – vielleicht träumt man auch im Grabe noch fort – ein langer, ewiger, unendlicher Traum von Karln, bis man die Glocke der Auferstehung läutet – (aufspringend, entzückt) und von itzt an in seinen Armen auf ewig. (Pause. Sie geht ans Klavier und spielt.)

[1]Willst dich, Hektor, ewig mir entreißen,
Wo des Äaciden mordend Eisen
Dem Patroklus schrecklich Opfer bringt?
Wer wird künftig deinen Kleinen lehren
Speere werfen und die Götter ehren,
Wenn hinunter dich der Xanthus schlingt?

D. a. Moor. Ein schönes Lied, meine Tochter. Das mußt du mir vorspielen, eh' ich sterbe.

Amalia. Es ist der Abschied Andromachas und Hektors – Karl und ich haben's oft zusammen zu der Laute gesungen. (Spielt fort.)

Teures Weib, geh, hol' die Todeslanze,
Laß mich fort zum wilden Kriegestanze.
Meine Schultern tragen Ilium.
Über Astyanax unsre Götter!
Hektor fällt, ein Vaterlandserretter,
Und wir sehn uns wieder in Elysium.

Daniel.

Daniel. Es wartet draußen ein Mann auf Euch. Er bittet, vorgelassen zu werden, er hab' Euch eine wichtige Zeitung.

D. a. Moor. Mir ist auf der Welt nur etwas wichtig, du weißt's, Amalia. – Ist's ein Unglücklicher, der meiner Hülfe bedarf? Er soll nicht mit Seufzen von hinnen gehn.

Amalia. Ist's ein Bettler, er soll eilig herauf kommen. (Daniel ab.)

D. a. Moor. Amalia! Amalia! schone meiner!

Amalia (spielt fort).

Nimmer lausch' ich deiner Waffen Schalle,
Einsam liegt dein Eisen in der Halle,
Priams großer Heldenstamm verdirbt!
Du wirst hingehn, wo kein Tag mehr scheinet,
Der Cocytus durch die Wüsten weinet,
Deine Liebe in dem Lethe stirbt.
All mein Sehnen, all mein Denken
Soll der schwarze Lethefluß ertränken,
Aber meine Liebe nicht!

---

[1] Vgl. Bd. 1, S. 9.

Horch! der Wilde rast schon an den Mauren –
Gürte mir das Schwert um, laß das Trauren!
Hektors Liebe stirbt im Lethe nicht.

Franz. Hermann verkappt. **Daniel.**

Franz. Hier ist der Mann. Schröckliche Botschaften, sagt er, warten auf Euch. Könnt Ihr sie hören?

D. a. Moor. Ich kenne nur eine. Tritt her, mein Freund, und schone mein nicht! Reicht ihm einen Becher Wein!

Hermann (mit veränderter Stimme). Gnädiger Herr! laßt es einen armen Mann nicht entgelten, wenn er wider Willen Euer Herz durchbohrt. Ich bin ein Fremdling in diesem Lande, aber Euch kenn' ich sehr gut, Ihr seid der Vater Karls von Moor.

D. a. Moor. Woher weißt du das?

Hermann. Ich kannte Euren Sohn –

Amalia (auffahrend). Er lebt? lebt? Du kennst ihn? wo ist er? wo, wo? (Will hinwegrennen.)

D. a. Moor. Du weißt von meinem Sohn?

Hermann. Er studierte in Leipzig. Von da zog er, ich weiß nicht wie weit, herum. Er durchschwärmte Deutschland in die Runde, und, wie er mir sagte, mit unbedecktem Haupt, barfuß, und erbettelte sein Brot vor den Thüren. Fünf Monate drauf brach der leidige Krieg zwischen Preußen und Österreich wieder aus, und da er auf der Welt nichts mehr zu hoffen hatte, zog ihn der Hall von Friederichs siegreicher Trommel nach Böhmen. „Erlaubt mir", sagte er zum großen Schwerin[1], „daß ich den Tod sterbe auf dem Bette der Helden, ich hab' keinen Vater mehr!" –

D. a. Moor. Sieh mich nicht an, Amalia!

Hermann. Man gab ihm eine Fahne. Er flog den preußischen Siegesflug mit. Wir kamen zusammen unter ein Zelt zu liegen. Er sprach viel von seinem alten Vater und von bessern vergangenen Tagen – und von vereitelten Hoffnungen – uns standen die Thränen in den Augen.

D. a. Moor (verhüllt sein Haupt in das Kissen). Stille, o stille!

Hermann. Acht Tage drauf war das heiße Treffen bei Prag,

---

[1] S. S. 55.

– ich darf Euch sagen, Euer Sohn hat sich gehalten wie ein wackerer Kriegsmann. Er that Wunder vor den Augen der Armee. Fünf Regimenter mußten neben ihm wechseln, er stand. Feuerkugeln fielen rechts und links, Euer Sohn stand. Eine Kugel zerschmetterte ihm die rechte Hand, Euer Sohn nahm die Fahne in die Linke, und stand –

Amalia (in Entzückung). Hektor, Hektor! Hört ihr's? er stand –

Hermann. Ich traf ihn am Abend der Schlacht niedergesunken unter Kugelgepfeife, mit der Linken hielt er das stürzende Blut, die Rechte hatte er in die Erde gegraben. „Bruder!" rief er mir entgegen, „es lief ein Gemurmel durch die Glieder, der General sei vor einer Stunde gefallen." – „Er ist gefallen", sagt' ich, „und du?" – „Nun, wer ein braver Soldat ist", rief er und ließ die linke Hand los, „der folge seinem General wie ich!" Bald darauf hauchte er seine große Seele dem Helden zu.

Franz (wild auf Hermann losgehend). Daß der Tod deine verfluchte Zunge versiegle! Bist du hieher kommen, unserem Vater den Todesstoß zu geben? – Vater! Amalia! Vater!

Hermann. Es war der letzte Wille meines sterbenden Kameraden. „Nimm dies Schwert", röchelte er, „du wirst's meinem alten Vater überliefern; das Blut seines Sohnes klebt daran; er ist gerochen, er mag sich weiden. Sag' ihm, sein Fluch hätte mich gejagt in Kampf und Tod, ich sei gefallen in Verzweiflung!" Sein letzter Seufzer war Amalia.

Amalia (wie aus einem Todesschlummer aufgejagt). Sein letzter Seufzer – Amalia!

D. a. Moor (gräßlich schreiend, sich die Haare ausraufend). Mein Fluch ihn gejagt in den Tod! gefallen in Verzweiflung!

Franz (umherirrend im Zimmer). O! was habt Ihr gemacht, Vater? Mein Karl, mein Bruder!

Hermann. Hier ist das Schwert, und hier ist auch ein Porträt, das er zu gleicher Zeit aus dem Busen zog! Es gleicht diesem Fräulein auf ein Haar. Dies soll meinem Bruder Franz, sagte er – ich weiß nicht, was er damit sagen wollte.

Franz (wie erstaunt). Mir? Amalias Porträt? Mir, Karl, Amalia? Mir?

Amalia (heftig auf Hermann losgehend). Feiler, bestochener Betrüger! (Faßt ihn hart an.)

Hermann. Das bin ich nicht, gnädiges Fräulein. Sehet selbst, ob's nicht Euer Bild ist – Ihr mögt's ihm wohl selbst gegeben haben.

Franz. Bei Gott! Amalia, das deine! Es ist wahrlich das deine!

Amalia (gibt ihm das Bild zurück). Mein, mein! O Himmel und Erde!

D. a. Moor (schreiend, sein Gesicht zerfleischend). Wehe, wehe! mein Fluch ihn gejagt in den Tod! gefallen in Verzweiflung!

Franz. Und er gedachte meiner in der letzten schweren Stunde des Scheidens, meiner! Englische Seele – da schon das schwarze Panier des Todes über ihm rauschte – meiner! –

D. a. Moor (lallend). Mein Fluch ihn gejagt in den Tod, gefallen mein Sohn in Verzweiflung!

Hermann. Den Jammer steh' ich nicht aus. Lebt wohl, alter Herr! (Leise zu Franz.) Warum habt Ihr auch das gemacht, Junker? (Geht schnell ab.)

Amalia (aufspringend, ihm nach). Bleib! bleib! Was waren seine letzte Worte?

Hermann (zurückrufend). Sein letzter Seufzer war Amalia. (Ab.)

Amalia. Sein letzter Seufzer war Amalia! – Nein! du bist kein Betrüger! So ist es wahr – wahr – er ist tot! – tot! (Hin und her taumelnd, bis sie umsinkt.) tot – Karl ist tot.

Franz. Was seh' ich? Was steht da auf dem Schwert geschrieben mit Blut – Amalia!

Amalia. Von ihm?

Franz. Seh' ich recht oder träum' ich? Siehe da mit blutiger Schrift:

„Franz, verlaß meine Amalia nicht!" Sieh doch! sieh doch! und auf der andern Seite: „Amalia! deinen Eid zerbrach der allgewaltige Tod". – Siehst du nun, siehst du nun? Er schrieb's mit erstarrender Hand, schrieb's mit dem warmen Blut seines Herzens, schrieb's an der Ewigkeit feierlichem Rande! Sein fliehender Geist verzog, Franz und Amalia noch zusammen zu knüpfen.

Amalia. Heiliger Gott! es ist seine Hand. – Er hat mich nie geliebt! (Schnell ab.)

Franz (auf den Boden stampfend). Verzweifelt! meine ganze Kunst erliegt an dem Starrkopf.

D.a.Moor. Wehe, wehe! Verlaß mich nicht, meine Tochter! – Franz, Franz! gib mir meinen Sohn wieder!

Franz. Wer war's, der ihm den Fluch gab? Wer war's, der seinen Sohn jagte in Kampf und Tod und Verzweiflung? – O! er war ein Engel, ein Kleinod des Himmels. Fluch über seine Henker! Fluch, Fluch über Euch selber!

D.a.Moor (schlägt mit geballter Faust wider Brust und Stirn). Er war ein Engel, war Kleinod des Himmels! Fluch, Fluch, Verderben, Fluch über mich selber! Ich bin der Vater, der seinen großen Sohn erschlug. Mich liebt' er bis in den Tod! mich zu rächen, rannte er in Kampf und Tod! Ungeheuer! Ungeheuer! (Wütet wider sich selber.)

Franz. Er ist dahin, was helfen späte Klagen? (Höhnisch lachend.) Es ist leichter morden als lebendig machen. Ihr werdet ihn nimmer aus seinem Grabe zurückholen.

D.a.Moor. Nimmer, nimmer, nimmer aus dem Grabe zurückholen! Hin, verloren auf ewig! – Und du hast mir den Fluch aus dem Herzen geschwätzt, – du – du! – Meinen Sohn mir wieder!

Franz. Reizt meinen Grimm nicht! Ich verlaß Euch im Tode! –

D.a.Moor. Scheusal! Scheusal! Schaff' mir meinen Sohn wieder! (Fährt aus dem Sessel, will Franzen an der Gurgel fassen, der ihn zurückschleudert.)

Franz. Kraftlose Knochen! ihr wagt es – sterbt! verzweifelt! (Ab.)

Der alte Moor.

Tausend Flüche donnern dir nach! Du hast mir meinen Sohn aus den Armen gestohlen. (Voll Verzweiflung hin und her geworfen im Sessel.) Wehe, wehe! Verzweifeln, aber nicht sterben! – Sie fliehen, verlassen mich im Tode – meine gute Engel fliehen von mir, weichen alle die Heilige vom eisgrauen Mörder. –

Wehe, wehe! will mir keiner das Haupt halten, will keiner die ringende Seele entbinden? Keine Söhne! keine Töchter! keine Freunde! – Menschen nur – will keiner? – Allein – verlassen. – Wehe! wehe! – Verzweifeln, aber nicht sterben!

Amalia (mit verweinten Augen).

D. a. Moor. Amalia! Bote des Himmels! Kommst du, meine Seele zu lösen?

Amalia (mit sanfterem Ton). Ihr habt einen herrlichen Sohn verloren.

D. a. Moor. Ermordet, willst du sagen. Mit diesem Zeugnis belastet, tret' ich vor den Richterstuhl Gottes.

Amalia. Nicht also, jammervoller Greis! der himmlische Vater rückt' ihn zu sich. Wir wären zu glücklich gewesen auf dieser Welt. – Droben, droben über den Sonnen – wir sehn ihn wieder.

D. a. Moor. Wiedersehen, wiedersehen! O, es wird mir durch die Seele schneiden ein Schwert – wenn ich, ein Heiliger, ihn unter den Heiligen finde. – Mitten im Himmel werden durch mich schauern Schauer der Hölle! Im Anschauen des Unendlichen mich zermalmen die Erinnerung: ich hab' meinen Sohn ermordet!

Amalia. O, er wird Euch die Schmerzerinnerung aus der Seele lächeln! Seid doch heiter, lieber Vater! ich bin's so ganz. Hat er nicht schon den himmlischen Hörern den Namen Amalia vorgesungen auf der seraphischen Harfe, und die himmlischen Hörer lispelten leise ihn nach? Sein letzter Seufzer war ja Amalia! Wird nicht sein erster Jubel Amalia sein?

D. a. Moor. Himmlischer Trost quillt von deinen Lippen! Er wird mir lächeln, sagst du? vergeben? Du mußt bei mir bleiben, Geliebte meines Karls, wenn ich sterbe.

Amalia. Sterben ist Flug in seine Arme. Wohl Euch! Ihr seid zu beneiden. Warum sind diese Gebeine nicht mürb'? warum diese Haare nicht grau? Wehe über die Kräfte der Jugend! Willkommen, du markloses Alter, näher gelegen dem Himmel und meinem Karl!

Franz tritt auf.

D. a. Moor. Tritt her, mein Sohn! Vergib mir, wenn ich vorhin zu hart gegen dich war! Ich vergebe dir alles. Ich möchte so gern im Frieden den Geist aufgeben.

Franz. Habt Ihr genug um Euren Sohn geweint? Soviel ich sehe, habt Ihr nur einen.

D. a. Moor. Jakob hatte der Söhne zwölf, aber um seinen Joseph hat er blutige Thränen geweint.

Franz. Hum!

D. a. Moor. Geh, nimm die Bibel, meine Tochter, und lies mir die Geschichte Jakobs und Josephs! Sie hat mich immer so gerührt, und damals bin ich noch nicht Jakob gewesen.

Amalia. Welches soll ich Euch lesen? (Nimmt die Bibel und blättert.)

D. a. Moor. Lies mir den Jammer des Verlassenen, als er ihn nimmer unter seinen Kindern fand – und vergebens sein harrte im Kreis seiner elfe – und sein Klagelied, als er vernahm, sein Joseph sei ihm genommen auf ewig –

Amalia (liest). „Da nahmen sie Josephs Rock und schlachteten einen Ziegenbock, und tauchten den Rock in das Blut und schickten den bunten Rock hin, und ließen ihn ihrem Vater bringen und sagen: ‚Diesen haben wir funden, siehe, ob's deines Sohnes Rock sei oder nicht?' (Franz geht plötzlich hinweg.) Er kannte ihn aber und sprach: ‚Es ist meines Sohnes Rock, ein böses Tier hat ihn gefressen, ein reißend Tier hat Joseph zerrissen.'"

D. a. Moor (fällt aufs Kissen zurück). Ein reißend Tier hat Joseph zerrissen!

Amalia (liest weiter). „Und Jakob zerriß seine Kleider und legte einen Sack um seine Lenden und trug Leide um seinen Sohn lange Zeit, und all seine Söhne und Töchter traten auf, daß sie ihn trösteten; aber er wollte sich nicht trösten lassen und sprach: ‚Ich werde mit Leid hinunterfahren –'"

D. a. Moor. Hör' auf, hör' auf! Mir wird sehr übel.

Amalia (hinzuspringend, läßt das Buch fallen). Hilf, Himmel! Was ist das?

D. a. Moor. Das ist der Tod! – Schwarz – schwimmt – vor meinen – Augen – ich bitt' dich – ruf dem Pastor –

daß er mir – das Abendmahl reiche. – Wo ist – mein Sohn Franz?

Amalia. Er ist geflohen! Gott erbarme sich unser!

D. a. Moor. Geflohen – geflohen von des Sterbenden Bett? – – Und das all – all – von zwei Kindern voll Hoffnung. – Du hast sie – gegeben – hast sie – genommen – dein Name sei – –

Amalia (mit einem plötzlichen Schrei). Tot! Alles tot! (Ab in Verzweiflung.)

Franz hüpft frohlockend herein.

Tot, schreien sie, tot! Itzt bin ich Herr. Im ganzen Schlosse zetert es tot! – Wie aber, schläft er vielleicht nur? – Freilich, ach freilich! das ist nun freilich ein Schlaf, wo es ewig niemals Guten Morgen heißt – Schlaf und Tod sind nur Zwillinge. Wir wollen einmal die Namen wechseln! Wackerer, willkommener Schlaf! Wir wollen dich Tod heißen! (Er drückt ihm die Augen zu.) Wer wird nun kommen und es wagen, mich vor Gericht zu fordern? oder mir ins Angesicht zu sagen: du bist ein Schurke! Weg dann mit dieser lästigen Larve von Sanftmut und Tugend! Nun sollt ihr den nackten Franz sehen und euch entsetzen! Mein Vater überzuckerte seine Forderungen, schuf sein Gebiet zu einem Familienzirkel um, saß liebreich lächelnd am Thor und grüßte sie Brüder und Kinder. – Meine Augbraunen sollen über euch herhangen wie Gewitterwolken, mein herrischer Name schweben wie ein drohender Komet über diesen Gebirgen, meine Stirne soll euer Wetterglas sein! Er streichelte und koste den Nacken, der gegen ihn störrig zurückschlug. Streicheln und Kosen ist meine Sache nicht. Ich will euch die zackigte Sporen ins Fleisch hauen und die scharfe Geißel versuchen. – In meinem Gebiet soll's so weit kommen, daß Kartoffeln und Dünnbier ein Traktament für Festtage werden, und wehe dem, der mir mit vollen, feurigen Backen unter die Augen tritt! Blässe der Armut und sklavischen Furcht sind meine Leibfarbe! In diese Liverei will ich euch kleiden! (Er geht ab.)

Dritte Szene.

Die Böhmischen Wälder.

Spiegelberg. Razmann. Räuberhaufen.

Razmann. Bist da?[1] bist's wirklich? So laß dich doch zu Brei zusammendrucken, lieber Herzensbruder Moritz! Willkommen in den Böhmischen Wäldern! Bist ja groß worden und stark. Stern-Kreuz-Bataillon! Bringst ja Rekruten mit einen ganzen Trieb[2], du trefflicher Werber.

Spiegelberg. Gelt, Bruder? Gelt? Und das ganze Kerl darzu! – Du glaubst nicht, Gottes sichtbarer Segen ist bei mir; war dir ein armer hungriger Tropf, hatte nichts als diesen Stab, da ich über den Jordan ging[3], und itzt sind unserer achtundsiebenzig, meistens ruinierte Krämer, rejicierte Magister und Schreiber aus den schwäbischen Provinzen. Das ist dir ein Korps Kerles, Bruder, deliziöse Bursche, sag' ich dir, wo als[4] einer dem andern die Knöpfe von den Hosen stiehlt und mit geladener Flinte neben ihm sicher ist – und haben vollauf und stehen dir in einem Renommee vierzig Meilen weit, das nicht zu begreifen ist. Da ist dir keine Zeitung, wo du nicht ein Artikelchen von dem Schlaukopf Spiegelberg wirst getroffen haben; ich halte sie mir auch pur deswegen. – Vom Kopf bis zu'n Füßen haben sie mich dir hingestellt, du meinst, du sähst mich; sogar meine Rockknöpfe haben sie nicht vergessen. Aber wir führen sie erbärmlich am Narrenseil herum. Ich geh' letzthin in die Druckerei, geb' vor, ich hätte den berüchtigten Spiegelberg gesehn, und diktier' einem Skrizler, der dort saß, das leibhafte Bild von einem dortigen Wurmdoktor in die Feder; das Ding kommt um, der Kerl wird eingezogen, parforce inquiriert, und in der Angst und in der Dummheit gesteht er dir, hol' mich der Teufel! gesteht dir, er sei der Spiegelberg. – Donner und Wetter! Ich war

---

[1] Spiegelberg ist längere Zeit auf einer Werbefahrt von der Hauptbande getrennt gewesen.

[2] Das Zusammengetriebene, Schar, Trupp. Ebenso Bd. I, S. 55.

[3] Worte Jakobs, 1. Mos. 32, 10. – Spiegelberg bleibt immer bei seiner Lieblingsidee, indem er sich mit den Juden vergleicht.

[4] Aus „alles" entstanden: immer, gewöhnlich.

eben auf dem Sprung, mich beim Magistrat anzugeben, daß die Kanaille mir meinen Namen so verhunzen soll. – Wie ich sage, drei Monat drauf hangt er. Ich mußte nachher eine derbe Prise Tobak in die Nase reiben, als ich am Galgen vorbeispazierte und den Pseudo-Spiegelberg in seiner Glorie da paradieren sah – und unterdessen daß Spiegelberg hangt, schleicht sich Spiegelberg ganz sachte aus den Schlingen und deutet der superklugen Gerechtigkeit hinterrucks Eselsohren[1], daß 's zum Erbarmen ist.

Razmann (lacht). Du bist eben noch immer der Alte.

Spiegelberg. Das bin ich, wie du siehst, an Leib und Seel'. Narr! einen Spaß muß ich dir doch erzählen, den ich neulich im Cäcilien-Kloster angerichtet habe. Ich treffe das Kloster auf meiner Wanderschaft so gegen die Dämmerung, und da ich eben den Tag noch keine Patrone verschossen hatte, du weißt, ich hasse das *diem perdidi*[2] auf den Tod, so mußte die Nacht noch durch einen Streich verherrlicht werden, und sollt's dem Teufel um ein Ohr gelten![3] Wir halten uns ruhig bis in die späte Nacht. Es wird mausstill. Die Lichter gehen aus. Wir denken, die Nonnen könnten itzt in den Federn sein. Nun nehm' ich meinen Kameraden Grimm mit mir, heiß' die andern warten vorm Thor, bis sie mein Pfeifchen hören würden, – versichere mich des Klosterwächters, nehm' ihm die Schlüssel ab, schleich' mich hinein, wo die Mägde schliefen, praktizier' ihnen die Kleider weg, und heraus mit dem Pack zum Thor. Wir gehn weiter von Zelle zu Zelle, nehmen einer Schwester nach der andern die Kleider, endlich auch der Äbtissin. – Itzt pfeif' ich, und meine Kerls draußen fangen an zu stürmen und zu hasselieren[4], als käm' der Jüngste Tag, und hinein mit bestialischem Gepolter in die Zellen der Schwestern! – Hahaha! – da hättest du die Hatz sehen sollen, wie die armen Tierchen in der Finstere nach ihren Röcken

---

[1] Durch die Finger der Hand Eselsohren andeuten, darstellen.

[2] „Ich habe den Tag verloren." Bekanntes Wort des Kaisers Titus, wenn er an einem Tage keine Gelegenheit gehabt hatte, etwas Gutes zu thun.

[3] Und sollte es dem Teufel ein Ohr kosten. Man sagt: dem Teufel ein Ohr ablügen, abschwören u. dgl. von übermäßig argem, unsinnigem Treiben. Also: Und sollt' ich das Tollste unternehmen!

[4] Ungestüm lärmen; eigentlich „harselieren", aus dem Französischen *harceler*, necken, beunruhigen.

tappten und sich jämmerlich gebärdeten, wie sie zum Teufel waren, und wir indes wie alle Donnerwetter zugesetzt, und wie sie sich vor Schreck und Bestürzung in Bettlaken wickelten, oder unter dem Ofen zusammenkrochen wie Katzen, andere in der Angst ihres Herzens die Stube so besprenzten, daß du hättest das Schwimmen drin lernen können, und das erbärmliche Gezeter und Lamento, und endlich gar die alte Schnurre, die Äbtissin, angezogen wie Eva vor dem Fall – du weißt, Bruder, daß mir auf diesem weiten Erdenrund kein Geschöpf so zuwider ist als eine Spinne und ein altes Weib, und nun denk' dir einmal die schwarzbraune, runzlichte, zottigte Vettel vor mir herumtanzen und mich bei ihrer jungfräulichen Sittsamkeit beschwören – alle Teufel! ich hatte schon den Ellbogen angesetzt, ihr die übriggebliebenen wenigen Edlen[1] vollends in den Mastdarm zu stoßen – kurz resolviert! entweder heraus mit dem Silbergeschirr, mit dem Klosterschatz und allen den blanken Thälerchen, oder – meine Kerls verstanden mich schon. – Ich sage dir, ich hab' aus dem Kloster mehr dann tausend Thaler Werts geschleift, und den Spaß obendrein, und meine Kerls haben ihnen ein Andenken hinterlassen, sie werden ihre neun Monate dran zu schleppen haben.

Razmann (auf den Boden stampfend). Daß mich der Donner da weg hatte!

Spiegelberg. Siehst du? Sag' du mehr[2], ob das kein Luderleben ist? Und dabei bleibt man frisch und stark, und das Korpus ist noch beisammen und schwillt dir stündlich wie ein Prälatsbauch. – Ich weiß nicht, ich muß was Magnetisches an mir haben, das dir alles Lumpengesindel auf Gottes Erdboden anzieht wie Stahl und Eisen.

Razmann. Schöner Magnet du! Aber so möcht' ich Henkers doch wissen, was für Hexereien du brauchst –

Spiegelberg. Hexereien? Braucht keiner Hexereien – Kopf mußt du haben! Ein gewisses praktisches Judicium, das man freilich nicht in der Gerste frißt – denn siehst du, ich pfleg'

---

[1] Die Zähne. Parodie auf Klopstocks „Messias" 4, 20: „Von der Zahl der übriggebliebenen wenigen Edlen."

[2] Noch ferner.

immer zu sagen, einen honetten Mann kann man aus jedem Weidenstotzen[1] formen, aber zu einem Spitzbuben will's Grütz. – Auch gehört darzu ein eigenes Nationalgenie, ein gewisses, daß ich so sage, Spitzbubenklima, und da rat' ich dir, reis' du ins Graubünderland, das ist das Athen der heutigen Gauner.

Razmann. Bruder! man hat mir überhaupt das ganze Italien gerühmt.

Spiegelberg. Ja, ja! man muß niemand sein Recht vorenthalten, Italien weist auch seine Männer auf, und wenn Deutschland so fort macht, wie es bereits auf dem Weg ist, und die Bibel vollends hinausvotiert, wie es die glänzendsten Aspekten hat, so kann mit der Zeit auch noch aus Deutschland was Gutes kommen, – überhaupt aber, muß ich dir sagen, macht das Klima nicht sonderlich viel, das Genie kommt überall fort, und das übrige, Bruder – ein Holzapfel, weißt du wohl, wird im Paradiesgärtlein selber ewig keine Ananas. – Aber daß ich dir weiter sage, – wo bin ich stehen geblieben?

Razmann. Bei den Kunstgriffen.

Spiegelberg. Ja recht, bei den Kunstgriffen. So ist dein erstes, wenn du in die Stadt kommst, du ziehst bei den Bettelvögten, Stadtpatrollanten und Zuchtknechten Kundschaft ein, wer so am fleißigsten bei ihnen einspreche, die Ehre gebe, und diese Kunden suchst du auf. – Ferner nistest du dich in die Kaffeehäuser, Bordelle, Wirtshäuser ein, spähst, sondierst, wer am meisten über die wohlfeile Zeit, die fünf Prozent[2], über die einreißende Pest der Polizeiverbesserungen schreit, wer am meisten über die Regierung schimpft oder wider die Physiognomik eifert und dergleichen. Bruder! das ist die rechte Höhe! Die Ehrlichkeit wackelt wie ein hohler Zahn, du darfst nur den Pelikan[3] ansetzen. – Oder besser und kürzer, du gehst und wirfst einen vollen Beutel auf die offene Straße, versteckst dich irgendwo und merkst dir wohl, wer ihn aufhebt. – Eine Weile drauf jagst du hinterher, suchst, schreist und fragst nur so im Vorbeigehen: „Haben der

[1] Weidenstumpf.
[2] Beispiel eines besonders niedrigen Prozentsatzes.
[3] Instrument zum Zahnausziehen.

Herr nicht etwa einen Geldbeutel gefunden?" Sagt er ja, – nun so hat's der Teufel gesehen; leugnet er's aber: „Der Herr verzeihen – ich wüßte mich nicht zu entsinnen, – ich bedaure", (aufspringend) Bruder! Triumph, Bruder! Lösch' deine Laterne aus, schlauer Diogenes![1] – du hast deinen Mann gefunden.

Razmann. Du bist ein ausgelernter Praktikus.

Spiegelberg. Mein Gott! als ob ich noch jemals dran gezweifelt hätte. – Nun du deinen Mann in dem Hamen[2] hast, mußt du's auch fein schlau angreifen, daß du ihn hebst! – Siehst du, mein Sohn! das hab' ich so gemacht: Sobald ich einmal die Fährte hatte, hängt' ich mich meinem Kandidaten an wie eine Klette, saufte Brüderschaft mit ihm, und, notabene! zechfrei mußt du ihn halten! da geht freilich ein Schönes drauf, aber das achtest du nicht – – du gehst weiter, du führst ihn in Spielkompagnien und bei liederlichen Menschern ein, verwickelst ihn in Schlägereien und schelmische Streiche, bis er an Saft und Kraft und Geld und Gewissen und gutem Namen bankrutt wird; denn incidenter[3] muß ich dir sagen, du richtest nichts aus, wenn du nicht Leib und Seele verderbst. – Glaube mir, Bruder, das hab' ich aus meiner starken Praxi wohl fünfzigmal abstrahiert, wenn der ehrliche Mann einmal aus dem Nest gejagt ist, so ist der Teufel Meister – der Schritt ist dann so leicht – o so leicht, als der Sprung von einer Hure zu einer Betschwester. – Horch doch! was für ein Knall war das?

Razmann. Es war gedonnert, nur fortgemacht!

Spiegelberg. Noch ein kürzerer, besserer Weg ist der, du plünderst deinem Mann Haus und Hof ab, bis ihm kein Hemd mehr am Leibe hebt[4], alsdann kommt er dir von selber. – Lern' mich die Pfiffe nicht, Bruder – frag' einmal das Kupfergesicht dort – Schwerenot! den hab' ich schön ins Garn gekriegt – ich hielt ihm vierzig Dukaten hin, die sollt' er haben, wenn er

[1] Der Philosoph Diogenes aus Sinope (414–324 v. Chr.) soll am hellen Tage mit der Laterne auf dem Markte von Athen umhergegangen sein und auf die Frage, was er suche, geantwortet haben: „Menschen!"

[2] Ein beutelförmiges Netz zum Fischfang.

[3] Da es hierher gehört, hier hineinschlägt (lat. *incidere*, hineinfallen).

[4] Schwäbisch für: hält.

mir seines Herrn Schlüssel in Wachs drücken wollte. – Denk' einmal! die dumme Bestie thut's, bringt mir, hol' mich der Teufel, die Schlüssel und will itzt das Geld haben – „Monsieur", sagt' ich, „weiß Er auch, daß ich itzt diese Schlüssel geradeswegs zum Polizeileutnant trage und ihm ein Logis am lichten[1] Galgen miete?" – Tausendsakerment! da hättest du den Kerl sehen sollen die Augen aufreißen und anfangen zu zappeln wie ein nasser Budel. – – „Ums Himmelswillen hab' der Herr doch Einsicht! ich will – will" – „Was will Er? Will Er itzt gleich den Zopf hinaufschlagen[2] und mit mir zum Teufel gehn?" – „O von Herzen gern, mit Freuden" – Hahaha! guter Schlucker, mit Speck fangt man Mäuse. – Lach' ihn doch aus, Razmann! hahaha!

Razmann. Ja! ja! ich muß gestehen. Ich will mir diese Lektion mit goldnen Ziffern auf meine Hirntafel schreiben. Der Satan mag seine Leute kennen, daß er dich zu seinem Mäkler gemacht hat.

Spiegelberg. Gelt, Bruder? Und ich denke, wenn ich ihm zehen stelle, läßt er mich frei ausgehn. Gibt ja jeder Verleger seinem Sammler das zehente Exemplar gratis, warum soll der Teufel so jüdisch zu Werk gehn? – Razmann! ich rieche Pulver –

Razmann. Sapperment! ich riech's auch schon lang'. – Gib acht, es wird in der Näh' was gesetzt haben! – Ja, ja, wie ich dir sage, Moritz, du wirst dem Hauptmann mit deinen Rekruten willkommen sein – er hat auch schon brave Kerl angelockt.

Spiegelberg. Aber die meinen! die meinen – pah –

Razmann. Nun ja! sie mögen hübsche Fingerchen haben – aber ich sage dir, der Ruf unsers Hauptmanns hat auch schon ehrliche Kerl in Versuchung geführt.

Spiegelberg. Ich will nicht hoffen.

Razmann. Sans Spaß! Und sie schämen sich nicht, unter ihm zu dienen. Er mordet nicht um des Raubes willen, wie

[1] Vgl. S. 36.
[2] Sich marschbereit machen.

wir – nach dem Geld schien er nicht mehr zu fragen, sobald er's vollauf haben konnte, und selbst sein Dritteil an der Beute, das ihn von Rechts wegen trifft, verschenkt er an Waisenkinder oder läßt damit arme Jungen von Hoffnung studieren. Aber soll er dir einen Landjunker schröpfen, der seine Bauren wie das Vieh abschindet, oder einen Schurken mit goldnen Borten unter den Hammer kriegen, der die Gesetze falschmünzt und das Auge der Gerechtigkeit übersilbert, oder sonst ein Herrchen von dem Gelichter – Kerl! da ist er dir in seinem Element und haust teufelmäßig, als wenn jede Faser an ihm eine Furie wäre.

Spiegelberg. Hum! Hum!

Razmann. Neulich erfuhren wir im Wirtshaus, daß ein reicher Graf von Regensburg durchkommen würde, der einen Prozeß von einer Million durch die Pfiffe seines Advokaten durchgesetzt hätte; er saß eben am Tisch und brettelte[1]: – „Wieviel sind unserer?" frug er mich, indem er hastig aufstand; ich sah ihn die Unterlippe zwischen die Zähne klemmen, welches er nur thut, wenn er am grimmigsten ist. – „Nicht mehr als fünf!" sagt' ich. – „Es ist genug!" sagt' er, warf der Wirtin das Geld auf den Tisch, ließ den Wein, den er sich hatte reichen lassen, unberührt stehen – wir machten uns auf den Weg. Die ganze Zeit über sprach er kein Wort, lief abseitwärts und allein, nur daß er uns von Zeit zu Zeit fragte, ob wir noch nichts gewahr worden wären, und uns befahl, das Ohr an die Erde zu legen. Endlich so kommt der Graf hergefahren, der Wagen schwer bepackt, der Advokat saß bei ihm drin, voraus ein Reuter, nebenher ritten zwei Knechte. – Da hättest du den Mann sehen sollen, wie er, zwei Terzerolen in der Hand, vor uns her auf den Wagen zusprang! Und die Stimme, mit der er rief: „Halt!" – Der Kutscher, der nicht Halt machen wollte, mußte vom Bock herabtanzen; der Graf schoß aus dem Wagen in den Wind, die Reuter flohen – „Dein Geld, Kanaille!" rief er donnernd – er lag wie ein Stier unter dem Beil. – „Und bist du der Schelm, der die Gerechtigkeit zur feilen Hure macht?" Der Advokat zitterte, daß ihm die Zähne

[1] Spielte im Brett, Schach, Dame oder dergleichen.

klapperten – der Dolch stak in seinem Bauch wie ein Pfahl in dem Weinberg. – „Ich habe das Meine gethan!" rief er und wandte sich stolz von uns weg; „das Plündern ist eure Sache." Und somit verschwand er in den Wald.

Spiegelberg. Hum, hum! Bruder, was ich dir vorhin erzählt habe, bleibt unter uns, er braucht's nicht zu wissen. Verstehst du?

Razmann. Recht, recht! ich versteh'.

Spiegelberg. Du kennst ihn ja! Er hat so seine Grillen. Du verstehst mich.

Razmann. Ich versteh', ich versteh'.

Schwarz in vollem Lauf.

Razmann. Wer da? was gibt's da? Passagiers im Wald?

Schwarz. Hurtig, hurtig! wo sind die andern? – Tausendsakerment; ihr steht da und plaudert? Wißt ihr denn nicht – wißt ihr denn gar nicht? – und Roller –

Razmann. Was dann? was dann?

Schwarz. Roller ist gehangen, noch vier andere mit –

Razmann. Roller? Schwerenot! seit wenn – woher weißt du's.

Schwarz. Schon über drei Wochen sitzt er, und wir erfahren nichts; schon drei Rechtstäge sind über ihn gehalten worden, und wir hören nichts? man hat ihn auf der Tortur examiniert, wo der Hauptmann sei? – Der wackere Bursche hat nichts bekannt; gestern ist ihm der Prozeß gemacht worden, diesen Morgen ist er dem Teufel extra Post zugefahren.

Razmann. Vermaledeit! weiß es der Hauptmann?

Schwarz. Erst gestern erfährt er's. Er schäumt wie ein Eber. Du weißt's, er hat immer am meisten gehalten auf Roller, und nun die Tortur erst. – Strick und Leiter sind schon an den Turm gebracht worden, es half nichts; er selbst hat sich schon in Kapuzinerskutte zu ihm geschlichen und die Person mit ihm wechseln wollen: Roller schlug's hartnäckig ab; itzt hat er einen Eid geschworen, daß es uns eiskalt über die Leber lief, er wolle ihm eine Todesfackel anzünden, wie sie noch keinem König geleuchtet hat, die ihnen den Buckel braun und blau brennen soll. Mir ist bang' für die Stadt. Er hat schon lang' eine Pike auf sie, weil sie so schändlich bigott ist, und du weißt, wenn er sagt: Ich will's thun! so ist's so viel, als wenn's unsereiner gethan hat.

Razmann. Das ist wahr! Ich kenne den Hauptmann. Wenn er dem Teufel sein Wort drauf gegeben hätte, in die Hölle zu fahren, er würde nie beten, wenn er mit einem halben Vaterunser selig werden könnte! – Aber ach, der arme Roller! – der arme Roller!

Spiegelberg. *Memento mori!*[1] Aber das regt mich nicht an. (Trillert ein Liedchen.)

Geh' ich vorbei am Rabensteine,
So blinz' ich nur das rechte Auge zu,
Und denk', du hängst mir wohl alleine,
Wer ist ein Narr, ich oder du?

Razmann. (aufspringend). Horch! ein Schuß. (Schießen und Lärmen.)

Spiegelberg. Noch einer!

Razmann. Wieder einer! der Hauptmann!

(Hinter der Szene gesungen.)

Die Nürenberger henken keinen,
Sie hätten ihn denn vor.
Da capo!

Schweizer. Roller (hinter der Szene). Holla ho! Holla ho!

Razmann. Roller! Roller! holen mich zehn Teufel!

Schweizer. Roller (hinter der Szene). Razman! Schwarz! Spiegelberg! Razmann!

Razmann. Roller! Schweizer! Blitz, Donner, Hagel und Wetter! (Fliegen ihm entgegen.)

Räuber Moor zu Pferd. **Schweizer. Roller. Grimm. Schufterle. Räubertrupp,** mit Kot und Staub bedeckt, treten auf.

Räuber Moor (vom Pferd springend). Freiheit! Freiheit! – – Du bist im Trocknen, Roller! – Führ' meinen Rappen ab, Schweizer, und wasch' ihn mit Wein. (Wirft sich auf die Erde.) Das hat gegolten!

---

[1] Denke an den Tod!

Razmann (zu Roller). Nun, bei der Feueresse des Plutos! bist du vom Rad auferstanden?

Schwarz. Bist du sein Geist? oder bin ich ein Narr? oder bist du's wirklich?

Roller (in Atem). Ich bin's. Leibhaftig. Ganz. Wo glaubst du, daß ich herkomme?

Schwarz. Da frag' die Hexe! Der Stab war schon über dich gebrochen.

Roller. Das war er freilich, und noch mehr. Ich komme *recta* vom Galgen her. Laß mich nur erst zu Atem kommen. Der Schweizer wird dir erzählen. Gebt mir ein Glas Branntenwein! – Du auch wieder da, Moritz? Ich dachte, dich wo anders wiederzusehen. – Gebt mir doch ein Glas Branntenwein! meine Knochen fallen auseinander – o mein Hauptmann! wo ist mein Hauptmann?

Schwarz. Gleich, gleich! – so sag' doch, so schwätz' doch! wie bist du davon kommen? wie haben wir dich wieder? Der Kopf geht mir um. Vom Galgen her, sagst du?

Roller (stürzt eine Flasche Branntenwein hinunter). Ah! das schmeckt, das brennt ein! Geradeswegs vom Galgen her, sag' ich. Ihr steht da, und gafft, und könnt's nicht träumen – ich war auch nur drei Schritte von der Sakermentsleiter, auf der ich in den Schoß Abrahams steigen sollte – so nah, so nah – war dir schon mit Haut und Haar auf die Anatomie verhandelt! hättest mein Leben um'n Prise Schnupftabak haben können. Dem Hauptmann dank' ich Luft, Freiheit und Leben.

Schweizer. Es war ein Spaß, der sich hören läßt. Wir hatten den Tag vorher durch unsre Spionen Wind gekriegt, der Roller liege tüchtig im Salz[1], und wenn der Himmel nicht beizeit noch einfallen wollte, so werde er morgen am Tag – das war als heut – den Weg alles Fleisches gehen müssen. Auf! sagt der Hauptmann, was wiegt ein Freund nicht? – Wir retten ihn, oder retten ihn nicht, so wollen wir ihm wenigstens doch eine Todesfackel anzünden, wie sie noch keinem König ge-

[1] Von böser, gefährlicher Lage. Vgl. einem etwas versalzen.

leuchtet hat, die ihnen den Buckel braun und blau brennen soll. Die ganze Bande wird aufgeboten. Wir schicken einen Expressen an ihn, der's ihm in einem Zettelchen beibrachte, das er ihm in die Suppe warf.

Roller. Ich verzweifelte an dem Erfolg.

Schweizer. Wir paßten die Zeit ab, bis die Passagen leer waren. Die ganze Stadt zog dem Spektakel nach, Reuter und Fußgänger durcheinander und Wagen, der Lärm und der Galgenpsalm johlten weit. Itzt, sagt der Hauptmann, brennt an, brennt an! Die Kerl flogen wie Pfeile, steckten die Stadt an dreiunddreißig Ecken zumal in Brand, werfen feurige Lunten in die Nähe des Pulverturms, in Kirchen und Scheunen. – *Mordbleu!* es war keine Viertelstunde vergangen, der Nordostwind, der auch seinen Zahn auf die Stadt haben muß, kam uns trefflich zu statten und half die Flamme bis hinauf in die obersten Giebel jagen. Wir indes Gasse auf, Gasse nieder, wie Furien – Feuerjo! Feurjo! durch die ganze Stadt – Geheul – Geschrei – Gepolter – fangen an die Brandglocken zu brummen, knallt der Pulverturm in die Luft, als wär' die Erde mitten entzweigeborsten, und der Himmel zerplatzt, und die Hölle zehntausend Klafter tiefer versunken.

Roller. Und itzt sah mein Gefolge zurück – da lag die Stadt wie Gomorrha und Sodom, der ganze Horizont war Feuer, Schwefel und Rauch, vierzig Gebirge brüllen den infernalischen Schwank[1] in die Rund' herum nach, ein panischer Schreck schmeißt alle zu Boden – itzt nutz' ich den Zeitpunkt, und risch, wie der Wind! – ich war losgebunden; so nah' war's dabei – da meine Begleiter versteinert wie Lots Weib[2] zurückschaun; Reißaus! zerrissen die Haufen! davon! Sechzig Schritte weg werf' ich die Kleider ab, stürze mich in den Fluß, schwimm' unterm Wasser fort, bis ich glaubte, ihnen aus dem Gesichte zu sein. Mein Hauptmann schon parat mit Pferden und Kleidern

[1] Den „höllischen Spaß", d. h. die furchtbare Feuersbrunst, insbesondere das Auffliegen des Pulverturms. Es donnert und brüllt dabei so laut, als ob vierzig Gebirge in der Runde den Widerhall zurückwürfen.

[2] Sie wurde zur „Salzsäule", da sie wider das Verbot zurückschaute. 1. Mos. 19, 26.

– so bin ich entkommen. Moor! Moor! möchtest du bald auch in den Pfeffer geraten, daß ich dir Gleiches mit Gleichem vergelten kann!

Razmann. Ein bestialischer Wunsch, für den man dich hängen sollte – aber es war ein Streich zum Zerplatzen.

Roller. Es war Hülfe in der Not; ihr könnt's nicht schätzen. Ihr hättet sollen – den Strick um den Hals – mit lebendigem Leib zu Grabe marschieren wie ich, und die sakermentalischen Anstalten und Schinderszeremonien, und mit jedem Schritt, den der scheue Fuß vorwärts wankte, näher und fürchterlich näher die verfluchte Maschine, wo ich einlogiert werden sollte, im Glanz der schrecklichen Morgensonne steigend, und die laurenden Schindersknechte und die gräßliche Musik – noch raunt sie in meinen Ohren – und das Gekrächz hungriger Raben, die an meinem halbfaulen Antecessor[1] zu dreißigen hingen, und das alles, alles – und obendrein noch der Vorschmack der Seligkeit, die mir blühete! – Bruder, Bruder! und auf einmal die Losung zur Freiheit. – Es war ein Knall, als ob dem Himmelfaß ein Reif gesprungen wäre. – Hört, Kanaillen! ich sag' euch, wenn man aus dem glühenden Ofen ins Eiswasser springt, kann man den Abfall nicht so stark fühlen als ich, da ich am andern Ufer war.

Spiegelberg (lacht). Armer Schlucker! Nun ist's ja verschwitzt. (Trinkt ihm zu.) Zur glücklichen Wiedergeburt!

Roller (wirft sein Glas weg). Nein, bei allen Schätzen des Mammons! ich möchte das nicht zum zweitenmal erleben. Sterben ist etwas mehr als Harlekinssprung, und Todesangst ist ärger als Sterben.

Spiegelberg. Und der hüpfende Pulverturn – merkst du's itzt, Razmann? drum stank auch die Luft so nach Schwefel stundenweit, als würde die ganze Garderobe des Molochs[2] unter dem Firmament ausgelüftet – es war ein Meisterstreich, Hauptmann! ich beneide dich drum.

---

[1] Vorgänger.

[2] Im Alten Testament ein Götze der Ammoniter (so S. 85,16); hier nach Miltons und Klopstocks Vorgang Name eines Teufels. Vgl. S. 154,15.

Schweizer. Macht sich die Stadt eine Freude daraus, meinen Kameraden wie ein verhetztes Schwein abthun zu sehen, was, zum Henker! sollen wir uns ein Gewissen daraus machen, unserem Kameraden zu Lieb' die Stadt drauf gehen zu lassen? Und nebenher hatten unsere Kerls noch das gefundene Fressen, über den alten Kaiser[1] zu plündern. – Sagt einmal, was habt ihr weggekapert?

Einer von der Bande. Ich hab' mich während des Durcheinanders in die Stephanskirche geschlichen und die Borten vom Altartuch abgetrennt; der liebe Gott da, sagt' ich, ist ein reicher Mann und kann ja Goldfäden aus einem Batzenstrick machen.

Schweizer. Du hast wohl gethan – was soll auch der Plunder in einer Kirche? Sie tragen's dem Schöpfer zu, der über den Trödelkram lachet, und seine Geschöpfe dürfen verhungern. – Und du, Spangeler – wo hast du dein Netz ausgeworfen?

Ein Zweiter. Ich und Bügel haben einen Kaufladen geplündert und bringen Zeug für unser funfzig mit.

Ein Dritter. Zwei goldne Sackuhren hab' ich weggebixt[2], und ein Dutzend silberne Löffel darzu.

Schweizer. Gut, gut. Und wir haben ihnen eins angerichtet, dran sie vierzehn Tage werden zu löschen haben. Wenn sie dem Feuer wehren wollen, so müssen sie die Stadt durch Wasser ruinieren – weißt du nicht, Schufterle, wieviel es Tote gesetzt hat?

Schufterle. Dreiundachtzig, sagt man. Der Turm allein hat ihrer sechzig zu Staub zerschmettert.

Räuber Moor (sehr ernst). Roller, du bist teuer bezahlt.

Schufterle. Pah, pah! was heißt aber das? – ja, wenn's Männer gewesen wären – aber da waren's Wickelkinder, die ihre Laken vergolden, eingeschnurrte Mütterchen, die ihnen die Mücken wehrten, ausgedörrte Ofenhocker, die keine Thüre mehr finden konnten – Patienten, die nach dem Dokter winselten, der in seinem gravitätischen Trab der Hatz nachgezogen war. – Was

[1] Ohne Scheu und Scham, ins Gelag hinein. Ursprünglich: auf den alten Kaiser (hinein), d. h. auf seine Rechnung z. B. leben, zechen, sündigen u. dgl.

[2] In die Hosentasche gesteckt, gestohlen.

leichte Beine hatte, war ausgeflogen, der Komödie nach, und nur der Bodensatz der Stadt blieb zurück, die Häuser zu hüten.

Moor. O der armen Gewürme! Kranke, sagst du, Greise und Kinder?

Schufterle. Ja zum Teufel! und Kindbetterinnen darzu, und hochschwangere Weiber, die befürchteten, unterm lichten Galgen zu abortieren; junge Frauen, die besorgten, sich an den Schindersstückchen zu versehen und ihrem Kind in Mutterleib den Galgen auf den Buckel zu brennen. – Arme Poeten, die keinen Schuh anzuziehen hatten, weil sie ihr einziges Paar in die Mache gegeben, und was das Hundsgesindel mehr ist; es lohnt sich der Mühe nicht, daß man davon red't. Wie ich von ungefähr so an einer Baracke vorbeigehe, hör' ich drinnen ein Gezeter, ich guck' hinein, und wie ich's beim Licht besehe, was war's? ein Kind war's, noch frisch und gesund, das lag auf dem Boden unterm Tisch, und der Tisch wollte eben angehen. – Armes Tierchen, sagt' ich, du verfrierst ja hier – und warf's in die Flamme –

Moor. Wirklich, Schufterle? – Und diese Flamme brenne in deinem Busen, bis die Ewigkeit grau wird! – Fort! Ungeheuer! Laß dich nimmer unter meiner Bande sehen! Murrt ihr? – Überlegt ihr? – Wer überlegt, wann ich befehle? – Fort mit ihm, sag' ich. – Es sind noch mehr unter euch, die meinem Grimm reif sind. Ich kenne dich, Spiegelberg. Aber ich will nächstens unter euch treten und fürchterlich Musterung halten.

(Sie gehn zitternd ab.)

Moor allein, heftig auf und ab gehend.

Höre sie nicht, Rächer im Himmel! – was kann ich dafür? Was kannst du dafür, wenn deine Pestilenz, deine Teurung, deine Wasserfluten den Gerechten mit dem Bösewicht auffressen? Wer kann der Flamme befehlen, daß sie nicht auch durch die gesegneten Saaten wüte, wenn sie das Genist der Hornissel zerstören soll? – O pfui über den Kindermord! den Weibermord! – den Krankenmord! Wie beugt mich diese That! Sie hat meine schönsten Werke vergiftet. – Da steht der Knabe, schamrot und ausgehöhnt vor dem Auge des Himmels, der sich anmaßte, mit Jupiters Keule zu spielen, und Pygmäen niederwarf, da er Titanen zerschmettern sollte. – Geh, geh! du bist der Mann nicht, das Rachschwert der obern Tribunal zu regieren, du erlagst bei dem ersten Griff. – Hier entsag' ich dem frechen Plan, gehe, mich in irgend eine Kluft der Erde zu verkriechen, wo der Tag vor meiner Schande zurücktritt. (Er will fliehen.)

Räuber eilig.

Sieh dich vor, Hauptmann! Es spukt! Ganze Haufen böhmischer Reiter schwadronieren im Holz herum – der höllische Blaustrumpf[1] muß ihnen verträtscht[2] haben –

Neue Räuber.

Hauptmann! Hauptmann! Sie haben uns die Spur abgelauert – rings ziehen ihrer etliche Tausend einen Kordon um den mittlern Wald.

Neue Räuber.

Weh, weh, weh! Wir sind gefangen, gerädert, wir sind gevierteilt! Viele Tausend Husaren, Dragoner und Jäger sprengen um die Anhöhe und halten die Luftlöcher besetzt.

(Moor geht ab.)

Schweizer. Grimm. Roller. Schwarz. Schufterle. Spiegelberg. Razmann. Räubertrupp.

Schweizer. Haben wir sie aus den Federn geschüttelt? Freu' dich doch, Roller! Das hab' ich mir lange gewünscht, mich mit so Kommißbrotrittern herumzuhauen. – Wo ist der Hauptmann? Ist die ganze Bande beisammen? Wir haben doch Pulver genug?

Razmann. Pulver die schwere Meng'. Aber unser sind achtzig in allem, und so immer kaum einer gegen ihrer zwanzig.

Schweizer. Desto besser! und laß es fünfzig gegen meinen großen Nagel sein – haben sie so lang' gewartet, bis wir ihnen die Streu unterm Arsch angezünd't haben – Brüder! Brüder! so hat's keine Not. Sie setzen ihr Leben an zehen Kreuzer; fechten wir nicht für Hals und Freiheit? – Wir wollen über sie her wie die Sündflut und auf ihre Köpfe herabfeuren wie Wetterleuchten. – Wo, zum Teufel! ist dann der Hauptmann?

---

1 „Blaustrümpfe", scherzhaft für Polizeidiener, Häscher. Also der „höllische", der Teufel.

2 Ausplaudern, verraten.

Spiegelberg. Er verläßt uns in dieser Not. Können wir denn nicht mehr entwischen?

Schweizer. Entwischen?

Spiegelberg. Oh! warum bin ich nicht geblieben in Jerusalem![1]

Schweizer. So wollt' ich doch, daß du im Kloak ersticktest, Dreckseele du! Bei nackten Nonnen hast du ein großes Maul, aber wenn du zwei Fäuste siehst – Memme, zeige dich itzt, oder man soll dich in eine Sauhaut nähen und durch Hunde verhetzen lassen.

Razmann. Der Hauptmann, der Hauptmann!

Moor langsam vor sich.

Moor. Ich habe sie vollends ganz einschließen lassen, itzt müssen sie fechten wie Verzweifelte. (Laut.) Kinder! nun gilt's! Wir sind verloren, oder wir müssen fechten wie angeschossene Eber.

Schweizer. Ha! ich will ihnen mit meinen Fangern den Bauch schlitzen, daß ihnen die Kutteln[2] schuhlang herausplatzen! – Führ' uns an, Hauptmann! Wir folgen dir in den Rachen des Todes.

Moor. Ladet alle Gewehre! Es fehlt doch an Pulver nicht?

Schweizer (springt auf). Pulver genug, die Erde gegen den Mond zu sprengen!

Razmann. Jeder hat fünf Paar Pistolen geladen, jeder noch drei Kugelbüchsen darzu.

Moor. Gut, gut! Und nun muß ein Teil auf die Bäume klettern, oder sich ins Dickicht verstecken, und Feuer auf sie geben im Hinterhalt –

Schweizer. Da gehörst du hin, Spiegelberg!

Moor. Wir andern, wie Furien, fallen ihnen in die Flanken!

Schweizer. Darunter bin ich, ich!

Moor. Zugleich muß jeder sein Pfeifchen hören lassen, im Wald herumjagen, daß unsere Anzahl schrecklicher werde; auch müssen alle Hunde los und in ihre Glieder gehetzt werden, daß sie

[1] In der Wortstellung Anklang an den jüdischen Dialekt.
[2] Eingeweide.

sich trennen, zerstreuen und euch in den Schuß rennen. Wir drei, Roller, Schweizer und ich, fechten im Gedränge.

Schweizer. Meisterlich, vortrefflich! – Wir wollen sie zusammenwettern, daß sie nicht wissen, wo sie die Ohrfeigen herkriegen. Ich habe wohl ehe eine Kirsche vom Maul weggeschossen. Laß sie nur anlaufen. – (Schufterle zupft Schweizern, dieser nimmt den Hauptmann beiseit und spricht leise mit ihm.)

Moor. Schweig!

Schweizer. Ich bitte dich.

Moor. Weg! Er dank' es seiner Schande, sie hat ihn gerettet. Er soll nicht sterben, wenn ich und mein Schweizer sterben, und mein Roller. Laß ihn die Kleider ausziehen, so will ich sagen, er sei ein Reisender, und ich hab' ihn bestohlen – sei ruhig, Schweizer, ich schwöre darauf, er wird doch noch gehangen werden.

Pater tritt auf.

Pater (vor sich, stutzt). Ist das das Drachennest? – Mit eurer Erlaubnis, meine Herren! Ich bin ein Diener der Kirche, und draußen stehen Siebenzehnhundert, die jedes Haar auf meinen Schläfen bewachen.

Schweizer. Bravo! bravo! Das war wohl gesprochen, sich den Magen warm zu halten.

Moor. Schweig, Kamerad! – Sagen Sie kurz, Herr Pater! was haben Sie hier zu thun?

Pater. Mich sendet die hohe Obrigkeit, die über Leben und Tod spricht. – Ihr Diebe – ihr Mordbrenner – ihr Schelmen – giftige Otterbrut, die im Finstern schleicht und im Verborgenen sticht – Aussatz der Menschheit – Höllenbrut – köstliches Mahl für Raben und Ungeziefer – Kolonie für Galgen und Rad –

Schweizer. Hund! hör' auf zu schimpfen – oder (er drückt ihm den Kolben vors Gesicht).

Moor. Pfui doch, Schweizer! du verdirbst ihm ja das Konzept – er hat seine Predigt so brav auswendig gelernt. – Nur weiter, mein Herr! – „Für Galgen und Rad" –

Pater. Und du, feiner Hauptmann! Herzog der Beutelschneider! Gaunerkönig! Großmogol aller Schelmen unter der Sonne! ganz ähnlich jenem ersten abscheulichen Rädelsführer, der tausend Legionen schuldloser Engel in rebellisches Feuer fachte und mit sich hinab in den tiefen Pfuhl der Verdammnis zog – das Zetergeschrei verlassener Mütter heult deinen Fersen nach, Blut saufst du wie Wasser, Menschen wägen auf deinem mörderischen Dolch keine Luftblase auf. –

Moor. Sehr wahr, sehr wahr! Nur weiter.

Pater. Was? sehr wahr, sehr wahr? ist das auch eine Antwort?

Moor. Wie, mein Herr? darauf haben Sie sich wohl nicht gefaßt gemacht? Weiter, nur weiter! Was wollten Sie weiter sagen?

Pater (im Eifer). Entsetzlicher Mensch! hebe dich weg von mir! Picht nicht das Blut des ermordeten Reichsgrafen an deinen verfluchten Fingern? Hast du nicht das Heiligtum des Herrn mit diebischen Händen durchbrochen und mit einem Schelmengriff die geweihten Gefäße des Nachtmahls entwandt? Wie? hast du nicht Feuerbrände in unsere gottesfürchtige Stadt geworfen und den Pulverturm über die Häupter guter Christen herabgestürzt? (Mit zusammengeschlagenen Händen.) Greuliche, greuliche Frevel, die bis zum Himmel hinaufstinken, das Jüngste Gericht waffnen, daß es reißend daherbricht! reif zur Vergeltung, zeitig zur letzten Posaune!

Moor. Meisterlich geraten bis hieher! Aber zur Sache! Was läßt mir der hochlöbliche Magistrat durch Sie kundmachen?

Pater. Was du nie wert bist, zu empfangen. – Schau um dich, Mordbrenner! Was nur dein Auge absehen kann, bist du eingeschlossen von unsern Reutern – hier ist kein Raum zum Entrinnen mehr. – So gewiß Kirschen auf diesen Eichen wachsen und diese Tannen Pfirsiche tragen, so gewiß werdet ihr unversehrt diesen Eichen und diesen Tannen den Rücken kehren.

Moor. Hörst du's wohl, Schweizer? – Aber nur weiter!

Pater. Höre dann, wie gütig, wie langmütig das Gericht mit dir Böswicht verfährt. Wirst du itzt gleich zum Kreuz kriechen und um Gnade und Schonung flehen, siehe, so wird dir die Strenge selbst Erbarmen, die Gerechtigkeit eine liebende Mutter sein – sie drückt das Auge bei der Hälfte deiner Verbrechen zu und läßt es – denk doch! – und läßt es bei dem Rade bewenden.

Schweizer. Hast du's gehört, Hauptmann? Soll ich hingehn und diesem abgerichteten Schäferhund die Gurgel zusammenschnüren, daß ihm der rote Saft aus allen Schweißlöchern sprudelt?

Roller. Hauptmann! – Sturm, Wetter und Hölle! – Hauptmann – wie er die Unterlippe zwischen die Zähne klemmt! Soll ich diesen Kerl das Oberst zu unterst unters Firmament wie einen Kegel aufsetzen?[1]

Schweizer. Mir! mir! Laß mich knieen, vor dir niederfallen! Mir laß die Wollust, ihn zu Brei zusammenzureiben!

(Pater schreit.)

Moor. Weg von ihm! Wag' es keiner, ihn anzurühren! – (Zum Pater, indem er seinen Degen zieht.) Sehen Sie, Herr Pater! hier stehn Neunundsiebenzig, deren Hauptmann ich bin, und weiß keiner auf Wink und Kommando zu fliegen oder nach Kanonenmusik zu tanzen, und draußen stehn Siebenzehnhundert, unter Musketen ergraut. – Aber hören Sie nun! so redet Moor, der Mordbrennerhauptmann! Wahr ist's, ich habe den Reichsgrafen erschlagen, die Dominikuskirche angezündet und geplündert, hab' Feuerbrände in eure bigotte Stadt geworfen und den Pulverturm über die Häupter guter Christen herabgestürzt – aber das ist noch nicht alles. Ich habe noch mehr gethan. (Er streckt seine rechte Hand aus.) Bemerken Sie die vier kostbare Ringe, die ich an jedem Finger trage? – Gehen Sie hin und richten Sie Punkt für Punkt den Herren des Gerichts über Leben und Tod aus, was Sie sehen und hören werden. – Diesen Rubin zog ich einem Minister vom Finger, den ich auf der Jagd zu den Füßen seines Fürsten niederwarf. Er hatte sich aus dem Pöbelstaub zu seinem ersten Günstling emporgeschmeichelt; der Fall seines Nachbars war seiner Hoheit Schemel – Thränen der Waisen huben ihn auf. – Diesen Demant zog ich einem Finanzrat ab, der Ehrenstellen und Ämter an die Meistbietenden verkaufte und den traurenden Patrioten

---

[1] D. h. ihn auf den Kopf zu stellen, soll mir nicht schwerer werden, als einen Kegel aufzusetzen.

von seiner Thüre stieß. – Diesen Achat trag' ich einem Pfaffen Ihres Gelichters zur Ehre, den ich mit eigener Hand erwürgte, als er auf offener Kanzel geweint hatte, daß die Inquisition so in Zerfall käme. – Ich könnte Ihnen noch mehr Geschichten von meinen Ringen erzählen, wenn mich nicht schon die paar Worte gereuten, die ich mit Ihnen verschwendet habe –

Pater. O Pharao! Pharao![1]

Moor. Hört ihr's wohl? Habt ihr den Seufzer bemerkt? Steht er nicht da, als wollte er Feuer vom Himmel auf die Rotte Korah herunterbeten, richtet mit einem Achselzucken, verdammt mit einem christlichen Ach! – Kann der Mensch denn so blind sein? Er, der die hundert Augen des Argus hat, Flecken an seinem Bruder zu spähen, kann er so gar blind gegen sich selbst sein? – Da donnern sie Sanftmut und Duldung aus ihren Wolken und bringen dem Gott der Liebe Menschenopfer wie einem feuerarmigen Moloch – predigen Liebe des Nächsten und fluchen den achtzigjährigen Blinden von ihren Thüren hinweg! – stürmen wider den Geiz, und haben Peru um goldner Spangen willen entvölkert[2] und die Heiden wie Zugvieh vor ihre Wagen gespannt. – Sie zerbrechen sich die Köpfe, wie es doch möglich gewesen wäre, daß die Natur hätte können einen Ischariot schaffen, und nicht der Schlimmste unter ihnen würde den dreieinigen Gott um zehen Silberlinge verraten. – O über euch Pharisäer, euch Falschmünzer der Wahrheit, euch Affen der Gottheit! Ihr scheut euch nicht, vor Kreuz und Altären zu knieen, zerfleischt eure Rücken mit Riemen und foltert euer Fleisch mit Fasten; ihr wähnt, mit diesen erbärmlichen Gaukeleien demjenigen einen blauen Dunst vorzumachen, den ihr Thoren doch den Allwissenden nennt, nicht anders, als wie man der Großen am bittersten spottet, wenn man ihnen schmeichelt, daß sie die Schmeichler hassen; ihr pocht auf Ehrlichkeit und exemplarischen Wandel, und der Gott, der euer Herz durchschaut, würde wider den Schöpfer ergrimmen,

---

[1] Gedacht ist an Pharaos Befehl, alle Knaben der Israeliten zu töten (2. Mos. 1, 22).

[2] Peru wurde nach der Eroberung durch Pizarro 1531 seines Goldreichtums wegen aufs grausamste mißhandelt. Vgl. S. 143,31.

wenn er nicht eben der wäre, der das Ungeheuer am Nilus[1] erschaffen hat. – Schafft ihn aus meinen Augen!

Pater. Daß ein Bösewicht noch so stolz sein kann!

Moor. Nicht genug – itzt will ich stolz reden. Geh hin und sage dem hochlöblichen Gericht, das über Leben und Tod würfelt – ich bin kein Dieb, der sich mit Schlaf und Mitternacht verschwört und auf der Leiter groß und herrisch thut. – Was ich gethan habe, werd' ich ohne Zweifel einmal im Schuldbuch des Himmels lesen; aber mit seinen erbärmlichen Verwesern will ich kein Wort mehr verlieren. Sag' ihnen, mein Handwerk ist Wiedervergeltung – Rache ist mein Gewerbe. (Er kehrt ihm den Rücken zu.)

Pater. Du willst also nicht Schonung und Gnade? – Gut, mit dir bin ich fertig. (Wendet sich zu der Bande.) So höret dann ihr, was die Gerechtigkeit euch durch mich zu wissen thut! – Werdet ihr itzt gleich diesen verurteilten Missethäter gebunden überliefern, seht, so soll euch die Strafe eurer Greuel bis auf das letzte Andenken erlassen sein – die heilige Kirche wird euch verlorne Schafe mit erneuerter Liebe in ihren Mutterschoß aufnehmen, und jedem unter euch soll der Weg zu einem Ehrenamt offen stehn. (Mit triumphierendem Lächeln.) Nun, nun? Wie schmeckt das, Ew. Majestät? – Frisch also! Bindet ihn, und seid frei!

Moor. Hört ihr's auch? Hört ihr? Was stutzt ihr? Was steht ihr verlegen da? Sie bietet euch Freiheit, und ihr seid wirklich schon ihre Gefangene. – Sie schenkt euch das Leben, und das ist keine Prahlerei, denn ihr seid wahrhaftig gerichtet. – Sie verheißt euch Ehren und Ämter, und was kann euer Los anders sein, wenn ihr auch obsiegtet, als Schmach und Fluch und Verfolgung? – Sie kündigt euch Versöhnung vom Himmel an, und ihr seid wirklich verdammt. Es ist kein Haar an keinem unter euch, das nicht in die Hölle fährt. Überlegt ihr noch? Wankt ihr noch? Ist es so schwer, zwischen Himmel und Hölle zu wählen? Helfen Sie doch, Herr Pater!

Pater (vor sich). Ist der Kerl unsinnig? – Sorgt ihr etwa, daß dies eine Falle sei, euch lebendig zu fangen? – Leset selbst,

---

[1] Das Nilpferd oder das Krokodil.

hier ist der Generalpardon unterschrieben. (Er gibt Schweizern ein Papier.) Könnt ihr noch zweifeln?

Moor. Seht doch, seht doch! Was könnt ihr mehr verlangen? – Unterschrieben mit eigener Hand – es ist Gnade über alle Grenzen – oder fürchtet ihr wohl, sie werden ihr Wort brechen, weil ihr einmal gehört habt, daß man Verrätern nicht Wort hält? – O, seid außer Furcht! Schon die Politik könnte sie zwingen, Wort zu halten, wenn sie es auch dem Satan gegeben hätten. Wer würde ihnen in Zukunft noch Glauben beimessen? Wie würden sie je einen zweiten Gebrauch davon machen können? – Ich wollte drauf schwören, sie meinen's aufrichtig. Sie wissen, daß ich es bin, der euch empört und erbittert hat; euch halten sie für unschuldig. Eure Verbrechen legen sie für Jugendfehler, für Übereilungen aus. Mich allein wollen sie haben, ich allein verdiene zu büßen. Ist es nicht so, Herr Pater?

Pater. Wie heißt der Teufel, der aus ihm spricht? – Ja freilich, freilich ist es so – der Kerl macht mich wirbeln.

Moor. Wie, noch keine Antwort? Denkt ihr wohl gar, mit den Waffen noch durchzureißen? Schaut doch um euch, schaut doch um euch! das werdet ihr doch nicht denken, das wäre itzt kindische Zuversicht – Oder schmeichelt ihr euch wohl gar, als Helden zu fallen, weil ihr saht, daß ich mich aufs Getümmel freute? – O glaubt das nicht! – Ihr seid nicht Moor! – Ihr seid heillose Diebe! elende Werkzeuge meiner größeren Plane, wie der Strick verächtlich in der Hand des Henkers! – Diebe können nicht fallen, wie Helden fallen. Das Leben ist den Dieben Gewinn, dann kommt was Schreckliches nach – Diebe haben das Recht, vor dem Tode zu zittern. – Höret, wie ihre Hörner tönen! Sehet, wie drohend ihre Säbel daherblinken! Wie? noch unschlüssig? seid ihr toll? seid ihr wahnwitzig? – Es ist unverzeihlich! Ich dank' euch mein Leben nicht, ich schäme mich eures Opfers!

Pater (äußerst erstaunt). Ich werde unsinnig, ich laufe davon! Hat man je von so was gehört?

Moor. Oder fürchtet ihr wohl, ich werde mich selbst erstechen und durch einen Selbstmord den Vertrag zernichten, der nur an dem Lebendigen haftet? Nein, Kinder, das ist eine unnütze Furcht. Hier werf' ich meinen Dolch weg und meine Pistolen und dies Fläschchen mit Gift, das mir noch wohl bekommen sollte. – Ich bin so elend, daß ich auch die Herrschaft über mein Leben verloren habe. – Was, noch unschlüssig? Oder glaubt ihr vielleicht, ich werde mich zur Wehr setzen, wenn ihr mich binden wollt? Seht, hier bind' ich meine rechte Hand an diesen Eichenast, ich bin ganz wehrlos, ein Kind kann mich umwerfen. – Wer ist der erste, der seinen Hauptmann in der Not verläßt?

Roller (in wilder Bewegung). Und wann die Hölle uns neunfach umzingelte! (Schwenkt seinen Degen.) Wer kein Hund ist, rette den Hauptmann!

Schweizer (zerreißt den Pardon und wirft die Stücke dem Pater ins Gesicht). In unsern Kugeln Pardon! Fort, Kanaille! sag' dem Senat, der dich gesandt hat, du träfst unter Moors Bande keinen einzigen Verräter an. – Rettet, rettet den Hauptmann!

Alle (lärmend). Rettet, rettet, rettet den Hauptmann!

Moor (sich losreißend, freudig). Itzt sind wir frei – Kameraden! Ich fühle eine Armee in meiner Faust. – Tod oder Freiheit! Wenigstens sollen sie keinen lebendig haben!

(Man bläst zum Angriff. Lärm und Getümmel. Sie gehen ab mit gezogenem Degen.)

Dritter Akt.

Erste Szene.

Amalia, im Garten, spielt auf der Laute.

Schön wie Engel, voll Walhallas Wonne,
Schön vor allen Jünglingen war er,
Himmlisch mild sein Blick wie Maiensonne,
Rückgestrahlt vom blauen Spiegelmeer.

Sein Umarmen – wütendes Entzücken! –
Mächtig, feurig klopfte Herz an Herz,
Mund und Ohr gefesselt – Nacht vor unsern Blicken –
Und der Geist gewirbelt himmelwärts.

Seine Küsse – paradiesisch Fühlen! –
Wie zwo Flammen sich ergreifen, wie
Harfentöne ineinander spielen
Zu der himmelvollen Harmonie,

Stürzten, flogen, rasten Geist und Geist zusammen,
Lippen, Wangen brannten, zitterten –
Seele rann in Seele – Erd' und Himmel schwammen
Wie zerronnen um die Liebenden.

Er ist hin – vergebens, ach! vergebens
Stöhnet ihm der bange Seufzer nach.
Er ist hin – und alle Lust des Lebens
Wimmert hin in ein verlornes Ach!

Franz tritt auf.

Franz. Schon wieder hier, eigensinnige Schwärmerin? Du hast dich vom frohen Mahle hinweggestohlen und den Gästen die Freude verdorben.

Amalia. Schade für diese unschuldige Freuden! Das Totenlied muß noch in deinen Ohren murmeln, das deinem Vater zu Grabe hallte –

Franz. Willst du dann ewig klagen? Laß die Toten schlafen und mache die Lebendigen glücklich! Ich komme –

Amalia. Und wann gehst du wieder?

Franz. O weh! Kein so finsteres, stolzes Gesicht! du betrübst mich, Amalia! Ich komme, dir zu sagen –

Amalia. Ich muß wohl hören, Franz von Moor ist ja gnädiger Herr worden.

Franz. Ja recht, das war's, worüber ich dich vernehmen wollte. – Maximilian ist schlafen gegangen in der Väter Gruft. Ich bin Herr. Aber ich möchte es vollends ganz sein, Amalia. – Du weißt, was du unserm Hause warst, du wardst gehalten wie Moors Tochter, selbst den Tod überlebte seine Liebe zu dir, das wirst du wohl niemals vergessen?

Amalia. Niemals, niemals. Wer das auch so leichtsinnig beim frohen Mahle hinwegzechen könnte!

Franz. Die Liebe meines Vaters mußt du in seinen Söhnen belohnen, und Karl ist tot. – Staunst du? schwindelt dir? Ja wahrhaftig, der Gedanke ist auch so schmeichelnd erhaben, daß er selbst den Stolz eines Weibes betäubt. Franz tritt die Hoffnungen der edelsten Fräuleins mit Füßen, Franz kommt und bietet einer armen, ohne ihn hülflosen Waise sein Herz, seine Hand und mit ihr all sein Gold an, und all seine Schlösser und Wälder. – Franz, der Beneidete, der Gefürchtete, erklärt sich freiwillig für Amalias Sklaven.

Amalia. Warum spaltet der Blitz die ruchlose Zunge nicht, die das Frevelwort ausspricht! Du hast meinen Geliebten ermordet, und Amalia soll dich Gemahl nennen! Du –

Franz. Nicht so ungestüm, allergnädigste Prinzessin! – Freilich krümmt Franz sich nicht wie ein girrender Seladon[1] vor dir – freilich hat er nicht gelernt, gleich dem schmachtenden Schäfer Arkadiens, dem Echo der Grotten und Felsen seine Liebes-

[1] Verliebter Held. Vgl. Bd. I, S. 35.

klagen entgegen zu jammern – Franz spricht, und wenn man nicht antwortet, so wird er – b e f e h l e n.

Amalia. Wurm du, befehlen? mir befehlen? – und wenn man den Befehl mit Hohnlachen zurückschickt?

Franz. Das wirst du nicht. Noch weiß ich Mittel, die den Stolz eines einbildischen Starrkopfs so hübsch niederbeugen können – Kloster und Mauren!

Amalia. Bravo! herrlich! und in Kloster und Mauren mit deinem Basiliskenanblick auf ewig verschont, und Muße genug, an Karln zu denken, zu hangen. Willkommen mit deinem Kloster! auf, auf mit deinen Mauren!

Franz. Haha! ist es das? – Gib acht! Itzt hast du mich die Kunst gelehrt, wie ich dich quälen soll. – Diese ewige Grille von Karl soll dir mein Anblick gleich einer feuerhaarigen Furie aus dem Kopfe geißeln; das Schreckbild F r a n z soll hinter dem Bild deines Lieblings im Hinterhalt lauren, gleich dem verzauberten Hund, der auf unterirdischen Goldkästen liegt.[1] – An den Haaren will ich dich in die Kapelle schleifen, den Degen in der Hand dir den ehlichen Schwur aus der Seele pressen, dein jungfräuliches Bette mit Sturm ersteigen und deine stolze Scham mit noch größerem Stolze besiegen.

Amalia (gibt ihm eine Maulschelle). Nimm erst das zur Aussteuer hin.

Franz (aufgebracht). Ha! wie das zehnfach und wieder zehnfach geahndet werden soll! nicht meine Gemahlin – die Ehre sollst du nicht haben – meine Mätresse sollst du werden, daß die ehrlichen Bauernweiber mit Fingern auf dich deuten, wenn du es wagst und über die Gasse gehst. Knirsche nur mit den Zähnen – speie Feuer und Mord aus den Augen – mich ergötzt der Grimm eines Weibes, macht dich nur schöner, begehrenswerter. Komm – dieses Sträuben wird meinen Triumph zieren und mir die Wollust in erzwungnen Umarmungen würzen. – Komm mit in meine Kammer – ich glühe vor Sehnsucht – itzt gleich sollst du mit mir gehn. (Will sie fortreißen.)

---

[1] Vgl. S. 50, Anm. 2.

Amalia (fällt ihm um den Hals). Verzeih mir, Franz! (Wie er sie umarmen will, reißt sie ihm den Degen von der Seite und tritt hastig zurück.) Siehst du, Bösewicht, was ich jetzt aus dir machen kann! – Ich bin ein Weib, aber ein rasendes Weib – wag' es einmal, mit unzüchtigem Griff meinen Leib zu betasten – dieser Stahl soll deine geile Brust mitten durchrennen, und der Geist meines Oheims wird mir die Hand dazu führen. Fleuch auf der Stelle! (Sie jagt ihn davon.)

Amalia.

Ah! wie mir wohl ist – itzt kann ich frei atmen – ich fühlte mich stark wie das funkensprühende Roß, grimmig wie die Tigerin dem siegbrüllenden Räuber ihrer Jungen nach. – In ein Kloster, sagt er – Dank dir für diese glückliche Entdeckung! – Itzt hat die betrogene Liebe ihre Freistatt gefunden – das Kloster – das Kreuz des Erlösers ist die Freistatt der betrognen Liebe. (Sie will gehen.)

Hermann tritt schüchtern herein.

Hermann. Fräulein Amalia! Fräulein Amalia!

Amalia. Unglücklicher! Was störest du mich!

Hermann. Dieser Zentner muß von meiner Seele, eh' er sie zur Hölle drückt. (Wirft sich vor ihr nieder.) Vergebung! Vergebung! Ich hab' Euch sehr beleidigt, Fräulein Amalia.[1]

Amalia. Steh' auf! Geh! ich will nichts wissen. (Will fort.)

Hermann (der sie zurückhält). Nein! Bleibt! Bei Gott! Bei dem ewigen Gott! Ihr sollt alles wissen!

Amalia. Keinen Laut weiter – ich vergebe dir – ziehe heim in Frieden. (Will hinweg eilen.)

Hermann. So höret nur ein einziges Wort – es wird Euch all Eure Ruhe wiedergeben.

Amalia (kommt zurück und blickt ihn verwundernd an). Wie, Freund? – Wer im Himmel und auf Erden kann mir meine Ruhe wiedergeben?

Hermann. Das kann von meinen Lippen ein einziges Wort. – Höret mich an!

[1] Die Worte sind die Ankündigung seines nachherigen Geständnisses, daß er sie mit der Todesbotschaft betrogen habe.

Amalia (mit Mitleiden seine Hand ergreifend). Guter Mensch – kann ein Wort von deinen Lippen die Riegel der Ewigkeit aufreißen?

Hermann (steht auf). Karl lebt noch!

Amalia (schreiend). Unglücklicher!

Hermann. Nicht anders. – Nun noch ein Wort – Euer Oheim –

Amalia (gegen ihn herstürzend). Du lügst –

Hermann. Euer Oheim –

Amalia. Karl lebt noch?

Hermann. Und Euer Oheim –

Amalia. Karl lebt noch?

Hermann. Auch Euer Oheim – verratet mich nicht. (Eilt hinaus.)

Amalia (steht lang' wie versteinert. Dann fährt sie wild auf, eilt ihm nach). Karl lebt noch!

Zweite Szene.

Gegend an der Donau.

Die Räuber gelagert auf einer Anhöhe unter Bäumen, die Pferde weiden am Hügel hinunter.

Moor. Hier muß ich liegen bleiben. (Wirft sich auf die Erde.) Meine Glieder wie abgeschlagen. Meine Zunge trocken wie eine Scherbe. (Schweizer verliert sich unvermerkt.) Ich wollt' euch bitten, mir eine Handvoll Wassers aus diesem Strome zu holen, aber ihr seid alle matt bis in den Tod.

Schwarz. Auch ist der Wein all' in unsern Schläuchen.

Moor. Seht doch, wie schön das Getreide steht! – Die Bäume brechen fast unter ihrem Segen. – Der Weinstock voll Hoffnung.

Grimm. Es gibt ein fruchtbares Jahr.

Moor. Meinst du? Und so würde doch ein Schweiß in der Welt bezahlt. Einer? – – Aber es kann ja über Nacht ein Hagel fallen und alles zu Grund schlagen.

Schwarz. Das ist leicht möglich. Es kann alles zu Grund gehen, wenig Stunden vorm Schneiden.

Moor. Das sag' ich ja. Es wird alles zu Grund gehn. Warum soll dem Menschen das gelingen, was er von der Ameise hat, wenn ihm das fehlschlägt, was ihn den Göttern gleich macht? – Oder ist hier die Mark seiner Bestimmung?

Schwarz. Ich kenne sie nicht.

Moor. Du hast gut gesagt und noch besser gethan, wenn du sie nie zu kennen verlangtest! – Bruder – ich habe die Menschen gesehen, ihre Bienensorgen und ihre Riesenprojekte – ihre Götterplane und ihre Mäusegeschäfte, das wunderseltsame Wettrennen nach Glückseligkeit; – dieser, dem Schwung seines Rosses anvertraut – ein anderer der Nase seines Esels – ein dritter seinen eigenen Beinen; dieses bunte Lotto des Lebens, worein so mancher seine Unschuld und – seinen Himmel setzt, einen Treffer zu haschen, und – Nullen sind der Auszug – am Ende war kein Treffer darin. Es ist ein Schauspiel, Bruder, das Thränen in deine Augen lockt, wenn es dein Zwerchfell zum Gelächter kitzelt.

Schwarz. Wie herrlich die Sonne dort untergeht!

Moor (in den Anblick verschwimmt[1]). So stirbt ein Held! – Anbetenswürdig!

Grimm. Du scheinst tief gerührt.

Moor. Da ich noch ein Bube war – war's mein Lieblingsgedanke, wie s i e zu leben, zu sterben wie s i e – (Mit verbissnem Schmerz.) Es war ein Bubengedanke!

Grimm. Das will ich hoffen.

Moor (drückt den Hut übers Gesicht). Es war eine Zeit – Laßt mich allein, Kameraden.

Schwarz. Moor! Moor! Was zum Henker? – Wie er seine Farbe verändert!

Grimm. Alle Teufel! was hat er? wird ihm übel?

Moor. Es war eine Zeit, wo ich nicht schlafen konnte, wenn ich mein Nachtgebet vergessen hatte –

Grimm. Bist du wahnsinnig? Willst du dich von deinen Bubenjahren hofmeistern lassen?

---

[1] Gleich verschwimmend, zerfließend, hingerissen.

Moor (legt sein Haupt auf Grimms Brust). Bruder! Bruder!

Grimm. Wie? sei doch kein Kind – ich bitte dich –

Moor. Wär' ich's – wär' ich's wieder!

Grimm. Pfui! pfui!

Schwarz. Heitre dich auf. Sieh diese malerische Landschaft – den lieblichen Abend.

Moor. Ja, Freunde! diese Welt ist so schön!

Schwarz. Nun, das war wohl gesprochen.

Moor. Diese Erde so herrlich.

Grimm. Recht – recht – so hör' ich's gerne.

Moor (zurückgesunken). Und ich so häßlich auf dieser schönen Welt – und ich ein Ungeheuer auf dieser herrlichen Erde.

Grimm. O weh, o weh!

Moor. Meine Unschuld! meine Unschuld! – Seht! es ist alles hinausgegangen, sich im friedlichen Strahl des Frühlings zu sonnen – warum ich allein die Hölle saugen aus den Freuden des Himmels? – Daß alles so glücklich ist, durch den Geist des Friedens alles so verschwistert! – Die ganze Welt eine Familie und ein Vater dort oben – mein Vater nicht – ich allein der Verstoßene, ich allein ausgemustert aus den Reihen der Reinen – mir nicht der süße Name Kind – nimmer mir der Geliebten schmachtender Blick – nimmer, nimmer des Busenfreundes Umarmung. (Wild zurückfahrend.) Umlagert von Mördern – von Nattern umzischt – angeschmiedet an das Laster mit eisernen Banden – hinausschwindelnd ins Grab des Verderbens auf des Lasters schwankendem Rohr – mitten in den Blumen der glücklichen Welt ein heulender Abbadonna[1]!

Schwarz (zu den übrigen). Unbegreiflich, ich hab' ihn nie so gesehen.

Moor (mit Wehmut). Daß ich wiederkehren dürfte in meiner Mutter Leib! Daß ich ein Bettler geboren werden dürfte! – Nein; ich wollte nicht mehr, o Himmel – daß ich werden dürfte wie dieser Taglöhner[2] einer! – O ich wollte mich abmüden, daß mir

[1] Der bereuende Teufel in Klopstocks Messias.
[2] Die er sich lebhaft in seiner Phantasie vergegenwärtigt, nicht etwa wirklich sieht.

das Blut von den Schläfen rollte – mir die Wollust eines einzigen Mittagschlafs zu erkaufen – die Seligkeit einer einzigen Thräne.

Grimm (zu den andern). Nur Geduld, der Paroxysmus ist schon im Fallen.

Moor. Es war eine Zeit, wo sie mir so gern flossen – o ihr Tage des Friedens! du Schloß meines Vaters – ihr grünen schwärmerischen Thäler! O all ihr Elysiumsszenen meiner Kindheit! werdet ihr nimmer zurückkehren – nimmer mit köstlichen Säuseln meinen brennenden Busen kühlen? – Traure mit mir, Natur! – Sie werden nimmer zurückkehren, nimmer mit köstlichen Säuseln meinen brennenden Busen kühlen. – Dahin! dahin! unwiederbringlich! –

Schweizer mit Wasser im Hut.

Schweizer. Sauf zu, Hauptmann – Hier ist Wasser genug, und frisch wie Eis.

Schwarz. Du blutest ja – was hast du gemacht?

Schweizer. Narr, einen Spaß, der mich bald zwei Beine und einen Hals gekostet hätte. Wie ich so auf dem Sandhügel am Fluß hintrolle, glitsch! so rutscht der Plunder unter mir ab und ich zehn rheinländische Schuhe lang hinunter. – Da lag ich, und wie ich mir eben meine fünf Sinne wieder zurechtsetze, treff' ich dir das klarste Wasser im Kies. Genug diesmal für den Tanz, dacht' ich, dem Hauptmann wird's wohl schmecken.

Moor (gibt ihm den Hut zurück und wischt ihm sein Gesicht ab). Sonst sieht man ja die Narben nicht, die die böhmischen Reuter in deine Stirne gezeichnet haben – dein Wasser war gut, Schweizer – diese Narben stehen dir schön.

Schweizer. Pah! hat noch Platz genug für ihrer dreißig.

Moor. Ja, Kinder – es war ein heißer Nachmittag – und nur einen Mann verloren – mein Roller starb einen schönen Tod. Man würde einen Marmor auf seine Gebeine setzen, wenn er nicht mir gestorben wäre. Nehmet vorlieb mit diesem. (Er wischt sich die Augen.) Wie viel waren's doch von den Feinden, die auf dem Platz blieben?

Schweizer. Hundertundsechzig Husaren – dreiundneunzig Dragoner, gegen vierzig Jäger – dreihundert in allem.

Moor. Dreihundert für einen! – Jeder von euch hat Anspruch an diesen Scheitel! (Er entblößt sich das Haupt.) Hier heb' ich meinen Dolch auf. So wahr meine Seele lebt! Ich will euch niemals verlassen.

Schweizer. Schwöre nicht! Du weißt nicht, ob du nicht noch glücklich werden und bereuen wirst.

Moor. Bei den Gebeinen meines Rollers! Ich will euch niemals verlassen.

Kosinsky kommt.

Kosinsky (vor sich). In dieser[1] Revier herum, sagen sie, werd' ich ihn antreffen. – He, holla! was sind das für Gesichter? – Sollten's? – wie? wenn's diese? – sie sind's, sind's! – ich will sie anreden.

Schwarz. Gebt acht! wer kommt da?

Kosinsky. Meine Herrn! verzeihen Sie! Ich weiß nicht, geh' ich recht oder unrecht?

Moor. Und wer müssen wir sein, wenn Sie recht gehen?

Kosinsky. Männer!

Schweizer. Ob wir das auch gezeigt haben, Hauptmann?

Kosinsky. Männer such' ich, die dem Tod ins Gesicht sehen und die Gefahr wie eine zahme Schlange um sich spielen lassen, die Freiheit höher schätzen als Ehre und Leben, deren bloßer Name, willkommen dem Armen und Unterdrückten, die Beherztesten feig und Tyrannen bleich macht.

Schweizer (zum Hauptmann). Der Bursche gefällt mir. – Höre, guter Freund! du hast deine Leute gefunden.

Kosinsky. Das denk' ich und will hoffen, bald meine Brüder – so könnt ihr mich dann zu meinem rechten Manne weisen, den ich such', euren Hauptmann, den großen Grafen von Moor.

Schweizer (gibt ihm die Hand, mit Wärme). Lieber Junge! wir duzen einander.

Moor (näher kommend). Kennen Sie auch den Hauptmann?

---

[1] Die Revier (*la rivière*) in der ältern Sprache öfter (Opitz, Zinkgref).

Kosinsky. Du bist's – in dieser Miene – wer sollte dich ansehen und einen andern suchen? (Starrt ihn lang an.) Ich habe mir immer gewünscht, den Mann mit dem vernichtenden Blicke zu sehen, wie er saß auf den Ruinen von Karthago[1] – itzt wünsch' ich es nicht mehr.

Schweizer. Blitzbub!

Moor. Und was führt Sie zu mir?

Kosinsky. O Hauptmann! mein mehr als grausames Schicksal – ich habe Schiffbruch gelitten auf der ungestümen See dieser Welt, die Hoffnungen meines Lebens hab' ich müssen sehen in den Grund sinken, und blieb mir nichts übrig, als die marternde Erinnerung ihres Verlustes, die mich wahnsinnig machen würde, wenn ich sie nicht durch anderwärtige Thätigkeit zu ersticken suchte.

Moor. Schon wieder ein Kläger wider die Gottheit! – Nur weiter.

Kosinsky. Ich wurde Soldat. Das Unglück verfolgte mich auch da. – Ich machte eine Fahrt nach Ostindien mit, mein Schiff scheiterte an Klippen – nichts als fehlgeschlagene Plane! Ich höre endlich weit und breit erzählen von deinen Thaten, Mordbrennereien, wie sie sie nannten, und bin hieher gereist dreißig Meilen weit mit dem festen Entschluß, unter dir zu dienen, wenn du meine Dienste annehmen willst. – Ich bitte dich, würdiger Hauptmann, schlage mir's nicht ab!

Schweizer (mit einem Sprung). Heisa! Heisa! So ist ja unser Roller zehnhundertfach vergütet! Ein ganzer Mordbruder für unsere Bande!

Moor. Wie ist dein Name?

Kosinsky. Kosinsky.

Moor. Wie, Kosinsky? Weißt du auch, daß du ein leichtsinniger Knabe bist und über den großen Schritt deines Lebens weggaukelst wie ein unbesonnenes Mädchen? – Hier wirst du

[1] Plutarch erzählt, daß der geächtete Marius dem Boten, der ihn im Namen des Statthalters von Afrika zum augenblicklichen Verlassen dieser Provinz auffordern sollte, mit einem „furchtbaren Blicke" geantwortet habe: „Sage deinem Herrn, du habest den Cajus Marius als Flüchtling auf den Trümmern von Karthago sitzen sehen."

nicht Bälle werfen oder Kegelkugeln schieben, wie du dir einbildest.

Kosinsky. Ich weiß, was du sagen willst. – Ich bin vierundzwanzig Jahr alt, aber ich habe Degen blinken gesehen und Kugeln um mich surren gehört.

Moor. So, junger Herr? – Und hast du dein Fechten nur darum gelernt, arme Reisende um einen Reichsthaler niederzustoßen oder Weiber hinterrücks in den Bauch zu stechen? Geh, geh! Du bist deiner Amme entlaufen, weil sie dir mit der Rute gedroht hat.

Schweizer. Was zum Henker, Hauptmann! Was denkst du? Willst du diesen Herkules fortschicken? Sieht er nicht gerade so drein, als wollt' er den Marschall von Sachsen mit einem Rührlöffel über den Ganges jagen?[1]

Moor. Weil dir deine Lappereien mißglücken, kommst du und willst ein Schelm, ein Meuchelmörder werden? – Mord, Knabe – verstehst du das Wort auch? Du magst ruhig schlafen gegangen sein, wenn du Mohnköpfe abgeschlagen hast, aber einen Mord auf der Seele zu tragen –

Kosinsky. Jeden Mord, den du mich begehen heißt, will ich verantworten.

Moor. Was? Bist du so klug? Willst du dich anmaßen, einen Mann mit Schmeicheleien zu fangen? Woher weißt du, daß ich nicht böse Träume habe oder auf dem Todbett nicht werde blaß werden? Wie viel hast du schon gethan, wobei du an Verantwortung gedacht hast?

Kosinsky. Wahrlich! noch sehr wenig, aber doch diese Reise zu dir, edler Graf!

Moor. Hat dir dein Hofmeister die Geschichte des Robins[2] in die Hände gespielt – man sollte dergleichen unvorsichtige Kanaillen auf die Galeere schmieden, – die deine kindische Phantasie erhitzte und dich mit der tollen Sucht zum großen Mann

[1] Graf Moritz von Sachsen war seit 1746 französischer Marschall und hatte durch seine Kriegsthaten, besonders im Österreichischen Erbfolgekrieg, einen großen Namen erworben. Der „Ganges" ist nur ein spaßhafter Einfall zur Bezeichnung einer möglichst weiten Entfernung.

[2] Robin Hood, ein berüchtigter englischer Räuber.

ansteckte? Kitzelt dich nach Namen und Ehre? Willst du Unsterblichkeit mit Mordbrennereien erkaufen? Merk' dir's, ehrgeiziger Jüngling! Für Mordbrenner grünet kein Lorbeer! Auf Banditensiege ist kein Triumph gesetzt – aber Fluch, Gefahr, Tod, Schande. – Siehst du auch das Hochgericht dort auf dem Hügel?

Spiegelberg (unwillig auf und ab gehend). Ei, wie dumm! Wie abscheulich, wie unverzeihlich dumm! Das ist die Manier nicht! Ich hab's anderst gemacht.

Kosinsky. Was soll der fürchten, der den Tod nicht fürchtet?

Moor. Brav! Unvergleichlich! Du hast dich wacker in den Schulen gehalten, du hast deinen Seneca[1] meisterlich auswendig gelernt. – Aber, lieber Freund, mit dergleichen Sentenzen wirst du die leidende Natur nicht beschwätzen, damit wirst du die Pfeile des Schmerzens nimmermehr stumpf machen. – Besinne dich recht, mein Sohn! (Er nimmt seine Hand.) Denk', ich rate dir als ein Vater – lern' erst die Tiefe des Abgrunds kennen, eh' du hineinspringst! Wenn du noch in der Welt eine einzige Freude zu erhaschen weißt – es könnten Augenblicke kommen, wo du – aufwachst – und dann – möcht' es zu spät sein. Du trittst hier gleichsam aus dem Kreise der Menschheit – entweder mußt du ein höherer Mensch sein, oder du bist ein Teufel. – Noch einmal, mein Sohn! Wenn dir noch ein Funken von Hoffnung irgend anderswo glimmt, so verlaß diesen schrecklichen Bund, den nur Verzweiflung eingeht, wenn ihn nicht eine höhere Weisheit gestiftet hat. – Man kann sich täuschen – glaube mir, man kann das für Stärke des Geistes halten, was doch am Ende Verzweiflung ist – glaube m i r , m i r ! und mach' dich eilig hinweg.

Kosinsky. Nein! ich fliehe itzt nicht mehr. Wenn dich meine Bitten nicht rühren, so höre die Geschichte meines Unglücks. – Du wirst mir dann selbst den Dolch in die Hände zwingen, du wirst. – Lagert euch hier auf dem Boden und hört mir aufmerksam zu!

---

[1] Römischer Philosoph (um 60 v. Chr.), der stoischen Schule angehörig, die die Verachtung des Todes und der Schmerzen lehrte.

Moor. Ich will sie hören.

Kosinsky. Wisset also, ich bin ein böhmischer Edelmann und wurde durch den frühen Tod meines Vaters Herr eines ansehnlichen Ritterguts. Die Gegend war paradiesisch – denn sie enthielt einen Engel – ein Mädchen, geschmückt mit allen Reizen der blühenden Jugend und keusch wie das Licht des Himmels. Doch, wem sag' ich das? Es schallt an euren Ohren vorüber – ihr habt niemals geliebt, seid niemals geliebt worden –

Schweizer. Sachte, sachte! Unser Hauptmann wird feuerrot.

Moor. Hör' auf! Ich will's ein andermal hören – morgen, nächstens – oder wenn ich Blut gesehen habe.

Kosinsky. Blut, Blut – höre nur weiter! Blut, sag' ich dir, wird deine ganze Seele füllen. Sie war bürgerlicher Geburt, eine Deutsche – aber ihr Anblick schmelzte die Vorurteile des Adels hinweg. Mit der schüchternsten Bescheidenheit nahm sie den Trauring von meiner Hand, und übermorgen sollte ich meine A m a l i a vor den Altar führen.

Moor (steht schnell auf).

Kosinsky. Mitten im Taumel der auf mich wartenden Seligkeit, unter den Zurüstungen zur Vermählung – werd' ich durch einen Expressen nach Hof citiert. Ich stellte mich. Man zeigte mir Briefe, die ich geschrieben haben sollte, voll verräterischen Inhalts. Ich errötete über der Bosheit – man nahm mir den Degen ab, warf mich ins Gefängnis, alle meine Sinnen waren hinweg.

Schweizer. Und unterdessen – nur weiter! Ich rieche den Braten schon.

Kosinsky. Hier lag ich einen Monat lang und wußte nicht, wie mir geschah. Mir bangte für meine Amalia, die meines Schicksals wegen jede Minute einen Tod würde zu leiden haben. Endlich erschien der erste Minister des Hofes, wünschte mir zur Entdeckung meiner Unschuld Glück mit zuckersüßen Worten, liest mir den Brief der Freiheit vor, gibt mir meinen Degen wieder. Itzt im Triumphe nach meinem Schloß, in die Arme meiner Amalia zu fliegen, – sie war verschwunden. In der Mitternacht sei sie weggebracht worden, wüßte niemand, wohin? Und seitdem mit keinem Aug' mehr gesehen. Hui! Schoß mir's auf wie der Blitz, ich flieg' nach der Stadt, sondiere am Hof – alle Augen wurzelten auf mir, niemand wollte Bescheid geben – endlich entdeck' ich sie durch ein verborgenes Gitter im Palast – sie warf mir ein Billetchen zu.

Schweizer. Hab' ich's nicht gesagt?

Kosinsky. Hölle, Tod und Teufel; da stand's! Man hatte ihr die Wahl gelassen, ob sie mich lieber sterben sehen, oder die Mätresse des Fürsten werden wollte. Im Kampf zwischen Ehre und Liebe entschied sie für das zweite, und (lachend) ich war gerettet!

Schweizer. Was thatst du da?

Kosinsky. Da stand ich, wie von tausend Donnern getroffen! – Blut! war mein erster Gedanke, Blut! mein letzter. Schaum auf dem Munde renn' ich nach Haus, wähle mir einen dreispitzigen Degen, und damit in aller Jast[1] in des Ministers Haus, denn nur er – er nur war der höllische Kuppler gewesen. Man muß mich von der Gasse bemerkt haben, denn wie ich hinauftrete, waren alle Zimmer verschlossen. Ich suche, ich frage: Er sei zum Fürsten gefahren, war die Antwort. Ich mache mich geradenwegs dahin, man wollte nichts von ihm wissen. Ich gehe zurück, sprenge die Thüren ein, find' ihn, wollte eben – aber da sprangen fünf bis sechs Bediente aus dem Hinterhalt und entwanden mir den Degen.

Schweizer (stampft auf den Boden). Und er kriegte nichts, und du zogst leer ab?

Kosinsky. Ich ward ergriffen, angeklagt, peinlich prozessiert, infam – merkt's euch! – aus besonderer Gnade infam aus den Grenzen gejagt; meine Güter fielen als Präsent dem Minister zu, meine Amalia bleibt in den Klauen des Tigers, verseufzt und vertrauert ihr Leben, während daß meine Rache fasten und sich unter das Joch des Despotismus krümmen muß.

Schweizer (aufstehend, seinen Degen wetzend). Das ist Wasser auf unsere Mühle, Hauptmann! Da gibt's was anzuzünden!

---

[1] Hitze, Zorn. Das Wort hängt mit Gäscht, Gischt (von gären) zusammen.

Moor (der bisher in heftigen Bewegungen hin und her gegangen, springt rasch auf, zu den Räubern). Ich muß sie sehen. – Auf! Rafft zusammen – du bleibst, Kosinsky! – Packt eilig zusammen!

Die Räuber. Wohin? Was?

Moor. Wohin? Wer fragt wohin? (Heftig zu Schweizern.) Verräter, du willst mich zurückhalten? Aber bei der Hoffnung des Himmels –

Schweizer. Verräter ich? – Geh in die Hölle, ich folge dir!

Moor (fällt ihm um den Hals). Bruderherz! du folgst mir. – Sie weint, sie vertrauert ihr Leben. Auf! Hurtig! Alle! Nach Franken! In acht Tagen müssen wir dort sein. (Sie gehen ab.)

Vierter Akt.

Erste Szene.

Ländliche Gegend um das Moorische Schloß.

Räuber Moor. Kosinsky, in der Ferne.

Moor. Geh voran und melde mich. Du weißt doch noch alles, was du sprechen mußt?

Kosinsky. Ihr seid der Graf von Brand, kommt aus Mecklenburg, ich Euer Reutknecht – sorgt nicht, ich will meine Rolle schon spielen. Lebt wohl! (Ab.)

Moor. Sei mir gegrüßt, Vaterlandserde! (Er küßt die Erde.) Vaterlandshimmel! Vaterlandssonne! – und Fluren und Hügel und Ströme und Wälder! seid alle, alle mir herzlich gegrüßt! – Wie so köstlich wehet die Luft von meinen Heimatgebirgen! Wie strömt balsamische Wonne aus euch dem armen Flüchtling entgegen! – Elysium! Dichterische Welt! Halt ein, Moor! dein Fuß wandelt in einem heiligen Tempel.

(Er kommt näher.) Sieh da, auch die Schwalbennester im Schloßhof – auch das Gartenthürchen! und diese Ecke am Zaun, wo du so oft den Fanger[1] belauschtest und necktest – und dort unten das Wiesenthal, wo du, der Held Alexander, deine Macedonier ins Treffen bei Arbela[2] führtest, und neben dran der grasigte Hügel, von welchem du den persischen Satrapen niederwarfst – und deine siegende Fahne flatterte hoch! (Er lächelt.) Die goldne

[1] Eine Eule, zum Fang kleinerer Vögel aufgestellt, welche sie verfolgen und sich daher auf Leimruten in ihrer Nähe leicht fangen lassen.
[2] Wo Alexander der Große 331 v. Chr. die Perser besiegte.

Maienjahre der Knabenzeit leben wieder auf in der Seele des Elenden. – Da warst du so glücklich, warst so ganz, so wolkenlos heiter – und nun – da liegen die Trümmer deiner Entwürfe! Hier solltest du wandeln dereinst, ein großer, stattlicher, gepriesener Mann – hier dein Knabenleben in Amalias blühenden Kindern zum zweitenmal leben – hier! hier der Abgott deines Volks – aber der böse Feind schmollte[1] darzu! (Er fährt auf.) Warum bin ich hieher gekommen? Daß mir's ginge wie dem Gefangenen, den der klirrende Eisenring aus Träumen der Freiheit aufjagt? – Nein, ich gehe in mein Elend zurück! – Der Gefangene hatte das Licht vergessen, aber der Traum der Freiheit fuhr über ihn wie ein Blitz in die Nacht, der sie finsterer zurückläßt. – Lebt wohl, ihr Vaterlandsthäler! Einst saht ihr den Knaben Karl, und der Knabe Karl war ein glücklicher Knabe – itzt saht ihr den Mann, und er war in Verzweiflung. (Er dreht sich schnell nach dem äußersten Ende der Gegend, allwo er plötzlich stille steht und nach dem Schloß mit Wehmut herüberblickt.) Sie nicht sehen, nicht einen Blick – und nur eine Mauer gewesen zwischen mir und Amalia – Nein! sehen muß ich sie – muß ich ihn – es soll mich zermalmen! (Er kehrt um.) Vater! Vater! dein Sohn naht – weg mit dir, schwarzes, rauchendes Blut! Weg, hohler, grasser, zuckender Todesblick! Nur diese Stunde laß mir frei! Amalia! Vater! Dein Karl naht! (Er geht schnell auf das Schloß zu.) – Quäle mich, wenn der Tag erwacht, laß nicht ab von mir, wenn die Nacht kommt – quäle mich in schrecklichen Träumen! Nur vergifte mir diese einzige Wollust nicht! (Er steht an der Pforte.) Wie wird mir? Was ist das, Moor? Sei ein Mann! – – Todesschauer – Schreckenahndung – – (Er geht hinein.)

Zweite Szene.

Galerie im Schloß.

Räuber Moor, Amalia treten auf.

Amalia. Und getrauten Sie sich wohl, sein Bildnis unter diesen Gemälden zu erkennen?

---

[1] Lachte höhnisch. Vgl. S. 30.

Moor. O ganz gewiß. Sein Bild war immer lebendig in mir. (An den Gemälden herumgehend.) Dieser ist's nicht.

Amalia. Erraten! – Er war der Stammvater des gräflichen Hauses und erhielt den Adel vom Barbarossa, dem er wider die Seeräuber diente.

Moor (immer an den Gemälden). Dieser ist's auch nicht – auch der nicht – auch nicht jener dort – er ist nicht unter ihnen.

Amalia. Wie? Sehen Sie doch besser! Ich dachte, Sie kennten ihn –

Moor. Ich kenne meinen Vater nicht besser! Ihm fehlt der sanftmütige Zug um den Mund, der ihn aus Tausenden kenntlich machte – er ist's nicht.

Amalia. Ich erstaune. Wie? Achtzehn Jahre nicht mehr gesehn[1], und noch –

Moor (schnell mit einer fliegenden Röte). Dieser ist's! (Er steht wie vom Blitz gerührt.)

Amalia. Ein vortrefflicher Mann.

Moor (in seinem Anblick versunken). Vater! Vater! vergib mir! – Ja, ein vortrefflicher Mann! – (Er wischt sich die Augen.) Ein göttlicher Mann!

Amalia. Sie scheinen viel Anteil an ihm zu nehmen.

Moor. O ein vortrefflicher Mann – und er sollte dahin sein?

Amalia. Dahin! wie unsere besten Freuden dahingehn – (Sanft seine Hand ergreifend.) Lieber Herr Graf, es reift keine Seligkeit unter dem Monde.

Moor. Sehr wahr, sehr wahr – und sollten Sie schon diese traurige Erfahrung gemacht haben? Sie können nicht dreiundzwanzig Jahr alt sein.

Amalia. Und habe sie gemacht. Alles lebt, um traurig wieder zu sterben. Wir interessieren uns nur darum, wir gewinnen nur darum, daß wir wieder mit Schmerzen verlieren.

Moor. Sie verloren schon etwas?

Amalia. Nichts! Alles! Nichts – wollen wir weiter gehen, Herr Graf?

---

[1] Man muß also annehmen, daß Karl durch die Verlarvung bedeutend älter erscheint, als er wirklich ist.

Moor. So eilig? Wes ist dies Bild rechter Hand dort? Mich deucht, es ist eine unglückliche Physiognomie.

Amalia. Dies Bild linker Hand ist der Sohn des Grafen, der wirkliche[1] Herr – kommen Sie, kommen Sie!

Moor. Aber dies Bild rechter Hand?

Amalia. Sie wollen nicht in den Garten gehn?

Moor. Aber dies Bild rechter Hand? – Du weinst, Amalia?

Amalia (schnell ab).

Moor.

Sie liebt mich! Sie liebt mich! – Ihr ganzes Wesen fing an, sich zu empören, verräterisch rollten die Thränen von ihren Wangen. Sie liebt mich! – Elender, das verdientest du um sie! Steh' ich nicht hier wie ein Gerichteter vor dem tödlichen Block? Ist das der Sofa, wo ich an ihrem Halse in Wonne schwamm? Sind das die väterlichen Säle? (Ergriffen vom Anblick seines Vaters.) Du, du – Feuerflammen aus deinem Auge – Fluch, Fluch, Verwerfung! – Wo bin ich? Nacht vor meinen Augen – Schrecknisse Gottes – ich, ich hab' ihn getötet! (Er rennt davon.)

Franz von Moor in tiefen Gedanken.

Weg mit diesem Bild! Weg, feige Memme! Was zagst du, und vor wem? Ist mir's nicht die wenige Stunden, die der Graf in diesen Mauren wandelt, als schlich' immer ein Spion der Hölle meinen Fersen nach. – Ich sollt' ihn kennen! Es ist so was Großes und oft Gesehenes in seinem wilden, sonnverbrannten Gesicht, das mich beben macht. – Auch Amalia ist nicht gleichgültig gegen ihn! Läßt sie nicht so gierig schmachtende Blicke auf dem Kerl herumkreuzen, mit denen sie doch gegen alle Welt sonst so geizig thut? Sah ich's nicht, wie sie ein paar diebische Thränen in den Wein fallen ließ, den er hinter meinem Rücken so hastig in sich schlürfte[2], als wenn er das Glas mit hineinziehen wollte? Ja, das sah ich, durch den Spiegel sah ich's mit diesen meinen Augen. Holla, Franz! Siehe dich vor! Dahinter steckt irgend ein verderbenschwangeres Ungeheuer!

---

[1] Der gegenwärtige.

[2] Sie hat dem Fremden Wein geboten, und dieser hat gesehen, wie ihr dabei ein paar Thränen, offenbar ohne daß sie es selbst wußte, in das Glas gefallen sind.

(Er steht forschend dem Porträt Karls gegenüber.)

Sein langer Gänsehals – seine schwarzen, feuerwerfenden Augen, hm! hm! – sein finsteres, überhangendes, buschigtes Augenbraun. (Plötzlich zusammenfahrend.) – Schadenfrohe Hölle! Jagst du mir diese Ahndung ein? Es ist Karl! Ja itzt werden mir alle Züge wieder lebendig – er ist's! trutz seiner Larve! – Er ist's! – Tod und Verdammnis! (Auf und ab mit heftigen Schritten.) Hab' ich darum meine Nächte verpraßt[1] – darum Felsen hinweggeräumt und Abgründe eben gemacht? – Bin ich darum gegen alle Instinkte der Menschheit rebellisch worden, daß mir zuletzt dieser unstäte Landstreicher durch meine künstlichsten Wirbel tölple?[2] – Sachte! Nur sachte! Es ist nur noch Spielarbeit übrig. – Bin ich doch ohnehin schon bis an die Ohren in Todsünden gewatet, daß es Unsinn wäre, zurückzuschwimmen, wenn das Ufer schon so weit hinten liegt. – Ans Umkehren ist doch nicht mehr zu gedenken.– Die Gnade selbst würde an den Bettelstab gebracht, und die unendliche Erbarmung bankerott werden, wenn sie für meine Schulden all' gut sagen wollte. – Also vorwärts wie ein Mann! – (Er schellt.) – Er versammle sich zu dem Geist seines Vaters und komme, der Toten spott' ich. – Daniel! he, Daniel! – Was gilt's, den haben sie auch schon gegen mich aufgewiegelt! Er sieht so geheimnisvoll.

Daniel kommt.

Daniel. Was steht zu Befehl, mein Gebieter?

Franz. Nichts. Fort, fülle diesen Becher mit Wein, aber hurtig! (Daniel ab.) Wart', Alter, dich will ich fangen! Ins Auge will ich dich fassen, so starr, daß dein getroffenes Gewissen durch die Larve erblassen soll! Er soll sterben! – Der ist ein Stümper, der sein Werk nur auf die Hälfte bringt und dann weggeht und müßig zugafft, wie es weiter damit werden wird.

Daniel mit Wein.

Franz. Stell' ihn hieher! Sieh mir fest ins Auge! Wie deine Kniee schlottern! Wie du zitterst! Gesteh', Alter! Was hast du gethan?

---

1 Vergeudet, schlaflos hingebracht.
2 Meine sinnreichsten Kreise ungeschickt zerstöre.

Daniel. Nichts, gnädiger Herr, so wahr Gott lebt und meine arme Seele!

Franz. Trink diesen Wein aus! – Was? Du zauderst? – Heraus, schnell! Was hast du in den Wein geworfen?

Daniel. Hilf Gott! Was? Ich – in den Wein?

Franz. Gift hast du in den Wein geworfen! Bist du nicht bleich wie Schnee? Gesteh', gesteh'! Wer hat's dir gegeben? Nicht wahr, der Graf, der Graf hat dir's gegeben?

Daniel. Der Graf? Jesus Maria! Der Graf hat mir nichts gegeben.

Franz (greift ihn hart an). Ich will dich würgen, daß du blau wirst, eisgrauer Lügner du! Nichts? Und was staket ihr denn so beisammen? Er und du und Amalia? Und was flüstertet ihr immer zusammen? Heraus damit! Was für Geheimnisse, was für Geheimnisse hat er dir anvertraut?

Daniel. Das weiß der allwissende Gott! Er hat mir keine Geheimnisse anvertraut.

Franz. Willst du es leugnen? Was für Kabalen habt ihr angezettelt, mich aus dem Weg zu räumen? Nicht wahr? Mich im Schlaf zu erdrosseln? Mir beim Bartscheren die Gurgel abzuschneiden? Mir im Wein oder im Schokolade zu vergeben?[1] Heraus, heraus! – Oder mir in der Suppe den ewigen Schlaf zu geben? Heraus damit, ich weiß alles.

Daniel. So helfe mir Gott, wenn ich in Not bin, wie ich Euch itzt nichts anders sage als die reine, lautere Wahrheit.

Franz. Dies Mal will ich dir verzeihen. Aber gelt, er steckte dir gewiß Geld in deinen Beutel? Er drückte dir die Hand stärker, als der Brauch ist? So ungefähr, wie man sie seinen alten Bekannten zu drücken pflegt?

Daniel. Niemals, mein Gebieter.

Franz. Er sagte dir, zum Exempel, daß er dich etwa schon kenne? – Daß du ihn fast kennen solltest? Daß dir einmal die Decke von den Augen fallen würde – daß – was? Davon sollt' er dir niemals gesagt haben?

---

[1] Vergiften, eigentlich jemand etwas Verderbliches eingeben; daher nach älterem Sprachgebrauch mit dem Dativ.

Daniel. Nicht das mindeste.

Franz. Daß gewisse Umstände ihn abhielten – daß man oft Masken nehmen müsse, um seinen Feinden zuzukönnen – daß er sich rächen wolle, aufs grimmigste rächen wolle?

Daniel. Nicht einen Laut von diesem allem.

Franz. Was? Gar nichts? Besinne dich recht. – Daß er den alten Herrn sehr genau – besonders genau gekannt – daß er ihn liebe – ungemein liebe – wie ein Sohn liebe –

Daniel. Etwas dergleichen erinnere ich mich von ihm gehört zu haben.

Franz (blaß). Hat er, hat er wirklich? Wie, so laß mich doch hören! Er sagte, er sei mein Bruder?

Daniel (betroffen). Was, mein Gebieter? – Nein, das sagte er nicht. Aber wie ihn das Fräulein in der Galerie herumführte[1], ich putzte eben den Staub von den Rahmen der Gemälde ab, stand er bei dem Porträt des seligen Herrn plötzlich still, wie vom Donner gerührt. Das gnädige Fräulein deutete drauf hin und sagte: „Ein vortrefflicher Mann!" – „Ja, ein vortrefflicher Mann!" gab er zur Antwort, indem er sich die Augen wischte.

Franz. Höre, Daniel! Du weißt, ich bin immer ein gütiger Herr gegen dich gewesen; ich hab' dir Nahrung und Kleider gegeben und dein schwaches Alter in allen Geschäften geschonet! –

Daniel. Dafür lohn' Euch der liebe Herrgott! Und ich hab' Euch immer redlich gedienet.

Franz. Das wollt' ich eben sagen. Du hast mir in deinem Leben noch keine Widerrede gegeben, denn du weißt gar zu wohl, daß du mir Gehorsam schuldig bist in allem, was ich dich heiße.

Daniel. In allem von ganzem Herzen, wenn es nicht wider Gott und mein Gewissen geht.

Franz. Possen, Possen! Schämst du dich nicht? Ein alter Mann, und an das Weihnachtmärchen zu glauben! Geh, Daniel! Das war ein dummer Gedanke. Ich bin ja Herr. Mich werden Gott und Gewissen strafen, wenn es ja einen Gott und ein Gewissen gibt.

[1] Auffallend, da die Szene seitdem nicht gewechselt hat. Auch war oben Daniels Anwesenheit nicht erwähnt.

Daniel (schlägt die Hände zusammen). Barmherziger Himmel!

Franz. Bei deinem Gehorsam! Verstehst du das Wort auch? Bei deinem Gehorsam befehl' ich dir, morgen darf der Graf nimmer unter den Lebendigen wandeln.

Daniel. Hilf, heiliger Gott! Weswegen?

Franz. Bei deinem blinden Gehorsam! – Und an dich werd' ich mich halten.

Daniel. An mich? Hilf, selige Mutter Gottes! An mich? Was hab' ich alter Mann denn Böses gethan?

Franz. Hier ist nicht lang Besinnszeit, dein Schicksal steht in meiner Hand. Willst du dein Leben im tiefsten meiner Türme vollends ausschmachten, wo der Hunger dich zwingen wird, deine eigene Knochen abzunagen, und der brennende Durst, dein eigenes Wasser wieder zu saufen? – Oder willst du lieber dein Brot essen in Frieden und Ruhe haben in deinem Alter?

Daniel. Was, Herr? Fried' und Ruhe im Alter, und ein Totschläger?

Franz. Antwort auf meine Frage!

Daniel. Meine grauen Haare! Meine grauen Haare!

Franz. Ja oder nein!

Daniel. Nein! – Gott erbarme sich meiner!

Franz (im Begriff zu gehen). Gut, du sollst's nötig haben. (Daniel hält ihn auf und fällt vor ihm nieder.)

Daniel. Erbarmen, Herr! Erbarmen!

Franz. Ja oder nein!

Daniel. Gnädiger Herr, ich bin heute einundsiebenzig Jahr alt! und hab' Vater und Mutter geehret und niemand meines Wissens um des Hellers Wert im Leben vervorteilt, und hab' an meinem Glauben gehalten treu und redlich, und hab' in Eurem Hause gedienet vierundvierzig Jahr, und erwarte itzt ein ruhig seliges Ende, ach, Herr, Herr! (umfaßt seine Kniee heftig) und Ihr wollt mir den letzten Trost rauben im Sterben, daß der Wurm des Gewissens mich um mein letztes Gebet bringe, daß ich ein Greuel vor Gott und Menschen schlafen gehen soll? Nein, nein, mein liebster, bester, liebster gnädiger Herr! Das wollt Ihr nicht, das könnt Ihr nicht wollen von einem einundsiebenzigjährigen Manne.

Franz. Ja oder nein! Was soll das Geplapper?

Daniel. Ich will Euch von nun an noch eifriger dienen, will meine dürren Sehnen in Eurem Dienst wie ein Taglöhner abarbeiten, will früher aufstehen, will später mich niederlegen – ach, und will Euch einschließen in mein Abend- und Morgengebet, und Gott wird das Gebet eines alten Mannes nicht wegwerfen.

Franz. Gehorsam ist besser, denn Opfer. Hast du je gehört, daß sich der Henker zierte, wenn er ein Urteil vollstrecken sollte?

Daniel. Ach ja wohl! Aber eine Unschuld erwürgen – einen –

Franz. Bin ich dir etwa Rechenschaft schuldig? Darf das Beil den Henker fragen, warum dahin und nicht dorthin? – Aber sieh, wie langmütig ich bin – ich biete dir eine Belohnung für das, was du mir huldigtest.

Daniel. Aber ich hoffte, ein Christe bleiben zu dürfen, da ich Euch huldigte.

Franz. Keine Widerrede! Siehe, ich gebe dir einen ganzen Tag noch Bedenkzeit! Überlege es nochmals. Glück und Unglück – hörst du? Verstehst du? Das höchste Glück und das äußerste Unglück! Ich will Wunder thun im Peinigen.

Daniel (nach einigem Nachdenken). Ich will's thun, morgen will ich's thun. (Ab.)

Franz.

Die Versuchung ist stark, und der war wohl nicht zum Märtyrer seines Glaubens geboren. – Wohl bekomm's dann, Herr Graf! Allem Ansehen nach werden Sie morgen abend Ihr Henkermahl halten! – Es kommt alles nur darauf an, wie man davon denkt, und der ist ein Narr, der wider seine Vorteile denkt. Den Vater, der vielleicht eine Bouteille Wein weiter getrunken hat, kommt der Kitzel an – und draus wird ein Mensch, und der Mensch war gewiß das letzte, woran bei der ganzen Herkulesarbeit gedacht wird. Nun kommt mich eben auch der Kitzel an – und dran krepiert ein Mensch, und gewiß ist hier mehr Verstand und Absicht, als dort bei seinem Entstehen war. – Hängt nicht das Dasein der meisten Menschen mehrenteils an der Hitze eines Juliusmittags, oder am anziehenden Anblick eines Betttuchs, oder an der wagrechten Lage einer schlafenden Küchengrazie, oder an einem ausgelöschten Licht? – Ist die Geburt des Menschen das Werk einer viehischen Anwandlung, eines Ungefährs, wer sollte wegen der Verneinung seiner Geburt sich einkommen lassen, an ein bedeutendes Etwas zu denken? Verflucht sei die Thorheit unserer Ammen und Wärterinnen, die unsere Phantasie mit schrecklichen Märchen verderben und gräßliche Bilder von Strafgerichten in unser weiches Gehirnmark drücken, daß unwillkürliche Schauder die Glieder des Mannes noch in frostige Angst rütteln, unsere kühnste Entschlossenheit sperren, unsere erwachende Vernunft an Ketten abergläubischer Finsternis legen. – Mord! wie eine ganze Hölle von Furien um das Wort flattert. – Die Natur vergaß einen Mann mehr zu machen – die Nabelschnur ist nicht unterbunden worden – der Vater hat in der Hochzeitnacht glatten Leib bekommen – und die ganze Schattenspielerei ist verschwunden. Es war etwas und wird nichts. – Heißt es nicht ebenso viel, als: es war nichts und wird nichts, und um nichts wird kein Wort mehr gewechselt. – Der Mensch entstehet aus Morast, und watet eine Weile im Morast, und macht Morast und gärt wieder zusammen in Morast, bis er zuletzt an den Schuhsohlen seines Urenkels unflätig anklebt. Das ist das Ende vom Lied – der morastige Zirkel der menschlichen Bestimmung, und somit – glückliche Reise, Herr Bruder. Der milzsüchtige, podagrische Moralist von einem Gewissen mag runzlichte Weiber aus Bordellen jagen und alte Wucherer auf dem Todesbett foltern – bei mir wird er nimmermehr Audienz bekommen. (Er geht ab.)

Dritte Szene.

Andres Zimmer im Schloß.

Räuber Moor von der einen Seite, **Daniel** von der andern.

Moor (hastig). Wo ist das Fräulein?

Daniel. Gnädiger Herr! Erlaubt einem armen Mann, Euch um etwas zu bitten.

Moor. Es ist dir gewährt, was willst du?

Daniel. Nicht viel und alles, so wenig und doch so viel – laßt mich Eure Hand küssen!

Moor. Das sollst du nicht, guter Alter! (umarmt ihn) den ich Vater nennen möchte.

Daniel. Eure Hand, Eure Hand! ich bitt' Euch.

Moor. Du sollst nicht.

Daniel. Ich muß! (Er greift sie, betrachtet sie schnell und fällt vor ihm nieder.) Lieber, bester Karl!

Moor (erschrickt, faßt sich, fremd). Freund, was sagst du? Ich verstehe dich nicht.

Daniel. Ja, leugnet es nur, verstellt Euch! Schön, schön! Ihr seid immer mein bester, köstlicher Junker! – Lieber Gott! daß ich alter Mann noch die Freude – dummer Tölpel ich, daß ich Euch nicht gleich – Ei du himmlischer Vater! So seid Ihr ja wiedergekommen, und der alte Herr ist unterm Boden, und da seid Ihr ja wieder – was für ein blinder Esel ich doch war (sich vor den Kopf schlagend), daß ich Euch nicht im ersten Hui – Ei du mein – wer hätte sich das träumen lassen! – Um was ich mit Thränen betete, – Jesus Christus! Da steht er ja leibhaftig wieder in der alten Stube!

Moor. Was ist das für eine Sprache? Seid Ihr vom hitzigen Fieber aufgesprungen? Oder wollt Ihr eine Komödienrolle an mir probieren?

Daniel. Ei pfui doch, pfui doch! Das ist nicht fein, einen alten Knecht so zum besten haben. – Diese Narbe! He, wißt Ihr noch? – Großer Gott! Was Ihr mir da für eine Angst einjagtet. – Ich hab' Euch immer so lieb gehabt, und was Ihr mir da für Herzeleid hättet anrichten können – Ihr saßt mir im Schoß – wißt Ihr noch? – Dort in der runden Stube – Gelt, Vogel! Das habt Ihr freilich vergessen – auch den Kuckuck[1], den Ihr so gern hörtet? Denkt doch! der Kuckuck ist zerschlagen, in Grundsboden geschlagen – die alte Susel hat ihn verwettert, wie sie die Stube fegte – ja freilich, und da saßt Ihr mir im Schoß und rieft: Hotto! und ich lief fort, Euch den Hottogaul zu holen – Jesus Gott! warum mußt' ich alter Esel auch fortlaufen? – und wie mir's siedigheiß über den Buckel lief – wie ich das Zeter-

[1] Die Kuckucksuhr.

geschrei höre draußen im Öhrn[1], spring' herein, und da lief das helle Blut, und laget am Boden, und hattet – heilige Mutter Gottes! War mir's nicht, als wenn mir ein Kübel eiskalt Wasser übern Nacken spritzte – aber so geht's, wenn man nicht alle Augen auf die Kinder hat. Großer Gott, wenn's ins Aug' gegangen wäre. – War's darzu noch die rechte Hand. Mein Lebenstag, sagt' ich, soll mir kein Kind mehr ein Messer, oder eine Schere, oder so was Spitziges, sagt' ich – in die Hände kriegen, sagt' ich. – War zum Glück noch Herr und Frau[2] verreiset – ja, ja, das soll mir mein Tag des Lebens eine Warnung sein, sagt' ich – Jemini, Jemini! ich hätte vom Dienst kommen können, ich hätte – Gott der Herr verzeih's Euch, gottloses Kind – aber Gottlob! es heilte glücklich bis auf die wüste Narbe.

Moor. Ich begreife kein Wort von allem, was du sagst.

Daniel. Ja gelt, gelt? Das war noch eine Zeit? Wie manches Zuckerbrot, oder Biskuit, oder Makrone ich Euch hab' zugeschoben, hab' Euch immer am gernsten gehabt, und wißt Ihr noch, was Ihr mir drunten sagtet im Stall, wie ich Euch auf des alten Herrn seinen Schweißfuchsen setzte und Euch auf der großen Wiese ließ herumjagen? Daniel, sagtet Ihr, laß mich nur einen großen Mann werden, Daniel, so sollst du mein Verwalter sein und mit mir in der Kutsche fahren – ja, sagt' ich und lachte, wenn Gott Leben und Gesundheit schenkt und Ihr Euch eines alten Mannes nicht schämen werdet, sagt' ich, so will ich Euch bitten, mir das Häuschen drunten im Dorf zu räumen, das schon eine gute Weil' leer steht, und da wollt' ich mir ein Eimer zwanzig Wein einlegen und wirtschaften in meinen alten Tagen. – Ja, lacht nur, lacht nur! Gelt, junger Herr, das habt Ihr rein ausgeschwitzt? – Den alten Mann will man nicht kennen, da thut man so fremd, so fürnehm – o Ihr seid doch mein goldiger Junker – freilich halt ein bißchen lucker gewesen – nimmt mir's nicht übel! – Wie's eben das junge Fleisch meistens ist – am Ende kann noch alles gut werden.

Moor (fällt ihm um den Hals). Ja, Daniel, ich will's nicht mehr

[1] Der Öhrn, schwäbisch für Hausflur.
[2] Einzige Erwähnung der Mutter. Sie ist als früh gestorben anzunehmen.

verhehlen! Ich bin dein Karl, dein verlorner Karl! Was macht meine Amalia?

Daniel (fangt an zu weinen). Daß ich alter Sünder noch die Freude haben soll, – und der Herr selig weinete umsonst! – Abe, abe,[1] weißer Schädel, mürbe Knochen, fahret in die Grube mit Freuden! Mein Herr und Meister lebt, ihn haben meine Augen gesehen!

Moor. Und will halten, was er versprochen hat – nimm das, ehrlicher Graukopf, für den Schweißfuchsen im Stall; (bringt ihm einen schweren Beutel auf) nicht vergessen hab' ich den alten Mann.

Daniel. Wie? Was treibt Ihr? Zu viel! Ihr habt Euch vergriffen.

Moor. Nicht vergriffen, Daniel! (Daniel will niederfallen.) Steh' auf! sage mir, was macht meine Amalia?

Daniel. Gottes Lohn! Gottes Lohn! Ei, Herr Jerem! – Eure Amalia, o, die wird's nicht überleben, die wird sterben vor Freude!

Moor (heftig). Sie vergaß mich nicht?

Daniel. Vergessen? Wie schwätzt Ihr wieder? Euch vergessen? – da hättet Ihr sollen dabei sein, hättet's sollen mit ansehen, wie sie sich gebärdete, als die Zeitung kam, Ihr wär't gestorben, die der gnädige Herr ausstreuen ließ –

Moor. Was sagst du? mein Bruder –

Daniel. Ja, Euer Bruder, der gnädige Herr, Euer Bruder – ich will Euch ein andermal mehr davon erzählen, wenn's Zeit dazu ist – und wie sauber sie ihm abkappte[2], wenn er ihr alle Tage, die Gott schickt, seinen Antrag machte und sie zur gnädigen Frau machen wollte. O, ich muß hin, muß hin, ihr sagen, ihr die Botschaft bringen. (Will fort.)

Moor. Halt, halt! Sie darf's nicht wissen! darf's niemand wissen, auch mein Bruder nicht.

Daniel. Euer Bruder? Nein, beileibe nicht, er darf's nicht

---

[1] Für „ab", d. h. hinab. So bei Goethe, Pandora: „Fliehe mit abe gewendetem Blick." – Zum Gedanken Ev. Luk. 2, 29: „Nun lässest du deinen Diener in Frieden fahren. Denn meine Augen haben deinen Heiland gesehen."

[2] D. h. ihm Eins auf die Kappe gab.

wissen! Er gar nicht! – Wenn er nicht schon mehr weißt, als er wissen darf. – O, ich sage Euch, es gibt garstige Menschen, garstige Brüder, garstige Herren – aber ich möcht' um alles Gold meines Herrn willen kein garstiger Knecht sein – der gnädige Herr hielt Euch tot.

Moor. Hum! Was brummst du da?

Daniel (leiser). Und wenn man freilich so ungebeten aufersteht – Euer Bruder war des Herrn selig einziger Erbe –

Moor. Alter! – Was murmelst du da zwischen den Zähnen, als wenn irgend ein Ungeheuer von Geheimnis auf deiner Zunge schwebte, das nicht heraus wollte und doch heraus sollte? Rede deutlicher!

Daniel. Aber ich will lieber meine alte Knochen abnagen vor Hunger, lieber vor Durst mein eigenes Wasser saufen, als Wohlleben die Fülle verdienen mit einem Totschlag. (Schnell ab.)

Moor auffahrend aus schrecklichem Pausen.

Betrogen, betrogen! Da fährt es über meine Seele wie der Blitz! – Spitzbübische Künste! Himmel und Hölle! Nicht du, Vater! Spitzbübische Künste! Mörder, Räuber durch spitzbübische Künste! Angeschwärzt von ihm! Verfälscht, unterdrückt meine Briefe – voll Liebe sein Herz – o ich Ungeheuer von einem Thoren – voll Liebe sein Vaterherz – o Schelmerei, Schelmerei! Es hätte mich einen Fußfall gekostet – es hätte mich eine Thräne gekostet – o ich blöder, blöder, blöder Thor! – (Wider die Wand rennend.) Ich hätte glücklich sein können – o Büberei, Büberei! das Glück meines Lebens bübisch, bübisch hinweggetrogen. (Er läuft wütend auf und nieder.) Mörder, Räuber durch spitzbübische Künste! – Er grollte nicht einmal. Nicht ein Gedanke von Fluch in seinem Herzen – o Bösewicht, unbegreiflicher, schleichender, abscheulicher Bösewicht!

Kosinsky kommt.

Kosinsky. Nun, Hauptmann, wo stickst du? Was ist's? Du willst noch länger hier bleiben, merk' ich.

Moor. Auf! Sattle die Pferde! – Wir müssen vor Sonnenuntergang noch über den Grenzen sein!

Kosinsky. Du spaßest.

Moor (befehlend). Hurtig, hurtig! Zaudre nicht lang', laß alles da! und daß kein Aug' dich gewahr wird. (Kosinsky ab.)

Moor.

Ich fliehe aus diesen Mauren. Der geringste Verzug könnte mich wütig machen, und er ist meines Vaters Sohn. – Bruder, Bruder! du hast mich zum Elendesten auf Erden gemacht, ich habe dich niemals beleidigt, es war nicht brüderlich gehandelt. – Ernte die Früchte deiner Unthat in Ruhe, meine Gegenwart soll dir den Genuß nicht länger vergällen – aber gewiß, es war nicht brüderlich gehandelt. Finsternis verlösche sie auf ewig, und der Tod rühre sie nicht auf!

Kosinsky.

Kosinsky. Die Pferde stehn gesattelt, Ihr könnt aufsitzen, wenn Ihr wollt.

Moor. Presser, Presser! Warum so eilig? Soll ich sie nicht mehr sehn?

Kosinsky. Ich zäume gleich wieder ab, wenn Ihr's haben wollt; Ihr hießt mich ja über Hals und Kopf eilen.

Moor. Noch einmal! Ein Lebewohl noch! Ich muß den Gifttrank dieser Seligkeit vollends ausschlürfen, und dann – halt, Kosinsky! zehn Minuten noch – hinten am Schloßhof – und wir sprengen davon!

Vierte Szene.

Im Garten.

Amalia.

Du weinst, Amalia? – und das sprach er mit einer Stimme! mit einer Stimme – mir war's, als ob die Natur sich verjüngete. – Die genossenen Lenze der Liebe dämmerten auf mit der Stimme! Die Nachtigall schlug wie damals – die Blumen hauchten wie damals – und ich lag wonneberauscht an seinem Hals. – Ha! falsches, treuloses Herz! Wie du deinen Meineid beschönigen willst! Nein, nein, weg aus meiner Seele, du Frevelbild! – Ich hab' meinen Eid nicht gebrochen, du Einziger! Weg aus meiner Seele, ihr verräterischen, gottlosen Wünsche! im Herzen, wo Karl herrscht, darf kein Erdensohn nisten. – Aber warum, meine Seele, so immer, so wider Willen nach diesem Fremdling? Hängt er sich nicht so hart an das Bild meines Einzigen? Ist er nicht der ewige Begleiter meines Einzigen? Du weinst, Amalia? – Ha, ich will ihn fliehen! – fliehen! – Nimmer sehen soll mein Aug' diesen Fremdling!

Räuber Moor öffnet die Gartenthüre.

Amalia (fährt zusammen). Horch! horch! Rauschte die Thüre nicht? (Sie wird Karln gewahr und springt auf.) Er? – wohin – was? – da hat mich's angewurzelt, daß ich nicht fliehen kann. – Verlaß mich nicht, Gott im Himmel! – Nein, du sollst mir meinen Karl nicht entreißen! Meine Seele hat nicht Raum für zwei Gottheiten, und ich bin ein sterbliches Mädchen! (Sie nimmt Karls Bild heraus.) Du, mein Karl, sei mein Genius wider diesen Fremdling, den Liebestörer! Dich, dich ansehen unverwandt – und weg alle gottlosen Blicke nach diesem. (Sie sitzt stumm, das Auge starr auf das Bild geheftet.)

Moor. Sie da, gnädiges Fräulein? – und traurig? – und eine Thräne auf diesem Gemälde? (Amalia gibt ihm keine Antwort.) – Und wer ist der Glückliche, um den sich das Aug' eines Engels versilbert? Darf auch ich diesen Verherrlichten – (Er will das Gemälde betrachten.)

Amalia. Nein, ja, nein!

Moor (zurückfahrend). Ha! – und verdient er diese Vergötterung? Verdient er? –

Amalia. Wenn Sie ihn gekannt hätten!

Moor. Ich würd' ihn beneidet haben.

Amalia. Angebetet, wollen Sie sagen.

Moor. Ha!

Amalia. O, Sie hätten ihn so lieb gehabt – es war so viel, so viel in seinem Angesicht – in seinen Augen – im Ton seiner Stimme, das Ihnen so gleich kommt – das ich so liebe –

Moor (sieht zur Erde).

Amalia. Hier, wo Sie stehen, stand er tausendmal – und neben ihm die, die neben ihm Himmel und Erde vergaß. – Hier durchirrte sein Aug' die um ihn prangende Gegend – sie schien den großen belohnenden Blick zu empfinden und sich unter dem Wohlgefallen ihres Meisterbilds zu verschönern. – Hier hielt er mit himmlischer Musik die Hörer der Lüfte gefangen – hier an diesem Busch pflückte er Rosen, und pflückte die Rosen für mich – hier, hier lag er an meinem Halse, brannte sein Mund auf dem meinen, und die Blumen starben gern unter der Liebenden Fußtritt –

Moor. Er ist nicht mehr?

Amalia. Er segelt auf ungestümen Meeren – Amalias Liebe segelt mit ihm. – Er wandelt durch ungebahnte sandigte Wüsten – Amalias Liebe macht den brennenden Sand unter ihm grünen und die wilden Gesträuche blühen. – Der Mittag sengt sein entblößtes Haupt, nordischer Schnee schrumpft seine Sohlen zusammen, stürmischer Hagel regnet um seine Schläfe, und Amalias Liebe wiegt ihn in Stürmen ein – Meere und Berge und Horizonte zwischen den Liebenden – aber die Seelen versetzen sich aus dem staubigten Kerker und treffen sich im Paradiese der Liebe. – Sie scheinen traurig, Herr Graf?

Moor. Die Worte der Liebe machen auch meine Liebe lebendig.

Amalia (blaß). Was? Sie lieben eine andre? – Weh' mir, was hab' ich gesagt?

Moor. Sie glaubte mich tot und blieb treu dem Totgeglaubten. – Sie hörte wieder, ich lebe, und opferte mir die Krone einer Heiligen auf.[1] Sie weiß mich in Wüsten irren und im Elend herumschwärmen, und ihre Liebe fliegt durch Wüsten und Elend mir nach. Auch heißt sie Amalia, wie Sie, gnädiges Fräulein.

Amalia. Wie beneid' ich Ihre Amalia.

Moor. O sie ist ein unglückliches Mädchen; ihre Liebe ist für einen, der verloren ist, und wird – ewig niemals belohnt.

Amalia. Nein, sie wird im Himmel belohnt. Sagt man nicht, es gebe eine bessere Welt, wo die Traurigen sich freuen und die Liebenden sich wiedererkennen?

Moor. Ja, eine Welt, wo die Schleier hinwegfallen und

---

[1] Bezieht sich auf Amaliens Entschluß, ins Kloster zu gehen, den sie aufgegeben hat, nachdem sie von Karls Leben Kunde erhalten. Woher Karl dies weiß, ist nicht gesagt.

die Liebe sich schrecklich wiederfindet – Ewigkeit heißt ihr Name – meine Amalia ist ein unglückliches Mädchen.

Amalia. Unglücklich, und Sie lieben?

Moor. Unglücklich, weil sie mich liebt! Wie, wenn ich ein Totschläger wäre? Wie, mein Fräulein, wenn Ihr Geliebter Ihnen für jeden Kuß einen Mord aufzählen könnte? Wehe meiner Amalia! sie ist ein unglückliches Mädchen.

Amalia (froh aufhüpfend). Ha! wie bin ich ein glückliches Mädchen! Mein Einziger ist Nachstrahl der Gottheit, und die Gottheit ist Huld und Erbarmen! Nicht eine Fliege konnt' er leiden sehen. – Seine Seele ist so fern von einem blutigen Gedanken, als fern der Mittag von der Mitternacht ist.

Moor (kehrt sich schnell ab in ein Gebüsch, blickt starr in die Gegend).

Amalia (singt und spielt auf der Laute).

Willst dich, Hektor, ewig mir entreißen,
Wo des Äaciden mordend Eisen
Dem Patroklus schrecklich Opfer bringt?
Wer wird künftig deinen Kleinen lehren
Speere werfen und die Götter ehren,
Wenn hinunter dich der Xanthus schlingt?

Moor (nimmt die Laute stillschweigend und spielt).

Teures Weib, geh, hol' die Todeslanze!
Laß – mich fort – zum wilden Kriegestanze! –

(Er wirft die Laute weg und flieht davon.)

Fünfte Szene.

Nahgelegener Wald. Nacht. Ein altes verfallenes Schloß in der Mitte.

Die Räuberbande gelagert auf der Erde.

Die Räuber (singen).

Stehlen, morden, huren, balgen,
Heißt bei uns nur die Zeit zerstreun.
Morgen hangen wir am Galgen,
Drum laßt uns heute lustig sein.

Ein freies Leben führen wir,
Ein Leben voller Wonne.
Der Wald ist unser Nachtquartier,
Bei Sturm und Wind hantieren wir,
Der Mond ist unsre Sonne,
Mercurius ist unser Mann,
Der's Praktizieren trefflich kann.

Heut' laden wir bei Pfaffen uns ein,
Bei masten[1] Pächtern morgen;
Was drüber ist, da lassen wir fein
Den lieben Herrgott sorgen.

Und haben wir im Traubensaft
Die Gurgel ausgebadet,
So machen wir uns Mut und Kraft
Und mit dem Schwarzen Brüderschaft,
Der in der Hölle bratet.

Das Wehgeheul geschlag'ner Väter,
Der bangen Mütter Klaggezeter,
Das Winseln der verlass'nen Braut
Ist Schmaus für unsre Trommelhaut!

Ha! wenn sie euch unter dem Beile so zucken,
Ausbrüllen wie Kälber, umfallen wie Mucken,
Das kitzelt unsern Augenstern,
Das schmeichelt unsern Ohren gern.

Und wenn mein Stündlein kommen nun,
Der Henker soll es holen!
So haben wir halt unsern Lohn
Und schmieren unsre Sohlen.
Ein Schlückchen auf den Weg vom heißen Traubensohn,
Und hurra rax dax! geht's, als flögen wir davon.

Schweizer. Es wird Nacht, und der Hauptmann noch nicht da!

Razmann. Und versprach doch, Schlag acht Uhr[2] wieder bei uns einzutreffen.

---

[1] Gemästeten, feisten.
[2] Es ist Hochsommer, wo es um acht Uhr noch hell ist.

Schweizer. Wenn ihm Leides geschehen wäre – Kameraden! wir zünden an und morden den Säugling.

Spiegelberg (nimmt Razmann beiseite). Auf ein Wort, Razmann.

Schwarz (zu Grimm). Wollen wir nicht Spionen ausstellen?

Grimm. Laß du ihn! Er wird einen Fang thun, daß wir uns schämen müssen.

Schweizer. Da brennst du dich[1], beim Henker! Er ging nicht von uns wie einer, der einen Schelmenstreich im Schild führt. Hast du vergessen, was er gesagt hat, als er uns über die Heide führte? – „Wer nur eine Rübe vom Acker stiehlt, daß ich's erfahre, läßt seinen Kopf hier, so wahr ich Moor heiße." Wir dürfen nicht rauben.

Razmann (leise zu Spiegelberg). Wo will das hinaus? – rede deutscher!

Spiegelberg. Pst! Pst! – Ich weiß nicht, was du oder ich für Begriffe von Freiheit haben, daß wir an einem Karrn ziehen wie Stiere und dabei wunderviel von Independenz deklamieren. – Es gefällt mir nicht.

Schweizer (zu Grimm). Was wohl dieser Windkopf hier an der Kunkel hat?[2]

Razmann (leise zu Spiegelberg). Du sprichst vom Hauptmann? –

Spiegelberg. Pst doch! Pst! – Er hat so seine Ohren unter uns herumlaufen – Hauptmann sagst du? Wer hat ihn zum Hauptmann über uns gesetzt, oder hat er nicht diesen Titel usurpiert, der von rechtswegen mein ist? – Wie? legen wir darum unser Leben auf Würfel – baden darum alle Milzsuchten des Schicksals aus, daß wir am End' noch von Glück sagen, die Leibeigenen eines Sklaven zu sein? – Leibeigenen, da wir Fürsten sein könnten? – Bei Gott! Razmann – das hat mir niemals gefallen.

Schweizer (zu den andern). Ja – du bist mir der rechte Held, Frösche mit Steinen breit zu schmeißen. – Schon der Klang seiner Nase, wenn er sich schneuzte, könnte dich durch ein Nadelöhr jagen –

---

[1] Für: sich irren, sich „schneiden".
[2] Anspinnt, anzettelt.

Spiegelberg (zu Razmann). Ja – und Jahre[1] schon dicht' ich darauf: Es soll anders werden. Razmann – wenn du bist, wofür ich dich immer hielt – Razmann! – Man vermißt ihn – gibt ihn halb verloren – Razmann, mich deucht, seine schwarze Stunde schlägt. – Wie? Nicht einmal röter wirst du, da dir die Glocke zur Freiheit läutet? Hast nicht einmal so viel Mut, einen kühnen Wink zu verstehen?

Razmann. Ha, Satan! worin verstrickst du meine Seele?

Spiegelberg. Hat's gefangen? – Gut! so folge! Ich hab' mir's gemerkt, wo er hinschlich. – Komm! Zwei Pistolen fehlen selten, und dann – so sind wir die erste, die den Säugling erdrosseln.[2] (Er will ihn fortreißen.)

Schweizer (zieht wütend sein Messer). Ha, Bestie! Eben recht erinnerst du mich an die böhmischen Wälder! – Warst du nicht die Memme, die anhub zu schnadern[3], als sie riefen: „Der Feind kommt!" Ich hab' damals bei meiner Seele geflucht – fahr' hin, Meuchelmörder! (Er sticht ihn tot.)

Räuber (in Bewegung). Mordjo! Mordjo! – Schweizer – Spiegelberg – Reißt sie auseinander!

Schweizer (wirft das Messer über ihn). Da! – und so krepier' du. – Ruhig, Kameraden – laßt euch den Bettel nicht unterbrechen. – Die Bestie ist dem Hauptmann immer giftig gewesen und hat keine Narbe auf ihrer ganzen Haut. – Noch einmal, gebt euch zufrieden – Ha! über den Racker. – Von hinten her will er Männer zu schanden schmeißen? Männer von hinten her! – Ist uns darum der helle Schweiß über die Backen gelaufen, daß wir aus der Welt schleichen wie Hundsfötter? Bestie du! – Haben wir uns darum unter Feuer und Rauch gebettet, daß wir zuletzt wie Ratten verrecken?

Grimm. Aber zum Teufel – Kamerad – was hattet ihr miteinander? – Der Hauptmann wird rasend werden.

Schweizer. Dafür laß mich sorgen. – Und du, Heilloser

---

[1] Seit sie Räuber wurden in Akt I, 2, sind ungefähr vierzehn Monate verflossen. Vgl. S. 54,15 und 131,22.

[2] Nämlich, um durch solch wütiges Thun den Verdacht von uns abzulenken. Vgl. Schweizers Worte S. 123,2.

[3] „Schnattern" hier für klappern, nämlich vor Furcht mit den Zähnen.

(zu Razmann), du warst sein Helfershelfer, du! – Pack' dich aus meinen Augen – der Schufterle hat's auch so gemacht; aber dafür hängt er itzt auch in der Schweiz, wie's ihm mein Hauptmann prophezeit hat – (Man schießt.)

Schwarz (aufspringend). Horch! ein Pistolschuß! (Man schießt wieder.) Noch einer! Holla! der Hauptmann!

Grimm. Nur Geduld! Er muß zum drittenmal schießen! (Man hört noch einen Schuß.)

Schwarz. Er ist's! – ist's – Salvier' dich, Schweizer – laßt uns ihm antworten! (Sie schießen.)

Moor, Kosinsky treten auf.

Schweizer (ihnen entgegen). Sei willkommen, mein Hauptmann. – Ich bin ein bißchen vorlaut gewesen, seit du weg bist. (Er führt ihn an die Leiche.) Sei du Richter zwischen mir und diesem – von hinten hat er dich ermorden wollen.

Räuber (mit Bestürzung). Was? den Hauptmann?

Moor (in den Anblick versunken, bricht heftig aus). O unbegreiflicher Finger der rachekundigen Nemesis! – War's nicht dieser, der mir das Sirenenlied trillerte? – Weihe dies Messer der dunklen Vergelterin! – das hast du nicht gethan, Schweizer.

Schweizer. Bei Gott! ich hab's wahrlich gethan, und es ist beim Teufel nicht das Schlechtste, was ich in meinem Leben gethan habe. (Geht unwillig ab.)

Moor (nachdenkend). Ich verstehe – Lenker im Himmel – ich verstehe – die Blätter fallen von den Bäumen – und mein Herbst ist kommen. – Schafft mir diesen aus den Augen! (Spiegelbergs Leiche wird hinweggetragen.)

Grimm. Gib uns Ordre, Hauptmann – was sollen wir weiter thun?

Moor. Bald – bald ist alles erfüllet. – Gebt mir meine Laute. – Ich habe mich selbst verloren, seit ich dort war – meine Laute, sag' ich – ich muß mich zurücklullen in meine Kraft. – Verlaßt mich!

Räuber. Es ist Mitternacht[1], Hauptmann.

---

[1] Die Zeitbestimmung ist nicht genau. Vgl. S. 122,32: „Es wird Nacht"; S. 129,13: „Es wird immer finsterer"; S. 129,15: „Zwölf schlägt's drüben im Dorf."

Moor. Doch waren's nur die Thränen im Schauspielhaus[1] – den Römergesang muß ich hören, daß mein schlafender Genius wieder aufwacht. – Meine Laute her – Mitternacht sagt ihr?

Schwarz. Wohl bald vorüber. Wie Blei liegt der Schlaf in uns. Seit drei Tagen kein Auge zu.

Moor. Sinkt denn der balsamische Schlaf auch auf die Augen der Schelmen? Warum fliehet er mich? Ich bin nie ein Feiger gewesen oder ein schlechter Kerl. – Legt euch schlafen – Morgen am Tag gehen wir weiter.

Räuber. Gute Nacht, Hauptmann. (Sie lagern sich auf der Erde und schlafen ein.)

Tiefe Stille.

Moor nimmt die Laute und spielt.

Brutus.

[2]Sei willkommen, friedliches Gefilde!
Nimm den letzten aller Römer auf!
Von Philippi, wo die Mordschlacht brüllte,
Schleicht mein gramgebeugter Lauf.
Cassius, wo bist du? – Rom verloren!
Hingewürgt mein brüderliches Heer!
Meine Zuflucht zu des Todes Thoren!
Keine Welt für Brutus mehr!

Cäsar.

Wer mit Schritten eines Niebesiegten
Wandert dort vom Felsenhang? –
Ha! wenn meine Augen mir nicht lügten,
Das ist eines Römers Gang. –
Tibersohn – von wannen deine Reise?
Dauert noch die Siebenhügelstadt?
Oft geweinet hab' ich um die Waise,
Daß sie nimmer einen Cäsar hat.

Brutus.

Ha! du mit der dreiundzwanzigfachen Wunde!
Wer rief, Toter, dich ans Licht?

[1] Sie haben mein eigentliches, inneres Wesen nicht berührt. Er will sich das selbst einreden.
[2] Vgl. Bd. 1, S. 10.

Schaud're rückwärts zu des Orkus Schlunde,
Stolzer Weiner! Triumphiere nicht!
Auf Philippis eisernem Altare
Raucht der Freiheit letztes Opferblut:
Rom verröchelt über Brutus' Bahre,
Brutus geht zu Minos. – Kreuch in deine Flut!

Cäsar.

O ein Todesstoß von Brutus' Schwerte!
Auch du – Brutus – du?
Sohn – es war dein Vater – Sohn – die Erde
Wär' gefallen dir als Erbe zu.
Geh – du bist der größte Römer worden,
Da in Vaters Brust dein Eisen drang.
Geh – und heul' es bis zu jenen Pforten:
Brutus ist der größte Römer worden,
Da in Vaters Brust sein Eisen drang.
Geh – du weißt's nun, was an Lethes Strande
Mich noch bannte –
Schwarzer Schiffer, stoß vom Lande!

Brutus.

Vater, halt! – Im ganzen Sonnenreiche
Hab' ich Einen nur gekannt,
Der dem großen Cäsar gleiche;
Diesen einen hast du Sohn genannt.
Nur ein Cäsar mochte Rom verderben,
Nur nicht Brutus mochte Cäsar stehn!
Wo ein Brutus lebt, muß Cäsar sterben;
Geh du linkswärts, laß mich rechtswärts gehn.

(Er legt die Laute hin, geht tiefdenkend auf und nieder.)

Wer mir Bürge wäre? – – Es ist alles so finster – verworrene Labyrinthe – kein Ausgang – kein leitendes Gestirn. – Wenn's aus wäre mit diesem letzten Odemzug – aus wie ein schales Marionettenspiel. – Aber wofür der heiße Hunger nach Glückseligkeit? Wofür das Ideal einer unerreichten Vollkommenheit? Das Hinausschieben unvollendeter Plane? – Wenn der armselige Druck dieses armseligen Dings (die Pistole vors Gesicht haltend) den Weisen dem Thoren – den Feigen dem

Tapfern – den Edlen dem Schelmen gleich macht? – Es ist doch eine so göttliche Harmonie in der seelenlosen Natur, warum sollte dieser Mißklang in der vernünftigen sein? – Nein! nein! es ist etwas mehr, denn ich bin noch nicht glücklich gewesen.

Glaubt ihr, ich werde zittern? Geister meiner Erwürgten! ich werde nicht zittern. (Heftig zitternd.) – Euer banges Sterbegewinsel – euer schwarzgewürgtes Gesicht – eure fürchterlich klaffenden Wunden sind ja nur Glieder einer unzerbrechlichen Kette des Schicksals und hängen zuletzt an meinen Feierabenden[1], an den Launen meiner Ammen und Hofmeister, am Temperament meines Vaters, am Blut meiner Mutter. – (Von Schauer geschüttelt.) Warum hat mein Perillus[2] einen Ochsen aus mir gemacht, daß die Menschheit in meinem glühenden Bauche bratet?

(Er setzt die Pistole an.) Zeit und Ewigkeit – gekettet aneinander durch ein einzig Moment! – Grauser Schlüssel, der das Gefängnis des Lebens hinter mir schließt und vor mir aufriegelt die Behausung der ewigen Nacht – sage mir – o sage mir – wohin – wohin wirst du mich führen? – Fremdes, nie umsegeltes Land! – Siehe, die Menschheit erschlappt unter diesem Bilde, die Spannkraft des Endlichen läßt nach, und die Phantasei, der mutwillige Affe der Sinne, gaukelt unserer Leichtgläubigkeit seltsame Schatten vor. – Nein, nein! Ein Mann muß nicht straucheln. – Sei, wie du willt, namenloses Jenseits – bleibt mir nur dieses mein Selbst getreu – sei wie du willt, wenn ich nur mich selbst mit hinübernehme – Außendinge sind nur der Anstrich[3] des Manns. – Ich bin mein Himmel und meine Hölle.

Wenn du mir irgend einen eingeäscherten Weltkreis allein ließest, den du aus deinen Augen verbannt hast, wo die einsame Nacht und die ewige Wüste meine Aussichten sind? – Ich würde

---

[1] An den Gedanken und Phantasien, die mir in müßigen Stunden kamen.

[2] Ein Erzkünstler, der dem Tyrannen Phalaris von Agrigent einen ehernen Stier schenkte, welcher so eingerichtet war, daß man durch untergelegtes Feuer in seinem hohlen Bauche einen Menschen braten konnte, dessen Angstgeschrei dann wie das Brüllen des Stieres klang. Der Tyrann machte, wie erzählt wird, die erste Probe mit dem Künstler selbst.

[3] Die äußere Farbe.

dann die schweigende Öde mit meinen Phantasien bevölkern und hätte die Ewigkeit zur Muße, das verworrene Bild des allgemeinen Elends zu zergliedern. – Oder willst du mich durch immer neue Geburten und immer neue Schauplätze des Elends von Stufe zu Stufe – zur Vernichtung – führen? Kann ich nicht die Lebensfäden, die mir jenseits gewoben sind, so leicht zerreißen wie diesen? – Du kannst mich zu nichts machen – diese Freiheit kannst du mir nicht nehmen. (Er lädt die Pistole. Plötzlich hält er inn.) Und soll ich für Furcht eines qualvollen Lebens sterben? – Soll ich dem Elend den Sieg über mich einräumen? – Nein! ich will's dulden! (Er wirft die Pistole weg.) Die Qual erlahme an meinem Stolz! Ich will's vollenden.

(Es wird immer finstrer.)

Hermann, der durch den Wald kommt.

Horch! horch! grausig heulet der Kauz – zwölf schlägt's drüben im Dorf – Wohl, wohl – das Bubenstück schläft[1] – in dieser Wilde kein Lauscher. (Tritt an das Schloß und pocht.) Komm herauf, Jammermann, Turmbewohner! – Deine Mahlzeit ist bereitet.

Moor (sachte zurücktretend). Was soll das bedeuten?

Eine Stimme (aus dem Schloß). Wer pocht da? He? Bist du's, Hermann, mein Rabe?

Hermann. Bin's, Hermann, dein Rabe. Steig' herauf ans Gitter und iß. (Eulen schreien.) Fürchterlich trillern deine Schlafkameraden, Alter – dir schmeckt?

Die Stimme. Hungerte mich sehr. Habe Dank, Rabensender, fürs Brot in der Wüste! – Und wie geht's meinem lieben Kind, Hermann?

Hermann. Stille – Horch – Geräusch wie von Schnarchenden? Hörst du nicht was?

Stimme. Wie? Hörst du etwas?

Hermann. Den seufzenden Windlaut durch die Ritzen des Turms – eine Nachtmusik, davon einem die Zähn' klappern und die Nägel blau werden. – Horch, noch einmal – Immer

[1] Ist von Schlaf und Dunkelheit zugedeckt.

ist mir, als hört' ich ein Schnarchen. – Du hast Gesellschaft, Alter – hu! hu! hu!

Stimme. Siehst du etwas?

Hermann. Leb' wohl – leb' wohl. – Grausig ist diese Stätte. – Steig' ab ins Loch – droben dein Helfer, dein Rächer. – Verfluchter Sohn! – (Will fliehen.)

Moor (mit Entsetzen hervortretend). Steh!

Hermann (schreiend). O mir!

Moor. Steh, sag' ich!

Hermann. Weh! weh! weh! Nun ist alles verraten!

Moor. Steh! Rede! Wer bist du? Was hast du hier zu thun? Rede!

Hermann. Erbarmen, o Erbarmen, gestrenger Herr![1] – Nur ein Wort höret an, eh' Ihr mich umbringt.

Moor (indem er den Degen zieht). Was werd' ich hören?

Hermann. Wohl habt Ihr mir's beim Leben verboten – ich konnt' nicht anders – durft' nicht anders – im Himmel ein Gott – Euer leiblicher Vater dort – mich jammerte sein – Stecht mich nieder!

Moor. Hier steckt ein Geheimnis. – Heraus! Sprich! Ich will alles wissen.

Die Stimme (aus dem Schloß). Weh! Weh! Bist du's Hermann, der da redet? Mit wem red'st du, Hermann?

Moor. Drunten noch jemand. – Was geht hier vor? (Läuft dem Turme zu.) Ist's ein Gefangener, den die Menschen abschüttelten? – Ich will seine Ketten lösen. – Stimme, noch einmal! wo ist die Thüre?

Hermann. O habt Barmherzigkeit, Herr – dringt nicht weiter, Herr – geht aus Erbarmen vorüber! (Verrennt ihm den Weg.)

Moor. Vierfach geschlossen! Weg da – Es muß heraus – Itzt zum erstenmal komm mir zu Hülfe, Dieberei.

(Er nimmt Brechinstrumente und öffnet das Gitterthor. Aus dem Grunde steigt ein Alter, ausgemergelt wie ein Gerippe.)

---

[1] Die Brüder müssen danach, trotz ihrer sonstigen Verschiedenheit, in der Stimme Ähnlichkeit haben.

Der Alte. Erbarmen einem Elenden! Erbarmen!

Moor (springt erschrocken zurück). Das ist meines Vaters Stimme.

D. a. Moor. Habe Dank, o Gott! Erschienen ist die Stunde der Erlösung.

Moor. Geist des alten Moors! Was hat dich beunruhigt in deinem Grab? Hast du eine Sünde in jene Welt geschleppt, die dir den Eingang in die Pforten des Paradieses verrammelt? Ich will Messen lesen lassen, den irrenden Geist in seine Heimat zu senden. Hast du das Gold der Witwen und Waisen unter die Erde vergraben, das dich zu dieser mitternächtlichen Stunde heulend herumtreibt? Ich will den unterirdischen Schatz aus den Klauen des Zauberdrachen reißen, und wenn er tausend rote Flammen auf mich speit und seine spitzen Zähnen gegen meinem Degen bleckt – oder kommst du, auf meine Fragen die Rätsel der Ewigkeit zu entfalten? Rede, rede! Ich bin der Mann der bleichen Furcht nicht.

D. a. Moor. Ich bin kein Geist. Taste mich an, ich lebe, o ein elendes, erbärmliches Leben!

Moor. Was? Du bist nicht begraben worden?

D. a. Moor. Ich bin begraben worden – das heißt, ein toter Hund liegt in meiner Väter Gruft; und ich – drei volle Monde schmacht' ich schon in diesem finstern unterirdischen Gewölbe, von keinem Strahle beschienen, von keinem warmen Lüftchen angeweht, von keinem Freunde besucht, wo wilde Raben krächzen und mitternächtliche Uhus heulen.

Moor. Himmel und Erde! Wer hat das gethan?

D. a. Moor. Verfluch' ihn nicht! – Das hat mein Sohn Franz gethan.

Moor. Franz? Franz? – O ewiges Chaos![1]

D. a. Moor. Wenn du ein Mensch bist und ein menschliches Herz hast, Erlöser, den ich nicht kenne, o so höre den Jammer eines Vaters, den ihm seine Söhne bereitet haben. – Drei Monden schon hab' ich's tauben Felsenwänden zugewinselt, aber ein

---

[1] Die sittliche Welt ist zu einem wüsten Chaos geworden, „das Band der Natur ist entzwei". Vgl. S. 133.

hohler Widerhall äffte meine Klage nur nach. Darum, wenn du ein Mensch bist und ein menschliches Herz hast –

Moor. Diese Aufforderung könnte die wilden Bestien aus ihren Löchern hervorrufen!

D. a. Moor. Ich lag eben auf dem Siechbett, hatte kaum angefangen, aus einer schweren Krankheit etwas Kräfte zu sammeln, so führte man einen Mann zu mir, der vorgab, mein Erstgeborner sei gestorben in der Schlacht, und mit sich brachte ein Schwert, gefärbt mit seinem Blut, und sein letztes Lebewohl, und daß ihn mein Fluch gejagt hätte in Kampf und Tod und Verzweiflung.

Moor (heftig von ihm abgewandt). Es ist offenbar!

D. a. Moor. Höre weiter! Ich ward unmächtig bei der Botschaft. Man muß mich für tot gehalten haben, denn als ich wieder zu mir selber kam, lag ich schon in der Bahre und ins Leichentuch gewickelt wie ein Toter. Ich kratzte an dem Deckel der Bahre. Er ward aufgethan. Es war finstere Nacht, mein Sohn Franz stand vor mir. – „Was!" rief er mit entsetzlicher Stimme, „willst du dann ewig leben?" – und gleich flog der Sargdeckel wieder zu. Der Donner dieser Worte hatte mich meiner Sinne beraubt; als ich wieder erwachte, fühlt' ich den Sarg erhoben und fortgeführt in einem Wagen eine halbe Stunde lang. Endlich ward er geöffnet – ich stand am Eingang dieses Gewölbes, mein Sohn vor mir, und der Mann, der mir das blutige Schwert von Karln gebracht hatte. – Zehnmal umfaßt' ich seine Knie und bat und flehte, und umfaßte sie und beschwur – das Flehen seines Vaters reichte nicht an sein Herz. – „Hinab mit dem Balg!" donnerte es von seinem Munde, „er hat genug gelebt!" Und hinab ward ich gestoßen ohn' Erbarmen, und mein Sohn Franz schloß hinter mir zu.

Moor. Es ist nicht möglich, nicht möglich! Ihr müßt Euch geirrt haben.

D. a. Moor. Ich kann mich geirrt haben. Höre weiter, aber zürne doch nicht! So lag ich zwanzig Stunden, und kein Mensch gedachte meiner Not. Auch hat keines Menschen Fußtritt je diese Einöde betreten, denn die allgemeine Sage geht, daß die Gespenster meiner Väter in diesen Ruinen rasselnde Ketten schleifen und in mitternächtlicher Stunde ihr Totenlied raunen. Endlich hört' ich die Thür wieder aufgehen; dieser Mann brachte mir Brot und Wasser und entdeckte mir, wie ich zum Tod des Hungers verurteilt gewesen, und wie er sein Leben in Gefahr setze, wenn es herauskäm', daß er mich speise. So ward ich kümmerlich erhalten diese lange Zeit, aber der unaufhörliche Frost – die faule Luft meines Unrats – der grenzenlose Kummer – meine Kräfte wichen, mein Leib schwand; tausendmal bat ich Gott mit Thränen um den Tod, aber das Maß meiner Strafe muß noch nicht gefüllet sein – oder muß noch irgend eine Freude meiner warten, daß ich so wunderbarlich erhalten bin. Aber ich leide gerecht. – Mein Karl! Mein Karl! – und er hatte noch keine graue Haare.

Moor. Es ist genug. Auf! ihr Klötze, ihr Eisklumpen, ihr trägen, fühllosen Schläfer! Auf! Will keiner erwachen? (Er thut einen Pistolschuß über die schlafenden Räuber.)

Die Räuber (aufgejagt). He, holla! holla! was gibt's da?

Moor. Hat euch die Geschichte nicht aus dem Schlummer gerüttelt? Der ewige Schlaf würde wach worden sein! Schaut her! schaut her! Die Gesetze der Welt sind Würfelspiel worden, das Band der Natur ist entzwei,[1] die alte Zwietracht ist los, der Sohn hat seinen Vater erschlagen.

Die Räuber. Was sagt der Hauptmann?

Moor. Nein, nicht erschlagen! das Wort ist Beschönigung! – Der Sohn hat den Vater tausendmal gerädert, gespießt, gefoltert, geschunden! die Worte sind mir zu menschlich – worüber die Sünde rot wird, worüber der Kannibale schaudert, worauf seit Äonen kein Teufel gekommen ist. – Der Sohn hat seinen eigenen Vater – o seht her, – seht her! – er ist in Unmacht gesunken – in dieses Gewölbe hat der Sohn seinen Vater – Frost – Blöße – Hunger – Durst – o seht doch, seht doch! – Es ist mein eigner Vater, ich will's nur gestehn.

Die Räuber (springen herbei und umringen den Alten). Dein Vater? dein Vater?

---

[1] Vgl. S. 131.

Schweizer (tritt ehrerbietig näher, fällt vor ihm nieder). Vater meines Hauptmanns! Ich küsse dir die Füße! du hast über meinen Dolch zu befehlen.

Moor. Rache, Rache, Rache dir, grimmig beleidigter, entheiligter Greis! So zerreiß' ich von nun an auf ewig das brüderliche Band. (Er zerreißt sein Kleid von oben an bis unten.) So verfluch' ich jeden Tropfen brüderlichen Bluts im Antlitz des offenen Himmels! Höre mich, Mond und Gestirne! Höre mich, mitternächtlicher Himmel, der du auf die Schandthat herunterblicktest! Höre mich, dreimal schrecklicher Gott, der da oben über dem Monde waltet und rächt und verdammt über den Sternen und feuerflammt über der Nacht! Hier knie ich – hier streck' ich empor die drei Finger in die Schauer der Nacht – hier schwör' ich, und so speie die Natur mich aus ihren Grenzen wie eine bösartige Bestie aus, wenn ich diesen Schwur verletze, schwör' ich, das Licht des Tages nicht mehr zu grüßen, bis des Vatermörders Blut, vor diesem Steine verschüttet, gegen die Sonne dampft. (Er steht auf.)

Die Räuber. Es ist ein Belialsstreich[1]! Sag' einer, wir seien Schelmen! Nein, bei allen Drachen! So bunt haben wir's nie gemacht.

Moor. Ja! und bei allen schrecklichen Seufzern derer, die jemals durch eure Dolche sturben, derer, die meine Flamme fraß und mein fallender Turm zermalmte, – eh soll kein Gedanke von Mord oder Raub Platz finden in eurer Brust, bis euer aller Kleider von des Verruchten Blute scharlachrot gezeichnet sind. – Das hat euch wohl niemals geträumet, daß ihr der Arm höherer Majestäten seid? Der verworrene Knäul unsers Schicksals ist aufgelöst! Heute, heute hat eine unsichtbare Macht unser Handwerk geadelt! Betet an vor dem, der euch dies erhabene Los gesprochen, der euch hieher geführt, der euch gewürdiget hat, die schreckliche Engel seines finstern Gerichts zu sein! Entblößet eure Häupter! Kniet hin in den Staub und stehet geheiliget auf! (Sie knien.)

---

[1] Belial in der Bibel soviel wie Satan, so 5. Mos. 15, 9: „eine Belialstücke".

Schweizer. Gebeut, Hauptmann! was sollen wir thun?

Moor. Steh auf, Schweizer! und rühre diese heilige Locken an! (Er führt ihn zu seinem Vater und gibt ihm eine Locke in die Hand.) Du weißt noch, wie du einsmals jenem böhmischen Reuter den Kopf spaltetest, da er eben den Säbel über mich zuckte und ich atemlos und erschöpft von der Arbeit in die Knie gesunken war? Dazumal verhieß ich dir eine Belohnung, die königlich wäre; ich konnte diese Schuld bisher niemals bezahlen –

Schweizer. Das schwurst du mir, es ist wahr; aber laß mich dich ewig meinen Schuldner nennen!

Moor. Nein, itzt will ich bezahlen! Schweizer, so ist noch kein Sterblicher geehrt worden wie du! – Räche meinen Vater! (Schweizer steht auf.)

Schweizer. Großer Hauptmann! Heut hast du mich zum erstenmal stolz gemacht! – Gebeut, wo, wie, wann soll ich ihn schlagen?

Moor. Die Minuten sind geweiht, du mußt eilends gehn. – Lies dir die Würdigsten aus der Bande und führe sie gerade nach des Edelmanns Schloß! Zerr' ihn aus dem Bette, wenn er schläft oder in den Armen der Wollust liegt, schlepp' ihn vom Mahle weg, wenn er besoffen ist, reiß ihn vom Kruzifix, wenn er betend vor ihm auf den Knien liegt! Aber ich sage dir, ich schärf' es dir hart ein, liefr' ihn mir nicht tot! Dessen Fleisch will ich in Stücken reißen und hungrigen Geiern zur Speise geben, der ihm nur die Haut ritzt oder ein Haar kränkt! Ganz muß ich ihn haben, und wenn du ihn ganz und lebendig bringst, so sollst du eine Million zur Belohnung haben, ich will sie einem Könige mit Gefahr meines Lebens stehlen, und du sollst frei ausgehn wie die weite Luft. – Hast du mich verstanden, so eile davon!

Schweizer. Genug, Hauptmann – hier hast du meine Hand darauf: entweder du siehst zwei zurückkommen oder gar keinen. Schweizers Würgengel, kommt! (Ab mit einem Geschwader.)

Moor. Ihr übrigen zerstreut euch im Wald. – Ich bleibe.

Fünfter Akt.

Erste Szene.

Aussicht von vielen Zimmern. Finstre Nacht.

Daniel

kommt mit einer Laterne und einem Reisebündel.

Lebe wohl, teures Mutterhaus – hab' so manch Guts und Liebs in dir genossen, da der Herr seliger noch lebete. – Thränen auf deine Gebeine, du lange Verfaulter! Das verlangt er von einem alten Knecht – es war das Obdach der Waisen und der Port der Verlassenen, und dieser Sohn hat's gemacht zur Mördergrube. – Lebe wohl, du guter Boden! wie oft hat der alte Daniel dich abgefegt – lebe wohl, du lieber Ofen, der alte Daniel nimmt schweren Abschied von dir – es war dir alles so vertraut worden – wird dir weh thun, alter Elieser[1]. – Aber Gott bewahre mich in Gnaden vor dem Trug und List des Argen. – Leer kam ich hieher – leer zieh' ich wieder hin – aber meine Seele ist gerettet. (Wie er gehen will, kömmt)

Franz im Schlafrock hereingestürzt.

Daniel. Gott steh' mir bei! mein Herr! (Löscht die Laterne aus.)

Franz. Verraten! Verraten! Geister ausgespien aus Gräbern – losgerüttelt das Totenreich aus dem ewigen Schlaf brüllt wider mich: Mörder! Mörder! – Wer regt sich da?

Daniel (ängstlich). Hilf, heilige Mutter Gottes! seid Ihr's, gestrenger Herre, der so gräßlich durch die Gewölbe schreit, daß alle Schläfer auffahren?

---

[1] Im 1. Buch Mosis ein alter Diener des Abraham.

Franz. Schläfer? Wer heißt euch schlafen? Fort, zünde Licht an! (Daniel ab, es kommt ein andrer Bedienter.) Es soll niemand schlafen in dieser Stunde. Hörst du? Alles soll auf sein – in Waffen – alle Gewehre geladen. – Sahst du sie dort den Bogengang hinschweben?

Bedienter. Wen, gnädiger Herr?

Franz. Wen, Dummkopf, wen? So kalt, so leer fragst du, wen? hat mich's doch angepackt wie der Schwindel! Wen? Eselskopf! wen? Geister und Teufel! Wie weit ist's in der Nacht?

Bedienter. Eben itzt ruft der Nachtwächter Zwei an.

Franz. Was? will diese Nacht währen bis an den jüngsten Tag? Hörtest du keinen Tumult in der Nähe? kein Siegsgeschrei? kein Geräusch galoppierender Pferde? Wo ist Kar – der Graf, will ich sagen?

Bedienter. Ich weiß nicht, mein Gebieter.

Franz. Du weißt's nicht? Du bist auch unter der Rotte? Ich will dir das Herz aus den Rippen stampfen! Mit deinem verfluchten: ich weiß nicht! Fort, hole den Pastor!

Bedienter. Gnädiger Herr!

Franz. Murrst du? zögerst du? (Erster Bedienter eilend ab.) Was? auch Bettler wider mich verschworen? Himmel, Hölle! alles wider mich verschworen?

Daniel (kommt mit dem Licht). Mein Gebieter –

Franz. Nein! ich zittere nicht! Es war ledig ein Traum. Die Toten stehen noch nicht auf – wer sagt, daß ich zittere und bleich bin? Es ist mir ja so leicht, so wohl.

Daniel. Ihr seid totenbleich, Eure Stimme ist bang' und lallet.

Franz. Ich habe das Fieber. Sage du nur, wenn der Pastor kommt, ich habe das Fieber. Ich will morgen zur Ader lassen, sage dem Pastor.

Daniel. Befehlt Ihr, daß ich Euch Lebensbalsam auf Zucker tröpfle?

Franz. Tröpfle mir auf Zucker! der Pastor wird nicht sogleich da sein. Meine Stimme ist bang' und lallet, gib Lebensbalsam auf Zucker!

Daniel. Gebt mir erst die Schlüssel, ich will drunten holen im Schrank –

Franz. Nein, nein, nein! Bleib! oder ich will mit dir gehn. Du siehst, ich kann nicht allein sein! Wie leicht könnt' ich, du siehst ja – unmächtig – wenn ich allein bin. Laß nur, laß nur! Es wird vorübergehen, du bleibst.

Daniel. O, Ihr seid ernstlich krank.

Franz. Ja freilich, freilich! das ist's alles. – Und Krankheit verstöret das Gehirn und brütet tolle und wunderliche Träume aus. – Träume bedeuten nichts – nicht wahr, Daniel? Träume kommen ja aus dem Bauch, und Träume bedeuten nichts – ich hatte soeben einen lustigen Traum. (Er sinkt unmächtig nieder.)

Daniel. Jesus Christus! was ist das? Georg! Konrad! Bastian! Martin! so gebt doch nur eine Urkund'[1] von euch! (Rüttelt ihn.) Maria, Magdalena und Joseph! so nimmt[2] doch nur Vernunft an! So wird's heißen, ich hab' ihn tot gemacht! Gott erbarme sich meiner!

Franz (verwirrt). Weg – weg! was rüttelst du mich so, scheußliches Totengeripp'? – die Toten stehen noch nicht auf –

Daniel. O du ewige Güte! Er hat den Verstand verloren.

Franz (richtet sich matt auf). Wo bin ich? – du, Daniel? Was hab' ich gesagt? merke nicht drauf! ich hab' eine Lüge gesagt, es sei, was es wolle – komm! hilf mir auf! es ist nur ein Anstoß von Schwindel – weil ich – weil ich – nicht ausgeschlafen habe.

Daniel. Wär' nur der Johann da! ich will Hülfe rufen, ich will nach Ärzten rufen.

Franz. Bleib! setz' dich neben mich auf diesen Sofa – so – du bist ein gescheiter Mann, ein guter Mann. Laß dir erzählen.

Daniel. Itzt nicht, ein andermal! Ich will Euch zu Bette bringen, Ruhe ist Euch besser.

Franz. Nein, ich bitte dich, laß dir erzählen und lache mich

---

1 Ein Zeichen, eine Äußerung.
2 Sprache des gewöhnlichen Lebens. Ebenso S. 157,1.

derb aus! – Siehe, mir dauchte[1], ich hätte ein königlich Mahl gehalten, und mein Herz wär' guter Dinge, und ich läge berauscht im Rasen des Schloßgartens, und plötzlich – es war zur Stunde des Mittags – plötzlich, aber ich sage dir, lache mich derb aus!

Daniel. Plötzlich?

Franz. Plötzlich traf ein ungeheurer Donner mein schlummerndes Ohr; ich taumelte bebend auf, und siehe, da war mir's, als säh' ich aufflammen den ganzen Horizont in feuriger Lohe, und Berge und Städte und Wälder wie Wachs im Ofen zerschmolzen, und eine heulende Windsbraut fegte von hinnen Meer, Himmel und Erde – da erscholl's wie aus ehernen Posaunen: „Erde, gib deine Toten, gib deine Toten, Meer!" Und das nackte Gefild begonn zu kreißen und aufzuwerfen Schädel und Rippen und Kinnbacken und Beine, die sich zusammenzogen in menschliche Leiber und daherströmten unübersehlich, ein lebendiger Sturm. Damals sah ich aufwärts, und siehe, ich stand am Fuß des donnernden Sina und über mir Gewimmel und unter mir, und oben auf der Höhe des Bergs auf drei rauchenden Stühlen drei Männer, vor deren Blick flohe die Kreatur –

Daniel. Das ist ja das leibhaft Konterfei vom Jüngsten Tage.

Franz. Nicht wahr? das ist tolles Gezeuge? Da trat hervor einer, anzusehen wie die Sternennacht, der hatte in seiner Hand einen eisernen Siegelring, den hielt er zwischen Aufgang und Niedergang und sprach: „Ewig, heilig, gerecht, unverfälschbar! Es ist nur e i n e Wahrheit, es ist nur e i n e Tugend! Wehe, wehe, wehe dem zweifelnden Wurme!" – Da trat hervor ein zweiter, der hatte in seiner Hand einen blitzenden Spiegel, den hielt er zwischen Aufgang und Niedergang und sprach: „Dieser Spiegel ist Wahrheit; Heuchelei und Larven bestehen nicht." – Da erschrak ich und alles Volk, denn wir sahen Schlangen- und Tiger- und Leopardengesichter zurückgeworfen aus dem entsetzlichen Spiegel. – Da trat hervor ein dritter, der hatte in seiner Hand eine eherne Wage, die hielt er zwischen Aufgang und Niedergang und sprach:

[1] Altertümliche Form, Sprache der Bibel, z. B. Apostelgeschichte 12, 9.

„Tretet herzu, ihr Kinder von Adam – ich wäge die Gedanken in der Schale meines Zornes und die Werke mit dem Gewicht meines Grimms!" –

Daniel. Gott erbarme sich meiner!

Franz. Schneebleich stunden alle, ängstlich klopfte die Erwartung in jeglicher Brust. Da war mir's, als hört' ich meinen Namen zuerst genannt aus den Wettern des Berges, und mein innerstes Mark gefror in mir, und meine Zähne klapperten laut. Schnell begonn die Wage zu klingen, zu donnern der Fels, und die Stunden zogen vorüber, eine nach der andern an der links hangenden Schale, und eine nach der andern warf eine Todsünde hinein –

Daniel. O, Gott vergeb' Euch!

Franz. Das that er nicht! – Die Schale wuchs zu einem Gebirge, aber die andere, voll vom Blut der Versöhnung, hielt sie noch immer hoch in den Lüften – zuletzt kam ein alter Mann, schwer gebeuget von Gram, angebissen den Arm von wütendem Hunger, aller Augen wandten sich scheu vor dem Mann; ich kannte den Mann, er schnitt eine Locke von seinem silbernen Haupthaar, warf sie hinein in die Schale der Sünden und siehe, sie sank, sank plötzlich zum Abgrund, und die Schale der Versöhnung flatterte hoch auf! – Da hört' ich eine Stimme schallen aus dem Rauche des Felsen: „Gnade, Gnade jedem Sünder der Erde und des Abgrunds! du allein bist verworfen!" – (Tiefe Pause.) – Nun, warum lachst du nicht?

Daniel. Kann ich lachen, wenn mir die Haut schaudert? Träume kommen von Gott.

Franz. Pfui doch, pfui doch! sage das nicht! Heiß' mich einen Narren, einen aberwitzigen, abgeschmackten Narren! Thu' das, lieber Daniel, ich bitte dich drum, spotte mich tüchtig aus!

Daniel. Träume kommen von Gott. Ich will für Euch beten.

Franz. Du lügst, sag' ich – geh den Augenblick, lauf', spring', sieh, wo der Pastor bleibt, heiß' ihn eilen, eilen! aber ich sage dir, du lügst.

Daniel (im Abgehn). Gott sei Euch gnädig!

Franz.

Pöbelweisheit, Pöbelfurcht! – Es ist ja noch nicht ausgemacht, ob das Vergangene nicht vergangen ist oder ein Auge findet über den Sternen. – Hum, hum! wer raunte mir das ein? Rächet denn droben über den Sternen einer? – Nein, nein! Ja, ja! Fürchterlich zischelt's um mich: richtet[1] droben einer über den Sternen! Entgegengehen dem Rächer über den Sternen diese Nacht noch! Nein! sag' ich. – Elender Schlupfwinkel, hinter den sich deine Feigheit verstecken will – öd', einsam, taub ist's droben über den Sternen. – Wenn's aber doch etwas mehr wäre? Nein, nein, es ist nicht! Ich befehle, es ist nicht! Wenn's aber doch wäre? Weh' dir, wenn's nachgezählt worden wäre! wenn's dir vorgezählt würde diese Nacht noch! – Warum schaudert mir so durch die Knochen? – Sterben! warum packt mich das Wort so? Rechenschaft geben dem Rächer droben über den Sternen – und wenn er gerecht ist, Waisen und Witwen, Unterdrückte, Geplagte heulen zu ihm auf, und wenn er gerecht ist? – warum haben sie gelitten, warum hast du über sie triumphieret? –

Pastor Moser tritt auf.

Moser. Ihr ließt mich holen, gnädiger Herr! Ich erstaune. Das erste Mal in meinem Leben! Habt Ihr im Sinn, über die Religion zu spotten, oder fangt Ihr an, vor ihr zu zittern?

Franz. Spotten oder zittern, je nachdem du mir antwortest. – Höre, Moser, ich will dir zeigen, daß du ein Narr bist, oder die Welt für'n Narren halten willst, und du sollst mir antworten! Hörst du? Auf dein Leben sollst du mir antworten.

Moser. Ihr fordert einen Höheren vor Euren Richterstuhl. Der Höhere wird Euch dermaleins antworten.

Franz. Itzt will ich's wissen, itzt diesen Augenblick, damit ich nicht die schändliche Thorheit begehe und im Drange der Not den Götzen des Pöbels anrufe. Ich hab's dir oft mit Hohnlachen beim Burgunder zugesoffen: „Es ist kein Gott!" – Itzt red' ich im Ernste mit dir, ich sage dir: Es ist keiner! Du sollst mich mit allen Waffen widerlegen, die du in deiner Gewalt hast, aber ich blase sie weg mit dem Hauch meines Mundes.

---

[1] D. h. Ja, es richtet etc.

Moser. Wenn du auch eben so leicht den Donner wegblasen könntest, der mit zehntausendfachem Zentnergewicht auf deine stolze Seele fallen wird! Dieser allwissende Gott, den du, Thor und Bösewicht, mitten aus seiner Schöpfung zernichtest, braucht sich nicht durch den Mund des Staubes zu rechtfertigen. Er ist ebenso groß in deinen Tyranneien als irgend in einem Lächeln der siegenden Tugend.

Franz. Ungemein gut, Pfaffe! So gefällst du mir.

Moser. Ich stehe hier in den Angelegenheiten eines größeren Herrn und rede mit einem, der Wurm ist wie ich, dem ich nicht gefallen will. Freilich müßt' ich Wunder thun können, wenn ich deiner halsstarrigen Bosheit das Geständnis abzwingen könnte; – aber wenn deine Überzeugung so fest ist, warum ließest du mich rufen? Sage mir doch, warum ließest du mich in der Mitternacht rufen?

Franz. Weil ich Langeweile hab' und eben am Schachbrett keinen Geschmack finde. Ich will mir einen Spaß machen, mich mit Pfaffen herumzubeißen. Mit dem leeren Schrecken wirst du meinen Mut nicht entmannen. Ich weiß wohl, daß derjenige auf Ewigkeit hofft, der hier zu kurz gekommen ist; aber er wird garstig betrogen. Ich hab's immer gelesen, daß unser Wesen nichts ist als Sprung des Geblüts, und mit dem letzten Blutstropfen zerrinnt auch Geist und Gedanke. Er macht alle Schwachheiten des Körpers mit, wird er nicht auch aufhören bei seiner Zerstörung? nicht bei seiner Fäulung verdampfen? Laß einen Wassertropfen in deinem Gehirne verirren, und dein Leben macht eine plötzliche Pause, die zunächst an das Nichtsein grenzt, und ihre Fortdauer ist der Tod. Empfindung ist Schwingung einiger Saiten, und das zerschlagene Klavier tönet nicht mehr. Wenn ich meine sieben Schlösser schleifen lasse, wenn ich diese Venus zerschlage, so ist's Symmetrie und Schönheit gewesen. Siehe da! das ist eure unsterbliche Seele!

Moser. Das ist die Philosophie Eurer Verzweiflung. Aber Euer eigenes Herz, das bei diesen Beweisen ängstlich bebend wider Eure Rippen schlägt, straft Euch Lügen. Diese Spinnweben von Systemen zerreißt das einzige Wort: „Du mußt sterben!" –

Ich fordere Euch auf, das soll die Probe sein, wenn Ihr im Tode annoch feste steht, wenn Euch Eure Grundsätze auch da nicht im Stiche lassen, so sollt Ihr gewonnen haben; wenn Euch im Tode nur der mindeste Schauer anwandelt, weh' Euch dann! Ihr habt Euch betrogen.

Franz (verwirrt). Wenn mich im Tode ein Schauer anwandelt?

Moser. Ich habe wohl mehr solche Elende gesehn, die bis hieher der Wahrheit Riesentrotz boten; aber im Tode selbst flattert die Täuschung dahin. Ich will an Eurem Bette stehn, wenn Ihr sterbet – ich möchte so gar gern einen Tyrannen sehen dahinfahren – ich will dabeistehn und Euch starr ins Auge fassen, wenn der Arzt Eure kalte, nasse Hand ergreift und den verloren schleichenden Puls kaum mehr finden kann, und aufschaut und mit jenem schrecklichen Achselzucken zu Euch spricht: „Menschliche Hülfe ist umsonst!" Hütet Euch dann, o hütet Euch ja, daß Ihr da nicht aussehet wie Richard[1] und Nero!

Franz. Nein, nein!

Moser. Auch dieses Nein wird dann zu einem heulenden Ja – Ein innerer Tribunal, den Ihr nimmermehr durch skeptische Grübeleien bestechen könnt, wird itzo erwachen und Gericht über Euch halten. Aber es wird ein Erwachen sein wie des Lebendigbegrabenen im Bauche des Kirchhofs; es wird ein Unwille sein wie des Selbstmörders, wenn er den tödlichen Streich schon getan hat und bereut; es wird ein Blitz sein, der die Mitternacht[2] Eures Lebens zumal überflammt; es wird ein Blick sein, und wenn Ihr da noch feste steht, so sollt Ihr gewonnen haben!

Franz (unruhig im Zimmer auf und ab gehend). Pfaffengewäsche, Pfaffengewäsche!

Moser. Itzt zum erstenmal werden die Schwerter einer Ewigkeit durch Eure Seele schneiden, und itzt zum erstenmal zu spät. – Der Gedanke Gott weckt einen fürchterlichen Nachbar auf, sein Name heißt Richter. Sehet, Moor, Ihr habt das Leben von Tausenden an der Spitze Eures Fingers, und von diesen Tausenden habt Ihr neunhundertneunundneunzig elend gemacht.

---

[1] Richard III., bekannt aus Shakespeares Trauerspiel. Vgl. S. 14,13.

[2] Nur Bezeichnung einer tiefen, ganz finstern Nacht.

Euch fehlt zu einem Nero nur das römische Reich und nur Peru zu einem Pizarro[1]. Nun, glaubt Ihr wohl, Gott werde es zugeben, daß ein einziger Mensch in seiner Welt wie ein Wütrich hause und das Oberste zu unterst kehre? Glaubt Ihr wohl, diese neunhundertundneunundneunzig seien nur zum Verderben, nur zu Puppen Eures satanischen Spieles da? O glaubt das nicht! Er wird jede Minute, die Ihr ihnen getötet, jede Freude, die Ihr ihnen vergiftet, jede Vollkommenheit, die Ihr ihnen versperret habt, von Euch fodern dereinst; und wenn Ihr darauf antwortet, Moor, so sollt Ihr gewonnen haben.

Franz. Nichts mehr, kein Wort mehr! Willst du, daß ich deinen schwarzlebrigen Grillen zu Gebot steh'?

Moser. Sehet zu, das Schicksal der Menschen stehet unter sich in fürchterlich schönem Gleichgewicht. Die Wagschale dieses Lebens sinkend, wird hochsteigen in jenem, steigend in diesem, wird in jenem zu Boden fallen. Aber was hier zeitliches Leiden war, wird dort ewiger Triumph; was hier endlicher Triumph war, wird dort ewige, unendliche Verzweiflung.

Franz (wild auf ihn losgehend). Daß dich der Donner stumm mache, Lügengeist du! Ich will dir die verfluchte Zunge aus dem Munde reißen!

Moser. Fühlt Ihr die Last der Wahrheit so früh? Ich habe ja noch nichts von Beweisen gesagt. Laßt mich nur erst zu den Beweisen –

Franz. Schweig, geh in die Hölle mit deinen Beweisen! Zernichtet wird die Seele, sag' ich dir, und sollst mir nicht darauf antworten!

Moser. Darum winseln auch die Geister des Abgrunds, aber der im Himmel schüttelt das Haupt. Meint Ihr, dem Arm des Vergelters im öden Reich des Nichts zu entlaufen? Und führet Ihr gen Himmel, so ist er da! und bettetet Ihr Euch in der Hölle, so ist er wieder da! und sprächet Ihr zu der Nacht: „Verhülle mich!" und zu der Finsternis: „Birg mich"! so muß die Finsternis leuchten um Euch, und um den Verdammten die Mitternacht tagen –

---

[1] Der grausame Eroberer von Peru. Vgl. S. 85,19.

aber Euer unsterblicher Geist sträubt sich unter dem Wort und siegt über den blinden Gedanken.[1]

Franz. Ich will aber nicht unsterblich sein – sei es, wer da will, ich will's nicht hindern. Ich will ihn zwingen, daß er mich zernichte, ich will ihn zur Wut reizen, daß er mich in der Wut zernichte. Sag' mir, was ist die größte Sünde und die ihn am grimmigsten aufbringt?

Moser. Ich kenne nur zwo. Aber sie werden nicht von Menschen begangen, auch ahnden sie Menschen nicht.

Franz. Diese zwo? –

Moser (sehr bedeutend). Vatermord heißt die eine, Brudermord die andere. – Was macht Euch auf einmal so bleich?

Franz. Was, Alter? Stehst du mit dem Himmel oder mit der Hölle im Bündnis? Wer hat dir das gesagt?

Moser. Wehe dem, der sie beide auf dem Herzen hat! Ihm wäre besser, daß er nie geboren wäre! Aber seid ruhig! Ihr habt weder Vater noch Bruder mehr!

Franz. Ha! – was, du kennst keine drüber? Besinne dich nochmals – Tod, Himmel, Ewigkeit, Verdammnis schwebt auf dem Laut deines Mundes – keine einzige drüber?

Moser. Keine einzige drüber.

Franz (fällt in einen Stuhl). Zernichtung! Zernichtung!

Moser. Freut Euch, freut Euch doch! preist Euch doch glücklich! – Bei allen Euren Greueln seid Ihr noch ein Heiliger gegen den Vatermörder. Der Fluch, der Euch trifft, ist gegen den, der auf diesen lauert, ein Gesang der Liebe, – die Vergeltung –

Franz (aufgesprungen). Geh in tausend Grüfte[2], du Eule! wer hieß dich hieher kommen? Geh, sag' ich, oder ich stoß' dich durch und durch!

Moser. Kann das Pfaffengewäsche so einen Philosophen in Harnisch jagen? Blast es doch weg mit dem Hauch Eures Mundes! (Geht ab.)

---

[1] Das Gefühl der Unsterblichkeit in Eurer Seele ist stärker als der verblendete Gedanke, der sich durch Vernichtung retten zu können hofft.

[2] D. h.: Stirb tausendfachen Tod.

Franz (wirft sich in seinem Sessel herum in schrecklichen Bewegungen. Tiefe Pause).

Ein Bedienter (eilig).

Bedienter. Amalia ist entsprungen, der Graf ist plötzlich verschwunden.

Daniel kommt ängstlich.

Daniel. Gnädiger Herr, jagt ein Trupp feuriger Reuter die Steig herab[1], schreien „Mordjo, Mordjo!" – das ganze Dorf in Alarm.

Franz. Geh, laß alle Glocken zusammenläuten, alles soll in die Kirche – auf die Knie fallen alles – beten für mich – alle Gefangne sollen los sein und ledig, ich will den Armen alles doppelt und dreifach wiedergeben, ich will – so geh doch – so ruf' doch den Beichtvater, daß er mir meine Sünden hinwegsegne! – Bist du noch nicht fort? (Das Getümmel wird hörbarer.)

Daniel. Gott verzeih' mir meine schwere Sünde! Wie soll ich das wieder reimen? Ihr habt ja immer das liebe Gebet über alle Häuser hinausgeworfen, habt mir so manche Postill' und Bibelbuch an den Kopf gejagt, wenn Ihr mich ob dem Beten ertapptet –

Franz. Nichts mehr davon! – Sterben! Siehst du! Sterben! – Es wird zu spät. (Man hört Schweizern toben.) Bete doch! bete!

Daniel. Ich sagt's Euch immer – Ihr verachtet das liebe Gebet so – aber gebt acht, gebt acht! wenn die Not an Mann geht, wenn Euch das Wasser an die Seele geht, Ihr werdet alle Schätze der Welt um ein christliches Seufzerlein geben. – Seht Ihr's? Ihr verschimpftet mich! Da habt Ihr's nun! Seht Ihr's?

Franz (umarmt ihn ungestüm). Verzeih', lieber, goldner Perlendaniel, verzeih' – ich will dich kleiden von Fuß auf – so bet' doch – ich will dich zum Hochzeiter[2] machen – ich will – so bet' doch, ich beschwöre dich – auf den Knieen beschwör' ich dich –

---

[1] Die Fahrstraße daher.

[2] D. h. zum Bräutigam, bei dem 71jährigen Daniel ein tolles Versprechen, das Franzens Geistesverwirrung kennzeichnet.

Ins T–ls Namen! so bet' doch. (Tumult auf den Straßen. Geschrei – Gepolter.)

Schweizer (auf der Gasse). Stürmt! Schlagt tot! Brecht ein! Ich sehe Licht, dort muß er sein.

Franz (auf den Knieen). Höre mich beten, Gott im Himmel! – Es ist das erste Mal – soll auch gewiß nimmer geschehen – erhöre mich, Gott im Himmel!

Daniel. Mein doch! Was treibt Ihr? Das ist ja gottlos gebetet.

Volksauflauf.

Volk. Diebe! Mörder! Wer lärmt so gräßlich in dieser Mitternachtsstunde?

Schweizer (immer auf der Gasse). Schlag' sie zurück, Kamerad! – Der Teufel ist's und will Euren Herrn holen – wo ist der Schwarz mit seinen Haufen? Postier' dich ums Schloß, Grimm – lauf Sturm wider die Ringmauer!

Grimm. Holt ihr Feuerbrände – wir hinauf oder er herunter! – Ich will Feuer in seine Säle schmeißen.

Franz (betet). Ich bin kein gemeiner Mörder gewesen, mein Herrgott – hab' mich nie mit Kleinigkeiten abgegeben, mein Herrgott –

Daniel. Gott sei uns gnädig! Auch seine Gebete werden zu Sünden. (Es fliegen Steine und Feuerbrände. Die Scheiben fallen. Das Schloß brennt.)

Franz. Ich kann nicht beten – hier, hier! (Auf Brust und Stirn schlagend.) alles so öd' – so verdorret. (Steht auf.) Nein, ich will auch nicht beten – diesen Sieg soll der Himmel nicht haben, diesen Spott mir nicht anthun die Hölle –

Daniel. Jesus Maria! Helft – rettet – das ganze Schloß steht in Flammen!

Franz. Hier nimm diesen Degen. Hurtig! Jag' mir ihn hinterrücks in den Bauch, daß nicht diese Buben kommen und treiben ihren Spott aus mir. (Das Feuer nimmt überhand.)

Daniel. Bewahre! Bewahre! Ich mag niemand zu früh in den Himmel fördern, viel weniger zu früh – (Er entrinnt.)

Franz (ihm graß nachstierend, nach einer Pause). In die Hölle, wolltest du sagen. – Wirklich! ich wittere so etwas – (Wahnsinnig.) Sind das ihre hellen Triller? Hör' ich euch zischen, ihr Nattern des Abgrunds? – Sie dringen herauf – belagern die Thüre – warum zag' ich so vor dieser bohrenden Spitze? – Die Thüre kracht – stürzt – unentrinnbar! – Ha! so erbarm' du dich meiner. (Er reißt seine goldene Hutschnur ab und erdrosselt sich.)

Schweizer mit seinen Leuten.

Schweizer. Mordkanaille, wo bist du? – Saht ihr, wie sie flohen? – Hat er so wenig Freunde? – Wohin hat sich die Bestie verkrochen?

Grimm (stößt an die Leiche). Halt, was liegt hier im Weg? Zündet hieher –

Schwarz. Er hat das Prävenire gespielt. Steckt eure Schwerter ein, hier liegt er wie eine Katze verreckt.

Schweizer. Tot! Was? tot? ohne mich tot? – Erlogen, sag' ich. – Gebt acht, wie hurtig er auf die Beine springt! – (Rüttelt ihn.) He du! Es gibt einen Vater zu ermorden.

Grimm. Gib dir keine Müh'. Er ist maustot.

Schweizer (tritt von ihm weg). Ja! Er freut sich nicht – er ist maustot. – Gehet zurück und saget meinem Hauptmann: Er ist maustot – mich sieht er nicht wieder. (Schießt sich vor die Stirn.)

Zweite Szene.

Der Schauplatz wie in der letzten Szene des vorigen Akts.

Der alte Moor auf einem Stein sitzend. **Räuber Moor** gegenüber. **Räuber** hin und her im Wald.

R. Moor. Er kommt noch nicht! (Schlägt mit dem Dolch auf einen Stein, daß es Funken gibt.)

D. a. Moor. Verzeihung sei seine Strafe – meine Rache verdoppelte Liebe.

R. Moor. Nein, bei meiner grimmigen Seele! Das soll nicht sein. Ich will's nicht haben. Die große Schandthat soll er mit sich in die Ewigkeit hinüber schleppen! – Wofür hab' ich ihn dann umgebracht?[1]

D. a. Moor (in Thränen ausbrechend). O mein Kind!

R. Moor. Was? – Du weinst um ihn – an diesem Turme?

D. a. Moor. Erbarmung! o Erbarmung! (Heftig die Hände ringend.) Itzt – itzt wird mein Kind gerichtet!

R. Moor (erschrocken). Welches?

D. a. Moor. Ha! Was ist das für eine Frage?

R. Moor. Nichts! Nichts!

D. a. Moor. Bist du kommen, Hohngelächter anzustimmen über meinem Jammer?

R. Moor. Verrät'risches Gewissen! Merket nicht auf meine Rede.

D. a. Moor. Ja, ich hab' einen Sohn gequält, und ein Sohn mußte mich wieder quälen; das ist Gottes Finger. – O mein Karl! mein Karl! wenn du um mich schwebst im Gewand des Friedens, vergib mir! o vergib mir!

R. Moor (schnell). Er vergibt Euch. (Betroffen.) Wenn er's wert ist, Euer Sohn zu heißen – er muß Euch vergeben.

D. a. Moor. Ha! Er war zu herrlich für mich – aber ich will ihm entgegen mit meinen Thränen, meinen schlaflosen Nächten, meinen quälenden Träumen, seine Knie will ich umfassen – rufen – laut rufen: „Ich hab' gesündigt im Himmel und vor dir. Ich bin nicht wert, daß du mich Vater nennst."[2]

R. Moor (sehr gerührt). Er war Euch lieb, Euer andrer Sohn?

D. a. Moor. Du weißt es, o Himmel! Warum ließ ich mich doch durch die Ränke eines bösen Sohnes bethören? Ein gepriesener Vater ging ich einher unter den Vätern der Menschen. Schön um mich blühten meine Kinder voll Hoffnung. Aber – o der unglückseligen Stunde! – der böse Geist fuhr in das Herz meines zweiten; ich traute der Schlange – verloren meine Kinder beide.

(Verhüllt sich das Gesicht.)

R. Moor (geht weit von ihm weg). Ewig verloren!

---

[1] Wofür werde ich ihn denn umgebracht haben, falls er wirklich mit der Verzeihung des Vaters ins Jenseits hinübergeht?

[2] Vgl. Ev. Luk. 15, 18–19.

D. a. Moor. O, ich fühl' es tief, was mir Amalia sagte, der Geist der Rache sprach aus ihrem Munde: „Vergebens ausstrecken deine sterbenden Hände wirst du nach einem Sohn, vergebens wähnen zu umfassen die warme Hand deines Karls, der nimmermehr an deinem Bette steht" –

R. Moor (reicht ihm die Hand mit abgewandtem Gesicht).

D. a. Moor. Wärst du meines Karls Hand! – Aber er liegt fern im engen Hause, schläft schon den eisernen Schlaf, höret nimmer die Stimme meines Jammers. – Weh' mir! Sterben in den Armen eines Fremdlings – kein Sohn mehr – kein Sohn mehr, der mir die Augen zudrücken könnte –

R. Moor (in der heftigsten Bewegung). Itzt muß es sein – itzt. – Verlaßt mich (zu den Räubern). Und doch – kann ich ihm denn seinen Sohn wieder schenken? – Ich kann ihm seinen Sohn doch nicht mehr schenken! – Nein! Ich will's nicht thun.

D. a. Moor. Wie, Freund? Was hast du da gemurmelt?

R. Moor. Dein Sohn – ja, alter Mann – (stammelnd) dein Sohn – ist – ewig verloren.

D. a. Moor. Ewig?

R. Moor (in der fürchterlichsten Beklemmung gen Himmel sehend). O nur diesmal – laß meine Seele nicht matt werden – nur diesmal halte mich aufrecht!

D. a. Moor. Ewig, sagst du?

R. Moor. Frage nichts weiter! Ewig, sagt' ich.

D. a. Moor. Fremdling! Fremdling! Warum zogst du mich aus dem Turme?

R. Moor. Und wie? – Wenn ich jetzt seinen Segen weghaschte – haschte, wie ein Dieb, und mich davon schlich' mit der göttlichen Beute – Vatersegen, sagt man, geht niemals verloren.

D. a. Moor. Auch mein Franz verloren?

R. Moor (stürzt vor ihm nieder). Ich zerbrach die Riegel deines Turms – gib mir deinen Segen!

D. a. Moor (mit Schmerz). Daß du den Sohn vertilgen mußtest, Retter des Vaters! – Siehe, die Gottheit ermüdet nicht im Erbarmen, und wir armseligen Würmer gehen schlafen mit unserm

Groll. (Legt seine Hand auf des Räubers Haupt.) Sei so glücklich, als du dich erbarmest!

R. Moor (weichmütig aufstehend). O – wo ist meine Mannheit? Meine Sehnen werden schlapp, der Dolch sinkt aus meinen Händen.

D. a. Moor. Wie köstlich ist's, wenn Brüder einträchtig beisammen wohnen, wie der Tau, der vom Hermon fällt auf die Berge Zion.[1] – Lern' diese Wollust verdienen, junger Mann, und die Engel des Himmels werden sich sonnen in deiner Glorie. Deine Weisheit sei die Weisheit der grauen Haare, aber dein Herz – dein Herz sei das Herz der unschuldigen Kindheit.

R. Moor. O einen Vorschmack dieser Wollust. Küsse mich, göttlicher Greis!

D. a. Moor (küßt ihn). Denk', es sei Vaterskuß, so will ich denken, ich küsse meinen Sohn. – Du kannst auch weinen?

R. Moor. Ich dacht', es sei Vaterskuß! – Weh' mir, wenn sie ihn jetzt brächten!

Schweizers Gefährten treten auf im stummen Trauerzug mit gesenkten Häuptern und verhüllten Gesichtern.

R. Moor. Himmel! (Tritt scheu zurück und sucht sich zu verbergen. Sie ziehen an ihm vorüber. Er sieht weg von ihnen. Tiefe Pause. Sie halten.)

Grimm (mit gesenktem Ton). Mein Hauptmann! (R. Moor antwortet nicht und tritt weiter zurück.)

Schwarz. Teurer Hauptmann! (R. Moor weicht weiter zurück.)

Grimm. Wir sind unschuldig, mein Hauptmann!

R. Moor (ohne nach ihnen hinzuschaun). Wer seid ihr?

Grimm. Du blickst uns nicht an? Deine Getreuen.

R. Moor. Weh' euch, wenn ihr mir getreu wart!

Grimm. Das letzte Lebewohl von deinem Knecht Schweizer – er kehrt nie wieder, dein Knecht Schweizer.

R. Moor (aufspringend). So habt ihr ihn nicht gefunden?

Schwarz. Tot gefunden.

R. Moor (froh emporhüpfend). Habe Dank, Lenker der Dinge. –

---

[1] Aus Psalm 133, 1–3. Hermon ist der höchste Teil des Antilibanon. Von seinen Schneegipfeln fällt Kühlung und Tau hernieder.

Umarmet mich, meine Kinder! – Erbarmung sei von nun an die Losung. – Nun wär' auch das überstanden – alles überstanden.

Neue Räuber. Amalia.

Räuber. Heisa, heisa! Ein Fang, ein superber Fang!

Amalia (mit fliegenden Haaren). Die Toten, schreien sie, seien erstanden auf seine Stimme – mein Oheim lebendig – in diesem Wald. – Wo ist er? Karl! Oheim! Ha! (Stürzt auf den Alten zu.)

D. a. Moor. Amalia! Meine Tochter! Amalia! (Hält sie in seinen Armen gepreßt.)

R. Moor (zurückspringend). Wer bringt dies Bild vor meine Augen?

Amalia (entspringt dem Alten und springt auf den Räuber zu und umschlingt ihn entzückt). Ich hab' ihn, o ihr Sterne! Ich hab' ihn! –

R. Moor (sich losreißend, zu den Räubern). Brecht auf, ihr! Der Erzfeind hat mich verraten!

Amalia. Bräutigam, Bräutigam, du rasest! Ha! vor Entzückung! Warum bin ich auch so fühllos, mitten im Wonnewirbel so kalt?

D. a. Moor (sich aufraffend). Bräutigam? Tochter! Tochter! Ein Bräutigam?

Amalia. Ewig sein! Ewig, ewig, ewig mein! – O, ihr Mächte des Himmels! Entlastet mich dieser tödlichen Wollust, daß ich nicht unter der Bürde vergehe!

R. Moor. Reißt sie von meinem Halse! Tötet sie! Tötet ihn! mich! euch! alles! Die ganze Welt geh' zu Grunde! (Er will davon.)

Amalia. Wohin? Was? Liebe Ewigkeit! Wonn' Unendlichkeit![1] Und du fliehst?

R. Moor. Weg, weg! – Unglückseligste der Bräute! – Schau selbst, frage selbst, höre! Unglückseligster der Väter! Laß mich immer ewig davonrennen!

Amalia. Haltet mich! Um Gotteswillen, haltet mich! – Es wird mir so Nacht vor den Augen – er flieht!

---

[1] Die Liebe ist eine Ewigkeit, d. h. ewig, die Wonne unendlich.

R. Moor. Zu spät! Vergebens! Dein Fluch, Vater! – Frage mich nichts mehr! – Ich bin, ich habe – dein Fluch – dein vermeinter Fluch! – Wer hat mich hergelockt? (Mit gezogenem Degen auf die Räuber losgehend.) Wer von euch hat mich hiehergelockt, ihr Kreaturen der Abgrunds? So vergeh' dann, Amalia! – Stirb, Vater! Stirb durch mich zum drittenmal![1] – Diese deine Retter sind Räuber und Mörder! Dein Karl ist ihr Hauptmann!

(Der alte Moor gibt seinen Geist auf. Amalia steht stumm und starr wie eine Bildsäule. Die ganze Bande in fürchterlicher Pause.)

R. Moor (wider eine Eiche rennend). Die Seelen derer, die ich erdrosselte im Taumel der Liebe – derer, die ich zerschmetterte im heiligen Schlaf, derer – hahaha! Hört ihr den Pulverturm knallen über der Kreißenden Stühlen? Seht ihr die Flammen schlagen an den Wiegen der Säuglinge? Das ist Brautfackel, das ist Hochzeitmusik. – O, er[2] vergißt nicht, er weiß zu knüpfen[3]. – Darum von mir die Wonne der Liebe! Darum mir zur Folter die Liebe! Das ist Vergeltung!

Amalia. Es ist wahr! Herrscher im Himmel! Es ist wahr! – Was hab' ich gethan, ich unschuldiges Lamm? Ich hab' diesen geliebt!

R. Moor. Das ist mehr, als ein Mann erduldet. Hab' ich doch den Tod aus mehr denn tausend Röhren auf mich zupfeifen gehört und bin ihm keinen Fuß breit gewichen, soll ich itzt erst lernen beben wie ein Weib? beben vor einem Weib? – Nein, ein Weib erschüttert meine Mannheit nicht – Blut, Blut! Es ist nur ein Anstoß vom Weibe[4] – Blut muß ich saufen, es wird vorübergehen. (Er will davonfliehn.)

Amalia (fällt ihm in die Arme). Mörder! Teufel! Ich kann dich Engel nicht lassen.

R. Moor (schleudert sie von sich). Fort, falsche Schlange, du willst einen Rasenden höhnen, aber ich poche dem Tyrannen Verhäng-

---

[1] Einmal der Scheintod im zweiten Akt und sodann das Lebendigbegrabenwerden im Turm.
[2] Gott.
[3] Schicksal und Schuld zu verknüpfen.
[4] Eine weibische Regung.

nis. – Was, du weinest? O ihr losen, boshaften Gestirne! Sie thut, als ob sie weine, als ob um mich eine Seele weine! (Amalia fällt ihm um den Hals.) Ha, was ist das? Sie speit mich nicht an, stößt mich nicht von sich – Amalia! Hast du vergessen? Weißt du auch, wen du umarmest, Amalia?

Amalia. Einziger, Unzertrennlicher!

R. Moor (aufblühend, in ekstatischer Wonne). Sie vergibt mir, sie liebt mich! Rein bin ich wie der Äther des Himmels, sie liebt mich! – Weinenden Dank dir, Erbarmer im Himmel! (Er fällt auf die Kniee und weinet heftig.) Der Friede meiner Seele ist wiedergekommen, die Qual hat ausgetobt, die Hölle ist nicht mehr. – Sieh, o sieh, die Kinder des Lichts weinen am Hals der weinenden Teufel. – (Aufstehend, zu den Räubern.) So weinet doch auch! Weinet, weinet, ihr seid ja so glücklich. – O Amalia! Amalia! Amalia! (Er hängt an ihrem Mund, sie bleiben in stummer Umarmung.)

Ein Räuber (grimmig hervortretend). Halt ein, Verräter! – Gleich laß diesen Arm fahren – oder ich will dir ein Wort sagen, daß dir die Ohren gellen und deine Zähne vor Entsetzen klappern! (Streckt das Schwert zwischen beide.)

Ein alter Räuber. Denk' an die böhmischen Wälder! Hörst du? Zagst du? – An die böhmischen Wälder sollst du denken! Treuloser, wo sind deine Schwüre? Vergißt man Wunden so bald? Da wir Glück, Ehre und Leben in die Schanze schlugen für dich? Da wir dir standen wie Mauren, auffingen wie Schilder die Hiebe, die deinem Leben galten – hubst du da nicht deine Hand zum eisernen Eid auf, schwurest, uns nie zu verlassen, wie wir dich nicht verlassen haben? – Ehrloser! Treuvergessener! Und du willst abfallen, wenn eine Metze greint?

Ein dritter Räuber. Pfui über den Meineid! Der Geist des geopferten Rollers, den du zum Zeugen aus dem Totenreich zwangest, wird erröten über deine Feigheit und gewaffnet aus seinem Grabe steigen, dich zu züchtigen.

Die Räuber (durcheinander, reißen ihre Kleider auf). Schau her, schau! Kennst du diese Narben? Du bist unser! Mit unserem Herzblut haben wir dich zum Leibeigenen angekauft; unser bist du, und wenn der Erzengel Michael mit dem Moloch ins Handgemeng' kommen sollte! – Marsch mit uns! Opfer um Opfer! Amalia für die Bande!

R. Moor (läßt ihre Hand fahren). Es ist aus! – Ich wollte umkehren und zu meinem Vater gehn, aber der im Himmel sprach, es soll nicht sein. (Kalt.) Blöder Thor ich, warum wollt' ich es auch? Kann denn ein großer Sünder noch umkehren? Ein großer Sünder kann nimmermehr umkehren, das hätt' ich längst wissen können. – Sei ruhig, ich bitte dich, sei ruhig! So ist's ja auch recht. – Ich habe nicht gewollt, da er mich suchte; itzt, da ich ihn suche, will er nicht; was ist billiger? – Rolle doch deine Augen nicht so – er bedarf ja meiner nicht. Hat er nicht Geschöpfe die Fülle? Einen kann er so leicht missen, und dieser eine bin nun ich. – Kommt, Kameraden!

Amalia (reißt ihn zurück). Halt, halt! Einen Stoß! Einen Todesstoß! Neu verlassen! Zeuch dein Schwert und erbarme dich!

R. Moor. Das Erbarmen ist zu den Bären geflohen – ich töte dich nicht!

Amalia (seine Kniee umfassend). O, um Gotteswillen! Um aller Erbarmungen willen! Ich will ja nicht Liebe mehr, weiß ja wohl, daß droben unsere Sterne feindlich voneinander fliehen – Tod ist meine Bitte nur. – Verlassen, verlassen! Nimm es ganz in seiner entsetzlichen Fülle, verlassen! Ich kann's nicht überdulden. Du siehst ja, das kann kein Weib überdulden. Tod ist meine Bitte nur! Sieh, meine Hand zittert! Ich habe das Herz nicht, zu stoßen. Mir bangt vor der blitzenden Schneide – dir ist's ja so leicht, so leicht, bist ja Meister im Morden, zeuch dein Schwert, und ich bin glücklich!

R. Moor. Willst du allein glücklich sein? Fort! Ich töte kein Weib!

Amalia. Ha, Würger! Du kannst nur die Glücklichen töten, die Lebenssatten gehst du vorüber! (Kriecht zu den Räubern.) So erbarmet euch meiner, ihr Schüler des Henkers! Es ist ein so blutdürstiges Mitleid in euren Blicken, das dem Elenden Trost ist – euer Meister ist ein eitler, feigherziger Prahler!

R. Moor. Weib, was sagst du? (Die Räuber wenden sich ab.)

Amalia. Kein Freund? Auch unter diesen nicht ein Freund?

(Sie steht auf.) Nun denn, so lehre mich Dido[1] sterben! (Sie will gehen, ein Räuber zielt.)

R. Moor. Halt! Wag' es – Moors Geliebte soll nur durch Moor sterben! (Er ermordet sie.)

Die Räuber. Hauptmann! Hauptmann! Was machst du? Bist du wahnsinnig worden?

R. Moor (auf den Leichnam mit starrem Blick). Sie ist getroffen! Dies Zucken noch, und dann wird's vorbei sein. – Nun, seht doch! Habt ihr noch was zu fordern? Ihr opfertet mir ein Leben auf, ein Leben, das schon nicht mehr euer war, ein Leben voll Abscheulichkeit und Schande – ich hab' euch einen Engel geschlachtet. Wie, seht doch recht her! Seid ihr nunmehr zufrieden?

Grimm. Du hast deine Schuld mit Wucher bezahlt. Du hast gethan, was kein Mann würde für seine Ehre thun. Komm itzt weiter!

R. Moor. Sagst du das? Nicht wahr, das Leben einer Heiligen um das Leben der Schelmen, es ist ungleicher Tausch? – O ich sage euch, wenn jeder unter euch aufs Blutgerüste ging' und sich ein Stück Fleisch nach dem andern mit glühender Zange abzwicken ließ', daß die Marter elf Sommertäge dauerte, es wiege[2] diese Thränen nicht auf. (Mit bitterem Gelächter.) Die Narben, die böhmischen Wälder! Ja! ja, dies mußte freilich bezahlt werden.

Schwarz. Sei ruhig, Hauptmann! Komm mit uns, der Anblick ist nicht für dich. Führe uns weiter!

R. Moor. Halt – noch ein Wort, eh' wir weiter gehn. – Merket auf, ihr schadenfrohe Schergen meines barbarischen Winks. – Ich höre von diesem Nun an auf, euer Hauptmann zu sein. – Mit Scham und Grauen leg' ich hier diesen blutigen Stab nieder, worunter zu freveln ihr euch berechtiget wähntet, und mit Werken der Finsternis dies himmlische Licht zu besudeln. – Gehet hin zur Rechten und Linken – wir wollen ewig niemals gemeine Sache machen.

Räuber. *Ha, Mutloser! Wo sind deine hochfliegende Plane?*

[1] Die sich selbst den Tod gab.
[2] Man erwartet „wöge", wie in der dritten Auflage steht.

Sind's Seifenblasen gewesen, die beim Hauch eines Weibes zerplatzen?

R. Moor. O über mich Narren, der ich wähnete, die Welt durch Greuel zu verschönern und die Gesetze durch Gesetzlosigkeit aufrecht zu halten! Ich nannte es Rache und Recht – ich maßte mich an, o Vorsicht, die Scharten deines Schwerts auszuwetzen und deine Parteilichkeiten gut zu machen – aber – o eitle Kinderei – da steh' ich am Rand eines entsetzlichen Lebens und erfahre nun mit Zähnklappern und Heulen, daß zwei Menschen wie ich den ganzen Bau der sittlichen Welt zu Grund richten würden. Gnade – Gnade dem Knaben, der dir vorgreifen wollte – dein eigen allein ist die Rache. Du bedarfst nicht des Menschen Hand. Freilich steht's nun in meiner Macht nicht mehr, die Vergangenheit einzuholen – schon bleibt verdorben, was verdorben ist – was ich gestürzt habe, steht ewig niemals mehr auf. – Aber noch blieb mir etwas übrig, womit ich die beleidigte Gesetze versöhnen und die mißhandelte Ordnung wiederum heilen kann. Sie bedarf eines Opfers – eines Opfers, das ihre unverletzbare Majestät vor der ganzen Menschheit entfaltet – dieses Opfer bin ich selbst. Ich selbst muß für sie des Todes sterben.

Räuber. Nimmt ihm den Degen weg – er will sich umbringen.

R. Moor. Thoren ihr! Zu ewiger Blindheit verdammt! Meinet ihr wohl gar, eine Todsünde werde das Äquivalent gegen Todsünden sein? Meinet ihr, die Harmonie der Welt werde durch diesen gottlosen Mißlaut gewinnen? (Wirft ihnen seine Waffen verächtlich vor die Füße.) Er soll mich lebendig haben. Ich geh', mich selbst in die Hände der Justiz zu überliefern.

Räuber. Legt ihn an Ketten! Er ist rasend worden.

R. Moor. Nicht, als ob ich zweifelte, sie werde mich zeitig genug finden, wenn die obere Mächte es so wollen. Aber sie möchte mich im Schlaf überrumpeln, oder auf der Flucht ereilen, oder mit Zwang und Schwert umarmen, und dann wäre mir auch das einige Verdienst entwischt, daß ich mit Willen für sie gestorben bin. Was soll ich gleich einem Diebe ein Leben länger verheimlichen, daß mir schon lang im Rat der himmlischen Wächter genommen ist?

Räuber. Laßt ihn hinfahren! Es ist die Großmannsucht. Er will sein Leben an eitle Bewunderung setzen.

R. Moor. Man könnte mich darum bewundern. (Nach einigem Nachsinnen.) Ich erinnere mich, einen armen Schelm gesprochen zu haben, als ich herüberkam, der im Taglohn arbeitet und elf lebendige Kinder hat. – Man hat tausend Louisdore geboten, wer den großen Räuber lebendig liefert. – Dem Mann kann geholfen werden. (Er geht ab.)

Kabale und Liebe.

Ein bürgerliches Trauerspiel.

Personen.

Präsident von Walter, am Hof eines deutschen Fürsten.
Ferdinand, sein Sohn, Major.
Hofmarschall von Kalb.
Lady Milford, Favoritin des Fürsten.
Wurm, Haussekretär des Präsidenten.
Miller, Stadtmusikant, oder, wie man sie an einigen Orten nennt, Kunstpfeifer.
Dessen Frau.
Luise, dessen Tochter.
Sophie, Kammerjungfer der Lady.
Ein Kammerdiener des Fürsten.
Verschiedene Nebenpersonen.

Erster Akt.

Erste Szene.

Zimmer beim Musikus.

Miller steht eben vom Sessel auf und stellt seine Violoncell auf die Seite. An einem Tisch sitzt **Frau Millerin** noch im Nachtgewand und trinkt ihren Kaffee.

Miller (schnell auf und ab gehend). Einmal für allemal! Der Handel wird ernsthaft. Meine Tochter kommt mit dem Baron ins Geschrei. Mein Haus wird verrufen. Der Präsident bekommt Wind, und – kurz und gut, ich biete dem Junker aus.[1]

Frau. Du hast ihn nicht in dein Haus geschwatzt – hast ihm deine Tochter nicht nachgeworfen.

Miller. Hab' ihn nicht in mein Haus geschwatzt – hab' ihm's Mädel nicht nachgeworfen; wer nimmt Notiz davon? – Ich war Herr im Haus. Ich hätt' meine Tochter mehr coram nehmen[2] sollen. Ich hätt' dem Major besser auftrumpfen sollen – oder hätt' gleich alles Seiner Exzellenz dem Herrn Papa stecken sollen. Der junge Baron bringt's mit einem Wischer hinaus[3], das muß ich wissen, und alles Wetter kommt über den Geiger.

Frau (schlürft eine Tasse aus). Possen! Geschwätz! Was kann über dich kommen? Wer kann dir was anhaben? Du gehst deiner Profession nach und raffst Scholaren zusammen, wo sie zu kriegen sind.

Miller. Aber, sag' mir doch, was wird bei dem ganzen Kommerz auch herauskommen? – Nehmen kann er das Mädel

---

[1] Ich verbiete ihm mein Haus.
[2] Vornehmen, zur Rede stellen.
[3] Kommt mit einem Verweis davon.

nicht – vom Nehmen ist gar die Rede nicht, und zu einer – daß Gott erbarm'! – Guten Morgen! – Gelt, wenn so ein Musje von sich da und dort und dort und hier schon herumbeholfen hat, wenn er, der Henker weiß was als[1] gelöst hat[2], schmeckt's meinem guten Schlucker freilich, einmal auf süß Wasser zu graben. Gib du acht! gib du acht! und wenn du aus jedem Astloch ein Auge strecktest[3], und vor jedem Blutstropfen Schildwache ständest, er wird sie dir auf der Nase beschwatzen, dem Mädel eins hinsetzen und führt sich ab[4], und das Mädel ist verschimpfiert auf ihr lebenlang, bleibt sitzen, oder hat's Handwerk verschmeckt[5], treibt's fort, (die Faust vor die Stirn) Jesus Christus!

Frau. Gott behüt' uns in Gnaden!

Miller. Es hat sich zu behüten. Worauf kann so ein Windfuß wohl sonst sein Absehen richten? – Das Mädel ist schön – schlank – führt seinen netten Fuß. Unterm Dach mag's aussehen, wie's will. Darüber kuckt man bei euch Weibsleuten weg, wenn's nur der liebe Gott parterre nicht hat fehlen lassen. – Stöbert mein Springinsfeld erst noch dieses Kapitel aus – heda! geht ihm ein Licht auf, wie meinem Rodney[6], wenn er die Witterung eines Franzosen kriegt, und nun müssen alle Segel dran und drauf los, und – ich verdenk's ihm gar nicht. Mensch ist Mensch. Das muß ich wissen.

Frau. Solltest nur die wunderhübsche Billetter auch lesen, die der gnädige Herr an deine Tochter als[7] schreiben thut. Guter Gott! da sieht man's ja sonnenklar, wie es ihm pur um ihre schöne Seele zu thun ist.

Miller. Das ist die rechte Höhe! Auf den Sack schlagt man, den Esel meint man. Wer einen Gruß an das liebe Fleisch zu

---

1 Was alles. Vgl. S. 66,15.

2 Geld lösen = einnehmen. Danach „Streiche lösen", Hiebe empfangen. Hier allgemein: Was er schon alles für (böse) Erfahrungen in der Liebe gemacht hat.

3 Bild von einem Bretterzaun, durch den man jemand belauscht.

4 Macht sich aus dem Staube. Vgl. S. 190,23.

5 *Geschmack daran gefunden.*

6 Berühmter englischer Seeheld, der 1759 Havre-de-Grâce bombardierte und 1780 und 1782 in Westindien glänzende Erfolge gegen die französische Seemacht erfocht. Hier Name eines Hundes.

7 Gewöhnlich, immer. Vgl. S. 66,15.

bestellen hat, darf nur das gute Herz Boten gehen lassen. Wie hab' ich's gemacht? Hat man's nur erst so weit im reinen, daß die Gemüter topp machen, wutsch! nehmen die Körper ein Exempel; das Gesind' macht's der Herrschaft nach, und der silberne Mond ist am End' nur der Kuppler gewesen.

Frau. Sieh doch nur erst die prächtigen Bücher an, die der Herr Major ins Haus geschafft haben. Deine Tochter betet auch immer draus.

Miller (pfeift). Hui da! Betet! Du hast den Witz davon[1]. Die rohe Kraftbrühen der Natur sind Ihro Gnaden zartem Makronenmagen noch zu hart – er muß sie erst in der höllischen Pestilenzküche der Bellatristen künstlich aufkochen lassen. Ins Feuer mit dem Quark! Da saugt mir das Mädel – weiß Gott was als[2] für überhimmlische Alfanzereien ein; das läuft dann wie spanische Mucken[3] ins Blut und wirft mir die Handvoll Christentum noch gar auseinander, die der Vater mit knapper Not so so noch zusammenhielt. Ins Feuer, sag' ich! Das Mädel setzt sich alles Teufelsgezeug in den Kopf; über all dem Herumschwänzen in der Schlaraffenwelt findet's zuletzt seine Heimat nicht mehr, vergißt, schämt sich, daß sein Vater Miller der Geiger ist, und verschlägt mir am End' einen wackern, ehrbaren Schwiegersohn, der sich so warm in meine Kundschaft hineingesetzt hätte. – – Nein! Gott verdamm' mich. (Er springt auf, hitzig.) Gleich muß die Pastete auf den Herd, und dem Major – – ja ja, dem Major will ich weisen, wo Meister Zimmermann das Loch gemacht hat. (Er will fort.)

Frau. Sei artig, Miller! Wie manchen schönen Groschen haben uns nur die Präsenter – –

Miller (kommt zurück und bleibt vor ihr stehen). Das Blutgeld meiner Tochter? – Schier dich zum Satan, infame Kupplerin! – Eh will ich mit meiner Geig' auf den Bettel herumziehen und das Konzert um was Warmes geben – eh will ich mein Violoncello zerschlagen und Mist im Sonanzboden[4] führen, eh ich mir's

[1] Ironisch: du hast die Einsicht davon, du hast's richtig verstanden!
[2] S. S. 310, Anm. 1.
[3] Spanische Fliegen.
[4] Resonanzboden.

schmecken lass' von dem Geld, das mein einziges Kind mit Seel' und Seligkeit abverdient. – Stell' den vermaledeiten Kaffee ein und das Tobakschnupfen, so brauchst du deiner Tochter Gesicht nicht zu Markt zu treiben. Ich hab' mich satt gefressen und immer ein gutes Hemd auf dem Leib gehabt, eh so ein vertrackter Tausendsasa in meine Stube geschmeckt[1] hat.

Frau. Nur nicht gleich mit der Thür ins Haus! Wie du doch den Augenblick in Feuer und Flammen stehst! Ich sprech' ja nur, man müss' den Herrn Major nicht disguschtüren[2], weil Sie des Präsidenten Sohn sind.

Miller. Da liegt der Has' im Pfeffer. Darum, just eben darum muß die Sach' noch heut auseinander! Der Präsident muß es mir Dank wissen, wenn er ein rechtschaffener Vater ist. Du wirst mir meinen roten plüschenen Rock ausbürsten, und ich werde mich bei Seiner Exzellenz anmelden lassen. Ich werde sprechen zu Seiner Exzellenz: „Dero Herr Sohn haben ein Aug' auf meine Tochter; meine Tochter ist zu schlecht zu Dero Herrn Sohnes Frau, aber zu Dero Herrn Sohnes Hure ist meine Tochter zu kostbar, und damit basta! – Ich heiße Miller."

Zweite Szene.

Sekretär Wurm. Die Vorigen.

Frau. Ah! guten Morgen, Herr Sekertare![3] Hat man auch einmal wieder das Vergnügen von Ihnen?

Wurm. Meinerseits, meinerseits, Frau Base! Wo eine Kavaliersgnade einspricht, kommt mein bürgerliches Vergnügen in gar keine Rechnung.

Frau. Was Sie nicht sagen, Herr Sekertare! Des Herrn Majors von Walter hohe Gnaden machen uns wohl je und je das Bläsier; doch verachten wir darum niemand.

---

[1] *Gerochen.*

[2] Ihm den Geschmack verderben, vor den Kopf stoßen.

[3] Die ungebildete Frau, die auch sonst so viel Fremdwörter unrichtig braucht, wendet stets diese verunstaltete Form des Titels an. Miller selbst braucht nur das richtige und etwas förmliche „Herr Sekretarius".

Miller (verdrießlich). Dem Herrn einen Sessel, Frau! Wollen's ablegen, Herr Landsmann!

Wurm (legt Hut und Stock weg, setzt sich). Nun! nun! und wie befindet sich denn meine Zukünftige – oder Gewesene? – Ich will doch nicht hoffen – kriegt man sie nicht zu sehen – Mamsell Luisen?

Frau. Danken der Nachfrage, Herr Sekertare! Aber meine Tochter ist doch gar nicht hochmütig.

Miller (ärgerlich, stößt sie mit dem Ellnbogen). Weib!

Frau. Bedauern's nur, daß sie die Ehre nicht haben kann vom Herrn Sekertare. Sie ist eben in die Mess', meine Tochter.

Wurm. Das freut mich! freut mich! Ich werd' einmal eine fromme, christliche Frau an ihr haben!

Frau (lächelt dumm-vornehm). Ja – aber Herr Sekertare –

Miller (in sichtbarer Verlegenheit, kneipt sie in die Ohren). Weib!

Frau. Wenn Ihnen unser Haus sonst irgendwo dienen kann – mit allem Vergnügen, Herr Sekertare –

Wurm (macht falsche Augen). Sonst irgendwo? Schönen Dank! Schönen Dank! – Hem! hem! hem!

Frau. Aber – wie der Herr Sekertare selber die Einsicht werden haben –

Miller (voll Zorn seine Frau vor den Hintern stoßend). Weib!

Frau. Gut ist gut, und besser ist besser, und einem einzigen Kind mag man doch auch nicht vor seinem Glück sein. (Bäurisch-stolz.) Sie werden mich je doch wohl merken, Herr Sekertare?

Wurm (rückt unruhig im Sessel, kratzt hinter den Ohren und zupft an Manschetten und Jabot). Merken? Nicht doch – o ja – wie meinen Sie denn?

Frau. – Nu – nu – ich dächte nur – ich meine (hustet) – weil eben halt der liebe Gott meine Tochter barrdu[1] zur gnädigen Madam will haben –

Wurm (fährt vom Stuhl). Was sagen Sie da? Was?

Miller. Bleiben sitzen! Bleiben sitzen, Herr Sekretarius! Das Weib ist eine alberne Gans! Wo soll eine gnädige Madam

---

[1] Partout, mit dem noch heute üblichen unrichtigen Gebrauch für durchaus.

herkommen? Was für ein Esel streckt sein Langohr aus diesem Geschwätze?

Frau. Schmähl' du, so lang du willst. Was ich weiß, weiß ich – und was der Herr Major gesagt hat, das hat er gesagt.

Miller (aufgebracht, springt nach der Geige). Willst du dein Maul halten? Willst das Violoncello am Hirnkasten wissen? – Was kannst du wissen? – Was kann er gesagt haben? – Kehren sich an das Geklatsch nicht, Herr Vetter! – Marsch du in deine Küche! – Werden mich doch nicht für des Dummkopfs leiblichen Schwager halten, daß ich obenaus woll' mit dem Mädel? Werden doch das nicht von mir denken, Herr Sekretarius?

Wurm. Auch hab' ich es nicht um Sie verdient, Herr Musikmeister! Sie haben mich jederzeit den Mann von Wort sehen lassen, und meine Ansprüche auf Ihre Tochter waren so gut als unterschrieben. Ich habe ein Amt, das seinen guten Haushälter nähren kann; der Präsident ist mir gewogen; an Empfehlungen kann's nicht fehlen, wenn ich mich höher poussieren will. Sie sehen, daß meine Absichten auf Mamsell Luisen ernsthaft sind, wenn Sie vielleicht von einem adeligen Windbeutel herumgeholt – –

Frau. Herr Sekertare Wurm! mehr Respekt, wenn man bitten darf –

Miller. Halt' du dein Maul, sag' ich. – Lassen Sie es gut sein, Herr Vetter! Es bleibt beim alten. Was ich Ihnen verwichenen Herbst zum Bescheid gab, bring' ich heut wieder. Ich zwinge meine Tochter nicht. Stehen Sie ihr an – wohl und gut, so mag sie zusehen, wie sie glücklich mit Ihnen wird. Schüttelt sie den Kopf – noch besser – – in Gottes Namen, wollt' ich sagen – so stecken Sie den Korb ein und trinken eine Bouteille mit dem Vater. – Das Mädel muß mit Ihnen leben – ich nicht. – Warum soll ich ihr einen Mann, den sie nicht schmecken kann,[1] aus purem klarem Eigensinn an den Hals werfen? – daß mich der böse Feind in meinen eisgrauen Tagen noch wie *sein Wildpret* herumhetze – daß ich's in jedem Glas Wein zu

[1] An dem sie keinen Geschmack haben kann.

saufen – in jeder Suppe zu fressen kriege: Du bist der Spitzbube, der sein Kind ruiniert hat!

Frau. Und kurz und gut – ich geb' meinen Konsenz absolut nicht; meine Tochter ist zu was Hohem gemünzt, und ich lauf' in die Gerichte, wenn mein Mann sich beschwatzen läßt.

Miller. Willst du Arm und Bein entzwei haben, Wettermaul?

Wurm (zu Millern). Ein väterlicher Rat vermag bei der Tochter viel, und hoffentlich werden Sie mich kennen, Herr Miller.

Miller. Daß dich alle Hagel! 's Mädel muß Sie kennen. Was ich alter Knasterbart an Ihnen abkucke, ist just kein Fressen fürs junge, naschhafte Mädel. Ich will Ihnen aufs Haar hin sagen, ob Sie ein Mann fürs Orchester sind – aber eine Weiberseel' ist auch für einen Kapellmeister zu spitzig. – Und dann von der Brust weg, Herr Vetter – ich bin halt ein plumper, gerader teutscher Kerl – für meinen Rat würden Sie sich zuletzt wenig bedanken. Ich rate meiner Tochter zu keinem – aber Sie mißrat' ich meiner Tochter, Herr Sekretarius! Lassen mich ausreden. Einem Liebhaber, der den Vater zu Hilfe ruft, trau' ich – erlauben Sie – keine hohle Haselnuß zu. Ist er was, so wird er sich schämen, seine Talente durch diesen altmodischen Kanal vor seine Liebste zu bringen. Hat er's Kourage nicht, so ist er ein Hasenfuß, und für den sind keine Luisen gewachsen. – – Da! hinter dem Rücken des Vaters muß er sein Gewerb' an die Tochter bestellen. Machen muß er, daß das Mädel lieber Vater und Mutter zum Teufel wünscht, als ihn fahren läßt – oder selber kommt, dem Vater zu Füßen sich wirft und sich um Gotteswillen den schwarzen, gelben Tod oder den Herzeinzigen ausbittet – das nenn' ich einen Kerl! das heißt lieben! und wer's bei dem Weibsvolk nicht so weit bringt, der soll – – auf seinem Gänsekiel reiten.

Wurm (greift nach Hut und Stock und zum Zimmer hinaus). Obligation, Herr Miller!

Miller (geht ihm langsam nach). Für was? Für was? Haben Sie ja doch nichts genossen, Herr Sekretarius! (Zurückkommend.) Nichts hört er und hin zieht er. – – Ist mir's doch wie Gift und Operment[1], wenn ich den Federnfuchser zu Gesichte krieg'. Ein konfiszierter[2], widriger Kerl, als hätt' ihn irgend ein Schleichhändler in die Welt meines Herrgotts hineingeschachert. – Die kleinen tückischen Mausaugen – die Haare brandrot – das Kinn herausgequollen, gerade als wenn die Natur für purem Gift über das verhunzte Stück Arbeit meinen Schlingel da angefaßt und in irgend eine Ecke geworfen hätte. – Nein! eh' ich meine Tochter an so einen Schuft wegwerfe, lieber soll sie mir – Gott verzeih' mir's –

Frau (spuckt aus, giftig). Der Hund! – aber man wird dir's Maul sauber halten![3]

Miller. Du aber auch mit deinem pestilenzialischen Junker! – Hast mich vorhin auch so in Harnisch gebracht. – Bist doch nie dummer, als wenn du um Gotteswillen gescheit sein solltest. Was hat das Geträtsch von einer gnädigen Madam und deiner Tochter da vorstellen sollen? Das ist mir der Alte![4] Dem muß man so was an die Nase heften, wenn's morgen am Marktbrunnen ausgeschellt sein soll. Das ist just so ein Musje, wie sie in der Leute Häusern herumriechen, über Keller und Koch räsonnieren, und springt einem ein nasenweises Wort übers Maul – Bumbs! haben's Fürst und Matreß und Präsident, und du hast das siedende Donnerwetter am Halse.

Dritte Szene.

Luise Millerin kommt, ein Buch in der Hand. **Vorige.**

Luise (legt das Buch nieder, geht zu Millern und drückt ihm die Hand). Guten Morgen, lieber Vater!

Miller (warm). Brav, meine Luise! – Freut mich, daß du so fleißig an deinen Schöpfer denkst. Bleib' immer so, und sein Arm wird dich halten.

---

1 Auripigment, ein mineralisches Gift.
2 Verdächtig aussehend, spitzbübisch. Vgl. „ein konfiszierter Mohrenkopf", S. 174,2.
3 Man wird sie dir nicht ans Maul schmieren.
4 D. h. den kenne ich durch und durch.

Luise. O! ich bin eine schwere Sünderin, Vater! – War er da, Mutter?

Frau. Wer, mein Kind?

Luise. Ah! ich vergaß, daß es noch außer ihm Menschen gibt. – Mein Kopf ist so wüste. – Er war nicht da? Walter?

Miller (traurig und ernsthaft). Ich dachte, meine Luise hätte den Namen in der Kirche gelassen?

Luise (nachdem sie ihn eine Zeitlang starr angesehen). Ich versteh' Ihn, Vater – fühle das Messer, das Er in mein Gewissen stößt; aber es kommt zu spät. – Ich hab' keine Andacht mehr, Vater – der Himmel und Ferdinand reißen an meiner blutenden Seele, und ich fürchte – ich fürchte – (Nach einer Pause.) Doch nein, guter Vater! Wenn wir ihn über dem Gemälde vernachlässigen, findet sich ja der Künstler am feinsten gelobt.[1] – Wenn meine Freude über sein Meisterstück mich ihn selbst übersehen macht, Vater, muß das Gott nicht ergötzen?

Miller (wirft sich unmutig in den Stuhl). Da haben wir's! Das ist die Frucht von dem gottlosen Lesen!

Luise (tritt unruhig an ein Fenster). Wo er wohl jetzt ist? – Die vornehmen Fräulein, die ihn sehen – ihn hören – – ich bin ein schlechtes, vergessenes Mädchen. (Erschrickt an dem Wort und stürzt ihrem Vater zu.) Doch nein, nein! verzeih' Er mir. Ich beweine mein Schicksal nicht. Ich will ja nur wenig – an ihn denken – das kostet ja nichts. Dies bißchen Leben – dürft' ich es hinhauchen in ein leises, schmeichelndes Lüftchen, sein Gesicht abzukühlen! – Dies Blümchen Jugend – wär' es ein Veilchen, und er träte drauf, und es dürfte bescheiden unter ihm sterben![2] – Damit genügte mir, Vater. Wenn die Mücke in ihren Strahlen sich sonnt – kann sie das strafen, die stolze, majestätische Sonne?

Miller (beugt sich gerührt an die Lehne des Stuhls und bedeckt das Gesicht).

---

[1] Anspielung auf Lessings „Emilia Galotti", I,4: „O Sie wissen ja wohl, Conti, daß man den Künstler dann erst recht lobt, wenn man über sein Werk sein Lob vergißt." Luise hat durch Ferdinand die schöne Litteratur kennen gelernt.

[2] Anspielung auf Goethes Ballade vom Veilchen („Und sterb' ich dann, so sterb' ich doch durch sie, durch sie, zu ihren Füßen doch!"). Vgl. Anm. 1.

Höre, Luise – das bissel Bodensatz meiner Jahre, ich gäb' es hin, hättest du den Major nie gesehen.

Luise (erschrocken). Was sagt Er da? Was? – Nein, er meint es anders, der gute Vater. Er wird nicht wissen, daß Ferdinand mein ist, mir geschaffen, mir zur Freude vom Vater der Liebenden. (Sie steht nachdenkend.) Als ich ihn das erste Mal sah – (rascher) und mir das Blut in die Wangen stieg, froher jagten alle Pulse, jede Wallung sprach, jeder Atem lispelte: er ist's! – und mein Herz den Immermangelnden[1] erkannte, bekräftigte: er ist's! – und wie das widerklang durch die ganze mitfreuende Welt! Damals – o damals ging in meiner Seele der erste Morgen auf. Tausend junge Gefühle schossen aus meinem Herzen wie die Blumen aus dem Erdreich, wenn's Frühling wird. Ich sah keine Welt mehr, und doch besinn' ich mich, daß sie niemals so schön war. Ich wußte von keinem Gott mehr, und doch hatt' ich ihn nie so geliebt.

Miller (eilt auf sie zu, drückt sie wider seine Brust). Luise – teures – herrliches Kind – nimm meinen alten mürben Kopf – nimm alles – alles! – den Major – Gott ist mein Zeuge – ich kann dir ihn nimmer geben. (Er geht ab.)

Luise. Auch will ich ihn ja jetzt nicht, mein Vater! Dieser karge Tautropfe Zeit – schon ein Traum von Ferdinand trinkt ihn wollüstig auf. Ich entsag' ihm für dieses Leben. Dann, Mutter – dann, wenn die Schranken des Unterschieds einstürzen – wenn von uns abspringen all die verhaßte Hülsen des Standes – Menschen nur Menschen sind – ich bringe nichts mit mir als meine Unschuld; aber der Vater hat ja so oft gesagt, daß der Schmuck und die prächtigen Titel wohlfeil werden, wenn Gott kommt, und die Herzen im Preise steigen. Ich werde dann reich sein. Dort rechnet man Thränen für Triumphe und schöne Gedanken für Ahnen an! Ich werde dann vornehm sein, Mutter! – Was hätte er dann noch für seinem Mädchen voraus?

---

[1] Der mir immer gefehlt hatte, der mein Gemüt von seiner unendlichen Sehnsucht heilte.

Frau (fährt in die Höhe). Luise! der Major! Er springt über die Planke! Wo verberg' ich mich doch?

Luise (fängt an zu zittern). Bleib' Sie doch, Mutter!

Frau. Mein Gott! Wie seh' ich aus! Ich muß mich ja schämen! Ich darf mich nicht vor Seiner Gnaden so sehen lassen.

(Ab.)

Vierte Szene.

Ferdinand von Walter. Luise.

(Er fliegt auf sie zu – sie sinkt entfärbt und matt auf einen Sessel – er bleibt vor ihr stehn – sie sehen sich eine Zeitlang stillschweigend an. Pause.)

Ferdinand. Du bist blaß, Luise?

Luise (steht auf und fällt ihm um den Hals). Es ist nichts! nichts! Du bist ja da. Es ist vorüber.

Ferdinand (ihre Hand nehmend und zum Munde führend). Und liebt mich meine Luise noch? Mein Herz ist das gestrige, ist's auch das deine noch? Ich fliege nur her, will sehn, ob du heiter bist, und gehn und es auch sein – du bist's nicht!

Luise. Doch, doch, mein Geliebter!

Ferdinand. Rede mir Wahrheit! Du bist's nicht! Ich schaue durch deine Seele, wie durch das klare Wasser dieses Brillanten. (Er zeigt auf seinen Ring.) Hier wirft sich kein Bläschen auf, das ich nicht merkte – kein Gedanke tritt in dies Angesicht, der mir entwischte! Was hast du? Geschwind! Weiß ich nur diesen Spiegel helle, so läuft keine Wolke über die Welt! Was bekümmert dich?

Luise (sieht ihn eine Weile stumm und bedeutend an, dann mit Wehmut). Ferdinand! Ferdinand! Daß du doch wüßtest, wie schön in dieser Sprache das bürgerliche Mädchen sich ausnimmt.[1]

Ferdinand. Was ist das? (Befremdet.) Mädchen! Höre! wie kommst du auf das? – Du bist meine Luise! – Wer sagt dir, daß du noch etwas sein solltest? Siehst du, Falsche, auf welchem

---

[1] In Ferdinands hoher, begeisterter Sprache erscheint die Geliebte verschönt und gleichsam verklärt. Um so schwerer fällt es ihr aufs Herz, daß sie doch nur ein „bürgerliches Mädchen" und also durch eine tiefe gesellschaftliche Kluft von ihm geschieden ist.

Kaltsinn ich dir begegnen muß. Wärest du ganz nur Liebe für mich, wann hättest du Zeit gehabt, eine Vergleichung zu machen? Wenn ich bei dir bin, zerschmilzt meine Vernunft in einen Blick – in einen Traum von dir, wenn ich weg bin, und du hast noch eine Klugheit neben deiner Liebe? – Schäme dich! Jeder Augenblick, den du an diesen Kummer verlorst, war deinem Jüngling gestohlen.

Luise (faßt seine Hand, indem sie den Kopf schüttelt). Du willst mich einschläfern, Ferdinand – willst meine Augen von diesem Abgrund hinweglocken, in den ich ganz gewiß stürzen muß. Ich seh' in die Zukunft – die Stimme des Ruhms – deine Entwürfe – dein Vater – mein Nichts. (Erschrickt und läßt plötzlich seine Hand fahren.) Ferdinand! Ein Dolch über dir und mir! – Man trennt uns!

Ferdinand. Trennt uns? (Er springt auf.) Woher bringst du diese Ahndung, Luise? Trennt uns? – Wer kann den Bund zwoer[1] Herzen lösen oder die Töne eines Akkords auseinander reißen? Ich bin ein Edelmann – laß doch sehen, ob mein Adelbrief älter ist als der Riß zum unendlichen Weltall?[2] oder mein Wappen gültiger als die Handschrift des Himmels in Luisens Augen: dieses Weib ist für diesen Mann! – Ich bin des Präsidenten Sohn. Eben darum. Wer, als die Liebe, kann mir die Flüche versüßen, die mir der Landeswucher meines Vaters vermachen wird?

Luise. O, wie sehr fürcht' ich ihn – diesen Vater! –

Ferdinand. Ich fürchte nichts – nichts – als die Grenzen deiner Liebe. Laß auch Hindernisse wie Gebirge zwischen uns treten, ich will sie für Treppen nehmen und drüber hin in Luisens Arme fliegen! Die Stürme des widrigen Schicksals sollen meine Empfindung emporblasen, Gefahren werden meine Luise nur reizender machen. – Also nichts mehr von Furcht, meine Liebe! Ich selbst – ich will über dir wachen wie der Zauberdrach' über unterirdischem Golde. – Mir vertraue dich. Du brauchst keinen Engel mehr – ich will mich zwischen dich

1 Eigentlich nur Femininform; hier richtiger: zweier.
2 Der Weltenplan, wonach wir von Ewigkeit her füreinander bestimmt sind.

und das Schicksal werfen – empfangen für dich jede Wunde – auffassen für dich jeden Tropfen aus dem Becher der Freude – dir ihn bringen in der Schale der Liebe. (Sie zärtlich umfassend.) An diesem Arm soll meine Luise durchs Leben hüpfen; schöner, als er dich von sich ließ, soll der Himmel dich wieder haben und mit Verwunderung eingestehn, daß nur die Liebe die letzte Hand an die Seelen legte.

Luise (drückt ihn von sich, in großer Bewegung). Nichts mehr! Ich bitte dich, schweig! – Wüßtest du – laß mich – du weißt nicht, daß deine Hoffnungen mein Herz wie Furien anfallen. (Will fort.)

Ferdinand (hält sie auf). Luise? Wie? Was? Welche Anwandlung?

Luise. Ich hatte diese Träume vergessen und war glücklich. – Jetzt! jetzt! von heut an – der Friede meines Lebens ist aus. – Wilde Wünsche – ich weiß es – werden in meinem Busen rasen. – Geh – Gott vergebe dir's! – Du hast den Feuerbrand in mein junges, friedsames Herz geworfen, und er wird nimmer, nimmer gelöscht werden. (Sie stürzt hinaus, er folgt ihr sprachlos nach.)

Fünfte Szene.

Saal beim Präsidenten.

Der Präsident, ein Ordenskreuz um den Hals, einen Stern an der Seite, und **Sekretär Wurm** treten auf.

Präsident. Ein ernsthaftes Attachement! Mein Sohn? – Nein, Wurm, das macht Er mich nimmermehr glauben!

Wurm. Ihro Exzellenz haben die Gnade, mir den Beweis zu befehlen!

Präsident. Daß er der Bürgerkanaille den Hof macht – Flatterien sagt – auch meinetwegen Empfindungen vorplaudert – das sind lauter Sachen, die ich möglich finde – verzeihlich finde – aber – und noch gar die Tochter eines Musikus, sagt Er?

Wurm. Musikmeister Millers Tochter.

Präsident. Hübsch? – Zwar das versteht sich.

Wurm (lebhaft). Das schönste Exemplar einer Blondine, die, nicht zu viel gesagt, neben den ersten Schönheiten des Hofes noch Figur machen würde.

Präsident (lacht). Er sagt mir, Wurm – Er habe ein Aug' auf das Ding – das find' ich. Aber sieht er, mein lieber Wurm – daß mein Sohn Gefühl für das Frauenzimmer hat, macht mir Hoffnung, daß ihn die Damen nicht hassen werden. Er kann bei Hof etwas durchsetzen. Das Mädchen ist schön, sagt Er; das gefällt mir an meinem Sohn, daß er Geschmack hat. Spiegelt er der Närrin solide Absichten vor – noch besser – so seh' ich, daß er Witz genug hat, in seinen Beutel zu lügen. Er kann Präsident werden. Setzt er es noch dazu durch – herrlich! das zeigt mir an, daß er Glück hat. – Schließt sich die Farce mit einem gesunden Enkel – unvergleichlich! so trink' ich auf die guten Aspekten meines Stammbaums eine Bouteille Malaga mehr und bezahle die Skortationsstrafe für seine Dirne.[1]

Wurm. Alles, was ich wünsche, Ihr' Exzellenz, ist, daß Sie nicht nötig haben möchten, diese Bouteille zu Ihrer Zerstreuung zu trinken.

Präsident (ernsthaft). Wurm, besinn' Er sich, daß ich, wenn ich einmal glaube, hartnäckig glaube, rase, wenn ich zürne. – Ich will einen Spaß daraus machen, daß Er mich aufhetzen wollte. Daß Er sich seinen Nebenbuhler gern vom Hals geschafft hätte, glaub' ich Ihm herzlich gern. Da Er meinen Sohn bei dem Mädchen auszustechen Mühe haben möchte, soll Ihm der Vater zur Fliegenklatsche dienen, das find' ich wieder begreiflich – und daß Er einen so herrlichen Ansatz zum Schelmen hat, entzückt mich sogar. – Nur, mein lieber Wurm, muß Er mich nicht mit prellen wollen – nur, versteht Er mich, muß Er den Pfiff nicht bis zum Einbruch in meine Grundsätze treiben!

Wurm. Ihro Exzellenz verzeihen! Wenn auch wirklich – wie Sie argwohnen – die Eifersucht hier im Spiel sein sollte, so wäre sie es wenigstens nur mit den Augen und nicht mit der Zunge.

---

[1] Er meint die Alimente.

Präsident. Und ich dächte, sie bliebe ganz weg. Dummer Teufel, was verschlägt es denn Ihm, ob Er die Karolin[1] frisch aus der Münze oder vom Bankier bekommt. Tröst' Er sich mit dem hiesigen Adel – wissentlich oder nicht – bei uns wird selten eine Mariage geschlossen, wo nicht wenigstens ein halb Dutzend der Gäste – oder der Aufwärter – das Paradies des Bräutigams geometrisch ermessen kann.

Wurm (verbeugt sich). Ich mache hier gern den Bürgersmann, gnädiger Herr.

Präsident. Überdies kann Er mit nächstem die Freude haben, seinem Nebenbuhler den Spott auf die schönste Art heimzugeben. Eben jetzt liegt der Anschlag im Kabinett, daß auf die Ankunft der neuen Herzogin Lady Milford zum Schein den Abschied erhalten, und, den Betrug vollkommen zu machen, eine Verbindung eingehen soll. Er weiß, Wurm, wie sehr sich mein Ansehen auf den Einfluß der Lady stützt – wie überhaupt meine mächtigsten Springfedern in die Wallungen des Fürsten hineinspielen. Der Herzog sucht eine Partie für die Milford. Ein anderer kann sich melden – den Kauf schließen, mit der Dame das Vertrauen des Fürsten an sich reißen, sich ihm unentbehrlich machen. – Damit nun der Fürst im Netz meiner Familie bleibe, soll mein Ferdinand die Milford heiraten. – Ist Ihm das helle?

Wurm. Daß mich die Augen beißen. – Wenigstens bewies der Präsident hier, daß der Vater nur ein Anfänger gegen ihn ist. Wenn der Major Ihnen ebenso den gehorsamen Sohn zeigt als Sie ihm den zärtlichen Vater, so dürfte Ihre Anfoderung mit Protest zurückkommen.

Präsident. Zum Glück war mir noch nie für die Ausführung eines Entwurfes bang', wo ich mich mit einem: Es soll so sein! einstellen konnte. – Aber seh Er nun, Wurm, das hat uns wieder auf den vorigen Punkt geleitet. Ich kündige meinem Sohn noch diesen Vormittag seine Vermählung an. Das Gesicht, das er mir zeigen wird, soll Seinen Argwohn entweder rechtfertigen oder ganz widerlegen.

---

[1] Goldstück im Werte von 19 Mark.

Wurm. Gnädiger Herr, ich bitte sehr um Vergebung! Das finstre Gesicht, das er Ihnen ganz zuverlässig zeigt, läßt sich ebenso gut auf die Rechnung der Braut schreiben, die Sie ihm zuführen, als derjenigen, die Sie ihm nehmen. Ich ersuche Sie um eine schärfere Probe. Wählen Sie ihm die untadeligste Partie im Land, und sagt er Ja, so lassen Sie den Sekretär Wurm drei Jahre Kugeln schleifen.

Präsident (beißt die Lippen). Teufel!

Wurm. Es ist nicht anders. Die Mutter – die Dummheit selbst – hat mir in der Einfalt zuviel geplaudert.

Präsident (geht auf und nieder, preßt seinen Zorn zurück). Gut! Diesen Morgen noch.

Wurm. Nur vergessen Ew. Exzellenz nicht, daß der Major – der Sohn meines Herrn ist!

Präsident. Er soll geschont werden, Wurm.

Wurm. Und daß der Dienst, Ihnen von einer unwillkommenen Schwiegertochter zu helfen –

Präsident. Den Gegendienst wert ist, Ihm zu einer Frau zu helfen? Auch das, Wurm!

Wurm (bückt sich vergnügt). Ewig der Ihrige, gnädiger Herr! (Er will gehen.)

Präsident. Was ich Ihm vorhin vertraut habe, Wurm! (Drohend.) Wenn Er plaudert –

Wurm (lacht). So zeigen Ihr' Exzellenz meine falschen Handschriften auf.[1] (Er geht ab.)

Präsident. Zwar du bist mir gewiß! Ich halte dich an deiner eigenen Schurkerei wie den Schröter[2] am Faden!

Ein Kammerdiener (tritt herein). Hofmarschall von Kalb –

Präsident. Kommt wie gerufen. – Er soll mir angenehm sein. (Kammerdiener geht.)

---

[1] Wurm scheint diese Drohung schon zu kennen, daher er sie dem Präsidenten *gleichsam aus dem Munde nimmt.* – Übrigens bezieht sich das Verbot des Präsidenten zu „plaudern" nur auf das, was er ihm über die eigentlichen Beweggründe der Heirat mitgeteilt hat; diese selbst will er keineswegs geheimhalten, wie die nächste Szene zeigt.

[2] Käfer.

Sechste Szene.

Hofmarschall von Kalb in einem reichen, aber geschmacklosen Hofkleid, mit Kammerherrnschlüssel, zwei Uhren und einem Degen, Chapeaubas und frisiert *à la Hérisson*[1]. Er fliegt mit großem Gekreisch auf den Präsidenten zu und breitet einen Bisamgeruch über das ganze Parterre. **Präsident.**

Hofmarschall (ihn umarmend). Ah, guten Morgen, mein Bester! Wie geruht? wie geschlafen? – Sie verzeihen doch, daß ich so spät das Vergnügen habe – dringende Geschäfte – der Küchenzettel – Visitenbillets – das Arrangement der Partien auf die heutige Schlittenfahrt – ah – und denn mußt' ich ja auch bei dem Lever zugegen sein und Seiner Durchleucht das Wetter verkündigen.

Präsident. Ja, Marschall, da haben Sie freilich nicht abkommen können.

Hofmarschall. Obendrein hat mich ein Schelm von Schneider noch sitzen lassen.

Präsident. Und doch fix und fertig?

Hofmarschall. Das ist noch nicht alles. Ein Malheur jagt heut das andere! Hören Sie nur.

Präsident (zerstreut). Ist das möglich?

Hofmarschall. Hören Sie nur! Ich steige kaum aus dem Wagen, so werden die Hengste scheu, stampfen und schlagen aus, daß mir – ich bitte Sie! – der Gassenkot über und über an die Beinkleider spritzt. Was anzufangen? Setzen Sie sich um Gottes willen in meine Lage, Baron! Da stand ich. Spät war es. Eine Tagreise ist es – und in dem Aufzug vor Seine Durchleucht – Gott der Gerechte! Was fällt mir bei? Ich fingiere eine Ohnmacht. Man bringt mich über Hals und Kopf in die Kutsche. Ich in voller Karriere nach Haus – wechsle die Kleider – fahre zurück – was sagen Sie? – und bin noch der erste in der Antischamber – was denken Sie?

Präsident. Ein herrliches Impromptu des menschlichen Witzes. – Doch das beiseite, Kalb – Sie sprachen also schon mit dem Herzog?

---

1 „Wie ein Igel", neueste damalige Frisur.

Hofmarschall (wichtig). Zwanzig Minuten und eine halbe.

Präsident. Das gesteh' ich! – Und wissen mir also ohne Zweifel eine wichtige Neuigkeit?

Hofmarschall (ernsthaft, nach einigem Stillschweigen). Seine Durchleucht haben heute einen Merde d'Oye-Biber[1] an.

Präsident. Man denke! – Nein, Marschall, so hab' ich doch eine bessere Zeitung für Sie. – Daß Lady Milford Majorin von Walter wird, ist Ihnen gewiß etwas Neues?

Hofmarschall. Denken Sie! Und das ist schon richtig gemacht?

Präsident. Unterschrieben, Marschall – und Sie verbinden mich, wenn Sie ohne Aufschub dahin gehen, die Lady auf seinen Besuch präparieren und den Entschluß meines Ferdinands in der ganzen Residenz bekannt machen.

Hofmarschall (entzückt). O, mit tausend Freuden, mein Bester! – Was kann mir erwünschter kommen? – Ich fliege sogleich – (Umarmt ihn.) Leben Sie wohl – in drei viertel Stunden weiß es die ganze Stadt. (Hüpft hinaus.)

Präsident (lacht dem Marschall nach). Man sage noch, daß diese Geschöpfe in der Welt zu nichts taugen. – – Nun muß ja mein Ferdinand wollen, oder die ganze Stadt hat gelogen. (Klingelt. – Wurm kommt.) Mein Sohn soll hereinkommen! (Wurm geht ab, der Präsident auf und nieder, gedankenvoll.)

Siebente Szene.

Ferdinand. Der Präsident. Wurm, welcher gleich abgeht.

Ferdinand. Sie haben befohlen, gnädiger Herr Vater –

Präsident. Leider muß ich das, wenn ich meines Sohns einmal froh werden will! – Laß Er uns allein, Wurm. – Ferdinand, ich beobachte dich schon eine Zeitlang und finde die offene rasche Jugend nicht mehr, die mich sonst so entzückt hat. Ein seltsamer Gram brütet auf deinem Gesicht. Du fliehst mich – du fliehst deine Zirkel. – Pfui! Deinen Jahren verzeiht man

[1] Einen Biberpelz von „Gänsedreckfarbe".

zehn Ausschweifungen vor einer einzigen Grille. Überlaß diese mir, lieber Sohn! Mich laß an deinem Glück arbeiten und denke auf nichts, als in meine Entwürfe zu spielen.[1] – Komm! umarme mich, Ferdinand.

Ferdinand. Sie sind heute sehr gnädig, mein Vater.

Präsident. Heute, du Schalk – und dieses Heute noch mit der herben Grimasse? (Ernsthaft.) Ferdinand! – Wem zulieb hab' ich die gefährliche Bahn zum Herzen des Fürsten betreten? Wem zulieb bin ich auf ewig mit meinem Gewissen und dem Himmel zerfallen? – Höre, Ferdinand – ich spreche mit meinem Sohn – wem hab' ich durch die Hinwegräumung meines Vorgängers Platz gemacht? – Eine Geschichte, die desto blutiger in mein Inwendiges schneidet, je sorgfältiger ich das Messer der Welt verberge. Höre! Sage mir, Ferdinand! Wem that ich dies alles?

Ferdinand (tritt mit Schrecken zurück). Doch mir nicht, mein Vater? Doch auf mich soll der blutige Widerschein dieses Frevels nicht fallen? Beim allmächtigen Gott! es ist besser, gar nicht geboren sein, als dieser Missethat zur Ausrede dienen.

Präsident. Was war das? was? Doch ich will es dem Romanenkopfe zu gut halten! – Ferdinand! – ich will mich nicht erhitzen, vorlauter Knabe. – Lohnst du mir also für meine schlaflosen Nächte? also für meine rastlose Sorge? also für den ewigen Skorpion meines Gewissens? – Auf mich fällt die Last der Verantwortung – auf mich der Fluch, der Donner des Richters. – Du empfängst dein Glück von der zweiten Hand – das Verbrechen klebt nicht am Erbe.

Ferdinand (streckt die rechte Hand gen Himmel). Feierlich entsag' ich hier einem Erbe, das mich nur an einen abscheulichen Vater erinnert.

Präsident. Höre, junger Mensch, bringe mich nicht auf! – Wenn es nach deinem Kopfe ginge, du kröchest dein Leben lang im Staube.

Ferdinand. O, immer noch besser, Vater, als ich kröch' um den Thron herum.

[1] Dich willig in sie hineinziehen zu lassen.

Präsident (verbeißt seinen Zorn). Hum! – Zwingen muß man dich, dein Glück zu erkennen! Wo zehn andre mit aller Anstrengung nicht hinaufklimmen, wirst du spielend, im Schlafe gehoben! Du bist im zwölften Jahre Fähndrich! Im zwanzigsten Major! Ich hab' es durchgesetzt beim Fürsten. Du wirst die Uniform ausziehen und in das Ministerium eintreten! Der Fürst sprach vom Geheimen Rat – Gesandtschaften – außerordentlichen Gnaden! Eine herrliche Aussicht dehnt sich vor dir – die ebene Straße zunächst nach dem Throne – zum Throne selbst, wenn anders die Gewalt so viel wert ist als ihre Zeichen. – Das begeistert dich nicht?

Ferdinand. Weil meine Begriffe von Größe und Glück nicht ganz die Ihrigen sind. – Ihre Glückseligkeit macht sich nur selten anders als durch Verderben bekannt. Neid, Furcht, Verwünschung sind die traurigen Spiegel, worin sich die Hoheit eines Herrschers belächelt – Thränen, Flüche, Verzweiflung die entsetzliche Mahlzeit, woran diese gepriesenen Glücklichen schwelgen, von der sie betrunken aufstehen und so in die Ewigkeit vor den Thron Gottes taumeln. – Mein Ideal von Glück zieht sich genügsamer in mich selbst zurück! In meinem Herzen liegen alle meine Wünsche begraben!

Präsident. Meisterhaft! Unverbesserlich! Herrlich! Nach dreißig Jahren die erste Vorlesung wieder! – Schade nur, daß mein fünfzigjähriger Kopf zu zäh' für das Lernen ist! – Doch – dies seltne Talent nicht einrosten zu lassen, will ich dir jemand an die Seite geben, bei dem du dich in dieser buntscheckigen Tollheit nach Wunsch exerzieren kannst. – Du wirst dich entschließen – noch heute entschließen – eine Frau zu nehmen.

Ferdinand (tritt bestürzt zurück). Mein Vater!

Präsident. Ohne Komplimente – ich habe der Lady Milford in deinem Namen eine Karte geschickt. Du wirst dich ohne Aufschub bequemen, dahin zu gehen und ihr zu sagen, daß du ihr Bräutigam bist!

Ferdinand. Der Milford, mein Vater?

Präsident. Wenn sie dir bekannt ist! –

Ferdinand (außer Fassung). Welcher Schandsäule im Herzogtum ist sie das nicht![1] – Aber ich bin wohl lächerlich, lieber Vater, daß ich Ihre Laune für Ernst aufnehme? Würden Sie Vater zu dem Schurken Sohne sein wollen, der eine privilegierte Buhlerin heiratete?

Präsident. Noch mehr. Ich würde selbst um sie werben, wenn sie einen Fünfziger möchte. – Würdest du zu dem Schurken Vater nicht Sohn sein wollen?

Ferdinand. Nein! So wahr Gott lebt!

Präsident. Eine Frechheit, bei meiner Ehre! die ich ihrer Seltenheit wegen vergebe –

Ferdinand. Ich bitte Sie, Vater! Lassen Sie mich nicht länger in einer Vermutung, wo es mir unerträglich wird, mich Ihren Sohn zu nennen!

Präsident. Junge, bist du toll? Welcher Mensch von Vernunft würde nicht nach der Distinktion geizen, mit seinem Landesherrn an einem dritten Orte zu wechseln?

Ferdinand. Sie werden mir zum Rätsel, mein Vater. Distinktion nennen Sie es – Distinktion, da mit dem Fürsten zu teilen, wo er auch unter den Menschen hinunterkriecht?

Präsident (schlägt ein Gelächter auf).

Ferdinand. Sie können lachen – und ich will über das hinweg gehen, Vater. Mit welchem Gesicht soll ich vor den schlechtesten Handwerker treten, der mit seiner Frau wenigstens doch einen ganzen Körper zum Mitgift bekommt? mit welchem Gesicht vor die Welt? vor den Fürsten? mit welchem vor die Buhlerin selbst, die den Brandflecken ihrer Ehre in meiner Schande auswaschen würde?

Präsident. Wo in aller Welt bringst du das Maul her, Junge?

Ferdinand. Ich beschwöre Sie bei Himmel und Erde, Vater! Sie können durch diese Hinwerfung Ihres einzigen Sohnes so glücklich nicht werden, als Sie ihn unglücklich machen. Ich gebe Ihnen mein Leben, wenn das Sie steigen machen kann. Mein Leben hab' ich von Ihnen, ich werde keinen Augenblick anstehen, es ganz Ihrer Größe zu opfern! – Meine Ehre, Vater! –

[1] Wo man die schandbarsten Namen nennt, fehlt auch der ihrige nicht.

wenn Sie mir diese nehmen, so war es ein leichtfertiges Schelmenstück, mir das Leben zu geben, und ich muß den Vater wie den Kuppler verfluchen.

Präsident (freundlich, indem er ihn auf die Achsel klopft). Brav, lieber Sohn! Jetzt seh' ich, daß du ein ganzer Kerl bist und der besten Frau im Herzogtum würdig. – Sie soll dir werden – noch diesen Mittag wirst du dich mit der Gräfin von Ostheim verloben.

Ferdinand (aufs neue betreten). Ist diese Stunde bestimmt, mich ganz zu zerschmettern?

Präsident (einen laurenden Blick auf ihn werfend). Wo doch hoffentlich deine Ehre nichts einwenden wird?

Ferdinand. Nein, mein Vater! Friederike von Ostheim könnte jeden andern zum Glücklichsten machen. (Vor sich in höchster Verwirrung.) Was seine Bosheit an meinem Herzen noch ganz ließ, zerreißt seine Güte.

Präsident (noch immer kein Aug' von ihm wendend). Ich warte auf deine Dankbarkeit, Ferdinand!

Ferdinand (stürzt auf ihn zu und küßt ihm feurig die Hand). Vater! Ihre Gnade entflammt meine ganze Empfindung – Vater! meinen heißesten Dank für Ihre herzliche Meinung – Ihre Wahl ist untadelhaft – aber – ich kann – ich darf – bedauern Sie mich – ich kann die Gräfin nicht lieben!

Präsident (tritt einen Schritt zurück). Holla! Jetzt hab' ich den jungen Herrn! Also in diese Falle ging er, der listige Heuchler. – Also, es war nicht die Ehre, die dir die Lady verbot – es war nicht die Person, sondern die Heirat, die du verabscheutest?

Ferdinand (steht zuerst wie versteinert, dann fährt er auf und will fortrennen).

Präsident. Wohin? Halt! Ist das der Respekt, den du mir schuldig bist? (Der Major kehrt zurück.) Du bist bei der Lady gemeldet. Der Fürst hat mein Wort. Stadt und Hof wissen es richtig. – Wenn du mich zum Lügner machst, Junge – vor dem Fürsten – der Lady – der Stadt – dem Hof mich zum Lügner machst – höre, Junge – oder wenn ich hinter gewisse Historien komme! – Halt! Holla! Was bläst so auf einmal das Feuer in deinen Wangen aus?

Ferdinand (schneeblaß und zitternd). Wie? was? Es ist gewiß nichts, mein Vater!

Präsident (einen fürchterlichen Blick auf ihn heftend). Und wenn es was ist – und wenn ich die Spur finden sollte, woher diese Widersetzlichkeit stammt – – Ha, Junge! der bloße Verdacht schon bringt mich zum Rasen! Geh den Augenblick! Die Wachparade fängt an. Du wirst bei der Lady sein, sobald die Parole gegeben ist! – Wenn ich auftrete, zittert ein Herzogtum. Laß doch sehen, ob mich ein Starrkopf von Sohn meistert. (Er geht und kommt noch einmal wieder.) Junge, ich sage dir, du wirst dort sein, oder fliehe meinen Zorn! (Er geht ab.)

Ferdinand (erwacht aus einer dumpfen Betäubung). Ist er weg? War das eines Vaters Stimme? – Ja! ich will zu ihr – will hin – will ihr Dinge sagen, will ihr einen Spiegel vorhalten – Nichtswürdige! Und wenn du auch noch dann meine Hand verlangst – im Angesicht des versammelten Adels, des Militärs und des Volks – umgürte dich mit dem ganzen Stolz deines Englands – ich verwerfe dich – ein teutscher Jüngling! (Er eilt hinaus.)

Zweiter Akt.

Ein Saal im Palais der Lady Milford; zur rechten Hand steht ein Sofa, zur linken ein Flügel.

Erste Szene.

Lady in einem freien, aber reizenden Negligee, die Haare noch unfrisiert, sitzt vor dem Flügel und phantasiert; **Sophie,** die Kammerjungfer, kommt von dem Fenster.

Sophie. Die Offiziers gehen auseinander. Die Wachparade ist aus – aber ich sehe noch keinen Walter.

Lady (sehr unruhig, indem sie aufsteht und einen Gang durch den Saal macht). Ich weiß nicht, wie ich mich heute finde, Sophie – ich bin noch nie so gewesen. – Also du sahst ihn gar nicht? – Freilich wohl – es wird ihm nicht eilen. – Wie ein Verbrechen liegt es auf meiner Brust. – Geh, Sophie – man soll mir den wildesten Renner herausführen, der im Marstall ist.[1] Ich muß ins Freie – Menschen sehen und blauen Himmel und mich leichter reiten ums Herz herum.

Sophie. Wenn Sie sich unpäßlich fühlen, Milady – berufen Sie Assemblee hier zusammen! Lassen Sie den Herzog hier Tafel halten oder die l'Hombretische vor Ihren Sofa setzen! Mir sollte der Fürst und sein ganzer Hof zu Gebote stehn und eine Grille im Kopfe surren?

Lady (wirft sich in den Sofa). Ich bitte, verschone mich! Ich gebe dir einen Demant für jede Stunde, wo ich sie mir vom

---

[1] Nur Ausdruck ihrer ungeduldigen, beklommenen Stimmung, nicht ernstgemeinter Auftrag.

Hals schaffen kann. Soll ich meine Zimmer mit diesem Volk tapezieren? – Das sind schlechte, erbärmliche Menschen, die sich entsetzen, wenn mir ein warmes, herzliches Wort entwischt, Mund und Nasen aufreißen, als sähen sie einen Geist – Sklaven eines einzigen Marionettendrahts, den ich leichter als mein Filet regiere! – Was fang' ich mit Leuten an, deren Seelen so gleich als ihre Sackuhren gehen? Kann ich eine Freude dran finden, sie was zu fragen, wenn ich voraus weiß, was sie mir antworten werden? Oder Worte mit ihnen wechseln, wenn sie das Herz nicht haben, andrer Meinung als ich zu sein? – Weg mit ihnen! Es ist verdrießlich, ein Roß zu reiten, das nicht auch in den Zügel beißt. (Sie tritt zum Fenster.)

Sophie. Aber den Fürsten werden Sie doch ausnehmen, Lady? Den schönsten Mann – den feurigsten Liebhaber – den witzigsten Kopf in seinem ganzen Lande!

Lady (kommt zurück). Denn es ist sein Land – und nur ein Fürstentum, Sophie, kann meinem Geschmack zur erträglichen Ausrede dienen. – Du sagst, man beneide mich. Armes Ding! Beklagen soll man mich vielmehr! Unter allen, die an den Brüsten der Majestät trinken, kommt die Favoritin am schlechtesten weg, weil sie allein dem großen und reichen Mann auf dem Bettelstabe begegnet. – Wahr ist's, er kann mit dem Talisman seiner Größe jeden Gelust meines Herzens wie ein Feenschloß aus der Erde rufen – er setzt den Saft[1] von zwei Indien auf die Tafel – ruft Paradiese aus Wildnissen – läßt die Quellen seines Landes in stolzen Bögen gen Himmel springen oder das Mark seiner Unterthanen in einem Feuerwerk hinpuffen – – Aber kann er auch seinem Herzen befehlen, gegen ein großes, feuriges Herz groß und feurig zu schlagen? Kann er sein darbendes Gehirn auf ein einziges schönes Gefühl exequieren?[2] – Mein Herz hungert bei all dem Vollauf der Sinne; und was helfen mich tausend bessre Empfindungen, wo ich nur Wallungen löschen darf?

---

[1] Allgemein: Die Erzeugnisse.
[2] Durch Zwangsmaßregeln beitreiben, den „Exekutor" danach schicken.

Sophie (blickt sie verwundernd an). Wie lang' ist es denn aber, daß ich Ihnen diene, Milady?

Lady. Weil du erst heute mit mir bekannt wirst? – Es ist wahr, liebe Sophie – ich habe dem Fürsten meine Ehre verkauft; aber mein Herz habe ich frei behalten – ein Herz, meine Gute, das vielleicht eines Mannes noch wert ist – über welches der giftige Wind des Hofes nur wie der Hauch über den Spiegel ging. – Trau' es mir zu, meine Liebe, daß ich es längst gegen diesen armseligen Fürsten behauptet hätte, wenn ich es nur von meinem Ehrgeiz erhalten könnte, einer Dame am Hof den Rang vor mir einzuräumen.

Sophie. Und dieses Herz unterwarf sich dem Ehrgeiz so gern?

Lady (lebhaft). Als wenn es sich nicht schon gerächt hätte! – Nicht jetzt noch sich rächte! Sophie (bedeutend, indem sie die Hand auf Sophiens Achsel fallen läßt), wir Frauenzimmer können nur zwischen Herrschen und Dienen wählen, aber die höchste Wonne der Gewalt ist doch nur ein elender Behelf, wenn uns die größere Wonne versagt wird, Sklavinnen eines Manns zu sein, den wir lieben.

Sophie. Eine Wahrheit, Milady, die ich von Ihnen zuletzt hören wollte!

Lady. Und warum, meine Sophie? Sieht man es denn dieser kindischen Führung des Zepters nicht an, daß wir nur für das Gängelband taugen? Sahst du es denn diesem launischen Flattersinn nicht an – diesen wilden Ergötzungen nicht an, daß sie nur wildere Wünsche in meiner Brust überlärmen sollten?

Sophie (tritt erstaunt zurück). Lady!

Lady (lebhafter). Befriedige diese! Gib mir den Mann, den ich jetzt denke – den ich anbete – sterben, Sophie, oder besitzen muß. (Schmelzend.) Laß mich aus seinem Mund es vernehmen, daß Thränen der Liebe schöner glänzen in unsern Augen als die Brillanten in unserm Haar, (feurig) und ich werfe dem Fürsten sein Herz und sein Fürstentum vor die Füße, fliehe mit diesem Mann, fliehe in die entlegenste Wüste der Welt – –

Sophie (blickt sie erschrocken an). Himmel! Was machen Sie? Wie wird Ihnen, Lady?

Lady (bestürzt). Du entfärbst dich? – Hab' ich vielleicht etwas zu viel gesagt? – O so laß mich deine Zunge mit meinem Zutrauen binden – höre noch mehr – höre alles –

Sophie (schaut sich ängstlich um). Ich fürchte, Milady – ich fürchte – ich brauch' es nicht mehr zu hören!

Lady. Die Verbindung mit dem Major – du und die Welt stehen im Wahn, sie sei eine Hofkabale – Sophie – erröte nicht – schäme dich meiner nicht – sie ist das Werk – meiner Liebe!

Sophie. Bei Gott! Was mir ahndete!

Lady. Sie ließen sich beschwatzen, Sophie – der schwache Fürst – der hofschlaue Walter – der alberne Marschall – jeder von ihnen wird darauf schwören, daß diese Heirat das unfehlbarste Mittel sei, mich dem Herzog zu retten, unser Band um so fester zu knüpfen. – Ja! es auf ewig zu trennen! auf ewig diese schändliche Ketten zu brechen! – Belogene Lügner! Von einem schwachen Weib überlistet! – Ihr selbst führt mir jetzt meinen Geliebten zu. Das war es ja nur, was ich wollte. – Hab' ich ihn einmal – hab' ich ihn – o dann auf immer gute Nacht, abscheuliche Herrlichkeit –

Zweite Szene.

Ein alter Kammerdiener des Fürsten, der ein Schmuckkästchen trägt. **Die Vorigen.**

Kammerdiener. Seine Durchlaucht der Herzog empfehlen Sich Milady zu Gnaden und schicken Ihnen diese Brillanten zur Hochzeit. Sie kommen soeben erst aus Venedig.

Lady (hat das Kästchen geöffnet und fährt erschrocken zurück). Mensch! was bezahlt dein Herzog für diese Steine?

Kammerdiener (mit finsterm Gesicht). Sie kosten ihn keinen Heller.

Lady. Was? Bist du rasend? Nichts? – Und (indem sie einen Schritt von ihm wegtritt) du wirfst mir ja einen Blick zu, als wenn du mich durchbohren wolltest – nichts kosten ihn diese unermeßlich kostbaren Steine?

Kammerdiener. Gestern sind siebentausend Landskinder nach Amerika fort – die zahlen alles!

Lady (setzt den Schmuck plötzlich nieder und geht rasch durch den Saal, nach einer Pause zum Kammerdiener). Mann, was ist dir? Ich glaube, du weinst?

Kammerdiener (wischt sich die Augen, mit schrecklicher Stimme, alle Glieder zitternd). Edelsteine, wie diese da[1] – ich hab' auch ein paar Söhne drunter.

Lady (wendet sich bebend weg, seine Hand fassend). Doch keinen gezwungenen?

Kammerdiener (lacht fürchterlich). O Gott! – nein – lauter Freiwillige. Es traten wohl so etliche vorlaute Bursch' vor die Front heraus und fragten den Obersten, wie teuer der Fürst das Joch Menschen verkaufe? – Aber unser gnädigster Landesherr ließ alle Regimenter auf dem Paradeplatz aufmarschieren und die Maulaffen niederschießen. Wir hörten die Büchsen knallen, sahen ihr Gehirn auf das Pflaster spritzen, und die ganze Armee schrie: „Juchhe! Nach Amerika!"

Lady (fällt mit Entsetzen in den Sofa). Gott! Gott! – Und ich hörte nichts? Und ich merkte nichts?

Kammerdiener. Ja, gnädige Frau – warum mußtet Ihr denn mit unserm Herrn gerad' auf die Bärenhatz reiten, als man den Lärmen zum Aufbruch schlug? – Die Herrlichkeit hättet Ihr doch nicht versäumen sollen, wie uns die gellenden Trommeln verkündigten, es ist Zeit, und heulende Waisen dort einen lebendigen Vater verfolgten, und hier eine wütende Mutter lief, ihr saugendes Kind an Bajonetten zu spießen, und wie man Bräutigam und Braut mit Säbelhieben auseinander riß, und wir Graubärte verzweiflungsvoll dastanden und den Burschen auch zuletzt die Krücken noch nachwarfen in die neue Welt – o, und mitunter das polternde Wirbelschlagen, damit der Allwissende uns nicht sollte beten hören –

Lady (steht auf, heftig bewegt). Weg mit diesen Steinen – sie blitzen Höllenflammen in mein Herz. (Sanfter zum Kammerdiener.) Mäßige dich, armer alter Mann! Sie werden wiederkommen. Sie werden ihr Vaterland wiedersehen.

---

[1] Etwa zu ergänzen: können mich wohl zum Weinen bringen, wenn ich bedenke, welcher Preis dafür gezahlt ist. Je kostbarer die Steine sind, desto empörender ist der Gedanke, denn desto mehr Blutgeld haben sie gekostet.

Kammerdiener (warm und voll). Das weiß der Himmel! Das werden sie[1]! – Noch am Stadtthor drehten sie sich um und schrieen: „Gott mit euch, Weib und Kinder! – Es leb' unser Landesvater – Am Jüngsten Gericht sind wir wieder da!"

Lady (mit starkem Schritt auf und nieder gehend). Abscheulich! Fürchterlich! – Mich beredete man, ich habe sie alle getrocknet, die Thränen des Landes. – Schrecklich, schrecklich gehen mir die Augen auf. – Geh du – sag' deinem Herrn – ich werd' ihm persönlich danken! (Kammerdiener will gehen, sie wirft ihm ihre Geldbörse in den Hut.) Und das nimm, weil du mir Wahrheit sagtest –

Kammerdiener (wirft sie verächtlich auf den Tisch zurück). Legt's zu dem übrigen! (Er geht ab.)

Lady (sieht ihm erstaunt nach). Sophie, spring ihm nach, frag' ihn um seinen Namen. Er soll seine Söhne wieder haben. (Sophie ab. Lady nachdenkend auf und nieder. Pause. Zu Sophien, die wiederkommt.) Ging nicht jüngst ein Gerüchte, daß das Feuer eine Stadt an der Grenze verwüstet und bei vierhundert Familien an den Bettelstab gebracht habe? (Sie klingelt.)

Sophie. Wie kommen Sie auf das? Allerdings ist es so, und die mehresten dieser Unglücklichen dienen jetzt ihren Gläubigern als Sklaven oder verderben in den Schachten der fürstlichen Silberbergwerke.

Bedienter (kommt). Was befehlen Milady?

Lady (gibt ihm den Schmuck). Daß das ohne Verzug in die Landschaft[2] gebracht werde! – Man soll es sogleich zu Geld machen, befehl' ich, und den Gewinst davon unter die Vierhundert verteilen, die der Brand ruiniert hat!

Sophie. Milady, bedenken Sie, daß Sie die höchste Ungnade wagen!

Lady (mit Größe). Soll ich den Fluch seines Landes in meinen Haaren tragen? (Sie winkt dem Bedienten, dieser geht.) Oder willst

---

[1] Das Folgende zeigt, daß nicht an irdische Heimkehr gedacht ist („Am Jüngsten Gericht" u.s.w.). Das „warm und voll" erklärt sich aus der starken Zuversicht auf Gottes Gerechtigkeit.

[2] Zu den Landständen, denen die Verwaltung solcher Ausgaben obliegt.

du, daß ich unter dem schrecklichen Geschirr[1] solcher Thränen zu Boden sinke? – Geh, Sophie – es ist besser, falsche Juwelen im Haar und das Bewußtsein dieser That im Herzen zu haben!

Sophie. Aber Juwelen wie diese! Hätten Sie nicht Ihre schlechtern nehmen können? Nein, wahrlich, Milady! es ist Ihnen nicht zu vergeben.

Lady. Närrisches Mädchen! Dafür werden in einem Augenblick mehr Brillanten und Perlen für mich fallen, als zehen Könige in ihren Diademen getragen, und schönere –

Bedienter (kommt zurück). Major von Walter –

Sophie (springt auf die Lady zu). Gott! Sie verblassen –

Lady. Der erste Mann, der mir Schrecken macht – Sophie! – Ich sei unpäßlich, Eduard – halt! – Ist er aufgeräumt? Lacht er? Was spricht er? O Sophie! Nicht wahr, ich sehe häßlich aus?

Sophie. Ich bitte Sie, Lady –

Bedienter. Befehlen Sie, daß ich ihn abweise?

Lady (stotternd). Er soll mir willkommen sein. (Bedienter hinaus.) Sprich, Sophie – Was sag' ich ihm? Wie empfang' ich ihn? – Ich werde stumm sein – er wird meiner Schwäche spotten – er wird – o was ahndet mir – du verlässest mich, Sophie? – Bleib – doch nein! Gehe! So bleib doch! (Der Major kommt durch das Vorzimmer.)

Sophie. Sammeln Sie sich. Er ist schon da.

Dritte Szene.

Ferdinand von Walter. Die Vorigen.

Ferdinand (mit einer kurzen Verbeugung). Wenn ich Sie worin unterbreche, gnädige Frau –

Lady (unter merkbarem Herzklopfen). In nichts, Herr Major, das mir wichtiger wäre.

Ferdinand. Ich komme auf Befehl meines Vaters –

---

[1] Sie vergleicht den Haarschmuck mit dem prächtigen Kopfputz eines Pferdes und die Edelsteine mit Thränen.

Lady. Ich bin seine Schuldnerin.

Ferdinand. Und soll Ihnen melden, daß wir uns heiraten. – So weit der Auftrag meines Vaters.

Lady (entfärbt sich und zittert). Nicht Ihres eigenen Herzens?

Ferdinand. Minister und Kuppler pflegen das niemals zu fragen.

Lady (mit einer Beängstigung, daß ihr die Worte versagen). Und Sie selbst hätten sonst nichts beizusetzen?

Ferdinand (mit einem Blick auf die Mamsell). Noch sehr viel, Milady!

Lady (gibt Sophien einen Wink, diese entfernt sich). Darf ich Ihnen diesen Sofa anbieten?

Ferdinand. Ich werde kurz sein, Milady.

Lady. Nun?

Ferdinand. Ich bin ein Mann von Ehre.

Lady. Den ich zu schätzen weiß.

Ferdinand. Kavalier.

Lady. Kein bess'rer im Herzogtum.

Ferdinand. Und Offizier.

Lady (schmeichelhaft). Sie berühren hier Vorzüge, die auch andere mit Ihnen gemein haben! Warum verschweigen Sie größere, worin Sie einzig sind?

Ferdinand (frostig). Hier brauch' ich sie nicht.

Lady (mit immer steigender Angst). Aber für was muß ich diesen Vorbericht nehmen?

Ferdinand (langsam und mit Nachdruck). Für den Einwurf der Ehre, wenn Sie Lust haben sollten, meine Hand zu erzwingen!

Lady (auffahrend). Was ist das, Herr Major?

Ferdinand (gelassen). Die Sprache meines Herzens – meines Wappens – und dieses Degens.

Lady. Diesen Degen gab Ihnen der Fürst.

Ferdinand. Der Staat gab mir ihn durch die Hand des Fürsten – mein Herz Gott – mein Wappen ein halbes Jahrtausend!

Lady. Der Name des Herzogs –

Ferdinand (hitzig). Kann der Herzog Gesetze der Menschheit verdrehen oder Handlungen münzen wie seine Dreier? – Er selbst ist nicht über die Ehre erhaben, aber er kann ihren Mund mit seinem Golde verstopfen. Er kann den Hermelin über seine Schande herwerfen. Ich bitte mir aus, davon nichts mehr, Milady. – Es ist nicht mehr die Rede von weggeworfenen Aussichten und Ahnen – oder von dieser Degenquaste – oder von der Meinung der Welt. Ich bin bereit, dies alles mit Füßen zu treten, sobald Sie mich nur überzeugt haben werden, daß der Preis nicht schlimmer noch als das Opfer ist!

Lady (schmerzhaft von ihm weggehend). Herr Major! Das hab' ich nicht verdient!

Ferdinand (ergreift ihre Hand). Vergeben Sie. Wir reden hier ohne Zeugen. Der Umstand, der Sie und mich – heute und nie mehr – zusammenführt, berechtigt mich, zwingt mich, Ihnen mein geheimstes Gefühl nicht zurück zu halten. – – Es will mir nicht zu Kopfe, Milady, daß eine Dame von so viel Schönheit und Geist – Eigenschaften, die ein Mann schätzen würde – sich an einen Fürsten sollte wegwerfen können, der nur das Geschlecht an ihr zu bewundern gelernt hat, wenn sich diese Dame nicht schämte, vor einen Mann mit ihrem Herzen zu treten!

Lady (schaut ihm groß ins Gesicht). Reden Sie ganz aus!

Ferdinand. Sie nennen sich eine Brittin. Erlauben Sie mir – ich kann es nicht glauben, daß Sie eine Brittin sind. Die freigeborene Tochter des freiesten Volks unter dem Himmel – das auch zu stolz ist, fremder Tugend zu räuchern – kann sich nimmermehr an fremdes Laster verdingen. Es ist nicht möglich, daß Sie eine Brittin sind – oder das Herz dieser Brittin muß um so viel kleiner sein, als größer und kühner Brittanniens Adern schlagen!

Lady. Sind Sie zu Ende?

Ferdinand. Man könnte antworten, es ist weibliche Eitelkeit – Leidenschaft – Temperament – Hang zum Vergnügen. Schon öfters überlebte Tugend die Ehre. Schon manche, die mit Schande in diese Schranke trat, hat nachher die Welt durch edle Handlungen mit sich ausgesöhnt und das häßliche Handwerk durch einen schönen Gebrauch geadelt. – – Aber woher denn jetzt diese ungeheure Pressung des Landes, die vorher nie so gewesen? – Das war im Namen des Herzogtums. – Ich bin zu Ende!

Lady (mit Sanftmut und Hoheit). Es ist das erste Mal, Walter, daß solche Reden an mich gewagt werden, und Sie sind der einzige Mensch, dem ich darauf antworte. – Daß Sie meine Hand verwerfen, darum schätz' ich Sie. Daß Sie mein Herz lästern, vergebe ich Ihnen. Daß es Ihr Ernst ist, glaube ich Ihnen nicht. Wer sich herausnimmt, Beleidigungen dieser Art einer Dame zu sagen, die nicht mehr als eine Nacht braucht, ihn ganz zu verderben, muß dieser Dame eine große Seele zutrauen oder – von Sinnen sein. – Daß Sie den Ruin des Landes auf meine Brust wälzen, vergebe Ihnen Gott der Allmächtige, der Sie und mich und den Fürsten einst gegeneinander stellt. – Aber Sie haben die Engländerin in mir aufgefodert, und auf Vorwürfe dieser Art muß mein Vaterland Antwort haben!

Ferdinand (auf seinen Degen gestützt). Ich bin begierig.

Lady. Hören Sie also, was ich außer Ihnen noch niemand vertraute, noch jemals einem Menschen vertrauen will! – Ich bin nicht die Abenteurerin, Walter, für die Sie mich halten. Ich könnte groß thun und sagen: Ich bin fürstlichen Geblüts – aus des unglücklichen Thomas Norfolks[1] Geschlechte, der für die schottische Maria ein Opfer war – Mein Vater, des Königs oberster Kämmerer, wurde bezichtigt, in verrät'rischem Vernehmen mit Frankreich zu stehen, durch einen Spruch der Parlamente verdammt und enthauptet. – Alle unsre Güter fielen der Krone zu. Wir selbst wurden des Landes verwiesen. Meine Mutter starb am Tage der Hinrichtung. Ich – ein vierzehenjähriges Mädchen – flohe nach Teutschland mit meiner Wärterin – einem Kästchen Juwelen – und diesem Familienkreuz, das meine sterbende Mutter mit ihrem letzten Segen mir in den Busen steckte!

Ferdinand (wird nachdenkend und heftet wärmere Blicke auf die Lady).

Lady (fährt fort mit immer zunehmender Rührung). Krank – ohne

---

[1] Thomas Howard, vierter Herzog von Norfolk (1536–72), Bewerber um Maria Stuarts Hand, hatte den Papst und Philipp II. von Spanien zur Befreiung Marias und Entthronung Elisabeths zu bewegen gesucht und wurde deshalb hingerichtet. – Schiller beabsichtigte bereits 1783, als er „Kabale und Liebe" beendigte, eine „Maria Stuart" zu schreiben.

Namen – ohne Schutz und Vermögen – eine ausländische Waise, kam ich nach Hamburg. Ich hatte nichts gelernt als das bißchen Französisch – ein wenig Filet[1] und den Flügel – desto besser verstund ich, auf Gold und Silber zu speisen, unter damastenen Decken zu schlafen, mit einem Wink zehen Bediente fliegen zu machen und die Schmeicheleien der Großen Ihres Geschlechts aufzunehmen. – Sechs Jahre waren schon hingeweint. – Die letzte Schmucknadel flog dahin – meine Wärterin starb – und jetzt führte mein Schicksal Ihren Herzog nach Hamburg. Ich spazierte damals an den Ufern der Elbe, sah in den Strom und fing eben an zu phantasieren, ob dieses Wasser oder mein Leiden das tiefste wäre? – Der Herzog sah mich, verfolgte mich, fand meinen Aufenthalt – lag zu meinen Füßen und schwur, daß er mich liebe. (Sie hält in großen Bewegungen[2] inne, dann fährt sie fort mit weinender Stimme.) Alle Bilder meiner glücklichen Kindheit wachten jetzt wieder mit verführendem Schimmer auf. – Schwarz wie das Grab graute mich eine trostlose Zukunft an – mein Herz brannte nach einem Herzen – ich sank an das seinige. (Von ihm wegstürzend.) Jetzt verdammen Sie mich!

Ferdinand (sehr bewegt, eilt ihr nach und hält sie zurück). Lady! o Himmel! Was hör' ich? Was that ich? – Schrecklich enthüllt sich mein Frevel mir. Sie können mir nicht mehr vergeben.

Lady (kommt zurück und hat sich zu sammeln gesucht). Hören Sie weiter. Der Fürst überraschte zwar meine wehrlose Jugend – aber das Blut der Norfolk empörte sich in mir: Du, eine geborene Fürstin, Emilie, rief es, und jetzt eines Fürsten Konkubine? – Stolz und Schicksal kämpften in meiner Brust, als der Fürst mich hierher brachte und auf einmal die schauderndste Szene vor meinen Augen stand! – Die Wollust der Großen dieser Welt ist die nimmersatte Hyäne, die sich mit Heißhunger Opfer sucht. – Fürchterlich hatte sie schon in diesem Lande gewütet – hatte Braut und Bräutigam zertrennt – hatte selbst der Ehen göttliches Band zerrissen – hier das stille Glück einer Familie ge-

[1] D. h. die Herstellung netzartiger Geflechte aus Seide etc., weibliche Handarbeit.
[2] Vgl. S. 184,19.

schleift – dort ein junges, unerfahrnes Herz der verheerenden Pest aufgeschlossen, und sterbende Schülerinnen schäumten den Namen ihres Lehrers unter Flüchen und Zuckungen aus. – Ich stellte mich zwischen das Lamm und den Tiger, nahm einen fürstlichen Eid von ihm in einer Stunde der Leidenschaft, und diese abscheuliche Opferung mußte aufhören.

Ferdinand (rennt in der heftigsten Unruhe durch den Saal). Nichts mehr, Milady! Nicht weiter!

Lady. Diese traurige Periode hatte einer noch traurigern Platz gemacht. Hof und Serail wimmelten jetzt von Italiens Auswurf. Flatterhafte Pariserinnen tändelten mit dem furchtbaren Zepter, und das Volk blutete unter ihren Launen. – Sie alle erlebten ihren Tag. Ich sah sie neben mir in den Staub sinken, denn ich war mehr Kokette als sie alle. Ich nahm dem Tyrannen den Zügel ab, der wollüstig in meiner Umarmung erschlappte – dein Vaterland, Walter, fühlte zum erstenmal eine Menschenhand und sank vertrauend an meinen Busen! (Pause, worin sie ihn schmelzend ansieht.) O, daß der Mann, von dem ich allein nicht verkannt sein möchte, mich jetzt zwingen muß, groß zu prahlen und meine stille Tugend am Licht der Bewunderung zu versengen! – Walter, ich habe Kerker gesprengt – habe Todesurteile zerrissen und manche entsetzliche Ewigkeit auf Galeeren verkürzt. In unheilbare Wunden hab' ich doch wenigstens stillenden Balsam gegossen – mächtige Frevler in Staub gelegt und die verlorne Sache der Unschuld oft noch mit einer buhlerischen Thräne gerettet. – Ha, Jüngling! wie süß war mir das! Wie stolz konnte mein Herz jede Anklage meiner fürstlichen Geburt widerlegen! – Und jetzt kommt der Mann, der allein mir das alles belohnen sollte – der Mann, den mein erschöpftes Schicksal vielleicht zum Ersatz meiner vorigen Leiden schuf – der Mann, den ich mit brennender Sehnsucht im Traum schon umfasse –

Ferdinand (fällt ihr ins Wort, durch und durch erschüttert). Zu viel! Zu viel! Das ist wider die Abrede, Lady. Sie sollten sich von Anklagen reinigen und machen mich zu einem Verbrecher. Schonen Sie – ich beschwöre Sie – schonen Sie meines Herzens, das Beschämung und wütende Reue zerreißen –

Lady (hält seine Hand fest). Jetzt oder nimmermehr! Lange genug hielt die Heldin Stand – das Gewicht dieser Thränen mußt du noch fühlen. (Im zärtlichsten Ton.) Höre, Walter – wenn eine Unglückliche – unwiderstehlich, allmächtig an dich gezogen – sich an dich preßt mit einem Busen voll glühender, unerschöpflicher Liebe – Walter! – und du jetzt noch das kalte Wort Ehre sprichst – wenn diese Unglückliche – niedergedrückt vom Gefühl ihrer Schande – des Lasters überdrüssig – heldenmäßig emporgehoben vom Rufe der Tugend – sich so – in deine Arme wirft (sie umfaßt ihn, beschwörend und feierlich) – durch dich gerettet – durch dich dem Himmel wiedergeschenkt sein will, oder (das Gesicht von ihm abgewandt, mit hohler, bebender Stimme) deinem Bild zu entfliehen, dem fürchterlichen Ruf der Verzweiflung gehorsam, in noch abscheulichere Tiefen des Lasters wieder hinuntertaumelt –

Ferdinand (von ihr losreißend, in der schrecklichsten Bedrängnis). Nein, beim großen Gott! ich kann das nicht aushalten – Lady, ich muß – Himmel und Erde liegen auf mir – ich muß Ihnen ein Geständnis thun, Lady!

Lady (von ihm wegfliehend). Jetzt nicht! Jetzt nicht, bei allem, was heilig ist – in diesem entsetzlichen Augenblick nicht, wo mein zerrissenes Herz an tausend Dolchstichen blutet. – Sei's Tod oder Leben – ich darf es nicht – ich will es nicht hören.

Ferdinand. Doch, doch, beste Lady! Sie müssen es. Was ich Ihnen jetzt sagen werde, wird meine Strafbarkeit mindern und eine warme Abbitte des Vergangenen sein. – Ich habe mich in Ihnen betrogen, Milady. – Ich erwartete – ich wünschte, Sie meiner Verachtung würdig zu finden. Fest entschlossen, Sie zu beleidigen und Ihren Haß zu verdienen, kam ich her. – Glücklich wir beide, wenn mein Vorsatz gelungen wäre! (Er schweigt eine Weile, darauf leiser und schüchterner.) Ich liebe, Milady – liebe ein bürgerliches Mädchen – Luisen Millerin, eines Musikus Tochter. (Lady wendet sich bleich von ihm weg, er fährt lebhafter fort.) Ich weiß, worein ich mich stürze; aber wenn auch Klugheit die Leidenschaft schweigen heißt, so redet die Pflicht desto lauter. – Ich bin der Schuldige. Ich zuerst zerriß ihrer Unschuld goldenen Frieden – wiegte ihr Herz mit vermessenen Hoffnungen und gab es verräterisch der wilden Leidenschaft preis. – Sie werden mich an Stand – an Geburt – an die Grundsätze meines Vaters erinnern – aber ich liebe. – Meine Hoffnung steigt um so höher, je tiefer die Natur mit Konvenienzen zerfallen ist. – Mein Entschluß und das Vorurteil! – Wir wollen sehen, ob die Mode oder die Menschheit auf dem Platz bleiben wird. (Lady hat sich unterdes bis an das äußerste Ende des Zimmers zurückgezogen und hält das Gesicht mit beiden Händen bedeckt. Er folgt ihr dahin.) Sie wollten mir etwas sagen, Milady?

Lady (im Ausdruck des heftigsten Leidens). Nichts, Herr von Walter! Nichts, als daß Sie sich und mich und noch eine dritte zu Grund richten.

Ferdinand. Noch eine dritte?

Lady. Wir können miteinander nicht glücklich werden. Wir müssen doch der Voreiligkeit Ihres Vaters zum Opfer werden. Nimmermehr werd' ich das Herz eines Mannes haben, der mir seine Hand nur gezwungen gab.

Ferdinand. Gezwungen, Lady? Gezwungen gab? und also doch gab? Können Sie eine Hand ohne Herz erzwingen? Sie einem Mädchen den Mann entwenden, der die ganze Welt dieses Mädchens ist? Sie einen Mann von dem Mädchen reißen, das die ganze Welt dieses Mannes ist? Sie, Milady – vor einem Augenblick die bewundernswürdige Brittin? – Sie können das?

Lady. Weil ich es muß. (Mit Ernst und Stärke.) Meine Leidenschaft, Walter, weicht meiner Zärtlichkeit für Sie. Meine Ehre kann's nicht mehr. – Unsre Verbindung ist das Gespräch des ganzen Landes. Alle Augen, alle Pfeile des Spotts sind auf mich gespannt. Die Beschimpfung ist unauslöschlich, wenn ein Unterthan des Fürsten mich ausschlägt. Rechten Sie mit Ihrem Vater. Wehren Sie sich, so gut Sie können! – Ich lass' alle Minen sprengen! (Sie geht schnell ab. Der Major bleibt in sprachloser Erstarrung stehn. Pause. Dann stürzt er fort durch die Flügelthüre.)

Vierte Szene.

Zimmer beim Musikanten.

Miller. Frau Millerin. Luise treten auf.[1]

Miller (hastig ins Zimmer). Ich hab's ja zuvor gesagt!

Luise (sprengt ihn ängstlich an). Was, Vater? Was?

Miller (rennt wie toll auf und nieder). Meinen Staatsrock her – hurtig – ich muß ihm zuvorkommen – und ein weißes Manschettenhemd! – Das hab' ich mir gleich eingebildet!

Luise. Um Gotteswillen! Was?

Millerin. Was gibt's denn? Was ist's denn?

Miller (wirft seine Perücke ins Zimmer). Nur gleich zum Friseur das! – Was es gibt? (Vor den Spiegel gesprungen.) Und mein Bart ist auch wieder Fingers lang. – Was es gibt? – Was wird's geben, du Rabenaas? – Der Teufel ist los, und dich soll das Wetter schlagen.

Frau. Da sehe man! Über mich muß gleich alles kommen.

Miller. Über dich? Ja, blaues Donnermaul, und über wen anders? Heute früh mit deinem diabolischen Junker! – Hab' ich's nicht im Moment gesagt? – Der Wurm hat geplaudert.

Frau. Ah was! Wie kannst du das wissen?

Miller. Wie kann ich das wissen? – Da! – unter der Hausthüre spukt ein Kerl des Ministers und fragt nach dem Geiger!

Luise. Ich bin des Todes.

Miller. Du aber auch mit deinen Vergißmeinnichtsaugen! (Lacht voll Bosheit.) Das hat seine Richtigkeit, wem der Teufel ein Ei in die Wirtschaft gelegt hat, dem wird eine hübsche Tochter geboren. – Jetzt hab' ich's blank.[2]

Frau. Woher weißt du denn, daß es der Luise gilt? Du kannst dem Herzog rekommendiert worden sein. Er kann dich ins Orchester verlangen.

Miller (springt nach seinem Rohr). Daß dich der Schwefelregen von Sodom! – Orchester! – Ja, wo du Kupplerin den Diskant

---

[1] Genauer: Mutter und Tochter sind im Zimmer, der Vater kommt eben nach Hause und hat unten an der Hausthür gehört, wie ein Diener des Präsidenten nach ihm gefragt hat.

[2] Offenbar; es ist nichts mehr daran zu verhüllen.

wirst heulen, und mein blauer Hinterer den Konterbaß vorstellen. (Wirft sich in seinen Stuhl.) Gott im Himmel!

Luise (setzt sich totenbleich nieder). Mutter! Vater! Warum wird mir auf einmal so bange?

Miller (springt wieder vom Stuhl auf). Aber soll mir der Dintenkleckser einmal in den Schuß laufen! – Soll er mir laufen! – Es sei in dieser oder in jener Welt – wenn ich ihm nicht Leib und Seele breiweich zusammendresche, alle zehen Gebote und alle sieben Bitten im Vaterunser, und alle Bücher Mosis und der Propheten aufs Leder schreibe, daß man die blaue Flecken bei der Auferstehung der Toten noch sehen soll –

Frau. Ja! fluch' du und poltre du! Das wird jetzt den Teufel bannen! Hilf, heiliger Herregott! Wo hinaus nun? Wie werden wir Rat schaffen? Was nun anfangen? Vater Miller, so rede doch! (Sie läuft heulend durchs Zimmer.)

Miller. Auf der Stell' zum Minister will ich! Ich zuerst will mein Maul aufthun – ich selbst will es angeben. Du hast es vor mir gewußt. Du hättest mir einen Wink geben können. Das Mädel hätt' sich noch weisen lassen. Es wäre noch Zeit gewesen – aber nein! – Da hat sich was makeln lassen; da hat sich was fischen lassen! Da hast du noch Holz obendrein zugetragen! – Jetzt sorg' auch für deinen Kuppelpelz. Friß aus, was du einbrocktest! Ich nehme meine Tochter in Arm und marsch mit ihr über die Grenze!

Fünfte Szene.

Ferdinand von Walter stürzt erschrocken und außer Atem ins Zimmer. **Die Vorigen.**

Ferdinand. War mein Vater da?[1]

Luise (fährt mit Schrecken auf). Sein Vater! Allmächtiger Gott!

Frau (schlägt die Hände zusammen). Der Präsident! Es ist aus mit uns!

Miller (lacht voll Bosheit). Gottlob! Gottlob! Da haben wir ja die Bescherung!

Alle zugleich.

---

[1] Er ist wohl von der Lady nach Hause geeilt und hat dort erfahren, daß der Präsident hierher will.

Ferdinand (eilt auf Luisen zu und drückt sie stark in die Arme). Mein bist du, und wärfen Höll' und Himmel sich zwischen uns!

Luise. Mein Tod ist gewiß. – Rede weiter – du sprachst einen schrecklichen Namen aus – dein Vater?

Ferdinand. Nichts! Nichts! Es ist überstanden. Ich hab' dich ja wieder! Du hast mich ja wieder! O laß mich Atem schöpfen an dieser Brust! Es war eine schreckliche Stunde.

Luise. Welche? Du tötest mich!

Ferdinand (tritt zurück und schaut sie bedeutend an). Eine Stunde, Luise, wo zwischen mein Herz und dich eine fremde Gestalt sich warf – wo meine Liebe vor meinem Gewissen erblaßte – wo meine Luise aufhörte, ihrem Ferdinand alles zu sein –

Luise (sinkt mit verhülltem Gesicht auf den Sessel nieder).

Ferdinand (geht schnell auf sie zu, bleibt sprachlos mit starrem Blick vor ihr stehen, dann verläßt er sie plötzlich, in großer Bewegung). Nein! Nimmermehr! Unmöglich, Lady! Zu viel verlangt! Ich kann dir diese Unschuld nicht opfern. – Nein, beim unendlichen Gott! ich kann meinen Eid nicht verletzen, der mich laut wie des Himmels Donner aus diesem brechenden Auge mahnt. – Lady, blick' hieher – hieher, du Rabenvater! – Ich soll diesen Engel würgen? Die Hölle soll ich in diesen himmlischen Busen schütten? (Mit Entschluß auf sie zueilend.) Ich will sie führen vor des Weltrichters Thron, und ob meine Liebe Verbrechen ist, soll der Ewige sagen. (Er faßt sie bei der Hand und hebt sie vom Sessel.) Fasse Mut, meine Teuerste! – Du hast gewonnen. Als Sieger komm' ich aus dem gefährlichsten Kampf zurück.

Luise. Nein! Nein! – Verhehle mir nichts! Sprich es aus, das entsetzliche Urteil! Deinen Vater nanntest du? Du nanntest die Lady? – Schauer des Todes ergreifen mich – man sagt, sie wird heiraten.

Ferdinand (stürzt betäubt zu Luisens Füßen nieder). Mich, Unglückselige!

Luise (nach einer Pause, mit stillem, bebendem Ton und schrecklicher Ruhe). Nun – was erschreck' ich denn? – Der alte Mann dort hat mir's ja oft gesagt – ich hab' es ihm nie glauben wollen. (Pause, dann wirft sie sich Millern laut weinend in den Arm.) Vater, hier ist deine

Tochter wieder – Verzeihung, Vater! – Dein Kind kann ja nicht dafür, daß dieser Traum so schön war, und – – so fürchterlich jetzt das Erwachen – –

Miller. Luise! Luise! – O Gott, sie ist von sich. – Meine Tochter, mein armes Kind – Fluch über den Verführer! – Fluch über das Weib, das ihm kuppelte!

Frau (wirft sich jammernd auf Luisen). Verdien' ich diesen Fluch, meine Tochter? Vergeb's Ihnen Gott, Baron! – Was hat dieses Lamm gethan, daß Sie es würgen?

Ferdinand (springt an ihr auf, voll Entschlossenheit). Aber ich will seine Kabalen durchbohren – durchreißen will ich alle diese eiserne Ketten des Vorurteils – frei wie ein Mann will ich wählen, daß diese Insektenseelen am Riesenwerk meiner Liebe hinaufschwindeln.[1] (Er will fort.[2])

Luise (zittert vom Sessel auf, folgt ihm). Bleib! Bleib! Wohin willst du? – Vater – Mutter – in dieser bangen Stunde verläßt er uns!

Frau (eilt ihm nach, hängt sich an ihn). Der Präsident wird hieher kommen – er wird unser Kind mißhandeln – er wird uns mißhandeln – Herr von Walter, und Sie verlassen uns?

Miller (lacht wütend). Verläßt uns! Freilich! Warum nicht? – Sie gab ihm ja alles hin! (Mit der einen Hand den Major, mit der andern Luisen fassend.) Geduld, Herr! der Weg aus meinem Hause geht nur über diese da. – Erwarte erst deinen Vater, wenn du kein Bube bist. Erzähl' es ihm, wie du dich in ihr Herz stahlst, Betrüger, oder bei Gott! (ihm seine Tochter zuschleudernd, wild und heftig) du sollst mir zuvor diesen wimmernden Wurm zertreten, den Liebe zu dir so zu schanden richtete!

Ferdinand (kommt zurück und geht auf und ab in tiefen Gedanken). Zwar die Gewalt des Präsidenten ist groß – Vaterrecht ist ein weites Wort – der Frevel selbst kann sich in seinen Falten verstecken – er kann es weit damit treiben – weit! – Doch aufs äußerste

[1] Schwindelnd zu ihm hinaufsehen.

[2] Dem Vater entgegen, um ihn zurückzuhalten und den schrecklichen Auftritt, den er herannahen sieht, von der Geliebten abzuwenden. Millers in ihrer Angst verkennen seine Absicht.

treibt's nur die Liebe. – Hier Luise! Deine Hand in die meinige. (Er faßt diese heftig.) So wahr mich Gott im letzten Hauch nicht verlassen soll! – Der Augenblick, der diese zwo Hände trennt, zerreißt auch den Faden zwischen mir und der Schöpfung![1]

Luise. Mir wird bange! Blick' weg! Deine Lippen beben. Dein Auge rollt fürchterlich –

Ferdinand. Nein, Luise. Zittre nicht! Es ist nicht Wahnsinn, was aus mir redet. Es ist das köstliche Geschenk des Himmels, Entschluß in dem geltenden Augenblick, wo die gepreßte Brust nur durch etwas Unerhörtes sich Luft macht. – Ich liebe dich, Luise – du sollst mir bleiben, Luise. – Jetzt zu meinem Vater! (Er eilt schnell fort und rennt – gegen den Präsidenten.)

Sechste Szene.

Der Präsident mit einem Gefolge von Bedienten. **Vorige.**

Präsident (im Hereintreten). Da ist er schon.

Alle (erschrocken).

Ferdinand (weicht einige Schritte zurücke). Im Hause der Unschuld.

Präsident. Wo der Sohn Gehorsam gegen den Vater lernt?

Ferdinand. Lassen Sie uns das – –

Präsident (unterbricht ihn, zu Millern). Er ist der Vater?

Miller. Stadtmusikant Miller.

Präsident (zur Frau). Sie die Mutter?

Frau. Ach ja! die Mutter.

Ferdinand (zu Millern). Vater, bring' Er die Tochter weg – sie droht eine Ohnmacht.

Präsident. Überflüssige Sorgfalt. Ich will sie anstreichen.[2] (Zu Luise.) Wie lang' kennt Sie den Sohn des Präsidenten?

Luise. Diesem habe ich nie nachgefragt. Ferdinand von Walter besucht mich seit dem November.

---

[1] Wenn man uns gewaltsam trennen will, so ist das Band zwischen Sohn *und Vater zerschnitten*, das sonst durch die ganze Schöpfung für heilig gilt. Er faßt den Entschluß, im äußersten Falle „der Residenz zu erzählen, wie man Präsident wird".

[2] Eigentlich vom Bestreichen Ohnmächtiger mit belebenden Essenzen u. dgl. Hier mit rohem Spott: ich will sie schon lebendig machen.

Ferdinand. Betet sie an.

Präsident. Erhielt Sie Versicherungen?

Ferdinand. Vor wenig Augenblicken die feierlichste im Angesicht Gottes.

Präsident (zornig zu seinem Sohn). Zur Beichte deiner Thorheit wird man dir schon das Zeichen geben. (Zu Luisen.) Ich warte auf Antwort.

Luise. Er schwur mir Liebe.

Ferdinand. Und wird sie halten.

Präsident. Muß ich befehlen, daß du schweigst? – Nahm Sie den Schwur an?

Luise (zärtlich). Ich erwiderte ihn.

Ferdinand (mit fester Stimme). Der Bund ist geschlossen.

Präsident. Ich werde das Echo hinauswerfen lassen. (Boshaft zu Luisen.) Aber er bezahlte Sie doch jederzeit bar?

Luise (aufmerksam). Diese Frage verstehe ich nicht ganz.

Präsident (mit beißendem Lachen). Nicht? Nun! ich meine nur – jedes Handwerk hat, wie man sagt, seinen goldenen Boden – auch Sie, hoff' ich, wird Ihre Gunst nicht verschenkt haben – oder war's Ihr vielleicht mit dem bloßen Verschluß gedient? Wie?

Ferdinand (fährt wie rasend auf). Hölle! was war das?

Luise (zum Major mit Würde und Unwillen). Herr von Walter, jetzt sind Sie frei!

Ferdinand. Vater! Ehrfurcht befiehlt die Tugend auch im Bettlerkleid.

Präsident (lacht lauter). Eine lustige Zumutung! Der Vater soll die Hure des Sohnes respektieren.

Luise (stürzt nieder). O Himmel und Erde!

Ferdinand (mit Luisen zu gleicher Zeit, indem er den Degen nach dem Präsidenten zückt, den er aber schnell wieder sinken läßt). Vater! Sie hatten einmal ein Leben an mich zu fodern – es ist bezahlt. (Den Degen einsteckend.) Der Schuldbrief der kindlichen Pflicht liegt zerrissen da –

Miller (der bis jetzt furchtsam auf der Seite gestanden, tritt hervor in Bewegung, wechselsweis' für Wut mit den Zähnen knirschend und für Angst damit klappernd). Euer Exzellenz – das Kind ist des Vaters Arbeit – halten zu Gnaden – wer das Kind eine Mähre schilt, schlägt den Vater ans Ohr, und Ohrfeig' um Ohrfeig'. – Das ist so Tax' bei uns – halten zu Gnaden.

Frau. Hilf, Herr und Heiland! Jetzt bricht auch der Alte los – über unserm Kopf wird das Wetter zusammenschlagen –

Präsident (der es nur halb gehört hat). Regt sich der Kuppler auch? – Wir sprechen uns gleich, Kuppler.

Miller. Halten zu Gnaden. Ich heiße Miller, wenn Sie ein Adagio hören wollen – mit Buhlschaften dien' ich nicht! So lang' der Hof da noch Vorrat hat, kommt die Lieferung nicht an uns Bürgersleut'! Halten zu Gnaden.

Frau. Um des Himmels willen, Mann! Du bringst Weib und Kind um.

Ferdinand. Sie spielen hier eine Rolle, mein Vater, wobei Sie sich wenigstens die Zeugen hätten ersparen können.

Miller (kommt ihm näher, herzhafter). Teutsch und verständlich. Halten zu Gnaden. Euer Exzellenz schalten und walten im Land. Das ist meine Stube. Mein devotestes Kompliment, wenn ich dermaleins ein Promemoria bringe, aber den ungehobelten Gast werf' ich zur Thür hinaus – halten zu Gnaden.

Präsident (vor Wut blaß). Was? – Was ist das? (Tritt ihm näher.)

Miller (zieht sich sachte zurück). Das war nur so meine Meinung, Herr – halten zu Gnaden.

Präsident (in Flammen). Ha, Spitzbube! Ins Zuchthaus spricht dich deine vermessene Meinung. – Fort! Man soll Gerichtsdiener holen. (Einige vom Gefolge gehen ab; der Präsident rennt voll Wut durch das Zimmer.) Vater ins Zuchthaus! – an den Pranger Mutter und Metze von Tochter! – Die Gerechtigkeit soll meiner Wut ihre Arme borgen. Für diesen Schimpf muß ich schreckliche Genugthuung haben. – Ein solches Gesindel sollte meine Plane zerschlagen und ungestraft Vater und Sohn aneinander hetzen? – Ha, Verfluchte! Ich will meinen Haß an eurem Untergang sättigen, die ganze Brut, Vater, Mutter und Tochter, will ich meiner brennenden Rache opfern!

Ferdinand (tritt gelassen und standhaft unter sie hin). O nicht doch!

Seid außer Furcht! Ich bin zugegen. (Zum Präsidenten mit Unterwürfigkeit.) Keine Übereilung, mein Vater! Wenn Sie sich selbst lieben, keine Gewaltthätigkeit! – Es gibt eine Gegend in meinem Herzen, worin das Wort Vater noch nie gehört worden ist – dringen Sie nicht bis in diese!

Präsident. Nichtswürdiger! Schweig! Reize meinen Grimm nicht noch mehr!

Miller (kommt aus einer dumpfen Betäubung zu sich selbst). Schau' du nach deinem Kinde, Frau! Ich laufe zum Herzog. – Der Leibschneider – das hat mir Gott eingeblasen – der Leibschneider lernt die Flöte bei mir. Es kann mir nicht fehlen beim Herzog. (Er will gehen.)

Präsident. Beim Herzog, sagst du? – Hast du vergessen, daß ich die Schwelle bin, worüber du springen oder den Hals brechen mußt? – Beim Herzog, du Dummkopf? – Versuch' es, wenn du, lebendig tot, eine Turmhöhe tief unter dem Boden im Kerker liegst, wo die Nacht mit der Hölle liebäugelt und Schall und Licht wieder umkehren.[1] Rass'le dann mit deinen Ketten und wimm're: Mir ist zu viel geschehen!

Siebente Szene.

Gerichtsdiener. Die Vorigen.

Ferdinand (eilt auf Luisen zu, die ihm halbtot in den Arm fällt). Luise! Hülfe! Rettung! Der Schrecken überwältigte sie!

Miller (ergreift sein spanisches Rohr, setzt den Hut auf und macht sich zum Angriff gefaßt).

Frau (wirft sich auf die Knie vor den Präsidenten).

Präsident (zu den Gerichtsdienern, seinen Orden entblößend). Legt Hand an im Namen des Herzogs! – Weg von der Metze, Junge! – Ohnmächtig oder nicht – wenn sie nur erst das eiserne Halsband um hat, wird man sie schon mit Steinwürfen aufwecken.[2]

---

[1] Nicht hinunterdringen, gleichsam unverrichteter Sache wieder umkehren, d. h. es dringt aus der lebendigen Welt kein Ton und kein Lichtstrahl hinab.

[2] Dirnen, die am Pranger standen, wurden oft vom rohen Volke mit Steinen geworfen.

Frau. Erbarmung, Ihro Exzellenz! Erbarmung! Erbarmung!

Miller (reißt seine Frau in die Höhe). Knie vor Gott, alte Heulhure, und nicht vor – Schelmen, weil ich ja doch schon ins Zuchthaus muß.

Präsident (beißt die Lippen). Du kannst dich verrechnen, Bube! Es stehen noch Galgen leer. (Zu den Gerichtsdienern.) Muß ich es noch einmal sagen?

Gerichtsdiener (dringen auf Luisen ein).

Ferdinand (springt an ihr auf und stellt sich vor sie, grimmig). Wer will was? (Er zieht den Degen samt der Scheide und wehrt sich mit dem Gefäß.) Wag' es, sie anzurühren, wer nicht auch die Hirnschale an die Gerichte vermietet hat. (Zum Präsidenten.) Schonen Sie Ihrer selbst! Treiben Sie mich nicht weiter, mein Vater!

Präsident (drohend zu den Gerichtsdienern). Wenn euch euer Brot lieb ist, Memmen –

Gerichtsdiener (greifen Luisen wieder an).

Ferdinand. Tod und alle Teufel! Ich sage: Zurück! – Noch einmal. Haben Sie Erbarmen mit sich selbst! Treiben Sie mich nicht aufs äußerste, Vater!

Präsident (aufgebracht zu den Gerichtsdienern). Ist das euer Diensteifer, Schurken?

Gerichtsdiener (greifen hitziger an).

Ferdinand. Wenn es denn sein muß (indem er den Degen zieht und einige von denselben verwundet), so verzeih' mir, Gerechtigkeit!

Präsident (voll Zorn). Ich will doch sehen, ob auch ich diesen Degen fühle. (Er faßt Luisen selbst, zerrt sie in die Höh' und übergibt sie einem Gerichtsknecht).

Ferdinand (lacht erbittert). Vater, Vater! Sie machen hier ein beißendes Pasquill auf die Gottheit[1], die sich so übel auf ihre Leute verstund und aus vollkommenen Henkersknechten schlechte Minister machte!

Präsident (zu den übrigen). Fort mit ihr!

Ferdinand. Vater, sie soll an den Pranger stehn, aber mit

[1] Eine bittere Schmähschrift (Anklage) gegen Gott, der einen vorzüglichen Henkersknecht aus ihm hätte machen können und statt dessen lieber einen schlechten Minister machte.

dem Major, des Präsidenten Sohn. – Bestehen Sie noch darauf?

Präsident. Desto possierlicher wird das Spektakel. – Fort!

Ferdinand. Vater! ich werfe meinen Offiziersdegen auf das Mädchen. – Bestehen Sie noch darauf? –

Präsident. Das Portepee ist an deiner Seite des Prangerstehens gewohnt worden. – Fort! Fort! Ihr wißt meinen Willen!

Ferdinand (drückt einen Gerichtsdiener weg, faßt Luisen mit einem Arm, mit dem andern zückt er den Degen auf sie). Vater! Eh' Sie meine Gemahlin beschimpfen, durchstoß' ich sie. – Bestehen Sie noch darauf?

Präsident. Thu es, wenn deine Klinge auch spitzig ist![1]

Ferdinand (läßt Luisen fahren und blickt fürchterlich zum Himmel). Du, Allmächtiger, bist Zeuge! Kein menschliches Mittel ließ ich unversucht – ich muß zu einem teuflischen schreiten. – Ihr führt sie zum Pranger fort, unterdessen (zum Präsidenten, ins Ohr rufend) erzähl' ich der Residenz eine Geschichte, wie man Präsident wird. (Ab.)

Präsident (wie vom Blitz gerührt). Was ist das? – Ferdinand! – Laßt sie ledig! (Er eilt dem Major nach.)

[1] Wenn dein Degen nicht bloß drohen, sondern auch verwunden kann.

Dritter Akt.

Erste Szene.

Saal beim Präsidenten.

Der Präsident und **Sekretär Wurm** kommen.

Präsident. Der Streich war verwünscht!

Wurm. Wie ich befürchtete, gnädiger Herr. Zwang erbittert die Schwärmer immer, aber bekehrt sie nie.

Präsident. Ich hatte mein bestes Vertrauen in diesen Anschlag gesetzt. Ich urteilte so: Wenn das Mädchen beschimpft wird, muß er als Offizier zurücktreten.

Wurm. Ganz vortrefflich. Aber zum Beschimpfen hätt' es auch kommen sollen.

Präsident. Und doch – wenn ich es jetzt mit kaltem Blut überdenke – ich hätte mich nicht sollen eintreiben lassen. Es war eine Drohung, woraus er wohl nimmermehr Ernst gemacht hätte.

Wurm. Das denken Sie ja nicht. Der gereizten Leidenschaft ist keine Thorheit zu bunt. Sie sagen mir, der Herr Major habe immer den Kopf zu Ihrer Regierung geschüttelt. Ich glaub's. Die Grundsätze, die er aus Akademien hieher brachte, wollten mir gleich nicht recht einleuchten. Was sollten auch die phantastischen Träumereien von Seelengröße und persönlichem Adel an einem Hof, wo die größte Weisheit diejenige ist, im rechten Tempo auf eine geschickte Art groß und klein zu sein! Er ist zu jung und zu feurig, um Geschmack am langsamen, krummen Gang der Kabale zu finden, und nichts wird seine Ambition in Bewegung setzen, als was groß ist und abenteuerlich.

Präsident (verdrießlich). Aber was wird diese wohlweise Anmerkung an unserm Handel verbessern?

Wurm. Sie wird Euer Exzellenz auf die Wunde hinweisen und auch vielleicht auf den Verband. Einen solchen Charakter – erlauben Sie – hätte man entweder nie zum Vertrauten oder niemals zum Feind machen sollen. Er verabscheut das Mittel, wodurch Sie gestiegen sind. Vielleicht war es bis jetzt nur der Sohn, der die Zunge des Verräters band. Geben Sie ihm Gelegenheit, jenen rechtmäßig abzuschütteln; machen Sie ihn durch wiederholte Stürme auf seine Leidenschaft glauben, daß Sie der zärtliche Vater nicht sind, so dringen die Pflichten des Patrioten bei ihm vor. Ja, schon allein die seltsame Phantasie, der Gerechtigkeit ein so merkwürdiges Opfer zu bringen, könnte Reiz genug für ihn haben, selbst seinen Vater zu stürzen.

Präsident. Wurm! – Wurm! – Er führt mich da vor einen entsetzlichen Abgrund.

Wurm. Ich will Sie zurückführen, gnädiger Herr. Darf ich freimütig reden?

Präsident (indem er sich niedersetzt). Wie ein Verdammter zum Mitverdammten.

Wurm. Also verzeihen Sie – Sie haben, dünkt mich, der biegsamen Hofkunst den ganzen Präsidenten zu danken, warum vertrauten Sie ihr nicht auch den Vater an?[1] Ich besinne mich, mit welcher Offenheit Sie Ihren Vorgänger damals zu einer Partie Piquet beredeten und bei ihm die halbe Nacht mit freundschaftlichem Burgunder hinwegschwemmten, und das war doch die nämliche Nacht, wo die große Mine losgehen und den guten Mann in die Luft blasen sollte. – Warum zeigten Sie Ihrem Sohne den Feind? Nimmermehr hätte dieser erfahren sollen, daß ich um seine Liebesangelegenheit wisse. Sie hätten den Roman von seiten des Mädchens unterhöhlt und das Herz Ihres

[1] Warum ließen Sie sich nicht auch als Vater von der „biegsamen Hofkunst", d. h. von Verstellung und seiner Klugheit leiten?

Sohnes behalten! Sie hätten den klugen General gespielt, der den Feind nicht am Kern seiner Truppen faßt, sondern Spaltungen unter den Gliedern stiftet!

Präsident. Wie war das zu machen?

Wurm. Auf die einfachste Art – und die Karten sind noch nicht ganz vergeben. Unterdrücken Sie eine Zeitlang, daß Sie Vater sind. Messen Sie sich mit einer Leidenschaft nicht, die jeder Widerstand nur mächtiger machte. – Überlassen Sie es mir, an ihrem eigenen Feuer den Wurm auszubrüten, der sie zerfrißt.

Präsident. Ich bin begierig.

Wurm. Ich müßte mich schlecht auf den Barometer der Seele verstehen, oder der Herr Major ist in der Eifersucht schrecklich wie in der Liebe. Machen Sie ihm das Mädchen verdächtig – – Wahrscheinlich oder nicht. Ein Gran Hefe reicht hin, die ganze Masse in eine zerstörende Gärung zu jagen.

Präsident. Aber woher diesen Gran nehmen?

Wurm. Da sind wir auf dem Punkt. – Vor allen Dingen, gnädiger Herr, erklären Sie sich mir, wieviel Sie bei der fernern Weigerung des Majors auf dem Spiel haben – in welchem Grade es Ihnen wichtig ist, den Roman mit dem Bürgermädchen zu endigen und die Verbindung mit Lady Milford zu stand zu bringen.

Präsident. Kann Er noch fragen, Wurm? – Mein ganzer Einfluß ist in Gefahr, wenn die Partie mit der Lady zurückgeht, und wenn ich den Major zwinge, mein Hals.

Wurm (munter). Jetzt haben Sie die Gnade und hören. – Den Herrn Major umspinnen wir mit List. Gegen das Mädchen nehmen wir Ihre ganze Gewalt zu Hülfe. Wir diktieren ihr ein Billetdoux an eine dritte Person in die Feder, und spielen das mit guter Art dem Major in die Hände.

Präsident. Toller Einfall! Als ob sie sich so geschwind hinbequemen würde, ihr eigenes Todesurteil zu schreiben!

Wurm. Sie muß, wenn Sie mir freie Hand lassen wollen. Ich kenne das gute Herz auf und nieder. Sie hat nicht mehr als zwo tödliche Seiten, durch welche wir ihr Gewissen bestürmen können – ihren Vater und den Major. Der letztere bleibt ganz und gar aus dem Spiel; desto freier können wir mit dem Musikanten umspringen.

Präsident. Als zum Exempel?

Wurm. Nach dem, was Euer Exzellenz mir von dem Auftritt in seinem Hause gesagt haben, wird nichts leichter sein, als den Vater mit einem Halsprozeß zu bedrohen. Die Person des Günstlings und Siegelbewahrers ist gewissermaßen der Schatten der Majestät – Beleidigungen gegen jenen sind Verletzungen dieser. – Wenigstens will ich den armen Schächer mit diesem zusammengeflickten Kobold durch ein Nadelöhr jagen.

Präsident. Doch – ernsthaft dürfte der Handel nicht werden.

Wurm. Ganz und gar nicht – nur insoweit, als es nötig ist, die Familie in die Klemme zu treiben. – Wir setzen also in aller Stille den Musikus fest – die Not um so dringender zu machen, könnte man auch die Mutter mitnehmen – sprechen von peinlicher Anklage, von Schafott, von ewiger Festung und machen den *Brief der Tochter* zur einzigen Bedingnis seiner Befreiung.

Präsident. Gut! Gut! Ich verstehe.

Wurm. Sie liebt ihren Vater – bis zur Leidenschaft, möcht' ich sagen. Die Gefahr seines Lebens – seiner Freiheit zum mindesten – die Vorwürfe ihres Gewissens, den Anlaß dazu gegeben zu haben – die Unmöglichkeit, den Major zu besitzen – endlich die Betäubung ihres Kopfs, die ich auf *mich* nehme – es kann nicht fehlen – sie *muß* in die Falle gehn.

Präsident. Aber mein Sohn? Wird der nicht auf der Stelle Wind davon haben? Wird er nicht wütender werden?

Wurm. Das lassen Sie *meine* Sorge sein, gnädiger Herr. – Vater und Mutter werden nicht eher freigelassen, bis die ganze Familie einen körperlichen Eid darauf abgelegt, den ganzen Vorgang geheim zu halten und den Betrug zu bestätigen.

Präsident. Einen Eid? Was wird ein Eid fruchten, Dummkopf?

Wurm. Nichts bei *uns*, gnädiger Herr! Bei *dieser* Menschenart alles. – Und sehen Sie nun, wie schön wir beide auf diese Manier zum Ziel kommen werden – das Mädchen verliert die Liebe des Majors und den Ruf ihrer Tugend. Vater und Mutter ziehen gelindere Saiten auf, und durch und durch weich gemacht von Schicksalen dieser Art erkennen sie's noch zuletzt für Erbarmung, wenn ich der Tochter durch meine Hand ihre Reputation wiedergebe.

Präsident (lacht unter Kopfschütteln). Ja, ich gebe mich dir überwunden, Schurke! Das Geweb' ist satanisch fein! Der Schüler übertrifft seinen Meister. – – Nun ist die Frage, an wen das Billet muß gerichtet werden? Mit wem wir sie in Verdacht bringen müssen?

Wurm. Notwendig mit jemand, der durch den Entschluß Ihres Sohnes alles gewinnen oder alles verlieren muß!

Präsident (nach einigem Nachdenken). Ich weiß nur den Hofmarschall.

Wurm (zuckt die Achseln). Mein Geschmack wär' er nun freilich nicht, wenn ich Luise Millerin hieße.

Präsident. Und warum nicht? Wunderlich! Eine blendende Garderobe – eine Atmosphäre von *Eau de mille fleurs* und Bisam – auf jedes alberne Wort eine Handvoll Dukaten – und alles das sollte die Delikatesse einer bürgerlichen Dirne nicht endlich bestechen können? – O guter Freund! so skrupulös ist die Eifersucht nicht. Ich schicke zum Marschall. (Klingelt.)

Wurm. Unterdessen, daß Euer Exzellenz dieses und die Gefangennehmung des Geigers besorgen, werd' ich hingehen und den bewußten Liebesbrief aufsetzen.

Präsident (zum Schreibpult gehend). Den Er mir zum Durchlesen heraufbringt, sobald er zu stand sein wird. (Wurm geht ab. Der Präsident setzt sich zu schreiben; ein Kammerdiener kommt; er steht auf und gibt ihm ein Papier.) Dieser Verhaftsbefehl muß ohne Aufschub in die Gerichte – ein andrer von euch wird den Hofmarschall zu mir bitten.

Kammerdiener. Der gnädige Herr sind soeben hier angefahren.

Präsident. Noch besser – aber die Anstalten sollen mit Vorsicht getroffen werden, sagt Ihr, daß kein Aufstand erfolgt.

Kammerdiener. Sehr wohl, Ihr' Exzellenz!

Präsident. Versteht Ihr? Ganz in der Stille.

Kammerdiener. Ganz gut, Ihr' Exzellenz! (Ab.)

Zweite Szene.

Der Präsident und der **Hofmarschall.**

Hofmarschall (eilfertig). Nur *en passant,* mein Bester! – Wie leben Sie? Wie befinden Sie sich? – Heute abend ist große *Opera Dido* – das süperbeste Feuerwerk – eine ganze Stadt brennt zusammen – Sie sehen sie doch auch brennen? Was?

Präsident. Ich habe Feuerwerks genug in meinem eigenen Hause, das meine ganze Herrlichkeit in die Luft nimmt.[1] – Sie kommen erwünscht, lieber Marschall, mir in einer Sache zu raten, thätig zu helfen, die uns beide poussiert[2] oder völlig zu Grund richtet. Setzen Sie sich!

Hofmarschall. Machen Sie mir nicht angst, mein Süßer!

Präsident. Wie gesagt – poussiert oder ganz zu Grund richtet. Sie wissen mein Projekt mit dem Major und der Lady. Sie begreifen auch, wie unentbehrlich es war, unser beider Glück zu fixieren. Es kann alles zusammenfallen, Kalb. Mein Ferdinand will nicht.

Hofmarschall. Will nicht – will nicht – ich hab's ja in der ganzen Stadt schon herumgesagt! Die Mariage ist ja in jedermanns Munde.

Präsident. Sie können vor der ganzen Stadt als Windmacher dastehen. Er liebt eine andere!

Hofmarschall. Sie scherzen. Ist das auch wohl ein Hindernis?

Präsident. Bei dem Trotzkopf das unüberwindlichste.

Hofmarschall. Er sollte so wahnsinnig sein und sein *Fortune* von sich stoßen? Was?

Präsident. Fragen Sie ihn das und hören Sie, was er antwortet!

Hofmarschall. Aber, *mon Dieu*! was kann er denn antworten?

Präsident. Daß er der ganzen Welt das Verbrechen ent-

[1] Mich mitsamt meiner ganzen Macht in die Luft sprengt.
[2] Emporbringt, befördert.

decken wolle, wodurch wir gestiegen sind – daß er unsere falschen Briefe und Quittungen angeben – daß er uns beide ans Messer liefern wolle – das kann er antworten.

Hofmarschall. Sind Sie von Sinnen?

Präsident. Das hat er geantwortet. Das war er schon willens ins Werk zu richten – davon hab' ich ihn kaum noch durch meine höchste Erniedrigung abgebracht. Was wissen Sie hierauf zu sagen?

Hofmarschall (mit einem Schafsgesicht). Mein Verstand steht still.

Präsident. Das könnte noch hingehen. Aber zugleich hinterbringen mir meine Spionen, daß der Oberschenk von Bock auf dem Sprunge sei, um die Lady zu werben.

Hofmarschall. Sie machen mich rasend. Wer sagen Sie? Von Bock, sagen Sie? – Wissen Sie denn auch, daß wir Todfeinde zusammen sind? Wissen Sie auch, warum wir es sind?

Präsident. Das erste Wort, das ich höre.

Hofmarschall. Bester! Sie werden hören, und aus der Haut werden Sie fahren. – Wenn Sie sich noch des Hofballs entsinnen – – es geht jetzt ins einundzwanzigste Jahr – wissen Sie, worauf man den ersten Englischen tanzte und dem Grafen von Meerschaum das heiße Wachs von einem Kronleuchter auf den Domino tröpfelte – ach Gott, das müssen Sie freilich noch wissen!

Präsident. Wer könnte so was vergessen?

Hofmarschall. Sehen Sie! da hatte Prinzessin Amalie in der Hitze des Tanzes ein Strumpfband verloren. – Alles kommt, wie begreiflich ist, in Alarm – von Bock und ich – wir waren noch Kammerjunker – wir kriechen durch den ganzen Redoutensaal, das Strumpfband zu suchen – endlich erblick' ich's – von Bock merkt's – von Bock darauf zu – reißt es mir aus den Händen – ich bitte Sie! – bringt's der Prinzessin und schnappt mir glücklich das Kompliment weg. – Was denken Sie?

Präsident. Impertinent!

Hofmarschall. Schnappt mir das Kompliment weg. – Ich meine in Ohnmacht zu sinken. Eine solche Malice ist gar nicht erlebt worden. – Endlich ermann' ich mich, nähere mich Ihrer

Durchlaucht und spreche: „Gnädigste Frau! von Bock war so glücklich, Höchstdenenselben das Strumpfband zu überreichen, aber wer das Strumpfband zuerst erblickte, belohnt sich in der Stille und schweigt."

Präsident. Bravo, Marschall! Bravissimo!

Hofmarschall. Und schweigt. – Aber ich werd's dem von Bock bis zum jüngsten Gerichte noch nachtragen – der niederträchtige kriechende Schmeichler! – Und das war noch nicht genug – Wie wir beide zugleich auf das Strumpfband zu Boden fallen, wischt mir von Bock an der rechten Frisur allen Puder weg, und ich bin ruiniert auf den ganzen Ball.

Präsident. Das ist der Mann, der die Milford heiraten und die erste Person am Hof werden wird.

Hofmarschall. Sie stoßen mir ein Messer ins Herz. Wird? Wird? Warum wird er? Wo ist die Notwendigkeit?

Präsident. Weil mein Ferdinand nicht will und sonst keiner sich meldet.

Hofmarschall. Aber wissen Sie denn gar kein einziges Mittel, den Major zum Entschluß zu bringen? – – Sei's auch noch so bizarr, so verzweifelt! – Was in der Welt kann so widrig sein, das uns jetzt nicht willkommen wäre, den verhaßten von Bock auszustechen?

Präsident. Ich weiß nur eines, und das bei Ihnen steht.

Hofmarschall. Bei mir steht? Und das ist?

Präsident. Den Major mit seiner Geliebten zu entzweien.

Hofmarschall. Zu entzweien? Wie meinen Sie das? – und wie mach' ich das?

Präsident. Alles ist gewonnen, sobald wir ihm das Mädchen verdächtig machen.

Hofmarschall. Daß sie stehle, meinen Sie?

Präsident. Ach nein doch! Wie glaubte er das? – daß sie es noch mit einem andern habe.

Hofmarschall. Dieser andre?

Präsident. Müßten Sie sein, Baron.

Hofmarschall. Ich sein? Ich? – Ist sie von Adel?

Präsident. Wozu das? Welcher Einfall! – Eines Musikanten Tochter.

Hofmarschall. Bürgerlich also? Das wird nicht angehen. Was?

Präsident. Was wird nicht angehen? Narrenspossen! Wem unter der Sonne wird es einfallen, ein Paar runde Wangen nach dem Stammbaum zu fragen?

Hofmarschall. Aber bedenken Sie doch, ein Ehmann! Und meine Reputation bei Hofe!

Präsident. Das ist was anders! Verzeihen Sie! Ich hab' das noch nicht gewußt, daß Ihnen der Mann von unbescholtenen Sitten mehr ist als der von Einfluß. Wollen wir abbrechen?

Hofmarschall. Seien Sie klug, Baron. Es war ja nicht so verstanden.

Präsident (frostig). Nein – nein! Sie haben vollkommen recht. Ich bin es auch müde. Ich lasse den Karren stehen. Dem von Bock wünsch' ich Glück zum Premierminister. Die Welt ist noch anderswo. Ich fodre meine Entlassung vom Herzog.

Hofmarschall. Und ich? – Sie haben gut schwatzen, Sie! Sie sind ein Stuttierter! Aber ich – *Mon Dieu!* was bin dann ich, wenn mich Seine Durchleucht entlassen?

Präsident. Ein Bonmot von vorgestern. Die Mode vom vorigen Jahr.

Hofmarschall. Ich beschwöre Sie, Teurer, Goldner! – Ersticken sie diesen Gedanken! Ich will mir ja alles gefallen lassen.

Präsident. Wollen Sie Ihren Namen zu einem Rendezvous hergeben, den Ihnen diese Millerin schriftlich vorschlagen soll?

Hofmarschall. Im Namen Gottes! Ich will ihn hergeben.

Präsident. Und den Brief irgendwo herausfallen lassen, wo er dem Major zu Gesicht kommen muß?

Hofmarschall. Zum Exempel auf der Parade will ich ihn als von ohngefähr mit dem Schnupftuch herausschleudern.

Präsident. Und die Rolle ihres Liebhabers gegen den Major behaupten?

Hofmarschall. *Mort de ma vie!* Ich will ihn schon waschen! Ich will dem Naseweis den Appetit nach m e i n e n Amouren verleiden.

Präsident. Nun geht's nach Wunsch. Der Brief muß noch heute geschrieben sein. Sie müssen vor Abend noch herkommen, ihn abzuholen und Ihre Rolle mit mir zu berichtigen.

Hofmarschall. Sobald ich sechzehn Visiten werde gegeben haben, die von allerhöchster *Importance* sind. Verzeihen Sie also, wenn ich mich ohne Aufschub beurlaube! (Geht.)

Präsident (klingelt). Ich zähle auf Ihre Verschlagenheit, Marschall!

Hofmarschall (ruft zurück). Ah, *mon Dieu!* Sie kennen mich ja.

Dritte Szene.

Der Präsident und **Wurm.**

Wurm. Der Geiger und seine Frau sind glücklich und ohne alles Geräusch in Verhaft gebracht. Wollen Euer Exzellenz jetzt den Brief überlesen?

Präsident (nachdem er gelesen). Herrlich, herrlich! Sekretär! Auch der Marschall hat angebissen! – Ein Gift wie das müßte die Gesundheit selbst in eiternden Aussatz verwandeln. – Nun gleich mit den Vorschlägen zum Vater[1], und dann warm zu der Tochter! (Gehen ab zu verschiedenen Seiten.)

Vierte Szene.

Zimmer in Millers Wohnung.

Luise und **Ferdinand.**

Luise. Ich bitte dich, höre auf. Ich glaube an keine glückliche Tage mehr. Alle meine Hoffnungen sind gesunken.

Ferdinand. So sind die meinigen gestiegen. Mein Vater ist aufgereizt. Mein Vater wird alle Geschütze gegen uns richten.

---

[1] Der Vater muß dem Plane zustimmen und Stillschweigen schwören.

Er wird mich zwingen, den unmenschlichen Sohn zu machen. Ich stehe nicht mehr für meine kindliche Pflicht. Wut und Verzweiflung werden mir das schwarze Geheimnis seiner Mordthat erpressen. Der Sohn wird den Vater in die Hände des Henkers liefern. – Es ist die höchste Gefahr – – und die höchste Gefahr mußte da sein, wenn meine Liebe den Riesensprung wagen sollte. – – Höre, Luise – ein Gedanke, groß und vermessen wie meine Leidenschaft, drängt sich vor meine Seele – Du, Luise, und ich und die Liebe! – Liegt nicht in diesem Zirkel der ganze Himmel? oder brauchst du noch etwas Viertes dazu?

Luise. Brich ab! Nichts mehr! Ich erblasse über das, was du sagen willst.

Ferdinand. Haben wir an die Welt keine Foderung mehr, warum denn ihren Beifall erbetteln? Warum wagen, wo nichts gewonnen wird und alles verloren werden kann? – Wird dieses Aug' nicht ebenso schmelzend funkeln, ob es im Rhein oder in der Elbe sich spiegelt, oder im Baltischen Meer? Mein Vaterland ist, wo mich Luise liebt; deine Fußtapfe in wilden, sandigten Wüsten mir interessanter als das Münster in meiner Heimat. – Werden wir die Pracht der Städte vermissen? Wo wir sein mögen, Luise, geht eine Sonne auf, eine unter – Schauspiele, neben welchen der üppigste Schwung der Künste verblaßt! Werden wir Gott in keinem Tempel mehr dienen, so ziehet die Nacht mit begeisternden Schauern auf, der wechselnde Mond predigt uns Buße, und eine andächtige Kirche von Sternen betet mit uns. Werden wir uns in Gesprächen der Liebe erschöpfen? – Ein Lächeln meiner Luise ist Stoff für Jahrhunderte, und der Traum des Lebens ist aus, bis ich diese Thräne ergründe.

Luise. Und hättest du sonst keine Pflicht mehr als deine Liebe?

Ferdinand (sie umarmend). Deine Ruhe ist meine heiligste.

Luise (sehr ernsthaft). So schweig und verlaß mich. – Ich habe einen Vater, der kein Vermögen hat als diese einzige Tochter – der morgen sechzig alt wird – der der Rache des Präsidenten gewiß ist!

Ferdinand (fällt rasch ein). Der uns begleiten wird. Darum keinen Einwurf mehr, Liebe. Ich gehe, mache meine Kostbarkeiten zu Geld, erhebe Summen auf meinen Vater. Es ist erlaubt, einen Räuber zu plündern, und sind seine Schätze nicht Blutgeld des Vaterlands? – Schlag ein Uhr um Mitternacht wird ein Wagen hier anfahren. Ihr werft euch hinein. Wir fliehen.

Luise. Und der Fluch deines Vaters uns nach? – ein Fluch, Unbesonnener, den auch Mörder nie ohne Erhörung aussprechen, den die Rache des Himmels auch dem Dieb auf dem Rade hält, der uns Flüchtlinge unbarmherzig wie ein Gespenst von Meer zu Meer jagen würde? – Nein, mein Geliebter! Wenn nur ein Frevel dich mir erhalten kann, so hab' ich noch Stärke, dich zu verlieren.

Ferdinand (steht still und murmelt düster). Wirklich?

Luise. Verlieren! – O, ohne Grenzen entsetzlich ist der Gedanke – gräßlich genug, den unsterblichen Geist zu durchbohren und die glühende Wange der Freude zu bleichen – Ferdinand! dich zu verlieren! – Doch! Man verliert ja nur, was man besessen hat, und dein Herz gehört deinem Stande[1]. – Mein Anspruch war Kirchenraub, und schauernd geb' ich ihn auf.

Ferdinand (das Gesicht verzerrt und an der Unterlippe nagend). Gibst du ihn auf?

Luise. Nein! Sieh mich an, lieber Walter! Nicht so bitter die Zähne geknirscht. Komm! Laß mich jetzt deinen sterbenden Mut durch mein Beispiel beleben. Laß mich die Heldin dieses Augenblicks sein – einem Vater den entflohenen Sohn wieder schenken – einem Bündnis entsagen, das die Fugen der Bürgerwelt auseinander treiben und die allgemeine ewige Ordnung zu Grund stürzen würde. – Ich bin die Verbrecherin – mit frechen, thörichten Wünschen hat sich mein Busen getragen. – Mein Unglück ist meine Strafe; so laß mir doch jetzt die süße, schmeichelnde Täuschung, daß es mein Opfer war. – Wirst du mir diese Wollust mißgönnen?

---

[1] Unbewußte Sophistik des Schmerzes: „gehört" sollte nach dem Voraufgehenden nur den thatsächlichen Besitz bezeichnen, wird aber hier vom rechtlichen Besitz gebraucht.

Ferdinand (hat in der Zerstreuung und Wut eine Violine ergriffen und auf derselben zu spielen versucht. – Jetzt zerreißt er die Saiten, zerschmettert das Instrument auf dem Boden und bricht in ein lautes Gelächter aus).

Luise. Walter! Gott im Himmel! Was soll das? – Ermanne dich! Fassung verlangt diese Stunde – es ist eine trennende. Du hast ein Herz, lieber Walter! Ich kenne es, warm wie das Leben ist deine Liebe und ohne Schranken wie's Unermeßliche. – Schenke sie einer Edeln und Würdigern – sie wird die Glücklichsten ihres Geschlechts nicht beneiden. – – (Thränen unterdrückend.) Mich sollst du nicht mehr sehn – das eitle betrogene Mädchen verweine seinen Gram in einsamen Mauren, um seine Thränen wird sich niemand bekümmern. – Leer und erstorben ist meine Zukunft – doch werd' ich noch je und je am verwelkten Strauß der Vergangenheit riechen. (Indem sie ihm mit abgewandtem Gesicht ihre zitternde Hand gibt.) Leben Sie wohl, Herr von Walter.

Ferdinand (springt aus seiner Betäubung auf). Ich entfliehe, Luise! Wirst du mir wirklich nicht folgen?

Luise (hat sich im Hintergrund des Zimmers niedergesetzt und hält das Gesicht mit beiden Händen bedeckt). Meine Pflicht heißt mich bleiben und dulden.

Ferdinand. Schlange, du lügst! Dich fesselt was anders hier!

Luise (im Ton des tiefsten inwendigen Leidens). Bleiben Sie bei dieser Vermutung – sie macht vielleicht weniger elend.

Ferdinand. Kalte Pflicht gegen feurige Liebe! – Und mich soll das Märchen blenden? – Ein Liebhaber fesselt dich, und Weh' über dich und ihn, wenn mein Verdacht sich bestätigt. (Geht schnell ab.)

Fünfte Szene.

Luise allein.

(Sie bleibt noch eine Zeitlang ohne Bewegung und stumm in dem Sessel liegen, endlich steht sie auf, kommt vorwärts und sieht furchtsam herum.)

Wo meine Eltern bleiben? – Mein Vater versprach, in wenigen Minuten zurück zu sein, und schon sind fünf volle fürchterliche Stunden vorüber – Wenn ihm ein Unfall – Wie wird mir? – Warum geht mein Odem so ängstlich?

(Jetzt tritt **Wurm** in das Zimmer und bleibt im Hintergrund stehen, ohne von ihr bemerkt zu werden.)

Es ist nichts Wirkliches – es ist nichts als das schaudernde Gaukelspiel des erhitzten Geblüts. – Hat unsre Seele nur einmal Entsetzen genug in sich getrunken, so wird das Aug' in jedem Winkel Gespenster sehn.

Sechste Szene.

Luise und **Sekretär Wurm.**

Wurm (kommt näher). Guten Abend, Jungfer.

Luise. Gott! Wer spricht da? (Sie dreht sich um, wird den Sekretär gewahr und tritt erschrocken zurück.) Schrecklich! Schrecklich! Meiner ängstlichen Ahndung eilt schon die unglückseligste Erfüllung nach! (Zum Sekretär mit einem Blick voll Verachtung.) Suchen Sie etwa den Präsidenten? Er ist nicht mehr da.

Wurm. Jungfer, ich suche Sie!

Luise. So muß ich mich wundern, daß Sie nicht nach dem Marktplatz gingen.

Wurm. Warum eben dahin?

Luise. Ihre Braut von der Schandbühne abzuholen.

Wurm. Mamsell Millerin, Sie haben einen falschen Verdacht –

Luise (unterdrückt eine Antwort). Was steht Ihnen zu Diensten?

Wurm. Ich komme, geschickt von Ihrem Vater.

Luise (bestürzt). Von meinem Vater? – Wo ist mein Vater?

Wurm. Wo er nicht gern ist.

Luise. Um Gotteswillen! Geschwind! Mich befällt eine üble Ahndung – wo ist mein Vater?

Wurm. Im Turm, wenn Sie es ja wissen wollen.

Luise (mit einem Blick zum Himmel). Das noch! Das auch noch! – – Im Turm? Und warum im Turm?

Wurm. Auf Befehl des Herzogs.

Luise. Des Herzogs?

Wurm. Der die Verletzung der Majestät in der Person seines Stellvertreters –

Luise. Was? Was? O ewige Allmacht!

Wurm. Auffallend zu ahnden beschlossen hat.

Luise. Das war noch übrig! Das! – Freilich, freilich, mein Herz hatte noch außer dem Major etwas Teures – das durfte nicht übergangen werden. – Verletzung der Majestät – Himmlische Vorsicht! Rette, o rette meinen sinkenden Glauben! – Und Ferdinand?

Wurm. Wählt Lady Milford oder Fluch und Enterbung.

Luise. Entsetzliche Freiheit! – Und doch – doch ist er glücklicher. Er hat keinen Vater zu verlieren. Zwar keinen haben, ist Verdammnis genug! – Mein Vater auf Verletzung der Majestät – mein Geliebter die Lady oder Fluch und Enterbung – wahrlich, bewundernswert! Eine vollkommene Büberei ist auch eine Vollkommenheit – Vollkommenheit? Nein! dazu fehlte noch etwas – – wo ist meine Mutter?

Wurm. Im Spinnhaus.

Luise (mit schmerzvollem Lächeln). Jetzt ist es völlig! – Völlig, und jetzt wär' ich ja frei – abgeschält von allen Pflichten – und Thränen – und Freuden – abgeschält von der Vorsicht. Ich brauch' sie ja nicht mehr. – (Schreckliches Stillschweigen.) Haben Sie vielleicht noch eine Zeitung? Reden Sie immerhin. Jetzt kann ich alles hören.

Wurm. Was geschehen ist, wissen Sie.

Luise. Also nicht, was noch kommen wird? (Wiederum Pause, worin sie den Sekretär von oben bis unten ansieht.) Armer Mensch! Du treibst ein trauriges Handwerk, wobei du ohnmöglich selig werden kannst. Unglückliche machen, ist schon schrecklich genug, aber gräßlich ist's, es ihnen verkündigen – ihn vorzusingen, den Eulengesang, dabei zu stehn, wenn das blutende Herz am eisernen Schaft der Notwendigkeit zittert und Christen an Gott zweifeln. – Der Himmel bewahre mich! Und würde dir jeder Angsttropfe, den du fallen siehst, mit einer Tonne Golds aufgewogen – ich möchte nicht du sein. – – Was kann noch geschehen?

Wurm. Ich weiß nicht.

Luise. Sie wollen nicht wissen. – Diese lichtscheue Botschaft fürchtet das Geräusch der Worte, aber in der Grabstille Ihres Gesichts zeigt sich mir das Gespenst. – Was ist noch übrig? – Sie sagten vorhin, der Herzog wolle es auffallend ahnden? Was nennen Sie auffallend?

Wurm. Fragen Sie nichts mehr!

Luise. Höre, Mensch! Du gingst beim Henker zur Schule. Wie verstündest du sonst, das Eisen erst langsam bedächtlich an den knirschenden Gelenken hinaufzuführen und das zuckende Herz mit dem Streich der Erbarmung zu necken? – Welches Schicksal wartet auf meinen Vater? – Es ist Tod in dem, was du lachend[1] sagst; wie mag das aussehen, was du an dich hältst? Sprich es aus. Laß mich sie auf einmal haben, die ganze zermalmende Ladung. Was wartet auf meinen Vater?

Wurm. Ein Kriminalprozeß.

Luise. Was ist aber das? – Ich bin ein unwissendes, unschuldiges Ding, verstehe mich wenig auf eure fürchterliche lateinische Wörter. Was heißt Kriminalprozeß?

Wurm. Gericht um Leben und Tod.

Luise (standhaft). So dank' ich Ihnen! (Sie eilt schnell in ein Seitenzimmer.)

Wurm (steht betroffen da). Wo will das hinaus? Sollte die Närrin etwa? – Teufel! Sie wird doch nicht – ich eile nach – ich muß für ihr Leben bürgen. (Im Begriff, ihr zu folgen.)

Luise (kommt zurück, einen Mantel umgeworfen). Verzeihen Sie, Sekretär! Ich schließe das Zimmer.

Wurm. Und wohin denn so eilig?

Luise. Zum Herzog. (Will fort.)

Wurm. Was? Wohin? (Er hält sie erschrocken zurück.)

Luise. Zum Herzog. Hören Sie nicht? Zu eben dem Herzog, der meinen Vater auf Tod und Leben will richten lassen – Nein! nicht will – muß richten lassen, weil einige Böswichter wollen; der zu dem ganzen Prozeß der beleidigten Majestät nichts hergibt als eine Majestät und seine fürstliche Handschrift.

---

[1] Von einem wirklichen Lachen kann keine Rede sein. Sie bezeichnet wohl den kalten Hohn, den sie in seinen Reden findet.

Wurm (lacht überlaut). Zum Herzog!

Luise. Ich weiß, worüber Sie lachen. – Aber ich will ja auch kein Erbarmen dort finden – Gott bewahre mich! nur Ekel – Ekel nur an meinem Geschrei. Man hat mir gesagt, daß die Großen der Welt noch nicht belehrt sind, was Elend ist – nicht wollen belehrt sein. Ich will ihm sagen, was Elend ist – will es ihm vormalen in allen Verzerrungen des Todes, was Elend ist – will es ihm vorheulen in Mark und Bein zermalmenden Tönen, was Elend ist – und wenn ihm jetzt über der Beschreibung die Haare zu Berge fliegen, will ich ihm noch zum Schluß in die Ohren schrein, daß in der Sterbestunde auch die Lungen der Erdengötter zu röcheln anfangen und das Jüngste Gericht Majestäten und Bettler in dem nämlichen Siebe rüttle. (Sie will gehen.)

Wurm (boshaft freundlich). Gehen Sie, o gehen Sie ja. Sie können wahrlich nichts Klügeres thun. Ich rate es Ihnen, gehen Sie, und ich gebe Ihnen mein Wort, daß der Herzog willfahren wird.

Luise (steht plötzlich still). Wie sagen Sie? – Sie raten mir selbst dazu? (Kommt schnell zurück.) Hm! Was will ich denn? Etwas Abscheuliches muß es sein, weil dieser Mensch dazu ratet. – Woher wissen Sie, daß der Fürst mir willfahren wird?

Wurm. Weil er es nicht wird umsonst thun dürfen.

Luise. Nicht umsonst? Welchen Preis kann er auf eine Menschlichkeit setzen?

Wurm. Die schöne Supplikantin ist Preises genug.

Luise (bleibt erstarrt stehn, dann mit brechendem Laut). Allgerechter!

Wurm. Und einen Vater werden Sie doch, will ich hoffen, um diese gnädige Taxe nicht überfodert finden?

Luise (auf und ab, außer Fassung). Ja! Ja! Es ist wahr. Sie sind verschanzt, eure Großen – verschanzt vor der Wahrheit hinter ihre eigene Laster wie hinter Schwerter der Cherubim. – Helfe dir der Allmächtige, Vater! Deine Tochter kann für dich sterben, aber nicht sündigen.

Wurm. Das mag ihm wohl eine Neuigkeit sein, dem armen verlassenen Mann – „Meine Luise", sagte er mir, „hat mich zu

Boden geworfen. Meine Luise wird mich auch aufrichten." – Ich eile, Mamsell, ihm die Antwort zu bringen! (Stellt sich, als ob er ginge.)

Luise (eilt ihm nach, hält ihn zurück). Bleiben Sie! bleiben Sie! Geduld! – Wie flink dieser Satan ist, wenn es gilt, Menschen rasend zu machen! – Ich hab' ihn niedergeworfen. Ich muß ihn aufrichten. Reden Sie! Raten Sie! Was kann ich? was muß ich thun?

Wurm. Es ist nur ein Mittel.

Luise. Dieses einzige Mittel?

Wurm. Auch Ihr Vater wünscht –

Luise. Auch mein Vater? – Was ist das für ein Mittel?

Wurm. Es ist Ihnen leicht.

Luise. Ich kenne nichts Schwerers als die Schande.

Wurm. Wenn Sie den Major wieder frei machen wollen.

Luise. Von seiner Liebe? Spotten Sie meiner? – Das meiner Willkür zu überlassen, wozu ich gezwungen ward?

Wurm. So ist es nicht gemeint, liebe Jungfer! Der Major muß zuerst und freiwillig zurücktreten.

Luise. Er wird nicht.

Wurm. So scheint es. Würde man denn wohl seine Zuflucht zu Ihnen nehmen, wenn nicht Sie allein dazu helfen könnten?

Luise. Kann ich ihn zwingen, daß er mich hassen muß?

Wurm. Wir wollen versuchen. Setzen Sie sich!

Luise (betreten). Mensch! Was brütest du?

Wurm. Setzen Sie sich. Schreiben Sie! Hier ist Feder, Papier und Dinte.

Luise (setzt sich in höchster Beunruhigung). Was soll ich schreiben? An wen soll ich schreiben?

Wurm. An den Henker Ihres Vaters.[1]

Luise. Ha! du verstehst dich darauf, Seelen auf die Folter zu schrauben! (Ergreift eine Feder.)

Wurm (diktiert). „Gnädiger Herr" –

---

[1] Das ist der Hofmarschall Kalb allerdings nicht unmittelbar. Es soll nur heißen, der Adressat sei unter denen, die Millers Schicksal zu entscheiden haben.

Luise (schreibt mit zitternder Hand).

Wurm. „Schon drei unerträgliche Tage sind vorüber – sind vorüber – und wir sahen uns nicht.“

Luise (stutzt, legt die Feder weg). An wen ist der Brief?

Wurm. An den Henker Ihres Vaters.

Luise. O mein Gott!

Wurm. „Halten Sie sich deswegen an den Major – an den Major – der mich den ganzen Tag wie ein Argus hütet.“

Luise (springt auf). Büberei, wie noch keine erhört worden! An wen ist der Brief?

Wurm. An den Henker Ihres Vaters.

Luise (die Hände ringend, auf und nieder). Nein! Nein! Nein! Das ist tyrannisch, o Himmel! Strafe Menschen menschlich, wenn sie dich reizen, aber warum mich zwischen zwei Schrecknisse pressen? Warum zwischen Tod und Schande mich hin und her wiegen? Warum diesen blutsaugenden Teufel mir auf den Nacken setzen? – Macht, was ihr wollt! Ich schreibe das nimmermehr!

Wurm (greift nach dem Hut). Wie Sie wollen, Mademoiselle! Das steht ganz in Ihrem Belieben.

Luise. Belieben, sagen Sie? In meinem Belieben? – Geh, Barbar! Hänge einen Unglücklichen über dem Abgrund der Hölle aus, bitt' ihn um etwas und lästre Gott und frag' ihn, ob's ihm beliebe? – O, du weißt allzu gut, daß unser Herz an natürlichen Trieben so fest als an Ketten liegt. – Nunmehr ist alles gleich. Diktieren Sie weiter! Ich denke nichts mehr. Ich weiche der überlistenden Hölle. (Sie setzt sich zum zweitenmal.)

Wurm. „Den ganzen Tag wie ein Argus hütet“ – Haben Sie das?

Luise. Weiter! weiter!

Wurm. „Wir haben gestern den Präsidenten im Haus gehabt. Es war possierlich zu sehen, wie der gute Major um meine Ehre sich wehrte.“

Luise. O schön, schön! o herrlich! – Nur immer fort!

Wurm. „Ich nahm meine Zuflucht zu einer Ohnmacht – zu einer Ohnmacht – daß ich nicht laut lachte."

Luise. O Himmel!

Wurm. „Aber bald wird mir meine Maske unerträglich – unerträglich – Wenn ich nur loskommen könnte" –

Luise (hält inne, steht auf, geht auf und nieder, den Kopf gesenkt, als suchte sie was auf dem Boden; dann setzt sie sich wiederum, schreibt weiter). „Loskommen könnte."

Wurm. „Morgen hat er den Dienst. – Passen Sie ab, wenn er von mir geht und kommen an den bewußten Ort" – Haben Sie „bewußten"?

Luise. Ich habe alles!

Wurm. „An den bewußten Ort zu Ihrer zärtlichen ...... Luise."

Luise. Nun fehlt die Adresse noch.

Wurm. „An Herrn Hofmarschall von Kalb."

Luise. Ewige Vorsicht! Ein Name, so fremd meinen Ohren als meinem Herzen diese schändlichen Zeilen! (Sie steht auf und betrachtet eine große Pause lang mit starrem Blick das Geschriebene, endlich reicht sie es dem Sekretär; mit erschöpfter, hinsterbender Stimme.) Nehmen Sie, mein Herr. Es ist mein ehrlicher Name – es ist Ferdinand – ist die ganze Wonne meines Lebens, was ich jetzt in Ihre Hände gebe. – Ich bin eine Bettlerin!

Wurm. O nein doch! Verzagen Sie nicht, liebe Mademoiselle! Ich habe herzliches Mitleid mit Ihnen. Vielleicht – wer weiß? – ich könnte mich noch wohl über gewisse Dinge hinwegsetzen. – Wahrlich! Bei Gott! Ich habe Mitleid mit Ihnen!

Luise (blickt ihn starr und durchdringend an). Reden Sie nicht aus, mein Herr. Sie sind auf dem Wege, sich etwas Entsetzliches zu wünschen.

Wurm (im Begriff, ihre Hand zu küssen). Gesetzt, es wäre diese niedliche Hand – wieso, liebe Jungfer?[1]

---

[1] Wenn es diese niedliche Hand wäre, die ich mir wünsche, wieso wäre dies etwas Entsetzliches?

Luise (groß und schrecklich). Weil ich dich in der Brautnacht erdrosselte und mich dann mit Wollust auf's Rad flechten ließe. (Sie will gehen, kommt aber schnell zurück.) Sind wir jetzt fertig, mein Herr? Darf die Taube nun fliegen?

Wurm. Nur noch die Kleinigkeit, Jungfer. Sie müssen mit mir und das Sakrament darauf nehmen, diesen Brief für einen freiwilligen zu erkennen.

Luise. Gott! Gott! und du selbst mußt das Siegel geben, die Werke der Hölle zu verwahren? (Wurm zieht sie fort.)

Vierter Akt.

Erste Szene.

Saal beim Präsidenten.

Ferdinand von Walter, einen offenen Brief in der Hand, kommt stürmisch durch eine Thüre, durch eine andre ein **Kammerdiener.**

Ferdinand. War kein Marschall da?

Kammerdiener. Herr Major, der Herr Präsident fragen nach Ihnen!

Ferdinand. Alle Donner! Ich frag', war kein Marschall da?

Kammerdiener. Der gnädige Herr sitzen oben am Pharotisch.

Ferdinand. Der gnädige Herr soll im Namen der ganzen Hölle daher kommen! (Kammerdiener geht.)

Zweite Szene.

Ferdinand allein, den Brief durchfliegend, bald erstarrend, bald wütend herumstürzend.

Es ist nicht möglich. Nicht möglich! Diese himmlische Hülle versteckt kein so teuflisches Herz. – – Und doch! doch! Wenn alle Engel herunterstiegen, für ihre Unschuld bürgten – wenn Himmel und Erde, wenn Schöpfung und Schöpfer zusammenträten, für ihre Unschuld bürgten – es ist ihre Hand – ein unerhörter, ungeheurer Betrug, wie die Menschheit noch keinen erlebte! – Das also war's, warum man sich so beharrlich der Flucht widersetzte! – Darum – o Gott! jetzt erwach' ich, jetzt enthüllt sich mir alles! Darum gab man seinen Anspruch auf meine Liebe mit so viel Heldenmut auf, und bald, bald hätte selbst mich die himmlische Schminke betrogen!

(Er stürzt rascher durchs Zimmer, dann steht er wieder nachdenkend still.)

Mich so ganz zu ergründen! – Jedes kühne Gefühl, jede leise, schüchterne Bebung zu erwidern, jede feurige Wallung – an der feinsten Unbeschreiblichkeit eines schwebenden Lauts meine Seele zu fassen – mich zu berechnen in einer Thräne – auf jeden gähen Gipfel der Leidenschaft mich zu begleiten, mir zu begegnen vor jedem schwindelnden Absturz – Gott! Gott! und alles das nichts als Grimasse? – Grimasse? – O, wenn die Lüge eine so haltbare Farbe hat, wie ging es zu, daß sich kein Teufel noch in das Himmelreich hineinlog?

Da ich ihr die Gefahr unsrer Liebe entdeckte, mit welch überzeugender Täuschung erblaßte die Falsche da! Mit welch siegender Würde schlug sie den frechen Hohn meines Vaters zu Boden, und in eben dem Augenblick fühlte das Weib sich doch schuldig – Was? hielt sie nicht selbst die Feuerprobe der Wahrheit aus – die Heuchlerin sinkt in Ohnmacht. Welche Sprache wirst du jetzt führen, Empfindung? Auch Koketten sinken in Ohnmacht. Womit wirst du dich rechtfertigen, Unschuld? – Auch Metzen sinken in Ohnmacht.

Sie weiß, was sie aus mir gemacht hat. Sie hat meine ganze Seele gesehn. Mein Herz trat beim Erröten des ersten Kusses sichtbar in meine Augen – und sie empfand nichts? empfand vielleicht nur den Triumph ihrer Kunst? – Da mein glücklicher Wahnsinn den ganzen Himmel in ihr zu umspannen wähnte? Meine wildesten Wünsche schwiegen? Vor meinem Gemüt stand kein Gedanke als die Ewigkeit und das Mädchen – Gott! da empfand sie nichts? fühlte nichts, als ihren Anschlag gelungen? Nichts, als ihre Reize geschmeichelt? Tod und Rache! Nichts, als daß ich betrogen sei?

Dritte Szene.

Der Hofmarschall und **Ferdinand.**

Hofmarschall (ins Zimmer trippelnd). Sie haben den Wunsch blicken lassen, mein Bester! –

Ferdinand (vor sich hinmurmelnd). Einem Schurken den Hals zu brechen. (Laut.) Marschall, dieser Brief muß Ihnen bei der Parade aus der Tasche gefallen sein – und ich (mit boshaftem Lachen) war zum Glück noch der Finder.

Hofmarschall. Sie?

Ferdinand. Durch den lustigsten Zufall. Machen Sie's mit der Allmacht aus.

Hofmarschall. Sie sehen, wie ich erschrecke, Baron.

Ferdinand. Lesen Sie! Lesen Sie! (Von ihm weggehend.) Bin ich auch schon zum Liebhaber zu schlecht, vielleicht lass' ich mich desto besser als Kuppler an.[1]

(Während daß jener liest, tritt er zur Wand und nimmt zwei Pistolen herunter.)

Hofmarschall (wirft den Brief auf den Tisch und will sich davonmachen). Verflucht!

Ferdinand (führt ihn am Arm zurück). Geduld, lieber Marschall! Die Zeitungen dünken mich angenehm. Ich will meinen Finderlohn haben. (Hier zeigt er ihm die Pistolen.)

Hofmarschall (tritt bestürzt zurück). Sie werden vernünftig sein, Bester.

Ferdinand (mit starker, schrecklicher Stimme). Mehr als zuviel, um einen Schelmen, wie du bist, in jene Welt zu schicken! (Er dringt ihm die eine Pistole auf, zugleich zieht er sein Schnupftuch.) Nehmen Sie! Dieses Schnupftuch da fassen Sie! – Ich hab's von der Buhlerin.

Hofmarschall. Über dem Schnupftuch? Rasen Sie? Wohin denken Sie?

Ferdinand. Fass' dieses End' an, sag' ich. Sonst wirst du ja fehl schießen, Memme! – Wie sie zittert, die Memme! Du solltest Gott danken, Memme, daß du zum erstenmal etwas in

---

[1] Mit Hohn, als wollte er den Liebesboten zwischen Luise und dem Marschall spielen.

deinen Hirnkasten kriegst! (Hofmarschall macht sich auf die Beine.) Sachte! dafür wird gebeten sein.[1] (Er überholt ihn und riegelt die Thüre.)

Hofmarschall. Auf dem Zimmer, Baron?

Ferdinand. Als ob sich mit dir ein Gang vor den Wall verlohnte! – Schatz, so knallt's desto lauter, und das ist ja doch wohl das erste Geräusch, das du in der Welt machst. – Schlag an!

Hofmarschall (wischt sich die Stirn). Und Sie wollen Ihr kostbares Leben so aussetzen, junger, hoffnungsvoller Mann?

Ferdinand. Schlag an, sag' ich! Ich habe nichts mehr in dieser Welt zu thun!

Hofmarschall. Aber ich desto mehr, mein Allervortrefflichster.

Ferdinand. Du, Bursche? Was, du? – Der Notnagel zu sein, wo die Menschen sich rar machen?[2] In einem Augenblick siebenmal kurz und siebenmal lang zu werden[3] wie der Schmetterling an der Nadel? Ein Register zu führen über die Stuhlgänge deines Herrn und der Mietgaul seines Witzes zu sein? Ebenso gut, ich führe dich wie irgend ein seltenes Murmeltier mit mir. Wie ein zahmer Affe sollst du zum Geheul der Verdammten tanzen, apportieren und aufwarten und mit deinen höfischen Künsten die ewige Verzweiflung belustigen.

Hofmarschall. Was Sie befehlen, Herr, wie Sie belieben – Nur die Pistolen weg!

Ferdinand. Wie er dasteht, der Schmerzenssohn! – dasteht dem sechsten Schöpfungstag zum Schimpfe! Als wenn ihn ein Tübinger Buchhändler dem Allmächtigen nachgedruckt hätte![4] Schade nur, ewig schade für die Unze Gehirn, die so schlecht in diesem undankbaren Schädel wuchert! Diese einzige Unze hätte dem Pavian noch vollends zum Menschen geholfen, da sie jetzt nur einen Bruch von Vernunft macht. – Und mit diesem ihr

---

[1] Das wollen wir uns verbitten.

[2] Bei Diensten, zu denen ein wirklicher „Mensch" sich nicht hergibt.

[3] Von den beständigen Verbeugungen (Bücklingen) des Höflings (vgl. 393,24), witzig verglichen mit dem Schmetterling, der sich fortwährend krümmt, wenn er mit der Nadel durchstochen ist.

[4] Ein gewissenloser Buchhändler, der ein fremdes Werk nachdruckt und es dabei durch schlechten Druck u. s. w. verhunzt, so wie hier das reine, gottähnliche Bild des Menschen in einem verhunzten Exemplar erscheint. Die beiden Tübinger Buchdrucker Schramm und Frank waren damals für solches Treiben berüchtigt.

Herz zu teilen? – Ungeheuer! Unverantwortlich! – einem Kerl, mehr gemacht, von Sünden zu entwöhnen, als dazu anzureizen.

Hofmarschall. O! Gott sei ewig Dank! Er wird witzig!

Ferdinand. Ich will ihn gelten lassen. Die Toleranz, die der Raupe schont, soll auch diesem zu gute kommen! Man begegnet ihm, zuckt etwa die Achsel, bewundert vielleicht noch die kluge Wirtschaft des Himmels, der auch mit Träbern und Bodensatz noch Kreaturen speist; der dem Raben am Hochgericht und einem Höfling im Schlamme der Majestäten den Tisch deckt. – Zuletzt erstaunt man noch über die große Polizei der Vorsicht, die auch in der Geisterwelt ihre Blindschleichen und Taranteln zur Ausfuhr des Gifts besoldet. – Aber (indem seine Wut sich erneuert) an meine Blume soll mir das Ungeziefer nicht kriechen, oder ich will es (den Marschall fassend und unsanft herumschüttelnd) so, und so, und wieder so durcheinander quetschen.

Hofmarschall (für sich hinseufzend). O mein Gott! Wer hier weg wäre! Hundert Meilen von hier im Bicêtre zu Paris![1] nur bei diesem nicht!

Ferdinand. Bube! Wenn sie nicht rein mehr ist! Bube! wenn du genossest, wo ich anbetete! (Wütender.) Schwelgtest, wo ich einen Gott mich fühlte! (Plötzlich schweigt er, darauf fürchterlich:) Dir wäre besser, Bube, du flöhest der Hölle zu, als daß dir mein Zorn im Himmel begegnete! – Wie weit kamst du mit dem Mädchen? Bekenne!

Hofmarschall. Lassen Sie mich los! Ich will alles verraten.

Ferdinand. O! es muß reizender sein, mit diesem Mädchen zu buhlen, als mit andern noch so himmlisch zu schwärmen. – Wollte sie ausschweifen, wollte sie, sie könnte den Wert der Seele herunterbringen und die Tugend mit der Wollust verfälschen. (Dem Marschall die Pistole aufs Herz drückend.) Wie weit kamst du mit ihr? Ich drücke ab, oder bekenne!

Hofmarschall. Es ist nichts – ist ja alles nichts! Haben Sie nur eine Minute Geduld! Sie sind ja betrogen!

---

[1] Ein Hospital bei Paris, wo die niedrigsten Menschenklassen Aufnahme fanden.

Ferdinand. Und daran mahnst du mich, Bösewicht? – Wie weit kamst du mit ihr? Du bist des Todes, oder bekenne!

Hofmarschall. *Mon Dieu!* Mein Gott! Ich spreche ja – So hören Sie doch nur – Ihr Vater – Ihr eigener, leiblicher Vater –

Ferdinand (grimmiger). Hat seine Tochter an dich verkuppelt? Und wie weit kamst du mit ihr? Ich ermorde dich, oder bekenne!

Hofmarschall. Sie rasen. Sie hören nicht. Ich sah sie nie. Ich kenne sie nicht. Ich weiß gar nichts von ihr. –

Ferdinand (zurücktretend). Du sahst sie nie? Kennst sie nicht? Weißt gar nichts von ihr? – Die Millerin ist verloren um deinetwillen; du leugnest sie dreimal in einem Atem hinweg? – Fort, schlechter Kerl! (Er gibt ihm mit der Pistole einen Streich und stößt ihn aus dem Zimmer.) Für deinesgleichen ist kein Pulver erfunden![1]

Vierte Szene.

Ferdinand nach einem langen Stillschweigen, worin seine Züge einen schrecklichen Gedanken entwickeln.

Verloren! ja Unglückselige! – Ich bin es. Du bist es auch. Ja, bei dem großen Gott! Wenn ich verloren bin, bist du es auch! – Richter der Welt! Fodre sie mir nicht ab! Das Mädchen ist mein. Ich trat dir deine ganze Welt für das Mädchen ab, habe Verzicht gethan auf deine ganze herrliche Schöpfung. Laß mir das Mädchen! – Richter der Welt! Dort winseln Millionen Seelen nach dir – dorthin kehre das Aug' deines Erbarmens – mich laß allein machen, Richter der Welt! (Indem er schrecklich die Hände faltet.) Sollte der reiche, vermögende Schöpfer mit einer Seele geizen, die noch dazu die schlechteste seiner Schöpfung ist? – Das Mädchen ist mein! Ich einst ihr Gott, jetzt ihr Teufel!

(Die Augen graß in einen Winkel geworfen.)

Eine Ewigkeit mit ihr auf ein Rad der Verdammnis geflochten – Augen in Augen wurzelnd – Haare zu Berge stehend

---

[1] Du bist keinen Schuß Pulver wert.

gegen Haare – auch unser hohles Wimmern in eins geschmolzen – und jetzt zu wiederholen meine Zärtlichkeiten, und jetzt ihr vorzusingen ihre Schwüre – Gott! Gott! Die Vermählung ist fürchterlich – aber ewig! (Er will schnell hinaus, der Präsident tritt herein.)

Fünfte Szene.

Der Präsident und **Ferdinand.**

Ferdinand (zurücktretend). O! – mein Vater!

Präsident. Sehr gut, daß wir uns finden, mein Sohn! Ich komme, dir etwas Angenehmes zu verkündigen, und etwas, lieber Sohn, das dich ganz gewiß überraschen wird. Wollen wir uns setzen?

Ferdinand (sieht ihn lange Zeit starr an). Mein Vater! (Mit stärkerer Bewegung zu ihm gehend und seine Hand fassend.) Mein Vater! (Seine Hand küssend, vor ihm niederfallend.) O mein Vater!

Präsident. Was ist dir, mein Sohn? Steh auf! Deine Hand brennt und zittert!

Ferdinand (mit wilder, feuriger Empfindung). Verzeihung für meinen Undank, mein Vater! Ich bin ein verworfener Mensch! Ich habe Ihre Güte mißkannt! Sie meinten es mit mir so väterlich – O! Sie hatten eine weissagende Seele – jetzt ist's zu spät – Verzeihung! Verzeihung! Ihren Segen, mein Vater!

Präsident (heuchelt eine schuldlose Miene). Steh auf, mein Sohn! Besinne dich, daß du mir Rätsel sprichst.

Ferdinand. Diese Millerin, mein Vater – o, Sie kennen den[1] Menschen – Ihre Wut war damals so gerecht, so edel, so väterlich warm – nur verfehlte der warme Vatereifer des Weges – diese Millerin!

Präsident. Martre mich nicht, mein Sohn. Ich verfluche meine Härte! Ich bin gekommen, dir abzubitten! –

Ferdinand. Abbitten an mir! – Verfluchen an mir – Ihre Mißbilligung war Weisheit. Ihre Härte war himmlisches Mitleid. – – Diese Millerin, Vater –

---

1 Allgemein (kollektiv): Sie sind ein Menschenkenner.

Präsident. Ist ein edles, ein liebes Mädchen. – Ich widerrufe meinen übereilten Verdacht. Sie hat meine Achtung erworben.

Ferdinand (springt erschüttert auf). Was? auch Sie? – Vater! – auch Sie? – Und nicht wahr, mein Vater, ein Geschöpf wie die Unschuld? – Und es ist so menschlich, dieses Mädchen zu lieben!

Präsident. Sage so: Es ist Verbrechen, es nicht zu lieben!

Ferdinand. Unerhört! Ungeheuer! – Und Sie schauen ja doch sonst die Herzen so durch! Sahen sie noch dazu mit Augen des Hasses! – Heuchelei ohne Beispiel! – Diese Millerin, Vater –

Präsident. Ist es wert, meine Tochter zu sein! Ich rechne ihre Tugend für Ahnen und ihre Schönheit für Gold. Meine Grundsätze weichen deiner Liebe – sie sei dein!

Ferdinand (stürzt fürchterlich aus dem Zimmer). Das fehlte noch! – Leben Sie wohl, mein Vater! (Ab.)

Präsident (ihm nachgehend). Bleib! Bleib! Wohin stürmst du? (Ab.)

Sechste Szene.

Ein sehr prächtiger Saal bei der Lady.

Lady und **Sophie** treten herein.

Lady. Also sahst du sie? Wird sie kommen?

Sophie. Diesen Augenblick. Sie war noch im Hausgewand und wollte sich nur in der Geschwindigkeit umkleiden.

Lady. Sage mir nichts von ihr – stille – wie eine Verbrecherin zitt're ich, die Glückliche zu sehen, die mit meinem Herzen so schrecklich harmonisch fühlt. – Und wie nahm sie sich bei der Einladung?

Sophie. Sie schien bestürzt, wurde nachdenkend, sah mich mit großen Augen an und schwieg. Ich hatte mich schon auf ihre Ausflüchte vorbereitet, als sie mit einem Blick, der mich ganz überraschte, zur Antwort gab: „Ihre Dame befiehlt mir, was ich mir morgen erbitten wollte".

Lady (sehr unruhig). Laß mich, Sophie. Beklage mich. Ich muß erröten, wenn sie nur das gewöhnliche Weib ist, und wenn sie mehr ist, verzagen.

Sophie. Aber, Milady – das ist die Laune nicht, eine Nebenbuhlerin zu empfangen. Erinnern Sie sich, wer Sie sind. Rufen Sie Ihre Geburt, Ihren Rang, Ihre Macht zu Hülfe. Ein stolzeres Herz muß die stolze Pracht Ihres Anblicks erheben.

Lady (zerstreut). Was schwatzt die Närrin da?

Sophie (boshaft). Oder es ist vielleicht Zufall, daß eben heute die kostbarsten Brillanten an Ihnen blitzen? Zufall, daß eben heute der reichste Stoff Sie bekleiden muß – daß Ihre Antischamber von Heiducken und Pagen wimmelt und das Bürgermädchen im fürstlichsten Saal Ihres Palastes erwartet wird?

Lady (auf und ab voll Erbitterung). Verwünscht! Unerträglich! Daß Weiber für Weiberschwächen solche Luchsaugen haben! – – Aber wie tief, wie tief muß ich schon gesunken sein, daß eine solche Kreatur mich ergründet!

Ein Kammerdiener (tritt auf). Mamsell Millerin.

Lady (zu Sophien). Hinweg du! Entferne dich! (Drohend, da diese noch zaudert.) Hinweg! Ich befehl' es. (Sophie geht ab, Lady macht einen Gang durch den Saal.) Gut! Recht gut, daß ich in Wallung kam! Ich bin, wie ich wünschte. (Zum Kammerdiener.) Die Mamsell mag hereintreten. (Kammerdiener geht. Sie wirft sich in den Sofa und nimmt eine vornehm-nachlässige Lage an.)

Siebente Szene.

Luise Millerin tritt schüchtern herein und bleibt in einer großen Entfernung von der Lady stehen; **Lady** hat ihr den Rücken zugewandt und betrachtet sie eine Zeitlang aufmerksam in dem gegenüberstehenden Spiegel.

(Nach einer Pause.)

Luise. Gnädige Frau, ich erwarte Ihre Befehle.

Lady (dreht sich nach Luisen um und nickt nur eben mit dem Kopf, fremd und zurückgezogen). Aha! Ist Sie hier? – Ohne Zweifel die Mamsell – eine gewisse – wie nennt man Sie doch?

Luise (etwas empfindlich). Miller nennt sich mein Vater, und Ihro Gnaden schickten nach seiner Tochter.

Lady. Recht! Recht! ich entsinne mich – die arme Geigerstochter, wovon neulich die Rede war. (Nach einer Pause vor sich.) Sehr interessant und doch keine Schönheit – (Laut zu Luisen.) Trete Sie näher, mein Kind! (Wieder vor sich.) Augen, die sich im Weinen übten – wie lieb' ich sie, diese Augen! (Wiederum laut.) Nur näher – nur ganz nah'. – Gutes Kind, ich glaube, du fürchtest mich!

Luise (groß, mit entschiednem Ton). Nein, Milady. Ich verachte das Urteil der Menge.[1]

Lady (vor sich). Sieh doch! – und diesen Trotzkopf hat sie von ihm. (Laut.) Man hat Sie mir empfohlen, Mamsell. Sie soll was gelernt haben und sonst auch zu leben wissen. – Nun ja, ich will's glauben – auch nähm' ich die ganze Welt nicht, einen so warmen Fürsprecher Lügen zu strafen.

Luise. Doch kenn' ich niemand, Milady, der sich Mühe gäbe, mir eine Patronin zu suchen.

Lady (geschraubt). Mühe um die Klientin oder Patronin?

Luise. Das ist mir zu hoch, gnädige Frau!

Lady. Mehr Schelmerei, als diese offene Bildung vermuten läßt! Luise nennt Sie sich? Und wie jung, wenn man fragen darf?

Luise. Sechzehn gewesen.

Lady (steht rasch auf). Nun ist's heraus! Sechzehen Jahre! Der erste Puls dieser Leidenschaft! – Auf dem unberührten Klavier der erste einweihende Silberton – nichts ist verführender. – Setz' dich; ich bin dir gut, liebes Mädchen. – Und auch er liebt zum erstenmal – was Wunder, wenn sich die Strahlen eines Morgenrots finden? (Sehr freundlich und ihre Hand ergreifend.) Es bleibt dabei, ich will dein Glück machen, Liebe. – Nichts, nichts als die süße, frühe verfliegende Träumerei. (Luisen auf die Wange klopfend.) Meine Sophie heiratet. Du sollst ihre Stelle haben. – Sechzehen Jahr! Es kann nicht von Dauer sein.

Luise (küßt ihr ehrerbietig die Hand). Ich danke für diese Gnade, Milady, als wenn ich sie annehmen dürfte.

---

[1] Welche Ihnen viel Böses schuld gibt, so daß mir wohl vor Ihnen bangen könnte.

Lady (in Entrüstung zurückfallend). Man sehe die große Dame! Sonst wissen sich Jungfern Ihrer Herkunft noch glücklich, wenn sie Herrschaften finden. – Wo will denn Sie hinaus, meine Kostbare? Sind diese Finger zur Arbeit zu niedlich? Ist es Ihr bißchen Gesicht, worauf Sie so trotzig thut?

Luise. Mein Gesicht, gnädige Frau, gehört mir so wenig als meine Herkunft.

Lady. Oder glaubt Sie vielleicht, das werde nimmer ein Ende nehmen? – Armes Geschöpf, wer dir das in den Kopf setzte – mag er sein, wer er will – er hat euch beide zum besten gehabt. Diese Wangen sind nicht im Feuer vergoldet. Was dir dein Spiegel für massiv und ewig verkauft, ist nur ein dünner, angeflogener Goldschaum, der deinem Anbeter über kurz oder lang in der Hand bleiben muß. – Was werden wir dann machen?

Luise. Den Anbeter bedauern, Milady, der einen Demant kaufte, weil er in Gold schien gefaßt zu sein.

Lady (ohne darauf achten zu wollen). Ein Mädchen von Ihren Jahren hat immer zween Spiegel zugleich, den wahren und ihren Bewunderer. – Die gefällige Geschmeidigkeit des letztern macht die rauhe Offenherzigkeit des erstern wieder gut. Der eine rügt eine häßliche Blatternarbe. Weit gefehlt, sagt der andere, es ist ein Grübchen der Grazien. Ihr guten Kinder glaubt jenem nur, was euch dieser gesagt hat, hüpft von einem zum andern, bis ihr zuletzt die Aussagen beider verwechselt. – Warum begafft Sie mich so?

Luise. Verzeihen Sie, gnädige Frau – ich war soeben im Begriff, diesen prächtig blitzenden Rubin zu beweinen, der es nicht wissen muß, daß seine Besitzerin so scharf wider Eitelkeit eifert.

Lady (errötend). Keinen Seitensprung, Lose! – Wenn es nicht die Promessen[1] Ihrer Gestalt sind, was in der Welt könnte Sie abhalten, einen Stand zu erwählen, der der einzige ist, wo Sie Manieren und Welt lernen kann, der einzige ist, wo Sie sich Ihrer bürgerlichen Vorurteile entledigen kann?

Luise. Auch meiner bürgerlichen Unschuld, Milady?

---

[1] Zusagen, schmeichelhafte Vorspiegelungen.

Lady. Läppischer Einwurf! Der ausgelassenste Bube ist zu verzagt, uns etwas Beschimpfendes zuzumuten, wenn wir ihm nicht selbst ermunternd entgegengehn. Zeige Sie, wer Sie ist! Gebe Sie sich Ehre und Würde, und ich sage Ihrer Jugend für alle Versuchung gut.

Luise. Erlauben Sie, gnädige Frau, daß ich mich unterstehe, daran zu zweifeln. Die Paläste gewisser Damen sind oft die Freistätten der frechsten Ergötzlichkeit. Wer sollte der Tochter des armen Geigers den Heldenmut zutrauen, den Heldenmut, mitten in die Pest sich zu werfen und doch dabei vor der Vergiftung zu schaudern? Wer sollte sich träumen lassen, daß Lady Milford ihrem Gewissen einen ewigen Skorpion halte, daß sie Geldsummen aufwende, um den Vorteil zu haben, jeden Augenblick schamrot zu werden? – Ich bin offenherzig, gnädige Frau. – Würde Sie mein Anblick ergötzen, wenn Sie einem Vergnügen entgegengingen? Würden Sie ihn ertragen, wenn Sie zurückkämen? – – O besser! besser! Sie lassen Himmelsstriche uns trennen – Sie lassen Meere zwischen uns fließen! – Sehen Sie sich wohl für, Milady! – Stunden der Nüchternheit, Augenblicke der Erschöpfung könnten sich melden – Schlangen der Reue könnten Ihren Busen anfallen, und nun – welche Folter für Sie, im Gesicht Ihres Dienstmädchens die heitre Ruhe zu lesen, womit die Unschuld ein reines Herz zu belohnen pflegt. (Sie tritt einen Schritt zurück.) Noch einmal, gnädige Frau, ich bitte sehr um Vergebung.

Lady (in großer inn'rer Bewegung herumgehend). Unerträglich, daß sie mir das sagt! Unerträglicher, daß sie recht hat! (Zu Luisen tretend und ihr starr in die Augen sehend.) Mädchen, du wirst mich nicht überlisten. So warm sprechen Meinungen nicht. Hinter diesen Maximen lauert ein feurigeres Interesse, das dir meine Dienste besonders abscheulich malt – das dein Gespräch so erhitzte – das ich (drohend) entdecken muß.

Luise (gelassen und edel). Und wenn Sie es nun entdeckten? Und wenn Ihr verächtlicher Fersenstoß den beleidigten Wurm aufweckte, dem sein Schöpfer gegen Mißhandlung noch einen Stachel gab? – Ich fürchte Ihre Rache nicht, Lady. – Die arme Sünderin auf dem berüchtigten Henkerstuhl lacht zu Weltuntergang. Mein Elend ist so hoch gestiegen, daß selbst Aufrichtigkeit es nicht mehr vergrößern kann. (Nach einer Pause, sehr ernsthaft.) Sie wollen mich aus dem Staub meiner Herkunft reißen. Ich will sie nicht zergliedern, diese verdächtige Gnade. Ich will nur fragen, was Milady bewegen konnte, mich für die Thörin zu halten, die über ihre Herkunft errötet? Was sie berechtigen konnte, sich zur Schöpferin meines Glücks aufzuwerfen, ehe sie noch wußte, ob ich mein Glück auch von *ihren* Händen empfangen wolle? – Ich hatte meinen ewigen Anspruch auf die Freuden der Welt zerrissen. Ich hatte dem Glück seine Übereilung vergeben – warum mahnen Sie mich aufs neu' an dieselbe? – Wenn selbst die Gottheit dem Blick der Erschaffenen ihre Strahlen verbirgt, daß nicht ihr oberster Seraph vor seiner Verfinsterung zurückschaure – warum wollen Menschen so grausambarmherzig sein? – Wie kommt es, Milady, daß Ihr gepriesenes Glück das *Elend* so gern um Neid und Bewunderung anbettelt? – Hat Ihre Wonne die Verzweiflung so nötig zur Folie? – O lieber[1], so gönnen Sie mir doch eine Blindheit, die mich allein noch mit meinem barbarischen Los versöhnt. – Fühlt sich doch das Insekt[2] in einem Tropfen Wassers so selig, als wär' es ein Himmelreich, so froh und so selig, bis man ihm von einem Weltmeer erzählt, worin Flotten und Walfische spielen! – – Aber *glücklich* wollen Sie mich ja wissen? (Nach einer Pause plötzlich zur Lady hintretend und mit Überraschung[3] sie fragend.) Sind *Sie* glücklich, Milady? (Diese verläßt sie schnell und betroffen, Luise folgt ihr und hält ihr die Hand vor den Busen.) Hat dieses Herz auch die lachende Gestalt Ihres Standes? Und wenn wir jetzt Brust gegen Brust und Schicksal gegen Schicksal auswechseln sollten – und wenn ich in kindlicher Unschuld – und wenn ich auf Ihr Gewissen – und wenn ich als meine Mutter[4] Sie fragte – würden Sie mir wohl zu dem Tausche raten?

Lady (heftig bewegt in den Sofa sich werfend). Unerhört! Unbe-

[1] Adverbial: es wäre mir so lieber, es wäre besser.
[2] Gemeint ist ein Infusionstierchen.
[3] D. h. indem sie sie mit der Frage überrascht.
[4] Als wären Sie meine Mutter.

greiflich! Nein, Mädchen! Nein! Diese Größe hast du nicht auf die Welt gebracht, und für einen Vater ist sie zu jugendlich. Lüge mir nicht. Ich höre einen andern Lehrer –

Luise (fein und scharf ihr in die Augen sehend). Es sollte mich doch wundern, Milady, wenn Sie jetzt erst auf diesen Lehrer fielen und doch vorhin schon eine Kondition für mich wußten.

Lady (springt auf). Es ist nicht auszuhalten! – Ja denn! weil ich dir doch nicht entwischen kann. Ich kenn' ihn – weiß alles – weiß mehr, als ich wissen mag! (Plötzlich hält sie inne, darauf mit einer Heftigkeit, die nach und nach bis beinahe zum Toben steigt.) Aber wag' es, Unglückliche, – wag' es, ihn jetzt noch zu lieben oder von ihm geliebt zu werden! – Was sage ich? – Wag' es, an ihn zu denken oder einer von seinen Gedanken zu sein – ich bin mächtig, Unglückliche – fürchterlich. – So wahr Gott lebt! du bist verloren!

Luise (standhaft). Ohne Rettung, Milady, sobald Sie ihn zwingen, daß er Sie lieben muß.

Lady. Ich verstehe dich – aber er soll mich nicht lieben! Ich will über diese schimpfliche Leidenschaft siegen, mein Herz unterdrücken und das deinige zermalmen. – Felsen und Abgründe will ich zwischen euch werfen: eine Furie will ich mitten durch euren Himmel gehn; mein Name soll eure Küsse, wie ein Gespenst Verbrecher, auseinanderscheuchen; deine junge, blühende Gestalt unter seiner Umarmung welk wie eine Mumie zusammenfallen. – Ich kann nicht mit ihm glücklich werden – aber du sollst es auch nicht werden. – Wisse das, Elende! Seligkeit zerstören, ist auch Seligkeit!

Luise. Eine Seligkeit, um die man Sie schon gebracht hat,[1] Milady. Lästern Sie Ihr eigenes Herz nicht. Sie sind nicht fähig, das auszuüben, was Sie so drohend auf mich herabschwören. Sie sind nicht fähig, ein Geschöpf zu quälen, das Ihnen nichts zuleide gethan, als daß es empfunden hat wie Sie – aber ich liebe Sie um dieser Wallung willen, Milady.

---

[1] Weil mein Glück schon zerstört ist, durch Wurms Kabale. Danach hält Luise die Lady für unbeteiligt an dieser Kabale, womit aber 391,11 nicht übereinstimmt: „sollte sie ... haben?"

Lady (die sich jetzt gefaßt hat). Wo bin ich? Wo war ich? Was hab' ich merken lassen? – Wen hab' ich's merken lassen? – O Luise, edle, große, göttliche Seele! Vergib's einer Rasenden – ich will dir kein Haar kränken, mein Kind. Wünsche! Fodre! Ich will dich auf den Händen tragen, deine Freundin, deine Schwester will ich sein. – Du bist arm – sieh! (Einige Brillanten herunternehmend.) Ich will diesen Schmuck verkaufen – meine Garderobe, Pferd und Wagen verkaufen – dein sei alles, aber entsag' ihm!

Luise (tritt zurück voll Befremdung). Spottet sie einer Verzweifelnden oder sollte sie an der barbarischen That im Ernst keinen Anteil gehabt haben? Ha! so könnt' ich mir ja noch den Schein einer Heldin geben und meine Ohnmacht zu einem Verdienst aufputzen. (Sie steht eine Weile gedankenvoll, dann tritt sie näher zur Lady, faßt ihre Hand und sieht sie starr und bedeutend an.) Nehmen Sie ihn denn hin, Milady. – Freiwillig tret' ich Ihnen ab den Mann, den man mit Haken der Hölle von meinem blutenden Herzen riß. – – Vielleicht wissen Sie es selbst nicht, Milady, aber Sie haben den Himmel zweier Liebenden geschleift, voneinander gezerrt zwei Herzen, die Gott aneinander band; zerschmettert ein Geschöpf, das ihm nahe ging wie Sie, das er zur Freude schuf wie Sie, das ihn gepriesen hat wie Sie und ihn nun nimmermehr preisen wird – Lady! Ins Ohr des Allwissenden schreit auch der letzte Krampf des zertretenen Wurms – es wird ihm nicht gleichgültig sein, wenn man Seelen in seinen Händen mordet! Jetzt ist er Ihnen! Jetzt, Milady, nehmen Sie ihn hin! Rennen Sie in seine Arme! Reißen Sie ihn zum Altar – nur vergessen Sie nicht, daß zwischen Ihren Brautkuß das Gespenst einer Selbstmörderin stürzen wird – Gott wird barmherzig sein – ich kann mir nicht anders helfen! (Sie stürzt hinaus.)

Achte Szene.

Lady allein, steht erschüttert und außer sich, den starren Blick nach der Thüre gerichtet, durch welche die Millerin weggeeilt; endlich erwacht sie aus ihrer Betäubung.

Wie war das? Wie geschah mir? Was sprach die Unglückliche? – Noch, o Himmel! noch zerreißen sie mein Ohr, die fürchterlichen, mich verdammenden Worte: Nehmen Sie ihn hin! – Wen, Unglückselige? Das Geschenk deines Sterberöchelns – das schauervolle Vermächtnis deiner Verzweiflung? Gott! Gott! Bin ich so tief gesunken – so plötzlich von allen Thronen meines Stolzes herabgestürzt, daß ich heißhungrig erwarte, was einer Bettlerin Großmut aus ihrem letzten Todeskampfe mir zuwerfen wird? – Nehmen Sie ihn hin! und das spricht sie mit einem Tone, begleitet sie mit einem Blicke – Ha! Emilie! bist du darum über die Grenzen deines Geschlechts weggeschritten? Mußtest du darum um den prächtigen Namen des großen brittischen Weibes buhlen, daß das prahlende Gebäude deiner Ehre neben der höheren Tugend einer verwahrlosten Bürgerdirne versinken soll? – Nein, stolze Unglückliche! Nein! – Beschämen läßt sich Emilie Milford – doch beschimpfen nie! Auch ich habe Kraft zu entsagen.

(Mit majestätischen Schritten auf und nieder.)

Verkrieche dich jetzt, weiches, leidendes Weib! – Fahret hin, süße, goldene Bilder der Liebe – Großmut allein sei jetzt meine Führerin! – – Dieses liebende Paar ist verloren, oder Milford muß ihren Anspruch vertilgen und im Herzen des Fürsten erlöschen! (Nach einer Pause, lebhaft.) Es ist geschehen! – Gehoben das furchtbare Hindernis – zerbrochen alle Bande zwischen mir und dem Herzog, gerissen aus meinem Busen diese wütende Liebe! – – In deine Arme werf' ich mich, Tugend! – Nimm sie auf, deine reuige Tochter Emilie! – Ha! wie mir so wohl ist! Wie ich auf einmal so leicht, so gehoben mich fühle! – Groß wie eine fallende Sonne will ich heut vom Gipfel meiner Hoheit heruntersinken, meine Herrlichkeit sterbe mit meiner Liebe, und nichts als mein Herz begleite mich in diese stolze Verweisung.

(Entschlossen zum Schreibpult gehend.) Jetzt gleich muß es geschehen – jetzt auf der Stelle, ehe die Reize des lieben Jünglings den blutigen Kampf meines Herzens erneuren.

(Sie setzt sich nieder und fängt an zu schreiben.)

Neunte Szene.

Lady. Ein Kammerdiener. Sophie, hernach der **Hofmarschall**, zuletzt **Bediente.**

Kammerdiener. Hofmarschall von Kalb stehen im Vorzimmer mit einem Auftrag vom Herzog.

Lady (in der Hitze des Schreibens). Auftaumeln wird sie, die fürstliche Drahtpuppe! Freilich! Der Einfall ist auch drollig genug, so eine durchlauchtige Hirnschale auseinander zu treiben. – Seine Hofschranzen werden wirbeln – das ganze Land wird in Gärung kommen.

Kammerdiener und **Sophie.** Der Hofmarschall, Milady!

Lady (dreht sich um). Wer? Was? – Desto besser! Diese Sorte von Geschöpfen ist zum Sacktragen auf der Welt. Er soll mir willkommen sein.

Kammerdiener (geht ab).

Sophie (ängstlich näher kommend). Wenn ich nicht fürchten müßte, Milady, es wäre Vermessenheit – (Lady schreibt hitzig fort.) Die Millerin stürzte außer sich durch den Vorsaal – Sie glühen – Sie sprechen mit sich selbst. (Lady schreibt immer fort.) Ich erschrecke. – Was muß geschehen sein?

Hofmarschall (tritt herein, macht dem Rücken der Lady tausend Verbeugungen; da sie ihn nicht bemerkt, kommt er näher, stellt sich hinter ihren Sessel, sucht den Zipfel ihres Kleids wegzukriegen und drückt einen Kuß darauf, mit furchtsamem Lispeln). S e r e n i s s i m u s –

Lady (indem sie Sand streut und das Geschriebene durchfliegt). Er wird mir schwarzen Undank zur Last legen. – Ich war eine Verlassene, er hat mich aus dem Elend gezogen. – Aus dem Elend? – Abscheulicher Tausch! – Zerreiße deine Rechnung, Verführer! Meine ewige S c h a m r ö t e bezahlt sie mit Wucher.

Hofmarschall (nachdem er die Lady vergeblich von allen Seiten umgangen hat). Milady scheinen etwas distrait zu sein – ich werde mir wohl selbst die Kühnheit erlauben müssen. (Sehr laut.) Serenissimus schicken mich, Milady zu fragen, ob diesen Abend Vauxhall[1] sein werde oder teutsche Komödie?

Lady (lachend aufstehend). Eins von beiden, mein Engel! – Unterdessen bringen Sie Ihrem Herzog diese Karte zum Dessert! (Gegen Sophien.) Du, Sophie, befiehlst, daß man anspannen soll, und rufst meine ganze Garderobe[2] in diesen Saal zusammen –

Sophie (geht ab voll Bestürzung). O Himmel, was ahndet mir! Was wird das noch werden?

Hofmarschall. Sie sind echauffiert, meine Gnädige?

Lady. Um so weniger wird hier gelogen sein. – Hurra, Herr Hofmarschall! Es wird eine Stelle vakant. Gut Wetter für Kuppler! (Da der Marschall einen zweifelhaften Blick auf den Zettel wirft.) Lesen Sie, lesen Sie! Es ist mein Wille, daß der Inhalt nicht unter vier Augen bleibe!

Hofmarschall (liest, unterdessen sammeln sich die Bedienten der Lady im Hintergrund).

„Gnädigster Herr!

Ein Vertrag, den Sie so leichtsinnig brachen, kann mich nicht mehr binden. Die Glückseligkeit Ihres Landes war die Bedingung meiner Liebe. Drei Jahre währte der Betrug. Die Binde fällt mir von den Augen. Ich verabscheue Gunstbezeugungen, die von den Thränen der Unterthanen triefen. – Schenken Sie die Liebe, die ich Ihnen nicht mehr erwidern kann, Ihrem weinenden Lande und lernen von einer brittischen Fürstin Erbarmen gegen Ihr teutsches Volk. In einer Stunde bin ich über der Grenze.

Johanna Norfolk.[3]"

Alle Bediente (murmeln bestürzt durcheinander). Über der Grenze?

Hofmarschall (legt die Karte erschrocken auf den Tisch). Behüte der Himmel, meine Beste und Gnädige! Dem Überbringer müßte der Hals eben so jücken als der Schreiberin.

---

[1] *Eigentlich* ein Dorf bei London, wo sich die feine Welt zu Gartenfesten und ähnlichen Vergnügungen vereinigte.

[2] Dienerschaft.

[3] Dies ihr wahrer Name, während sie sich sonst des angenommenen Emilie Milford bedient.

Lady. Das ist deine Sorge, du Goldmann! – Leider weiß ich es, daß du und deinesgleichen am Nachbeten dessen, was andre gethan haben, erwürgen![1] – Mein Rat wäre, man backte den Zettel in eine Wildpretpastete, so fänden ihn Serenissimus auf dem Teller –

Hofmarschall. *Ciel!* Diese Vermessenheit! – So erwägen Sie doch, so bedenken Sie doch, wie sehr Sie sich in Disgrace setzen, Lady!

Lady (wendet sich zu der versammelten Dienerschaft und spricht das Folgende mit der innigsten Rührung). Ihr steht bestürzt, guten Leute, erwartet angstvoll, wie sich das Rätsel entwickeln wird? – Kommt näher, meine Lieben! – Ihr dientet mir redlich und warm, sahet mir öfter in die Augen als in die Börse; euer Gehorsam war eure Leidenschaft, euer Stolz – meine Gnade! – – Daß das Andenken eurer Treue zugleich das Gedächtnis meiner Erniedrigung sein muß! Trauriges Schicksal, daß meine schwärzesten Tage eure glücklichen waren! (Mit Thränen in den Augen.) Ich entlasse euch, meine Kinder. – – Lady Milford ist nicht mehr, und Johanna von Norfolk zu arm, ihre Schuld abzutragen. – Mein Schatzmeister stürze meine Schatulle unter euch – dieser Palast bleibt dem Herzog. – Der Ärmste von euch wird reicher von hinnen gehen als seine Gebieterin. (Sie reicht ihre Hände hin, die alle nacheinander mit Leidenschaft küssen.) Ich verstehe euch, meine Guten – Lebt wohl! Lebt ewig wohl! (Faßt sich aus ihrer Beklemmung.) Ich höre den Wagen vorfahren. (Sie reißt sich los, will hinaus, der Hofmarschall verrennt ihr den Weg.) Mann des Erbarmens, stehst du noch immer da?

Hofmarschall (der diese ganze Zeit über mit einem Geistesbankerott auf den Zettel sah). Und dieses Billet soll ich Seiner Hochfürstlichen Durchlaucht zu höchsteigenen Händen geben?

Lady. Mann des Erbarmens! zu höchsteigenen Händen, und sollst melden zu höchsteigenen Ohren, weil ich nicht barfuß nach Loretto könne, so werde ich um den Taglohn arbeiten, mich zu reinigen von dem Schimpf, ihn beherrscht zu haben.

(Sie eilt ab. Alle Übrigen gehen sehr bewegt auseinander.)

---

[1] Sie sind nicht nur unfähig, selbst zu handeln, sondern ersticken sogar, wenn sie nur die Thaten andrer nachbeten.

Fünfter Akt.

Abends zwischen Licht in einem Zimmer beim Musikanten.

Erste Szene.

Luise sitzt stumm und ohne sich zu rühren in dem finstersten Winkel des Zimmers, den Kopf auf den Arm gesunken. Nach einer großen und tiefen Pause kommt **Miller** mit einer Handlaterne, leuchtet ängstlich im Zimmer herum, ohne Luisen zu bemerken, dann legt er den Hut auf den Tisch und setzt die Laterne nieder.

Miller. Hier ist sie auch nicht. Hier wieder nicht. – Durch alle Gassen bin ich gezogen, bei allen Bekannten bin ich gewesen, auf allen Thoren hab' ich gefragt – mein Kind hat man nirgends gesehen. (Nach einigem Stillschweigen.) Geduld, armer, unglücklicher Vater! Warte ab, bis es Morgen wird. Vielleicht kommt deine Einzige dann ans Ufer geschwommen. – – Gott! Gott! Wenn ich mein Herz zu abgöttisch an diese Tochter hing – die Strafe ist hart. Himmlischer Vater, hart! Ich will nicht murren, himmlischer Vater, aber die Strafe ist hart! (Er wirft sich gramvoll in einen Stuhl.)

Luise (spricht aus dem Winkel). Du thust recht, armer alter Mann! Lerne bei Zeit noch verlieren.

Miller (springt auf). Bist du da, mein Kind? Bist du? – Aber warum denn so einsam und ohne Licht?

Luise. Ich bin darum doch nicht einsam. Wenn's so recht schwarz wird um mich herum, hab' ich meine besten Besuche.

Miller. Gott bewahre dich! Nur der Gewissenswurm schwärmt mit der Eule. Sünden und böse Geister scheuen das Licht.

Luise. Auch die Ewigkeit, Vater, die mit der Seele ohne Gehülfen redet.

Miller. Kind! Kind! Was für Reden sind das?

Luise (steht auf und kommt vorwärts). Ich hab' einen harten Kampf gekämpft. Er weiß es, Vater. Gott gab mir Kraft. Der Kampf ist entschieden. Vater! man pflegt unser Geschlecht zart und zerbrechlich zu nennen. Glaub' Er das nicht mehr. Vor einer Spinne schütteln wir uns, aber das schwarze Ungeheuer Verwesung drücken wir im Spaß in die Arme. Dieses zur Nachricht, Vater. Seine Luise ist lustig.

Miller. Höre, Tochter! ich wollte, du heultest. Du gefielst mir so besser.

Luise. Wie ich ihn überlisten will, Vater. Wie ich den Tyrannen betrügen will! – Die Liebe ist schlauer als die Bosheit und kühner – das hat er nicht gewußt, der Mann mit dem traurigen Stern. – O! sie sind pfiffig, solang' sie es nur mit dem Kopf zu thun haben; aber sobald sie mit dem Herzen anbinden, werden die Böswichter dumm. – – Mit einem Eid gedachte er seinen Betrug zu versiegeln? Eide, Vater, binden wohl die Lebendigen, im Tode schmilzt auch der Sakramente eisernes Band. Ferdinand wird seine Luise kennen. – Will Er mir dies Billet besorgen, Vater? Will Er so gut sein?

Miller. An wen, meine Tochter?

Luise. Seltsame Frage! Die Unendlichkeit und mein Herz haben miteinander nicht Raum genug für einen einzigen Gedanken an ihn. – Wenn hätt' ich denn wohl an sonst jemand schreiben sollen?

Miller (unruhig). Höre, Luise! Ich erbreche den Brief.

Luise. Wie Er will, Vater – aber Er wird nicht klug daraus werden. Die Buchstaben liegen wie kalte Leichname da und leben nur Augen[1] der Liebe.

Miller (liest). „Du bist verraten, Ferdinand – ein Bubenstück ohne Beispiel zerriß den Bund unsrer Herzen, aber ein schrecklicher Schwur hat meine Zunge gebunden, und dein Vater hat überall seine Horcher gestellt. Doch, wenn du Mut hast, Geliebter! – ich weiß einen dritten Ort, wo kein Eidschwur

---

[1] Dativ.

mehr bindet, und wohin ihm kein Horcher geht." (Miller hält inne und sieht ihr ernsthaft ins Gesicht.)

Luise. Warum sieht Er mich so an? Les' Er doch ganz aus, Vater.

Miller. „Aber Mut genug mußt du haben, eine finstre Straße zu wandeln, wo dir nichts leuchtet als deine Luise und Gott. – Ganz nur Liebe mußt du kommen, daheim lassen all deine Hoffnungen und alle deine brausenden Wünsche; nichts kannst du brauchen als dein Herz. Willst du – so brich auf, wenn die Glocke den zwölften Streich thut auf dem Karmeliterturm. Bangt dir – so durchstreiche das Wort stark vor deinem Geschlechte, denn ein Mädchen hat dich zu schanden gemacht." (Miller legt das Billet nieder, schaut lange mit einem schmerzlichen, starren Blick vor sich hinaus, endlich kehrt er sich gegen sie und sagt mit leiser, gebrochener Stimme:) Und dieser dritte Ort, meine Tochter?

Luise. Er kennt ihn nicht? Er kennt ihn wirklich nicht, Vater? – Sonderbar! Der Ort ist zum Finden gemalt. Ferdinand wird ihn finden.

Miller. Hum! Rede deutlicher.

Luise. Ich weiß soeben kein liebliches Wort dafür. – Er muß nicht erschrecken, Vater, wenn ich Ihm ein häßliches nenne. Dieser Ort – o warum hat die Liebe nicht Namen erfunden! den schönsten hätte sie diesem gegeben. Der dritte Ort, guter Vater – aber Er muß mich ausreden lassen – der dritte Ort ist das Grab.

Miller (zu einem Sessel hinwankend). O mein Gott!

Luise (geht auf ihn zu und hält ihn). Nicht doch, mein Vater! Das sind nur Schauer, die sich um das Wort herumlagern. – Weg mit diesem, und es liegt ein Brautbette da, worüber der Morgen seinen goldenen Teppich breitet und die Frühlinge ihre bunte Guirlanden streun. Nur ein heulender Sünder konnte den Tod ein Gerippe schelten; es ist ein holder, niedlicher Knabe,[1] blühend, wie sie den Liebesgott malen, aber so tückisch nicht – ein stiller, dienstbarer Genius, der der erschöpften Pilgerin

[1] Anspielung auf Lessings Abhandlung: „Wie die Alten den Tod gebildet?" Vgl. S. 317, Anm. 1.

Seele den Arm bietet über den Graben der Zeit, das Feenschloß der ewigen Herrlichkeit aufschließt, freundlich nickt und verschwindet.

Miller. Was hast du vor, meine Tochter? – Du willst eigenmächtig Hand an dich legen?

Luise. Nenn' Er es nicht so, mein Vater! Eine Gesellschaft räumen, wo ich nicht wohl gelitten bin – an einen Ort vorausspringen, den ich nicht länger missen kann – ist denn das Sünde?

Miller. Selbstmord ist die abscheulichste, mein Kind – die einzige, die man nicht mehr bereuen kann, weil Tod und Missethat zusammenfallen.

Luise (bleibt erstarrt stehn). Entsetzlich! – Aber so rasch wird es doch nicht gehn. Ich will in den Fluß springen, Vater, und im Hinuntersinken Gott den Allmächtigen um Erbarmen bitten!

Miller. Das heißt, du willst den Diebstahl bereuen, sobald du das Gestohlene in Sicherheit weißt. – Tochter! Tochter! Gib acht, daß du Gottes nicht spottest, wenn du seiner am meisten von nöten hast. O! es ist weit, weit mit dir gekommen! – Du hast dein Gebet aufgegeben, und der Barmherzige zog seine Hand von dir!

Luise. Ist Lieben denn Frevel, mein Vater?

Miller. Wenn du Gott liebst, wirst du nie bis zum Frevel lieben. – – Du hast mich tief gebeugt, meine Einzige! Tief, tief, vielleicht zur Grube gebeugt. – Doch, ich will dir dein Herz nicht noch schwerer machen. – Tochter! ich sprach vorhin etwas. Ich glaubte, allein zu sein. Du hast mich behorcht, und warum sollt' ich's noch länger geheim halten? Du warst mein Abgott. Höre, Luise, wenn du noch Platz für das Gefühl eines Vaters hast – du warst mein alles. Jetzt verthust du nicht mehr von deinem Eigentum.[1] Auch ich hab' alles zu verlieren. Du siehst, mein Haar fängt an, grau zu werden. Die Zeit meldet sich allgemach bei mir, wo uns Vätern die Kapitale zu statten kommen, die wir im Herzen unsrer Kinder anlegten. – Wirst

[1] Sondern es ist Raub an mir.

du mich darum betrügen, Luise? Wirst du dich mit dem Hab und Gut deines Vaters auf und davon machen?

Luise (küßt seine Hand mit der heftigsten Rührung). Nein, mein Vater. Ich gehe als Seine große Schuldnerin aus der Welt und werde in der Ewigkeit mit Wucher bezahlen.

Miller. Gib acht, ob du dich da nicht verrechnest, mein Kind! (Sehr ernst und feierlich.) Werden wir uns dort wohl noch finden? – – Sieh! wie du blaß wirst! – Meine Luise begreift es von selbst, daß ich sie in jener Welt nicht wohl mehr einholen kann, weil ich nicht so früh dahin eile wie sie. (Luise stürzt ihm in den Arm, von Schauern ergriffen. – Er drückt sie mit Feuer an seine Brust und fährt fort mit beschwörender Stimme.) O Tochter! Tochter! Gefallene, vielleicht schon verlorene Tochter! Beherzige das ernsthafte Vaterwort! Ich kann nicht über dich wachen. Ich kann dir die Messer nehmen, du kannst dich mit einer Stricknadel töten. Für Gift kann ich dich bewahren, du kannst dich mit einer Schnur Perlen erwürgen. – Luise – Luise – nur warnen kann ich dich noch. – Wirst du es darauf ankommen lassen, daß dein treuloses Gaukelbild auf der schrecklichen Brücke zwischen Zeit und Ewigkeit von dir weiche? – Willst du dich vor des Allwissenden Thron mit der Lüge wagen: Deinetwegen, Schöpfer, bin ich da! – wenn deine strafbare Augen ihre sterbliche Puppe suchen? – Und wenn dieser zerbrechliche Gott deines Gehirns,[1] jetzt Wurm wie du, zu den Füßen deines Richters sich windet, deine gottlose Zuversicht in diesem schwankenden Augenblick Lügen straft und deine betrogene Hoffnungen an die ewige Erbarmung verweist, die der Elende für sich selbst kaum erflehen kann – wie dann? (Nachdrücklicher, lauter.) Wie dann, Unglückselige? (Er hält sie fester, blickt sie eine Weile starr und durchdringend an, dann verläßt er sie schnell.) Jetzt weiß ich nichts mehr – (mit aufgehobener Rechte) stehe dir, Gott Richter! für diese Seele nicht mehr. Thu, was du willst. Bring' deinem schlanken Jüngling ein Opfer, daß deine Teufel jauchzen und deine guten Engel zurücktreten. – Zieh hin! Lade alle deine Sünden auf, lade auch diese, die letzte, die entsetzlichste auf, und wenn die Last noch zu leicht ist, so mache mein Fluch

[1] Ferdinand.

das Gewicht vollkommen. – Hier ist ein Messer – durchstich dein Herz und (indem er laut weinend fortstürzen will) das Vaterherz!

Luise (springt auf und eilt ihm nach). Halt! Halt! O mein Vater! – Daß die Zärtlichkeit noch barbarischer zwingt als Tyrannenwut! – Was soll ich? Ich kann nicht! Was muß ich thun?

Miller. Wenn die Küsse deines Majors heißer brennen als die Thränen deines Vaters – stirb!

Luise (nach einem qualvollen Kampf mit einiger Festigkeit). Vater! Hier ist meine Hand! Ich will – Gott! Gott! Was thu' ich? Was will ich? – Vater, ich schwöre – wehe mir, wehe! Verbrecherin, wohin ich mich neige! – Vater, es sei! – Ferdinand – Gott sieht herab! – So zernicht' ich sein letztes Gedächtnis. (Sie zerreißt ihren Brief.)

Miller (stürzt ihr freudetrunken an den Hals). Das ist meine Tochter! Blick' auf! Um einen Liebhaber bist du leichter, dafür hast du einen glücklichen Vater gemacht. (Unter Lachen und Weinen sie umarmend.) Kind! Kind, das ich den Tag meines Lebens nicht wert war! Gott weiß, wie ich schlechter Mann zu diesem Engel gekommen bin! – Meine Luise, mein Himmelreich! O Gott! ich verstehe ja wenig vom Lieben, aber daß es eine Qual sein muß, aufzuhören – so was begreif' ich noch.

Luise. Doch hinweg aus dieser Gegend, mein Vater – weg von der Stadt, wo meine Gespielinnen meiner spotten und mein guter Name dahin ist auf immerdar. – Weg, weg, weit weg von dem Ort, wo mich so viele Spuren der verlorenen Seligkeit anreden. Weg, wenn es möglich ist –

Miller. Wohin du nur willst, meine Tochter. Das Brot unsers Herrgotts wächst überall, und Ohren wird er auch meiner Geige bescheren. Ja! laß auch alles dahingehn – ich setze die Geschichte deines Grams auf die Laute, singe dann ein Lied von der Tochter, die, ihren Vater zu ehren, ihr Herz zerriß – wir betteln mit der Ballade von Thüre zu Thüre, und das Almosen wird köstlich schmecken von den Händen der Weinenden.

Zweite Szene.

Ferdinand zu den **Vorigen.**

Luise (wird ihn zuerst gewahr und wirft sich Millern laut schreiend um den Hals). Gott! Da ist er! Ich bin verloren!

Miller. Wo? Wer?

Luise (zeigt mit abgewandtem Gesicht auf den Major und drückt sich fester an ihren Vater). Er! Er selbst! – Seh' Er nur um sich, Vater – mich zu ermorden, ist er da!

Miller (erblickt ihn, fährt zurück). Was? Sie hier, Baron?

Ferdinand (kommt langsam näher, bleibt Luisen gegenüber stehn und läßt den starren, forschenden Blick auf ihr ruhen; nach einer Pause). Überraschtes Gewissen, habe Dank! Dein Bekenntnis ist schrecklich, aber schnell und gewiß und erspart mir die Folterung. – Guten Abend, Miller!

Miller. Aber um Gotteswillen! Was wollen Sie, Baron? Was führt Sie her? Was soll dieser Überfall?

Ferdinand. Ich weiß eine Zeit, wo man den Tag in seine Sekunden zerstückte, wo Sehnsucht nach mir sich an die Gewichte der zögernden Wanduhr hing und auf den Aderschlag lauerte, unter dem ich erscheinen sollte. – Wie kommt's, daß ich jetzt überrasche?

Miller. Gehen Sie, gehen Sie, Baron! – Wenn noch ein Funke von Menschlichkeit in Ihrem Herzen zurückblieb – wenn Sie die nicht erwürgen wollen, die Sie zu lieben vorgeben, fliehen Sie, bleiben Sie keinen Augenblick länger. Der Segen war fort aus meiner Hütte, sobald *Sie* einen Fuß darein setzten. *Sie* haben das Elend unter mein Dach gerufen, wo sonst nur die Freude zu Hause war. Sind Sie *noch* nicht zufrieden? Wollen Sie auch in der Wunde noch *wühlen*, die Ihre unglückliche Bekanntschaft meinem einzigen Kinde schlug?

Ferdinand. Wunderlicher Vater, jetzt komm' ich ja, deiner Tochter etwas Erfreuliches zu sagen.

Miller. Neue Hoffnungen etwa zu einer neuen Verzweiflung? – Geh, Unglücksbote! Dein Gesicht schimpft deine Ware.

Ferdinand. Endlich ist es erschienen, das Ziel meiner Hoffnungen! Lady Milford, das furchtbarste Hindernis unsrer Liebe, floh diesen Augenblick aus dem Lande. Mein Vater billigt meine Wahl. Das Schicksal läßt nach, uns zu verfolgen. Unsre glücklichen Sterne gehen auf. – Ich bin jetzt da, mein gegebenes Wort einzulösen und meine Braut zum Altar abzuholen.

Miller. Hörst du ihn, meine Tochter? Hörst du ihn sein Gespötte mit deinen getäuschten Hoffnungen treiben? O, wahrlich, Baron! Es steht dem Verführer so schön, an seinem Verbrechen seinen Witz noch zu kitzeln.

Ferdinand. Du glaubst, ich scherze? Bei meiner Ehre nicht! Meine Aussage ist wahr wie die Liebe meiner Luise, und heilig will ich sie halten, wie sie ihre Eide – ich kenne nichts Heiligers. – Noch zweifelst du? Noch kein freudiges Erröten auf den Wangen meiner schönen Gemahlin? Sonderbar! Die Lüge muß hier gangbare Münze sein, wenn die Wahrheit so wenig Glauben findet. Ihr mißtraut meinen Worten? So glaubt diesem schriftlichen Zeugnis. (Er wirft Luisen den Brief an den Marschall zu.)

Luise (schlägt ihn auseinander und sinkt leichenblaß nieder).

Miller (ohne das zu bemerken, zum Major). Was soll das bedeuten, Baron? Ich verstehe Sie nicht.

Ferdinand (führt ihn zu Luisen hin). Desto besser hat mich diese verstanden!

Miller (fällt an ihr nieder). O Gott! meine Tochter!

Ferdinand. Bleich wie der Tod! – Jetzt erst gefällt sie mir, deine Tochter! So schön war sie nie, die fromme, rechtschaffne Tochter – mit diesem Leichengesicht. – – Der Odem des Weltgerichts, der den Firnis von jeder Lüge streift, hat jetzt die Schminke verblasen, womit die Tausendkünstlerin auch die Engel des Lichts hintergangen hat. – Es ist ihr schönstes Gesicht! Es ist ihr erstes wahres Gesicht! Laß mich es küssen. (Er will auf sie zugehen.)

Miller. Zurück! Weg! Greife nicht an das Vaterherz, Knabe! Vor deinen Liebkosungen konnt' ich sie nicht bewahren, aber ich kann es vor deinen Mißhandlungen.

Ferdinand. Was willst du, Graukopf? Mit dir hab' ich

nichts zu schaffen. Menge dich ja nicht in ein Spiel, das so offenbar verloren ist – oder bist du auch vielleicht klüger, als ich dir zugetraut habe? Hast du die Weisheit deiner sechzig Jahre zu den Buhlschaften deiner Tochter geborgt und dies ehrwürdige Haar mit dem Gewerb' eines Kupplers geschändet? – O! wenn das nicht ist, unglücklicher alter Mann, lege dich nieder und stirb. – Noch ist es Zeit. Noch kannst du in dem süßen Taumel entschlafen: Ich war ein glücklicher Vater! – Einen Augenblick später, und du schleuderst die giftige Natter ihrer höllischen Heimat zu, verfluchst das Geschenk und den Geber und fährst mit der Gotteslästerung in die Grube. (Zu Luisen.) Sprich, Unglückselige! Schriebst du diesen Brief?

Miller (warnend zu Luisen). Um Gotteswillen, Tochter! Vergiß nicht! Vergiß nicht!

Luise. O, dieser Brief, mein Vater –

Ferdinand. Daß er in die unrechte Hände fiel? – Gepriesen sei mir der Zufall, er hat größere Thaten gethan als die klügelnde Vernunft und wird besser bestehn an jenem Tag als der Witz aller Weisen. – Zufall, sage ich? – O, die Vorsehung ist dabei, wenn Sperlinge fallen, warum nicht, wo ein Teufel entlarvt werden soll? – Antwort will ich! – Schriebst du diesen Brief?

Miller (seitwärts zu ihr mit Beschwörung). Standhaft! Standhaft, meine Tochter! Nur noch das einzige Ja, und alles ist überwunden.

Ferdinand. Lustig! Lustig! Auch der Vater betrogen! Alles betrogen![1] Nun sieh, wie sie dasteht, die Schändliche, und selbst ihre Zunge nun ihrer letzten Lüge den Gehorsam aufkündigt! Schwöre bei Gott! bei dem fürchterlich wahren! Schriebst du diesen Brief?

Luise (nach einem qualvollen Kampf, worin sie durch Blicke mit ihrem Vater gesprochen hat, fest und entscheidend). Ich schrieb ihn.

Ferdinand (bleibt erschrocken stehen). Luise! – Nein! So wahr meine Seele lebt! du lügst. – Auch die Unschuld bekennt sich auf

[1] Die Worte sind schwer verständlich, denn aus Millers vorausgehender dringender Beschwörung muß Ferdinand doch gerade entnommen haben, daß der Vater mit der Tochter im Einverständnis sei. Inwieweit übrigens Miller von dem Wortlaut des Briefes Kenntnis hat, ist nirgends erwähnt; aber den Inhalt muß er jedenfalls kennen. Vgl. 365,21.

der Folterbank zu Freveln, die sie nie beging. – Ich fragte zu heftig – nicht wahr, Luise – du bekanntest nur, weil ich zu heftig fragte?

Luise. Ich bekannte, was wahr ist.

Ferdinand. Nein, sag' ich. Nein! Nein! Du schriebst nicht. Es ist deine Hand gar nicht. – Und wäre sie's, warum sollten Handschriften schwerer nachzumachen sein, als Herzen zu verderben? – Rede mir wahr, Luise – oder nein, nein, thu' es nicht! Du könntest Ja sagen, und ich wär' verloren. – Eine Lüge, Luise – eine Lüge! – O, wenn du jetzt eine wüßtest, mir hinwärfest mit der offenen Engelmiene, nur mein Ohr, nur mein Aug' überredetest, dieses Herz auch noch so abscheulich täuschtest – o, Luise! Alle Wahrheit möchte dann mit diesem Hauch aus der Schöpfung wandern und die gute Sache ihren starren Hals von nun an zu einem höfischen Bückling beugen! (Mit scheuem bebenden Ton.) Schriebst du diesen Brief?

Luise. Bei Gott! bei dem fürchterlich wahren! Ja!

Ferdinand (nach einer Pause, im Ausdruck des tiefsten Schmerzens). Weib! Weib! – Das Gesicht, mit dem du jetzt vor mir stehst! – teile mit diesem Gesicht Paradiese aus, du wirst selbst im Reich der Verdammnis keinen Käufer finden. – Wußtest du, was du mir warest, Luise? Ohnmöglich! Nein! Du wußtest nicht, daß du mir alles warst! alles! – Es ist ein armes, verächtliches Wort, aber die Ewigkeit hat Mühe, es zu umwandern; Weltsysteme vollenden ihre Bahnen darin. – Alles! Und so frevelhaft damit zu spielen – O, es ist schrecklich!

Luise. Sie haben mein Geständnis, Herr von Walter. Ich habe mich selbst verdammt. Gehen Sie nun! Verlassen Sie ein Haus, wo Sie so unglücklich waren.

Ferdinand. Gut! Gut! Ich bin ja ruhig – ruhig, sagt man ja, ist auch der schaudernde Strich Landes, worüber die Pest ging – ich bin's. (Nach einigem Nachdenken.) Noch eine Bitte, Luise – die letzte! Mein Kopf brennt so fieberisch. Ich brauche Kühlung. Willst du mir ein Glas Limonade zurecht machen?

(Luise geht ab.)

Dritte Szene.

Ferdinand und **Miller.**

(Beide gehen, ohne ein Wort zu reden, einige Pausen lang auf den entgegengesetzten Seiten des Zimmers auf und ab.)

Miller (bleibt endlich stehen und betrachtet den Major mit trauriger Miene). Lieber Baron, kann es Ihren Gram vielleicht mindern, wann ich Ihnen gestehe, daß ich Sie herzlich bedaure?

Ferdinand. Laß Er es gut sein, Miller! (Wieder einige Schritte.) Miller, ich weiß nur kaum noch, wie ich in Sein Haus kam – was war die Veranlassung?

Miller. Wie, Herr Major? Sie wollten ja Lektion auf der Flöte bei mir nehmen. Das wissen Sie nicht mehr?

Ferdinand (rasch). Ich sah Seine Tochter! (Wiederum einige Pausen.) Er hat nicht Wort gehalten, Freund! Wir akkordierten Ruhe für meine einsame Stunden. Er betrog mich und verkaufte mir Skorpionen. (Da er Millers Bewegung sieht.) Nein, erschrick nur nicht, alter Mann! (Gerührt an seinem Hals.) Du bist nicht schuldig!

Miller (die Augen wischend). Das weiß der allwissende Gott!

Ferdinand (aufs neue hin und her, in düstres Grübeln versunken). Seltsam, o unbegreiflich seltsam spielt Gott mit uns. An dünnen unmerkbaren Seilen hängen oft fürchterliche Gewichte. – Wüßte der Mensch, daß er an diesem Apfel den Tod essen sollte – hum! – wüßte er das? (Heftiger auf und nieder, dann Millers Hand mit starker Bewegung fassend.) Mann! Ich bezahle dir dein bißchen Flöte zu teuer – – und du gewinnst nicht einmal – auch du verlierst – verlierst vielleicht alles. (Gepreßt von ihm weggehend.) Unglückseliges Flötenspiel, das mir nie hätte einfallen sollen!

Miller (sucht seine Rührung zu verbergen). Die Limonade bleibt auch gar zu lang außen. Ich denke, ich sehe nach, wenn Sie mir's nicht für übel nehmen.

Ferdinand. Es eilt nicht, lieber Miller (vor sich hinmurmelnd) zumal für den Vater nicht. – Bleib' Er nur. – Was hatt' ich doch fragen wollen? – Ja! – Ist Luise Seine einzige Tochter? Sonst hat Er keine Kinder mehr?

Miller (warm). Habe sonst keins mehr, Baron – wünsch' mir auch keins mehr. Das Mädel ist just so recht, mein ganzes Vaterherz einzustecken – hab' meine ganze Barschaft von Liebe an der Tochter schon zugesetzt.

Ferdinand (heftig erschüttert). Ha! – – Seh' Er doch lieber nach dem Trank, guter Miller! (Miller geht ab.)

Vierte Szene.

Ferdinand allein.

Das einzige Kind! – Fühlst du das, Mörder? Das einzige, Mörder! Hörst du, das einzige? – Und der Mann hat auf der großen Welt Gottes nichts als sein Instrument und das einzige – Du willst's ihm rauben? – Rauben? – Rauben den letzten Notpfenning einem Bettler? Die Krücke zerbrochen vor die Füße werfen dem Lahmen? Wie? Hab' ich auch Brust für das? – – Und wenn er nun heimeilt und nicht erwarten kann, die ganze Summe seiner Freuden vom Gesicht dieser Tochter herunterzuzählen, und hereintritt, und sie daliegt, die Blume – welk – tot – zertreten, mutwillig – die letzte, einzige, unüberschwengliche[1] Hoffnung – ha! und er dasteht vor ihr, und dasteht, und ihm die ganze Natur den lebendigen Odem anhält, und sein erstarrter Blick die entvölkerte Unendlichkeit fruchtlos durchwandert, Gott sucht, und Gott nicht mehr finden kann – und leerer zurückkommt. – – Gott! Gott! Aber auch m e i n Vater hat diesen einzigen Sohn – den einzigen Sohn, doch nicht den einzigen Reichtum. – (Nach einer Pause.) Doch wie? Was verliert er denn? Das Mädchen, dem die heiligsten Gefühle der Liebe nur Puppen waren, wird es den Vater glücklich machen können? – Es wird nicht! Es wird nicht! Und ich verdiene noch Dank, daß ich die Natter zertrete, ehe sie auch noch den Vater verwundet.

---

[1] Was nicht überschwungen, d. h. übertroffen werden kann, also eigentlich: unüberschwinglich. Meist in gleichem Sinne: überschwenglich (im Übermaß, Überschwang vorhanden).

Fünfte Szene.

Miller, der zurückkommt, und **Ferdinand.**

Miller. Gleich sollen Sie bedient sein, Baron. Draußen sitzt das arme Ding und will sich zu Tode weinen. Sie wird Ihnen mit der Limonade auch Thränen zu trinken geben.

Ferdinand. Und wohl, wenn's nur Thränen wären! – Weil wir vorhin von der Musik sprachen, Miller – (Eine Börse ziehend.) ich bin noch Sein Schuldner!

Miller. Wie? Was? Gehen Sie mir, Baron! Wofür halten Sie mich? Das steht ja in guter Hand. Thun Sie mir doch den Schimpf nicht an, und sind wir ja, will's Gott, nicht das letzte Mal bei einander.[1]

Ferdinand. Wer kann das wissen? Nehm' Er nur. Es ist für Leben und Sterben.

Miller (lachend). O, deswegen, Baron! Auf den Fall, denk' ich, kann man's wagen bei Ihnen.

Ferdinand. Man wagte wirklich. – Hat Er nie gehört, daß Jünglinge gefallen sind – Mädchen und Jünglinge, die Kinder der Hoffnung, die Luftschlösser betrogener Väter. – Was Wurm und Alter nicht thun, kann oft ein Donnerschlag ausrichten. – Auch Seine Luise ist nicht unsterblich.

Miller. Ich hab' sie von Gott.

Ferdinand. Hör' Er – ich sag' Ihm, sie ist nicht unsterblich. Diese Tochter ist Sein Augapfel. Er hat sich mit Herz und Seel' an diese Tochter gehängt. Sei Er vorsichtig, Miller. Nur ein verzweifelter Spieler setzt alles auf einen einzigen Wurf. Einen Waghals nennt man den Kaufmann, der auf ein Schiff sein ganzes Vermögen ladet. – Hör' Er, denk' Er der Warnung nach. – – Aber warum nimmt Er Sein Geld nicht?

Miller. Was, Herr? die ganze allmächtige Börse? Wohin denken Euer Gnaden?

Ferdinand. Auf meine Schuldigkeit. – Da! (Er wirft den Beutel auf den Tisch, daß Goldstücke herausfallen.) Ich kann den Quark nicht eine Ewigkeit so halten.

[1] Es ist schwer begreiflich, daß Miller dies jetzt meinen kann.

Miller (bestürzt). Was? Beim großen Gott! Das klang nicht wie Silbergeld! (Er tritt zum Tisch und ruft mit Entsetzen:) Wie, um aller Himmel willen, Baron! Baron! Wo sind Sie? Was treiben Sie, Baron? Das nenn' ich mir Zerstreuung! (Mit zusammengeschlagenen Händen.) Hier liegt ja – oder bin ich verhext, oder – Gott verdamm' mich! Da greif' ich ja das bare, gelbe, leibhafte Gottesgold. – – Nein, Satanas! du sollst mich nicht daran kriegen!

Ferdinand. Hat Er Alten oder Neuen getrunken, Miller?

Miller (grob). Donner und Wetter! Da schauen Sie nur hin! – Gold!

Ferdinand. Und was nun weiter!

Miller. Ins Henkers Namen – ich sage – ich bitte Sie um Gottes Christi willen – Gold!

Ferdinand. Das ist nun freilich etwas Merkwürdiges!

Miller (nach einigem Stillschweigen zu ihm gehend, mit Empfindung). Gnädiger Herr, ich bin ein schlichter, gerader Mann, wenn Sie mich etwa zu einem Bubenstück anspannen wollen – denn so viel Geld läßt sich, weiß Gott, nicht mit etwas Gutem verdienen.

Ferdinand (bewegt). Sei Er ganz getrost, lieber Miller. Das Geld hat Er längst verdient, und Gott bewahre mich, daß ich mich mit Seinem guten Gewissen dafür bezahlt machen sollte.

Miller (wie ein Halbnarr in die Höhe springend). Mein also! Mein! Mit des guten Gottes Wissen und Willen mein! (Nach der Thüre laufend, schreiend.) Weib! Tochter! Viktoria! Herbei! (Zurückkommend.) Aber du lieber Himmel! Wie komm' ich denn so auf einmal zu dem ganzen grausamen Reichtum? Wie verdien' ich ihn? lohn' ich ihn? He?

Ferdinand. Nicht mit Seinen Musikstunden, Miller – mit dem Geld hier bezahl' ich Ihm (von Schauern ergriffen hält er inn'), bezahl' ich Ihm (nach einer Pause mit Wehmut) den drei Monat langen glücklichen Traum von Seiner Tochter.

Miller (faßt seine Hand, die er stark drückt). Gnädiger Herr! Wären Sie ein schlechter geringer Bürgersmann – (rasch) und mein Mädel liebte Sie nicht – erstechen wollt' ich's, das Mädel! (Wieder beim Geld, darauf niedergeschlagen.) Aber da hab' ich ja nun alles und Sie nichts, und da werd' ich nun das ganze Gaudium wieder herausblechen müssen? He?

Ferdinand. Laß Er sich das nicht anfechten, Freund – ich reise ab, und in dem Land, wo ich mich zu setzen gedenke, gelten die Stempel nicht.

Miller (unterdessen mit unverwandten Augen auf das Gold hingeheftet, voll Entzückung). Bleibt's also mein? Bleibt's? – Aber das thut mir nur leid, daß Sie verreisen. – Und wart', was ich jetzt auftreten will! Wie ich die Backen jetzt voll nehmen will! (Er setzt den Hut auf und schießt durch das Zimmer.) Und auf dem Markt will ich meine Musikstunden geben und Numero fünfe Dreikönig rauchen, und wenn ich wieder auf den Dreibatzenplatz sitze, soll mich der Teufel holen. (Will fort.)

Ferdinand. Bleib' Er! Schweig' Er! und streich' Er Sein Geld ein! (Nachdrücklich.) Nur diesen Abend noch schweig' Er und geb' Er mir zu Gefallen von nun an keine Musikstunden mehr.

Miller (noch hitziger und ihn hart an der Weste fassend, voll inniger Freude). Und, Herr! meine Tochter! (Ihn wieder loslassend.) Geld macht den Mann nicht – Geld nicht. – Ich habe Kartoffeln gegessen oder ein wildes Huhn[1]; satt ist satt, und dieser Rock da ist ewig gut, wenn Gottes liebe Sonne nicht durch den Ärmel scheint. – Für mich ist das Plunder. – Aber dem Mädel soll der Segen bekommen; was ich ihr nur an den Augen absehen kann, soll sie haben –

Ferdinand (fällt rasch ein). Stille, o stille –

Miller (immer feuriger). Und soll mir Französisch lernen aus dem Fundament, und Menuetttanzen und Singen, daß man's in den Zeitungen lesen soll; und eine Haube soll sie tragen wie die Hofratstöchter, und einen Kidebarri[2], wie sie's heißen, und von der Geigerstochter soll man reden auf vier Meilen weit –

Ferdinand (ergreift seine Hand mit der schrecklichsten Bewegung). Nichts mehr! Nichts mehr! Um Gotteswillen, schweig' Er still! Nur noch heute schweig' Er still! Das sei der einzige Dank, den ich von Ihm fordre.

---

[1] Mag ich nun Kartoffeln gegessen haben oder ein Rebhuhn, satt ist satt.
[2] *Cul de Paris.*

Sechste Szene.

Luise mit der Limonade und die Vorigen.

Luise (mit rotgeweinten Augen und zitternder Stimme, indem sie dem Major das Glas auf einem Teller bringt). Sie befehlen, wenn sie nicht stark genug ist.

Ferdinand (nimmt das Glas, setzt es nieder und dreht sich rasch gegen Millern). O, beinahe hätt' ich das vergessen! – Darf ich Ihn um etwas bitten, lieber Miller? Will Er mir einen kleinen Gefallen thun?

Miller. Tausend für einen! Was befehlen – –

Ferdinand. Man wird mich bei der Tafel erwarten. Zum Unglück hab' ich eine sehr böse Laune. Es ist mir ganz unmöglich, unter Menschen zu gehn. – Will Er einen Gang thun zu meinem Vater und mich entschuldigen?

Luise (erschrickt und fällt schnell ein). Den Gang kann ja ich thun.

Miller. Zum Präsidenten?

Ferdinand. Nicht zu ihm selbst. Er übergibt Seinen Auftrag in der Garderobe einem Kammerdiener. – Zu Seiner Legitimation ist hier meine Uhr. – Ich bin noch da, wenn Er wiederkommt. – Er wartet auf Antwort.

Luise (sehr ängstlich). Kann denn ich das nicht auch besorgen?

Ferdinand (zu Millern, der eben fort will). Halt, und noch etwas! Hier ist ein Brief an meinen Vater, der diesen Abend an mich eingeschlossen kam[1] – vielleicht dringende Geschäfte – es geht in einer Bestellung hin. –

Miller. Schon gut, Baron!

Luise (hängt sich an ihn, in der entsetzlichsten Bangigkeit). Aber, mein Vater, dies alles könnt' ich ja recht gut besorgen!

Miller. Du bist allein, und es ist finstre Nacht, meine Tochter. (Ab.)

Ferdinand. Leuchte deinem Vater, Luise. (Während dem, daß

[1] Geschickt versteckt er so, daß der Brief von ihm selbst ist, was sonst leicht Verdacht erregen könnte.

sie Millern mit dem Licht begleitet, tritt er zum Tisch und wirft Gift in ein Glas Limonade.) Ja! Sie soll dran! Sie soll! Die obern Mächte nicken mir ihr schreckliches Ja herunter, die Rache des Himmels unterschreibt, ihr guter Engel läßt sie fahren.

Siebente Szene.

Ferdinand und **Luise.**

Sie kommt langsam mit dem Lichte zurück, setzt es nieder und stellt sich auf die entgegengesetzte Seite vom Major, das Gesicht auf den Boden geschlagen und nur zuweilen furchtsam und verstohlen nach ihm herüberschielend. Er steht auf der andern Seite und sieht starr vor sich hinaus.

(Großes Stillschweigen, das diesen Auftritt ankündigen muß.)

Luise. Wollen Sie mich akkompagnieren, Herr von Walter, so mach' ich einen Gang auf dem Fortepiano. (Sie öffnet den Pantalon[1]).

(Ferdinand gibt ihr keine Antwort. Pause.)

Luise. Sie sind mir auch noch Revanche auf dem Schachbrett schuldig. Wollen wir eine Partie, Herr von Walter?

(Eine neue Pause.)

Luise. Herr von Walter, die Brieftasche, die ich Ihnen einmal zu sticken versprochen – ich habe sie angefangen. – Wollen Sie das Dessin nicht besehen?

(Wieder eine Pause.)

Luise. O ich bin sehr elend.

Ferdinand (in der bisherigen Stellung). Das könnte wahr sein.

Luise. Meine Schuld ist es nicht, Herr von Walter, daß Sie so schlecht unterhalten werden.

Ferdinand (lacht beleidigend vor sich hin). Denn was kannst du für meine blöde Bescheidenheit?

Luise. Ich hab' es ja wohl gewußt, daß wir jetzt nicht zusammen taugen. Ich erschrak auch gleich, ich bekenne es, als Sie meinen Vater verschickten. – Herr von Walter, ich vermute, dieser Augenblick wird uns beiden gleich unerträglich sein. – Wenn

---

[1] Eigentlich ein von Pantaleon Hebenstreit (1718) erfundenes, klavierartiges Instrument; dann überhaupt für Klavier.

Sie mir's erlauben wollen, so geh' ich und bitte einige von meinen Bekannten her.

Ferdinand. O ja doch, das thu! Ich will auch gleich gehn und von den meinigen bitten.

Luise (sieht ihn stutzend an). Herr von Walter?

Ferdinand (sehr hämisch). Bei meiner Ehre! der gescheiteste Einfall, den ein Mensch in dieser Lage nur haben kann. Wir machen aus diesem verdrießlichen Duett eine Lustbarkeit und rächen uns mit Hülfe gewisser Galanterien an den Grillen der Liebe.

Luise. Sie sind aufgeräumt, Herr von Walter!

Ferdinand. Ganz außerordentlich, um die Knaben auf dem Markt hinter mir her zu jagen! Nein, in Wahrheit, Luise! Dein Beispiel bekehrt mich – du sollst meine Lehrerin sein. Thoren sind's, die von ewiger Liebe schwatzen. Ewiges Einerlei widersteht, Veränderung nur ist das Salz des Vergnügens. – Topp, Luise! Ich bin dabei – wir hüpfen von Roman zu Romane, wälzen uns von Schlamme zu Schlamm – du dahin – ich dorthin – vielleicht, daß meine verlorene Ruhe sich in einem Bordell wiederfinden läßt – vielleicht, daß wir dann nach dem lustigen Wettlauf, zwei modernde Gerippe, mit der angenehmsten Überraschung von der Welt zum zweitenmal aufeinander stoßen, daß wir uns da an dem gemeinschaftlichen Familienzug, den kein Kind dieser Mutter verleugnet, wie in Komödien wiedererkennen, daß Ekel und Scham noch eine Harmonie veranstalten, die der zärtlichsten Liebe unmöglich gewesen ist.

Luise. O Jüngling! Jüngling! Unglücklich bist du schon, willst du es auch noch verdienen?

Ferdinand (ergrimmt durch die Zähne murmelnd). Unglücklich bin ich? Wer hat dir das gesagt? Weib, du bist zu schlecht, um selbst zu empfinden – womit kannst du eines andern Empfindungen wägen? – Unglücklich, sagte sie? – Ha! dieses Wort könnte meine Wut aus dem Grabe rufen! – Unglücklich mußt' ich werden, das wußte sie. Tod und Verdammnis! das wußte sie, und hat mich dennoch verraten. – Siehe, Schlange! Das war der einzige Fleck der Vergebung – deine Aussage bricht dir den

Hals. – Bis jetzt konnt' ich deinen Frevel mit deiner Einfalt beschönigen, in meiner Verachtung wärst du beinahe meiner Rache entsprungen. (Indem er hastig das Glas ergreift.) Also leichtsinnig warst du nicht – dumm warst du nicht – du warst nur ein Teufel. (Er trinkt.) Die Limonade ist matt wie deine Seele – Versuche!

Luise. O Himmel! Nicht umsonst hab' ich diesen Auftritt gefürchtet.

Ferdinand (gebieterisch). Versuche!

Luise (nimmt das Glas etwas unwillig und trinkt).

Ferdinand (wendet sich, sobald sie das Glas an den Mund setzt, mit einer plötzlichen Erblassung weg und eilt nach dem hintersten Winkel des Zimmers).

Luise. Die Limonade ist gut.

Ferdinand (ohne sich umzukehren, vom Schauer geschüttelt). Wohl bekomm's!

Luise (nachdem sie es niedergesetzt). O wenn Sie wüßten, Walter, wie ungeheuer Sie meine Seele beleidigen!

Ferdinand. Hum!

Luise. Es wird eine Zeit kommen, Walter –

Ferdinand (wieder vorwärts kommend). O! Mit der Zeit wären wir fertig.

Luise. Wo der heutige Abend schwer auf Ihr Herz fallen dürfte –

Ferdinand (fängt an stärker zu gehen und beunruhigter zu werden, indem er Schärpe und Degen von sich wirft). Gute Nacht, Herrendienst!

Luise. Mein Gott! Wie wird Ihnen?

Ferdinand. Heiß und enge – will mir's bequemer machen.

Luise. Trinken Sie! Trinken Sie! Der Trank wird Sie kühlen.

Ferdinand. Das wird er auch ganz gewiß. – Die Metze ist gutherzig – doch, das sind alle!

Luise (mit dem vollen Ausdruck der Liebe ihm in die Arme eilend). Das deiner Luise, Ferdinand?

Ferdinand (drückt sie von sich). Fort! Fort! Diese sanfte, schmelzende Augen weg! Ich erliege. Komm in deiner ungeheuren Furchtbarkeit, Schlange! spring an mir auf, Wurm! – Krame vor mir deine gräßliche Knoten aus, bäume deine Wirbel zum

Himmel! – So abscheulich, als dich jemals der Abgrund sah. – Nur keinen Engel mehr – nur jetzt keinen Engel mehr! – Es ist zu spät – ich muß dich zertreten wie eine Natter, oder verzweifeln. – Erbarme dich!

Luise. O! Daß es so weit kommen mußte!

Ferdinand (sie von der Seite betrachtend). Dieses schöne Werk des himmlischen Bildners – wer kann das glauben? wer sollte das glauben? (Ihre Hand fassend und empor haltend.) Ich will dich nicht zur Rede stellen, Gott Schöpfer! – Aber warum denn dein Gift in so schönen Gefäßen? – – Kann das Laster in diesem milden Himmelsstrich vorkommen? – O es ist seltsam.

Luise. Das anzuhören und schweigen zu müssen!

Ferdinand. Und die süße, melodische Stimme – wie kann so viel Wohlklang kommen aus zerrissenen Saiten? (Mit trunkenem Aug' auf ihrem Anblick verweilend.) Alles so schön – so voll Ebenmaß – so göttlich vollkommen! – Überall das Werk seiner himmlischen Schäferstunde! Bei Gott! als wäre die große Welt nur entstanden, den Schöpfer für dieses Meisterstück in Laune zu setzen. – – Und nur in der Seele sollte Gott sich vergriffen haben? Ist es möglich, daß diese empörende Mißgeburt in die Natur ohne Tadel kam? (Indem er sie schnell verläßt.) Oder sah er einen Engel unter dem Meißel hervorgehen und half diesem Irrtum in der Eile mit einem desto schlechteren Herzen ab?

Luise. O des frevelhaften Eigensinns! Ehe er sich eine Übereilung gestände, greift er lieber den Himmel an.

Ferdinand (stürzt ihr heftig weinend an den Hals). Noch einmal, Luise! – Noch einmal wie am Tag unsers ersten Kusses, da du Ferdinand stammeltest, und das erste Du auf deine brennende Lippen trat – O, eine Saat unendlicher, unaussprechlicher Freuden schien in dem Augenblick wie in der Knospe zu liegen – Da lag die Ewigkeit wie ein schöner Maitag vor unsern Augen; goldne Jahrtausende hüpften wie Bräute vor unsrer Seele vorbei. – – Da war ich der Glückliche! – O Luise! Luise! Luise! Warum hast du mir das gethan?

Luise. Weinen Sie, weinen Sie, Walter. Ihre Wehmut wird gerechter gegen mich sein als Ihre Entrüstung.

Ferdinand. Du betrügst dich. Das sind ihre Thränen nicht – nicht jener warme, wollüstige Tau, der in die Wunde der Seele balsamisch fließt und das starre Rad der Empfindung wieder in Gang bringt. Es sind einzelne – kalte Tropfen – das schauerliche ewige Lebewohl meiner Liebe. (Furchtbar feierlich, indem er die Hand auf ihren Kopf sinken läßt.) Thränen um deine Seele, Luise! – Thränen um die Gottheit, die ihres unendlichen Wohlwollens hier verfehlte, die so mutwillig um das herrlichste ihrer Werke kommt. – O, mich deucht, die ganze Schöpfung sollte den Flor anlegen und über das Beispiel betreten sein, das in ihrer Mitte geschieht. – Es ist was Gemeines, daß Menschen fallen und Paradiese verloren werden; aber wenn die Pest unter Engel wütet, so rufe man Trauer aus durch die ganze Natur.

Luise. Treiben Sie mich nicht aufs äußerste, Walter! Ich habe Seelenstärke so gut wie eine – aber sie muß auf eine menschliche Probe kommen. Walter, das Wort noch und dann geschieden. – – Ein entsetzliches Schicksal hat die Sprache unsrer Herzen verwirrt. Dürft' ich den Mund aufthun, Walter, ich könnte dir Dinge sagen – ich könnte – – aber das harte Verhängnis band meine Zunge wie meine Liebe, und dulden muß ich's, wenn du mich wie eine gemeine Metze mißhandelst.

Ferdinand. Fühlst du dich wohl, Luise?

Luise. Wozu diese Frage?

Ferdinand. Sonst sollte mir's leid um dich thun, wenn du mit dieser Lüge von hinnen müßtest.

Luise. Ich beschwöre Sie, Walter! –

Ferdinand (unter heftigen Bewegungen). Nein! nein! zu satanisch wäre diese Rache! Nein, Gott bewahre mich! In jene Welt hinaus will ich's nicht treiben. – Luise! Hast du den Marschall geliebt? Du wirst nicht mehr aus diesem Zimmer gehen.

Luise. Fragen Sie, was Sie wollen. Ich antworte nichts mehr. (Sie setzt sich nieder.)

Ferdinand (ernster). Sorge für deine unsterbliche Seele, Luise! – Hast du den Marschall geliebt? Du wirst nicht mehr aus diesem Zimmer gehen.

Luise. Ich antworte nichts mehr.

Ferdinand (fällt in fürchterlicher Bewegung vor ihr nieder). Luise! Hast du den Marschall geliebt? Ehe dieses Licht noch ausbrennt – stehst du – vor Gott!

Luise (fährt erschrocken in die Höhe). Jesus! Was ist *das*? – – – und mir wird sehr übel. (Sie sinkt auf den Sessel zurück.)

Ferdinand. Schon? – Über euch Weiber und das ewige Rätsel! Die zärtliche Nerve hält Freveln fest, die die Menschheit an ihren Wurzeln zernagen; ein elender Gran Arsenik wirft sie um.

Luise. Gift! Gift! O mein Herrgott!

Ferdinand. So fürcht' ich. Deine Limonade war in der Hölle gewürzt. Du hast sie dem Tod zugetrunken.

Luise. Sterben! Sterben! Gott, Allbarmherziger! Gift in der Limonade und sterben. – O meiner Seele erbarme dich, Gott der Erbarmer!

Ferdinand. Das ist die Hauptsache. Ich bitt' ihn auch darum.

Luise. Und meine Mutter – mein Vater – Heiland der Welt! Mein armer, verlorener Vater! Ist keine Rettung mehr? Mein junges Leben – und keine Rettung! Und muß ich jetzt schon dahin?

Ferdinand. Keine Rettung, mußt jetzt schon dahin – aber sei ruhig. Wir machen die Reise zusammen.

Luise. Ferdinand, auch du! Gift, Ferdinand, von dir! O Gott – vergiß es ihm – Gott der Gnade, nimm die Sünde von ihm –

Ferdinand. Sieh du nach *deinen* Rechnungen – ich fürchte, sie stehen übel.

Luise. Ferdinand! Ferdinand! – O – nun kann ich nicht mehr schweigen – der Tod – der Tod hebt alle Eide auf. – Ferdinand! – Himmel und Erde hat nichts Unglückseligers als dich – ich sterbe unschuldig, Ferdinand!

Ferdinand (erschrocken). Was sagt sie da? – Eine Lüge pflegt man doch sonst nicht auf *diese* Reise zu nehmen?

Luise. Ich lüge nicht – lüge nicht – hab' nur *einmal* gelogen mein lebenlang – Huh! wie das eiskalt durch meine

Adern schauert – – als ich den Brief schrieb an den Hofmarschall –

Ferdinand. Ha! dieser Brief! – Gottlob! Jetzt hab' ich all meine Mannheit wieder.

Luise (ihre Zunge wird schwerer, ihre Finger fangen an gichterisch zu zucken). Dieser Brief – fasse dich, ein entsetzliches Wort zu hören – meine Hand schrieb, was mein Herz verdammte – dein Vater hat ihn diktiert.

Ferdinand (starr und einer Bildsäule gleich, in langer, toter Pause hingewurzelt, fällt endlich wie von einem Donnerschlag nieder).

Luise. O des kläglichen Mißverstands – Ferdinand – man zwang mich – vergib – deine Luise hätte den Tod vorgezogen – aber mein Vater – die Gefahr – sie machten es listig.

Ferdinand (schrecklich emporgeworfen). Gelobet sei Gott! noch spür' ich den Gift nicht. (Er reißt den Degen heraus.)

Luise (von Schwäche zu Schwäche sinkend). Weh'! Was beginnst du? Es ist dein Vater –

Ferdinand (im Ausdruck der unbändigsten Wut). Mörder und Mördervater! Mit muß er, daß der Richter der Welt nur gegen den Schuldigen rase. (Will hinaus.)

Luise. Sterbend vergab mein Erlöser – Heil über dich und ihn. (Sie stirbt.)

Ferdinand (kehrt schnell um, wird ihre letzte sterbende Bewegung gewahr und fällt in Schmerz aufgelöst vor der Toten nieder). Halt! Halt! Entspringe mir nicht, Engel des Himmels! (Er faßt ihre Hand an und läßt sie schnell wieder fallen.) Kalt, kalt und feucht! Ihre Seele ist dahin. (Er springt wieder auf.) Gott meiner Luise! Gnade! Gnade dem Verruchtesten der Mörder! Es war ihr letztes Gebet! – – Wie reizend und schön auch im Leichnam! Der gerührte Würger ging schonend über diese freundliche Wangen hin. – Diese Sanftmut war keine Larve, sie hat auch dem Tod stand gehalten. (Nach einer Pause.) Aber wie? Warum fühl' ich nichts? Will die Kraft meiner Jugend mich retten? Undankbare Mühe! Das ist meine Meinung nicht. (Er greift nach dem Glase.)

Letzte Szene.

Ferdinand. Der Präsident. Wurm und **Bediente,** welche alle voll Schrecken ins Zimmer stürzen; darauf **Miller** mit Volk und Gerichtsdienern, welche sich im Hintergrund sammeln.

Präsident (den Brief in der Hand). Sohn, was ist das? – Ich will doch nimmermehr glauben –

Ferdinand (wirft ihm das Glas vor die Füße). So sieh, Mörder!

Präsident (taumelt hinter sich. Alle erstarren. Eine schreckhafte Pause). Mein Sohn! Warum hast du mir das gethan?

Ferdinand (ohne ihn anzusehen). O ja freilich! Ich hätte den Staatsmann erst hören sollen, ob der Streich auch zu seinen Karten passe? – Fein und bewundernswert, ich gesteh's, war die Finte, den Bund unsrer Herzen zu zerreißen durch Eifersucht. – Die Rechnung hatte ein Meister gemacht, aber schade nur, daß die zürnende Liebe dem Draht nicht so gehorsam blieb wie deine hölzerne Puppe.

Präsident (sucht mit verdrehten Augen im ganzen Kreis herum). Ist hier niemand, der um einen trostlosen Vater weinte?

Miller (hinter der Szene rufend). Laßt mich hinein! Um Gottes willen! Laßt mich!

Ferdinand. Das Mädchen ist eine Heilige – für sie muß ein anderer rechten. (Er öffnet Miller die Thüre, der mit Volk und Gerichtsdienern hereinstürzt.)

Miller (in der fürchterlichsten Angst). Mein Kind! Mein Kind! – Gift – Gift, schreit man, sei hier genommen worden. – Meine Tochter! Wo bist du?

Ferdinand (führt ihn zwischen den Präsidenten und Luisens Leiche). Ich bin unschuldig. Danke diesem hier.

Miller (fällt an ihr zu Boden). O Jesus!

Ferdinand. In wenig Worten, Vater! Sie fangen an, mir kostbar zu werden. – Ich bin bübisch um mein Leben bestohlen, bestohlen durch Sie. Wie ich mit Gott stehe, zitt're ich – doch ein Bösewicht bin ich niemals gewesen. Mein ewiges Los falle, wie es will – auf Sie fall' es nicht.[1] – Aber ich hab' einen

[1] D. h. die Schuld an meinem Tode will ich dir nicht aufbürden.

Mord begangen, (mit furchtbar erhobener Stimme) einen Mord, den du mir nicht zumuten wirst, allein vor den Richter der Welt hinzuschleppen. Feierlich wälz' ich dir hier die größte, gräßlichste Hälfte zu; wie du damit zurechtkommen magst, siehe du selber. (Ihn zu Luisen hinführend.) Hier, Barbar! weide dich an der entsetzlichen Frucht deines Witzes, auf dieses Gesicht ist mit Verzerrungen dein Name geschrieben, und die Würgengel werden ihn lesen. – Eine Gestalt wie diese ziehe den Vorhang von deinem Bette, wenn du schläfst, und gebe dir ihre eiskalte Hand – eine Gestalt wie diese stehe vor deiner Seele, wenn du stirbst, und dränge dein letztes Gebet weg – eine Gestalt wie diese stehe auf deinem Grabe, wenn du auferstehst – und neben Gott, wenn er dich richtet. (Er wird ohnmächtig, Bediente halten ihn.)

Präsident (eine schreckliche Bewegung des Arms gegen den Himmel). Von mir nicht, von mir nicht, Richter der Welt, fodre diese Seelen von diesem! (Er geht auf Wurm zu.)

Wurm (auffahrend). Von mir?

Präsident. Verfluchter, von dir! Von dir, Satan! – Du, du gabst den Schlangenrat – über dich die Verantwortung – ich wasche die Hände.

Wurm. Über mich? (Er fängt gräßlich an zu lachen.) Lustig! Lustig! So weiß ich doch nun auch, auf was Art sich die Teufel danken. – Über mich, dummer Bösewicht? War es mein Sohn? War ich dein Gebieter? – Über mich die Verantwortung? Ha! bei diesem Anblick, der alles Mark in meinen Gebeinen erkältet! Über mich soll sie kommen! – Jetzt will ich verloren sein, aber du sollst es mit mir sein. – Auf! Auf! Ruft Mord durch die Gassen! Weckt die Justiz auf! Gerichtsdiener, bindet mich! Führt mich von hinnen! Ich will Geheimnisse aufdecken, daß denen, die sie hören, die Haut schauern soll. (Will gehn.)

Präsident (hält ihn). Du wirst doch nicht, Rasender?

Wurm (klopft ihn auf die Schulter). Ich werde, Kamerad! Ich werde! – Rasend bin ich, das ist wahr – das ist dein Werk – so will ich auch jetzt handeln wie ein Rasender. – Arm in Arm mit dir zum Blutgerüst! Arm in Arm mit dir zur Hölle! Es soll mich kitzeln, Bube, mit dir verdammt zu sein! (Er wird abgeführt.)

Miller (der die ganze Zeit über, den Kopf in Luisens Schoß gesunken, in stummem Schmerze gelegen hat, steht schnell auf und wirft dem Major die Börse vor die Füße). Giftmischer! Behalt' dein verfluchtes Gold – wolltest du mir mein Kind damit abkaufen? (Er stürzt aus dem Zimmer.)

Ferdinand (mit brechender Stimme). Geht ihm nach! Er verzweifelt. – Das Geld hier soll man ihm retten – es ist meine fürchterliche Erkenntlichkeit. Luise – Luise – ich komme. – – Lebt wohl – – laßt mich an diesem Altar verscheiden.

Präsident (aus einer dumpfen Betäubung zu seinem Sohn). Sohn! Ferdinand! Soll kein Blick mehr auf einen zerschmetterten Vater fallen? (Der Major wird neben Luisen niedergelassen.)

Ferdinand. Gott dem Erbarmenden gehört dieser letzte.

Präsident (in der schrecklichsten Qual vor ihm niederfallend). Geschöpf und Schöpfer verlassen mich. – Soll kein Blick mehr zu meiner letzten Erquickung fallen?

Ferdinand (reicht ihm seine sterbende Hand).

Präsident (steht schnell auf). Er vergab mir! (Zu den andern.) Jetzt euer Gefangener!

(Er geht ab, Gerichtsdiener folgen ihm, der Vorhang fällt.)

Don Karlos,

Infant von Spanien.

Ein dramatisches Gedicht.

Personen.

Philipp der Zweite, König von Spanien.
Elisabeth von Valois, seine Gemahlin.
Don Karlos, der Kronprinz.
Alexander **Farnese,** Prinz von **Parma,** Neffe des Königs.
Infantin **Klara Eugenia,** ein Kind von drei Jahren.
Herzogin von **Olivarez,** Oberhofmeisterin.
Marquisin von **Mondekar**
Prinzessin von **Eboli**
Gräfin **Fuentes**
} Damen der Königin.
Marquis von **Posa,** ein Malteserritter
Herzog von **Alba**
Graf von **Lerma,** Oberster der Leibwache
Herzog von **Feria,** Ritter des Vließes
Herzog von **Medina Sidonia,** Admiral
Don Raimond von **Taxis,** Oberpostmeister
} Granden von Spanien.
Domingo, Beichtvater des Königs.
Der **Großinquisitor** des Königreichs.
Der **Prior** eines Kartäuserklosters.
Ein **Page** der Königin.
Don Ludwig **Merkado,** Leibarzt der Königin.
Mehrere Damen und Granden. Pagen. Offiziere. Die Leibwache und verschiedene stumme Personen.

Erster Akt.

Der königliche Garten in Aranjuez.[1]

Erster Auftritt.

Karlos. Domingo.

Domingo.

Die schönen Tage in Aranjuez
Sind nun zu Ende. Eure königliche Hoheit
Verlassen es nicht heiterer. Wir sind
Vergebens hier gewesen. Brechen Sie
Dies rätselhafte Schweigen. Öffnen Sie
Ihr Herz dem Vaterherzen, Prinz. Zu teuer
Kann der Monarch die Ruhe seines Sohns –
Des einz'gen Sohns – zu teuer nie erkaufen.

(Karlos sieht zur Erde und schweigt.)

Wär' noch ein Wunsch zurücke, den der Himmel
Dem liebsten seiner Söhne weigerte?
Ich stand dabei, als in Toledos[2] Mauern
Der stolze Karl die Huldigung empfing,
Als Fürsten sich zu seinem Handkuß drängten
Und jetzt in e i n e m – e i n e m Niederfall
Sechs Königreiche[3] ihm zu Füßen lagen –
Ich stand und sah das junge stolze Blut

---

[1] Städtchen mit von Philipp II. erbautem Lustschloß in einem anmutigen Thale von Neukastilien, etwa 8 Meilen südlich von Madrid.

[2] Die alte Hauptstadt Spaniens am Tajo, südwestlich von Madrid. Hier ließ König Philipp 1560, bald nach seiner Vermählung mit Elisabeth, die versammelten Cortes und die Großen des Reiches dem fünfzehnjährigen Prinzen huldigen. Schiller rückt diese Feierlichkeit der Zeit des Stückes (1568) näher.

[3] Nach Brantôme die Kronen Spanien, Jerusalem, Sizilien, Majorka, Minorka, Indien.

In seine Wangen steigen, seinen Busen
Von fürstlichen Entschlüssen wallen, sah
Sein trunk'nes Aug' durch die Versammlung fliegen,
In Wonne brechen – Prinz, und dieses Auge
Gestand: ich bin gesättigt.

(Karlos wendet sich weg.)

Dieser stille
Und feierliche Kummer, Prinz, den wir
Acht Monde schon in Ihren Blicken lesen,
Das Rätsel dieses ganzen Hofs, die Angst
Des Königreichs, hat Seiner Majestät
Schon manche sorgenvolle Nacht gekostet,
Schon manche Thräne Ihrer Mutter.

Karlos (dreht sich rasch um).

Mutter?
– O Himmel, gib, daß ich es dem vergesse,
Der sie zu meiner Mutter machte!

Domingo.

Prinz?

Karlos

(besinnt sich und fährt mit der Hand über die Stirne).

Hochwürd'ger Herr – ich habe sehr viel Unglück
Mit meinen Müttern. Meine erste Handlung,
Als ich das Licht der Welt erblickte, war
Ein Muttermord.[1]

Domingo.

Ist's möglich, gnäd'ger Prinz?
Kann dieser Vorwurf Ihr Gewissen drücken?

Karlos.

Und meine neue Mutter – hat sie mir
Nicht meines Vaters Liebe schon gekostet?
Mein Vater hat mich kaum geliebt. Mein ganzes
Verdienst war noch, sein Einziger zu sein.
Sie gab ihm eine Tochter[2] – o wer weiß,
Was in der Zeiten Hintergrunde schlummert?

---

[1] Philipps erste Gemahlin, Maria von Portugal, war einige Tage nach Karlos' Geburt gestorben.

[2] Klara Eugenia, geboren 1566.

Domingo.

Sie spotten meiner, Prinz. Ganz Spanien
Vergöttert seine Königin. Sie sollten
Nur mit des Hasses Augen sie betrachten?
Bei ihrem Anblick nur die Klugheit hören?
Wie, Prinz? Die schönste Frau auf dieser Welt
Und Königin – und ehmals Ihre Braut?
Unmöglich, Prinz! Unglaublich! Nimmermehr!
Wo alles liebt, kann Karl allein nicht hassen;
So seltsam widerspricht sich Karlos nicht.
Verwahren Sie sich, Prinz, daß sie es nie,
Wie sehr sie ihrem Sohn mißfällt, erfahre;
Die Nachricht würde schmerzen.

Karlos.

Glauben Sie?

Domingo.

Wenn Eure Hoheit sich des letzteren
Turniers zu Saragossa noch entsinnen,
Wo unsern Herrn ein Lanzensplitter streifte –
Die Königin mit ihren Damen saß
Auf des Palastes mittlerer Tribune
Und sah dem Kampfe zu. Auf einmal rief's:
„Der König blutet!" – Man rennt durcheinander,
Ein dumpfes Murmeln dringt bis zu dem Ohr
Der Königin. „Der Prinz?" ruft sie und will –
Und will sich von dem obersten Geländer
Herunterwerfen. – „Nein, der König selbst!"
Gibt man zur Antwort. – „So laßt Ärzte holen!"
Erwidert sie, indem sie Atem schöpfte.

(Nach einigem Stillschweigen.)

Sie stehen in Gedanken?

Karlos.

Ich bewundre
Des Königs lust'gen Beichtiger, der so
Bewandert ist in witzigen Geschichten.

(Ernsthaft und finster.)

Doch hab' ich immer sagen hören, daß
Gebärdenspäher und Geschichtenträger
Des Übels mehr auf dieser Welt gethan,

Als Gift und Dolch in Mörders Hand nicht[1] konnten.
Die Mühe, Herr, war zu ersparen. Wenn
Sie Dank erwarten, gehen Sie zum König.

Domingo.

Sie thun sehr wohl, mein Prinz, sich vorzusehn
Mit Menschen – nur mit Unterscheidung. Stoßen
Sie mit dem Heuchler nicht den Freund zurück.
Ich mein' es gut mit Ihnen.

Karlos.

Lassen Sie
Das meinen Vater ja nicht merken. Sonst
Sind Sie um Ihren Purpur.

Domingo (stutzt).

Wie?

Karlos.

Nun ja.
Versprach er Ihnen nicht den ersten Purpur,
Den Spanien vergeben würde?[2]

Domingo.

Prinz,
Sie spotten meiner.

Karlos.

Das verhüte Gott,
Daß ich des fürchterlichen Mannes spotte,
Der meinen Vater selig sprechen und
Verdammen kann!

Domingo.

Ich will mich nicht
Vermessen, Prinz, in das ehrwürdige
Geheimnis Ihres Kummers einzudringen.
Nur bitt' ich Eure Hoheit, eingedenk
Zu sein, daß dem beängstigten Gewissen
Die Kirche eine Zuflucht aufgethan,
Wozu Monarchen keinen Schlüssel haben,

---

[1] Negation nach französischem Sprachgebrauch. Ebenso S. 19, Vers 115.
[2] Die einzelnen katholischen Fürsten konnten in bestimmter Reihenfolge Geistliche zu Kardinälen vorschlagen.

Wo selber Missethaten unterm Spiegel
Des Sakramentes aufgehoben liegen –
Sie wissen, was ich meine, Prinz. Ich habe
Genug gesagt.

Karlos.

Nein! Das soll ferne von mir sein,
Daß ich den Siegelführer so versuchte!

Domingo.

Prinz, dieses Mißtraun – Sie verkennen Ihren
Getreusten Diener.

Karlos (faßt ihn bei der Hand).

Also geben Sie
Mich lieber auf. Sie sind ein heil'ger Mann,
Das weiß die Welt – doch, frei heraus – für mich
Sind Sie bereits zu überhäuft. Ihr Weg,
Hochwürd'ger Vater, ist der weiteste,
Bis Sie auf Peters Stuhle niedersitzen.
Viel Wissen möchte Sie beschweren. Melden
Sie das dem König, der Sie hergesandt.

Domingo.

Mich hergesandt?

Karlos.

So sagt' ich. O, zu gut,
Zu gut weiß ich, daß ich an diesem Hof
Verraten bin – ich weiß, daß hundert Augen
Gedungen sind, mich zu bewachen, weiß,
Daß König Philipp seinen einz'gen Sohn
An seiner Knechte schlechtesten verkaufte
Und jede von mir aufgefang'ne Silbe
Dem Hinterbringer fürstlicher bezahlt,
Als er noch keine gute That bezahlte.
Ich weiß – o, still! Nichts mehr davon! Mein Herz
Will überströmen, und ich habe schon
Zu viel gesagt.

Domingo.

Der König ist gesonnen,
Vor Abend in Madrid noch einzutreffen.
Bereits versammelt sich der Hof. Hab' ich
Die Gnade, Prinz –

Karlos.

Schon gut. Ich werde folgen.
(Domingo geht ab. Nach einem Stillschweigen.)
Beweinenswerter Philipp, wie dein Sohn
Beweinenswert! – Schon seh' ich deine Seele
Vom gift'gen Schlangenbiß des Argwohns bluten;
Dein unglücksel'ger Vorwitz übereilt
Die fürchterlichste der Entdeckungen,
Und rasen wirst du, wenn du sie gemacht.

Zweiter Auftritt.

Karlos. Marquis von Posa.

Karlos.

Wer kommt? – Was seh' ich? – O ihr guten Geister!
Mein Roderich!

Marquis.

Mein Karlos!

Karlos.

Ist es möglich?
Ist's wahr? Ist's wirklich? Bist du's? – O, du bist's!
Ich drück' an meine Seele dich, ich fühle
Die deinige allmächtig an mir schlagen.
O, jetzt ist alles wieder gut. In dieser
Umarmung heilt mein krankes Herz. Ich liege
Am Halse meines Roderich.

Marquis.

Ihr krankes,
Ihr krankes Herz? Und was ist wieder gut?
Was ist's, das wieder gut zu werden brauchte?
Sie hören, was mich stutzen macht.

Karlos.

Und was
Bringt dich so unverhofft aus Brüssel wieder?
Wem dank' ich diese Überraschung? Wem?
Ich frage noch? Verzeih' dem Freudetrunk'nen,
Erhab'ne Vorsicht, diese Lästerung!
Wem sonst als dir, Allgütigste? Du wußtest,

Daß Karlos ohne Engel war, du sandtest
Mir diesen, und ich frage noch?

Marquis.

Vergebung,
Mein teurer Prinz, wenn ich dies stürmische
Entzücken mit Bestürzung nur erwid're.
So war es nicht, wie ich Don Philipps Sohn
Erwartete. Ein unnatürlich Rot
Entzündet sich auf Ihren blassen Wangen,
Und Ihre Lippen zittern fieberhaft.
Was muß ich glauben, teurer Prinz? – Das ist
Der löwenkühne Jüngling nicht, zu dem
Ein unterdrücktes Heldenvolk[1] mich sendet.
Denn jetzt steh' ich als Roderich nicht hier,
Nicht als des Knaben Karlos Spielgeselle –
Ein Abgeordneter der ganzen Menschheit
Umarm' ich Sie: es sind die flandrischen
Provinzen, die an Ihrem Halse weinen
Und feierlich um Rettung Sie bestürmen.
Gethan ist's um Ihr teures Land, wenn Alba,
Des Fanatismus rauher Henkersknecht,
Vor Brüssel rückt mit spanischen Gesetzen.
Auf Kaiser Karls[2] glorwürd'gem Enkel ruht
Die letzte Hoffnung dieser edeln Lande.
Sie stürzt dahin, wenn sein erhab'nes Herz
Vergessen hat, für Menschlichkeit zu schlagen.

Karlos.

Sie stürzt dahin.

Marquis.

Weh mir! Was muß ich hören?

Karlos.

Du sprichst von Zeiten, die vergangen sind.
Auch mir hat einst von einem Karl geträumt,
Dem's feurig durch die Wangen lief, wenn man
Von Freiheit sprach – doch der ist lang' begraben.
Den du hier siehst, das ist der Karl nicht mehr,

---

[1] Die Niederländer (die „flandrischen Provinzen"), die im Begriff standen, das Joch Spaniens abzuschütteln.

[2] Karls V.

Der in Alkala[1] von dir Abschied nahm,
Der sich vermaß in süßer Trunkenheit,
Der Schöpfer eines neuen goldnen Alters
In Spanien zu werden. – O, der Einfall
War kindisch, aber göttlich schön! Vorbei
Sind diese Träume.

Marquis.

Träume, Prinz? – So wären
Es Träume nur gewesen?

Karlos.

Laß mich weinen,
An deinem Herzen heiße Thränen weinen,
Du einz'ger Freund. Ich habe niemand – niemand –
Auf dieser großen, weiten Erde niemand.
So weit das Zepter meines Vaters reicht,
So weit die Schiffahrt unsre Flaggen sendet,
Ist keine Stelle – keine – keine, wo
Ich meiner Thränen mich entlasten darf,
Als diese. O, bei allem, Roderich,
Was du und ich dereinst im Himmel hoffen,
Verjage mich von dieser Stelle nicht!

Marquis

(neigt sich über ihn in sprachloser Rührung).

Karlos.

Berede dich, ich wär' ein Waisenkind,
Das du am Thron mitleidig aufgelesen.
Ich weiß ja nicht, was Vater heißt – ich bin
Ein Königssohn. – O, wenn es eintrifft, was
Mein Herz mir sagt, wenn du aus Millionen
Herausgefunden bist, mich zu verstehn;
Wenn's wahr ist, daß die schaffende Natur
Den Roderich im Karlos wiederholte
Und unsrer Seelen zartes Saitenspiel
Am Morgen unsres Lebens gleich bezog;
Wenn eine Thräne, die mir Lind'rung gibt,
Dir teurer ist als meines Vaters Gnade –

[1] Stadt in Neukastilien, etliche Meilen von Madrid, seit 1499 Universität.

Marquis.

O, teurer als die ganze Welt.

Karlos.

So tief
Bin ich gefallen – bin so arm geworden,
Daß ich an unsre frühen Kinderjahre
Dich mahnen muß – daß ich dich bitten muß,
Die lang vergess'nen Schulden abzutragen,
Die du noch im Matrosenkleide[1] machtest –
Als du und ich, zween Knaben wilder Art,
So brüderlich zusammen aufgewachsen,
Kein Schmerz mich drückte, als von deinem Geiste
So sehr verdunkelt mich zu sehn – ich endlich
Mich kühn entschloß, dich grenzenlos zu lieben,
Weil mich der Mut verließ, dir gleich zu sein.
Da fing ich an, mit tausend Zärtlichkeiten
Und treuer Bruderliebe dich zu quälen;
Du, stolzes Herz, gabst sie mir kalt zurück.
Oft stand ich da, und – doch das sahst du nie! –
Und heiße, schwere Thränentropfen hingen
In meinem Aug', wenn du, mich überhüpfend,
Gering're Kinder in die Arme drücktest.
„Warum nur diese?" rief ich trauernd aus,
„Bin ich dir nicht auch herzlich gut?" – Du aber,
Du knietest kalt und ernsthaft vor mir nieder:
„Das", sagtest du, „gebührt dem Königssohn."

Marquis.

O stille, Prinz, von diesen kindischen
Geschichten, die mich jetzt noch schamrot machen.

Karlos.

Ich hatt' es nicht um dich verdient. Verschmähen,
Zerreißen konntest du mein Herz, doch nie
Von dir entfernen. Dreimal wiesest du
Den Fürsten von dir, dreimal kam er wieder
Als Bittender, um Liebe dich zu flehn
Und dir gewaltsam Liebe aufzudringen.
Ein Zufall that, was Karlos nie gekonnt.

---

[1] Die übliche Knabentracht.

Einmal geschah's bei unsern Spielen, daß
Der Königin von Böhmen, meiner Tante[1],
Dein Federball ins Auge flog. Sie glaubte,
Daß es mit Vorbedacht geschehn, und klagt' es
Dem Könige mit thränendem Gesicht.
Die ganze Jugend des Palastes muß
Erscheinen, ihm den Schuldigen zu nennen.
Der König schwört, die hinterlist'ge That,
Und wär' es auch an seinem eignen Kinde,
Aufs schrecklichste zu ahnden. – Damals sah ich
Dich zitternd in der Ferne stehn, und jetzt,
Jetzt trat ich vor und warf mich zu den Füßen
Des Königs. „Ich, ich that es!" rief ich aus,
„An deinem Sohn erfülle deine Rache."

Marquis.

Ach, woran mahnen Sie mich, Prinz!

Karlos.

Sie ward's!
Im Angesicht des ganzen Hofgesindes,
Das mitleidsvoll im Kreise stand, ward sie
Auf Sklavenart an deinem Karl vollzogen.
Ich sah auf dich und weinte nicht. Der Schmerz
Schlug meine Zähne knirschend aneinander;
Ich weinte nicht. Mein königliches Blut
Floß schändlich unter unbarmherz'gen Streichen;
Ich sah auf dich und weinte nicht – du kamst;
Laut weinend sankst du mir zu Füßen. „Ja,
Ja", riefst du aus, „mein Stolz ist überwunden.
Ich will bezahlen, wenn du König bist."

Marquis (reicht ihm die Hand).

Ich will es, Karl. Das kindische Gelübde
Erneur' ich jetzt als Mann. Ich will bezahlen.
Auch meine Stunde schlägt vielleicht.

Karlos.

Jetzt, jetzt –
O zög're nicht – jetzt hat sie ja geschlagen;
Die Zeit ist da, wo du es lösen kannst.

---

[1] Es ist wohl an Kaiser Karls V. Tochter Marie, Schwester König Philipps, zu denken.

Ich brauche Liebe. – Ein entsetzliches
Geheimnis brennt auf meiner Brust. Es soll,
Es soll heraus. In deinen blassen Mienen
Will ich das Urteil meines Todes lesen.
Hör' an – erstarre – doch erwid're nichts –
Ich liebe meine Mutter.

Marquis.

O mein Gott!

Karlos.

Nein! Diese Schonung will ich nicht. Sprich's aus,
Sprich, daß auf diesem großen Rund der Erde
Kein Elend an das meine grenze – sprich –
Was du mir sagen kannst, errat' ich schon.
Der Sohn liebt seine Mutter. Weltgebräuche,
Die Ordnung der Natur und Roms Gesetze
Verdammen diese Leidenschaft. Mein Anspruch
Stößt fürchterlich auf meines Vaters Rechte.
Ich fühl's, und dennoch lieb' ich. Dieser Weg
Führt nur zum Wahnsinn oder Blutgerüste.
Ich liebe ohne Hoffnung – lasterhaft –
Mit Todesangst und mit Gefahr des Lebens –
Das seh' ich ja, und dennoch lieb' ich.

Marquis.

Weiß
Die Königin um diese Neigung?

Karlos.

Konnt' ich
Mich ihr entdecken? Sie ist Philipps Frau
Und Königin, und das ist span'scher Boden.
Von meines Vaters Eifersucht bewacht,
Von Etikette ringsum eingeschlossen,
Wie konnt' ich ohne Zeugen mich ihr nahn?
Acht höllenbange Monde sind es schon,
Daß von der hohen Schule mich der König
Zurückberief, daß ich sie täglich anzuschauen
Verurteilt bin und wie das Grab zu schweigen,
Acht höllenbange Monde, Roderich,
Daß dieses Feu'r in meinem Busen wütet,
Daß tausendmal sich das entsetzliche

Geständnis schon auf meinen Lippen meldet,
Doch scheu und feig zurück zum Herzen kriecht.
O Roderich – nur wen'ge Augenblicke
Allein mit ihr –

Marquis.

Ach! und Ihr Vater, Prinz –

Karlos.

Unglücklicher! Warum an den mich mahnen?
Sprich mir von allen Schrecken des Gewissens,
Von meinem Vater sprich mir nicht.

Marquis.

Sie hassen Ihren Vater?

Karlos.

Nein! Ach, nein!
Ich hasse meinen Vater nicht – doch Schauer
Und Missethäters Bangigkeit ergreifen
Bei diesem fürchterlichen Namen mich.
Kann ich dafür, wenn eine knechtische
Erziehung schon in meinem jungen Herzen
Der Liebe zarten Keim zertrat? Sechs Jahre
Hatt' ich gelebt, als mir zum erstenmal
Der Fürchterliche, der, wie sie mir sagten,
Mein Vater war, vor Augen kam. Es war
An einem Morgen, wo er steh'nden Fußes
Vier Bluturteile unterschrieb. Nach diesem
Sah ich ihn nur, wenn mir für ein Vergehn
Bestrafung angekündigt ward. – O Gott!
Hier fühl' ich, daß ich bitter werde – weg –
Weg, weg von dieser Stelle![1]

Marquis.

Nein, Sie sollen,
Jetzt sollen Sie sich öffnen, Prinz. In Worten
Erleichtert sich der schwerbelad'ne Busen.

Karlos.

Oft hab' ich mit mir selbst gerungen, oft
Um Mitternacht, wenn meine Wachen schliefen,
Mit heißen Thränengüssen vor das Bild

---

[1] Von diesem Gegenstand.

Der Hochgebenedeiten mich geworfen,
Sie um ein kindlich Herz gefleht – doch ohne
Erhörung stand ich auf. Ach, Roderich!
Enthülle du dies wunderbare Rätsel
Der Vorsicht mir – warum von tausend Vätern
Just eben diesen Vater *mir*? Und ihm
Just *diesen* Sohn von tausend bessern Söhnen?
Zwei unverträglichere Gegenteile
Fand die Natur in ihrem Umkreis nicht.
Wie mochte sie die beiden letzten Enden
Des menschlichen Geschlechtes – mich und ihn –
Durch ein so heilig Band zusammenzwingen?
Furchtbares Los! Warum mußt' es geschehn?
Warum zwei Menschen, die sich ewig meiden,
In *einem* Wunsche schrecklich sich begegnen?
Hier, Roderich, siehst du zwei feindliche
Gestirne, die im ganzen Lauf der Zeiten
Ein einzig Mal in scheitelrechter Bahn
Zerschmetternd sich berühren, dann auf immer
Und ewig auseinander fliehn.

Marquis.

Mir ahnet
Ein unglücksvoller Augenblick.

Karlos.

Mir selbst.
Wie Furien des Abgrunds folgen mir
Die schauerlichsten Träume. Zweifelnd ringt
Mein guter Geist mit gräßlichen Entwürfen;
Durch labyrinthische Sophismen kriecht
Mein unglücksel'ger Scharfsinn, bis er endlich
Vor eines Abgrunds gähem Rande stutzt. –
O Roderich, wenn ich den Vater je
In ihm verlernte – Roderich – ich sehe,
Dein totenblasser Blick hat mich verstanden –
Wenn ich den Vater je in ihm verlernte,
Was würde mir der König sein?

Marquis (nach einigem Stillschweigen).

Darf ich
An meinen Karlos eine Bitte wagen?

Was Sie auch willens sind zu thun, versprechen Sie,
Nichts ohne Ihren Freund zu unternehmen.
Versprechen Sie mir dieses?

Karlos.

Alles, alles,
Was deine Liebe mir gebeut. Ich werfe
Mich ganz in deine Arme.

Marquis.

Wie man sagt,
Will der Monarch zur Stadt zurückekehren.
Die Zeit ist kurz. Wenn Sie die Königin
Geheim zu sprechen wünschen, kann es nirgends
Als in Aranjuez geschehn. Die Stille
Des Orts – des Landes ungezwung'ne Sitte
Begünstigen –

Karlos.

Das war auch meine Hoffnung.
Doch, ach, sie war vergebens!

Marquis.

Nicht so ganz.
Ich gehe, mich sogleich ihr vorzustellen.
Ist sie in Spanien dieselbe noch,
Die sie vordem an Heinrichs[1] Hof gewesen,
So find' ich Offenherzigkeit. Kann ich
In ihren Blicken Karlos' Hoffnung lesen,
Find' ich zu dieser Unterredung sie
Gestimmt – sind ihre Damen zu entfernen –

Karlos.

Die meisten sind mir zugethan – besonders
Die Mondekar hab' ich durch ihren Sohn,
Der mir als Page dient, gewonnen. –

Marquis.

Desto besser.
So sind Sie in der Nähe, Prinz, sogleich
Auf mein gegeb'nes Zeichen zu erscheinen.

Karlos.

Das will ich – will ich – also eile nur!

---

[1] Heinrichs II. von Frankreich, ihres Vaters.

Marquis.

Ich will nun keinen Augenblick verlieren.
Dort also, Prinz, auf Wiedersehn!

(Beide gehen ab zu verschiedenen Seiten.)

Die Hofhaltung der Königin in Aranjuez.

Eine einfache ländliche Gegend, von einer Allee durchschnitten, vom Landhause der Königin begrenzt.

Dritter Auftritt.

Die Königin. Die Herzogin von Olivarez. Die Prinzessin von Eboli und **die Marquisin von Mondekar,** welche die Allee heraufkommen.

Königin (zur Marquisin).

Sie will ich um mich haben, Mondekar.
Die muntern Augen der Prinzessin quälen
Mich schon den ganzen Morgen. Sehen Sie,
Kaum weiß sie ihre Freude zu verbergen,
Weil sie vom Lande Abschied nimmt.

Eboli.

Ich will es
Nicht leugnen, meine Königin, daß ich
Madrid mit großen Freuden wiedersehe.

Mondekar.

Und Ihre Majestät nicht auch? Sie sollten
So ungern von Aranjuez sich trennen?

Königin.

Von – dieser schönen Gegend wenigstens.
Hier bin ich wie in meiner Welt. Dies Plätzchen
Hab' ich mir längst zum Liebling auserlesen.
Hier grüßt mich meine ländliche Natur,
Die Busenfreundin meiner jungen Jahre.
Hier find' ich meine Kinderspiele wieder,
Und meines Frankreichs Lüfte wehen hier.
Verargen Sie mir's nicht. Uns alle zieht
Das Herz zum Vaterland.

Eboli.

Wie einsam aber,

Wie tot und traurig ist es hier! Man glaubt
Sich in la Trappe.[1]

Königin.

Das Gegenteil vielmehr.
Tot find' ich es nur in Madrid. – Doch, was
Spricht unsre Herzogin dazu?

Olivarez.

Ich bin
Der Meinung, Ihro Majestät, daß es
So Sitte war, den einen Monat hier,
Den andern in dem Pardo[2] auszuhalten,
Den Winter in der Residenz, so lange
Es Könige in Spanien gegeben.

Königin.

Ja, Herzogin, das wissen Sie, mit Ihnen
Hab' ich auf immer mich des Streits begeben.

Mondekar.

Und wie lebendig es mit Nächstem in
Madrid sein wird! Zu einem Stiergefechte
Wird schon die Plaza Mayor zugerichtet,
Und ein Auto da Fé[3] hat man uns auch
Versprochen –

Königin.

Uns versprochen! Hör' ich das
Von meiner sanften Mondekar?

Mondekar.

Warum nicht?
Es sind ja Ketzer, die man brennen sieht.

Königin.

Ich hoffe, meine Eboli denkt anders.

---

[1] Eine 1122 gestiftete Cistercienserabtei in der Normandie, wegen des engen Eingangs in das abgelegene Thal *la trappe* (die Fallthür) genannt, bekannt durch die strenge Klosterregel, die den seit 1636 hier untergebrachten Mönchen (Trappisten) die härteste Entsagung, insbesondere ein vollständiges Stillschweigen auferlegte.

[2] *El Pardo,* Lustschloß, etliche Meilen nördlich von Madrid, von Karl V. angelegt.

[3] *Actus fidei,* Glaubensgericht, d. h. die öffentliche und feierliche Verbrennung von Ketzern durch die spanische Inquisition.

Eboli.

Ich? Ihre Majestät, ich bitte sehr,
Für keine schlecht're Christin mich zu halten
Als die Marquisin Mondekar.

Königin.

Ach! Ich
Vergesse, wo ich bin. – Zu etwas anderm. –
Vom Lande, glaub' ich, sprachen wir. Der Monat
Ist, deucht mir, auch erstaunlich schnell vorüber.
Ich habe mir der Freude viel, sehr viel
Von diesem Aufenthalt versprochen, und
Ich habe nicht gefunden, was ich hoffte.
Geht es mit jeder Hoffnung so? Ich kann
Den Wunsch nicht finden, der mir fehlgeschlagen[1].

Olivarez.

Prinzessin Eboli, Sie haben uns
Noch nicht gesagt, ob Gomez hoffen darf,
Ob wir Sie bald als seine Braut begrüßen?

Königin.

Ja! Gut, daß Sie mich mahnen, Herzogin.
(Zur Prinzessin.)
Man bittet mich, bei Ihnen fürzusprechen.
Wie aber kann ich das? Der Mann, den ich
Mit meiner Eboli belohne, muß
Ein würd'ger Mann sein.

Olivarez.

Ihre Majestät,
Das ist er, ein sehr würd'ger Mann, ein Mann,
Den unser gnädigster Monarch bekanntlich
Mit Ihrer königlichen Gunst beehren.

Königin.

Das wird den Mann sehr glücklich machen. – Doch
Wir wollen wissen, ob er lieben kann
Und Liebe kann verdienen. – Eboli,
Das frag' ich Sie.

---

[1] Ich wüßte ihn nicht zu nennen.

Eboli

(steht stumm und verwirrt, die Augen zur Erde geschlagen, endlich fällt sie der Königin zu Füßen).

Großmüt'ge Königin,
Erbarmen Sie sich meiner! Lassen Sie –
Um Gotteswillen, lassen Sie mich nicht –
Nicht aufgeopfert werden!

Königin.

Aufgeopfert?
Ich brauche nichts mehr. Stehn Sie auf! Es ist
Ein hartes Schicksal, aufgeopfert werden.
Ich glaube Ihnen. Stehn Sie auf! – Ist es
Schon lang', daß Sie den Grafen ausgeschlagen?

Eboli (aufstehend).

O, viele Monate. Prinz Karlos war
Noch auf der hohen Schule.

Königin

(stutzt und sieht sie mit forschenden Augen an).

Haben Sie
Sich auch geprüft, aus welchen Gründen?

Eboli (mit einiger Heftigkeit).

Niemals
Kann es geschehen, meine Königin,
Aus tausend Gründen niemals.

Königin (sehr ernsthaft).

Mehr als einer ist
Zu viel. Sie können ihn nicht schätzen – das
Ist mir genug. Nichts mehr davon.

(Zu den andern Damen.)

Ich habe
Ja die Infantin heut noch nicht gesehen.
Marquisin, bringen Sie sie mir.

Olivarez (sieht auf die Uhr).

Es ist
Noch nicht die Stunde, Ihre Majestät.

Königin.

Noch nicht die Stunde, wo ich Mutter sein darf?

Das ist doch schlimm. Vergessen Sie es ja nicht,
Mich zu erinnern, wenn sie kommt.

(Ein Page tritt auf und spricht leise mit der Oberhofmeisterin, welche sich darauf zur Königin wendet.)

Olivarez.

Der Marquis
Von Posa, Ihre Majestät –

Königin.

Von Posa?

Olivarez.

Er kommt aus Frankreich und den Niederlanden
Und wünscht die Gnade zu erhalten, Briefe
Von der Regentin-Mutter[1] übergeben
Zu dürfen.

Königin.

Und das ist erlaubt?

Olivarez (bedenklich).

In meiner Vorschrift
Ist des besondern Falles nicht gedacht,
Wenn ein kastilian'scher Grande Briefe
Von einem fremden Hof der Königin
Von Spanien in ihrem Gartenwäldchen
Zu überreichen kommt.

Königin.

So will ich denn
Auf meine eigene Gefahr es wagen.

Olivarez.

Doch mir vergönne Ihro Majestät,
Mich so lang' zu entfernen.

Königin.

Halten Sie
Das, wie Sie wollen, Herzogin.

(Die Oberhofmeisterin geht ab, und die Königin gibt dem Pagen einen Wink, welcher sogleich hinausgeht.)

---

[1] Katharina von Medici, Gemahlin König Heinrichs II., die nach dessen Tode die Regentschaft für ihren minderjährigen Sohn Karl IX. führte.

Vierter Auftritt.

Königin. Prinzessin von Eboli. Marquisin von Mondekar und **Marquis von Posa.**

Königin.

Ich heiße Sie
Willkommen, Chevalier, auf span'schem Boden.

Marquis.

Den ich noch nie mit so gerechtem Stolze
Mein Vaterland genannt als jetzt. –

Königin (zu den beiden Damen).

Der Marquis
Von Posa, der im Ritterspiel zu Reims[1]
Mit meinem Vater eine Lanze brach
Und meine Farbe dreimal siegen machte –
Der erste seiner Nation, der mich
Den Ruhm empfinden lehrte, Königin
Der Spanier zu sein.

(Zum Marquis sich wendend.)

Als wir im Louvre
Zum letztenmal uns sahen, Chevalier,
Da träumt' es Ihnen wohl noch nicht, daß Sie
Mein Gast sein würden in Kastilien?

Marquis.

Nein, große Königin – denn damals träumte
Mir nicht, daß Frankreich noch das einzige
An uns verlieren würde, was wir ihm
Beneidet hatten.

Königin.

Stolzer Spanier!
Das einzige? – Und das zu einer Tochter
Vom Hause Valois?

Marquis.

Jetzt darf ich es
Ja sagen, Ihro Majestät – denn jetzt
Sind Sie ja unser.

---

[1] Ein großes dreitägiges Turnier, mit welchem die Vermählung Elisabeths und Philipps II. gefeiert wurde; in Wirklichkeit erhielt Elisabeths Vater, König Heinrich II., welcher die Ritterspiele leidenschaftlich liebte, bei dieser Gelegenheit einen unglücklichen Stoß ins Auge, der seinen Tod herbeiführte.

Königin.
Ihre Reise, hör' ich,
Hat auch durch Frankreich Sie geführt. – Was bringen
Sie mir von meiner hochverehrten Mutter
Und meinen vielgeliebten Brüdern?

Marquis (überreicht ihr die Briefe).
Die Königin-Mutter fand ich krank, geschieden
Von jeder andern Freude dieser Welt,
Als ihre königliche Tochter glücklich
Zu wissen auf dem span'schen Thron.

Königin.
Muß sie
Es nicht sein bei dem teuern Angedenken
So zärtlicher Verwandten? Bei der süßen
Erinn'rung an – Sie haben viele Höfe
Besucht auf Ihren Reisen, Chevalier,
Und viele Länder, vieler Menschen Sitte
Gesehn – und jetzt, sagt man, sind Sie gesonnen,
In Ihrem Vaterland sich selbst zu leben?
Ein größ'rer Fürst in Ihren stillen Mauern
Als König Philipp auf dem Thron – ein Freier!
Ein Philosoph! – Ich zweifle sehr, ob Sie
Sich werden können in Madrid gefallen.
Man ist sehr – ruhig in Madrid.

Marquis.
Und das
Ist mehr, als sich das ganze übrige
Europa zu erfreuen hat.

Königin.
So hör' ich.
Ich habe alle Händel dieser Erde
Bis fast auf die Erinnerung verlernt.
(Zur Prinzessin von Eboli.)
Mir deucht, Prinzessin Eboli, ich sehe
Dort eine Hyazinthe blühen – wollen
Sie mir sie bringen?
(Die Prinzessin geht nach dem Platze. Die Königin etwas leiser zum Marquis.)
Chevalier, ich müßte
Mich sehr betrügen, oder Ihre Ankunft

Hat einen frohen Menschen mehr gemacht
An diesem Hofe.

Marquis.

Einen Traurigen
Hab' ich gefunden – den auf dieser Welt
Nur etwas fröhlich –

(Die Prinzessin kommt mit der Blume zurück.)

Eboli.

Da der Chevalier
So viele Länder hat gesehen, wird
Er ohne Zweifel viel Merkwürdiges
Uns zu erzählen wissen.

Marquis.

Allerdings.
Und Abenteuer suchen, ist bekanntlich
Der Ritter Pflicht – die heiligste von allen,
Die Damen zu beschützen.

Mondekar.

Gegen Riesen!
Jetzt gibt es keine Riesen mehr.

Marquis.

Gewalt
Ist für den Schwachen jederzeit ein Riese.

Königin.

Der Chevalier hat recht. Es gibt noch Riesen,
Doch keine Ritter gibt es mehr.

Marquis.

Noch jüngst
Auf meinem Rückweg von Neapel war
Ich Zeuge einer rührenden Geschichte,
Die mir der Freundschaft heiliges Legat[1]
Zu meiner eigenen gemacht. – Wenn ich
Nicht fürchten müßte, Ihre Majestät
Durch die Erzählung zu ermüden –

Königin.

Bleibt
Mir eine Wahl? Die Neugier der Prinzessin

---

[1] Er hat die „rührende Geschichte" gleichsam von seinem Freunde wie ein Vermächtnis geerbt.

Läßt sich nichts unterschlagen. Nur zur Sache!
Auch ich bin eine Freundin von Geschichten.

Marquis.

Zwei edle Häuser in Mirandola[1],
Der Eifersucht, der langen Feindschaft müde,
Die von den Ghibellinen und den Guelfen
Jahrhunderte schon fortgeerbt, beschlossen,
Durch der Verwandtschaft zarte Bande sich
In einem ew'gen Frieden zu vereinen.
Des mächtigen Pietro Schwestersohn,
Fernando, und die göttliche Mathilde,
Colonnas Tochter, waren ausersehn,
Dies schöne Band der Einigkeit zu knüpfen.
Nie hat zwei schön're Herzen die Natur
Gebildet für einander – nie die Welt,
Nie eine Wahl so glücklich noch gepriesen.
Noch hatte seine liebenswürd'ge Braut
Fernando nur im Bildnis angebetet –
Wie zitterte Fernando, wahr zu finden,
Was seine feurigsten Erwartungen
Dem Bilde nicht zu glauben sich getrauten!
In Padua, wo seine Studien
Ihn fesselten, erwartete Fernando
Des frohen Augenblickes nur, der ihm
Vergönnen sollte, zu Mathildens Füßen
Der Liebe erste Huldigung zu stammeln.

(Die Königin wird aufmerksamer. Der Marquis fährt nach einem kurzen Stillschweigen fort, die Erzählung, soweit es die Gegenwart der Königin erlaubt, mehr an die Prinzessin von Eboli gerichtet.)

Indessen macht der Gattin Tod die Hand
Pietros frei. – Mit jugendlicher Glut
Verschlingt der Greis die Stimmen des Gerüchtes,
Das in dem Ruhm Mathildens sich ergoß.
Er kommt! Er sieht! – Er liebt! Die neue Regung
Erstickt die leis're Stimme der Natur,
Der Oheim wirbt um seines Neffen Braut
Und heiligt seinen Raub vor dem Altare.

Königin.

Und was beschließt Fernando?

[1] Italienisches Städtchen, nicht weit von Modena.

Marquis.

Auf der Liebe Flügeln,
Des fürchterlichen Wechsels unbewußt,
Eilt nach Mirandola der Trunkene.
Mit Sternenschein erreicht sein schnelles Roß
Die Thore – ein bacchantisches Getön
Von Reigen und von Pauken donnert ihm
Aus dem erleuchteten Palast entgegen.
Er bebt die Stufen scheu hinauf und sieht
Sich unerkannt im lauten Hochzeitssaale,
Wo in der Gäste taumelndem Gelag
Pietro saß – ein Engel ihm zur Seite,
Ein Engel, den Fernando kennt, der ihm
In Träumen selbst so glänzend nie erschienen.
Ein einz'ger Blick zeigt ihm, was er besessen,
Zeigt ihm, was er auf immerdar verloren.

Eboli.

Unglücklicher Fernando!

Königin.

Die Geschichte
Ist doch zu Ende, Chevalier? – Sie muß
Zu Ende sein.

Marquis.

Noch nicht ganz.

Königin.

Sagten Sie
Uns nicht, Fernando sei Ihr Freund gewesen?

Marquis.

Ich habe keinen teurern.

Eboli.

Fahren Sie
Doch fort in der Geschichte, Chevalier.

Marquis.

Sie wird sehr traurig – und das Angedenken
Erneuert meinen Schmerz. Erlassen Sie
Mir den Beschluß –

(Ein allgemeines Stillschweigen.)

Königin

(wendet sich zur Prinzessin von Eboli).

Nun wird mir endlich doch

Vergönnt sein, meine Tochter zu umarmen? –
Prinzessin, bringen Sie sie mir.

(Diese entfernt sich. Der Marquis winkt einem Pagen, der sich im Hintergrunde zeigt und sogleich verschwindet.[1] Die Königin erbricht die Briefe, die der Marquis ihr gegeben, und scheint überrascht zu werden.[2] In dieser Zeit spricht der Marquis geheim und sehr angelegentlich mit der Marquisin von Mondekar.[3] – Die Königin hat die Briefe gelesen und wendet sich mit einem ausforschenden Blicke zum Marquis.)

Sie haben
Uns von Mathilden nichts gesagt? Vielleicht
Weiß sie es nicht, wie viel Fernando leidet?

Marquis.

Mathildens Herz hat niemand noch ergründet –
Doch große Seelen dulden still.

Königin.

Sie sehn sich um? Wen suchen Ihre Augen?

Marquis.

Ich denke nach, wie glücklich ein Gewisser,
Den ich nicht nennen darf, an meinem Platze
Sein müßte.

Königin.

Wessen Schuld ist es, daß er
Es nicht ist?

Marquis (lebhaft einfallend).

Wie? Darf ich mich unterstehen,
Dies zu erklären, wie ich will? – Er würde
Vergebung finden, wenn er jetzt erschiene?

Königin (erschrocken).

Jetzt, Marquis, jetzt? Was meinen Sie damit?

Marquis.

Er dürfte hoffen – dürft' er?

Königin (mit wachsender Verwirrung).

Sie erschrecken mich,
Marquis – er wird doch nicht –

Marquis.

Hier ist er schon.

---

[1] Um Karlos zu benachrichtigen, wie es der Marquis mit ihm verabredet hat.

[2] Offenbar, weil die Briefe nicht bloß von ihrer Mutter sind, sondern auch Klagen aus den Niederlanden enthalten (vgl. S. 47, Vers 809).

[3] Vgl. S. 28, Vers 379.

Fünfter Auftritt.

Die Königin. Karlos.

(Marquis von Posa und die Marquisin von Mondekar treten nach dem Hintergrunde zurück.)

Karlos
(vor der Königin niedergeworfen).

So ist er endlich da, der Augenblick,
Und Karl darf diese teure Hand berühren! –

Königin.

Was für ein Schritt – welch eine strafbare,
Tollkühne Überraschung! Stehn Sie auf!
Wir sind entdeckt. Mein Hof ist in der Nähe.

Karlos.

Ich steh' nicht auf – hier will ich ewig knien,
Auf diesem Platz will ich verzaubert liegen,
In dieser Stellung angewurzelt –

Königin.

Rasender!
Zu welcher Kühnheit führt Sie meine Gnade?
Wie? Wissen Sie, daß es die Königin,
Daß es die Mutter ist, an die sich diese
Verwegne Sprache richtet? Wissen Sie
Daß ich – ich selbst von diesem Überfalle
Dem Könige –

Karlos.

Und daß ich sterben muß!
Man reiße mich von hier aufs Blutgerüste!
Ein Augenblick, gelebt im Paradiese,
Wird nicht zu teuer mit dem Tod gebüßt.

Königin.

Und Ihre Königin?

Karlos (steht auf).

Gott, Gott! ich gehe –
Ich will Sie ja verlassen. – Muß ich nicht,
Wenn Sie es also fordern? Mutter, Mutter,
Wie schrecklich spielen Sie mit mir! Ein Wink,
Ein halber Blick, ein Laut aus Ihrem Munde

Gebietet mir, zu sein und zu vergehen.
Was wollen Sie, daß noch geschehen soll?
Was unter dieser Sonne kann es geben,
Das ich nicht hinzuopfern eilen will,
Wenn Sie es wünschen?

Königin.

Fliehen Sie!

Karlos.

O Gott!

Königin.

Das einz'ge, Karl, warum ich Sie mit Thränen
Beschwöre – fliehen Sie! – eh' meine Damen –
Eh' meine Kerkermeister Sie und mich
Beisammen finden und die große Zeitung
Vor Ihres Vaters Ohren bringen –

Karlos.

Ich erwarte
Mein Schicksal – es sei Leben oder Tod.
Wie? Hab' ich darum meine Hoffnungen
Auf diesen einz'gen Augenblick verwiesen,
Der Sie mir endlich ohne Zeugen schenkt,
Daß falsche Schrecken mich am Ziele täuschten?
Nein, Königin! Die Welt kann hundertmal,
Kann tausendmal um ihre Pole treiben,
Eh' diese Gunst der Zufall wiederholt.

Königin.

Auch soll er das in Ewigkeit nicht wieder.
Unglücklicher! was wollen Sie von mir?

Karlos.

O Königin, daß ich gerungen habe,
Gerungen, wie kein Sterblicher noch rang,
Ist Gott meine Zeuge – Königin, umsonst!
Hin ist mein Heldenmut. Ich unterliege.

Königin.

Nichts mehr davon – um meiner Ruhe Willen –

Karlos.

Sie waren mein – im Angesicht der Welt
Mir zugesprochen von zwei großen Thronen,

Mir zuerkannt von Himmel und Natur,
Und Philipp, Philipp hat mir Sie geraubt –

Königin.

Er ist Ihr Vater.

Karlos.

Ihr Gemahl.

Königin.

Der Ihnen
Das größte Reich der Welt zum Erbe gibt.

Karlos.

Und Sie zur Mutter.

Königin.

Großer Gott! Sie rasen –

Karlos.

Und weiß er auch, wie reich er ist? Hat er
Ein fühlend Herz, das Ihrige zu schätzen?
Ich will nicht klagen, nein, ich will vergessen,
Wie unaussprechlich glücklich ich mit ihr
Geworden wäre – wenn nur er es ist.
Er ist es nicht – das, das ist Höllenqual!
Er ist es nicht und wird es niemals werden.
Du nahmst mir meinen Himmel nur, um ihn
In König Philipps Armen zu vertilgen.

Königin.

Abscheulicher Gedanke!

Karlos.

O, ich weiß,
Wer dieser Ehe Stifter war – ich weiß,
Wie Philipp lieben kann und wie er freite.
Wer sind Sie denn in diesem Reich? Laß hören!
Regentin etwa? Nimmermehr! Wie könnten,
Wo Sie Regentin sind, die Alba würgen?
Wie könnte Flandern für den Glauben bluten?
Wie, oder sind Sie Philipps Frau? Unmöglich!
Ich kann's nicht glauben. Eine Frau besitzt
Des Mannes Herz, und wem gehört das seine?
Und bittet er nicht jede Zärtlichkeit,
Die ihm vielleicht in Fieberglut entwischte,
Dem Zepter ab und seinen grauen Haaren?

Königin.

Wer sagte Ihnen, daß an Philipps Seite
Mein Los beweinenswürdig sei?

Karlos.

Mein Herz,
Das feurig fühlt, wie es an meiner Seite
Beneidenswürdig wäre.

Königin.

Eitler Mann!
Wenn *mein* Herz nun das Gegenteil mir sagte?
Wenn Philipps ehrerbiet'ge Zärtlichkeit
Und seiner Liebe stumme Mienensprache
Weit inniger als seines stolzen Sohns
Verwegene Beredsamkeit mich rührten?
Wenn eines Greises[1] überlegte Achtung –

Karlos.

Das ist was andres. – Dann – ja, dann – Vergebung.
Ich wußt' es nicht – das wußt' ich nicht, daß Sie
Den König lieben.

Königin.

Ihn ehren ist mein Wunsch und mein Vergnügen.

Karlos.

Sie haben nie geliebt?

Königin.

Seltsame Frage!

Karlos.

Sie haben *nie* geliebt?

Königin.

Ich liebe nicht mehr.

Karlos.

Weil es Ihr Herz, weil es Ihr Eid verbietet?

Königin.

Verlassen Sie mich, Prinz, und kommen Sie
Zu keiner solchen Unterredung wieder!

Karlos.

Weil es Ihr Eid, weil es Ihr Herz verbietet?

---

[1] Der König ist in unserm Stücke fast 60 Jahre alt. In Wirklichkeit war er erst 41, also nur 18 Jahre älter als sein Sohn.

Königin.

Weil meine Pflicht – – Unglücklicher, wozu
Die traurige Zergliederung des Schicksals,
Dem Sie und ich gehorchen müssen?

Karlos.

Müssen?
Gehorchen müssen?

Königin.

Wie? Was wollen Sie
Mit diesem feierlichen Ton?

Karlos.

So viel,
Daß Karlos nicht gesonnen ist, zu müssen,
Wo er zu wollen hat; daß Karlos nicht
Gesonnen ist, der Unglückseligste
In diesem Reich zu bleiben, wenn es ihm
Nichts als den Umsturz der Gesetze kostet,
Der Glücklichste zu sein.

Königin.

Versteh' ich Sie?
Sie hoffen noch? Sie wagen es, zu hoffen,
Wo alles, alles schon verloren ist?

Karlos.

Ich gebe nichts verloren als die Toten.

Königin.

Auf mich, auf Ihre Mutter hoffen Sie?
(Sie sieht ihn lange und durchdringend an – dann mit Würde und Ernst:)
Warum nicht? O, der neu erwählte König
Kann mehr als das – kann die Verordnungen
Des Abgeschied'nen durch das Feu'r vertilgen[1],
Kann seine Bilder stürzen, kann sogar –
Wer hindert ihn? – die Mumie des Toten
Aus ihrer Ruhe zu Escurial[2]

[1] Wie es Philipp mit dem Testament seines Vaters Karl V. gemacht haben soll. Vgl. in den Lesarten hinter dem Text die nach Vers 1236 ausgefallenen Verse der Ausgabe von 1787.

[2] Das *Hieronymitenkloster* San Lorenzo in Escurial, etwa 7 Meilen nordwestlich von Madrid, ist von Philipp zur Gruftstätte der spanischen Könige ausgebaut worden. Erst 1573 wurden die Särge Karls V. sowie des Don Karlos und der Elisabeth dorthin gebracht.

Hervor ans Licht der Sonne reißen, seinen
Entweihten Staub in die vier Winde streun
Und dann zuletzt, um würdig zu vollenden –

Karlos.

Um Gotteswillen, reden Sie nicht aus!

Königin.

Zuletzt noch mit der Mutter sich vermählen.

Karlos.

Verfluchter Sohn!

(Er steht einen Augenblick starr und sprachlos.)

Ja, es ist aus. Jetzt ist
Es aus. – Ich fühle klar und helle, was
Mir ewig, ewig dunkel bleiben sollte.
Sie sind für mich dahin – dahin – dahin –
Auf immerdar! – Jetzt ist der Wurf gefallen.
Sie sind für mich verloren. – O, in diesem
Gefühl liegt Hölle – Hölle liegt im andern,
Sie zu besitzen. – Weh, ich fass' es nicht,
Und meine Nerven fangen an zu reißen.

Königin.

Beklagenswerter, teurer Karl! Ich fühle –
Ganz fühl' ich sie, die namenlose Pein,
Die jetzt in Ihrem Busen tobt. Unendlich,
Wie Ihre Liebe, ist Ihr Schmerz. Unendlich,
Wie er, ist auch der Ruhm, ihn zu besiegen.
Erringen Sie ihn, junger Held! Der Preis
Ist dieses hohen, starken Kämpfers wert,
Des Jünglings wert, durch dessen Herz die Tugend
So vieler königlichen Ahnen rollt.
Ermannen Sie sich, edler Prinz! – Der Enkel
Des großen Karls fängt frisch zu ringen an,
Wo andrer Menschen Kinder mutlos enden.

Karlos.

Zu spät! O Gott, es ist zu spät!

Königin.

Ein Mann
Zu sein? O Karl! wie groß wird unsre Tugend,

Wenn unser Herz bei ihrer Übung bricht!
Hoch stellte Sie die Vorsicht – höher, Prinz,
Als Millionen Ihrer andern Brüder.
Parteilich gab sie ihrem Liebling, was
Sie andern nahm, und Millionen fragen:
„Verdiente der, im Mutterleibe schon
Mehr als wir andern Sterblichen zu gelten?"
Auf, retten Sie des Himmels Billigkeit!
Verdienen Sie, der Welt voran zu gehn,
Und opfern Sie, was keiner opferte!

Karlos.

Das kann ich auch. – Sie zu erkämpfen, hab'
Ich Riesenkraft, Sie zu verlieren, keine.

Königin.

Gestehen Sie es, Karlos – Trotz ist es
Und Bitterkeit und Stolz, was Ihre Wünsche
So wütend nach der Mutter zieht. Die Liebe,
Das Herz, das Sie verschwenderisch mir opfern,
Gehört den Reichen an, die Sie dereinst
Regieren sollen. Sehen Sie, Sie prassen
Von Ihres Mündels anvertrautem Gut.
Die Liebe ist Ihr großes Amt. Bis jetzt
Verirrte sie zur Mutter. – Bringen Sie,
O, bringen Sie sie Ihren künft'gen Reichen
Und fühlen Sie statt Dolchen des Gewissens
Die Wollust, Gott zu sein! Elisabeth
War Ihre erste Liebe; Ihre zweite
Sei Spanien! Wie gerne, guter Karl,
Will ich der besseren Geliebten weichen!

Karlos.

(wirft sich, von Empfindung überwältigt, zu ihren Füßen).

Wie groß sind Sie, o Himmlische! – Ja, alles,
Was Sie verlangen, will ich thun. – Es sei!

(Er steht auf.)

Hier steh' ich in der Allmacht Hand und schwöre
Und schwöre Ihnen, schwöre ewiges –
O Himmel, nein! nur ewiges Verstummen,
Doch ewiges Vergessen nicht.

Königin.

Wie könnt' ich
Von Karlos fordern, was ich selbst zu leisten
Nicht willens bin?

Marquis (eilt aus der Allee).

Der König!

Königin.

Gott!

Marquis.

Hinweg!
Hinweg aus dieser Gegend, Prinz!

Königin.

Sein Argwohn
Ist fürchterlich, erblickt er Sie –

Karlos.

Ich bleibe.

Königin.

Und wer wird dann das Opfer sein?

Karlos

(zieht den Marquis am Arme).

Fort, fort!
Komm, Roderich!

(Er geht und kommt noch einmal zurück.)

Was darf ich mit mir nehmen?

Königin.

Die Freundschaft Ihrer Mutter.

Karlos.

Freundschaft! Mutter!

Königin.

Und diese Thränen aus den Niederlanden.

(Sie gibt ihm einige Briefe. Karl und der Marquis gehen ab. Die Königin sieht sich unruhig nach ihren Damen um, welche sich nirgends erblicken lassen. Wie sie nach dem Hintergrunde zurückgehen will, erscheint der König.)

Sechster Auftritt.

König. Königin. Herzog Alba. Graf Lerma. Domingo. Einige Damen und Granden, welche in der Entfernung zurückbleiben.

König

(sieht mit Befremdung umher und schweigt eine Zeitlang).

So allein, Madame?
Und auch nicht *eine* Dame zur Begleitung?
Das wundert mich – wo blieben Ihre Frauen?

Königin.

Mein gnädigster Gemahl –

König.

Warum allein?

(Zum Gefolge.)

Von diesem unverzeihlichen Versehn
Soll man die strengste Rechenschaft mir geben.
Wer hat das Hofamt bei der Königin?
Wen traf der Rang, sie heute zu bedienen?

Königin.

O, zürnen Sie nicht, mein Gemahl – ich selbst,
Ich bin die Schuldige – – auf mein Geheiß
Entfernte sich die Fürstin Eboli.

König.

Auf Ihr Geheiß?

Königin.

Die Kammerfrau zu rufen,
Weil ich nach der Infantin mich gesehnt.

König.

Und darum die Begleitung weggeschickt?
Doch dies entschuldigt nur die erste Dame.
Wo war die zweite?

Mondekar

(welche indessen zurückgekommen ist und sich unter die übrigen Damen gemischt hat, tritt hervor).

Ihre Majestät,
Ich fühle, daß ich strafbar bin –

König.

Deswegen
Vergönn' ich Ihnen zehen Jahre Zeit,
Fern von Madrid darüber nachzudenken.

(Die Marquisin tritt mit weinenden Augen zurück. Allgemeines Stillschweigen. Alle Umstehenden sehen bestürzt auf die Königin.)

Königin.

Marquisin, w e n beweinen Sie?
(Zum König.)
Hab' ich
Gefehlt, mein gnädigster Gemahl, so sollte
Die Königskrone dieses Reichs, wornach
Ich selber nie gegriffen habe, mich
Zum mindesten vor dem Erröten schützen.
Gibt's ein Gesetz in diesem Königreich,
Das vor Gericht Monarchentöchter fordert?
Bloß Zwang bewacht die Frauen Spaniens?
Schützt sie ein Zeuge mehr als ihre Tugend?
Und jetzt, Vergebung, mein Gemahl – ich bin
Es nicht gewohnt, die mir mit Freude dienten,
In Thränen zu entlassen – Mondekar!
(Sie nimmt ihren Gürtel ab und überreicht ihn der Marquisin.)
Den König haben Sie erzürnt – nicht mich –
Drum nehmen Sie dies Denkmal meiner Gnade
Und dieser Stunde. – Meiden Sie das Reich –
Sie haben nur in Spanien gesündigt;
In meinem Frankreich wischt man solche Thränen
Mit Freuden ab. – O, muß mich's ewig mahnen!
(Sie lehnt sich an die Oberhofmeisterin und bedeckt das Gesicht.)
In meinem Frankreich war's doch anders.

König (in einiger Bewegung).

Konnte
Ein Vorwurf meiner Liebe Sie betrüben?
Ein Wort betrüben, das die zärtlichste
Bekümmernis auf meine Lippen legte?
(Er wendet sich gegen die Grandezza[1].)
Hier stehen die Vasallen meines Throns.
Sank je ein Schlaf auf meine Augenlider,
Ich hätte denn am Abend jedes Tags
Berechnet, wie die Herzen meiner Völker
In meinen fernsten Himmelsstrichen schlagen? –
Und sollt' ich ängstlicher für meinen Thron
Als für die Gattin meines Herzens beben? –
Für meine Völker kann mein Schwert mir haften

[1] Zusammenfassender Ausdruck für die Granden des Königreichs.

Und – Herzog Alba: dieses Auge nur
Für meines Weibes Liebe.

Königin.

Wenn ich Sie
Beleidigt habe, mein Gemahl –

König.

Ich heiße
Der reichste Mann in der getauften Welt;
Die Sonne geht in meinem Staat nicht unter[1] –
Doch alles das besaß ein andrer schon,
Wird nach mir mancher andre noch besitzen.
Das ist mein eigen. Was der König hat,
Gehört dem Glück – Elisabeth dem Philipp.
Hier ist die Stelle, wo ich sterblich bin.

Königin.

Sie fürchten, Sire?

König.

Dies graue Haar doch nicht?
Wenn ich einmal zu fürchten angefangen,
Hab' ich zu fürchten aufgehört[2] –

(Zu den Granden.)

Ich zähle
Die Großen meines Hofs – der Erste fehlt.
Wo ist Don Karlos, mein Infant?

(Niemand antwortet.)

Der Knabe
Don Karl fängt an, mir fürchterlich zu werden.
Er meidet meine Gegenwart, seitdem
Er von Alkalas hoher Schule kam.
Sein Blut ist heiß, warum sein Blick so kalt?
So abgemessen festlich sein Betragen?
Seid wachsam! Ich empfehl' es euch.

Alba.

Ich bin's.
Solang' ein Herz an diesen Panzer schlägt,
Mag sich Don Philipp ruhig schlafen legen.

---

[1] Bekanntes Wort Karls V.

[2] Sobald ich fürchtete, würde ich durch schnelle That (Strafe, Tod) die Ursache der Furcht und dadurch diese selbst wegräumen.

Wie Gottes Cherub vor dem Paradies
Steht Herzog Alba vor dem Thron.

Lerma.

Darf ich
Dem weisesten der Könige in Demut
Zu widersprechen wagen? – Allzu tief
Verehr' ich meines Königs Majestät,
Als seinen Sohn so rasch und streng zu richten.[1]
Ich fürchte viel von Karlos' heißem Blut,
Doch nichts von seinem Herzen.

König.

Graf von Lerma,
Ihr redet gut, den Vater zu bestechen,
Des Königs Stütze wird der Herzog sein –
Nichts mehr davon –

(Er wendet sich gegen sein Gefolge.)

Jetzt eil' ich nach Madrid.
Mich ruft mein königliches Amt. Die Pest
Der Ketzerei steckt meine Völker an,
Der Aufruhr wächst in meinen Niederlanden.
Es ist die höchste Zeit. Ein schauerndes
Exempel soll die Irrenden bekehren.
Den großen Eid, den alle Könige
Der Christenheit geloben, lös' ich morgen.
Dies Blutgericht soll ohne Beispiel sein;
Mein ganzer Hof ist feierlich geladen.

(Er führt die Königin hinweg, die übrigen folgen.)

Siebenter Auftritt.

Don Karlos, mit Briefen[2] in der Hand, **Marquis von Posa** kommen von der entgegengesetzten Seite.

Karlos.

Ich bin entschlossen. Flandern sei gerettet.
Sie will es – das ist mir genug.

---

[1] Ein solches Urteil ist zwar in Albas Worten nicht ausdrücklich enthalten, aber es liegt doch darin, daß er dem Argwohn des Königs lediglich zustimmt.

[2] Die er vorher von der Königin erhalten hat.

Marquis.

Auch ist
Kein Augenblick mehr zu verlieren. Herzog
Von Alba, sagt man, ist im Kabinett
Bereits zum Gouverneur ernannt.

Karlos.

Gleich morgen
Verlang' ich Audienz bei meinem Vater.
Ich fordre dieses Amt für mich. Es ist
Die erste Bitte, die ich an ihn wage.
Er kann sie mir nicht weigern. Lange schon
Sieht er mich ungern in Madrid. Welch ein
Willkommner Vorwand, mich entfernt zu halten!
Und – soll ich dir's gestehen, Roderich?
Ich hoffe mehr – vielleicht gelingt es mir,
Von Angesicht zu Angesicht mit ihm
In seiner Gunst mich wieder herzustellen.
Er hat noch nie die Stimme der Natur
Gehört – laß mich versuchen, Roderich,
Was sie auf meinen Lippen wird vermögen.

Marquis.

Jetzt endlich hör' ich meinen Karlos wieder.
Jetzt sind Sie wieder ganz Sie selbst.

Achter Auftritt.

Vorige. Graf Lerma.

Lerma.

Soeben
Hat der Monarch Aranjuez verlassen.
Ich habe den Befehl –

Karlos.

Schon gut, Graf Lerma,
Ich treffe mit dem König ein.

Marquis

(macht Miene, sich zu entfernen. Mit einigem Zeremoniell).

Sonst haben
Mir Eure Hoheit nichts mehr aufzutragen?

Karlos.

Nichts, Chevalier. Ich wünsche Ihnen Glück
Zu Ihrer Ankunft in Madrid. Sie werden
Noch Mehreres von Flandern mir erzählen.
(Zu Lerma, welcher noch wartet.)
Ich folge gleich.
(Graf Lerma geht ab.)

Neunter Auftritt.

Don Karlos. Der Marquis.

Karlos.

Ich habe dich verstanden.
Ich danke dir. Doch diesen Zwang entschuldigt
Nur eines Dritten Gegenwart. Sind wir
Nicht Brüder? – Dieses Possenspiel des Ranges
Sei künftighin aus unserm Bund verwiesen.
Berede dich, wir beiden hätten uns
Auf einem Ball mit Masken eingefunden,
In Sklavenkleider[1] du und ich aus Laune
In einen Purpur eingemummt. Solange
Der Fasching währt, verehren wir die Lüge,
Der Rolle treu, mit lächerlichem Ernst,
Den süßen Rausch des Haufens nicht zu stören.
Doch durch die Larve winkt dein Karl dir zu,
Du drückst mir im Vorübergehn die Hände,
Und wir verstehen uns.

Marquis.

Der Traum ist göttlich.
Doch wird er nie verfliegen? Ist mein Karl
Auch seiner so gewiß, den Reizungen
Der unumschränkten Majestät zu trotzen?
Noch ist ein großer Tag zurück – ein Tag –
Wo dieser Heldensinn – ich will Sie mahnen –
In einer schweren Probe sinken wird.
Don Philipp stirbt. Karl erbt das größte Reich
Der Christenheit. – Ein ungeheurer Spalt

---

[1] Übertriebener Ausdruck für den „Granden von Spanien".

Reißt vom Geschlecht der Sterblichen ihn los,
Und Gott ist heut, wer gestern Mensch noch war.
Jetzt hat er keine Schwächen mehr. Die Pflichten
Der Ewigkeit verstummen ihm. Die Menschheit
– Noch heut ein großes Wort in seinem Ohr –
Verkauft sich selbst und kriecht um ihren Götzen.
Sein Mitgefühl löscht mit dem Leiden aus[1],
In Wollüsten ermattet seine Tugend,
Für seine Thorheit schickt ihm Peru Gold,
Für seine Laster zieht sein Hof ihm Teufel.
Er schläft berauscht in diesem Himmel ein,
Den seine Sklaven listig um ihn schufen.
Lang', wie sein Traum, währt seine Gottheit. – Wehe
Dem Rasenden, der ihn mitleidig weckte!
Was aber würde Roderich? – Die Freundschaft
Ist wahr und kühn – die kranke Majestät
Hält ihren fürchterlichen Strahl nicht aus.
Den Trotz des Bürgers würden Sie nicht dulden,
Ich nicht den Stolz des Fürsten.

Karlos.

Wahr und schrecklich
Ist dein Gemälde von Monarchen. Ja,
Ich glaube dir. – Doch nur die Wollust schloß
Dem Laster ihre Herzen auf. Ich bin
Noch rein[2], ein dreiundzwanzigjähr'ger Jüngling.
Was vor mir Tausende gewissenlos
In schwelgenden Umarmungen verpraßten,
Des Geistes beste Hälfte, Männerkraft,
Hab' ich dem künft'gen Herrscher aufgehoben.
Was könnte dich aus meinem Herzen drängen,
Wenn es nicht Weiber thun?

Marquis.

Ich selbst. Könnt' ich
So innig Sie noch lieben, Karl, wenn ich
Sie fürchten müßte?

---

[1] Da er selbst, als „Gott", nicht mehr leidet, hat er auch kein Mitgefühl mit dem Leiden andrer.
[2] Vgl. S. 98, Vers 2034 f.

Karlos.

Das wird nie geschehen.
Bedarfst du meiner? Hast du Leidenschaften,
Die von dem Throne betteln? Reizt dich Gold?
Du bist ein reich'rer[1] Unterthan, als ich,
Ein König, je sein werde. – Geizest du
Nach Ehre? Schon als Jüngling hattest du
Ihr Maß erschöpft – du hast sie ausgeschlagen.
Wer von uns wird der Gläubiger des andern
Und wer der Schuldner sein? – Du schweigst? Du zitterst
Vor der Versuchung? Nicht gewisser bist
Du deiner selbst?[2]

Marquis.

Wohlan! Ich weiche.
Hier meine Hand!

Karlos.

Der Meinige?

Marquis.

Auf ewig
Und in des Worts verwegenster Bedeutung.

Karlos.

So treu und warm, wie heute dem Infanten,
Auch dermaleinst dem König zugethan?

Marquis.

Das schwör' ich Ihnen.

Karlos.

Dann auch, wenn der Wurm
Der Schmeichelei mein unbewachtes Herz
Umklammerte – wenn dieses Auge Thränen
Verlernte, die es sonst geweint – dies Ohr
Dem Flehen sich verriegelte, willst du,
Ein schreckenloser Hüter meiner Tugend,
Mich kräftig fassen, meinen Genius
Bei seinem großen Namen rufen?

Marquis.

Ja.

---

[1] Innerlich reicher.

[2] Daß du dir nicht zutraust, auch dereinst dem Könige ein wirklicher Freund sein zu können, dich auf gleicher Stufe mit ihm zu fühlen.

Karlos.

Und jetzt noch eine Bitte! Nenn' mich Du.
Ich habe deinesgleichen stets beneidet
Um dieses Vorrecht der Vertraulichkeit.
Dies brüderliche Du betrügt mein Ohr,
Mein Herz mit süßen Ahnungen von Gleichheit.
– Keinen Einwurf! – Was du sagen willst, errat' ich.
Dir ist es Kleinigkeit, ich weiß – doch mir,
Dem Königssohne, ist es viel. Willst du
Mein Bruder sein?

Marquis.

Dein Bruder!

Karlos.

Jetzt zum König.
Ich fürchte nichts mehr – Arm in Arm mit dir,
So fodr' ich mein Jahrhundert in die Schranken.

(Sie gehen ab.)

Zweiter Akt.

Im königlichen Palast zu Madrid.

Erster Auftritt.

König Philipp unter einem Thronhimmel. **Herzog von Alba** in einiger Entfernung von dem König mit bedecktem Haupt. **Karlos.**

Karlos.

Den Vortritt hat das Königreich. Sehr gerne
Steht Karlos dem Minister nach. Er spricht
Für Spanien – ich bin der Sohn des Hauses.

(Er tritt mit einer Verbeugung zurück.)

Philipp.

Der Herzog bleibt, und der Infant mag reden.

Karlos (sich gegen Alba wendend).

So muß ich denn von Ihrer Großmut, Herzog,
Den König mir als ein Geschenk erbitten.
Ein Kind – Sie wissen ja – kann mancherlei
An seinen Vater auf dem Herzen tragen,
Das nicht für einen Dritten taugt. Der König
Soll Ihnen unbenommen sein – ich will
Den Vater nur für diese kurze Stunde.

Philipp.

Hier steht sein Freund.

Karlos.

Hab' ich es auch verdient,
Den meinigen im Herzog zu vermuten?

Philipp.

Auch je verdienen mögen? – Mir gefallen
Die Söhne nicht, die bess're Wahlen treffen
Als ihre Väter.

Karlos.

Kann der Ritterstolz
Des Herzogs Alba diesen Auftritt hören?
So wahr ich lebe, den Zudringlichen,
Der zwischen Sohn und Vater, unberufen,
Sich einzudrängen nicht errötet, der
In seines Nichts durchbohrendem Gefühle
So dazustehen sich verdammt, möcht' ich,
Bei Gott! und gält's ein Diadem – nicht spielen.

Philipp

(verläßt seinen Sitz mit einem zornigen Blick auf den Prinzen).

Entfernt Euch, Herzog!

(Dieser geht nach der Hauptthür, durch welche Karlos gekommen war; der König winkt ihm nach einer andern.)

Nein, ins Kabinett,
Bis ich Euch rufe.

Zweiter Auftritt.

König Philipp. Don Karlos.

Karlos

(geht, sobald der Herzog das Zimmer verlassen hat, auf den König zu und fällt vor ihm nieder, im Ausdruck der höchsten Empfindung).

Jetzt mein Vater wieder,
Jetzt wieder mein, und meinen besten Dank
Für diese Gnade! – Ihre Hand, mein Vater! –
O süßer Tag! – Die Wonne dieses Kusses
War Ihrem Kinde lange nicht gegönnt.
Warum von Ihrem Herzen mich so lange
Verstoßen, Vater? Was hab' ich gethan?

Philipp.

Infant, dein Herz weiß nichts von diesen Künsten.
Erspare sie, ich mag sie nicht.

Karlos (aufstehend).

Das war es!
Da hör' ich Ihre Höflinge. – Mein Vater!
Es ist nicht gut, bei Gott! nicht alles gut,
Nicht alles, was ein Priester sagt, nicht alles,
Was eines Priesters Kreaturen sagen.

Ich bin nicht schlimm, mein Vater – heißes Blut
Ist meine Bosheit, mein Verbrechen Jugend.
Schlimm bin ich nicht, schlimm wahrlich nicht – wenn auch
Oft wilde Wallungen mein Herz verklagen,
Mein Herz ist gut –

Philipp.

Dein Herz ist rein, ich weiß es,
Wie dein Gebet.

Karlos.

Jetzt oder nie! – Wir sind allein.
Der Etikette bange Scheidewand
Ist zwischen Sohn und Vater eingesunken.
Jetzt oder nie! Ein Sonnenstrahl der Hoffnung
Glänzt in mir auf, und eine süße Ahnung
Fliegt durch mein Herz. – Der ganze Himmel beugt
Mit Scharen froher Engel sich herunter,
Voll Rührung sieht der Dreimalheilige
Dem großen, schönen Auftritt zu! – Mein Vater!
Versöhnung! (Er fällt ihm zu Füßen.)

Philipp.

Laß mich und steh auf!

Karlos.

Versöhnung!

Philipp (will sich von ihm losreißen).

Zu kühn wird mir dies Gaukelspiel –

Karlos.

Zu kühn
Die Liebe deines Kindes?

Philipp.

Vollends Thränen?
Unwürd'ger Anblick! – Geh aus meinen Augen!

Karlos.

Jetzt oder nie! – Versöhnung, Vater!

Philipp.

Weg
Aus meinen Augen! Komm mit Schmach bedeckt
Aus meinen Schlachten, meine Arme sollen
Geöffnet sein, dich zu empfangen. – So
Verwerf' ich dich. – Die feige Schuld allein

Wird sich in solchen Quellen schimpflich waschen,
Wer zu bereuen nicht errötet, wird
Sich Reue nie ersparen.

Karlos.

Wer ist das?
Durch welchen Mißverstand hat dieser Fremdling
Zu Menschen sich verirrt? – Die ewige
Beglaubigung der Menschheit sind ja Thränen,
Sein Aug' ist trocken, ihn gebar kein Weib –
O, zwingen Sie die nie benetzten Augen,
Noch zeitig Thränen einzulernen, sonst,
Sonst möchten Sie's in einer harten Stunde
Noch nachzuholen haben.

Philipp.

Denkst du den schweren Zweifel deines Vaters
Mit schönen Worten zu erschüttern?

Karlos.

Zweifel?
Ich will ihn tilgen, diesen Zweifel, will
Mich hängen an das Vaterherz, will reißen,
Will mächtig reißen an dem Vaterherzen,
Bis dieses Zweifels felsenfeste Rinde
Von diesem Herzen niederfällt. – Wer sind sie,
Die mich aus meines Königs Gunst vertrieben?
Was bot der Mönch dem Vater für den Sohn?
Was wird ihm Alba für ein kinderlos
Verscherztes Leben zur Vergütung geben?
Sie wollen Liebe? – Hier in diesem Busen
Springt eine Quelle, frischer, feuriger
Als in den trüben, sumpfigen Behältern,
Die Philipps Gold erst öffnen muß.

Philipp.

Vermess'ner,
Halt' ein! – Die Männer, die du wagst zu schmähn,
Sind die geprüften Diener meiner Wahl,
Und du wirst sie verehren.

Karlos.

Nimmermehr!
Ich fühle mich. Was Ihre Alba leisten,

Das kann auch Karl, und Karl kann mehr. Was fragt
Ein Mietling nach dem Königreich, das nie
Sein eigen sein wird? – Was bekümmert's d e n,
Wenn Philipps graue Haare weiß sich färben?
Ihr Karlos hätte Sie geliebt. – Mir graut
Vor dem Gedanken, einsam und allein,
Auf einem T h r o n allein zu sein.

Philipp

(von diesen Worten ergriffen, steht nachdenkend und in sich gekehrt. Nach einer Pause).

Ich b i n allein.

Karlos

(mit Lebhaftigkeit und Wärme auf ihn zugehend).

Sie sind's gewesen. Hassen Sie mich nicht mehr;
Ich will Sie kindlich, will Sie feurig lieben,
Nur hassen Sie mich nicht mehr! – Wie entzückend
Und süß ist es, in einer schönen Seele
Verherrlicht uns zu fühlen, es zu wissen,
Daß unsre Freude fremde Wangen rötet,
Daß unsre Angst in fremden Busen zittert,
Daß unsre Leiden fremde Augen wässern! –
Wie schön ist es und herrlich, Hand in Hand
Mit einem teuern, vielgeliebten Sohn
Der Jugend Rosenbahn zurück zu eilen,
Des Lebens Traum noch einmal durchzuträumen!
Wie groß und süß, in seines Kindes Tugend
Unsterblich, unvergänglich fortzudauern,
Wohlthätig für Jahrhunderte! – Wie schön,
Zu pflanzen, was ein lieber Sohn einst erntet,
Zu sammeln, was ihm wuchern wird, zu ahnden,
Wie hoch sein Dank einst flammen wird! – Mein Vater,
Von diesem Erdenparadiese schweigen
Sehr weislich Ihre Mönche.

Philipp (nicht ohne Rührung).

O, mein Sohn,
Mein Sohn! du brichst dir selbst den Stab. Sehr reizend
Malst du ein Glück, das – du mir nie gewährtest.

Karlos.

Das richte der Allwissende! – Sie selbst,
S i e schlossen mich, wie aus dem Vaterherzen,

Von Ihres Zepters Anteil aus. Bis jetzt,
Bis diesen Tag – o, war das gut, war's billig? –
Bis jetzt mußt' ich, der Erbprinz Spaniens,
In Spanien ein Fremdling sein, Gefangner
Auf diesem Grund, wo ich einst Herr sein werde.
War das gerecht, war's gütig? – O, wie oft,
Wie oft, mein Vater, sah ich schamrot nieder,
Wenn die Gesandten fremder Potentaten,
Wenn Zeitungsblätter mir das Neueste
Vom Hofe zu Aranjuez erzählten!

Philipp.

Zu heftig braust das Blut in deinen Adern,
Du würdest nur zerstören.

Karlos.

Geben Sie
Mir zu zerstören, Vater! – Heftig braust's
In meinen Adern – dreiundzwanzig Jahre,
Und nichts für die Unsterblichkeit gethan!
Ich bin erwacht, ich fühle mich. – Mein Ruf
Zum Königsthron pocht wie ein Gläubiger
Aus meinem Schlummer mich empor, und alle
Verlorne Stunden meiner Jugend mahnen
Mich laut wie Ehrenschulden. Er ist da,
Der große, schöne Augenblick, der endlich
Des hohen Pfundes Zinsen von mir fodert:
Mich ruft die Weltgeschichte, Ahnenruhm
Und des Gerüchtes donnernde Posaune.
Nun ist die Zeit gekommen, mir des Ruhmes
Glorreiche Schranken aufzuthun. – Mein König,
Darf ich die Bitte auszusprechen wagen,
Die mich hierher geführt?

Philipp.

Noch eine Bitte?
Entdecke sie.

Karlos.

Der Aufruhr in Brabant
Wächst drohend an. Der Starrsinn der Rebellen
Heischt starke, kluge Gegenwehr. Die Wut
Der Schwärmer zu bezähmen, soll der Herzog

Ein Heer nach Flandern führen, von dem König
Mit souveräner Vollmacht ausgestattet.
Wie ehrenvoll ist dieses Amt, wie ganz
Dazu geeignet, Ihren Sohn im Tempel
Des Ruhmes einzuführen! – Mir, mein König,
Mir übergeben Sie das Heer! Mich lieben
Die Niederländer; ich erkühne mich,
Mein Blut für ihre Treue zu verbürgen.

Philipp.

Du redest wie ein Träumender. Dies Amt
Will einen Mann und keinen Jüngling –

Karlos.

Will
Nur einen Menschen, Vater, und das ist
Das einzige, was Alba nie gewesen.

Philipp.

Und Schrecken bändigt die Empörung nur.
Erbarmung hieße Wahnsinn. – Deine Seele
Ist weich, mein Sohn; der Herzog wird gefürchtet –
Steh ab von deiner Bitte.

Karlos.

Schicken Sie
Mich mit dem Heer nach Flandern, wagen Sie's
Auf meine weiche Seele! Schon der Name
Des königlichen Sohnes, der voraus
Vor meinen Fahnen fliegen wird, erobert,
Wo Herzog Albas Henker nur verheeren.
Auf meinen Knieen bitt' ich drum. Es ist
Die erste Bitte meines Lebens – Vater,
Vertrauen Sie mir Flandern –

Philipp

(den Infanten mit einem durchdringenden Blick betrachtend).

Und zugleich
Mein bestes Kriegsheer deiner Herrschbegierde?
Das Messer meinem Mörder?

Karlos.

O mein Gott!
Bin ich nicht weiter, und ist das die Frucht

Von dieser längst erbet'nen großen Stunde?
(Nach einigem Nachdenken, mit gemildertem Ernst.)
Antworten Sie mir sanfter! Schicken Sie
Mich so nicht weg! Mit dieser übeln Antwort
Möcht' ich nicht gern entlassen sein, nicht gern
Entlassen sein mit diesem schweren Herzen.
Behandeln Sie mich gnädiger! Es ist
Mein dringendes Bedürfnis, ist mein letzter,
Verzweifelter Versuch – ich kann's nicht fassen,
Nicht standhaft tragen wie ein Mann, daß Sie
Mir alles, alles, alles so verweigern.
Jetzt lassen Sie mich von sich. Unerhört,
Von tausend süßen Ahndungen betrogen,
Geh' ich aus Ihrem Angesicht. – Ihr Alba
Und Ihr Domingo werden siegreich thronen,
Wo jetzt Ihr Kind im Staub geweint. Die Schar
Der Höflinge, die bebende Grandezza,
Der Mönche sünderbleiche Zunft war Zeuge,
Als Sie mir feierlich Gehör geschenkt.
Beschämen Sie mich nicht! So tödlich, Vater,
Verwunden Sie mich nicht, dem frechen Hohn
Des Hofgesindes schimpflich mich zu opfern,
Daß Fremdlinge von Ihrer Gnade schwelgen,
Ihr Karlos nichts erbitten kann! Zum Pfande,
Daß Sie mich ehren wollen, schicken Sie
Mich mit dem Heer nach Flandern!

Philipp.

Wiederhole
Dies Wort nicht mehr, bei deines Königs Zorn.

Karlos.

Ich wage meines Königs Zorn und bitte
Zum letztenmal – vertrauen Sie mir Flandern!
Ich soll und muß aus Spanien. Mein Hiersein
Ist Atemholen unter Henkershand –
Schwer liegt der Himmel zu Madrid auf mir
Wie das Bewußtsein eines Mords. Nur schnelle
Veränderung des Himmels kann mich heilen.
Wenn Sie mich retten wollen – schicken Sie
Mich ungesäumt nach Flandern!

Philipp (mit erzwungener Gelassenheit).

Solche Kranke
Wie du, mein Sohn, verlangen gute Pflege
Und Wohnen unterm Aug' des Arzts. Du bleibst
In Spanien; der Herzog geht nach Flandern.

Karlos (außer sich).

O, jetzt umringt mich, gute Geister –

Philipp (der einen Schritt zurücktritt).

Halt!
Was wollen diese Mienen sagen?

Karlos (mit schwankender Stimme).

Vater,
Unwiderruflich bleibt's bei der Entscheidung?

Philipp.

Sie kam vom König.

Karlos.

Mein Geschäft ist aus.

(Geht ab in heftiger Bewegung.)

Dritter Auftritt.

Philipp bleibt eine Zeitlang in düstres Nachdenken versunken stehen. Endlich geht er einige Schritte im Saale auf und nieder. **Alba** nähert sich verlegen.

Philipp.

Seid jede Stunde des Befehls gewärtig,
Nach Brüssel abzugehen.

Alba.

Alles steht
Bereit, mein König.

Philipp.

Eure Vollmacht liegt
Versiegelt schon im Kabinett. Indessen
Nehmt Euren Urlaub von der Königin
Und zeiget Euch zum Abschied dem Infanten.

Alba.

Mit den Gebärden eines Wütenden
Sah ich ihn eben diesen Saal verlassen.
Auch Eure königliche Majestät

Sind außer sich und scheinen tief bewegt –
Vielleicht der Inhalt des Gesprächs?

Philipp (nach einigem Auf- und Niedergehen).

Der Inhalt
War Herzog Alba.

(Der König bleibt mit dem Aug' auf ihm haften, finster.)

Gerne mag ich hören,
Daß Karlos meine Räte haßt; doch mit
Verdruß entdeck' ich, daß er sie verachtet.

Alba (entfärbt sich und will auffahren).

Philipp.

Jetzt keine Antwort. Ich erlaube Euch,
Den Prinzen zu versöhnen.

Alba.

Sire!

Philipp.

Sagt an!
Wer war es doch, der mich zum erstenmal
Vor meines Sohnes schwarzem Anschlag warnte?
Da hört' ich Euch und nicht auch ihn. Ich will
Die Probe wagen, Herzog. Künftighin
Steht Karlos meinem Throne näher. Geht!

(Der König begibt sich in das Kabinett. Der Herzog entfernt sich durch eine andere Thüre.)

Vierter Auftritt.

Ein Vorsaal vor dem Zimmer der Königin.

Don Karlos kommt im Gespräche mit einem **Pagen** durch die Mittelthüre. Die Hofleute, welche sich im Vorsaal befinden, zerstreuen sich bei seiner Ankunft in den angrenzenden Zimmern.

Karlos.

Ein Brief an mich? – Wozu denn dieser Schlüssel?
Und beides mir so heimlich überliefert?
Komm näher. – Wo empfingst du das?

Page (geheimnisvoll).

Wie mich
Die Dame merken lassen, will sie lieber
Erraten als beschrieben sein.

Karlos (zurückfahrend).

Die Dame?

(Indem er den Pagen genauer betrachtet.)

Was? – Wie? – Wer bist du denn?

Page.

Ein Edelknabe
Von Ihrer Majestät der Königin –

Karlos

(erschrocken auf ihn zugehend und ihm die Hand auf den Mund drückend).

Du bist des Todes. Halt! Ich weiß genug.

(Er reißt hastig das Siegel auf und tritt an das äußerste Ende des Saals, den Brief zu lesen. Unterdessen kommt der Herzog von Alba und geht, ohne von dem Prinzen bemerkt zu werden, an ihm vorbei in der Königin Zimmer. Karlos fängt an, heftig zu zittern und wechselsweise zu erblassen und zu erröten. Nachdem er gelesen hat, steht er lange sprachlos, die Augen starr auf den Brief geheftet. – Endlich wendet er sich zu dem Pagen.)

Sie gab dir selbst den Brief?

Page.

Mit eignen Händen.

Karlos.

Sie gab dir selbst den Brief? – O, spotte nicht!
Noch hab' ich nichts von ihrer Hand gelesen,
Ich muß dir glauben, wenn du schwören kannst.
Wenn's Lüge war, gesteh mir's offenherzig
Und treibe keinen Spott mit mir!

Page.

Mit w e m ?

Karlos

(sieht wieder in den Brief und betrachtet den Pagen mit zweifelhafter, forschender Miene. Nachdem er einen Gang durch den Saal gemacht hat).

Du hast noch Eltern? Ja? Dein Vater dient
Dem Könige und ist ein Kind des Landes?

Page.

Er fiel bei Saint Quentin[1], ein Oberster
Der Reiterei des Herzogs von Savoyen,
Und hieß Alonzo Graf von Henarez.

---

[1] Stadt an der Somme im nördlichen Frankreich, wo die Spanier und Niederländer unter Egmonts Führung 1557 einen glänzenden Sieg über die Franzosen errangen. Vgl. S. 133, V. 2836.

Karlos
(indem er ihn bei der Hand nimmt und die Augen bedeutend auf ihn heftet).
Den Brief gab dir der König!

Page (empfindlich).
Gnäd'ger Prinz,
Verdien' ich diesen Argwohn?

Karlos (liest den Brief).
„Dieser Schlüssel öffnet
Die hintern Zimmer im Pavillon[1]
Der Königin. Das äußerste von allen
Stößt seitwärts an ein Kabinett, wohin
Noch keines Horchers Fußtritt sich verloren.
Hier darf die Liebe frei und laut gestehn,
Was sie so lange Winken nur vertraute.
Erhörung wartet auf den Furchtsamen
Und schöner Lohn auf den bescheidnen Dulder."
(Wie aus einer Betäubung erwachend.)
Ich träume nicht – ich rase nicht – das ist
Mein rechter Arm – das ist mein Schwert – das sind
Geschriebne Silben. Es ist wahr und wirklich,
Ich bin geliebt – ich bin es – ja, ich bin,
Ich bin geliebt!
(Außer Fassung durchs Zimmer stürzend und die Arme zum Himmel emporgeworfen.)

Page.
So kommen Sie, mein Prinz, ich führe Sie.

Karlos.
Erst laß mich zu mir selber kommen. – Zittern
Nicht alle Schrecken dieses Glücks noch in mir?
Hab' ich so stolz gehofft? Hab' ich das je
Zu träumen mir getraut? Wo ist der Mensch,
Der sich so schnell gewöhnte, Gott zu sein? –
Wer war ich, und wer bin ich nun? Das ist
Ein andrer Himmel, eine andre Sonne,
Als vorhin da gewesen war – sie liebt mich!

Page (will ihn fortführen).
Prinz, Prinz, hier ist der Ort nicht – Sie vergessen –

---

[1] Viersilbig zu lesen, wie Wörter dieser Art stets von Schiller gebraucht werden. Vgl. „Billet", V. 1514. S. auch Band I, S. 76.

Karlos
(von einer plötzlichen Erstarrung ergriffen).
Den König, meinen Vater!
(Er läßt die Arme sinken, blickt scheu umher und fängt an, sich zu sammeln.)
Das ist schrecklich –
Ja, ganz recht, Freund. Ich danke dir, ich war
Soeben nicht ganz bei mir. – Daß ich *das*
Verschweigen soll, der Seligkeit so viel
In diese Brust vermauern soll, ist schrecklich.
(Den Pagen bei der Hand fassend und beiseite führend.)
Was du gesehn – hörst du? und nicht gesehen,
Sei wie ein Sarg in deiner Brust versunken!
Jetzt geh. Ich will mich finden. Geh! Man darf
Uns hier nicht treffen. Geh –

Page (will fort).

Karlos.
Doch halt! doch höre! –
(Der Page kommt zurück. Karlos legt ihm eine Hand auf die Schulter und sieht ihm ernst und feierlich ins Gesicht.)
Du nimmst ein schreckliches Geheimnis mit,
Das, jenen starken Giften gleich, die Schale,
Worin es aufgefangen wird, zersprengt. –
Beherrsche deine Mienen gut! Dein Kopf
Erfahre niemals, was dein Busen hütet!
Sei wie das tote Sprachrohr, das den Schall
Empfängt und wiedergibt und selbst nicht höret.
Du bist ein Knabe – sei es immerhin
Und fahre fort, den Fröhlichen zu spielen –
Wie gut verstand's die kluge Schreiberin,
Der Liebe einen Boten auszulesen!
Hier sucht der König seine Nattern nicht.

Page.
Und ich, mein Prinz, ich werde stolz drauf sein,
Um ein Geheimnis reicher mich zu wissen
Als selbst der König –

Karlos.
Eitler junger Thor,
Das ist's, wovor du zittern mußt. – Geschieht's,
Daß wir uns öffentlich begegnen, schüchtern,

Mit Unterwerfung nahst du mir. Laß nie
Die Eitelkeit zu Winken dich verführen,
Wie gnädig der Infant dir sei. Du kannst
Nicht schwerer sündigen, mein Sohn, als wenn
Du m i r gefällst. – Was du mir künftig magst
Zu hinterbringen haben, sprich es nie
Mit Silben aus, vertrau es nie den Lippen;
Den allgemeinen Fahrweg der Gedanken
Betrete deine Zeitung nicht! Du sprichst
Mit deinen Wimpern, deinem Zeigefinger;
Ich höre dir mit Blicken zu. Die Luft,
Das Licht um uns ist Philipps Kreatur,
Die tauben Wände stehn in seinem Solde –
Man kommt –
(Das Zimmer der Königin öffnet sich, und der Herzog von Alba tritt heraus.)
Hinweg! Auf Wiedersehen!

Page.

Prinz,
Daß Sie das rechte Zimmer nur nicht fehlen! (Ab.)

Karlos.

Es ist der Herzog. – Nein doch, nein! Schon gut!
Ich finde mich.

Fünfter Auftritt.

Don Karlos. Herzog von Alba.

Alba (ihm in den Weg tretend).
Zwei Worte, gnäd'ger Prinz.

Karlos.

Ganz recht – schon gut – ein andermal. (Er will gehen.)

Alba.

Der Ort
Scheint freilich nicht der schicklichste. Vielleicht
Gefällt es Eurer königlichen Hoheit,
Auf Ihrem Zimmer mir Gehör zu geben?

Karlos.

Wozu? Das kann hier auch geschehn. – Nur schnell,
Nur kurz –

Alba.

Was eigentlich hierher mich führt,
Ist, Eurer Hoheit unterthän'gen Dank
Für das Bewußte abzutragen –

Karlos.

Dank?
Mir Dank? Wofür? – Und Dank von Herzog Alba?

Alba.

Denn kaum, daß Sie das Zimmer des Monarchen
Verlassen hatten, ward mir angekündigt,
Nach Brüssel abzugehen.

Karlos.

Brüssel! So!

Alba.

Wem sonst, mein Prinz, als Ihrer gnädigen
Verwendung bei des Königs Majestät
Kann ich es zuzuschreiben haben? –

Karlos.

Mir?
Mir ganz und gar nicht – mir wahrhaftig nicht.
Sie reisen – reisen Sie mit Gott!

Alba.

Sonst nichts?
Das nimmt mich wunder. – Eure Hoheit hätten
Mir weiter nichts nach Flandern aufzutragen?

Karlos.

Was sonst? Was dort?

Alba.

Doch schien es noch vor kurzem,
Als forderte das Schicksal dieser Länder
Don Karlos' eigne Gegenwart.

Karlos.

Wieso?
Doch ja – ja recht – das war vorhin – das ist
Auch so ganz gut, recht gut, um so viel besser –

Alba.

Ich höre mit Verwunderung –

Karlos (nicht mit Ironie).
Sie sind
Ein großer General – wer weiß das nicht?
Der Neid muß es beschwören. Ich – ich bin
Ein junger Mensch. So hat es auch der König
Gemeint. Der König hat ganz recht, ganz recht.
Ich seh's jetzt ein, ich bin vergnügt[1], und also
Genug davon. Glück auf den Weg! Ich kann
Jetzt, wie Sie sehen, schlechterdings – ich bin
Soeben etwas überhäuft – das Weitere
Auf morgen, oder wenn Sie wollen, oder
Wenn Sie von Brüssel wiederkommen –

Alba.
Wie?

Karlos
(nach einigem Stillschweigen, wie er sieht, daß der Herzog noch immer bleibt).
Sie nehmen gute Jahr'szeit mit. – Die Reise
Geht über Mailand, Lothringen, Burgund
Und Deutschland – Deutschland? – Recht, in Deutschland war es!
Da kennt man Sie![2] Wir haben jetzt April;
Mai – Junius – im Julius, ganz recht,
Und spätestens zu Anfang des Augusts
Sind Sie in Brüssel. O, ich zweifle nicht,
Man wird sehr bald von Ihren Siegen hören.
Sie werden unsers gnädigsten Vertrauens
Sich wert zu machen wissen.

Alba (mit Bedeutung).
Werd' ich das
In meines Nichts durchbohrendem Gefühle?

Karlos
(nach einigem Stillschweigen, mit Würde und Stolz).
Sie sind empfindlich, Herzog – und mit Recht.
Es war, ich muß bekennen, wenig Schonung
Von meiner Seite, Waffen gegen Sie

---

[1] Nach älterem Sprachgebrauch für: befriedigt, zufrieden. Vgl. V. 4828 und *5064, sowie Band I*, S. 198, Anm. 2, Turandot V. 1178 und 1321.

[2] Besonders von den Greueln her, die die Spanier unter Alba im Schmalkaldischen Kriege verübten. Vgl. Schillers spätern Aufsatz: „Herzog Alba bei einem Frühstück etc."

Zu führen, die Sie nicht im stande sind
Mir zu erwidern.

Alba.

Nicht im stande? –

Karlos

(ihm lächelnd die Hand reichend).

Schade,
Daß mir's gerade jetzt an Zeit gebricht,
Den würd'gen Kampf mit Alba auszufechten.
Ein andermal –

Alba.

Prinz, wir verrechnen uns[1]
Auf ganz verschiedne Weise. Sie zum Beispiel,
Sie sehen sich um zwanzig Jahre später,
Ich Sie um ebensoviel früher.

Karlos.

Nun?

Alba.

Und dabei fällt mir ein, wie viele Nächte
Bei seiner schönen portugiesischen
Gemahlin, Ihrer Mutter, der Monarch
Wohl drum gegeben hätte, einen Arm
Wie *diesen* seiner Krone zu erkaufen.
Ihm mocht' es wohl bekannt sein, wie viel leichter
Die Sache sei, Monarchen fortzupflanzen
Als Monarchieen – wie viel schneller man
Die Welt mit einem Könige versorge,
Als Könige mit einer Welt.

Karlos.

Sehr wahr!
Doch, Herzog Alba, doch –

Alba.

Und wie viel Blut,
Blut *Ihres* Volkes fließen mußte, bis
Zwei Tropfen *Sie* zum König machen konnten.

---

[1] Wir nehmen beide einen falschen Standpunkt ein, indem wir nicht an die Gegenwart denken, sondern Sie an die Zukunft, wo Sie König sein werden, ich an die Vergangenheit, wo Sie ein Kind waren.

Karlos.

Sehr wahr, bei Gott – und in zwei Worte alles
Gepreßt, was des Verdienstes Stolz dem Stolze
Des Glücks entgegensetzen kann. – Doch nun
Die Anwendung? Doch, Herzog Alba?

Alba.

Wehe
Dem zarten Wiegenkinde Majestät,
Das seiner Amme spotten kann! Wie sanft
Mag's auf dem weichen Kissen unsrer Siege
Sich schlafen lassen! An der Krone funkeln
Die Perlen nur – und freilich nicht die Wunden,
Mit denen sie errungen ward. – Dies Schwert
Schrieb fremden Völkern spanische Gesetze,
Es blitzte dem Gekreuzigten voran
Und zeichnete dem Samenkorn des Glaubens
Auf diesem Weltteil blut'ge Furchen vor:
Gott richtete im Himmel, ich auf Erden –

Karlos.

Gott oder Teufel, gilt gleich viel! Sie waren
Sein rechter Arm. Ich weiß das wohl – und jetzt
Nichts mehr davon. Ich bitte. Vor gewissen
Erinnerungen möcht' ich gern mich hüten. –
Ich ehre meines Vaters Wahl. Mein Vater
Braucht einen Alba; daß er diesen braucht,
Das ist es nicht, warum ich ihn beneide.
Sie sind ein großer Mann. – Auch das mag sein;
Ich glaub' es fast. Nur, fürcht' ich, kamen Sie
Um wenige Jahrtausende zu zeitig.
Ein Alba, sollt' ich meinen, war der Mann,
Am Ende aller Tage zu erscheinen.
Dann, wann des Lasters Riesentrotz die Langmut
Des Himmels aufgezehrt, die reiche Ernte
Der Missethat in vollen Halmen steht
Und einen Schnitter sonder Beispiel fordert,
Dann stehen Sie an ihrem Platz. – O Gott!
Mein Paradies! Mein Flandern! – Doch ich soll
Es jetzt nicht denken. Still davon. Man spricht,
Sie führten einen Vorrat Blutsentenzen,

Im voraus unterzeichnet, mit? Die Vorsicht
Ist lobenswert. So braucht man sich vor keiner
Schikane mehr zu fürchten. – O mein Vater,
Wie schlecht verstand ich deine Meinung! Härte
Gab ich dir schuld, weil du mir ein Geschäft
Verweigertest, wo deine Alba glänzen? –
Es war der Anfang deiner Achtung.

Alba.

Prinz,
Dies Wort verdiente –

Karlos (auffahrend).

Was?

Alba.

Doch davor schützt Sie
Der Königssohn.

Karlos (nach dem Schwert greifend).

Das fodert Blut! – Das Schwert
Gezogen, Herzog!

Alba (kalt).

Gegen wen?

Karlos (heftig auf ihn eindringend).

Das Schwert
Gezogen, ich durchstoße Sie!

Alba (zieht).

Wenn es
Denn sein muß – (Sie fechten.)

Sechster Auftritt.

Die Königin. Don Karlos. Herzog von Alba.

Königin
(welche erschrocken aus ihrem Zimmer tritt).

Bloße Schwerter!
(Zum Prinzen unwillig und mit gebietender Stimme.)
Karlos!

Karlos

(vom Anblick der Königin außer sich gesetzt, läßt den Arm sinken, steht ohne Bewegung und sinnlos, dann eilt er auf den Herzog zu und küßt ihn).

Versöhnung, Herzog! Alles sei vergeben!

(Er wirft sich stumm zu der Königin Füßen, steht dann rasch auf und eilt außer Fassung fort.)

Alba

(der voll Erstaunen dasteht und kein Auge von ihnen verwendet).

Bei Gott, das ist doch seltsam! –

Königin

(steht einige Augenblicke beunruhigt und zweifelhaft, dann geht sie langsam nach ihrem Zimmer, an der Thüre dreht sie sich um).

Herzog Alba!

(Der Herzog folgt ihr in das Zimmer.)

Ein Kabinett der Prinzessin von Eboli.

Siebenter Auftritt.

Die Prinzessin, in einem idealischen Geschmack, schön, aber einfach gekleidet, spielt die Laute und singt. Darauf der **Page** der Königin.

Prinzessin (springt schnell auf).

Er kommt!

Page (eilfertig).

Sind Sie allein? Mich wundert sehr,
Ihn noch nicht hier zu finden; doch er muß
Im Augenblick erscheinen.

Prinzessin.

Muß er? Nun,
So *will* er auch – so ist es ja entschieden –

Page.

Er folgt mir auf den Fersen. – Gnäd'ge Fürstin,
Sie sind geliebt – geliebt, geliebt wie Sie
Kann niemand sein und niemand sein gewesen.
Welch eine Szene sah ich an!

Prinzessin

(zieht ihn voll Ungeduld an sich).

Geschwind!
Du sprachst mit ihm? Heraus damit! Was sprach er?
Wie nahm er sich? Was waren seine Worte?

Er schien verlegen, schien bestürzt? Erriet
Er die Person, die ihm den Schlüssel schickte?
Geschwinde – oder riet er nicht? Er riet
Wohl gar nicht? Riet auf eine falsche? – Nun?
Antwortest du mir denn kein Wort? O pfui,
Pfui, schäme dich; so hölzern bist du nie,
So unerträglich langsam nie gewesen.

Page.

Kann ich zu Worte kommen, Gnädigste?
Ich übergab ihm Schlüssel und Billet
Im Vorsaal bei der Königin. Er stutzte
Und sah mich an, da mir das Wort entwischte,
Ein Frauenzimmer sende mich.

Prinzessin.

Er stutzte?
Sehr gut! sehr brav! Nur fort, erzähle weiter.

Page.

Ich wollte mehr noch sagen, da erblaßt' er
Und riß den Brief mir aus der Hand und sah
Mich drohend an und sagt', er wisse alles.
Den Brief durchlas er mit Bestürzung, fing
Auf einmal an zu zittern.

Prinzessin.

Wisse alles?
Er wisse alles? Sagt' er das?

Page.

Und fragte
Mich dreimal, viermal, ob Sie selber, wirklich
Sie selber mir den Brief gegeben?

Prinzessin.

Ob
Ich selbst? Und also nannt' er meinen Namen?

Page.

Den Namen – nein, den nannt' er nicht. – Es möchten
Kundschafter, sagt' er, in der Gegend horchen
Und es dem König plaudern.

Prinzessin (befremdet).

Sagt' er das?

Page.

Dem König, sagt' er, liege ganz erstaunlich,
Gar mächtig viel daran, besonders viel,
Von diesem Briefe Kundschaft zu erhalten.

Prinzessin.

Dem König? Hast du recht gehört? Dem König?
War das der Ausdruck, den er brauchte?

Page.

Ja!
Er nannt' es ein gefährliches Geheimnis
Und warnte mich, mit Worten und mit Winken
Gar sehr auf meiner Hut zu sein, daß ja
Der König keinen Argwohn schöpfe.

Prinzessin
(nach einigem Nachsinnen, voll Verwunderung).

Alles
Trifft zu. – Es kann nicht anders sein – er muß
Um die Geschichte wissen.[1] – Unbegreiflich!
Wer mag ihm wohl verraten haben? – Wer?
Ich frage noch – Wer sieht so scharf, so tief,
Wer anders als der Falkenblick der Liebe?
Doch weiter, fahre weiter fort: er las
Das Billet –

Page.

Das Billet enthalte
Ein Glück, sagt' er, vor dem er zittern müsse;
Das hab' er nie zu träumen sich getraut.
Zum Unglück trat der Herzog in den Saal,
Dies zwang uns –

Prinzessin (ärgerlich).

Aber was in aller Welt
Hat jetzt der Herzog dort zu thun? Wo aber,
Wo bleibt er denn? Was zögert er? Warum
Erscheint er nicht? – Siehst du, wie falsch man[2] dich
Berichtet hat? Wie glücklich wär' er schon
In so viel Zeit gewesen, als du brauchtest,
Mir zu erzählen, daß er's werden wollte!

---

[1] Um den Antrag, den ihr Domingo vom Könige überbracht hat.
[2] Auffallend, da nur der Prinz gemeint sein kann.

Page.

Der Herzog, fürcht' ich –

Prinzessin.

Wiederum der Herzog?
Was will der hier? Was hat der tapfre Mann
Mit meiner stillen Seligkeit zu schaffen?
Den könnt' er stehen lassen, weiter schicken,
Wen auf der Welt kann man das nicht? – O, wahrlich,
Dein Prinz versteht sich auf die Liebe selbst
So schlecht als, wie es schien, auf Damenherzen.
Er weiß nicht, was Minuten sind. – Still, still!
Ich höre kommen. Fort! Es ist der Prinz.
(Page eilt hinaus.)
Hinweg, hinweg! – Wo hab' ich meine Laute?
Er soll mich überraschen. – Mein Gesang
Soll ihm das Zeichen geben. –

Achter Auftritt.

Die Prinzessin und bald nachher **Don Karlos.**

Prinzessin
(hat sich in eine Ottomane geworfen und spielt).

Karlos
(stürzt herein. Er erkennt die Prinzessin und steht da wie vom Donner gerührt).

Gott!
Wo bin ich?

Prinzessin
(läßt die Laute fallen, ihm entgegen).

Ah, Prinz Karlos? Ja, wahrhaftig!

Karlos.

Wo bin ich? Rasender Betrug – ich habe
Das rechte Kabinett verfehlt.

Prinzessin.

Wie gut
Versteht es Karl, die Zimmer sich zu merken,
Wo Damen ohne Zeugen sind.

Karlos.

Prinzessin –
Verzeihen Sie, Prinzessin – ich – ich fand
Den Vorsaal offen.

Prinzessin.

Kann das möglich sein?
Mich deucht ja doch, daß ich ihn selbst verschloß.

Karlos.

Das deucht Sie nur, das deucht Sie – doch, versichert!
Sie irren sich. Verschließen wollen, ja,
Das geb' ich zu, das glaub' ich – doch verschlossen?
Verschlossen nicht, wahrhaftig nicht! Ich höre
Auf einer – Laute jemand spielen – war's
Nicht eine Laute?

(Indem er sich zweifelhaft umsieht.)

Recht! dort liegt sie noch –
Und Laute – das weiß Gott im Himmel! – Laute,
Die lieb' ich bis zur Raserei. Ich bin
Ganz Ohr, ich weiß nichts von mir selber, stürze
Ins Kabinett, der süßen Künstlerin,
Die mich so himmlisch rührte, mich so mächtig
Bezauberte, ins schöne Aug' zu sehen.

Prinzessin.

Ein liebenswürd'ger Vorwitz, den Sie doch
Sehr bald gestillt, wie ich beweisen könnte.

(Nach einigem Stillschweigen mit Bedeutung.)

O, schätzen muß ich den bescheidnen Mann,
Der, einem Weib Beschämung zu ersparen,
In solchen Lügen sich verstrickt.

Karlos (treuherzig).

Prinzessin,
Ich fühle selber, daß ich nur verschlimmre,
Was ich verbessern will. Erlassen Sie
Mir eine Rolle, die ich durchzuführen
So ganz und gar verdorben bin. Sie suchten
Auf diesem Zimmer Zuflucht vor der Welt.
Hier wollten Sie, von Menschen unbehorcht,
Den stillen Wünschen Ihres Herzens leben.
Ich, Sohn des Unglücks, zeige mich; sogleich

Ist dieser schöne Traum gestört. – Dafür
Soll mich die schleunigste Entfernung – (Er will gehen.)

Prinzessin
(überrascht und betroffen, doch sogleich wieder gefaßt).
Prinz –
O, das war boshaft.

Karlos.
Fürstin – ich verstehe,
Was dieser Blick in diesem Kabinett
Bedeuten soll, und diese tugendhafte
Verlegenheit verehr' ich. Weh dem Manne,
Den weibliches Erröten mutig macht!
Ich bin verzagt, wenn Weiber vor mir zittern.

Prinzessin.
Ist's möglich? – Ein Gewissen ohne Beispiel
Für einen jungen Mann und Königssohn!
Ja, Prinz – jetzt vollends müssen Sie mir bleiben,
Jetzt bitt' ich selbst darum: bei so viel Tugend
Erholt sich jedes Mädchens Angst. Doch wissen Sie,
Daß Ihre plötzliche Erscheinung mich
Bei meiner liebsten Arie erschreckte?
(Sie führt ihn zum Sofa und nimmt ihre Laute wieder.)
Die Arie, Prinz Karlos, werd' ich wohl
Noch einmal spielen müssen; Ihre Strafe
Soll sein, mir zuzuhören.

Karlos.
(Er setzt sich, nicht ganz ohne Zwang, neben die Fürstin.)
Eine Strafe,
So wünschenswert als mein Vergehn – und, wahrlich!
Der Inhalt war mir so willkommen, war
So göttlich schön, daß ich zum – drittenmal
Sie hören könnte.

Prinzessin.
Was? Sie haben alles
Gehört? Das ist abscheulich, Prinz. – Es war,
Ich glaube gar, die Rede von der Liebe?

Karlos.
Und, irr' ich nicht, von einer glücklichen –
Der schönste Text in diesem schönen Munde;
Doch freilich nicht so wahr gesagt als schön.

Prinzessin.

Nicht? Nicht so wahr? – Und also zweifeln Sie? –

Karlos (ernsthaft).

Ich zweifle fast, ob Karlos und die Fürstin
Von Eboli sich je verstehen können,
Wenn Liebe abgehandelt wird.

(Die Prinzessin stutzt; er bemerkt es und fährt mit einer leichten Galanterie fort.)

Denn wer,
Wer wird es diesen Rosenwangen glauben,
Daß Leidenschaft in dieser Brust gewühlt?
Läuft eine Fürstin Eboli Gefahr,
Umsonst und unerhört zu seufzen? Liebe
Kennt der allein, der ohne Hoffnung liebt.

Prinzessin

(mit ihrer ganzen vorigen Munterkeit).

O, still! Das klingt ja fürchterlich. – Und freilich
Scheint dieses Schicksal Sie vor allen andern
Und vollends heute – heute zu verfolgen.

(Ihn bei der Hand fassend, mit einschmeichelndem Interesse.)

Sie sind nicht fröhlich, guter Prinz. – Sie leiden –
Bei Gott, Sie leiden ja wohl gar. Ist's möglich?
Und warum leiden, Prinz? bei diesem lauten
Berufe zum Genuß der Welt, bei allen
Geschenken der verschwend'rischen Natur
Und allem Anspruch auf des Lebens Freuden?
Sie – eines großen Königs Sohn und mehr,
Weit mehr als das, schon in der Fürstenwiege
Mit Gaben ausgestattet, die sogar
Auch Ihres Ranges Sonnenglanz verdunkeln?
Sie – der im ganzen strengen Rat der Weiber
Bestochne Richter sitzen hat, der Weiber,
Die über Männerwert und Männerruhm
Ausschließend ohne Widerspruch entscheiden?
Der, wo er nur bemerkte, schon erobert,
Entzündet, wo er kalt geblieben, wo
Er glühen will, mit Paradiesen spielen
Und Götterglück verschenken muß – der Mann,
Den die Natur zum Glück von Tausenden
Und wenigen mit gleichen Gaben schmückte,

Er selber sollte elend sein? – O Himmel,
Der du ihm alles, alles gabst, warum,
Warum denn nur die Augen ihm versagen,
Womit er seine Siege sieht?

Karlos

(der die ganze Zeit über in die tiefste Zerstreuung versunken war, wird durch das Stillschweigen der Prinzessin plötzlich zu sich selbst gebracht und fährt in die Höhe).

Vortrefflich!
Ganz unvergleichlich, Fürstin! Singen Sie
Mir diese Stelle doch noch einmal!

Prinzessin (sieht ihn erstaunt an).

Karlos,
Wo waren Sie indessen?

Karlos (springt auf).

Ja, bei Gott!
Sie mahnen mich zur rechten Zeit – ich muß,
Muß fort – muß eilends fort.

Prinzessin (hält ihn zurück).

Wohin?

Karlos (in schrecklicher Beängstigung).

Hinunter
Ins Freie. – Lassen Sie mich los – Prinzessin,
Mir wird, als rauchte hinter mir die Welt
In Flammen auf –

Prinzessin (hält ihn mit Gewalt zurück).

Was haben Sie? Woher
Dies fremde, unnatürliche Betragen?

(Karlos bleibt stehen und wird nachdenkend. Sie ergreift diesen Augenblick, ihn zu sich auf den Sofa zu ziehen.)

Sie brauchen Ruhe, lieber Karl – Ihr Blut
Ist jetzt in Aufruhr – setzen Sie sich zu mir –
Weg mit den schwarzen Fieberphantasien!
Wenn Sie sich selber offenherzig fragen,
Weiß dieser Kopf, was dieses Herz beschwert?
Und wenn er's nun auch wüßte – sollte denn
Von allen Rittern dieses Hofs nicht einer,
Von allen Damen keine – Sie zu heilen,
Sie zu verstehen, wollt' ich sagen – keine
Von allen würdig sein?

Karlos (flüchtig, gedankenlos).
Vielleicht die Fürstin
Von Eboli –

Prinzessin (freudig, rasch).
Wahrhaftig?

Karlos.
Geben Sie
Mir eine Bittschrift – ein Empfehlungsschreiben
An meinen Vater. Geben Sie! Man spricht,
Sie gelten viel.

Prinzessin.
Wer spricht das? (Ha, so war es
Der Argwohn, der dich stumm gemacht!)

Karlos.
Wahrscheinlich
Ist die Geschichte schon herum. Ich habe
Den schnellen Einfall, nach Brabant zu gehn,
Um – bloß um meine Sporen zu verdienen.
Das will mein Vater nicht. – Der gute Vater
Besorgt, wenn ich Armeen kommandierte –
Mein Singen könne drunter leiden.

Prinzessin.
Karlos,
Sie spielen falsch. Gestehen Sie, Sie wollen
In dieser Schlangenwindung mir entgehn.
Hieher gesehen, Heuchler! Aug' in Auge!
Wer nur von Ritterthaten träumt – wird *der*,
Gestehen Sie – wird *der* auch wohl so tief
Herab sich lassen, Bänder, die den Damen
Entfallen sind, begierig wegzustehlen
Und – Sie verzeihn –

(Indem sie mit einer Fingerbewegung seine Hemdkrause wegschnellt und eine Bandschleife[1], die da verborgen war, wegnimmt.)

so kostbar zu verwahren?

Karlos (mit Befremdung zurücktretend).
Prinzessin! – Nein, das geht zu weit. – Ich bin

[1] Eine Schleife der Königin, die er sorgfältig verwahrt, und die die Prinzessin, etwas auffallend, für ihre eigene halten muß.

Verraten. Sie betrügt man nicht. – Sie sind
Mit Geistern, mit Dämonen einverstanden.

Prinzessin.

Darüber scheinen Sie erstaunt? Darüber?
Was soll die Wette gelten, Prinz, ich rufe
Geschichten in Ihr Herz zurück, Geschichten –
Versuchen Sie es, fragen Sie mich aus.
Wenn selbst der Laune Gaukelei'n, ein Laut,
Verstümmelt in die Luft gehaucht, ein Lächeln,
Von schnellem Ernste wieder ausgelöscht,
Wenn selber schon Erscheinungen, Gebärden,
Wo Ihre Seele ferne war, mir nicht
Entgangen sind, urteilen Sie, ob ich
Verstand, wo Sie verstanden werden wollten?

Karlos.

Nun, das ist wahrlich viel gewagt. – Die Wette
Soll gelten, Fürstin! Sie versprechen mir
Entdeckungen in meinem eignen Herzen,
Um die ich selber nie gewußt.

Prinzessin
(etwas empfindlich und ernsthaft).

Nie, Prinz?
Besinnen Sie sich besser! Sehn Sie um sich!
Dies Kabinett ist keines von den Zimmern
Der Königin, wo man das bißchen Maske
Noch allenfalls zu loben fand.[1] – Sie stutzen?
Sie werden plötzlich lauter Glut? – O freilich,
Wer sollte wohl so scharfklug, so vermessen,
So müßig sein, den Karlos zu belauschen,
Wenn Karlos unbelauscht sich glaubt? – Wer sah's,
Wie er beim letzten Hofball seine Dame,
Die Königin, im Tanze stehen ließ
Und mit Gewalt ins nächste Paar sich drängte,
Statt seiner königlichen Tänzerin
Der Fürstin Eboli die Hand zu reichen?
Ein Irrtum, Prinz, den der Monarch sogar,
Der eben jetzt erschienen war, bemerkte!

---

[1] Wo ein wenig Verstellung noch angebracht und löblich war.

Karlos (mit ironischem Lächeln).
Auch sogar der? Ja, freilich, gute Fürstin,
Für den besonders war das nicht.
Prinzessin.
So wenig
Als jener Auftritt in der Schloßkapelle,
Worauf sich wohl Prinz Karlos selbst nicht mehr
Besinnen wird. Sie lagen zu den Füßen
Der heil'gen Jungfrau, in Gebet ergossen,
Als plötzlich – konnten Sie dafür? – die Kleider
Gewisser Damen hinter Ihnen rauschten.
Da fing Don Philips heldenmüt'ger Sohn,
Gleich einem Ketzer vor dem heil'gen Amte,
Zu zittern an; auf seinen bleichen Lippen
Starb das vergiftete Gebet – im Taumel
Der Leidenschaft – es war ein Possenspiel
Zum Rühren, Prinz – ergreifen Sie die Hand,
Der Mutter Gottes heil'ge, kalte Hand,
Und Feuerküsse regnen auf den Marmor.
Karlos.
Sie thun mir Unrecht, Fürstin. Das war Andacht.
Prinzessin.
Ja, dann ist's etwas andres, Prinz – dann freilich
War's damals auch nur Furcht vor dem Verluste,
Als Karlos mit der Königin und mir
Beim Spielen saß und mit bewundernswerter
Geschicklichkeit mir diesen Handschuh stahl –
(Karlos springt bestürzt auf.)
Den er zwar gleich nachher so artig war
Statt einer Karte wieder auszuspielen.
Karlos.
O Gott – Gott – Gott! Was hab' ich da gemacht?
Prinzessin.
Nichts, was Sie widerrufen werden, hoff' ich.
Wie froh erschrak ich, als mir unvermutet
Ein Briefchen in die Finger kam, das Sie
In diesen Handschuh zu verstecken wußten.
Es war die rührendste Romanze, Prinz,
Die –

Karlos

(ihr rasch ins Wort fallend).

Poesie! – Nichts weiter. – Mein Gehirn
Treibt öfters wunderbare Blasen auf,
Die schnell, wie sie entstanden sind, zerspringen.
Das war es alles. Schweigen wir davon.

Prinzessin

(vor Erstaunen von ihm weggehend und ihn eine Zeitlang aus der Entfernung beobachtend).

Ich bin erschöpft – all meine Proben gleiten
Von diesem schlangenglatten Sonderling.

(Sie schweigt einige Augenblicke.)

Doch wie? – Wär's ungeheurer Männerstolz,
Der nur, sich desto süßer zu ergetzen,
Die Blödigkeit als Larve brauchte? – Ja!

(Sie nähert sich dem Prinzen wieder und betrachtet ihn zweifelhaft.)

Belehren Sie mich endlich, Prinz – Ich stehe
Vor einem zauberisch verschloss'nen Schrank,
Wo alle meine Schlüssel mich betrügen.

Karlos.

Wie ich vor Ihnen.

Prinzessin.

(Sie verläßt ihn schnell, geht einigemal stillschweigend im Kabinett auf und nieder und scheint über etwas Wichtiges nachzudenken. Endlich nach einer großen Pause ernsthaft und feierlich.)

Endlich sei es denn –
Ich muß einmal zu reden mich entschließen.
Zu meinem Richter wähl' ich Sie. Sie sind
Ein edler Mensch – ein Mann, sind Fürst und Ritter.
An Ihren Busen werf' ich mich. Sie werden
Mich retten, Prinz, und, wo ich ohne Rettung
Verloren bin, teilnehmend um mich weinen.

(Der Prinz rückt näher, mit erwartungsvollem, teilnehmendem Erstaunen.)

Ein frecher Günstling des Monarchen buhlt
Um meine Hand – Ruy Gomez[1], Graf von Silva –
Der König will, schon ist man handelseinig,
Ich bin der Kreatur verkauft.

[1] Vgl. V. 434 ff.

Karlos (heftig ergriffen).
Verkauft?
Und wiederum verkauft? Und wiederum
Von dem berühmten Handelsmann in Süden?[1]

Prinzessin.
Nein, hören Sie erst alles. Nicht genug,
Daß man der Politik mich hingeopfert,
Auch meiner Unschuld stellt man nach. – Da, hier!
Dies Blatt kann diesen Heiligen entlarven.
(Karlos nimmt das Papier und hängt voll Ungeduld an ihrer Erzählung, ohne sich Zeit zu nehmen, es zu lesen.)
Wo soll ich Rettung finden, Prinz? Bis jetzt
War es mein Stolz, der meine Tugend schützte;
Doch endlich –

Karlos.
Endlich fielen Sie? Sie fielen?
Nein, nein! um Gotteswillen, nein!

Prinzessin (stolz und edel).
Durch *wen*?
Armselige Vernünftelei! Wie schwach
Von diesen starken Geistern! Weibergunst,
Der Liebe Glück der Ware gleich zu achten,
Worauf geboten werden kann! Sie ist
Das Einzige auf diesem Rund der Erde,
Was keinen Käufer leidet als sich selbst.
Die Liebe ist der Liebe Preis. Sie ist
Der unschätzbare Diamant, den ich
Verschenken oder, ewig ungenossen,
Verscharren muß – dem großen Kaufmann gleich,
Der, ungerührt von des Rialto Gold,
Und Königen zum Schimpfe, seine Perle
Dem reichen Meere wiedergab, zu stolz,
Sie *unter* ihrem Werte loszuschlagen[2].

---

[1] Gemeint ist der König, mit Beziehung auf die Hinopferung Elisabeths um äußerer Vorteile willen.

[2] In Eschenburgs Shakespeare-Übersetzung wird in einer Anmerkung zur letzten Szene des „Othello" eine Erzählung mitgeteilt von einem reichen Juden, der eine Menge Perlen nach Venedig gebracht und sie nach Wunsch verkauft habe, bis auf eine sehr große, für die er einen unmäßigen Preis forderte. „Als er sie dafür bei niemand anbringen konnte, ließ er am Ende alle Kaufleute der Stadt

Karlos.
(Beim wunderbaren Gott – das Weib ist schön!)
Prinzessin.
Man nenn' es Grille – Eitelkeit: gleichviel.
Ich teile meine Freuden nicht. Dem Mann,
Dem einzigen, den ich mir auserlesen,
Geb' ich für alles alles hin. Ich schenke
Nur einmal, aber ewig. Einen nur
Wird meine Liebe glücklich machen – einen –
Doch diesen Einzigen zum Gott. Der Seelen
Entzückender Zusammenklang – ein Kuß –
Der Schäferstunde schwelgerische Freuden –
Der Schönheit hohe, himmlische Magie
Sind eines Strahles schwesterliche Farben,
Sind einer Blume Blätter nur. Ich sollte,
Ich Rasende! ein abgeriss'nes Blatt
Aus dieser Blume schönem Kelch verschenken?
Ich selbst des Weibes hohe Majestät,
Der Gottheit großes Meisterstück verstümmeln,
Den Abend eines Prassers zu versüßen?
Karlos.
(Unglaublich! Wie? Ein solches Mädchen hatte
Madrid, und ich – und ich erfahr' es heute
Zum erstenmal?)
Prinzessin.
Längst hätt' ich diesen Hof
Verlassen, diese Welt verlassen, hätte
In heil'gen Mauern mich begraben; doch
Ein einzig Band ist noch zurück, ein Band,
Das mich an diese Welt allmächtig bindet.
Ach, ein Phantom vielleicht! doch mir so wert!
Ich liebe und bin – nicht geliebt.
Karlos (voll Feuer auf sie zugehend).
Sie sind's!
So wahr ein Gott im Himmel wohnt. Ich schwör' es:
Sie sind's, und unaussprechlich.

---

auf dem Rialto zusammenkommen, bot die Perle noch einmal aus, aber umsonst, pries weitläufig ihre große Schönheit und Kostbarkeit und warf sie plötzlich vor ihren Augen in die See."

Prinzessin.

Sie? Sie schwören's?
O, das war meines Engels Stimme! Ja,
Wenn freilich Sie es schwören, Karl, dann glaub' ich's,
Dann bin ich's.

Karlos

(der sie voll Zärtlichkeit in die Arme schließt).

Süßes, seelenvolles Mädchen!
Anbetungswürdiges Geschöpf! – Ich stehe
Ganz Ohr – ganz Auge – ganz Entzücken – ganz
Bewunderung. – Wer hätte dich gesehn,
Wer unter diesem Himmel dich gesehn
Und rühmte sich – er habe nie geliebt? –
Doch hier an König Philipps Hof? Was hier?
Was, schöner Engel, willst du hier? Bei Pfaffen
Und Pfaffenzucht? Das ist kein Himmelsstrich
Für solche Blumen. – Möchten sie sie brechen?
Sie möchten – o, ich glaub' es gern. – Doch nein!
So wahr ich Leben atme, nein! – Ich schlinge
Den Arm um dich, auf meinen Armen trag' ich
Durch eine teufelvolle Hölle dich!
Ja – laß mich deinen Engel sein.

Prinzessin (mit dem vollen Blick der Liebe).

O Karlos!
Wie wenig hab' ich Sie gekannt! Wie reich
Und grenzenlos belohnt Ihr schönes Herz
Die schwere Müh', es zu begreifen!

(Sie nimmt seine Hand und will sie küssen.)

Karlos (der sie zurückzieht).

Fürstin,
Wo sind Sie jetzt?

Prinzessin

(mit Feinheit und Grazie, indem sie starr in seine Hand sieht).

Wie schön ist diese Hand!
Wie reich ist sie! – Prinz, diese Hand hat noch
Zwei kostbare Geschenke zu vergeben –
Ein Diadem und Karlos' Herz – und beides
Vielleicht an *eine* Sterbliche? – An *eine*?
Ein großes, göttliches Geschenk! – Beinahe
Für *eine* Sterbliche zu groß! – Wie? Prinz.

Wenn Sie zu einer Teilung sich entschlössen?
Die Königinnen lieben schlecht – ein Weib,
Das lieben kann, versteht sich schlecht auf Kronen:
Drum besser, Prinz, Sie teilen, und gleich jetzt,
Gleich jetzt. – Wie? Oder hätten Sie wohl schon?
Sie hätten wirklich? O, dann um so besser!
Und kenn' ich diese Glückliche?

Karlos.

Du sollst.
Dir, Mädchen, dir entdeck' ich mich – der Unschuld,
Der lautern, unentheiligten Natur
Entdeck' ich mich. An diesem Hof bist du
Die würdigste, die einzige, die erste,
Die meine Seele ganz versteht. – Ja denn!
Ich leugn' es nicht – ich liebe!

Prinzessin.

Böser Mensch!
So schwer ist das Geständnis dir geworden?
Beweinenswürdig mußt' ich sein, wenn du
Mich liebenswürdig finden solltest?

Karlos (stutzt).

Was?
Was ist das?

Prinzessin.

Solches Spiel mit mir zu treiben!
O wahrlich, Prinz, es war nicht schön. Sogar
Den Schlüssel zu verleugnen!

Karlos.

Schlüssel! Schlüssel!

(Nach einem dumpfen Besinnen.)

Ja so – so war's. – Nun merk' ich – – O mein Gott!

(Seine Kniee wanken, er hält sich an einen Stuhl und verhüllt das Gesicht.)

Prinzessin.

(Eine lange Stille von beiden Seiten. Die Fürstin schreit laut und fällt.)

Abscheulich! Was hab' ich gethan?

Karlos

(sich aufrichtend, im Ausbruch des heftigsten Schmerzes).

So tief
Herabgestürzt von allen meinen Himmeln!
O, das ist schrecklich!

Prinzessin
(das Gesicht in das Kissen verbergend).
Was entdeck' ich? Gott!

Karlos (vor ihr niedergeworfen).
Ich bin nicht schuldig, Fürstin – Leidenschaft –
Ein unglücksel'ger Mißverstand – Bei Gott!
Ich bin nicht schuldig.

Prinzessin (stößt ihn von sich).
Weg aus meinen Augen,
Um Gotteswillen –

Karlos.
Nimmermehr! In dieser
Entsetzlichen Erschütt'rung Sie verlassen?

Prinzessin (ihn mit Gewalt wegdrängend).
Aus Großmut, aus Barmherzigkeit, hinaus
Von meinen Augen!– Wollen Sie mich morden?
Ich hasse Ihren Anblick!
(Karlos will gehen.)
Meinen Brief
Und meinen Schlüssel geben Sie mir wieder.
Wo haben Sie den andern Brief?

Karlos.
Den andern?
Was denn für einen andern?

Prinzessin.
Den vom König.

Karlos (zusammenschreckend).
Von wem?

Prinzessin.
Den Sie vorhin von mir bekamen.

Karlos.
Vom König? und an wen? an Sie?

Prinzessin.
O Himmel!
Wie schrecklich hab' ich mich verstrickt! Den Brief!
Heraus damit! Ich muß ihn wieder haben.

Karlos.
Vom König Briefe, und an Sie?

Prinzessin.

Den Brief!
Im Namen aller Heiligen!

Karlos.

Der einen
Gewissen mir entlarven sollte – diesen?

Prinzessin.

Ich bin des Todes! – Geben Sie!

Karlos.

Der Brief –

Prinzessin (in Verzweiflung die Hände ringend).

Was hab' ich Unbesonnene gewagt!

Karlos.

Der Brief – der kam vom König? – Ja, Prinzessin,
Das ändert freilich alles schnell. – *Das* ist
(Den Brief frohlockend emporhaltend.)
Ein unschätzbarer – schwerer – teurer Brief,
Den alle Kronen Philipps einzulösen
Zu leicht, zu nichtsbedeutend sind. – *Den* Brief
Behalt' ich. (Er geht.)

Prinzessin (wirft sich ihm in den Weg).

Großer Gott, ich bin verloren!

Neunter Auftritt.

Die Prinzessin allein.

(Sie steht noch betäubt außer Fassung; nachdem er hinaus ist, eilt sie ihm nach und will ihn zurückrufen.)

Prinz, noch *ein* Wort! Prinz, hören Sie! – Er geht!
Auch das noch! Er verachtet mich. – Da steh' ich
In fürchterlicher Einsamkeit – verstoßen,
Verworfen –
(Sie sinkt auf einen Sessel. Nach einer Pause.)
Nein! Verdrungen nur, verdrungen
Von einer Nebenbuhlerin. Er liebt.
Kein Zweifel mehr. Er hat es selbst bekannt.
Doch *wer* ist diese Glückliche? – *So* viel
Ist offenbar – er liebt, was er nicht sollte.

Er fürchtet die Entdeckung. Vor dem König
Verkriecht sich seine Leidenschaft. – Warum
Vor diesem, der sie wünschte? – Oder ist's
Der Vater nicht, was er im Vater fürchtet?
Als ihm des Königs buhlerische Absicht
Verraten war – da jauchzten seine Mienen,
Frohlockt' er wie ein Glücklicher. – Wie kam es,
Daß seine strenge Tugend hier verstummte?
Hier? Eben hier? – Was kann denn er dabei,
Er zu gewinnen haben, wenn der König
Der Königin die –

(Sie hält plötzlich ein, von einem Gedanken überrascht. – Zu gleicher Zeit reißt sie die Schleife, die ihr Karlos gegeben hat[1], von dem Busen, betrachtet sie schnell und erkennt sie.)

O, ich Rasende!
Jetzt endlich, jetzt – wo waren meine Sinne? –
Jetzt gehen mir die Augen auf. – Sie hatten
Sich lang' geliebt, eh' der Monarch sie wählte,
Nie ohne sie sah mich der Prinz. – Sie also,
Sie war gemeint, wo ich so grenzenlos,
So warm, so wahr mich angebetet glaubte?
O, ein Betrug, der ohne Beispiel ist!
Und meine Schwäche hab' ich ihr[2] verraten –

(Stillschweigen.)

Daß er ganz ohne Hoffnung lieben sollte!
Ich kann's nicht glauben. – Hoffnungslose Liebe
Besteht in diesem Kampfe nicht. Zu schwelgen,
Wo unerhört der glänzendste Monarch
Der Erde schmachtet – wahrlich! solche Opfer
Bringt hoffnungslose Liebe nicht[3]. Wie feurig
War nicht sein Kuß! Wie zärtlich drückt' er mich,
Wie zärtlich an sein schlagend Herz! – Die Probe
War fast zu kühn für die romant'sche Treue,
Die nicht erwidert werden soll. – Er nimmt
Den Schlüssel an, den, wie er sich beredet,
Die Königin ihm zugeschickt – er glaubt

---

[1] Vielmehr, die sie ihm weggenommen hat. Vgl. S. 84.
[2] Vgl. I, 3 (S. 31).
[3] D. h. Karlos hätte in meiner Liebe schwelgen können, nach der der König vergeblich schmachtet, und wenn er unglücklich liebte, würde er dieses Glück gewiß nicht verschmäht haben.

An diesen Riesenschritt der Liebe – kommt,
Kommt wahrlich, kommt! – So traut er Philipps Frau
Die rasende Entschließung zu. – Wie kann er,
Wenn hier nicht große Proben ihn ermuntern?
Es ist am Tag. Er wird erhört. Sie liebt!
Beim Himmel, diese Heilige empfindet!
Wie fein ist sie! – Ich zitterte, ich selbst,
Vor dem erhab'nen Schreckbild dieser Tugend.
Ein höh'res Wesen ragt sie neben mir.
In ihrem Glanz erlösch' ich. Ihrer Schönheit
Mißgönnt' ich diese hohe Ruhe, frei
Von jeder Wallung sterblicher Naturen.
Und diese Ruhe war nur Schein? Sie hätte
An beiden Tafeln schwelgen wollen? Hätte
Den Götterschein der Tugend schaugetragen
Und doch zugleich des Lasters heimliche
Entzückungen zu naschen sich erdreistet?
Das durfte sie? Das sollte ungerochen
Der Gauklerin gelungen sein? Gelungen,
Weil sich kein Rächer meldet! – Nein, bei Gott!
Ich betete sie an – das fordert Rache!
Der König wisse den Betrug – der König?
(Nach einigem Besinnen.)
Ja, recht – Das ist ein Weg zu seinem Ohre.
(Sie geht ab.)

Ein Zimmer im königlichen Palaste.

Zehnter Auftritt.

Herzog von Alba. Pater Domingo.

Domingo.
Was wollten Sie mir sagen?

Alba.
Eine wicht'ge
Entdeckung, die ich heut gemacht, worüber
Ich einen Aufschluß haben möchte.

Domingo.
Welche
Entdeckung? Wovon reden Sie?

Alba.

Prinz Karlos
Und ich begegnen diesen Mittag uns
Im Vorgemach der Königin. Ich werde
Beleidigt. Wir erhitzen uns. Der Streit
Wird etwas laut. Wir greifen zu den Schwertern.
Die Königin auf das Getöse öffnet
Das Zimmer, wirft sich zwischen uns und sieht
Mit einem Blick despotischer Vertrautheit
Den Prinzen an. – Es war ein einz'ger Blick.
Sein Arm erstarrt – er fliegt an meinen Hals –
Ich fühle einen heißen Kuß – er ist
Verschwunden.

Domingo (nach einigem Stillschweigen).

Das ist sehr verdächtig. – Herzog,
Sie mahnen mich an etwas – – Ähnliche
Gedanken, ich gesteh' es, keimten längst
In meiner Brust. – Ich flohe diese Träume –
Noch hab' ich niemand sie vertraut. Es gibt
Zweischneid'ge Klingen, ungewisse Freunde –
Ich fürchte diese. Schwer zu unterscheiden,
Noch schwerer zu ergründen sind die Menschen.
Entwischte Worte sind beleidigte
Vertraute[1] – drum begrub ich mein Geheimnis,
Bis es die Zeit ans Licht hervorgewälzt.
Gewisse Dienste Königen zu leisten,
Ist mißlich, Herzog – ein gewagter Wurf,
Der, fehlt er seine Beute, auf den Schützen
Zurückeprallt. – Ich wollte, was ich sage,
Auf eine Hostie beschwören – doch
Ein Augenzeugnis, ein erhaschtes Wort,
Ein Blatt Papier fällt schwerer in die Wage
Als mein lebendigstes Gefühl. – Verwünscht,
Daß wir auf span'schem Boden stehn!

Alba.

Warum
Auf diesem nicht?

---

[1] Sie können uns schaden wie beleidigte Freunde, die um unsre Geheimnisse wissen.

Domingo.

An jedem andern Hofe
Kann sich die Leidenschaft vergessen. Hier
Wird sie gewarnt von ängstlichen Gesetzen.
Die span'schen Königinnen haben Müh',
Zu sündigen – ich glaub' es – doch zum Unglück
N u r da[1] – gerade da nur, wo es uns
Am besten glückte[2], sie zu überraschen.

Alba.

Hören Sie weiter – Karlos hatte heut
Gehör beim König. Eine Stunde währte
Die Audienz. Er bat um die Verwaltung
Der Niederlande. Laut und heftig bat er;
Ich hört' es in dem Kabinett. Sein Auge
War rot geweint, als ich ihm an der Thüre
Begegnete. Den Mittag drauf erscheint er
Mit einer Miene des Triumphs. Er ist
Entzückt, daß mich der König vorgezogen.
Er dankt es ihm. Die Sachen stehen anders,
Sagt er, und besser. Heucheln konnt' er nie.
Wie soll ich diese Widersprüche reimen?
Der Prinz frohlockt, hintangesetzt zu sein,
Und mir erteilt der König eine Gnade
Mit allen Zeichen seines Zorns! – Was muß
Ich glauben? Wahrlich, diese neue Würde
Sieht einer Landsverweisung ähnlicher
Als einer Gnade.

Domingo.

Dahin also wär' es
Gekommen? Dahin? Und e i n Augenblick
Zertrümmerte, was wir in Jahren bauten?
Und Sie so ruhig? so gelassen? – Kennen
Sie diesen Jüngling? Ahnden Sie, was uns
Erwartet, wenn er mächtig wird? – Der Prinz –
Ich bin sein Feind nicht. Andre Sorgen nagen
An meiner Ruhe, Sorgen für den Thron,

---

[1] Im Verkehr mit den übrigen Personen des Hofes, wo sich andre Königinnen wohl einmal gehen lassen.

[2] Glücken würde.

Für Gott und seine Kirche. Der Infant
(Ich kenn' ihn – ich durchdringe seine Seele)
Hegt einen schrecklichen Entwurf – Toledo –
Den rasenden Entwurf, Regent zu sein
Und unsern heil'gen Glauben zu entbehren.
Sein Herz entglüht für eine neue Tugend,
Die, stolz und sicher und sich selbst genug,
Von keinem Glauben betteln will. – Er denkt!
Sein Kopf entbrennt von einer seltsamen
Chimäre – er verehrt den Menschen – Herzog,
Ob er zu unserm König taugt?

Alba.

Phantomen!
Was sonst? Vielleicht auch jugendlicher Stolz,
Der eine Rolle spielen möchte. – Bleibt
Ihm eine andre Wahl? Das geht vorbei,
Trifft ihn einmal die Reihe, zu befehlen.

Domingo.

Ich zweifle. Er ist stolz auf seine Freiheit,
Des Zwanges ungewohnt, womit man Zwang
Zu kaufen sich bequemen muß. – Taugt er
Auf unsern Thron? Der kühne Riesengeist
Wird unsrer Staatskunst Linien durchreißen.
Umsonst versucht' ich's, diesen trotz'gen Mut
In dieser Zeiten Wollust abzumatten;
Er überstand die Probe. – Schrecklich ist
In diesem Körper dieser Geist – und Philipp
Wird sechzig Jahr alt.

Alba.

Ihre Blicke reichen
Sehr weit.

Domingo.

Er und die Königin sind eins.
Schon schleicht, verborgen zwar, in beider Brust
Das Gift der Neuerer; doch bald genug,
Gewinnt es Raum, wird es den Thron ergreifen.
Ich kenne diese Valois. – Fürchten wir
Die ganze Rache dieser stillen Feindin,
Wenn Philipp Schwächen sich erlaubt. Noch ist

Das Glück uns günstig. Kommen wir zuvor.
In eine Schlinge stürzen beide. – Jetzt
Ein solcher Wink dem Könige gegeben,
Bewiesen oder nicht bewiesen – viel
Ist schon gewonnen, wenn er wankt. Wir selbst,
Wir zweifeln beide nicht. Zu überzeugen
Fällt keinem Überzeugten schwer. Es kann
Nicht fehlen, wir entdecken mehr, sind wir
Vorher gewiß, daß wir entdecken müssen.

Alba.

Doch nun die wichtigste von allen Fragen:
Wer nimmt's auf sich, den König zu belehren?

Domingo.

Noch Sie, noch ich. Erfahren Sie also,
Was lange schon, des großes Planes voll,
Mein stiller Fleiß dem Ziele zugetrieben.
Noch mangelt, unser Bündnis zu vollenden,
Die dritte, wichtigste Person. – Der König
Liebt die Prinzessin Eboli. Ich nähre
Die Leidenschaft, die meinen Wünschen wuchert.
Ich bin sein Abgesandter – unserm Plane
Erzieh' ich sie. – In dieser jungen Dame,
Gelingt mein Werk, soll eine Bundsverwandtin,
Soll eine Königin uns blühn. Sie selbst
Hat jetzt in dieses Zimmer mich berufen.
Ich hoffe alles. – Jene Lilien[1]
Von Valois zerknickt ein span'sches Mädchen
Vielleicht in einer Mitternacht.

Alba.

Was hör' ich?
Ist's Wahrheit, was ich jetzt gehört? – Beim Himmel!
Das überrascht mich! Ja, der Streich vollendet!
Dominikaner, ich bewund're dich.
Jetzt haben wir gewonnen –

Domingo.

Still! Wer kommt?
Sie ist's – sie selbst.

[1] Das Wappen der Valois.

Alba.

Ich bin im nächsten Zimmer,
Wenn man –

Domingo.

Schon recht. Ich rufe Sie.

(Der Herzog von Alba geht ab.)

Elfter Auftritt.

Die Prinzessin. Domingo.

Domingo.

Zu Ihren
Befehlen, gnäd'ge Fürstin.

Prinzessin

(dem Herzog neugierig nachsehend).

Sind wir etwa
Nicht ganz allein? Sie haben, wie ich sehe,
Noch einen Zeugen bei sich?

Domingo.

Wie?

Prinzessin.

Wer war es,
Der eben jetzt von Ihnen ging?

Domingo.

Der Herzog
Von Alba, gnäd'ge Fürstin, der nach mir
Um die Erlaubnis bittet, vorgelassen
Zu werden.

Prinzessin.

Herzog Alba? Was will der?
Was kann er wollen? Wissen Sie vielleicht
Es mir zu sagen?

Domingo.

Ich? und eh' ich weiß,
Was für ein Vorfall von Bedeutung mir
Das lang' entbehrte Glück verschafft, der Fürstin
Von Eboli mich wiederum zu nähern?

(Pause, worin er ihre Antwort erwartet.)

Ob sich ein Umstand endlich vorgefunden,
Der für des Königs Wünsche spricht? Ob ich
Mit Grund gehofft, daß bess're Überlegung
Mit einem Anerbieten Sie versöhnt,
Das Eigensinn, das Laune bloß verworfen?
Ich komme voll Erwartung –

Prinzessin.

Brachten Sie
Dem König meine letzte Antwort?

Domingo.

Noch
Verschob ich's, ihn so tödlich zu verwunden.
Noch, gnäd'ge Fürstin, ist es Zeit. Es steht
Bei Ihnen, sie zu mildern.

Prinzessin.

Melden Sie
Dem König, daß ich ihn erwarte.

Domingo.

Darf
Ich das für Wahrheit nehmen, schöne Fürstin?

Prinzessin.

Für Scherz doch nicht? Bei Gott, Sie machen mir
Ganz bange. – Wie? Was hab' ich denn gethan,
Wenn sogar Sie – Sie selber sich entfärben?

Domingo.

Prinzessin, diese Überraschung – kaum
Kann ich es fassen –

Prinzessin.

Ja, hochwürd'ger Herr,
Das sollen Sie auch nicht. Um alle Güter
Der Welt möcht' ich nicht haben, daß Sie's faßten.
Genug für Sie, daß es so ist. Ersparen
Sie sich die Mühe, zu ergrübeln, wessen
Beredsamkeit Sie diese Wendung danken.
Zu Ihrem Trost setz' ich hinzu: S i e haben
Nicht teil an dieser Sünde. Auch wahrhaftig
Die Kirche nicht, obschon Sie mir bewiesen,
Daß Fälle möglich wären, wo die Kirche

Sogar die *Körper* ihrer jungen Töchter
Für höh're Zwecke zu gebrauchen wüßte.
Auch diese nicht. – Dergleichen fromme Gründe,
Ehrwürd'ger Herr, sind mir zu hoch –

Domingo.

Sehr gerne,
Prinzessin, nehm' ich sie zurück, sobald
Sie überflüssig waren.

Prinzessin.

Bitten Sie
Von meinetwegen den Monarchen, ja
In dieser Handlung mich nicht zu verkennen.
Was ich gewesen, bin ich noch. Die Lage
Der Dinge nur hat seitdem sich verwandelt.
Als ich sein Anerbieten mit Entrüstung
Zurücke stieß, da glaubt' ich im Besitze
Der schönsten Königin ihn *glücklich* – glaubte
Die treue Gattin meines Opfers wert.
Das glaubt' ich damals – damals. Freilich jetzt,
Jetzt weiß ich's besser.

Domingo.

Fürstin, weiter, weiter!
Ich hör' es, wir verstehen uns.

Prinzessin.

Genug,
Sie ist erhascht. Ich schone sie nicht länger.
Die schlaue Diebin ist erhascht. Den König,
Ganz Spanien und mich hat sie betrogen.
Sie liebt. Ich weiß es, daß sie liebt. Ich bringe
Beweise, die sie zittern machen sollen.
Der König ist betrogen – doch, bei Gott,
Er sei es ungerochen nicht! Die Larve
Erhab'ner, übermenschlicher Entsagung
Reiß' ich ihr ab, daß alle Welt die Stirne
Der Sünderin erkennen soll. Es kostet
Mir einen ungeheuren Preis, doch – das
Entzückt mich, das ist mein Triumph – doch *ihr*
Noch einen größern.

Domingo.

Nun ist alles reif.
Erlauben Sie, daß ich den Herzog rufe.

(Er geht hinaus.)

Prinzessin (erstaunt).

Was wird das?

Zwölfter Auftritt.

Die Prinzessin. Herzog Alba. Domingo.

Domingo

(der den Herzog hereinführt).

Unsre Nachricht, Herzog Alba,
Kommt hier zu spät. Die Fürstin Eboli
Entdeckt uns ein Geheimnis, das sie eben
Von uns erfahren sollte.

Alba.

Mein Besuch
Wird dann um so viel minder sie befremden.
Ich traue *meinen* Augen nicht. Dergleichen
Entdeckungen verlangen Weiberblicke.

Prinzessin.

Sie sprechen von Entdeckungen?

Domingo.

Wir wünschten
Zu wissen, gnäd'ge Fürstin, welchen Ort
Und welche bess're Stunde Sie –

Prinzessin.

Auch das.
So will ich morgen mittag Sie erwarten.
Ich habe Gründe, dieses strafbare
Geheimnis länger nicht zu bergen – es
Nicht länger mehr dem König zu entziehn.

Alba.

Das war es, was mich hergeführt. Sogleich
Muß der Monarch es wissen. Und durch Sie,
Durch *Sie*, Prinzessin, muß er das. Wem sonst,
Wem sollt' er lieber glauben als der strengen,
Der wachsamen Gespielin seines Weibes?

Domingo.
Wem mehr, als Ihnen, die, sobald sie will,
Ihn unumschränkt beherrschen kann?
Alba.
Ich bin
Erklärter Feind des Prinzen.
Domingo.
Eben das
Ist man gewohnt, von mir vorauszusetzen.
Die Fürstin Eboli ist frei. Wo *wir*
Verstummen müssen, zwingen Pflichten Sie,
Zu reden, Pflichten Ihres Amts. Der König
Entflieht uns nicht, wenn Ihre Winke wirken,
Und dann vollenden wir das Werk.
Alba.
Doch bald,
Gleich jetzt muß das geschehn. Die Augenblicke
Sind kostbar. Jede nächste Stunde kann
Mir den Befehl zum Abmarsch bringen.
Domingo
(sich nach einigem Überlegen zur Fürstin kehrend).
Ob
Sich Briefe finden ließen? Briefe freilich,
Von dem Infanten aufgefangen, müßten
Hier Wirkung thun. – Laß sehen. – Nicht wahr? – Ja.
Sie schlafen doch – so deucht mir – in demselben
Gemache mit der Königin.
Prinzessin.
Zunächst
An diesem. – Doch was soll mir das?
Domingo.
Wer sich
Auf Schlösser gut verstände! – Haben Sie
Bemerkt, wo sie den Schlüssel zur Schatulle
Gewöhnlich zu bewahren pflegt?
Prinzessin (nachdenkend).
Das könnte
Zu etwas führen. – Ja – der Schlüssel wäre
Zu finden, denk' ich.

Domingo.
Briefe wollen Boten –
Der Königin Gefolg' ist groß. – Wer hier
Auf eine Spur geraten könnte! – Gold
Vermag zwar viel –

Alba.
Hat niemand wahrgenommen,
Ob der Infant Vertraute hat?

Domingo.
Nicht einen,
In ganz Madrid nicht einen.

Alba.
Das ist seltsam.

Domingo.
Das dürfen Sie mir glauben. Er verachtet
Den ganzen Hof; ich habe meine Proben.

Alba.
Doch wie? Hier eben fällt mir ein, als ich
Von dem Gemach der Königin herauskam,
Stand der Infant bei einem ihrer Pagen;
Sie sprachen heimlich –

Prinzessin (rasch einfallend).
Nicht doch, nein! das war –
Das war von etwas anderm.

Domingo.
Können wir
Das wissen? – Nein, der Umstand ist verdächtig.
(Zum Herzog.)
Und kannten Sie den Pagen?

Prinzessin.
Kinderpossen!
Was wird's auch sonst gewesen sein? Genug,
Ich kenne das. – Wir sehn uns also wieder,
Eh' ich den König spreche. – Unterdessen
Entdeckt sich viel.

Domingo (sie auf die Seite führend).
Und der Monarch darf hoffen?
Ich darf es ihm verkündigen? Gewiß?

Und welche schöne Stunde seinen Wünschen
Erfüllung endlich bringen wird? Auch dies?

Prinzessin.

In ein'gen Tagen werd' ich krank; man trennt mich
Von der Person der Königin – das ist
An unserm Hofe Sitte, wie Sie wissen.
Ich bleibe dann auf meinem Zimmer.

Domingo.

Glücklich!
Gewonnen ist das große Spiel! Trotz sei
Geboten allen Königinnen –

Prinzessin.

Horch!
Man fragt nach mir – die Königin verlangt mich.
Auf Wiedersehen! (Sie eilt ab.)

Dreizehnter Auftritt.

Alba. Domingo.

Domingo

(nach einer Pause, worin er die Prinzessin mit den Augen begleitet hat).

Herzog, diese Rosen
Und Ihre Schlachten –

Alba.

Und dein Gott – so will ich
Den Blitz erwarten, der uns stürzen soll! (Sie gehen ab.)

Vierzehnter Auftritt.

In einem Kartäuser Kloster.

Don Karlos. Der Prior.

Karlos

(zum Prior, indem er hereintritt).

Schon dagewesen also? – Das beklag' ich.

Prior.

Seit heute morgen schon das dritte Mal.
Vor einer Stunde ging er weg –

Karlos.

Er will
Doch wiederkommen? Hinterließ er nicht?

Prior.

Vor Mittag noch, versprach er.

Karlos
(an ein Fenster und sich in der Gegend umsehend).

Euer Kloster
Liegt weitab von der Straße. – Dorthin zu
Sieht man noch Türme von Madrid. – Ganz recht,
Und hier fließt der Mansanares – Die Landschaft
Ist, wie ich sie mir wünsche. – Alles ist
Hier still wie ein Geheimnis.

Prior.

Wie der Eintritt
Ins andre Leben.

Karlos.

Eurer Redlichkeit,
Hochwürd'ger Herr, hab' ich mein Kostbarstes,
Mein Heiligstes vertraut. Kein Sterblicher
Darf wissen oder nur vermuten, *wen*
Ich hier gesprochen und *geheim*. Ich habe
Sehr wicht'ge Gründe, vor der ganzen Welt
Den Mann, den ich erwarte, zu verleugnen;
Drum wählt' ich dieses Kloster. Vor Verrätern,
Vor Überfall sind wir doch sicher? Ihr
Besinnt Euch doch, was Ihr mir zugeschworen?

Prior.

Vertrauen Sie uns, gnäd'ger Herr. Der Argwohn
Der Könige wird *Gräber* nicht durchsuchen.
Das Ohr der Neugier liegt nur an den Thüren
Des Glückes und der Leidenschaft. Die Welt
Hört auf in diesen Mauern.

Karlos.

Denkt Ihr etwa,
Daß hinter diese Vorsicht, diese Furcht
Ein schuldiges Gewissen sich verkrieche?

Prior.

Ich denke nichts.

Karlos.

Ihr irrt Euch, frommer Vater,
Ihr irrt Euch wahrlich. Mein Geheimnis zittert
Vor Menschen, aber nicht vor Gott.

Prior.

Mein Sohn,
Das kümmert uns sehr wenig. Diese Freistatt
Steht dem Verbrechen offen wie der Unschuld.
Ob, was du vorhast, gut ist oder übel,
Rechtschaffen oder lasterhaft – das mache
Mit deinem eignen Herzen aus.

Karlos (mit Wärme).

Was wir
Verheimlichen[1], kann Euern Gott nicht schänden.
Es ist sein eignes, schönstes Werk. – Zwar Euch,
Euch kann ich's wohl entdecken.

Prior.

Zu was Ende?
Erlassen Sie mir's lieber, Prinz. Die Welt
Und ihr Geräte liegt schon lange Zeit
Versiegelt da auf jene große Reise.
Wozu die kurze Frist vor meinem Abschied
Noch einmal es erbrechen? – Es ist wenig,
Was man zur Seligkeit bedarf. – Die Glocke
Zur Hora läutet. Ich muß beten gehn.

(Der Prior geht ab.)

Funfzehnter Auftritt.

Don Karlos. Der Marquis von Posa tritt herein.

Karlos.

Ach, endlich einmal, endlich –

Marquis.

Welche Prüfung
Für eines Freundes Ungeduld! Die Sonne

---

[1] Die Weltbeglückungspläne der beiden Freunde, Flanderns Befreiung etc.

Ging zweimal auf und zweimal unter[1], seit
Das Schicksal meines Karlos sich entschieden,
Und jetzt, erst jetzt werd' ich es hören. – Sprich,
Ihr seid versöhnt?

Karlos.

Wer?

Marquis.

Du und König Philipp;
Und auch mit Flandern ist's entschieden?

Karlos.

Daß
Der Herzog morgen dahin reist? – Das ist
Entschieden, ja.

Marquis.

Das kann nicht sein. Das ist nicht.
Soll ganz Madrid belogen sein? Du hattest
Geheime Audienz, sagt man. Der König –

Karlos.

Blieb unbewegt. Wir sind getrennt auf immer,
Und mehr, als wir's schon waren.

Marquis.

Du gehst nicht
Nach Flandern?

Karlos.

Nein! Nein! Nein!

Marquis.

O meine Hoffnung!

Karlos.

Das nebenbei. O Roderich, seitdem
Wir uns verließen, was hab' ich erlebt!
Doch jetzt vor allem deinen Rat! Ich muß
Sie sprechen.

Marquis.

Deine Mutter? – Nein! – Wozu?

Karlos.

Ich habe Hoffnung. – Du wirst blaß? Sei ruhig.
Ich soll und werde glücklich sein. – Doch davon

---

[1] Genauer: zweimal unter und zweimal auf. Es liegt also zwischen Auftritt 13 und 14 ein ganzer, für die Bühne unbenutzter Tag.

Ein andermal. Jetzt schaffe Rat, wie ich
Sie sprechen kann.

Marquis.

Was soll das? Worauf gründet
Sich dieser neue Fiebertraum?

Karlos.

Nicht Traum!
Beim wundervollen Gott nicht! – Wahrheit, Wahrheit!
(Den Brief des Königs an die Fürstin von Eboli hervorziehend.)
In diesem wichtigen Papier enthalten!
Die Königin ist *frei*, vor Menschenaugen
Wie vor des Himmels Augen frei. Da lies
Und höre auf, dich zu verwundern.

Marquis (den Brief eröffnend).

Was?
Was seh' ich? Eigenhändig vom Monarchen?
(Nachdem er ihn gelesen.)
An wen ist dieser Brief?

Karlos.

An die Prinzessin
Von Eboli. – Vorgestern bringt ein Page
Der Königin von unbekannten Händen
Mir einen Brief und einen Schlüssel. Man
Bezeichnet mir im linken Flügel des
Palastes, den die Königin bewohnt,
Ein Kabinett, wo eine Dame mich
Erwarte, die ich längst geliebt. Ich folge
Sogleich dem Winke –

Marquis.

Rasender, du folgst?

Karlos.

Ich kenne ja die Handschrift nicht – ich kenne
Nur *eine* solche Dame. Wer als *sie*
Wird sich von Karlos angebetet wähnen?
Voll süßen Schwindels flieg' ich nach dem Platze;
Ein göttlicher Gesang, der aus dem Innern
Des Zimmes mir entgegenschallt, dient mir
Zum Führer – ich eröffne das Gemach –
Und wen entdeck' ich? – Fühle mein Entsetzen!

Marquis.

O, ich errate alles!

Karlos.

Ohne Rettung
War ich verloren, Roderich, wär' ich
In eines Engels Hände nicht gefallen.
Welch unglücksel'ger Zufall! Hintergangen
Von meiner Blicke unvorsicht'ger Sprache,
Gab sie der süßen Täuschung sich dahin,
Sie selber sei der Abgott dieser Blicke.
Gerührt von meiner Seele stillen Leiden,
Beredet sich großmütig-unbesonnen
Ihr weiches Herz, mir Liebe zu erwidern.
Die Ehrfurcht schien mir Schweigen zu gebieten;
Sie hat die Kühnheit, es zu brechen[1] – offen
Liegt ihre schöne Seele mir –

Marquis.

So ruhig
Erzählst du das? – Die Fürstin Eboli
Durchschaute dich. Kein Zweifel mehr, sie drang
In deiner Liebe innerstes Geheimnis.
Du hast sie schwer beleidigt. Sie beherrscht
Den König.

Karlos (zuversichtlich).

Sie ist tugendhaft.

Marquis.

Sie ist's
Aus Eigennutz der Liebe. – Diese Tugend,
Ich fürchte sehr, ich kenne sie – wie wenig
Reicht sie empor zu jenem Ideale,
Das aus der Seele mütterlichem Boden,
In stolzer, schöner Grazie empfangen,
Freiwillig sproßt und ohne Gärtners Hülfe
Verschwenderische Blüten treibt. Es ist
Ein fremder Zweig, mit nachgeahmtem Süd
In einem rauhern Himmelsstrich getrieben,
Erziehung, Grundsatz, nenn' es, wie du willst,

---

[1] Dies entspricht nicht genau dem Vorgang. Denn II, 8 merkte er bis zur letzten Aufklärung gar nichts davon, daß die Prinzessin ihn liebe.

Erworb'ne Unschuld, dem erhitzten Blut
Durch List und schwere Kämpfe abgerungen,
Dem Himmel, der sie fordert und bezahlt,
Gewissenhaft, sorgfältig angeschrieben.
Erwäge selbst! Wird sie der Königin
Es je vergeben können, daß ein Mann
An ihrer eignen, schwer erkämpften Tugend
Vorüberging, sich für Don Philipps Frau
In hoffnungslosen Flammen zu verzehren?

Karlos.

Kennst du die Fürstin so genau?

Marquis.

Gewiß nicht.
Kaum daß ich zweimal sie gesehn. Doch nur
Ein Wort laß mich noch sagen: mir kam vor,
Daß sie geschickt des Lasters Blößen mied,
Daß sie sehr gut um ihre Tugend wußte.
Dann sah ich auch die Königin. – O Karl,
Wie anders alles, was ich hier bemerkte!
In angeborner stiller Glorie,
Mit sorgenlosem Leichtsinn, mit des Anstands
Schulmäßiger Berechnung unbekannt,
Gleich ferne von Verwegenheit und Furcht,
Mit festem Heldenschritte wandelt sie
Die schmale Mittelbahn des Schicklichen,
Unwissend, daß sie Anbetung erzwungen,
Wo sie von eignem Beifall nie geträumt.
Erkennt mein Karl auch hier in diesem Spiegel,
Auch jetzt noch seine Eboli? – Die Fürstin
Blieb standhaft, weil sie liebte; Liebe war
In ihre Tugend wörtlich einbedungen.
Du hast sie nicht belohnt – sie fällt.

Karlos (mit einiger Heftigkeit).

Nein! Nein!

(Nachdem er heftig auf und nieder gegangen.)

Nein, sag' ich dir. – O, wüßte Roderich,
Wie trefflich es ihn kleidet, seinem Karl
Der Seligkeiten göttlichste, den Glauben
An menschliche Vortrefflichkeit, zu stehlen!

Marquis.

Verdien' ich das? – Nein, Liebling meiner Seele,
Das wollt' ich nicht, bei Gott im Himmel nicht! –
O, diese Eboli – sie wär' ein Engel,
Und ehrerbietig, wie du selbst, stürzt' ich
Vor ihrer Glorie mich nieder, hätte
Sie – dein Geheimnis nicht erfahren.

Karlos.

Sieh,
Wie eitel deine Furcht ist! Hat sie andre
Beweise wohl, als die sie selbst beschämen?
Wird sie der Rache trauriges Vergnügen
Mit ihrer Ehre kaufen?

Marquis.

Ein Erröten
Zurückzunehmen[1], haben manche schon
Der Schande sich geopfert.

Karlos (mit Heftigkeit aufstehend).

Nein, das ist
Zu hart, zu grausam! Sie ist stolz und edel.
Ich kenne sie und fürchte nichts. Umsonst
Versuchst du, meine Hoffnungen zu schrecken.
Ich spreche meine Mutter.

Marquis.

Jetzt? Wozu?

Karlos.

Ich habe nun nichts mehr zu schonen – muß
Mein Schicksal wissen. Sorge nur, wie ich
Sie sprechen kann.

Marquis.

Und diesen Brief willst du
Ihr zeigen? Wirklich, willst du das?

Karlos.

Befrage
Mich darum nicht. Das Mittel jetzt, das Mittel,
Daß ich sie spreche!

[1] D. h. um sich für eine Beschämung zu rächen, sie dadurch gleichsam auszulöschen.

Marquis (mit Bedeutung).

Sagtest du mir nicht,
Du *liebtest* deine Mutter? – Du bist willens,
Ihr diesen Brief zu zeigen?

(Karlos sieht zur Erde und schweigt.)

Karl, ich lese
In deinen Mienen etwas – mir ganz neu –
Ganz fremd bis diesen Augenblick. – Du wendest
Die Augen von mir? *Warum* wendest du
Die Augen von mir? So ist's wahr? – Ob ich
Denn wirklich recht gelesen? Laß doch sehn –

(Karlos gibt ihm den Brief. Der Marquis zerreißt ihn.)

Karlos.

Was? Bist du rasend?

(Mit gemäßigter Empfindlichkeit.)

Wirklich – ich gesteh' es –
An diesem Briefe lag mir viel.

Marquis.

So schien es.
Darum zerriß ich ihn.

(Der Marquis ruht mit einem durchdringenden Blick auf dem Prinzen, der ihn zweifelhaft ansieht. Langes Stillschweigen.)

Sprich doch – was haben
Entweihungen des königlichen Bettes
Mit deiner – deiner Liebe denn zu schaffen?
War Philipp dir gefährlich?[1] Welches Band
Kann die verletzten Pflichten des Gemahls
Mit deinen kühnern Hoffnungen verknüpfen?
Hat er gesündigt, wo du liebst?[2] Nun freilich
Lern' ich dich fassen. O wie schlecht hab' ich
Bis jetzt auf deine Liebe mich verstanden!

Karlos.

Wie, Roderich? Was glaubst du?

Marquis.

O, ich fühle,
Wovon ich mich entwöhnen muß. Ja, einst,

---

[1] In der hohen und reinen Liebe, die (wie ich hoffte) allein dich erfüllt, konnte dich doch Philipp nie beeinträchtigen, dir nicht gefährlich werden.

[2] Seine Sünde, aus niedriger Sinnlichkeit hervorgegangen, betrifft ein ganz andres Gebiet, so daß zwischen seiner Pflichtverletzung und den Hoffnungen deiner reinen, idealen Liebe gar kein Zusammenhang sein kann.

Einst war's ganz anders. Da warst du so reich,
So warm, so reich! Ein ganzer Weltkreis hatte
In deinem weiten Busen Raum. Das alles
Ist nun dahin, von einer Leidenschaft,
Von einem kleinen Eigennutz verschlungen.
Dein Herz ist ausgestorben. Keine Thräne
Dem ungeheuern Schicksal der Provinzen,
Nicht einmal eine Thräne mehr! – O Karl,
Wie arm bist du, wie bettelarm geworden,
Seitdem du niemand liebst als dich.

Karlos

(wirft sich in einen Sessel. – Nach einer Pause mit kaum unterdrücktem Weinen).

Ich weiß,
Daß du mich nicht mehr achtest.

Marquis.

Nicht so, Karl!
Ich kenne diese Aufwallung. Sie war
Verirrung lobenswürdiger Gefühle.
Die Königin gehörte dir, war dir
Geraubt von dem Monarchen – doch bis jetzt
Mißtrautest du bescheiden deinen Rechten.
Vielleicht war Philipp ihrer wert. Du wagtest
Nur leise noch, das Urteil ganz zu sprechen.
Der Brief entschied. Der Würdigste warst du.
Mit stolzer Freude sahst du nun das Schicksal
Der Tyrannei, des Raubes überwiesen.
Du jauchztest, der Beleidigte zu sein;
Denn Unrecht leiden schmeichelt großen Seelen.
Doch hier verirrte deine Phantasie,
Dein Stolz empfand *Genugthuung* – dein Herz
Versprach sich *Hoffnung*.[1] Sieh, ich wußt' es wohl,
Du hattest diesmal selbst dich mißverstanden.

Karlos (gerührt).

Nein, Roderich, du irrest sehr. Ich dachte
So edel nicht, bei weitem nicht, als du
Mich gerne glauben machen möchtest.

---

[1] Weil dein Stolz mit Recht Genugthuung fühlte (denn „der Würdigste warst du"), spiegelte sich dein Herz unerfüllbare Hoffnungen vor. Der Leidenschaftliche verwechselt die Unwürdigkeit des Gegners mit der eignen Berechtigung.

Marquis.
Bin
Ich denn so wenig hier bekannt? Sieh, Karl,
Wenn du verirrest, such' ich allemal
Die Tugend unter hunderten zu raten,
Die ich des Fehlers zeihen kann. Doch, nun
Wir besser uns verstehen, sei's! Du sollst
Die Königin jetzt sprechen, mußt sie sprechen.

Karlos (ihm um den Hals fallend).
O, wie erröt' ich neben dir!

Marquis.
Du hast
Mein Wort. Nun überlaß mir alles andre.
Ein wilder, kühner, glücklicher Gedanke
Steigt auf in meiner Phantasie.[1] – Du sollst
Ihn hören, Karl, aus einem schönern Munde.
Ich dränge mich zur Königin. Vielleicht,
Daß morgen schon der Ausgang sich erwiesen.
Bis dahin, Karl, vergiß nicht, daß ein Anschlag,
Den höhere Vernunft gebar, das Leiden
Der Menschheit drängt, zehntausendmal vereitelt,
Nie aufgegeben werden darf. – Hörst du?
Erinnre dich an Flandern!

Karlos.
Alles, alles,
Was du und hohe Tugend mir gebieten.

Marquis (geht an ein Fenster).
Die Zeit ist um. Ich höre dein Gefolge.
(Sie umarmen sich.)
Jetzt wieder Kronprinz und Vasall.

Karlos.
Du fährst
Sogleich zur Stadt?

Marquis.
Sogleich.

Karlos.
Halt! Noch ein Wort!
Wie leicht war das vergessen! – Eine Nachricht,

[1] Daß Karlos wider den Willen des Vaters nach Flandern gehen soll.

Die äußerst wichtig: Briefe nach Brabant
Erbricht der König. Sei auf deiner Hut!
Die Post des Reichs, ich weiß es, hat geheime
Befehle –

Marquis.

Wie erfuhrst du das?

Karlos.

Don Raimond
Von Taxis ist mein guter Freund.

Marquis

(nach einigem Stillschweigen).

Auch das!
So nehmen sie den Umweg über Deutschland.

(Sie gehen ab zu verschiedenen Thüren.)

Dritter Akt.

Das Schlafzimmer des Königs.

Erster Auftritt.

(Auf dem Nachttische zwei brennende Lichter. Im Hintergrunde des Zimmers einige Pagen auf den Knien, eingeschlafen. Der König, von oben herab halb ausgekleidet, steht vor dem Tische, einen Arm über den Sessel gebeugt, in einer nachdenkenden Stellung. Vor ihm liegt ein Medaillon und Papiere.[1])

König.

Daß sie sonst Schwärmerin gewesen – wer
Kann's leugnen? Nie konnt' ich ihr Liebe geben,
Und dennoch – schien sie Mangel je zu fühlen?
So ist's erwiesen – sie ist falsch.

(Hier macht er eine Bewegung, die ihn zu sich selbst bringt. Er sieht mit Befremdung auf.)

Wo war ich?
Wacht denn hier niemand als der König? – Was?
Die Lichter schon herabgebrannt? Doch nicht
Schon Tag? – Ich bin um meinen Schlummer. Nimm
Ihn für empfangen an, Natur. Ein König hat
Nicht Zeit, verlorne Nächte nachzuholen;
Jetzt bin ich wach, und Tag soll sein.

(Er löscht die Lichter aus und öffnet eine Fenstergardine. – Indem er auf und nieder geht, bemerkt er die schlafenden Knaben und bleibt eine Zeitlang schweigend vor ihnen stehen; darauf zieht er die Glocke.)

Schläft's irgend
Vielleicht in meinem Vorsaal auch?

---

[1] Die von der Prinzessin Eboli aus der Schatulle der Königin entwendet und in verleumderischer Absicht dem König übergeben worden sind.

Zweiter Auftritt.

Der König. Graf Lerma.

Lerma

(mit Bestürzung, da er den König gewahr wird).

Befinden
Sich Ihre Majestät nicht wohl?

König.

Im linken
Pavillon war Feuer. Hörtet Ihr
Den Lärmen nicht?

Lerma.

Nein, Ihre Majestät.

König.

Nein? Wie? Und also hätt' ich nur geträumt?
Das kann von ungefähr nicht kommen. Schläft
Auf jenem Flügel nicht die Königin?

Lerma.

Ja, Ihre Majestät.

König.

Der Traum erschreckt mich.
Man soll die Wachen künftig dort verdoppeln.
Hört Ihr? Sobald es Abend wird – doch ganz,
Ganz insgeheim. – Ich will nicht haben, daß –
Ihr prüft mich mit den Augen?

Lerma.

Ich entdecke
Ein brennend Auge, das um Schlummer bittet.
Darf ich es wagen, Ihre Majestät
An ein kostbares Leben zu erinnern,
An Völker zu erinnern, die die Spur
Durchwachter Nacht mit fürchtender Befremdung
In solchen Mienen lesen würden? – Nur
Zwei kurze Morgenstunden Schlafes –

König (mit zerstörten Blicken).

Schlaf?
Schlaf find' ich in Escurial. – So lange
Der König schläft, ist er um seine Krone,

Der Mann um seines Weibes Herz. – Nein, nein!
Es ist Verleumdung. – War es nicht ein Weib,
Ein Weib, das mir es flüsterte? Der Name
Des Weibes heißt Verleumdung. Das Verbrechen
Ist nicht gewiß, bis mir's ein Mann bekräftigt.
(Zu den Pagen, welche sich unterdessen ermuntert haben.)
Ruft Herzog Alba!
(Pagen gehen.)
Tretet näher, Graf!
Ist's wahr?
(Er bleibt forschend vor dem Grafen stehen.)
O eines Pulses Dauer nur
Allwissenheit! – Schwört mir, ist's wahr? Ich bin
Betrogen? Bin ich's? Ist es wahr?

Lerma.

Mein großer,
Mein bester König –

König (zurückfahrend).

König! König nur
Und wieder König! – Keine bess're Antwort
Als leeren, hohlen Widerhall? Ich schlage
An diesen Felsen und will Wasser, Wasser
Für meinen heißen Fieberdurst – er gibt
Mir glühend Gold.

Lerma.

Was wäre wahr, mein König?

König.

Nichts. Nichts. Verlaßt mich! Geht!
(Der Graf will sich entfernen. Er ruft ihn noch einmal zurück.)
Ihr seid vermählt?
Seid Vater? Ja?

Lerma.

Ja, Ihre Majestät.

König.

Vermählt und könnt es wagen, eine Nacht
Bei Eurem Herrn zu wachen? Euer Haar
Ist silbergrau und Ihr errötet nicht,
An Eures Weibes Redlichkeit zu glauben?
O geht nach Hause. Eben trefft Ihr sie
In Eures Sohns blutschänd'rischer Umarmung.

Glaubt Eurem König, geht – Ihr steht bestürzt?
Ihr seht mich mit Bedeutung an? – weil ich,
Ich selber etwa graue Haare trage?
Unglücklicher, besinnt Euch. Königinnen
Beflecken ihre Tugend nicht. Ihr seid
Des Todes, wenn Ihr zweifelt –

Lerma (mit Hitze).

Wer kann das?
In allen Staaten meines Königs, wer
Ist frech genug, mit giftigem Verdacht
Die engelreine Tugend anzuhauchen?
Die beste Königin so tief –

König.

Die beste?
Und Eure beste also auch? Sie hat
Sehr warme Freunde um mich her, find' ich.
Das muß ihr viel gekostet haben – mehr,
Als mir bekannt ist, daß sie geben kann.
Ihr seid entlassen. Laßt den Herzog kommen.

Lerma.

Schon hör' ich ihn im Vorsaal –

(Im Begriff zu gehen.)

König (mit gemildertem Tone).

Graf! Was Ihr
Vorhin bemerkt, ist doch wohl wahr gewesen.
Mein Kopf glüht von durchwachter Nacht. – Vergeßt,
Was ich im wachen Traum gesprochen. Hört Ihr?
Vergeßt es! Ich bin Euer gnäd'ger König.

(Er reicht ihm die Hand zum Kusse. Lerma geht und öffnet dem Herzog von Alba die Thüre.)

Dritter Auftritt.

Der König und **Herzog von Alba.**

Alba

(nähert sich dem Könige mit ungewisser Miene).

Ein mir so überraschender Befehl –
Zu dieser außerordentlichen Stunde?

(Er stutzt, wie er den König genauer betrachtet.)

Und dieser Anblick –

König
(hat sich niedergesetzt und das Medaillon auf dem Tische ergriffen. Er sieht den Herzog eine lange Zeit stillschweigend an).
Also wirklich wahr?
Ich habe keinen treuen Diener?

Alba (steht betreten still).
Wie?

König.
Ich bin aufs tödlichste gekränkt – man weiß es,
Und niemand, der mich warnte!

Alba
(mit einem Blick des Erstaunens).
Eine Kränkung,
Die meinem König gilt und meinem Aug'
Entging?

König (zeigt ihm die Briefe).
Erkennt Ihr diese Hand?

Alba.
Es ist
Don Karlos' Hand. –

König
(Pause, worin er den Herzog scharf beobachtet).
Vermutet Ihr noch nichts?
Ihr habt vor seinem Ehrgeiz mich gewarnt?
War's nur sein Ehrgeiz, dieser nur, wovor
Ich zittern sollte?

Alba.
Ehrgeiz ist ein großes –
Ein weites Wort, worin unendlich viel
Noch liegen kann.

König.
Und wißt Ihr nichts Besonders
Mir zu entdecken?

Alba
(nach einigem Stillschweigen mit verschlossener Miene).
Ihre Majestät
Vertrauten meiner Wachsamkeit das Reich.
Dem Reiche bin ich mein geheimstes Wissen
Und meine Einsicht schuldig. Was ich sonst
Vermute, denke oder weiß, gehört

Mir eigen zu. Es sind geheiligte
Besitzungen, die der verkaufte Sklave
Wie der Vasall den Königen der Erde
Zurückzuhalten Vorrecht hat. – Nicht alles,
Was klar vor meiner Seele steht, ist reif
Genug für meinen König. Will er doch
Befriedigt sein, so muß ich bitten, nicht
Als Herr zu fragen.

König (gibt ihm die Briefe).

Lest.

Alba

(liest und wendet sich erschrocken[1] gegen den König).

Wer war
Der Rasende, dies unglücksel'ge Blatt
In meines Königs Hand zu geben?

König.

Was?
So wißt Ihr, wen der Inhalt meint?[2] – Der Name
Ist, wie ich weiß, auf dem Papier vermieden.

Alba (betroffen zurücktretend).

Ich war zu schnell.

König.

Ihr wißt?

Alba (nach einigem Bedenken).

Es ist heraus.
Mein Herr befiehlt – ich darf nicht mehr zurücke –
Ich leugn' es nicht – ich kenne die Person.

König

(aufstehend in einer schrecklichen Bewegung).

O einen neuen Tod hilf mir erdenken,
Der Rache fürchterlicher Gott! – So klar,
So weltbekannt, so laut ist das Verständnis,
Daß man, des Forschens Mühe überhoben,
Schon auf den ersten Blick es rät – das ist

---

[1] Er stellt sich erschrocken; er weiß ja ganz genau vorher, daß der König ihm diesen Brief zeigen werde.

[2] An wen der Brief des Prinzen gerichtet ist. Alba weiß hier und im folgenden mit ausgesuchter Tücke den Schein zu erwecken, als ob ihm die Überraschung wider seinen Willen das Bekenntnis entreiße.

Zu viel! Das hab' ich nicht gewußt! Das nicht!
Ich also bin der letzte, der es findet!
Der letzte durch mein ganzes Reich –

Alba (wirft sich dem König zu Füßen).

Ja, ich bekenne
Mich schuldig, gnädigster Monarch. Ich schäme
Mich einer feigen Klugheit, die mir da
Zu schweigen riet, wo meines Königs Ehre,
Gerechtigkeit und Wahrheit laut genug
Zu reden mich bestürmten. – Weil doch alles
Verstummen will – weil die Bezauberung
Der Schönheit aller Männer Zungen bindet,
So sei's gewagt, ich rede, weiß ich gleich,
Daß eines Sohns einschmeichelnde Beteu'rung,
Daß die verführerischen Reizungen,
Die Thränen der Gemahlin –

König (rasch und heftig).

Stehet auf.
Ihr habt mein königliches Wort – Steht auf!
Sprecht unerschrocken!

Alba (aufstehend).

Ihre Majestät
Besinnen sich vielleicht noch jenes Vorfalls
Im Garten zu Aranjuez. Sie fanden
Die Königin von allen ihren Damen
Verlassen – mit zerstörtem Blick – allein
In einer abgeleg'nen Laube.

König.

Ha!
Was werd' ich hören? Weiter!

Alba.

Die Marquisin
Von Mondekar ward aus dem Reich verbannt,
Weil sie Großmut genug besaß, sich schnell
Für ihre Königin zu opfern. – Jetzt
Sind wir berichtet – die Marquisin hatte
Nicht mehr gethan, als ihr befohlen worden.
Der Prinz war dort gewesen.

König (schrecklich auffahrend).
Dort gewesen?
Doch also –

Alba.
Eines Mannes Spur im Sande,
Die von dem linken Eingang dieser Laube
Nach einer Grotte sich verlor, wo noch
Ein Schnupftuch lag, das der Infant vermißte,
Erweckte gleich Verdacht. Ein Gärtner hatte
Dem Prinzen dort begegnet, und das war,
Beinah' auf die Minute ausgerechnet,
Dieselbe Zeit, wo Eure Majestät
Sich in der Laube zeigten.

König
(aus einem finstern Nachsinnen zurückkommend).
Und sie weinte,
Als ich Befremdung blicken ließ! Sie machte
Vor meinem ganzen Hofe mich erröten?
Erröten vor mir selbst. – Bei Gott! ich stand
Wie ein Gerichteter vor ihrer Tugend –
(Eine lange und tiefe Stille. Er setzt sich nieder und verhüllt das Gesicht.)
Ja, Herzog Alba – Ihr habt recht – das könnte
Zu etwas Schrecklichem mich führen. – Laßt
Mich einen Augenblick allein.

Alba.
Mein König,
Selbst das entscheidet noch nicht ganz –

König (nach den Papieren greifend).
Auch das nicht?
Und das? und wieder das? und dieser laute
Zusammenklang verdammender Beweise?
O es ist klärer als das Licht – was ich
Schon lange Zeit voraus gewußt – der Frevel
Begann da schon, als ich von Euern Händen
Sie in Madrid zuerst empfing. – Noch seh' ich
Mit diesem Blick des Schreckens geisterbleich
Auf meinen grauen Haaren sie verweilen.
Da fing es an, das falsche Spiel.

Alba.

Dem Prinzen
Starb eine Braut in seiner jungen Mutter.
Schon hatten sie mit Wünschen sich gewiegt,
In feurigen Empfindungen verstanden,
Die ihr der neue Stand verbot. Die Furcht
War schon besiegt, die Furcht, die sonst das erste
Geständnis zu begleiten pflegt, und kühner
Sprach die Verführung in vertrauten Bildern
Erlaubter Rückerinnerung. Verschwistert
Durch Harmonie der Meinung und der Jahre,
Durch gleichen Zwang erzürnt, gehorchten sie
Den Wallungen der Leidenschaft so dreister.
Die Politik griff ihrer Neigung vor;
Ist es zu glauben, mein Monarch, daß sie
Dem Staatsrat diese Vollmacht zuerkannte?
Daß sie die Lüsternheit bezwang, die Wahl
Des Kabinetts aufmerksamer zu prüfen?
Sie war gefaßt auf Liebe und empfing
Ein Diadem.

König (beleidigt und mit Bitterkeit).

Ihr unterscheidet sehr –
Sehr weise, Herzog – ich bewundre Eure
Beredsamkeit. Ich dank' Euch.

(Aufstehend, kalt und stolz.)

Ihr habt recht;
Die Königin hat sehr gefehlt, mir Briefe
Von diesem Inhalt zu verbergen – mir
Die strafbare Erscheinung des Infanten
Im Garten zu verheimlichen. Sie hat
Aus falscher Großmut sehr gefehlt. Ich werde
Sie zu bestrafen wissen.

(Er zieht die Glocke.)

Wer ist sonst
Im Vorsaal? – Euer, Herzog Alba,
Bedarf ich nicht mehr. Tretet ab.

Alba.

Sollt' ich
Durch meinen Eifer Eurer Majestät
Zum zweitenmal mißfallen haben?

König
(zu einem Pagen, der hereintritt).
Laßt
Domingo kommen.
(Der Page geht ab.)
Ich vergeb' es Euch,
Daß Ihr beinahe zwei Minuten lang
M i c h ein Verbrechen hättet fürchten lassen,
Das gegen E u c h begangen werden kann.[1]
(Alba entfernt sich.)

Vierter Auftritt.

Der König. Domingo.

Der König
(geht einigemal auf und ab, sich zu sammeln).

Domingo
(tritt einige Minuten nach dem Herzog herein, nähert sich dem König, den er eine Zeitlang mit feierlicher Stille betrachtet).
Wie froh erstaun' ich, Eure Majestät
So ruhig, so gefaßt zu sehn.

König.
Erstaunt Ihr?

Domingo.
Der Vorsicht sei's gedankt, daß meine Furcht
Doch also nicht gegründet war! Nun darf
Ich um so eher hoffen.

König.
Eure Furcht?
Was war zu fürchten?

Domingo.
Ihre Majestät,
Ich darf nicht bergen, daß ich allbereits
Um ein Geheimnis weiß –

König (finster).
Hab' ich denn schon
Den Wunsch geäußert, es mit Euch zu teilen?

---

[1] Vgl. Philipps Worte an Graf Lerma (V. 2519ff.). Daß Alba vermählt war, ist geschichtlich, wenn es auch in unserm Stück sonst nicht erwähnt wird.

Wer kam so unberufen mir zuvor?
Sehr kühn, bei meiner Ehre!

Domingo.

Mein Monarch!
Der Ort, der Anlaß, wo ich es erfahren,
Das Siegel, unter dem ich es erfahren,
Spricht wenigstens von dieser Schuld[1] mich frei.
Am Beichtstuhl[2] ward es mir vertraut – vertraut
Als Missethat, die das empfindliche
Gewissen der Entdeckerin belastet
Und Gnade bei dem Himmel sucht. Zu spät
Beweint die Fürstin eine That, von der
Sie Ursach' hat, die fürchterlichsten Folgen
Für ihre Königin zu ahnen.

König.

Wirklich?
Das gute Herz! – Ihr habt ganz recht vermutet,
Weswegen ich Euch rufen ließ. Ihr sollt
Aus diesem dunkeln Labyrinth mich führen,
Worein ein blinder Eifer mich geworfen.
Von Euch erwart' ich Wahrheit. Redet offen
Mit mir. Was soll ich glauben, was beschließen?
Von Eurem Amte fodr' ich Wahrheit.

Domingo.

Sire,
Wenn meines Standes Mildigkeit mir auch
Der Schonung süße Pflicht nicht auferlegte,
Doch würd' ich Eure Majestät beschwören,
Um Ihrer Ruhe willen Sie beschwören,
Bei dem Entdeckten still zu stehn – das Forschen
In ein Geheimnis ewig aufzugeben,
Das niemals freudig sich entwickeln kann.
Was jetzt bekannt ist, kann vergeben werden.
Ein Wort des Königs – und die Königin
Hat nie gefehlt. Der Wille des Monarchen
Verleiht die Tugend wie das Glück – und nur
Die immer gleiche Ruhe meines Königs

[1] Mich „unberufen" einzudrängen.
[2] Eine kecke Lüge, da die Eboli ihm nichts im Beichtstuhl vertraut hat.

Kann die Gerüchte mächtig niederschlagen,
Die sich die Lästerung erlaubt.

König.

Gerüchte?
Von mir? und unter meinem Volke?

Domingo.

Lügen!
Verdammenswerte Lügen! Ich beschwör' es.
Doch freilich gibt es Fälle, wo der Glaube
Des Volks, und wär' er noch so unerwiesen,
Bedeutend wie die Wahrheit wird.

König.

Bei Gott!
Und hier gerade wär' es –

Domingo.

Guter Name
Ist das kostbare, einz'ge Gut, um welches
Die Königin mit einem Bürgerweibe
Wetteifern muß –

König.

Für den doch, will ich hoffen,
Hier nicht gezittert werden soll?
(Er ruht mit ungewissem Blick auf Domingo. Nach einigem Stillschweigen.)
Kaplan,
Ich soll noch etwas Schlimmes von Euch hören.
Verschiebt es nicht. Schon lange les' ich es
In diesem unglückbringenden Gesichte.
Heraus damit! Sei's, was es wolle! Laßt
Nicht länger mich auf dieser Folter beben.
Was glaubt das Volk?

Domingo.

Noch einmal, Sire, das Volk
Kann irren – und es irrt gewiß. Was es
Behauptet, darf den König nicht erschüttern.
Nur – daß es so weit schon sich wagen durfte,
Dergleichen zu behaupten –

König.

Was? Muß ich
So lang' um einen Tropfen Gift Euch bitten?

Domingo.

Das Volk denkt an den Monat noch zurücke,
Der Eure königliche Majestät
Dem Tode nahe brachte – dreißig Wochen
Nach diesem liest es von der glücklichen
Entbindung –

(Der König steht auf und zieht die Glocke. Herzog von Alba tritt herein. Domingo betroffen.)

Ich erstaune, Sire!

König

(dem Herzog Alba entgegen gehend).

Toledo!
Ihr seid ein Mann. Schützt mich vor diesem Priester.

Domingo.

(Er und Herzog Alba geben sich verlegne Blicke. Nach einer Pause:)

Wenn wir voraus es hätten wissen können,
Daß diese Nachricht an dem Überbringer
Geahndet werden sollte –

König.

Bastard, sagt Ihr?
Ich war, sagt Ihr, vom Tode kaum erstanden,
Als sie sich Mutter fühlte? – Wie? Das war
Ja damals, wenn ich anders mich nicht irre,
Als Ihr den heiligen Dominikus
In allen Kirchen für das hohe Wunder lobtet,
Das er an mir gewirkt? – Was damals Wunder
Gewesen, ist es jetzt nicht mehr? So habt
Ihr damals oder heute mir gelogen.
An was verlangt Ihr, daß ich glauben soll?
O, ich durchschau' euch. Wäre das Komplott
Schon damals reif gewesen – ja, dann war
Der Heilige um seinen Ruhm.

Alba.

Komplott!

König.

Ihr solltet
Mit dieser beispiellosen Harmonie
Jetzt in derselben Meinung euch begegnen
Und doch nicht einverstanden sein? Mich wollt
Ihr das bereden? Mich? Ich soll vielleicht

Nicht wahrgenommen haben, wie erpicht
Und gierig ihr auf euren Raub euch stürztet?
Mit welcher Wollust ihr an meinem Schmerz,
An meines Zornes Wallung euch geweidet?
Nicht merken soll ich, wie voll Eifer dort
Der Herzog brennt, der Gunst zuvorzueilen,
Die meinem Sohn beschieden war? Wie gerne
Der fromme Mann hier seinen kleinen Groll
Mit meines Zornes Riesenarm bewehrte?
Ich bin der Bogen, bildet ihr euch ein,
Den man nur spannen dürfe nach Gefallen?
Noch hab' ich meinen Willen auch – und wenn
Ich zweifeln soll, so laßt mich wenigstens
Bei euch den Anfang machen.

Alba.

Diese Deutung
Hat unsre Treue nicht erwartet.

König.

Treue!
Die Treue warnt vor drohenden Verbrechen,
Die Rachgier spricht von den begangenen.
Laßt hören! Was gewann ich denn durch eure
Dienstfertigkeit? – Ist, was ihr vorgebt, wahr,
Was bleibt mir übrig als der Trennung Wunde?
Der Rache trauriger Triumph? – Doch nein,
Ihr fürchtet nur, ihr gebt mir schwankende
Vermutungen – am Absturz einer Hölle
Laßt ihr mich stehen und entflieht.

Domingo.

Sind andre
Beweise möglich, wo das Auge selbst
Nicht überwiesen werden kann?

König

(nach einer großen Pause, ernst und feierlich zu Domingo sich wendend).

Ich will
Die Großen meines Königreichs versammeln
Und selber zu Gerichte sitzen. Tretet
Heraus vor allen – habt Ihr Mut – und klaget
Als eine Buhlerin sie an! – Sie soll

Des Todes sterben – ohne Rettung – sie
Und der Infant soll sterben – aber merkt Euch!
Kann sie sich reinigen – Ihr selbst! Wollt Ihr
Die Wahrheit durch ein solches Opfer ehren?
Entschließet Euch. Ihr wollt nicht? Ihr verstummt?
Ihr wollt nicht? – Das ist eines Lügners Eifer.

Alba

(der stillschweigend in der Ferne gestanden, kalt und ruhig).

Ich will es.

König

(dreht sich erstaunt um und sieht den Herzog eine Zeitlang starr an).

Das ist kühn! Doch mir fällt ein,
Daß Ihr in scharfen Schlachten Euer Leben
An etwas weit Geringeres gewagt –
Mit eines Würfelspielers Leichtsinn für
Des Ruhmes Unding es gewagt. – Und was
Ist Euch das Leben? – Königliches Blut
Geb' ich dem Rasenden nicht preis, der nichts
Zu hoffen hat, als ein geringes Dasein
Erhaben aufzugeben – Euer Opfer
Verwerf' ich. Geht – geht, und im Audienzsaal
Erwartet meine weiteren Befehle! (Beide gehen ab.)

Fünfter Auftritt.

Der König (allein).

Jetzt gib mir einen Menschen, gute Vorsicht –
Du hast mir viel gegeben. Schenke mir
Jetzt einen Menschen! Du – du bist allein,
Denn deine Augen prüfen das Verborg'ne,
Ich bitte dich um einen Freund; denn ich
Bin nicht wie du allwissend. Die Gehülfen,
Die du mir zugeordnet hast, was sie
Mir sind, weißt du. Was sie verdienen, haben
Sie mir gegolten. Ihre zahmen Laster,
Beherrscht vom Zaume, dienen meinen Zwecken,
Wie deine Wetter reinigen die Welt.
Ich brauche Wahrheit. – Ihre stille Quelle
Im dunkeln Schutt des Irrtums aufzugraben,

Ist nicht das Los der Könige. Gib mir
Den selt'nen Mann mit reinem, offnem Herzen,
Mit hellem Geist und unbefang'nen Augen,
Der mir sie finden helfen kann. – Ich schütte
Die Lose auf; laß unter Tausenden,
Die um der Hoheit Sonnenscheibe flattern,
Den Einzigen mich finden.

(Er öffnet eine Schatulle und nimmt eine Schreibtafel heraus. Nachdem er eine Zeitlang darin geblättert.)

Bloße Namen –
Nur Namen stehen hier, und nicht einmal
Erwähnung des Verdiensts, dem sie den Platz
Auf dieser Tafel danken – und was ist
Vergeßlicher als Dankbarkeit! Doch hier
Auf dieser andern Tafel les' ich jede
Vergehung pünktlich beigeschrieben. Wie?
Das ist nicht gut. Braucht etwa das Gedächtnis
Der Rache dieser Hülfe noch? (Liest weiter.)
Graf Egmont?
Was will der hier? – Der Sieg bei Saint-Quentin[1]
War längst verwirkt. Ich werf' ihn zu den Toten.

(Er löscht diesen Namen aus und schreibt ihn auf die andre Tafel. Nachdem er weiter gelesen.)

Marquis von Posa? – Posa? – Posa? Kann
Ich dieses Menschen mich doch kaum besinnen!
Und zweifach angestrichen – ein Beweis,
Daß ich zu großen Zwecken ihn bestimmte!
Und, war es möglich? dieser Mensch entzog
Sich meiner Gegenwart bis jetzt? vermied
Die Augen seines königlichen Schuldners?
Bei Gott, im ganzen Umkreis meiner Staaten
Der einz'ge Mensch, der meiner nicht bedarf!
Besäß' er Habsucht oder Ehrbegierde,
Er wäre längst vor meinem Thron erschienen.
Wag' ich's mit diesem Sonderling? Wer mich
Entbehren kann, wird Wahrheit für mich haben. (Er geht ab.)

---

[1] Vgl. S. 67, Anm. 2.

Der Audienzsaal.

Sechster Auftritt.

Don Karlos im Gespräch mit dem **Prinzen von Parma. Die Herzoge von Alba, Feria** und **Medina Sidonia. Graf von Lerma** und noch andere Granden mit Schriften in der Hand. Alle den König erwartend.

Medina Sidonia[1]

(von allen Umstehenden sichtbar vermieden, wendet sich zum Herzog von Alba, der allein und in sich gekehrt auf und ab geht).

Sie haben ja den Herrn gesprochen, Herzog –
Wie fanden Sie ihn aufgelegt?

Alba.

Sehr übel
Für Sie und Ihre Zeitungen.

Medina Sidonia.

Im Feuer
Des englischen Geschützes war mir's leichter
Als hier auf diesem Pflaster.

(Karlos, der mit stiller Teilnahme auf ihn geblickt hat, nähert sich ihm jetzt und drückt ihm die Hand.)

Warmen Dank
Für diese großmutsvolle Thräne, Prinz!
Sie sehen, wie mich alles flieht. Nun ist
Mein Untergang beschlossen.

Karlos.

Hoffen Sie
Das Beste, Freund, von meines Vaters Gnade
Und Ihrer Unschuld.

Medina Sidonia.

Ich verlor ihm eine Flotte,
Wie keine noch im Meer erschien. – Was ist
Ein Kopf wie dieser gegen siebenzig
Versunk'ne Gallionen? – Aber, Prinz –
Fünf Söhne, hoffnungsvoll wie Sie – das bricht
Mein Herz. –

---

[1] Der Befehlshaber der großen Armada oder „unüberwindlichen Flotte" (vgl. Bd. I, S. 66), welche 1588 zu Grunde ging. Der Dichter verlegt also dieses Ereignis um 20 Jahre zurück. Man hat anzunehmen, daß die Nachricht von dem ungeheuren Verlust dem König schon überbracht worden ist. Auch Alba und Karlos sprechen davon wie von einer bekannten Sache.

Siebenter Auftritt.

Der König kommt angekleidet heraus. **Die Vorigen.**

(Alle nehmen die Hüte ab und weichen zu beiden Seiten aus, indem sie einen halben Kreis um ihn bilden. Stillschweigen.)

König

(den ganzen Kreis flüchtig durchschauend).

Bedeckt euch.

(Don Karlos und der Prinz von Parma nähern sich zuerst und küssen dem König die Hand. Er wendet sich mit einiger Freundlichkeit zu dem letztern, ohne seinen Sohn bemerken zu wollen.)

Eure Mutter, Neffe,
Will wissen, wie man in Madrid mit Euch
Zufrieden sei.

Parma.

Das frage sie nicht eher
Als nach dem Ausgang meiner ersten Schlacht.

König.

Gebt Euch zufrieden. Auch an Euch wird einst
Die Reihe sein, wenn diese Stämme brechen.

(Zum Herzog von Feria.)

Was bringt Ihr mir?

Feria (ein Knie vor dem König beugend).

Der Großkomtur des Ordens
Von Calatrava[1] starb an diesem Morgen.
Hier folgt sein Ritterkreuz zurück.

König

(nimmt den Orden und sieht im ganzen Zirkel herum).

Wer wird
Nach ihm am würdigsten es tragen?

(Er winkt Alba zu sich, welcher sich vor ihm auf ein Knie niederläßt, und hängt ihm den Orden um.)

Herzog,
Ihr seid mein erster Feldherr – seid nie m e h r,
So wird Euch meine Gnade niemals fehlen.

(Er wird den Herzog von Medina Sidonia gewahr.)

Sieh da, mein Admiral!

Medina Sidonia

(nähert sich wankend und kniet vor dem Könige nieder, mit gesenktem Haupt).

D a s, großer König,

[1] Alter spanischer Orden, von Alfons II. um 1160 gestiftet.

Ist alles, was ich von der span'schen Jugend
Und der Armada wiederbringe.

König (nach einem langen Stillschweigen).

Gott
Ist über mir. – Ich habe gegen Menschen,
Nicht gegen Sturm und Klippen sie[1] gesendet –
Seid mir willkommen in Madrid.

(Er reicht ihm die Hand zum Kusse.)

Und Dank,
Daß Ihr in Euch mir einen würd'gen Diener
Erhalten habt! Für diesen, meine Granden,
Erkenn' ich ihn, will ich erkannt ihn wissen.

(Er gibt ihm einen Wink, aufzustehen und sich zu bedecken – dann wendet er sich gegen die andern.)

Was gibt es noch? (Zu Don Karlos und dem Prinzen von Parma.)
Ich dank' euch, meine Prinzen.

(Diese treten ab. Die noch übrigen Granden nähern sich und überreichen dem König kniend ihre Papiere. Er durchsieht sie flüchtig und reicht sie dem Herzog von Alba.)

Legt das im Kabinett mir vor – bin ich zu Ende?

(Niemand antwortet.)

Wie kommt es denn, daß unter meinen Granden
Sich nie ein Marquis Posa zeigt? Ich weiß
Recht gut, daß dieser Marquis Posa mir
Mit Ruhm gedient. Er lebt vielleicht nicht mehr?
Warum erscheint er nicht?

Lerma.

Der Chevalier
Ist kürzlich erst von Reisen angelangt,
Die er durch ganz Europa unternommen.
Soeben ist er in Madrid und wartet
Nur auf den öffentlichen Tag, sich zu
Den Füßen seines Oberherrn zu werfen.

Alba.

Marquis von Posa? – Recht! Das ist der kühne
Malteser, Ihre Majestät, von dem
Der Ruf die schwärmerische That erzählte.
Als auf des Ordensmeisters Aufgebot

---

[1] Die Armada.

Die Ritter sich auf ihrer Insel stellten,
Die Soliman belagern ließ, verschwand
Auf einmal von Alkalas hoher Schule
Der achtzehnjähr'ge Jüngling. Ungerufen
Stand er vor La Valette.[1] „Man kaufte mir
Das Kreuz", sagt' er; „ich will es jetzt verdienen."
Von jenen vierzig Rittern war er einer,
Die gegen Piali, Ulucciali
Und Mustafa und Hassem das Kastell
Sankt Elmo in drei wiederholten Stürmen
Am hohen Mittag hielten. Als es endlich
Erstiegen wird und um ihn alle Ritter
Gefallen, wirft er sich ins Meer und kommt
Allein erhalten an bei La Valette.
Zwei Monate darauf verläßt der Feind
Die Insel, und der Ritter kommt zurück,
Die angefang'nen Studien zu enden.

Feria.

Und dieser Marquis Posa war es auch,
Der nachher die berüchtigte Verschwörung
In Katalonien entdeckt und bloß
Durch seine Fertigkeit[2] allein der Krone
Die wichtigste Provinz erhielt.

König.

Ich bin
Erstaunt – was ist das für ein Mensch, der das
Gethan und unter dreien, die ich frage,
Nicht einen einz'gen Neider hat? – Gewiß!
Der Mensch besitzt den ungewöhnlichsten
Charakter oder keinen. – Wunders wegen
Muß ich ihn sprechen. (Zum Herzog von Alba.)
Nach gehörter Messe
Bringt ihn ins Kabinett zu mir.

(Der Herzog geht ab. Der König ruft Feria.)

---

[1] Hauptort der Insel Malta, so genannt nach dem Großmeister Jean de Lavalette († 1568). Das Kastell St. Elmo, welches den Hafen der Stadt beherrscht, wurde 1565 von einer türkischen Flotte unter Mustafa und Piali belagert, die von dem Korsaren Ulucciali unterstützt wurden, während Hassam, der Sohn des Korsaren Barbarossa, erst nach Eroberung des Kastells anlangte.

[2] Geschicklichkeit.

Und Ihr
Nehmt meine Stelle im Geheimen Rate. (Er geht ab.)

Feria.

Der Herr ist heut sehr gnädig.

Medina Sidonia.

Sagen Sie:
Er ist ein Gott! – Er ist es *mir* gewesen.

Feria.

Wie sehr verdienen Sie Ihr Glück! Ich nehme
Den wärmsten Anteil, Admiral.

Einer von den Granden.

Auch ich.

Ein Zweiter.

Ich wahrlich auch.

Ein Dritter.

Das Herz hat mir geschlagen.
Ein so verdienter General!

Der Erste.

Der König
War gegen Sie nicht gnädig – nur gerecht.

Lerma

(im Abgehen zu Medina Sidonia).

Wie reich sind Sie auf einmal durch zwei Worte!

(Alle gehen ab.)

Das Kabinett des Königs.

Achter Auftritt.

Marquis von Posa und **Herzog von Alba.**

Marquis (im Hereintreten).

Mich will er haben? Mich? – Das kann nicht sein.
Sie irren sich im Namen – und was will
Er denn von mir?

Alba.

Er will Sie kennen lernen.

Marquis.

Der bloßen Neugier wegen – o, dann schade
Um den verlor'nen Augenblick – das Leben
Ist so erstaunlich schnell dahin.

Alba.

Ich übergebe
Sie Ihrem guten Stern. Der König ist
In Ihren Händen. Nützen Sie, so gut
Sie können, diesen Augenblick, und sich,
Sich selber schreiben Sie es zu, geht er
Verloren. (Er entfernt sich.)

Neunter Auftritt.

Der Marquis (allein).

Wohl gesprochen, Herzog. Nützen
Muß man den Augenblick, der einmal nur
Sich bietet. Wahrlich, dieser Höfling gibt
Mir eine gute Lehre – wenn auch nicht
In seinem Sinne gut, doch in dem meinen.
(Nach einigem Auf- und Niedergehen.)
Wie komm' ich aber hieher? – Eigensinn
Des launenhaften Zufalls wär' es nur,
Was mir mein Bild in diesen Spiegeln zeigt?
Aus einer Million gerade mich,
Den Unwahrscheinlichsten, ergriff und im
Gedächtnisse des Königs auferweckte?
Ein Zufall nur? Vielleicht auch mehr – und was
Ist Zufall anders als der rohe Stein,
Der Leben annimmt unter Bildners Hand?
Den Zufall gibt die Vorsehung – zum Zwecke
Muß ihn der Mensch gestalten. – Was der König
Mit mir auch wollen mag, gleichviel! – ich weiß,
Was ich – ich mit dem König soll – und wär's
Auch eine Feuerflocke Wahrheit nur,
In des Despoten Seele kühn geworfen –
Wie fruchtbar in der Vorsicht Hand! So könnte,
Was erst so grillenhaft mir schien, sehr zweckvoll

Und sehr besonnen sein. Sein oder nicht –
Gleichviel! In diesem Glauben will ich handeln.

(Er macht einige Gänge durch das Zimmer und bleibt endlich in ruhiger Betrachtung vor einem Gemälde stehen. Der König erscheint in dem angrenzenden Zimmer, wo er einige Befehle gibt. Alsdann tritt er herein, steht an der Thüre still und sieht dem Marquis eine Zeitlang zu, ohne von ihm bemerkt zu werden.)

Zehnter Auftritt.

Der König und **Marquis von Posa.**

(Dieser geht dem König, sobald er ihn gewahr wird, entgegen und läßt sich vor ihm auf ein Knie nieder, steht auf und bleibt ohne Zeichen der Verwirrung vor ihm stehen.)

König.

(betrachtet ihn mit einem Blick der Verwunderung).

Mich schon gesprochen also?[1]

Marquis.

Nein.

König.

Ihr machtet
Um meine Krone Euch verdient. Warum
Entziehet Ihr Euch meinem Dank? In meinem
Gedächtnis drängen sich der Menschen viel.
Allwissend ist nur einer. Euch kam's zu,
Das Auge Eures Königes zu suchen.
Weswegen thatet Ihr das nicht?

Marquis.

Es sind
Zween Tage[2], Sire, daß ich ins Königreich
Zurückgekommen.

König.

Ich bin nicht gesonnen,
In meiner Diener Schuld zu stehn – erbittet
Euch eine Gnade!

---

1 Weil er den Marquis „ohne Zeichen der Verwirrung" vor sich stehen sieht.

2 Es sind, selbst wenn man den Ankunftstag und den gegenwärtigen nicht mitrechnet, seit Posas erstem Auftreten in Aranjuez d r e i Tage verstrichen. Vielleicht soll das z w e i eine ungefähre Bezeichnung einer sehr kleinen Anzahl sein, wie V. 2671 „zwei Minuten", V. 4315 „zwo kurze Abendstunden". In der Prosabearbeitung von 1787 steht „drei Tage".

Marquis.
Ich genieße die Gesetze.
König.
Dies Recht hat auch der Mörder.
Marquis.
Wie viel mehr
Der gute Bürger! – Sire, ich bin zufrieden.
König (vor sich).
Viel Selbstgefühl und kühner Mut, bei Gott!
Doch das war zu erwarten. – Stolz will ich
Den Spanier. Ich mag es gerne leiden,
Wenn auch der Becher überschäumt. – Ihr tratet
Aus meinen Diensten, hör' ich?
Marquis.
Einem Bessern
Den Platz zu räumen, zog ich mich zurücke.
König.
Das thut mir leid. Wenn solche Köpfe feiern,
Wie viel Verlust für meinen Staat! – Vielleicht
Befürchtet Ihr, die Sphäre zu verfehlen,
Die Eures Geistes würdig ist?
Marquis.
O nein!
Ich bin gewiß, daß der erfahr'ne Kenner,
In Menschenseelen, seinem Stoff, geübt,
Beim ersten Blicke wird gelesen haben,
Was ich ihm taugen kann, was nicht. Ich fühle
Mit demutsvoller Dankbarkeit die Gnade,
Die Eure Königliche Majestät
Durch diese stolze Meinung auf mich häufen;
Doch – (Er hält inne.)
König.
Ihr bedenket Euch?
Marquis.
Ich bin – ich muß
Gestehen, Sire – sogleich nicht vorbereitet,
Was ich als Bürger dieser Welt gedacht,
In Worte Ihres Unterthans zu kleiden. –

Denn damals, Sire, als ich auf immer mit
Der Krone aufgehoben[1], glaubt' ich mich
Auch der Notwendigkeit entbunden, ihr
Von diesem Schritte Gründe anzugeben.

König.

So schwach sind diese Gründe? Fürchtet Ihr
Dabei zu wagen?

Marquis.

Wenn ich Zeit gewinne,
Sie zu erschöpfen, Sire – mein Leben höchstens.
Die Wahrheit aber setz' ich aus[2], wenn Sie
Mir diese Gunst verweigern. Zwischen Ihrer
Ungnade und Geringschätzung ist mir
Die Wahl gelassen – muß ich mich entscheiden,
So will ich ein Verbrecher lieber als
Ein Thor von Ihren Augen gehen.

König (mit erwartender Miene).

Nun?

Marquis.

– Ich kann nicht Fürstendiener sein.

(Der König sieht ihn mit Erstaunen an.)

Ich will
Den Käufer nicht betrügen, Sire. – Wenn Sie
Mich anzustellen würdigen, so wollen
Sie nur die vorgewog'ne That. Sie wollen
Nur meinen Arm und meinen Mut im Felde,
Nur meinen Kopf im Rat. Nicht meine Thaten,
Der Beifall, den sie finden an dem Thron,
Soll meiner Thaten Endzweck sein. Mir aber,
Mir hat die Tugend eignen Wert. Das Glück,
Das der Monarch mit meinen Händen pflanzte,
Erschüf' ich selbst, und Freude wäre mir
Und eigne Wahl, was mir nur Pflicht sein sollte.
Und ist das Ihre Meinung? Können S i e
In Ihrer Schöpfung fremde Schöpfer dulden?
Ich aber soll zum Meißel mich erniedern,

[1] Mein Verhältnis zu der Krone aufgehoben hatte.
[2] Muß ich preisgeben, opfern.

Wo ich der Künstler könnte sein? – Ich liebe
Die Menschheit, und in Monarchien darf
Ich niemand lieben als mich selbst.[1]

König.

Dies Feuer
Ist lobenswert. Ihr möchtet Gutes stiften.
Wie Ihr es stiftet, kann dem Patrioten,
Dem Weisen gleich viel heißen. Suchet Euch
Den Posten aus in meinen Königreichen,
Der Euch berechtigt, diesem edeln Triebe
Genug zu thun.

Marquis.

Ich finde keinen.

König.

Wie?

Marquis.

Was Eure Majestät durch meine Hand
Verbreiten – ist das Menschenglück? – Ist das
Dasselbe Glück, das meine reine Liebe
Den Menschen gönnt? – Vor diesem Glücke würde
Die Majestät erzittern. – Nein! Ein neues
Erschuf der Krone Politik – ein Glück,
Das *sie* noch reich genug ist, auszuteilen,
Und in dem Menschenherzen neue Triebe,
Die sich von diesem Glücke stillen lassen.
In ihren Münzen läßt sie Wahrheit schlagen[2],
Die Wahrheit, die sie dulden kann. Verworfen
Sind alle Stempel, die nicht diesem gleichen.
Doch, was der Krone frommen kann – ist das
Auch mir genug? Darf meine Bruderliebe
Sich zur Verkürzung meines Bruders borgen?
Weiß ich ihn glücklich – eh' er denken darf?
Mich wählen Sie nicht, Sire, Glückseligkeit,

[1] Monarchie heißt hier die Staatsform, in der der Unterthan willenloses Werkzeug in der Hand des Königs ist wie der Meißel in der Hand des Künstlers; dann darf der Unterthan keinen selbstgefaßten guten Zweck haben, alles geht vom Geist und Willen des Königs aus.

[2] Es darf nichts für Wahrheit ausgegeben werden, was von der Regierung nicht anerkannt, gleichsam wie ein Geldstück geprägt ist.

Die *Sie* uns prägen, auszustreun. Ich muß
Mich weigern, diese Stempel auszugeben. –
Ich kann nicht Fürstendiener sein.

König (etwas rasch).

Ihr seid
Ein Protestant.

Marquis (nach einigem Bedenken).

Ihr Glaube, Sire, ist auch
Der meinige.

(Nach einer Pause.)

Ich werde mißverstanden.
Das war es, was ich fürchtete. Sie sehen
Von den Geheimnissen der Majestät
Durch meine Hand den Schleier weggezogen.
Wer sichert Sie, daß mir noch heilig heiße,
Was mich zu schrecken aufgehört? Ich bin
Gefährlich, weil ich über mich gedacht. –
Ich bin es nicht, mein König. Meine Wünsche
Verwesen hier.[1]

(Die Hand auf die Brust gelegt.)

Die lächerliche Wut
Der Neuerung, die nur der Ketten Last,
Die sie nicht ganz zerbrechen kann, vergrößert,
Wird *mein* Blut nie erhitzen. Das Jahrhundert
Ist meinem Ideal nicht reif. Ich lebe,
Ein Bürger derer[2], welche kommen werden
Kann ein Gemälde Ihre Ruhe trüben? –
Ihr Atem löscht es aus.

König.

Bin ich der erste,
Der Euch von dieser Seite kennt?

Marquis.

Von dieser –
Ja![3]

---

[1] Diese Versicherung widerspricht freilich dem Zusammenhang, da der Marquis seinen Idealen im Gegenteil auf alle Weise Gestaltung in der Wirklichkeit geben *will* und unablässig voll von Plänen ist, die die Erreichung dieses Zieles bezwecken.

[2] Der Jahrhunderte.

[3] Auch dies ist nicht der Wahrheit gemäß, da alle diese Ideen ihm und Karlos gemeinsam sind.

König

(steht auf, macht einige Schritte und bleibt dem Marquis gegenüber stehen. Vor sich).

Neu zum wenigsten ist dieser Ton!
Die Schmeichelei erschöpft sich. Nachzuahmen
Erniedrigt einen Mann von Kopf. – Auch einmal
Die Probe von dem Gegenteil. – Warum nicht?
Das Überraschende macht Glück. – Wenn Ihr
Es so verstehet, gut, so will ich mich
Auf eine neue Kronbedienung richten –
Den starken Geist –

Marquis.

Ich höre, Sire, wie klein,
Wie niedrig Sie von Menschenwürde denken,
Selbst in des freien Mannes Sprache nur
Den Kunstgriff eines Schmeichlers sehen, und
Mir deucht, ich weiß, wer Sie dazu berechtigt.
Die Menschen zwangen Sie dazu; die haben
Freiwillig ihres Adels sich begeben,
Freiwillig sich auf diese niedre Stufe
Herabgestellt. Erschrocken fliehen sie
Vor dem Gespenste ihrer innern Größe,
Gefallen sich in ihrer Armut, schmücken
Mit feiger Weisheit ihre Ketten aus,
Und Tugend nennt man, sie mit Anstand tragen.
So überkamen Sie die Welt. So ward
Sie Ihrem großen Vater überliefert.
Wie könnten Sie in dieser traurigen
Verstümmlung – Menschen ehren?

König.

Etwas Wahres
Find' ich in diesen Worten.

Marquis.

Aber schade!
Da Sie den Menschen aus des Schöpfers Hand
In Ihrer Hände Werk verwandelten
Und dieser neugegoss'nen Kreatur
Zum Gott sich gaben – da versahen Sie's
In etwas nur: Sie blieben selbst noch Mensch –
Mensch aus des Schöpfers Hand. Sie fuhren fort,

Als Sterblicher zu leiden, zu begehren;
Sie brauchen Mitgefühl – und einem Gott
Kann man nur opfern – zittern – zu ihm beten!
Bereuenswerter Tausch! Unselige
Verdrehung der Natur! – Da Sie den Menschen
Zu Ihrem Saitenspiel herunterstürzten,
Wer teilt mit Ihnen Harmonie?

König.

(Bei Gott,
Er greift in meine Seele!)

Marquis.

Aber Ihnen
Bedeutet dieses Opfer nichts. Dafür
Sind Sie auch einzig – Ihre eigne Gattung –
Um diesen Preis sind Sie ein Gott. – Und schrecklich,
Wenn das *nicht* wäre[1] – wenn für diesen Preis,
Für das zertret'ne Glück von Millionen,
Sie nichts gewonnen hätten! Wenn die Freiheit,
Die Sie vernichteten, das Einz'ge wäre,
Das Ihre Wünsche reifen kann? – Ich bitte,
Mich zu entlassen, Sire.[2] Mein Gegenstand
Reißt mich dahin. Mein Herz ist voll – der Reiz
Zu mächtig, vor dem Einzigen zu stehen,
Dem ich es öffnen möchte.

Der Graf von Lerma tritt herein und spricht einige Worte leise mit dem König. Dieser gibt ihm einen Wink, sich zu entfernen, und bleibt in seiner vorigen Stellung sitzen.

König

(zum Marquis, nachdem Lerma weggegangen).

Redet aus!

Marquis (nach einigem Stillschweigen).

Ich fühle, Sire – den ganzen Wert –

---

[1] Potential, nicht irreal, d. h. wie schrecklich ist es für Sie, *daß* es nicht so ist, daß also Ihr ganzes Streben vergeblich war. Das zertretene Glück von Millionen hat Sie dem Ziele („ein Gott zu sein") nicht näher geführt. Das könnte gerade nur die Freiheit, die Sie vernichteten; nur sie könnte Ihre Wünsche reifen, sie zur Erfüllung bringen.

[2] Er fühlt, daß jede weitere Ausführung ein volles Verdammungsurteil der ganzen Herrscherthätigkeit Philipps ist, daß hier die tiefsten Grundsätze zweier verschiedenen Weltanschauungen gegeneinander stehen.

König.

Vollendet!
Ihr hattet mir noch mehr zu sagen.

Marquis.

Sire!
Jüngst kam ich an von Flandern und Brabant. –
So viele reiche, blühende Provinzen!
Ein kräftiges, ein großes Volk – und auch
Ein gutes Volk – und Vater dieses Volkes,
Das, dacht' ich, das muß göttlich sein! – Da stieß
Ich auf verbrannte menschliche Gebeine –
(Hier schweigt er still, seine Augen ruhen auf dem König, der es versucht, diesen Blick zu erwidern, aber betroffen und verwirrt zur Erde sieht.)
Sie haben recht. *Sie* müssen. Daß Sie *können*,
Was Sie zu müssen eingesehn, hat mich
Mit schauernder Bewunderung durchdrungen.
O schade, daß, in seinem Blut gewälzt,
Das Opfer wenig dazu taugt, dem Geist[1]
Des Opferers ein Loblied anzustimmen!
Daß Menschen nur – nicht Wesen höh'rer Art –
Die Weltgeschichte schreiben! – Sanftere
Jahrhunderte verdrängen Philipps Zeiten;
Die bringen mildre Weisheit; Bürgerglück
Wird dann versöhnt mit Fürstengröße wandeln,
Der karge Staat mit seinen Kindern geizen,
Und die Notwendigkeit[2] wird menschlich sein.

König.

Wann, denkt Ihr, würden diese menschlichen
Jahrhunderte erscheinen, hätt' ich vor
Dem Fluch des jetzigen gezittert? Sehet
In meinem Spanien Euch um. Hier blüht
Des Bürgers Glück in nie bewölktem Frieden;
Und *diese* Ruhe gönn' ich den Flamändern.

Marquis (schnell).

Die Ruhe eines Kirchhofs! Und Sie hoffen
Zu endigen, was Sie begannen? Hoffen,
Der Christenheit gezeitigte Verwandlung,
Den allgemeinen Frühling aufzuhalten,

1 Der über jedes menschliche Gefühl erhaben ist.
2 Das Schicksal.

Der die Gestalt der Welt verjüngt? Sie wollen
Allein in ganz Europa – sich dem Rade
Des Weltverhängnisses, das unaufhaltsam
In vollem Laufe rollt, entgegenwerfen?
Mit Menschenarm in seine Speichen fallen?
Sie werden nicht! Schon flohen Tausende
Aus Ihren Ländern froh und arm. Der Bürger,
Den Sie verloren für den Glauben, war
Ihr edelster. Mit offnen Mutterarmen
Empfängt die Fliehenden Elisabeth[1],
Und furchtbar blüht durch Künste unsres Landes
Brittannien. Verlassen von dem Fleiß
Der neuen Christen[2] liegt Grenada[3] öde,
Und jauchzend sieht Europa seinen Feind
An selbstgeschlag'nen Wunden sich verbluten.
(Der König ist bewegt; der Marquis bemerkt es und tritt einige Schritte näher.)
Sie wollen pflanzen für die Ewigkeit
Und säen Tod? Ein so erzwung'nes Werk
Wird seines Schöpfers Geist nicht überdauern.
Dem Undank haben Sie gebaut – umsonst
Den harten Kampf mit der Natur gerungen,
Umsonst ein großes, königliches Leben
Zerstörenden Entwürfen hingeopfert.
Der Mensch ist mehr, als Sie von ihm gehalten.
Des langen Schlummers Bande wird er brechen
Und wieder fordern sein geheiligt Recht.
Zu einem Nero und Busiris[4] wirft
Er Ihren Namen, und – das schmerzt mich; denn
Sie waren gut.

König.

Wer hat Euch dessen so
Gewiß gemacht?

Marquis (mit Feuer).

Ja, beim Allmächtigen!
Ja – ja – ich wiederhol' es. Geben Sie,

---

[1] Von England.
[2] Der Moriskos.
[3] Granada, die südliche, besonders fruchtbare Provinz Spaniens. Schiller schrieb Grenada nach dem Französischen *la Grenade.*
[4] Fabelhafter König von Ägypten, der alle Fremdlinge geopfert haben soll.

Was Sie uns nahmen, wieder! Lassen Sie,
Großmütig wie der Starke, Menschenglück
Aus Ihrem Füllhorn strömen – Geister reifen
In Ihrem Weltgebäude. Geben Sie,
Was Sie uns nahmen, wieder! Werden Sie
Von Millionen Königen ein König.[1]

(Er nähert sich ihm kühn und indem er feste und feurige Blicke auf ihn richtet.)

O, könnte die Beredsamkeit von allen
Den Tausenden, die dieser großen Stunde
Teilhaftig sind, auf meinen Lippen schweben,
Den Strahl, den ich in diesen Augen merke,
Zur Flamme zu erheben! – Geben Sie
Die unnatürliche Vergött'rung auf,
Die uns vernichtet. Werden Sie uns Muster
Des Ewigen und Wahren. Niemals – niemals
Besaß ein Sterblicher so viel, so göttlich
Es zu gebrauchen. Alle Könige
Europens huldigen dem span'schen Namen.
Gehn Sie Europens Königen voran.
Ein Federzug von dieser Hand, und neu
Erschaffen wird die Erde. Geben Sie
Gedankenfreiheit!

(Sich ihm zu Füßen werfend.)

König

(überrascht, das Gesicht weggewandt und dann wieder auf den Marquis geheftet).

Sonderbarer Schwärmer!
Doch – stehet auf – ich –

Marquis.

Sehen Sie sich um
In seiner herrlichen Natur! Auf Freiheit
Ist sie gegründet – und wie reich ist sie
Durch Freiheit! Er, der große Schöpfer, wirft
In einen Tropfen Tau den Wurm und läßt
Noch in den toten Räumen der Verwesung
Die Willkür sich ergetzen – Ihre Schöpfung,
Wie eng und arm! Das Rauschen eines Blattes
Erschreckt den Herrn der Christenheit – Sie müssen

[1] Die Gedankenfreiheit wird jeden Unterthan innerlich groß wie einen König machen, und Philipp wird also König von Millionen Königen, nicht wie bisher Sklaven, sein.

Vor jeder Tugend zittern. Er – der Freiheit
Entzückende Erscheinung nicht zu stören –
Er läßt des Übels grauenvolles Heer
In seinem Weltall lieber toben – ihn,
Den Künstler, wird man nicht gewahr, bescheiden
Verhüllt er sich in ewige Gesetze.
Die sieht der Freigeist, doch nicht *ihn*. „Wozu
Ein Gott?" sagt er, „die Welt ist sich genug."
Und keines Christen Andacht hat ihn mehr
Als dieses Freigeists Lästerung gepriesen.

König.

Und wollet Ihr es unternehmen, dies
Erhab'ne Muster in der Sterblichkeit
In meinen Staaten nachzubilden?

Marquis.

Sie,
Sie können es. Wer anders? Weihen Sie
Dem Glück der Völker die Regentenkraft,
Die – ach so lang' – des Thrones Größe nur
Gewuchert hatte – stellen Sie der Menschheit
Verlornen Adel wieder her. Der Bürger
Sei wiederum, was er zuvor gewesen,
Der Krone Zweck – ihn binde keine Pflicht
Als seiner Brüder gleich ehrwürd'ge Rechte.
Wenn nun der Mensch, sich selbst zurückgegeben,
Zu seines Werts Gefühl erwacht – der Freiheit
Erhab'ne, stolze Tugenden gedeihen –
Dann, Sire, wenn Sie zum glücklichsten der Welt
Ihr eignes Königreich gemacht – dann ist
Es Ihre Pflicht, die Welt zu unterwerfen.

König

(nach einem großen Stillschweigen).

Ich ließ Euch bis zu Ende reden – anders,
Begreif' ich wohl, als sonst in Menschenköpfen
Malt sich in diesem Kopf die Welt – auch will
Ich fremdem Maßstab Euch nicht unterwerfen.
Ich bin der erste, dem Ihr Euer Innerstes
Enthüllt. Ich glaub' es, weil ich's weiß.[1] Um dieser

[1] Er irrt sich aber darin. Vgl. S. 144, Anm. 3.

Enthaltung willen, solche Meinungen,
Mit solchem Feuer doch umfaßt, verschwiegen
Zu haben bis auf diesen Tag – um dieser
Bescheid'nen Klugheit willen, junger Mann,
Will ich vergessen, daß ich sie erfahren,
Und wie ich sie erfahren. Stehet auf.
Ich will den Jüngling, der sich übereilte,
Als Greis und nicht als König widerlegen.
Ich will es, weil ich's will. – Gift also selbst,
Find' ich, kann in gutartigen Naturen
Zu etwas Besserm sich veredeln. – Aber
Flieht meine Inquisition! – Es sollte
Mir leid thun –

Marquis.

Wirklich? Sollt' es das?

König

(in seinem Anblick verloren).

Ich habe
Solch einen Menschen nie gesehen. – Nein,
Nein, Marquis! Ihr thut mir zu viel. Ich will
Nicht Nero sein. Ich will es nicht sein – will
Es gegen Euch nicht sein. Nicht alle
Glückseligkeit soll unter mir verdorren.
Ihr selbst, Ihr sollet unter meinen Augen
Fortfahren dürfen, Mensch zu sein.

Marquis (rasch).

Und meine
Mitbürger, Sire? – O! nicht um mich war mir's
Zu thun, nicht *meine* Sache wollt' ich führen.
Und Ihre Unterthanen, Sire?

König.

Und wenn
Ihr so gut wisset, wie die Folgezeit
Mich richten wird, so lerne sie an Euch,
Wie ich mit Menschen es gehalten, als
Ich einen fand.

Marquis.

O! der gerechteste
Der Könige sei nicht mit einem Male
Der ungerechteste. – In Ihrem Flandern

Sind tausend bessere als ich. Nur Sie –
Darf ich es frei gestehen, großer König? –
Sie sehn jetzt unter diesem sanftern Bilde
Vielleicht zum erstenmal die Freiheit.

König (mit gemildertem Ernst).

Nichts mehr
Von diesem Inhalt, junger Mann – ich weiß,
Ihr werdet anders denken, kennet Ihr
Den Menschen erst wie ich. – Doch hätt' ich Euch
Nicht gern zum letztenmal gesehn. Wie fang' ich
Es an, Euch zu verbinden?

Marquis.

Lassen Sie
Mich, wie ich bin. Was wär' ich Ihnen, Sire,
Wenn Sie auch mich bestächen?

König.

Diesen Stolz
Ertrag' ich nicht. Ihr seid von heute an
In meinen Diensten. – Keine Einwendung!
Ich will es haben.

(Nach einer Pause.)

Aber wie? Was wollte
Ich denn? War es nicht Wahrheit, was ich wollte?
Und hier find' ich noch etwas mehr[1] – Ihr habt
Auf meinem Thron mich ausgefunden, Marquis.
Nicht auch in meinem Hause?

(Da sich der Marquis zu bedenken scheint.)

Ich versteh' Euch.
Doch – wär' ich auch von allen Vätern der
Unglücklichste, kann ich nicht glücklich sein
Als Gatte?

Marquis.

Wenn ein hoffnungsvoller Sohn,
Wenn der Besitz der liebenswürdigsten
Gemahlin einem Sterblichen ein Recht
Zu diesem Namen geben, Sire, so sind Sie
Der glücklichste durch beides.

---

[1] Eine Persönlichkeit, die nicht bloß rückhaltlos wahr gegen mich ist, sondern mir auch volles Vertrauen einflößt.

König (mit finstrer Miene).

Nein, ich bin's nicht!
Und daß ich's nicht bin, hab' ich tiefer nie
Gefühlt als eben jetzt.[1]

(Mit einem Blicke der Wehmut auf dem Marquis verweilend.)

Marquis.

Der Prinz denkt edel
Und gut. Ich hab' ihn anders nie gefunden.

König.

Ich aber hab' es. – Was er mir genommen,
Kann keine Krone mir ersetzen – eine
So tugendhafte Königin!

Marquis.

Wer kann
Es wagen, Sire?

König.

Die Welt! Die Lästerung!
Ich selbst! Hier liegen Zeugnisse, die ganz
Unwidersprechlich sie verdammen; andre
Sind noch vorhanden, die das Schrecklichste
Mich fürchten lassen. – Aber, Marquis – schwer,
Schwer fällt es mir, an eines nur zu glauben.
Wer klagt sie an? – Wenn sie – sie fähig sollte
Gewesen sein, so tief sich zu entehren,
O, wie viel mehr ist mir zu glauben dann
Erlaubt, daß eine Eboli verleumdet?
Haßt nicht der Priester meinen Sohn und sie?
Und weiß ich nicht, daß Alba Rache brütet?
Mein Weib ist mehr wert als sie alle.

Marquis.

Sire,
Und etwas lebt noch in des Weibes Seele,
Das über allen Schein erhaben ist
Und über alle Lästerung – es heißt
Weibliche Tugend.

---

[1] Durch den Gegensatz, in dem ihm Karlos zum Marquis erscheint; der letztere hat sofort sein Herz gewonnen.

König.

Ja! Das sag' ich auch.
So tief, als man die Königin bezichtigt,
Herabzusinken, kostet viel. So leicht,
Als man mich überreden möchte, reißen
Der Ehre heil'ge Bande nicht. Ihr kennt
Den Menschen, Marquis. Solch ein Mann hat mir
Schon längst gemangelt, Ihr seid gut und fröhlich
Und kennet doch den Menschen auch – drum hab'
Ich Euch gewählt –

Marquis
(überrascht und erschrocken).

Mich, Sire?

König.

Ihr standet
Vor Eurem Herrn und habt nichts für Euch selbst
Erbeten – nichts. Das ist mir neu – Ihr werdet
Gerecht sein. Leidenschaft wird Euren Blick
Nicht irren. – Dränget Euch zu meinem Sohn,
Erforscht das Herz der Königin. Ich will
Euch Vollmacht senden, sie geheim zu sprechen.
Und jetzt verlaßt mich! (Er zieht eine Glocke.)

Marquis.

Kann ich es mit einer
Erfüllten Hoffnung[1] – dann ist dieser Tag
Der schönste meines Lebens.

König
(reicht ihm die Hand zum Kusse).

Er ist kein
Verlorner in dem meinigen.

Der Marquis steht auf und geht. **Graf Lerma** tritt herein.

Der Ritter
Wird künftig ungemeldet vorgelassen.

---

[1] Daß Sie Menschen und Dinge von jetzt an milder beurteilen werden.

Vierter Akt.

Saal bei der Königin.

Erster Auftritt.

Die Königin. Die Herzogin Olivarez. Die Prinzessin von Eboli. Die Gräfin Fuentes und noch andere Damen.

Königin
(zur Oberhofmeisterin, indem sie aufsteht).

Der Schlüssel fand sich also nicht? – So wird
Man die Schatulle mir erbrechen müssen,
Und zwar sogleich –

(Da sie die Prinzessin von Eboli gewahr wird, welche sich ihr nähert und ihr die Hand küßt:)

Willkommen, liebe Fürstin!
Mich freut, Sie wieder hergestellt zu finden –
Zwar noch sehr blaß –

Fuentes (etwas tückisch).

Die Schuld des bösen Fiebers,
Das ganz erstaunlich an die Nerven greift.
Nicht wahr, Prinzessin?

Königin.

Sehr hab' ich gewünscht,
Sie zu besuchen, meine Liebe. – Doch
Ich darf ja nicht.

Olivarez.

Die Fürstin Eboli
Litt wenigstens nicht Mangel an Gesellschaft.

Königin.

Das glaub' ich gern. Was haben Sie? Sie zittern.

Eboli.

Nichts, gar nichts, meine Königin. Ich bitte
Um die Erlaubnis, wegzugehen.

Königin.

Sie
Verhehlen uns, sind kränker gar, als Sie
Uns glauben machen wollen? Auch das Stehn
Wird Ihnen sauer. Helfen Sie ihr, Gräfin,
Auf dieses Taburett sich niedersetzen.

Eboli.

Im Freien wird mir besser. (Sie geht ab.)

Königin.

Folgen Sie
Ihr, Gräfin – welche Anwandlung!

(Ein Page tritt herein und spricht mit der Herzogin, welche sich alsdann zur Königin wendet.)

Olivarez.

Der Marquis
Von Posa, Ihre Majestät. – Er kommt
Von Seiner Majestät dem König.

Königin.

Ich
Erwart' ihn.

(Der Page geht ab und öffnet dem Marquis die Thüre.)

Zweiter Auftritt.

Marquis von Posa. Die Vorigen.

(Der Marquis läßt sich auf ein Knie vor der Königin nieder, welche ihm einen Wink gibt, aufzustehn.)

Königin.

Was ist meines Herrn Befehl?
Darf ich ihn öffentlich –

Marquis.

Mein Auftrag lautet
An Ihre Königliche Majestät allein.

(Die Damen entfernen sich auf einen Wink der Königin.)

Dritter Auftritt.

Die Königin. Marquis von Posa.

Königin (voll Verwunderung).
Wie? Darf ich meinen Augen trauen, Marquis?
Sie an mich abgeschickt vom König?

Marquis.
Dünkt
Das Ihro Majestät so sonderbar?
Mir ganz und gar nicht.

Königin.
Nun, so ist die Welt
Aus ihrer Bahn gewichen. Sie und er –
Ich muß gestehen –

Marquis.
Daß es seltsam klingt?
Das mag wohl sein. – Die gegenwärt'ge Zeit
Ist noch an mehrern Wunderdingen fruchtbar.

Königin.
An größern kaum.

Marquis.
Gesetzt, ich hätte mich
Bekehren lassen endlich – wär' es müde,
An Philipps Hof den Sonderling zu spielen?
Den Sonderling! Was heißt auch das? Wer sich
Den Menschen nützlich machen will, muß doch
Zuerst sich ihnen gleich zu stellen suchen.
Wozu der Sekte prahlerische Tracht?
Gesetzt – wer ist von Eitelkeit so frei,
Um nicht für seinen Glauben gern zu werben? –
Gesetzt, ich ginge damit um, den meinen
Auf einen Thron zu setzen?

Königin.
Nein! – Nein, Marquis,
Auch nicht einmal im Scherze möcht' ich dieser
Unreifen Einbildung Sie zeihn. Sie sind
Der Träumer nicht, der etwas unternähme,
Was nicht geendigt werden kann.

Marquis.

Das eben
Wär' noch die Frage[1], denk' ich.

Königin.

Was ich höchstens
Sie zeihen könnte, Marquis – was von Ihnen
Mich fast befremden könnte, wäre – wäre –

Marquis.

Zweideutelei. Kann sein.

Königin.

Unredlichkeit
Zum wenigsten.[2] Der König wollte mir
Wahrscheinlich nicht durch Sie entbieten lassen,
Was Sie mir sagen werden.

Marquis.

Nein.

Königin.

Und kann
Die gute Sache schlimme Mittel adeln?
Kann sich – verzeihen Sie mir diesen Zweifel –
Ihr edler Stolz zu diesem Amte borgen?
Kaum glaub' ich es.

Marquis.

Auch *ich* nicht, wenn es hier
Nur gelten soll, den König zu betrügen.
Doch das ist meine Meinung nicht. Ihm selbst
Gedenk' ich diesmal redlicher zu dienen,
Als er mir aufgetragen hat.[3]

Königin.

Daran
Erkenn' ich Sie, und nun genug! Was macht er?

Marquis.

Der König? – Wie es scheint, bin ich sehr bald

---

[1] Ob es nicht doch zu einem glücklichen Erfolg geführt werden könnte.

[2] „Zweideutelei" ist Charakterlosigkeit und meint es mit keiner Partei ehrlich; durch die „Unredlichkeit" dagegen, die sie ihm zuschreibt, würde er wenigstens seine Freunde nicht betrügen.

[3] Weil er den König wirklich zum Glauben an die Unschuld seines Sohnes und seiner Gattin zu führen und damit eine bleibende Versöhnung herzustellen hofft.

An meiner strengen Richterin gerächt.
Was ich so sehr nicht zu erzählen eile,
Eilt Ihre Majestät, wie mir geschienen,
Noch weit, weit weniger zu hören. – Doch
Gehört muß es doch werden! Der Monarch
Läßt Ihre Majestät ersuchen, dem
Ambassadeur von Frankreich kein Gehör
Für heute zu bewilligen. Das war
Mein Auftrag. Er ist abgethan.

Königin.

Und das
Ist alles, Marquis, was Sie mir von ihm
Zu sagen haben?

Marquis.

Alles ungefähr,
Was mich berechtigt, hier zu sein.

Königin.

Ich will
Mich gern bescheiden, Marquis, nicht zu wissen,
Was mir vielleicht Geheimnis bleiben muß –

Marquis.

Das muß es, meine Königin. – Zwar wären
Sie nicht Sie selbst, ich würde eilen, Sie
Von ein'gen Dingen zu belehren, vor
Gewissen Menschen Sie zu warnen – doch
Das braucht es nicht bei Ihnen. Die Gefahr
Mag auf- und untergehen um Sie her,
Sie sollen's nie erfahren. Alles dies
Ist ja nicht so viel wert, den goldnen Schlaf
Von eines Engels Stirne zu verjagen.
Auch war es das nicht, was mich hergeführt.
Prinz Karlos –

Königin.

Wie verließen Sie ihn?

Marquis.

Wie
Den einz'gen Weisen seiner Zeit, dem es
Verbrechen ist[1], die Wahrheit anzubeten –

---

[1] Als Verbrechen angerechnet wird.

Und ebenso beherzt, für seine Liebe
Wie jener für die seinige zu sterben.
Ich bringe wenig Worte – aber hier,
Hier ist er selbst.

(Er gibt der Königin einen Brief.)

Königin (nachdem sie ihn gelesen).

Er muß mich sprechen, sagt er.

Marquis.

Das sag' ich auch.

Königin.

Wird es ihn glücklich machen,
Wenn er mit seinen Augen sieht, daß ich
Es auch nicht bin?

Marquis.

Nein – aber thätiger
Soll es ihn machen und entschloss'ner.

Königin.

Wie?

Marquis.

Der Herzog Alba ist ernannt nach Flandern.

Königin.

Ernannt – so hör' ich.

Marquis.

Widerrufen kann
Der König nie. Wir kennen ja den König.
Doch wahr ist's auch: hier darf der Prinz nicht bleiben –
Hier nicht, jetzt vollends nicht – und Flandern darf
Nicht aufgeopfert werden.

Königin.

Wissen Sie
Es zu verhindern?

Marquis.

Ja – vielleicht. Das Mittel
Ist fast so schlimm als die Gefahr. Es ist
Verwegen wie Verzweiflung. – Doch ich weiß
Von keinem andern.

Königin.

Nennen Sie mir's.

Marquis.

Ihnen,
Nur Ihnen, meine Königin, wag' ich
Es zu entdecken. Nur von Ihnen kann
Es Karlos hören, ohne Abscheu hören.
Der Name freilich, den es führen wird,
Klingt etwas rauh –

Königin.

Rebellion –

Marquis.

Er soll
Dem König ungehorsam werden, soll
Nach Brüssel heimlich sich begeben, wo
Mit offnen Armen die Flamänder ihn
Erwarten. Alle Niederlande stehen
Auf seine Losung auf. Die gute Sache
Wird stark durch einen Königssohn. Er mache
Den span'schen Thron durch seine Waffen zittern.
Was in Madrid der Vater ihm verweigert,
Wird er in Brüssel ihm bewilligen.

Königin.

Sie sprachen
Ihn heute und behaupten das?

Marquis.

Weil ich
Ihn heute sprach.

Königin (nach einer Pause).

Der Plan, den Sie mir zeigen,
Erschreckt und – reizt mich auch zugleich. Ich glaube,
Daß Sie nicht unrecht haben. – Die Idee
Ist kühn, und eben darum, glaub' ich,
Gefällt sie mir. Ich will sie reifen lassen.
Weiß sie der Prinz?

Marquis.

Er sollte, war mein Plan,
Aus Ihrem Mund zum erstenmal sie hören.

Königin.

Unstreitig! Die Idee ist groß. – Wenn anders
Des Prinzen Jugend –

Marquis.
Schadet nichts. Er findet
Dort einen Egmont und Oranien,
Die braven Krieger Kaiser Karls, so klug
Im Kabinett als fürchterlich im Felde.

Königin (mit Lebhaftigkeit).
Nein! die Idee ist groß und schön. – Der Prinz
Muß handeln. Lebhaft fühl' ich das. Die Rolle,
Die man hier in Madrid ihn spielen sieht,
Drückt mich an seiner Statt zu Boden. – Frankreich
Versprech' ich ihm; Savoyen auch.[1] Ich bin
Ganz Ihrer Meinung, Marquis, er muß handeln. –
Doch dieser Anschlag fordert Geld.

Marquis.
Auch das liegt schon
Bereit –

Königin.
Und dazu weiß ich Rat.

Marquis.
So darf ich
Zu der Zusammenkunft ihm Hoffnung geben?

Königin.
Ich will mir's überlegen.

Marquis.
Karlos dringt
Auf Antwort, Ihre Majestät. – Ich hab'
Ihm zugesagt, nicht leer zurückzukehren.
(Seine Schreibtafel der Königin reichend.)
Zwo Zeilen sind für jetzt genug –

Königin (nachdem sie geschrieben).
Werd' ich
Sie wiedersehn?

Marquis.
So oft Sie es befehlen.

---

[1] D. h. ich hoffe, diese beiden Mächte werden für ihn und Flandern eintreten. Sie selbst will nicht thätig eingreifen, sonst könnte sie am Schluß der Szene nicht von ihrem „stillen Anteil" sprechen.

Königin.

So oft – so oft ich es befehle? – Marquis!
Wie muß ich diese Freiheit mir erklären?

Marquis.

So arglos, als Sie immer können. Wir
Genießen sie – das ist genug – das ist
Für meine Königin genug.

Königin (abbrechend).

Wie sollt' es
Mich freuen, Marquis, wenn der Freiheit endlich
Noch diese Zuflucht in Europa bliebe!
Wenn sie durch i h n es bliebe! – Rechnen Sie
Auf meinen stillen Anteil –

Marquis (mit Feuer).

O, ich wußt' es,
Ich mußte hier verstanden werden –

Herzogin Olivarez (erscheint an der Thüre).

Königin (fremd zum Marquis).

Was
Von meinem Herrn, dem König, kommt, werd' ich
Als ein Gesetz verehren. Gehen Sie,
Ihm meine Unterwerfung zu versichern!

(Sie gibt ihm einen Wink. Der Marquis geht ab.)

Galerie.

Vierter Auftritt.

Don Karlos und **Graf Lerma.**

Karlos.

Hier sind wir ungestört. Was haben Sie
Mir zu entdecken?

Lerma.

Eure Hoheit hatten
An diesem Hofe einen Freund.

Karlos (stutzt).

Den ich
Nicht wüßte! – Wie? Was wollen Sie damit?

Lerma.

So muß ich um Vergebung bitten, daß
Ich mehr erfuhr, als ich erfahren durfte.
Doch, Eurer Hoheit zur Beruhigung,
Ich hab' es wenigstens von treuer Hand,
Denn, kurz, ich hab' es von mir selbst.

Karlos.

Von wem
Ist denn die Rede?

Lerma.

Marquis Posa –

Karlos.

Nun?

Lerma.

Wenn etwa mehr, als jemand wissen darf,
Von Eurer Hoheit ihm bewußt sein sollte,
Wie ich beinahe fürchte –

Karlos.

Wie Sie fürchten?

Lerma.

– Er war beim König.

Karlos.

So?

Lerma.

Zwo volle Stunden
Und in sehr heimlichem Gespräch.

Karlos.

Wahrhaftig?

Lerma.

Es war von keiner Kleinigkeit die Rede.

Karlos.

Das will ich glauben.

Lerma.

Ihren Namen, Prinz,
Hört' ich zu öftern Malen.

Karlos.

Hoffentlich
Kein schlimmes Zeichen.

Lerma.

Auch ward heute morgen
Im Schlafgemache Seiner Majestät
Der Königin sehr rätselhaft erwähnt.[1]

Karlos (tritt bestürzt zurück).

Graf Lerma?

Lerma.

Als der Marquis weggegangen,
Empfing ich den Befehl, ihn künftighin
Unangemeldet vorzulassen.

Karlos.

Das
Ist wirklich viel.

Lerma.

Ganz ohne Beispiel, Prinz,
So lang' mir denkt, daß ich dem König diene.

Karlos.

Viel! Wahrlich viel! – Und wie? wie, sagten Sie,
Wie ward der Königin erwähnt?

Lerma (tritt zurück).

Nein, Prinz,
Nein! Das ist wider meine Pflicht.

Karlos.

Wie seltsam!
Sie sagen mir das eine und verhehlen
Das andre mir.

Lerma.

Das erste war ich Ihnen,
Das zweite bin ich dem Monarchen schuldig.

Karlos.

– Sie haben recht.

Lerma.

Den Marquis hab' ich zwar
Als Mann von Ehre stets gekannt.

Karlos.

Dann haben
Sie ihn sehr gut gekannt.

---

[1] Es ist also seit Anfang des dritten Aktes noch derselbe Tag.

Lerma.

Jedwede Tugend
Ist fleckenfrei – bis auf den Augenblick
Der Probe.

Karlos.

Auch wohl hier und da noch drüber.

Lerma.

Und eines großen Königs Gunst dünkt mir
Der Frage wert. An diesem goldnen Angel
Hat manche starke Tugend sich verblutet.

Karlos.

O ja!

Lerma.

Oft sogar ist es weise, zu entdecken,
Was nicht verschwiegen bleiben kann.

Karlos.

Ja, weise!
Doch, wie Sie sagen, haben Sie den Marquis
Als Mann von Ehre nur gekannt?

Lerma.

Ist er
Es noch, so macht mein Zweifel ihn nicht schlechter,
Und Sie, mein Prinz, gewinnen doppelt. (Er will gehen.)

Karlos

(folgt ihm gerührt und drückt ihm die Hand).

Dreifach
Gewinn' ich, edler, würd'ger Mann – ich sehe
Um einen Freund mich reicher, und es kostet
Mir den nicht, den ich schon besaß. (Lerma geht ab.)

Fünfter Auftritt.

Marquis von Posa kommt durch die Galerie. **Karlos.**

Marquis.

Karl! Karl!

Karlos.

Wer ruft? Ah, du bist's! Eben recht. Ich eile
Voraus ins Kloster. Komm bald nach. (Er will fort.)

Marquis.

Nur zwo
Minuten – bleib'.

Karlos.

Wenn man uns überfiele –

Marquis.

Man wird doch nicht. Es ist sogleich geschehen.
Die Königin –

Karlos.

Du warst bei meinem Vater?

Marquis.

Er ließ mich rufen; ja.

Karlos (voll Erwartung).

Nun?

Marquis.

Es ist richtig.
Du wirst sie sprechen.

Karlos.

Und der König? Was
Will denn der König?

Marquis.

Der? Nicht viel. – Neugierde,
Zu wissen, wer ich bin. – Dienstfertigkeit
Von unbestellten guten Freunden. Was
Weiß ich? Er bot mir Dienste an.

Karlos.

Die du
Doch abgelehnt?

Marquis.

Versteht sich.

Karlos.

Und wie kamt
Ihr auseinander?

Marquis.

Ziemlich gut.

Karlos.

Von mir
War also wohl die Rede nicht?

Marquis.
Von dir?
Doch. Ja. Im allgemeinen.
(Er zieht sein Souvenir heraus und gibt es dem Prinzen.)
Hier vorläufig
Zwei Worte von der Königin, und morgen
Werd' ich erfahren, wo und wie –

Karlos
(liest sehr zerstreut, steckt die Schreibtafel ein und will gehen).
Beim Prior
Triffst du mich also.

Marquis.
Warte doch. Was eilst du?
Es kommt ja niemand.

Karlos (mit erkünsteltem Lächeln).
Haben wir denn wirklich
Die Rollen umgetauscht? Du bist ja heute
Erstaunlich sicher.

Marquis.
Heute? Warum heute?

Karlos.
Und was schreibt mir die Königin?

Marquis.
Hast du
Denn nicht im Augenblick gelesen?

Karlos.
Ich?
Ja so.

Marquis.
Was hast du denn? Was ist dir?

Karlos
(liest das Geschriebene noch einmal. Entzückt und feurig).
Engel
Des Himmels! Ja, ich will es sein – ich will,
Will deiner wert sein – Große Seelen macht
Die Liebe größer. Sei's auch, was es sei.
Wenn d u es mir gebietest, ich gehorche. –
Sie schreibt, daß ich auf eine wichtige
Entschließung mich bereiten soll. Was kann
Sie damit meinen? Weißt du nicht?

Marquis.

Wenn ich's
Auch wüßte, Karl – bist du auch jetzt gestimmt,
Es anzuhören?

Karlos.

Hab' ich dich beleidigt?
Ich war zerstreut. Vergib mir, Roderich.

Marquis.

Zerstreut? Wodurch?

Karlos.

Durch – ich weiß selber nicht.
Dies Souvenir ist also mein?

Marquis.

Nicht ganz!
Vielmehr bin ich gekommen, mir sogar
Deins auszubitten.

Karlos.

Meins? Wozu?

Marquis.

Und was
Du etwa sonst an Kleinigkeiten, die
In keines Dritten Hände fallen dürfen,
An Briefen oder abgerissenen
Konzepten bei dir führst – kurz, deine ganze
Brieftasche[1] –

Karlos.

Wozu aber?

Marquis.

Nur auf alle Fälle.
Wer kann für Überraschung stehn? Bei mir
Sucht sie doch niemand. Gib!

Karlos (sehr unruhig).

Das ist doch seltsam!
Woher auf einmal diese –

---

[1] Er will die Brieftasche dem König zeigen, nachdem er alles, was irgend auf den Verdacht Philipps gegen Sohn und Gattin Bezug haben könnte, herausgenommen hat, um ihn durch den Augenschein zu überführen, daß kein strafbarer Briefwechsel zwischen beiden bestehe. Es ist eine Gegenmine gegen den Schatullendiebstahl der Eboli, deren Einfluß beim König er durch Vorzeigung ihres Liebesbriefes an Karlos zu brechen denkt.

Marquis.

Sei ganz ruhig.
Ich will nichts damit angedeutet haben.
Gewißlich nicht. Es ist Behutsamkeit
Vor der Gefahr. So hab' ich's nicht gemeint,
So wahrlich nicht, daß du erschrecken solltest.

Karlos (gibt ihm die Brieftasche).

Verwahr' sie gut.

Marquis.

Das werd' ich!

Karlos (sieht ihn bedeutend an).

Roderich!
Ich gab dir viel.

Marquis.

Noch immer nicht so viel,
Als ich von dir schon habe. – Dort also
Das übrige, und jetzt leb' wohl – leb' wohl!

(Er will gehen.)

Karlos

(kämpft zweifelhaft mit sich selbst – endlich ruft er ihn zurück).

Gib mir die Briefe doch noch einmal. Einer
Von ihr ist auch darunter, den sie damals,
Als ich so tödlich krank gelegen, nach
Alkala mir geschrieben. Stets hab' ich
Auf meinem Herzen ihn getragen. Mich
Von diesem Brief zu trennen, fällt mir schwer.
Laß mir den Brief – nur *den* – das übrige
Nimm alles.

(Er nimmt ihn heraus und gibt die Brieftasche zurück.)

Marquis.

Karl, ich thu' es ungern. Just
Um diesen Brief war mir's zu thun.

Karlos.

Leb' wohl.

(Er geht langsam und still weg, an der Thüre bleibt er einen Augenblick stehen, kehrt wieder um und bringt ihm den Brief.)

Da hast du ihn.

(Seine Hand zittert. Thränen stürzen aus seinen Augen, er fällt dem Marquis um den Hals und drückt sein Gesicht wider dessen Brust.)

Das kann mein Vater nicht?
Nicht wahr, mein Roderich? Das kann er doch nicht?
(Er geht schnell fort.)

Sechster Auftritt.

Marquis (sieht ihm erstaunt nach).
Wär's möglich? Wär' es? Also hätt' ich ihn
Doch nicht gekannt? Nicht ganz? In seinem Herzen
Wär' diese Falte wirklich mir entgangen?
Mißtrauen gegen seinen Freund!
Nein, es ist Lästerung! – Was that er mir,
Daß ich der Schwächen schwächster ihn verklage?
Was ich ihn zeihe, werd' ich selbst. – Befremden –
Das mag es ihn, das glaub' ich gern. Wann hätte
Er dieser seltsamen Verschlossenheit
Zu seinem Freunde sich versehn? – Auch schmerzen!
Ich kann dir's nicht ersparen, Karl, und länger
Muß ich noch deine gute Seele quälen.
Der König glaubte dem Gefäß, dem er
Sein heiliges Geheimnis übergeben,
Und Glauben fordert Dankbarkeit. Was wäre
Geschwätzigkeit, wenn[1] mein Verstummen dir
Nicht Leiden bringt? vielleicht erspart? Warum
Dem Schlafenden die Wetterwolke zeigen,
Die über seinem Scheitel hängt? – Genug,
Daß ich sie still an dir vorüberführe
Und, wenn du aufwachst, heller Himmel ist.
(Er geht ab.)

Kabinett des Königs.

Siebenter Auftritt.

Der König in einem Sessel – neben ihm die **Infantin Klara Eugenia.**

König
(nach einem tiefen Stillschweigen).
Nein! Es ist dennoch meine Tochter – wie
Kann die Natur mit solcher Wahrheit lügen?

[1] Im Sinne von: wenn doch, da ja doch.

Dies blaue Auge ist ja mein! Find' ich
In jedem dieser Züge mich nicht wieder?
Kind meiner Liebe, ja, du bist's. Ich drücke
Dich an mein Herz – du bist mein Blut.

(Er stutzt und hält inne.)

Mein Blut!
Was kann ich Schlimm'res fürchten? Meine Züge,
Sind sie die *seinigen* nicht auch?

(Er hat das Medaillon in die Hand genommen und sieht wechselsweise auf das Bild und in einen gegenüberstehenden Spiegel – endlich wirft er es zur Erde, steht schnell auf und drückt die Infantin von sich.)

Weg, weg!
In diesem Abgrund geh' ich unter.

Achter Auftritt.

Graf Lerma. Der König.

Lerma.

Eben
Sind Ihre Majestät, die Königin,
Im Vorgemach erschienen.

König.

Jetzt?

Lerma.

Und bitten
Um gnädigstes Gehör –

König.

Jetzt aber? Jetzt?
In dieser ungewohnten Stunde?[1] – Nein!
Jetzt kann ich sie nicht sprechen – jetzt nicht –

Lerma.

Hier
Sind Ihre Majestät schon selbst –

(Er geht ab.)

---

[1] Es muß Nachmittag sein.

Neunter Auftritt.

Der König. Die Königin tritt herein. **Die Infantin.**

(Die letztere fliegt ihr entgegen und schmiegt sich an sie an. Sie fällt vor dem Könige nieder, welcher stumm und verwirrt steht.)

Königin.

Mein Herr
Und mein Gemahl – ich muß – ich bin gezwungen,
Vor Ihrem Thron Gerechtigkeit zu suchen.

König.

Gerechtigkeit? –

Königin.

Unwürdig seh' ich mir
An diesem Hof begegnet. Meine
Schatulle ist erbrochen –

König.

Was?

Königin.

Und Sachen
Von großem Wert für mich daraus verschwunden –

König.

Von großem Wert für Sie –

Königin.

Durch die Bedeutung,
Die eines Unbelehrten Dreistigkeit
Vermögend wäre –

König.

Dreistigkeit – Bedeutung –
Doch – stehn Sie auf.

Königin.

Nicht eher, mein Gemahl,
Bis Sie durch ein Versprechen sich gebunden,
Kraft Ihres königlichen Arms zu meiner
Genugthuung den Thäter mir zu stellen,
Wo nicht, von einem Hofstaat mich zu trennen,
Der meinen Dieb verbirgt –

König.

Stehn Sie doch auf!
In dieser Stellung – stehn Sie auf!

Königin (steht auf).

Daß er
Von Range sein muß, weiß ich – denn in der
Schatulle lag an Perlen und Demanten
Weit über eine Million, und er
Begnügte sich mit Briefen –

König.

Die ich doch –

Königin.

Recht gerne, mein Gemahl. Es waren Briefe
Und ein Medaillon von dem Infanten.

König.

Von –

Königin.

Dem Infanten, Ihrem Sohn.

König.

An Sie?

Königin.

An mich.

König.

Von dem Infanten? Und das sagen
Sie *mir*?

Königin.

Warum nicht Ihnen, mein Gemahl?

König.

Mit dieser Stirne?

Königin.

Was fällt Ihnen auf?
Ich denke, Sie erinnern sich der Briefe,
Die mit Bewilligung von beiden Kronen
Don Karlos mir nach Saint-Germain[1] geschrieben.
Ob auch das Bild, womit er sie begleitet,
In diese Freiheit einbedungen worden,
Ob seine rasche Hoffnung eigenmächtig
Sich diesen kühnen[2] Schritt erlaubt – das will
Ich zu entscheiden mich nicht unterfangen.
Wenn's Übereilung war, so war es die

[1] St.-Germain, nicht weit von Paris, war unter Heinrich II. oft Residenz.
[2] Mit leichtem Anflug von Ironie.

Verzeihlichste – da bin ich für ihn Bürge.
Denn damals fiel ihm wohl nicht bei, daß es
Für seine Mutter wäre –

(Sieht die Bewegung des Königs.)

Was ist das?
Was haben Sie?

Infantin

(welche unterdessen das Medaillon auf dem Boden gefunden und damit gespielt hat, bringt es der Königin).

Ah! Sieh da! meine Mutter!
Das schöne Bild –

Königin.

Was denn, mein –

(Sie erkennt das Medaillon und bleibt in sprachloser Erstarrung stehen. Beide sehen einander mit unverwandten Augen an. Nach einem langen Stillschweigen:)

Wahrlich, Sire!
Dies Mittel, seiner Gattin Herz zu prüfen,
Dünkt mir sehr königlich und edel. – Doch
Noch eine Frage möcht' ich mir erlauben.

König.

Das Fragen ist an mir.

Königin.

Durch meinen Argwohn
Soll doch die Unschuld wenigstens nicht leiden.[1] –
Wenn also dieser Diebstahl Ihr Befehl
Gewesen –

König.

Ja.

Königin.

Dann hab' ich niemand anzuklagen
Und niemand weiter zu bedauern – niemand
Als Sie, dem die Gemahlin nicht geworden,
Bei welcher solche Mittel sich verlohnen.

König.

Die Sprache kenn' ich. – Doch, Madam,
Zum zweiten Male soll sie mich nicht täuschen,
Wie in Aranjuez sie mich getäuscht.
Die engelreine Königin, die damals

[1] Sie will Gewißheit, damit sie keinen Unschuldigen für den Dieb hält.

Mit so viel Würde sich verteidigt – jetzt
Kenn' ich sie besser.

Königin.

Was ist das?

König.

Kurz also
Und ohne Hinterhalt, Madam! – Ist's wahr,
Noch wahr, daß Sie mit niemand dort gesprochen?
Mit niemand? Ist das wirklich wahr?

Königin.

Mit dem Infanten
Hab' ich gesprochen. Ja.

König.

Ja? – Nun, so ist's
Am Tage. Es ist offenbar. So frech!
So wenig Schonung meiner Ehre!

Königin.

Ehre, Sire?
Wenn Ehre zu verletzen war, so, fürcht' ich,
Stand eine größ're auf dem Spiel, als mir
Kastilien zur Morgengabe brachte.[1]

König.

Warum verleugneten Sie mir?

Königin.

Weil ich
Es nicht gewohnt bin, Sire, in Gegenwart
Der Höflinge auf Delinquentenweise
Verhören mich zu lassen. Wahrheit werde
Ich nie verleugnen, wenn mit Ehrerbietung
Und Güte sie gefordert wird. – Und war
Das wohl der Ton, den Eure Majestät
Mir in Aranjuez zu hören gaben?
Ist etwa die versammelte Grandezza
Der Richterstuhl, vor welchen Königinnen
Zu ihrer stillen Thaten Rechenschaft
Gezogen werden? Ich gestattete

[1] Saint-Réal erzählt, daß die Königin einmal geäußert habe, sie sei aus einem vornehmeren Hause entsprossen als das, in welches sie eingetreten sei. Also: Nicht Ihre, sondern meine Ehre würde ich verletzt haben.

Dem Prinzen die Zusammenkunft, um die
Er dringend bat. Ich that es, mein Gemahl,
Weil ich es wollte – weil ich den Gebrauch
Nicht über Dinge will zum Richter setzen,
Die ich für tadellos erkannt. – Und Ihnen
Verbarg ich es, weil ich nicht lüstern war,
Mit Eurer Majestät um diese Freiheit
Vor meinem Hofgesinde mich zu streiten.

König.

Sie sprechen kühn, Madam, sehr –

Königin.

Und auch darum,
Setz' ich hinzu, weil der Infant doch schwerlich
Der Billigkeit, die er verdient, sich zu
Erfreuen hat in seines Vaters Herzen –

König.

Die er verdient?

Königin.

Denn warum soll ich es
Verbergen, Sire? – Ich schätz' ihn sehr und lieb' ihn
Als meinen teuersten Verwandten, der
Einst wert befunden worden, einen Namen
Zu führen, der mich mehr anging. – Ich habe
Noch nicht recht einsehn lernen, daß er mir
Gerade darum fremder sollte sein
Als jeder andre, weil er ehedem
Vor jedem andern teuer mir gewesen.
Wenn Ihre Staatsmaxime Bande knüpft,
Wie sie für gut es findet, soll es ihr
Doch etwas schwerer werden, sie zu lösen.
Ich will nicht hassen, wen ich soll – und, weil
Man endlich doch zu reden mich gezwungen –
Ich will es nicht – will meine Wahl nicht länger
Gebunden sehn –

König.

Elisabeth! Sie haben
In schwachen Stunden mich gesehen. Diese
Erinnerung macht Sie so kühn. Sie trauen
Auf eine Allmacht, die Sie oft genug

An meiner Festigkeit geprüft. – Doch fürchten
Sie desto mehr. Was bis zu Schwächen mich
Gebracht, kann auch zu Raserei mich führen.

Königin.

Was hab' ich denn begangen?

König (nimmt ihre Hand).

Wenn es ist,
Doch ist – und ist es denn nicht schon? – wenn Ihrer
Verschuldung volles, aufgehäuftes Maß
Auch nur um eines Atems Schwere steigt –
Wenn ich der Hintergang'ne bin –

(Er läßt ihre Hand los.)

Ich kann
Auch über diese letzte Schwäche siegen.
Ich kann's und will's – dann wehe mir und Ihnen,
Elisabeth!

Königin.

Was hab' ich denn begangen?

König.

Dann meinetwegen fließe Blut –

Königin.

So weit
Ist es gekommen – Gott!

König.

Ich kenne
Mich selbst nicht mehr – ich ehre keine Sitte
Und keine Stimme der Natur und keinen
Vertrag der Nationen mehr –

Königin.

Wie sehr
Beklag' ich Eure Majestät –

König (außer Fassung).

Beklagen!
Das Mitleid einer Buhlerin –

Infantin

(hängt sich erschrocken an ihre Mutter).

Der König zürnt,
Und meine schöne Mutter weint.

König

(stößt das Kind unsanft von der Königin).

Königin

(mit Sanftmut und Würde, aber mit zitternder Stimme).

Dies Kind
Muß ich doch sicher stellen vor Mißhandlung.
Komm mit mir, meine Tochter!

(Sie nimmt sie auf den Arm.)

Wenn der König
Dich nicht mehr kennen will, so muß ich jenseits
Der Pyrenäen Bürgen kommen lassen,
Die unsre Sache führen. (Sie will gehen.)

König (betreten).

Königin?

Königin.

Ich kann nicht mehr – das ist zu viel –

(Sie will die Thür erreichen und fällt mit dem Kinde an der Schwelle zu Boden.)

König (hinzueilend voll Bestürzung).

Gott! Was ist das?

Infantin (ruft voll Schrecken).

Ach, meine Mutter blutet!

(Sie eilt hinaus.)

König (ängstlich um sie beschäftigt).

Welch fürchterlicher Zufall! Blut! Verdien' ich,
Daß Sie so hart mich strafen? Stehn Sie auf.
Erholen Sie sich! Stehn Sie auf! Man kommt!
Man überrascht uns – Stehn Sie auf – Soll sich
Mein ganzer Hof an diesem Schauspiel weiden?
Muß ich Sie bitten, aufzustehn?

(Sie richtet sich auf, von dem König unterstützt).

Zehnter Auftritt.

Die Vorigen. Alba, Domingo treten erschrocken herein. Damen folgen.

König.

Man bringe
Die Königin zu Hause. Ihr ist übel.

(Die Königin geht ab, begleitet von den Damen. Alba und Domingo treten näher.)

Alba.

Die Königin in Thränen, und auf ihrem
Gesichte Blut –

König.

Das nimmt die Teufel wunder,
Die mich verleitet haben?

Alba. Domingo.

Wir?

König.

Die mir
Genug gesagt, zum Rasen mich zu bringen,
Zu meiner Überzeugung nichts.

Alba.

Wir gaben,
Was wir gehabt –

König.

Die Hölle dank' es euch.
Ich habe, was mich reut, gethan. War das
Die Sprache eines schuldigen Gewissens?

Marquis von Posa (noch außerhalb der Szene).

Ist der Monarch zu sprechen?

Elfter Auftritt.

Marquis von Posa. Die Vorigen.

König
(bei dieser Stimme lebhaft auffahrend und dem Marquis einige Schritte entgegengehend).

Ah! Das ist er!
Seid mir willkommen, Marquis. – Eurer, Herzog,
Bedarf ich jetzt nicht mehr. Verlaßt uns.
(Alba und Domingo sehen einander mit stummer Verwunderung an und gehen.)

Zwölfter Auftritt.

Der König und **Marquis von Posa.**

Marquis.

Sire!
Dem alten Manne, der in zwanzig Schlachten
Dem Tod für Sie entgegenging, fällt es
Doch hart, sich so entfernt zu sehn!

König.

Euch ziemt
Es, so zu denken; so zu handeln mir.
Was Ihr in wenig Stunden mir gewesen,
War er in einem Menschenalter nicht.
Ich will nicht heimlich thun mit meinem Wohlgefallen;
Das Siegel meiner königlichen Gunst
Soll hell und weit auf Eurer Stirne leuchten.
Ich will den Mann, den ich zum Freund gewählt,
Beneidet sehn.

Marquis.

Und dann auch, wenn die Hülle
Der Dunkelheit allein ihn fähig machte,
Des Namens wert zu sein?

König.

Was bringt
Ihr mir?

Marquis.

Als ich das Vorgemach durchgehe,
Hör' ich von einem schrecklichen Gerüchte,
Das mir unglaublich deucht. – Ein heftiger
Wortwechsel – Blut – die Königin –

König.

Ihr kommt von dort?

Marquis.

Entsetzen sollt' es mich,
Wenn das Gerücht nicht Unrecht hätte, wenn
Von Eurer Majestät indes vielleicht
Etwas geschehen wäre. – Wichtige
Entdeckungen, die ich gemacht, verändern
Der Sache ganze Lage.

König.

Nun?

Marquis.

Ich fand
Gelegenheit, des Prinzen Portefeuille
Mit einigen Papieren wegzunehmen,
Die, wie ich hoffe, ein'ges Licht –

(Er gibt Karlos' Brieftasche dem König.)

König (durchsieht sie begierig).

Ein Schreiben
Vom Kaiser, meinem Vater – – wie? von dem
Ich nie gehört zu haben mich entsinne?

(Er liest es durch, legt es beiseite und eilt zu den andern Papieren.)

Der Plan zu einer Festung – abgeriss'ne
Gedanken aus dem Tacitus – und was
Denn hier? – Die Hand sollt' ich doch kennen!
Es ist von einer Dame.

(Er liest aufmerksam, bald laut, bald leise.)

„Dieser Schlüssel – –
Die hintern Zimmer im Pavillon
Der Königin" – Ha! Was wird das? – „Hier darf
Die Liebe frei – Erhörung – schöner Lohn" –
Satanische Verräterei! Jetzt kenn' ich's,
Sie ist es. Es ist ihre Hand!

Marquis.

Die Hand
Der Königin? Unmöglich –

König.

Der Prinzessin
Von Eboli –

Marquis.

So wär' es wahr, was mir
Unlängst der Page Henarez gestanden,
Der Brief und Schlüssel überbrachte.

König
(des Marquis Hand fassend, in heftiger Bewegung).

Marquis,
Ich sehe mich in fürchterlichen Händen!
Dies Weib – ich will es nur gestehen – Marquis,
Dies Weib erbrach der Königin Schatulle,
Die erste Warnung kam von ihr – wer weiß,
Wie viel der Mönch drum wissen mag – ich bin
Durch ein verruchtes Bubenstück betrogen.

Marquis.

Dann wär' es ja noch glücklich –

König.

Marquis! Marquis!

Ich fange an zu fürchten, daß ich meiner
Gemahlin doch zu viel gethan –

Marquis.

Wenn zwischen
Dem Prinzen und der Königin geheime
Verständnisse gewesen sind, so waren
Sie sicherlich von weit – weit anderm Inhalt,
Als dessen man sie angeklagt. Ich habe
Gewisse Nachricht, daß des Prinzen Wunsch,
Nach Flandern abzureisen, in dem Kopfe
Der Königin entsprang.[1]

König.

Ich glaubt' es immer.

Marquis.

Die Königin hat Ehrgeiz – darf ich mehr
Noch sagen? – mit Empfindlichkeit sieht sie
In ihrer stolzen Hoffnung sich getäuscht
Und von des Thrones Anteil ausgeschlossen.
Des Prinzen rasche Jugend bot sich ihren
Weit blickenden Entwürfen dar – ihr Herz –
Ich zweifle, ob sie lieben kann.

König.

Vor ihren
Staatsklugen Planen zittr' ich nicht.

Marquis.

Ob sie geliebt wird? – Ob von dem Infanten
Nichts Schlimmeres zu fürchten? Diese Frage
Scheint mir der Untersuchung wert. Hier, glaub' ich,
Ist eine streng're Wachsamkeit von nöten.[2]

König.

Ihr haftet mir für ihn.

Marquis (nach einigem Bedenken).

Wenn Eure Majestät
Mich fähig halten, dieses Amt zu führen,

[1] Darin, daß sie Karlos von Madrid entfernen will, läge ein sicherer Beweis, daß sie ihn nicht liebt.

[2] Dies und die folgenden Maßregeln sollen ihm die Möglichkeit geben, die Abreise des Prinzen nach Flandern ohne Störung auszuführen.

So muß ich bitten, es uneingeschränkt
Und *ganz* in meine Hand zu übergeben.

König.

Das soll geschehen.

Marquis.

Wenigstens durch keinen
Gehülfen, welchen Namen er auch habe,
In Unternehmungen, die ich etwa
Für nötig finden könnte, mich zu stören –

König.

Durch keinen. Ich versprech' es Euch. Ihr wart
Mein guter Engel. Wie viel Dank bin ich
Für diesen Wink Euch schuldig!

(Zu Lerma, der bei den letzten Worten hereintritt.)

Wie verließt Ihr
Die Königin?

Lerma.

Noch sehr erschöpft von ihrer Ohnmacht.

(Er sieht den Marquis mit zweideutigen Blicken an und geht.)

Marquis (nach einer Pause zum König).

Noch eine Vorsicht scheint mir nötig.
Der Prinz, fürcht' ich, kann Warnungen erhalten.
Er hat der guten Freunde viel – vielleicht
Verbindungen in Gent mit den Rebellen,
Die Furcht kann zu verzweifelten Entschlüssen
Ihn führen. – Darum riet' ich an, gleich jetzt
Vorkehrungen zu treffen, diesem Fall
Durch ein geschwindes Mittel zu begegnen.

König.

Ihr habt ganz recht. Wie aber –

Marquis.

Ein geheimer
Verhaftsbefehl, den Eure Majestät
In meine Hände niederlegen, mich
Im Augenblicke der Gefahr sogleich
Desselben zu bedienen – und –

(Wie sich der König zu bedenken scheint.)

Es bliebe
Fürs erste Staatsgeheimnis, bis –

König
(zum Schreibepult gehend und den Verhaftsbefehl niederschreibend).

Das Reich
Ist auf dem Spiele – außerordentliche Mittel
Erlaubt die dringende Gefahr. – Hier, Marquis –
Euch brauch' ich keine Schonung zu empfehlen –

Marquis
(empfängt den Verhaftsbefehl).

Es ist aufs äußerste, mein König.

König
(legt die Hand auf seine Schulter).

Geht,
Geht, lieber Marquis – Ruhe meinem Herzen
Und meinen Nächten Schlaf zurückzubringen.

(Beide gehen ab zu verschiedenen Seiten.)

Galerie.

Dreizehnter Auftritt.

Karlos kommt in der größten Beängstigung. **Graf Lerma** ihm entgegen.

Karlos.

Sie such' ich eben.

Lerma.

Und ich Sie.

Karlos.

Ist's wahr?
Um Gotteswillen, ist es wahr?

Lerma.

Was denn?

Karlos.

Daß er den Dolch nach ihr gezückt? daß man
Aus seinem Zimmer blutig sie getragen?
Bei allen Heiligen! Antworten Sie!
Was muß ich glauben? Was ist wahr?

Lerma.

Sie fiel
Ohnmächtig hin und ritzte sich im Fallen.
Sonst war es nichts.

Karlos.

Sonst hat es nicht Gefahr?
Sonst nicht? Bei Ihrer Ehre, Graf?

Lerma.

Nicht für
Die Königin – doch desto mehr für Sie.

Karlos.

Für meine Mutter nicht! Nun, Gott sei Dank!
Mir kam ein schreckliches Gerücht zu Ohren,
Der König rase gegen Kind und Mutter,
Und ein Geheimnis sei entdeckt.

Lerma.

Das letzte
Kann auch wohl wahr sein –

Karlos.

Wahr sein! Wie?

Lerma.

Prinz, eine Warnung gab ich Ihnen heute,
Die Sie verachtet haben. Nützen Sie
Die zwote besser.

Karlos.

Wie?

Lerma.

Wenn ich mich anders
Nicht irre, Prinz, sah ich vor wen'gen Tagen
Ein Portefeuille von himmelblauem Samt,
Mit Gold durchwirkt, in Ihrer Hand –

Karlos (etwas bestürzt).

So eins
Besitz' ich. Ja – Nun? –

Lerma.

Auf der Decke, glaub' ich,
Ein Schattenriß mit Perlen eingefaßt –

Karlos.

Ganz recht.

Lerma.

Als ich vorhin ganz unvermutet
Ins Kabinett des Königs trat, glaubt' ich

Das nämliche in seiner Hand zu sehen,
Und Marquis Posa stand bei ihm –

Karlos
(nach einem kurzen erstarrenden Stillschweigen, heftig).
Das ist
Nicht wahr.

Lerma (empfindlich).
Dann freilich bin ich ein Betrüger.

Karlos (sieht ihn lange an).
Der sind Sie. Ja.

Lerma.
Ach! ich verzeih' es Ihnen.

Karlos
(geht in schrecklicher Bewegung auf und nieder und bleibt endlich vor ihm stehen).
Was hat er dir zuleid' gethan? Was haben
Die unschuldsvollen Bande dir gethan,
Die du mit höllischer Geschäftigkeit
Zu reißen dich beeiferst?

Lerma.
Prinz, ich ehre
Den Schmerz, der Sie unbillig macht.

Karlos.
O Gott!
Gott! – Gott! Bewahre mich vor Argwohn!

Lerma.
Auch
Erinnr' ich mich des Königs eigner Worte.
„Wie vielen Dank", sagt' er, als ich hereintrat,
„Bin ich für diese Neuigkeit Euch schuldig!"

Karlos.
O stille! stille!

Lerma.
Herzog Alba soll
Gefallen sein – dem Prinzen Ruy Gomez[1]
Das große Siegel abgenommen und
Dem Marquis übergeben sein –

---

[1] Derselbe „Günstling des Monarchen", der I, 3 als Bewerber um die Prinzessin Eboli genannt wird und II, 8 „Graf von Silva" heißt.

Karlos (in tiefes Grübeln verloren).
Und mir verschwieg er!
Warum verschwieg er mir?
Lerma.
Der ganze Hof
Staunt ihn schon als allmächtigen Minister,
Als unumschränkten Günstling an –
Karlos.
Er hat
Mich lieb gehabt, sehr lieb. Ich war ihm teuer
Wie seine eigne Seele. O, das weiß ich –
Das haben tausend Proben mir erwiesen.
Doch sollen Millionen ihm, soll ihm
Das Vaterland nicht teurer sein als einer?
Sein Busen war für einen Freund zu groß
Und Karlos' Glück zu klein für seine Liebe.
Er opferte mich seiner Tugend. Kann
Ich ihn drum schelten? – Ja, es ist gewiß!
Jetzt ist's gewiß. Jetzt hab' ich ihn verloren.
(Er geht seitwärts und verhüllt das Gesicht.)
Lerma (nach einigem Stillschweigen).
Mein bester Prinz, was kann ich für Sie thun?
Karlos (ohne ihn anzusehen).
Zum König gehen und mich auch verraten.
Ich habe nichts zu schenken.
Lerma.
Wollen Sie
Erwarten, was erfolgen mag?
Karlos
(stützt sich auf das Geländer und sieht starr vor sich hinaus).
Ich hab' ihn
Verloren. O! Jetzt bin ich ganz verlassen!
Lerma
(nähert sich ihm mit teilnehmender Rührung).
Sie wollen nicht auf Ihre Rettung denken?
Karlos.
Auf meine Rettung? – Guter Mensch!
Lerma.
Und sonst,
Sonst haben Sie für niemand mehr zu zittern?

Karlos (fährt auf).
Gott! Woran mahnen Sie mich! – Meine Mutter!
Der Brief, den ich ihm wiedergab! ihm erst
Nicht lassen wollte und doch ließ!
(Er geht heftig und die Hände ringend auf und nieder.)
Womit
Hat sie es denn verdient um ihn? Sie hätt' er
Doch schonen sollen. Lerma, hätt' er nicht?
(Rasch entschlossen.)
Ich muß zu ihr – ich muß sie warnen, muß
Sie vorbereiten – Lerma, lieber Lerma –
Wen schick' ich denn? Hab' ich denn niemand mehr?
Gott sei gelobt! Noch einen Freund[1] – und hier
Ist nichts mehr zu verschlimmern. (Schnell ab.)

Lerma
(folgt ihm und ruft ihm nach).
Prinz! Wohin?
(Geht ab.)

Vierzehnter Auftritt.

Die Königin. Alba. Domingo.

Alba.
Wenn uns vergönnt ist, große Königin –

Königin.
Was steht zu Ihren Diensten?

Domingo.
Redliche Besorgnis
Für Ihrer königlichen Majestät
Erhabene Person erlaubt uns nicht,
Bei einem Vorfall müßig still zu schweigen,
Der Ihre Sicherheit bedroht.

Alba.
Wir eilen,
Durch unsre zeit'ge Warnung ein Komplott,
Das wider Sie gespielt wird, zu entkräften –

Domingo.
Und unsern Eifer – unsre Dienste zu
Den Füßen Ihrer Majestät zu legen.

---

[1] Er denkt an die Prinzessin Eboli.

Königin (sieht sie verwundernd an).
Hochwürd'ger Herr, und Sie, mein edler Herzog,
Sie überraschen mich wahrhaftig. Solcher
Ergebenheit war ich mir von Domingo
Und Herzog Alba wirklich nicht vermutend.
Ich weiß, wie ich sie schätzen muß. – Sie nennen
Mir ein Komplott, das mich bedrohen soll.
Darf ich erfahren, wer –

Alba.
Wir bitten Sie,
Vor einem Marquis Posa sich zu hüten,
Der für des Königs Majestät geheime
Geschäfte führt.

Königin.
Ich höre mit Vergnügen,
Daß der Monarch so gut gewählt. Den Marquis
Hat man mir längst als einen guten Menschen,
Als einen großen Mann gerühmt. Nie ward
Die höchste Gunst gerechter ausgeteilt –

Domingo.
Gerechter ausgeteilt? Wir wissen's besser.

Alba.
Es ist längst kein Geheimnis mehr, wozu
Sich dieser Mensch gebrauchen lassen.

Königin.
Wie?
Was wär' denn das? Sie spannen meine ganze
Erwartung.

Domingo.
– Ist es schon von lange,
Daß Ihre Majestät zum letztenmal in Ihrer
Schatulle nachgesehen?

Königin.
Wie?

Domingo.
Und haben
Sie nichts darin vermißt von Kostbarkeiten?

Königin.
Wieso? Warum? Was ich vermisse, weiß

Mein ganzer Hof – Doch Marquis Posa? Wie
Kommt Marquis Posa damit in Verbindung?

Alba.

Sehr nahe, Ihre Majestät – denn auch
Dem Prinzen fehlen wichtige Papiere,
Die in des Königs Händen diesen Morgen
Gesehen worden – als der Chevalier
Geheime Audienz gehabt.

Königin (nach einigem Nachdenken).

Seltsam,
Bei Gott! und äußerst sonderbar! – Ich finde
Hier einen Feind, von dem mir nie geträumt,
Und wiederum zwei Freunde, die ich nie besessen
Zu haben mich entsinnen kann – Denn wirklich
(Indem sie einen durchdringenden Blick auf beide heftet.)
Muß ich gestehn, ich war schon in Gefahr,
Den schlimmen Dienst, der mir bei meinem Herrn
Geleistet worden – Ihnen zu vergeben.

Alba.

Uns?

Königin.

Ihnen.

Domingo.

Herzog Alba! Uns!

Königin
(noch immer die Augen fest auf sie gerichtet).

Wie lieb
Ist es mir also, meiner Übereilung
So bald gewahr zu werden. – Ohnehin
Hatt' ich beschlossen, Seine Majestät
Noch heut zu bitten, meinen Kläger mir
Zu stellen. Um so besser nun! So kann ich
Auf Herzog Albas Zeugnis mich berufen.

Alba.

Auf mich? Das wollten Sie im Ernst?

Königin.

Warum nicht?

Domingo.

Um alle Dienste zu entkräften, die
Wir Ihnen im Verborg'nen –

Königin.

Im Verborg'nen?

(Mit Stolz und Ernst.)

Ich wünschte doch zu wissen, Herzog Alba,
Was Ihres Königs Frau mit Ihnen oder
Mit Ihnen, Priester, abzureden hätte,
Das ihr Gemahl nicht wissen darf. – Bin ich
Unschuldig oder schuldig?

Domingo.

Welche Frage!

Alba.

Doch, wenn der König so gerecht nicht wäre?
Es jetzt zum mindesten nicht wäre?

Königin.

Dann
Muß ich erwarten, bis er's wird. – Wohl dem,
Der zu gewinnen hat, wenn er's geworden!

(Sie macht ihnen eine Verbeugung und geht ab; jene entfernen sich nach einer andern Seite.)

Zimmer der Prinzessin von Eboli.

Funfzehnter Auftritt.

Prinzessin von Eboli. Gleich darauf **Karlos.**

Eboli.

So ist sie wahr, die außerordentliche Zeitung[1],
Die schon den ganzen Hof erfüllt?

Karlos (tritt herein).

Erschrecken Sie
Nicht, Fürstin! Ich will sanft sein wie ein Kind.

Eboli.

Prinz – diese Überraschung.

Karlos.

Sind Sie noch
Beleidigt? Noch?

---

[1] Sie hat wohl von dem Vorfall zwischen dem König und der Königin gehört. Die Worte sind für ein Selbstgespräch etwas auffallend; ursprünglich standen sie in einer Szene zwischen der Prinzessin und Domingo und bezogen sich auf die Erhebung des Marquis zum Minister.

Eboli.
Prinz!
Karlos (dringender).
Sind Sie noch beleidigt?
Ich bitte, sagen Sie es mir.
Eboli.
Was soll das?
Sie scheinen zu vergessen, Prinz – was suchen
Sie bei mir?
Karlos (ihre Hand mit Heftigkeit fassend).
Mädchen, kannst du ewig hassen?
Verzeiht gekränkte Liebe nie?
Eboli (will sich losmachen).
Woran
Erinnern Sie mich, Prinz?
Karlos.
An deine Güte
Und meinen Undank. – Ach! ich weiß es wohl!
Schwer hab' ich dich beleidigt, Mädchen, habe
Dein sanftes Herz zerrissen, habe Thränen
Gepreßt aus diesen Engelblicken – ach!
Und bin auch jetzt nicht hier, es zu bereuen.
Eboli.
Prinz, lassen Sie mich – ich –
Karlos.
Ich bin gekommen,
Weil du ein sanftes Mädchen bist, weil ich
Auf deine gute, schöne Seele baue.
Sieh, Mädchen, sieh, ich habe keinen Freund mehr
Auf dieser Welt als dich allein. Einst warst
Du mir so gut – du wirst nicht ewig hassen
Und wirst nicht unversöhnlich sein.
Eboli (wendet das Gesicht ab).
O stille!
Nichts mehr, um Gotteswillen, Prinz! –
Karlos.
Laß mich
An jene goldne Zeiten dich erinnern –
An deine Liebe laß mich dich erinnern,

An deine Liebe, Mädchen, gegen die
Ich so unwürdig mich verging. Laß mich
Jetzt gelten machen, was ich dir gewesen,
Was deines Herzens Träume mir gegeben –
Noch einmal – nur noch einmal stelle mich
So, wie ich damals war, vor deine Seele,
Und diesem Schatten opfre, was du mir,
Mir ewig nie mehr opfern kannst.

Eboli.

O Karl!
Wie grausam spielen Sie mit mir!

Karlos.

Sei größer
Als dein Geschlecht. Vergiß Beleidigungen!
Thu, was vor dir kein Weib gethan – nach dir
Kein Weib mehr thun wird. Etwas Unerhörtes
Fordr' ich von dir – Laß mich – auf meinen Knien
Beschwör' ich dich – laß mich, zwei Worte laß mich
Mit meiner Mutter sprechen! (Er wirft sich vor ihr nieder.)

Sechszehnter Auftritt.

Die Vorigen. Marquis von Posa stürzt herein, hinter ihm zwei Offiziere der königlichen Leibwache.

Marquis
(atemlos, außer sich dazwischentretend).

Was hat er
Gestanden? Glauben Sie ihm nicht!

Karlos
(noch auf den Knien, mit erhobener Stimme).

Bei allem,
Was heilig –

Marquis (unterbricht ihn mit Heftigkeit).

Er ist rasend. Hören Sie
Den Rasenden nicht an.

Karlos (lauter, dringender).

Es gilt um Tod
Und Leben. Führen Sie mich zu ihr!

Marquis
(zieht die Prinzessin mit Gewalt von ihm).
Ich
Ermorde Sie, wenn Sie ihn hören. (Zu einem von den Offizieren.)
Graf
Von Kordua! Im Namen des Monarchen
(Er zeigt den Verhaftsbefehl.)
Der Prinz ist Ihr Gefangener.
(Karlos steht erstarrt, wie vom Donner gerührt. Die Prinzessin stößt einen Laut des Schreckens aus und will fliehen, die Offiziere erstaunen. Eine lange und tiefe Pause. Man sieht den Marquis sehr heftig zittern und mit Mühe seine Fassung behalten.)
(Zum Prinzen.)
Ich bitte
Um Ihren Degen – Fürstin Eboli,
Sie bleiben; und (Zu dem Offizier.)
Sie haften mir dafür,
Daß Seine Hoheit niemand spreche – niemand –
Sie selbst nicht, bei Gefahr des Kopfs!
(Er spricht noch einiges leise mit dem Offizier, darauf wendet er sich zum andern.)
Ich werfe
Sogleich mich selbst zu des Monarchen Füßen,
Ihm Rechenschaft zu geben – (Zu Karlos.)
Und auch Ihnen –
Erwarten Sie mich, Prinz – in einer Stunde.
(Karlos läßt sich ohne Zeichen des Bewußtseins hinwegführen. – Nur im Vorübergehen läßt er einen matten, sterbenden Blick auf den Marquis fallen, der sein Gesicht verhüllt. Die Prinzessin versucht es noch einmal, zu entfliehen; der Marquis führt sie beim Arme zurück.)

Siebzehnter Auftritt.

Prinzessin von Eboli. Marquis von Posa.

Eboli.
Um aller Himmel Willen, lassen Sie
Mich diesen Ort –
Marquis
(führt sie ganz vor, mit fürchterlichem Ernst).
Was hat er *dir* gesagt,
Unglückliche?
Eboli.
Nichts – Lassen Sie mich! – Nichts –

Marquis
(hält sie mit Gewalt zurück. Ernster).
Wie viel hast du erfahren? Hier ist kein
Entrinnen mehr. Du wirst auf dieser Welt
Es niemand mehr erzählen.

Eboli (sieht ihm erschrocken ins Gesicht).
Großer Gott!
Was meinen Sie damit? Sie wollen mich
Doch nicht ermorden?

Marquis (zieht einen Dolch).
In der That! Das bin
Ich sehr gesonnen. Mach' es kurz!

Eboli.
Mich? Mich?
O ewige Barmherzigkeit! Was hab'
Ich denn begangen?

Marquis
(zum Himmel sehend, den Dolch auf ihre Brust gesetzt).
Noch ist's Zeit. Noch trat
Das Gift nicht über diese Lippen. Ich
Zerschmett're das Gefäß, und alles bleibt,
Wie es gewesen – Spaniens Verhängnis
Und eines Weibes Leben! –
(Er bleibt in dieser Stellung zweifelhaft ruhen.)

Eboli
(ist an ihm niedergesunken und sieht ihm fest ins Gesicht).
Nun? Was zaudern Sie?
Ich bitte nicht um Schonung – nein! ich habe
Verdient zu sterben, und ich will's.

Marquis
(läßt die Hand langsam sinken. Nach einem kurzen Besinnen).
Das wäre
So feig, als es barbarisch ist. – Nein, nein!
Gott sei gelobt! Noch gibt's ein andres Mittel![1]
(Er läßt den Dolch fallen und eilt hinaus. Die Prinzessin stürzt fort durch eine andere Thüre.)

---

[1] Das Mittel der Selbstaufopferung.

Ein Zimmer der Königin.

Achtzehnter Auftritt.

Die Königin zur **Gräfin Fuentes.**

Was für ein Auflauf im Palaste? Jedes
Getöse, Gräfin, macht mir heute Schrecken.
O sehen Sie doch nach und sagen mir,
Was es bedeutet.

(Die Gräfin Fuentes geht ab, und herein stürzt die Prinzessin von Eboli.)

Neunzehnter Auftritt.

Königin. Prinzessin von Eboli.

Eboli

(atemlos, bleich und entstellt vor der Königin niedergesunken).

Königin! Zu Hülfe!
Er ist gefangen.

Königin.

Wer?

Eboli.

Der Marquis Posa
Nahm auf Befehl des Königs ihn gefangen.

Königin.

Wen aber? Wen?

Eboli.

Den Prinzen.

Königin.

Rasest du?

Eboli.

Soeben führen sie ihn fort.

Königin.

Und wer
Nahm ihn gefangen?

Eboli.

Marquis Posa.

Königin.

Nun,
Gott sei gelobt, daß es der Marquis war,
Der ihn gefangen nahm!

Eboli.

Das sagen Sie
So ruhig, Königin? so kalt? – O Gott!
Sie ahnen nicht – Sie wissen nicht –

Königin.

Warum er
Gefangen worden? Eines Fehltritts wegen,
Vermut' ich, der dem heftigen Charakter
Des Jünglings sehr natürlich war.

Eboli.

Nein! Nein!
Ich weiß es besser – nein! – O Königin!
Verruchte, teufelische That! – Für ihn
Ist keine Rettung mehr! Er stirbt!

Königin.

Er stirbt?

Eboli.

Und seine Mörderin bin ich.[1]

Königin.

Er stirbt?
Wahnsinnige, bedenkst du?

Eboli.

Und warum –
Warum er stirbt! – O, hätt' ich wissen können,
Daß es bis dahin kommen würde!

Königin (nimmt sie gütig bei der Hand).

Fürstin!
Noch sind Sie außer Fassung. Sammeln Sie
Erst Ihre Geister, daß Sie ruhiger,
Nicht in so grauenvollen Bildern, die
Mein Innerstes durchschauern, mir erzählen.
Was wissen Sie? Was ist geschehen?

Eboli.

O!
Nicht diese himmlische Herablassung.
Nicht diese Güte, Königin! Wie Flammen

[1] Sie hält Karls Gefangennahme für eine Folge der dem König vorgezeigten Briefe.

Der Hölle schlägt sie brennend mein Gewissen.
Ich bin nicht würdig, den entweihten Blick
Zu Ihrer Glorie empor zu richten.
Zertreten Sie die Elende, die sich,
Zerknirscht von Reue, Scham und Selbstverachtung,
Zu ihren Füßen krümmt.

Königin.

Unglückliche!
Was haben Sie mir zu gestehen?

Eboli.

Engel
Des Lichtes! Große Heilige! Noch kennen,
Noch ahnen Sie den Teufel nicht, dem Sie
So liebevoll gelächelt – lernen Sie
Ihn heute kennen. Ich – ich war der Dieb,
Der Sie bestohlen –

Königin.

Sie?

Eboli.

Und jene Briefe
Dem König ausgeliefert –

Königin.

Sie?

Eboli.

Der sich
Erdreistet hat, Sie anzuklagen –

Königin.

Sie,
Sie konnten –

Eboli.

Rache – Liebe – Raserei –
Ich haßte Sie und liebte den Infanten –

Königin.

Weil Sie ihn liebten –?

Eboli.

Weil ich's ihm gestanden
Und keine Gegenliebe fand.

Königin (nach einem Stillschweigen).

O, jetzt
Enträtselt sich mir alles! – Stehn Sie auf!
Sie liebten ihn – ich habe schon vergeben,
Es ist nun schon vergessen. – Stehn Sie auf!

(Sie reicht ihr den Arm.)

Eboli.

Nein! Nein!
Ein schreckliches Geständnis ist noch übrig.
Nicht eher, große Königin –

Königin (aufmerksam).

Was werd' ich
Noch hören müssen? Reden Sie –

Eboli.

Der König –
Verführung – o, Sie blicken weg – ich lese
In Ihrem Angesicht Verwerfung – das
Verbrechen, dessen ich Sie zeihte – ich
Beging es selbst.

(Sie drückt ihr glühendes Gesicht auf den Boden. Die Königin geht ab. Große Pause. Die Herzogin von Olivarez kommt nach einigen Minuten aus dem Kabinett, in welches die Königin gegangen war, und findet die Fürstin noch in der vorigen Stellung liegen. Sie nähert sich ihr stillschweigend; auf das Geräusch richtet sich die letztere auf und fährt wie eine Rasende in die Höhe, da sie die Königin nicht mehr gewahr wird.)

Zwanzigster Auftritt.

Prinzessin von Eboli. Herzogin von Olivarez.

Eboli.

Gott, sie hat mich verlassen!
Jetzt ist es aus.

Olivarez (tritt ihr näher).

Prinzessin Eboli –

Eboli.

Ich weiß, warum Sie kommen, Herzogin.
Die Königin schickt Sie heraus, mein Urteil
Mir anzukündigen. – Geschwind!

Olivarez.

Ich habe
Befehl von Ihrer Majestät, Ihr Kreuz
Und Ihre Schlüssel in Empfang zu nehmen –

Eboli

(nimmt ein goldenes Ordenskreuz vom Busen und gibt es in die Hände der Herzogin).

Doch einmal noch ist mir vergönnt, die Hand
Der besten Königin zu küssen?

Olivarez.

Im
Marienkloster wird man Ihnen sagen,
Was über Sie beschlossen ist.

Eboli

(unter hervorstürzenden Thränen).

Ich sehe
Die Königin nicht wieder?

Olivarez

(umarmt sie mit abgewandtem Gesicht).

Leben Sie glücklich!

(Sie geht schnell fort. Die Prinzessin folgt ihr bis an die Thüre des Kabinetts, welche sogleich hinter der Herzogin verschlossen wird. Einige Minuten bleibt sie stumm und unbeweglich auf den Knien davor liegen, dann rafft sie sich auf und eilt hinweg mit verhülltem Gesicht.)

Einundzwanzigster Auftritt.

Die Königin. Marquis von Posa.

Königin.

Ach, endlich, Marquis! Glücklich, daß Sie kommen!

Marquis

(bleich, mit zerstörtem Gesicht, bebender Stimme und durch diesen ganzen Auftritt in feierlicher, tiefer Bewegung).

Sind Ihre Majestät allein? Kann niemand
In diesen nächsten Zimmern uns behorchen?

Königin.

Kein Mensch – Warum? Was bringen Sie?

(Indem sie ihn genauer ansieht und erschrocken zurücktritt.)

Und wie
So ganz verändert! Was ist das? Sie machen

Mich zittern, Marquis – alle Ihre Züge
Wie eines Sterbenden entstellt –

Marquis.

Sie wissen
Vermutlich schon –

Königin.

Daß Karl gefangen worden,
Und zwar durch Sie, setzt man hinzu. – So ist
Es dennoch wahr? Ich wollt' es keinem Menschen
Als Ihnen glauben.

Marquis.

Es ist wahr.

Königin.

Durch Sie?

Marquis.

Durch mich.

Königin

(sieht ihn einige Augenblicke zweifelhaft an).

Ich ehre Ihre Handlungen,
Auch wenn ich sie nicht fasse. – Diesmal aber,
Verzeihen Sie dem bangen Weib – ich fürchte,
Sie spielen ein gewagtes Spiel.

Marquis.

Ich hab' es
Verloren.

Königin.

Gott im Himmel!

Marquis.

Seien Sie
Ganz ruhig, meine Königin. Für i h n
Ist schon gesorgt. Ich hab' es m i r verloren.

Königin.

Was werd' ich hören! Gott!

Marquis.

Denn wer,
Wer hieß auf einen zweifelhaften Wurf
Mich alles setzen? alles? so verwegen,
So zuversichtlich mit dem Himmel spielen?
Wer ist der Mensch, der sich vermessen will,

Des Zufalls schweres Steuer zu regieren
Und doch nicht der Allwissende zu sein?
O es ist billig! – Doch warum denn jetzt
Von mir? Der Augenblick ist kostbar wie
Das Leben eines Menschen! Und wer weiß,
Ob aus des Richters karger Hand nicht schon
Die letzten Tropfen für mich fallen?[1]

Königin.

Aus
Des Richters Hand? – Welch feierlicher Ton!
Ich fasse nicht, was diese Reden meinen,
Doch sie entsetzen mich –

Marquis.

Er ist gerettet!
Um welchen Preis er's ist, gleichviel! Doch nur
Für heute. Wenig Augenblicke sind
Noch sein. Er spare sie. Noch diese Nacht
Muß er Madrid verlassen.

Königin.

Diese Nacht noch?

Marquis.

Anstalten sind getroffen. In demselben
Kartäuserkloster, das schon lange Zeit
Die Zuflucht unsrer Freundschaft war gewesen,
Erwartet ihn die Post. Hier ist in Wechseln,
Was mir das Glück auf dieser Welt gegeben.
Was mangelt, legen *Sie* noch bei. Zwar hätt' ich
An meinen Karl noch manches auf dem Herzen,
Noch manches, das er wissen muß; doch leicht
Könnt' es an Muße mir gebrechen, alles
Persönlich mit ihm abzuthun. – Sie sprechen
Ihn diesen Abend[2], darum wend' ich mich
An Sie –

Königin.

Um meiner Ruhe willen, Marquis,
Erklären Sie sich deutlicher – nicht in

[1] Das Bild von einer Wasseruhr. Der „Richter" ist Gott.
[2] Dies hat er vorbereitet. Vgl. V, 6.

So fürchterlichen Rätseln reden Sie
Mit mir. – Was ist geschehn?

Marquis.

Ich habe noch
Ein wichtiges Bekenntnis abzulegen;
In Ihre Hände leg' ich's ab. Mir ward
Ein Glück, wie es nur wenigen geworden:
Ich liebte einen Fürstensohn. – Mein Herz,
Nur einem einzigen geweiht, umschloß
Die ganze Welt! – In meines Karlos' Seele
Schuf ich ein Paradies für Millionen.
O, meine Träume waren schön. – Doch es
Gefiel der Vorsehung, mich vor der Zeit
Von meiner schönen Pflanzung abzurufen.
Bald hat er seinen Roderich nicht mehr,
Der Freund hört auf in der Geliebten. Hier,
Hier – hier – auf diesem heiligen Altare,
Im Herzen seiner Königin leg' ich
Mein letztes kostbares Vermächtnis nieder,
Hier find' er's, wenn ich nicht mehr bin –

(Er wendet sich ab, Thränen ersticken seine Stimme.)

Königin.

Das ist
Die Sprache eines Sterbenden. Noch hoff' ich,
Es ist nur Wirkung Ihres Blutes – oder
Liegt Sinn in diesen Reden?

Marquis

(hat sich zu sammeln gesucht und fährt mit festerem Tone fort).

Sagen Sie
Dem Prinzen, daß er denken soll des Eides,
Den wir in jenen schwärmerischen Tagen
Auf die geteilte Hostie geschworen.
Den meinigen hab' ich gehalten, bin
Ihm treu geblieben bis zum Tod – jetzt ist's
An ihm, den seinigen –

Königin.

Zum Tod?

Marquis.

Er mache –
O, sagen Sie es ihm! das Traumbild wahr,

Das kühne Traumbild eines neuen Staates,
Der Freundschaft göttliche Geburt. Er lege
Die erste Hand an diesen rohen Stein,
Ob er vollende oder unterliege –
Ihm einerlei! Er lege Hand an. Wenn
Jahrhunderte dahin geflohen, wird
Die Vorsicht einen Fürstensohn, wie er,
Auf einem Thron, wie seiner, wiederholen
Und ihren neuen Liebling mit derselben
Begeisterung entzünden. Sagen Sie
Ihm, daß er für die Träume seiner Jugend
Soll Achtung tragen, wenn er Mann sein wird,
Nicht öffnen soll dem tötenden Insekte
Gerühmter besserer Vernunft das Herz
Der zarten Götterblume – daß er nicht
Soll irre werden, wenn des Staubes Weisheit
Begeisterung, die Himmelstochter, lästert.
Ich hab' es ihm zuvor gesagt –

Königin.

Wie, Marquis?
Und wozu führt –

Marquis.

Und sagen Sie ihm, daß
Ich Menschenglück auf seine Seele lege,
Daß ich es sterbend von ihm fordre – fordre!
Und sehr dazu berechtigt war. Es hätte
Bei mir gestanden, einen neuen Morgen
Heraufzuführen über diese Reiche.
Der König schenkte mir sein Herz. Er nannte
Mich seinen Sohn – ich führe seine Siegel,
Und seine Alba sind nicht mehr.

(Er hält inne und sieht einige Augenblicke stillschweigend auf die Königin.)

Sie weinen –
O diese Thränen kenn' ich, schöne Seele!
Die Freude macht sie fließen. – Doch – vorbei,
Es ist vorbei. Karl oder ich. Die Wahl
War schnell und schrecklich. Einer war verloren,
Und ich will dieser Eine sein – ich lieber –
Verlangen Sie nicht mehr zu wissen.

Königin.

Jetzt,
Jetzt endlich fang' ich an, Sie zu begreifen –
Unglücklicher, was haben Sie gethan?

Marquis.

Zwo kurze Abendstunden[1], hingegeben,
Um einen hellen Sommertag[2] zu retten.
Den König geb' ich auf. Was kann ich auch
Dem König sein? – In diesem starren Boden
Blüht keine meiner Rosen mehr. – Europas
Verhängnis reift in meinem großen Freunde!
Auf ihn verweis' ich Spanien. – Es blute
Bis dahin unter Philipps Hand! – Doch, weh!
Weh mir und ihm, wenn ich bereuen sollte,
Vielleicht das Schlimmere gewählt! – Nein, nein!
Ich kenne meinen Karlos – das wird nie
Geschehn – und meine Bürgin, Königin,
Sind *Sie*!

(Nach einigem Stillschweigen.)

Ich sah sie keimen, diese Liebe,[3] sah
Der Leidenschaften unglückseligste
In seinem Herzen Wurzel fassen. – Damals
Stand es in meiner Macht, sie zu bekämpfen.
Ich that es nicht. Ich nährte diese Liebe,
Die mir nicht unglückselig war. Die Welt
Kann anders richten. Ich bereue nicht.
Mein Herz klagt mich nicht an. Ich sahe Leben,
Wo sie nur Tod – in dieser hoffnungslosen Flamme
Erkannt' ich früh[4] der Hoffnung goldnen Strahl.
Ich wollt' ihn führen zum Vortrefflichen,
Zur höchsten Schönheit wollt' ich ihn erheben;
Die Sterblichkeit versagte mir ein Bild,
Die Sprache Worte. – Da verwies ich ihn
Auf *dieses* – meine ganze Leitung war,
Ihm seine Liebe zu erklären.

---

[1] Die wenigen Jahre, die er unter Philipp etwa noch hätte wirken können.
[2] Karlos' lange und segensreiche Regierung nach Philipps Tode.
[3] Insofern ungenau, als er I, 2 durch Karlos' Mitteilung der schon in vollen Flammen stehenden Liebe überrascht wird.
[4] Hier im Sinne von: sogleich.

Königin.

Marquis,
Ihr Freund erfüllte Sie so ganz, daß Sie
Mich über ihm vergaßen. Glaubten Sie
Im Ernst mich aller Weiblichkeit entbunden,
Da Sie zu seinem Engel mich gemacht,
Zu seinen Waffen Tugend ihm gegeben?
Das überlegten Sie wohl nicht, wie viel
Für unser Herz zu wagen ist, wenn wir
Mit solchen Namen Leidenschaft veredeln.

Marquis.

Für alle Weiber, nur für eines nicht.
Auf eines schwör' ich – oder sollten Sie,
Sie der Begierden edelster sich schämen,
Der Heldentugend Schöpferin zu sein?
Was geht es König Philipp an, wenn seine
Verklärung in Eskurial den Maler,
Der vor ihr steht, mit Ewigkeit entzündet?
Gehört die süße Harmonie, die in
Dem Saitenspiele schlummert, seinem Käufer,
Der es mit taubem Ohr bewacht? Er hat
Das Recht erkauft, in Trümmern es zu schlagen,
Doch nicht die Kunst, dem Silberton zu rufen
Und in des Liedes Wonne zu zerschmelzen.
Die Wahrheit ist vorhanden für den Weisen,
Die Schönheit für ein fühlend Herz. Sie beide
Gehören für einander. Diesen Glauben
Soll mir kein feiges Vorurteil zerstören.
Versprechen Sie mir, ewig ihn zu lieben,
Von Menschenfurcht, von falschem Heldenmut
Zu nichtiger Verleugnung nie versucht,
Unwandelbar und ewig ihn zu lieben,
Versprechen Sie mir dieses? – Königin –
Versprechen Sie's in meine Hand?

Königin.

Mein Herz,
Versprech' ich Ihnen, soll allein und ewig
Der Richter meiner Liebe sein.

Marquis (zieht seine Hand zurück).
Jetzt sterb' ich
Beruhigt – meine Arbeit ist gethan.
(Er neigt sich gegen die Königin und will gehen.)

Königin
(begleitet ihn schweigend mit den Augen).
Sie gehen, Marquis – ohne mir zu sagen,
Wann wir – wie bald – uns wiedersehn?

Marquis
(kommt noch einmal zurück, das Gesicht abgewendet).
Gewiß!
Wir sehn uns wieder.

Königin.
Ich verstand Sie, Posa –
Verstand Sie recht gut. – Warum haben Sie
Mir das gethan?

Marquis.
Er oder ich.

Königin.
Nein! Nein!
Sie stürzten sich in diese That, die Sie
Erhaben nennen. Leugnen Sie nur nicht.
Ich kenne Sie, Sie haben längst darnach
Gedürstet. – Mögen tausend Herzen brechen,
Was kümmert Sie's, wenn sich Ihr Stolz nur weidet.
O jetzt – jetzt lern' ich Sie verstehn! Sie haben
Nur um Bewunderung gebuhlt.

Marquis (betroffen, für sich).
Nein! Darauf
War ich nicht vorbereitet –

Königin
(nach einem Stillschweigen).
Marquis!
Ist keine Rettung möglich?

Marquis.
Keine.

Königin.
Keine?
Besinnen Sie sich wohl. Ist keine möglich?
Auch nicht durch mich?

Marquis.

Auch nicht durch Sie.

Königin.

Sie kennen mich
Zur Hälfte nur – ich habe Mut.

Marquis.

Ich weiß es.

Königin.

Und keine Rettung?

Marquis.

Keine.

Königin
(verläßt ihn und verhüllt das Gesicht).

Gehen Sie!
Ich schätze keinen Mann mehr.

Marquis
(in der heftigsten Bewegung vor ihr niedergeworfen).

Königin!
– O Gott, das Leben ist doch schön![1]

(Er springt auf und geht schnell fort. Die Königin in ihr Kabinett.)

Vorzimmer des Königs.

Zweiundzwanzigster Auftritt.

Herzog von Alba und **Domingo** gehen stillschweigend und abgesondert auf und nieder. **Graf Lerma** kommt aus dem Kabinett des Königs, alsdann **Don Raimond von Taxis,** der Oberpostmeister.

Lerma.

Ob sich der Marquis noch nicht blicken lassen?[2]

Alba.

Noch nicht.

(Lerma will wieder hineingehen.)

Taxis (tritt auf).

Graf Lerma, melden Sie mich an.

---

[1] Trotz ihres ungerechten Vorwurfs, er habe nur um Bewunderung gebuhlt, kommt ihm aus ihren Worten zum deutlichen Bewußtsein, daß sie ihn unvergleichlich hochschätzt, daß er ihr als das Ideal eines Mannes erschienen ist. Dies führt ihm den Wert und die Schönheit des Lebens noch einmal lebhaft vor Augen und macht ihm, trotz allen Opfermutes, das Scheiden tief schmerzlich.

[2] Der König, der offenbar voll Unruhe auf Aufklärung über die Verhaftung des Prinzen wartet, hat Lerma geschickt.

Lerma.

Der König ist für niemand –

Taxis.

Sagen Sie,
Ich *muß* ihn sprechen – Seiner Majestät
Ist äußerst dran gelegen. Eilen Sie!
Es leidet keinen Aufschub.

(Lerma geht ins Kabinett.)

Alba (tritt zum Oberpostmeister).

Lieber Taxis,
Gewöhnen Sie sich zur Geduld. Sie sprechen
Den König nicht –

Taxis.

Nicht? Und warum?

Alba.

Sie hätten
Die Vorsicht denn gebraucht, sich die Erlaubnis
Beim Chevalier von Posa auszuwirken,
Der Sohn und Vater zu Gefang'nen macht.

Taxis.

Von Posa? Wie? Ganz recht! Das ist derselbe,
Aus dessen Hand ich diesen Brief empfangen –

Alba.

Brief? welchen Brief?

Taxis.

Den ich nach Brüssel habe
Befördern sollen –

Alba (aufmerksam).

Brüssel?

Taxis.

Den ich eben
Dem König bringe –

Alba.

Brüssel! Haben Sie
Gehört, Kaplan? Nach Brüssel!

Domingo (tritt dazu).

Das ist sehr
Verdächtig.

Taxis.

Und wie ängstlich, wie verlegen
Er mir empfohlen worden!

Domingo.

Ängstlich? So!

Alba.

An wen ist denn die Aufschrift?

Taxis.

An den Prinzen
Von Nassau und Oranien.

Alba.

An Wilhelm? –
Kaplan, das ist Verräterei!

Domingo.

Was könnt'
Es anders sein? – Ja freilich, diesen Brief
Muß man sogleich dem König überliefern.
Welch ein Verdienst von Ihnen, würd'ger Mann,
So streng zu sein in Ihres Königs Dienst!

Taxis.

Hochwürd'ger Herr, ich that nur meine Pflicht.

Alba.

Sie thaten wohl.

Lerma

(kommt aus dem Kabinett. Zum Oberpostmeister).

Der König will Sie sprechen.

(Taxis geht hinein.)

Der Marquis immer noch nicht da?

Domingo.

Man sucht
Ihn aller Orten.

Alba.

Sonderbar und seltsam.
Der Prinz ein Staatsgefang'ner, und der König
Noch selber ungewiß, warum?

Domingo.

Er war
Nicht einmal hier, ihm Rechenschaft zu geben?

Alba.
Wie nahm es denn der König auf?

Lerma.
Der König
Sprach noch kein Wort.

(Geräusch im Kabinett.)

Alba.
Was war das? Still!

Taxis (aus dem Kabinett).
Graf Lerma!

(Beide hinein.)

Alba (zu Domingo).
Was geht hier vor?

Domingo.
Mit diesem Ton des Schreckens?
Wenn dieser aufgefang'ne Brief –? Mir ahnet
Nichts Gutes, Herzog.

Alba
Lerma läßt er rufen!
Und wissen muß er doch, daß Sie und ich
Im Vorsaal –

Domingo.
Unsre Zeiten sind vorbei.

Alba.
Bin ich derselbe denn nicht mehr, dem hier
Sonst alle Thüren sprangen? Wie ist alles
Verwandelt um mich her – wie fremd –

Domingo
(hat sich leise der Kabinettsthüre genähert und bleibt lauschend davor stehen).
Horch!

Alba (nach einer Pause).
Alles
Ist totenstill. Man hört sie Atem holen.

Domingo.
Die doppelte Tapete dämpft den Schall.

Alba.
Hinweg! Man kommt.

Domingo (verläßt die Thüre).

Mir ist so feierlich,
So bang, als sollte dieser Augenblick
Ein großes Los entscheiden!

Dreiundzwanzigster Auftritt.

Der Prinz von Parma, die Herzoge von Feria und **Medina Sidonia** mit noch einigen andern Granden treten auf. **Die Vorigen.**

Parma.

Ist der König
Zu sprechen?

Alba.

Nein.

Parma.

Nein? Wer ist bei ihm?

Feria.

Marquis
Von Posa ohne Zweifel?

Alba.

Den erwartet man
Soeben.

Parma.

Diesen Augenblick
Sind wir von Saragossa eingetroffen.[1]
Der Schrecken geht durch ganz Madrid. – Ist es
Denn wahr?

Domingo.

Ja leider.

Feria.

Es ist wahr? Er ist
Durch den Malteser in Verhaft genommen?

Alba.

So ist's.

Parma.

Warum? Was ist geschehn?

---

[1] Saragossa, die Hauptstadt Aragoniens, liegt über 30 Meilen von Madrid entfernt. Der Dichter hat übersehen, daß die Audienzszene III, 7, wo diese Granden ebenfalls anwesend waren, am Vormittag desselben Tages spielt.

Alba.
Warum?
Das weiß kein Mensch als Seine Majestät
Und Marquis Posa.

Parma.
Ohne Zuziehung
Der Kortes[1] seines Königreichs?

Feria.
Weh dem,
Der teil gehabt an dieser Staatsverletzung!

Alba.
Weh ihm! so ruf' ich auch.

Medina Sidonia.
Ich auch.

Die übrigen Granden.
Wir alle.

Alba.
Wer folgt mir in das Kabinett? – Ich werfe
Mich zu des Königs Füßen.

Lerma (stürzt aus dem Kabinett).
Herzog Alba!

Domingo.
Endlich!
Gelobt sei Gott!

(Alba eilt hinein.)

Lerma
(atemlos, in großer Bewegung).
Wenn der Malteser kommt:
Der Herr ist jetzo nicht allein, er wird
Ihn rufen lassen –

Domingo
(zu Lerma, indem sich alle übrigen voll neugieriger Erwartung um ihn versammeln).
Graf, was ist geschehen?
Sie sind ja blaß wie eine Leiche.

Lerma (will forteilen).
Das
Ist teufelisch!

[1] Der aus dem König und den Ständen bestehende höchste Gerichtshof.

Parma und Feria.

Was denn? Was denn?

Medina Sidonia.

Was macht

Der König?

Domingo (zugleich).

Teufelisch! Was denn?

Lerma.

Der König hat

Geweint.

Domingo.

Geweint?

Alle

(zugleich, mit betretnem Erstaunen).

Der König hat geweint?

(Man hört eine Glocke im Kabinett. Graf Lerma eilt hinein.)

Domingo

(ihm nach, will ihn zurückhalten).

Graf, noch ein Wort – Verziehen Sie! – Weg ist er!
Da stehn wir angefesselt von Entsetzen.

Vierundzwanzigster Auftritt.

Prinzessin von Eboli. Feria. Medina Sidonia. Parma. Domingo und übrige Granden.

Eboli (eilig, außer sich).

Wo ist der König? Wo? Ich muß ihn sprechen.

(Zu Feria.)

Sie, Herzog, führen mich zu ihm.

Feria.

Der König

Hat wichtige Verhinderung. Kein Mensch
Wird vorgelassen.

Eboli.

Unterzeichnet er

Das fürchterliche Urteil[1] schon? Er ist
Belogen. Ich beweis' es ihm, daß er
Belogen ist.

---

[1] Karlos' Todesurteil.

Domingo
(gibt ihr von ferne einen bedeutenden Wink).
Prinzessin Eboli!

Eboli (geht auf ihn zu).
Sie auch da, Priester? Recht! Sie brauch' ich eben.
Sie sollen mir's bekräftigen.
(Sie ergreift seine Hand und will ihn ins Kabinett mit fortreißen.)

Domingo.
Ich? – Sind
Sie bei sich, Fürstin?

Feria.
Bleiben Sie zurück.
Der König hört Sie jetzt nicht an.

Eboli.
Er muß
Mich hören. Wahrheit muß er hören – Wahrheit!
Und wär' er zehenmal ein Gott!

Domingo.
Weg, weg!
Sie wagen alles. Bleiben Sie zurück.

Eboli.
Mensch, zittre du vor deines Götzen Zorn.
Ich habe nichts zu wagen.
(Wie sie ins Kabinett will, stürzt heraus)

Herzog Alba.
(Seine Augen funkeln, Triumph ist in seinem Gang. Er eilt auf Domingo zu und umarmt ihn.)
Lassen Sie
In allen Kirchen ein Te Deum tönen.
Der Sieg ist unser.

Domingo.
Unser?

Alba
(zu Domingo und den übrigen Granden).
Jetzt hinein
Zum Herrn! Sie sollen weiter von mir hören.

Fünfter Akt.

Ein Zimmer im königlichen Palast, durch eine eiserne Gitterthüre von einem großen Vorhofe abgesondert, in welchem Wachen auf und nieder gehen.

Erster Auftritt.

Karlos, an einem Tische sitzend, den Kopf vorwärts auf die Arme gelegt, als wenn er schlummerte. Im Hintergrunde des Zimmers einige Offiziere, die mit ihm eingeschlossen sind. **Marquis von Posa** tritt herein, ohne von ihm bemerkt zu werden, und spricht leise mit den Offizieren, welche sich sogleich entfernen. Er selbst tritt ganz nahe vor Karlos und betrachtet ihn einige Augenblicke schweigend und traurig. Endlich macht er eine Bewegung, welche diesen aus seiner Betäubung erweckt.

Karlos

(steht auf, wird den Marquis gewahr und fährt erschrocken zusammen. Dann sieht er ihn eine Weile mit großen, starren Augen an und streicht mit der Hand über die Stirne, als ob er sich auf etwas besinnen wollte).

Marquis.

Ich bin es, Karl.

Karlos (gibt ihm die Hand).

Du kommst sogar noch zu mir?
Das ist doch schön von dir.

Marquis.

Ich bildete
Mir ein, du könntest deinen Freund hier brauchen.

Karlos.

Wahrhaftig? Meintest du das wirklich? Sieh!
Das freut mich – freut mich unbeschreiblich. Ach!
Ich wußt' es wohl, daß du mir gut geblieben.

Marquis.

Ich hab' es auch um dich verdient.

Karlos.

Nicht wahr?
O, wir verstehen uns noch ganz. So hab'
Ich's gerne. Diese Schonung, diese Milde
Steht großen Seelen an wie du und ich.
Laß sein, daß meiner Forderungen eine
Unbillig und vermessen war; mußt du
Mir darum auch die billigen versagen?
Hart kann die Tugend sein, doch grausam nie,
Unmenschlich nie. – Es hat dir viel gekostet!
O ja, mir deucht, ich weiß recht gut, wie sehr
Geblutet hat dein sanftes Herz, als du
Dein Opfer schmücktest zum Altare.

Marquis.

Karlos!
Wie meinst du das?

Karlos.

Du selbst wirst jetzt vollenden,
Was ich gesollt und nicht gekonnt. – Du wirst
Den Spaniern die goldnen Tage schenken,
Die sie von mir umsonst gehofft. Mit mir
Ist es ja aus – auf immer aus. Das hast
Du eingesehn. – O, diese fürchterliche Liebe
Hat alle frühe Blüten meines Geistes
Unwiederbringlich hingerafft. Ich bin
Für deine großen Hoffnungen gestorben.
Vorsehung oder Zufall führen dir
Den König zu. – Es kostet mein Geheimnis,
Und er ist dein – du kannst sein Engel werden.
Für mich ist keine Rettung mehr – vielleicht
Für Spanien. – Ach, hier ist nichts verdammlich,
Nichts, nichts als meine rasende Verblendung,
Bis diesen Tag nicht eingesehn zu haben,
Daß du – so groß als zärtlich bist.

Marquis.

Nein! Das,
Das hab' ich nicht vorhergesehen – nicht
Vorhergesehn, daß eines Freundes Großmut
Erfinderischer könnte sein als meine

Weltkluge Sorgfalt. Mein Gebäude[1] stürzt
Zusammen – ich vergaß dein Herz.

Karlos.

Zwar, wenn dir's möglich wär' gewesen, ihr
Dies Schicksal zu ersparen – sieh, das hätte
Ich unaussprechlich dir gedankt. Konnt' ich
Denn nicht allein es tragen? Mußte sie
Das zweite Opfer sein? – Doch still davon!
Ich will mit keinem Vorwurf dich beladen.
Was geht die Königin dich an? Liebst du
Die Königin? Soll deine strenge Tugend
Die kleinen Sorgen meiner Liebe fragen?
Verzeih' mir – ich war ungerecht.

Marquis.

Du bist's.
Doch – dieses Vorwurfs wegen nicht. Verdient'
Ich einen, dann verdient' ich alle – und
Dann würd' ich so nicht vor dir stehen.
(Er nimmt sein Portefeuille heraus.)
Hier
Sind von den Briefen ein'ge wieder, die
Du in Verwahrung mir gegeben. Nimm
Sie zu dir.

Karlos
(sieht mit Verwunderung bald die Briefe, bald den Marquis an).

Wie?

Marquis.

Ich gebe sie dir wieder,
Weil sie in deinen Händen sich'rer jetzt
Sein dürften als in meinen.

Karlos.

Was ist das?
Der König las sie also nicht? bekam
Sie gar nicht zu Gesichte?

Marquis.

Diese Briefe?

Karlos.

Du zeigtest ihm nicht alle?

[1] Die Rechtfertigung meiner Handlungsweise.

Marquis.

Wer sagt dir,
Daß ich ihm e i n e n zeigte?

Karlos (äußerst erstaunt).

Ist es möglich?
Graf Lerma.

Marquis.

D e r hat dir gesagt? – Ja, nun
Wird alles, alles offenbar! Wer konnte
Das auch voraussehn? – Lerma also? – Nein,
D e r Mann hat lügen nie gelernt. Ganz recht,
Die andern Briefe liegen bei dem König.

Karlos

(sieht ihn lange mit sprachlosem Erstaunen an).

Weswegen bin ich aber hier?

Marquis.

Zur Vorsicht,
Wenn du vielleicht zum zweitenmal versucht
Sein möchtest, eine Eboli zu deiner
Vertrauten zu erwählen.

Karlos

(wie aus einem Traume erwacht).

Ha! Nun endlich!
Jetzt seh' ich – jetzt wird alles Licht –

Marquis (geht nach der Thüre).

Wer kommt?

Zweiter Auftritt.

Herzog Alba. Die Vorigen.

Alba

(nähert sich ehrerbietig dem Prinzen, dem Marquis durch diesen ganzen Auftritt den Rücken zuwendend).

Prinz, Sie sind frei. Der König schickt mich ab,
Es Ihnen anzukündigen.

(Karlos sieht den Marquis verwundernd an. Alle schweigen still.)

Zugleich
Schätz' ich mich glücklich, Prinz, der erste sein
Zu dürfen, der die Gnade hat –

Karlos
(bemerkt beide mit äußerster Verwunderung. Nach einer Pause zum Herzog).
Ich werde
Gefangen eingesetzt und frei erklärt,
Und ohne mir bewußt zu sein, warum
Ich beides werde?

Alba.
Aus Versehen, Prinz,
So viel ich weiß, zu welchem irgend ein
– Betrüger den Monarchen hingerissen.

Karlos.
Doch aber ist es auf Befehl des Königs,
Daß ich mich hier befinde?

Alba.
Ja, durch ein
Versehen Seiner Majestät.

Karlos.
Das thut
Mir wirklich leid. – Doch, wenn der König sich
Versieht, kommt es dem König zu, in eigner
Person den Fehler wieder zu verbessern.
(Er sucht die Augen des Marquis und beobachtet eine stolze Herabsetzung gegen den Herzog.)
Man nennt mich hier Don Philipps Sohn. Die Augen
Der Lästerung und Neugier ruhn auf mir.
Was Seine Majestät aus Pflicht gethan,
Will ich nicht scheinen ihrer Huld zu danken.
Sonst bin ich auch bereit, vor dem Gerichte
Der Kortes mich zu stellen – meinen Degen
Nehm' ich aus solcher Hand nicht an.

Alba.
Der König
Wird keinen Anstand nehmen, Eurer Hoheit
Dies billige Verlangen zu gewähren,
Wenn Sie vergönnen wollen, daß ich Sie
Zu ihm begleiten darf –

Karlos.
Ich bleibe hier,
Bis mich der König oder sein Madrid

Aus diesem Kerker führen. Bringen Sie
Ihm diese Antwort.
(Alba entfernt sich. Man sieht ihn noch eine Zeitlang im Vorhofe verweilen und Befehle austeilen.)

Dritter Auftritt.

Karlos und **Marquis von Posa.**

Karlos
(nachdem der Herzog hinaus ist, voll Erwartung und Erstaunen zum Marquis).
Was ist aber das?
Erkläre mir's! Bist du denn nicht Minister?

Marquis.
Ich bin's gewesen, wie du siehst.
(Auf ihn zugehend, mit großer Bewegung.)
O Karl,
Es hat gewirkt. Es hat. Es ist gelungen.
Jetzt ist's gethan. Gepriesen sei die Allmacht,
Die es gelingen ließ!

Karlos.
Gelingen? Was?
Ich fasse deine Worte nicht.

Marquis (ergreift seine Hand).
Du bist
Gerettet, Karl – bist frei – und ich – (Er hält inne.)

Karlos.
Und du?

Marquis.
Und ich – ich drücke dich an meine Brust
Zum erstenmal mit vollem, ganzem Rechte;
Ich hab' es ja mit allem, allem, was
Mir teuer ist, erkauft. – O Karl, wie süß,
Wie groß ist dieser Augenblick! Ich bin
Mit mir zufrieden.

Karlos.
Welche plötzliche
Veränderung in deinen Zügen? So
Hab' ich dich nie gesehen. Stolzer hebt
Sich deine Brust, und deine Blicke leuchten.

Marquis.

Wir müssen Abschied nehmen, Karl. Erschrick nicht.
O, sei ein Mann. Was du auch hören wirst,
Versprich mir, Karl, nicht durch unbänd'gen Schmerz,
Unwürdig großer Seelen, diese Trennung
Mir zu erschweren. – Du verlierst mich, Karl –
Auf viele Jahre – Thoren nennen es
Auf ewig.

(Karlos zieht seine Hand zurück, sieht ihn starr an und antwortet nichts.)

Sei ein Mann! Ich habe sehr
Auf dich gerechnet, hab' es nicht vermieden,
Die bange Stunde mit dir auszuhalten,
Die man die letzte schrecklich nennt. – Ja, soll
Ich dir's gestehen, Karl? – ich habe mich
Darauf gefreut. – Komm, laß uns niedersitzen –
Ich fühle mich erschöpft und matt.

(Er rückt nahe an Karlos, der noch immer in einer toten Erstarrung ist und sich unwillkürlich von ihm niederziehen läßt.)

Wo bist du?
Du gibst mir keine Antwort? – Ich will kurz sein.
Den Tag nachher, als wir zum letztenmal
Bei den Kartäusern uns gesehn, ließ mich
Der König zu sich fordern. Den Erfolg
Weißt du, weiß ganz Madrid. Das weißt du nicht,
Daß dein Geheimnis ihm verraten worden,
Daß Briefe, in der Königin Schatulle
Gefunden, wider dich gezeugt, daß ich
Aus seinem eignen Munde dies erfahren
Und daß – ich sein Vertrauter war.

(Er hält inne, Karlos' Antwort zu erfahren; dieser verharrt in seinem Stillschweigen.)

Ja, Karl!
Mit meinen Lippen brach ich meine Treue.
Ich selbst regierte das Komplott, das dir
Den Untergang bereitete.[1] Zu laut
Sprach schon die That.[2] Dich frei zu sprechen, war

---

[1] Gemeint ist, daß der Marquis eine Maßregel ergriff, die scheinbar das Komplott der Gegner zu vervollständigen schien, indem zu den Papieren der Königin, die jene dem König vorgelegt hatten, nun auch die des Prinzen kamen.
[2] Das Einverständnis Karlos' mit der Königin.

Zu spät.[1] Mich seiner Rache zu versichern,
War alles, was mir übrigblieb[2] – und so
Ward ich dein Feind, dir kräftiger zu dienen.
– Du hörst mich nicht?

Karlos.

Ich höre. Weiter, weiter.

Marquis.

Bis hierher bin ich ohne Schuld. Doch bald
Verraten mich die ungewohnten Strahlen
Der neuen königlichen Gunst. Der Ruf
Dringt bis zu dir, wie ich vorhergesehn.
Doch ich, von falscher Zärtlichkeit bestochen,
Von stolzem Wahn geblendet, ohne dich
Das Wagestück zu enden, unterschlage
Der Freundschaft mein gefährliches Geheimnis.
Das war die große Übereilung! Schwer
Hab' ich gefehlt. Ich weiß es. Raserei
War meine Zuversicht. Verzeih' – sie war
Auf deiner Freundschaft Ewigkeit gegründet.

(Hier schweigt er. Karlos geht aus seiner Versteinerung in lebhafte Bewegungen über.)

Was ich befürchtete, geschieht. Man läßt
Dich zittern vor erdichteten Gefahren.
Die Königin in ihrem Blut – das Schrecken
Des widerhallenden Palastes – Lermas
Unglückliche Dienstfertigkeit – zuletzt
Mein unbegreifliches Verstummen[3], alles
Bestürmt dein überraschtes Herz – du wankst –
Gibst mich verloren – doch, zu edel selbst,
An deines Freundes Redlichkeit zu zweifeln,
Schmückst du mit Größe seinen Abfall aus;
Nun erst wagst du, ihn treulos zu behaupten,
Weil du noch treulos ihn verehren darfst.

---

[1] War ohne ein solches Gegenkomplott nicht möglich.

[2] Er versicherte sich, indem er das Herz des Königs völlig gewann, daß dieser nicht ohne sein Wissen irgend eine That der Rache gegen Karlos oder Elisabeth unternahm.

[3] Die Reihenfolge dieser Aufzählung entspricht nicht genau den Thatsachen. Das Verstummen des Marquis, welches auf Karlos so beängstigend wirkte, liegt vor der Szene zwischen dem König und der Königin.

Verlassen von dem Einzigen, wirfst du
Der Fürstin Eboli dich in die Arme –
Unglücklicher! in eines Teufels Arme;
Denn diese war's, die dich verriet.

(Karlos steht auf.)

Ich sehe
Dich dahin eilen. Eine schlimme Ahnung
Fliegt durch mein Herz. Ich folge dir. Zu spät.
Du liegst zu ihren Füßen. Das Geständnis
Floh über deine Lippen schon. Für dich
Ist keine Rettung mehr –

Karlos.

Nein, nein! Sie war
Gerührt. Du irrest dich. Gewiß war sie
Gerührt.

Marquis.

Da wird es Nacht vor meinen Sinnen.
Nichts – nichts – kein Ausweg – keine Hülfe – keine
Im ganzen Umkreis der Natur! Verzweiflung
Macht mich zur Furie, zum Tier – ich setze
Den Dolch auf eines Weibes Brust. – Doch jetzt –
Jetzt fällt ein Sonnenstrahl in meine Seele.
Wenn ich den König irrte? Wenn es mir
Gelänge, selbst der Schuldige zu scheinen?
Wahrscheinlich oder nicht! – Für ihn genug,
Scheinbar genug für König Philipp, weil
Es übel ist. Es sei! Ich will es wagen.
Vielleicht ein Donner, der so unverhofft
Ihn trifft, macht den Tyrannen stutzen – und
Was will ich mehr? Er überlegt, und Karl
Hat Zeit gewonnen, nach Brabant zu flüchten.

Karlos.

Und das – das hättest du gethan?

Marquis.

Ich schreibe
An Wilhelm von Oranien, daß ich
Die Königin geliebt, daß mir's gelungen,
In dem Verdacht, der fälschlich dich gedrückt,
Des Königs Argwohn zu entgehn, daß ich

Durch den Monarchen selbst den Weg gefunden,
Der Königin mich frei zu nahn. Ich setze
Hinzu, daß ich entdeckt zu sein besorge,
Daß du, von meiner Leidenschaft belehrt,
Zur Fürstin Eboli geeilt, vielleicht
Durch ihre Hand die Königin zu warnen –
Daß ich dich hier gefangen nahm und nun,
Weil alles doch verloren, willens sei,
Nach Brüssel mich zu werfen. – Diesen Brief –

Karlos.
(fällt ihm erschrocken ins Wort).
Hast du der Post doch nicht vertraut? Du weißt,
Daß alle Briefe nach Brabant und Flandern –

Marquis.
Dem König ausgeliefert werden. – Wie
Die Sachen stehn, hat Taxis seine Pflicht
Bereits gethan.

Karlos.
Gott, so bin ich verloren!

Marquis.
Du? Warum du?

Karlos.
Unglücklicher, und du
Bist mit verloren. Diesen ungeheuern
Betrug kann dir mein Vater nicht vergeben.
Nein! den vergibt er nimmermehr!

Marquis.
Betrug?
Du bist zerstreut. Besinne dich. Wer sagt ihm,
Daß es Betrug gewesen?

Karlos
(sieht ihm starr ins Gesicht).
Wer, fragst du?
Ich selbst.

(Er will fort.)

Marquis.
Du rasest. Bleib' zurück!

Karlos.
Weg, weg!
Um Gotteswillen! Halte mich nicht auf!

Indem ich hier verweile, dingt er schon
Die Mörder.

Marquis.

Desto edler ist die Zeit.
Wir haben uns noch viel zu sagen.

Karlos.

Was?
Eh' er noch alles –

(Er will wieder fort. Der Marquis nimmt ihn beim Arme und sieht ihn bedeutend an.)

Marquis.

Höre, Karlos – war
Ich auch so eilig, so gewissenhaft,
Da du für mich geblutet hast – ein Knabe?

Karlos

(bleibt gerührt und voll Bewunderung vor ihm stehen).

O gute Vorsicht!

Marquis.

Rette dich für Flandern!
Das Königreich ist dein Beruf. Für dich
Zu sterben, war der meinige.

Karlos

(geht auf ihn zu und nimmt ihn bei der Hand, voll der innigsten Empfindung).

Nein! nein!
Er wird – er kann nicht widerstehn! So vieler
Erhabenheit nicht widerstehn! – Ich will
Dich zu ihm führen. Arm in Arme wollen
Wir zu ihm gehen. „Vater", will ich sagen,
„Das hat ein Freund für seinen Freund gethan."
Es wird ihn rühren. Glaube mir, er ist
Nicht ohne Menschlichkeit, mein Vater. Ja!
Gewiß, es wird ihn rühren. Seine Augen werden
Von warmen Thränen übergehn, und dir
Und mir wird er verzeihn –

(Es geschieht ein Schuß durch die Gitterthüre. Karlos springt auf.)

Ha! Wem galt das?

Marquis.

Ich glaube – mir.

(Er sinkt nieder.)

Karlos

(fällt mit einem Schrei des Schmerzes neben ihm zu Boden).

O himmlische
Barmherzigkeit!

Marquis (mit brechender Stimme).

Er ist geschwind – der König –
Ich hoffte – länger – denk' auf deine Rettung –
Hörst du? – auf deine Rettung – deine Mutter
Weiß alles – ich kann nicht mehr –

(Karlos bleibt wie tot bei dem Leichnam liegen. Nach einiger Zeit tritt der König herein, von vielen Granden begleitet, und fährt bei diesem Anblick betreten zurück. Eine allgemeine und tiefe Pause. Die Granden stellen sich in einen halben Kreis um diese beiden und sehen wechselsweise auf den König und seinen Sohn. Dieser liegt noch ohne alle Zeichen des Lebens. – Der König betrachtet ihn mit nachdenkender Stille.)

Vierter Auftritt.

Der König. Karlos. Die Herzoge von Alba, Feria und **Medina Sidonia. Der Prinz von Parma. Graf Lerma. Domingo** und viele Granden.

König (mit gütigem Ton).

Deine Bitte
Hat stattgefunden, mein Infant. Hier bin ich,
Ich selbst mit allen Großen meines Reichs,
Dir Freiheit anzukündigen.

(Karlos blickt auf und sieht um sich her, wie einer, der aus dem Traum erwacht. Seine Augen heften sich bald auf den König, bald auf den Toten. Er antwortet nicht.)

Empfange
Dein Schwert zurück. Man hat zu rasch verfahren.

(Er nähert sich ihm, reicht ihm die Hand und hilft ihm sich aufrichten.)

Mein Sohn ist nicht an seinem Platz. Steh auf.
Komm in die Arme deines Vaters!

Karlos

(empfängt ohne Bewußtsein die Arme des Königs – besinnt sich aber plötzlich, hält inne und sieht ihn genauer an).

Dein
Geruch ist Mord. Ich kann dich nicht umarmen.

(Er stößt ihn zurück, alle Granden kommen in Bewegung.)

Nein! Steht nicht so betroffen da! Was hab'
Ich Ungeheures denn gethan? Des Himmels
Gesalbten angetastet? Fürchtet nichts.

Ich lege keine Hand an ihn. Seht ihr
Das Brandmal nicht an seiner Stirne? Gott
Hat ihn gezeichnet.

König (bricht schnell auf).
Folgt mir, meine Granden!

Karlos.
Wohin? Nicht von der Stelle, Sire –
(Er hält ihn gewaltsam mit beiden Händen und bekommt mit der einen das Schwert zu fassen, das der König mitgebracht hat. Es fährt aus der Scheide.)

König.
Das Schwert
Gezückt auf deinen Vater?

Alle anwesende Granden
(ziehen die ihrigen).
Königsmord!

Karlos
(den König fest an der einen Hand, das bloße Schwert in der andern).
Steckt eure Schwerter ein! Was wollt ihr? Glaubt
Ihr, ich sei rasend? Nein, ich bin nicht rasend.
Wär' ich's, so thatet *ihr* nicht gut, mich zu
Erinnern, daß auf meines Schwertes Spitze
Sein Leben schwebt. Ich bitte, haltet euch
Entfernt. Verfassungen wie meine wollen
Geschmeichelt sein – drum bleibt zurück! Was ich
Mit diesem König abzumachen habe,
Geht euren Leheneid nichts an. Seht nur,
Wie seine Finger bluten! Seht ihn recht an!
Seht ihr? O seht auch hieher – *das* hat er
Gethan, der große Künstler!

König
(zu den Granden, welche sich besorgt um ihn herumdrängen wollen).
Tretet alle
Zurück. Wovor erzittert ihr? – Sind wir
Nicht Sohn und Vater? Ich will doch erwarten,
Zu welcher Schandthat die Natur –

Karlos.
Natur?
Ich weiß von keiner. Mord ist jetzt die Losung.
Der Menschheit Bande sind entzwei. Du selbst

Hast sie zerrissen, Sire, in deinen Reichen.
Soll ich verehren, was du höhnst? – O seht!
Seht hieher! Es ist noch kein Mord geschehen
Als heute. – Gibt es keinen Gott? Was? Dürfen
In seiner Schöpfung Könige so hausen?
Ich frage, gibt es keinen Gott? Solange Mütter
Geboren haben, ist nur einer – einer
So unverdient gestorben. – Weißt du auch,
Was du gethan hast? – Nein, er weiß es nicht,
Weiß nicht, daß er ein Leben hat gestohlen
Aus dieser Welt, das wichtiger und edler
Und teurer war als er mit seinem ganzen
Jahrhundert.

König (mit gelindem Tone).

Wenn ich allzu rasch gewesen,
Geziemt es dir, für den ich es gewesen,
Mich zur Verantwortung zu ziehen?

Karlos.

Wie?
Ist's möglich? Sie erraten nicht, wer mir
Der Tote war? – O, sagt es ihm – helft seiner
Allwissenheit das schwere Rätsel lösen.
Der Tote war mein Freund – und wollt ihr wissen,
Warum er starb? Für mich ist er gestorben.

König.

Ha, meine Ahnung!

Karlos.

Blutender, vergib,
Daß ich vor solchen Ohren es entweihe!
Doch dieser große Menschenkenner sinke
Vor Scham dahin, daß seine graue Weisheit
Der Scharfsinn eines Jünglings überlistet.
Ja, Sire, wir waren Brüder! Brüder durch
Ein edler Band, als die Natur es schmiedet.
Sein schöner Lebenslauf war Liebe. Liebe
Für mich sein großer, schöner Tod. Mein war er,
Als Sie mit seiner Achtung großgethan,
Als seine scherzende Beredsamkeit
Mit Ihrem stolzen Riesengeiste spielte.

Ihn zu beherrschen wähnten Sie – und waren
Ein folgsam Werkzeug seiner höhern Plane.
Daß ich gefangen bin, war seiner Freundschaft
Durchdachtes Werk. Mich zu erretten, schrieb
Er an Oranien den Brief. – O Gott,
Er war die erste Lüge seines Lebens!
Mich zu erretten, warf er sich dem Tod,
Den er erlitt, entgegen. Sie beschenkten ihn
Mit Ihrer Gunst – er starb für mich. Ihr Herz
Und Ihre Freundschaft drangen Sie ihm auf,
Ihr Zepter war das Spielwerk seiner Hände;
Er warf es hin und starb für mich!

(Der König steht ohne Bewegung, den Blick starr auf den Boden geheftet. Alle Granden sehen betreten und furchtsam auf ihn.)

Und war
Es möglich? Dieser groben Lüge konnten
Sie Glauben schenken? Wie gering mußt' er
Sie schätzen, da er's unternahm, bei Ihnen
Mit diesem plumpen Gaukelspiel zu reichen!
Um seine Freundschaft wagten Sie zu buhlen
Und unterlagen dieser leichten Probe!
O, nein – nein, das war nichts für Sie! Das war
Kein Mensch für Sie! Das wußt' er selbst recht gut,
Als er mit allen Kronen Sie verstoßen.
Dies feine Saitenspiel zerbrach in Ihrer
Metall'nen Hand. Sie konnten nichts, als ihn
Ermorden.

Alba

(hat den König bis jetzt nicht aus den Augen gelassen und mit sichtbarer Unruhe die Bewegungen beobachtet, welche in seinem Gesichte arbeiten. Jetzt nähert er sich ihm furchtsam).

Sire – nicht diese Totenstille. Sehen
Sie um sich! Reden Sie mit uns.

Karlos.

Sie waren
Ihm nicht gleichgültig. Seinen Anteil hatten
Sie längst. Vielleicht! er hätte Sie noch glücklich
Gemacht. Sein Herz war reich genug, Sie selbst
Von seinem Überflusse zu vergnügen[1].

---

[1] Vgl. S. 72, Anm. 1.

Die Splitter seines Geistes hätten Sie
Zum Gott gemacht. Sich selber haben Sie
Bestohlen. – Was werden
Sie bieten, eine Seele zu erstatten,
Wie diese war?

(Ein tiefes Schweigen. Viele von den Granden sehen weg oder verhüllen das Gesicht in ihren Mänteln.)

O, die ihr hier versammelt steht und vor Entsetzen
Und vor Bewunderung verstummt – verdammet
Den Jüngling nicht, der diese Sprache gegen
Den Vater und den König führt. – Seht hieher!
Für mich ist er gestorben! Habt ihr Thränen?
Fließt Blut, nicht glühend Erz, in euren Adern?
Seht hieher und verdammt mich nicht!

(Er wendet sich zum König mit mehr Fassung und Gelassenheit.)

Vielleicht
Erwarten Sie, wie diese unnatürliche Geschichte
Sich enden wird? – Hier ist mein Schwert. Sie sind
Mein König wieder. Denken Sie, daß ich
Vor Ihrer Rache zitt're? Morden Sie
Mich auch, wie Sie den Edelsten gemordet,
Mein Leben ist verwirkt. Ich weiß. Was ist
Mir jetzt das Leben? Hier entsag' ich allem,
Was mich auf dieser Welt erwartet. Suchen
Sie unter Fremdlingen sich einen Sohn –
Da liegen meine Reiche –

(Er sinkt an dem Leichnam nieder und nimmt an dem Folgenden keinen Anteil mehr. Man hört unterdessen von ferne ein verworrenes Getöse von Stimmen und ein Gedränge vieler Menschen. Um den König herum ist eine tiefe Stille. Seine Augen durchlaufen den ganzen Kreis, aber niemand begegnet seinen Blicken.)

König.

Nun? Will niemand
Antworten? – Jeder Blick am Boden – jedes
Gesicht verhüllt! – Mein Urteil ist gesprochen.
In diesen stummen Mienen les' ich es
Verkündigt. Meine Unterthanen haben mich
Gerichtet.

(Das vorige Stillschweigen. – Der Tumult kommt näher und wird lauter. Durch die umstehenden Granden läuft ein Gemurmel, sie geben sich untereinander verlegene Winke; Graf Lerma stößt endlich leise den Herzog von Alba an.)

Lerma.

Wahrlich, das ist Sturm!

Alba (leise).

So fürcht' ich.

Lerma.

Man dringt herauf. Man kommt.

Fünfter Auftritt.

Ein Offizier von der Leibwache. Die Vorigen.

Offizier (dringend).

Rebellion!
Wo ist der König?

(Er arbeitet sich durch die Menge und dringt bis zum König.)

Ganz Madrid in Waffen!
Zu Tausenden umringt der wütende
Soldat, der Pöbel den Palast. Prinz Karlos,
Verbreitet man, sei in Verhaft genommen,
Sein Leben in Gefahr. Das Volk will ihn
Lebendig sehen oder ganz Madrid
In Flammen aufgehn lassen.

Alle Granden (in Bewegung).

Rettet! rettet
Den König!

Alba

(zum König, der ruhig und unbeweglich steht).

Flüchten Sie sich, Sire – es hat
Gefahr. – Noch wissen wir nicht, wer
Den Pöbel waffnet –

König

(erwacht aus seiner Betäubung, richtet sich auf und tritt mit Majestät unter sie).

Steht mein Thron noch?
Bin ich noch König dieses Landes? – Nein.
Ich bin es nicht mehr. Diese Memmen weinen,
Von einem Knaben weich gemacht. Man wartet
Nur auf die Losung, von mir abzufallen.
Ich bin verraten von Rebellen.

Alba.

Sire,
Welch fürchterliche Phantasie!

König.

Dorthin!
Dort werft euch nieder! vor dem blühenden,
Dem jungen König werft euch nieder! – Ich
Bin nichts mehr – ein ohnmächt'ger Greis!

Alba.

Dahin
Ist es gekommen! – Spanier!

(Alle drängen sich um den König herum und knien mit gezogenen Schwertern vor ihm nieder. Karlos bleibt allein und von allen verlassen bei dem Leichnam.)

König

(reißt seinen Mantel ab und wirft ihn von sich).

Bekleidet
Ihn mit dem königlichen Schmuck. – Auf meiner
Zertret'nen Leiche tragt ihn –

(Er bleibt ohnmächtig in Albas und Lermas Armen.)

Lerma.

Hülfe! Gott!

Feria.

Gott! welcher Zufall!

Lerma.

Er ist von sich.

Alba

(läßt den König in Lermas und Ferias Händen).

Bringen
Sie ihn zu Bette! Unterdessen geb' ich
Madrid den Frieden.

(Er geht ab. Der König wird weggetragen, und alle Granden begleiten ihn.)

Sechster Auftritt.

Karlos bleibt allein bei dem Leichnam zurück. Nach einigen Augenblicken erscheint **Ludwig Merkado**, sieht sich schüchtern um und steht eine Zeitlang stillschweigend hinter dem Prinzen, der ihn nicht bemerkt.

Merkado.

Ich komme
Von Ihrer Majestät der Königin.

(Karlos sieht wieder weg und gibt ihm keine Antwort.)

Mein Name ist Merkado – ich bin Leibarzt

Bei Ihrer Majestät – und hier ist meine
Beglaubigung.
(Er zeigt dem Prinzen einen Siegelring. – Dieser verharrt in seinem Stillschweigen.)
Die Königin wünscht sehr,
Sie heute noch zu sprechen – wichtige
Geschäfte –

Karlos.
Wichtig ist mir nichts mehr
Auf dieser Welt.

Merkado.
Ein Auftrag, sagte sie,
Den Marquis Posa hinterlassen –

Karlos (steht schnell auf).
Was?
Sogleich.
(Er will mit ihm gehen.)

Merkado.
Nein, jetzt nicht, gnäd'ger Prinz. Sie müssen
Die Nacht erwarten. Jeder Zugang ist
Besetzt, und alle Wachen dort verdoppelt.[1]
Unmöglich ist es, diesen Flügel des
Palastes ungesehen zu betreten.
Sie würden alles wagen –

Karlos.
Aber –

Merkado.
Nur
Ein Mittel, Prinz, ist höchstens noch vorhanden –
Die Königin hat es erdacht. Sie legt
Es Ihnen vor. – Doch es ist kühn und seltsam
Und abenteuerlich.

Karlos.
Das ist?

Merkado.
Schon längst
Geht eine Sage, wie Sie wissen, daß
Um Mitternacht in den gewölbten Gängen

[1] Wie es III, 2 angeordnet worden war.

Der königlichen Burg in Mönchsgestalt
Der abgeschied'ne Geist des Kaisers wandle.
Der Pöbel glaubt an dies Gerücht, die Wachen
Beziehen nur mit Schauer diesen Posten.
Wenn Sie entschlossen sind, sich dieser
Verkleidung zu bedienen, können Sie
Durch alle Wachen frei und unversehrt
Bis zum Gemach der Königin gelangen,
Das dieser Schlüssel öffnen wird. Vor jedem Angriff
Schützt Sie die heilige Gestalt. Doch auf
Der Stelle, Prinz, muß ihr Entschluß gefaßt sein.
Das nöt'ge Kleid, die Maske finden Sie
In Ihrem Zimmer. Ich muß eilen, Ihrer Majestät
Antwort zu bringen.

Karlos.

Und die Zeit?

Merkado.

Die Zeit
Ist zwölf Uhr.

Karlos.

Sagen Sie ihr, daß sie mich
Erwarten könne.

(Merkado geht ab.)

Siebenter Auftritt.

Karlos. Graf Lerma.

Lerma.

Retten Sie sich, Prinz.
Der König wütet gegen Sie. Ein Anschlag
Auf Ihre Freiheit – wo nicht auf Ihr Leben.
Befragen Sie mich weiter nicht. Ich habe
Mich weggestohlen, Sie zu warnen. Fliehen
Sie ohne Aufschub!

Karlos.

Ich bin in den Händen
Der Allmacht.

Lerma.

Wie die Königin mich eben
Hat merken lassen, sollen Sie noch heute
Madrid verlassen und nach Brüssel flüchten.
Verschieben Sie es nicht, ja nicht! Der Aufruhr
Begünstigt Ihre Flucht. In dieser Absicht
Hat ihn die Königin veranlaßt. Jetzt
Wird man sich nicht erkühnen, gegen Sie
Gewalt zu brauchen. Im Kartäuserkloster
Erwartet Sie die Post, und hier sind Waffen,
Wenn Sie gezwungen sollten sein –

(Er gibt ihm einen Dolch und Terzerolen.)

Karlos.

Dank, Dank,
Graf Lerma!

Lerma.

Ihre heutige Geschichte
Hat mich im Innersten gerührt. So liebt
Kein Freund mehr! Alle Patrioten weinen
Um Sie. Mehr darf ich jetzt nicht sagen.

Karlos.

Graf Lerma! Dieser Abgeschied'ne nannte
Sie einen edlen Mann.

Lerma.

Noch einmal, Prinz!
Reisen Sie glücklich. Schön're Zeiten werden kommen;
Dann aber werd' ich nicht mehr sein. Empfangen
Sie meine Huldigung schon hier.

(Er läßt sich auf ein Knie vor ihm nieder.)

Karlos

(will ihn zurückhalten. Sehr bewegt).

Nicht also –
Nicht also, Graf – Sie rühren mich – ich möchte
Nicht gerne weich sein –

Lerma

(küßt seine Hand mit Empfindung).

König meiner Kinder!
O, meine Kinder werden sterben dürfen
Für Sie. Ich darf es nicht. Erinnern Sie sich meiner

In meinen Kindern. – Kehren Sie in Frieden
Nach Spanien zurücke. Seien Sie
Ein Mensch auf König Philipps Thron. Sie haben
Auch Leiden kennen lernen. Unternehmen Sie
Nichts Blut'ges gegen Ihren Vater! Ja
Nichts Blutiges, mein Prinz! Philipp der Zweite
Zwang Ihren Ältervater, von dem Thron
Zu steigen[1]. – Dieser Philipp zittert heute
Vor seinem eignen Sohn! *Daran* gedenken
Sie, Prinz – und so geleite Sie der Himmel!

(Er geht schnell weg. Karlos ist im Begriff, auf einem andern Wege fortzueilen, kehrt aber plötzlich um und wirft sich vor dem Leichnam des Marquis nieder, den er noch einmal in seine Arme schließt. Dann verläßt er schnell das Zimmer.)

Vorzimmer des Königs.

Achter Auftritt.

Ein Gedränge vieler Granden. Es ist Abend und Lichter werden angezündet. **Herzog von Alba** und **Herzog von Feria** kommen im Gespräch.

Alba.

Die Stadt ist ruhig. Wie verließen Sie
Den König?

Feria.

In der fürchterlichsten Laune.
Er hat sich eingeschlossen. Was sich auch
Ereignen würde, keinen Menschen will
Er vor sich lassen. Die Verräterei
Des Marquis hat auf einmal seine ganze
Natur verändert. Wir erkennen ihn
Nicht mehr.

Alba.

Ich muß zu ihm. Ich kann ihn diesmal
Nicht schonen. Eine wichtige Entdeckung,
Die eben jetzt gemacht wird –

Feria.

Eine neue
Entdeckung?

[1] Wirklich soll Philipp seinen Vater zur Abdankung im Königreich Spanien gedrängt haben, nachdem dieser in Burgund und Italien seine Herrschaft schon niedergelegt hatte.

Alba.

Ein Kartäusermönch, der in
Des Prinzen Zimmer heimlich sich gestohlen
Und mit verdächt'ger Wißbegier den Tod
Des Marquis Posa sich erzählen lassen,
Fällt meinen Wachen auf. Man hält ihn an.
Man untersucht. Die Angst des Todes preßt
Ihm ein Geständnis aus, daß er Papiere
Von großem Werte bei sich trage, die
Ihm der Verstorb'ne anbefohlen, in
Des Prinzen Hand zu übergeben – wenn
Er sich vor Sonnenuntergang nicht mehr
Ihm zeigen würde.

Feria.

Nun?

Alba.

Die Briefe lauten,
Daß Karlos binnen Mitternacht und Morgen
Madrid verlassen soll.

Feria.

Was?

Alba.

Daß ein Schiff
In Cadix segelfertig liege, ihn
Nach Vlissingen zu bringen – daß die Staaten
Der Niederlande seiner nur erwarten,
Die span'sche Ketten abzuwerfen.

Feria.

Ha!
Was ist das?

Alba.

Andre Briefe melden,
Daß eine Flotte Solimans bereits
Von Rhodus ausgelaufen – den Monarchen
Von Spanien laut des geschloss'nen Bundes
Im Mittelländ'schen Meere anzugreifen.

Feria.

Ist's möglich?

Alba.

Eben diese Briefe lehren
Die Reisen mich verstehn, die der Malteser
Durch ganz Europa jüngst gethan. Es galt
Nichts Kleineres als alle nord'schen Mächte
Für der Flamänder Freiheit zu bewaffnen.

Feria.

Das war er![1]

Alba.

Diesen Briefen endlich folgt
Ein ausgeführter Plan des ganzen Krieges,
Der von der span'schen Monarchie auf immer
Die Niederlande trennen soll. Nichts, nichts
Ist übersehen, Kraft und Widerstand
Berechnet, alle Quellen, alle Kräfte
Des Landes pünktlich angegeben, alle
Maximen, welche zu befolgen, alle
Bündnisse, die zu schließen. Der Entwurf
Ist teuflisch, aber wahrlich – göttlich.

Feria.

Welch undurchdringlicher Verräter!

Alba.

Noch
Beruft man sich in diesem Brief auf eine
Geheime Unterredung, die der Prinz
Am Abend seiner Flucht mit seiner Mutter
Zu stande bringen sollte.

Feria.

Wie? Das wäre
Ja heute.

Alba.

Diese Mitternacht. Auch hab' ich
Für diesen Fall Befehle schon gegeben.
Sie sehen, daß es dringt. Kein Augenblick
Ist zu verlieren. – Öffnen Sie das Zimmer
Des Königs.

Feria.

Nein! Der Eintritt ist verboten.

[1] Darin erkennt man seinen kühnen Geist wieder.

Alba.

So öffn' ich selbst – die wachsende Gefahr
Rechtfertigt diese Kühnheit –

(Wie er gegen die Thüre geht, wird sie geöffnet, und der König tritt heraus.)

Feria.

Ha, er selbst!

Neunter Auftritt.

König zu den **Vorigen.**

(Alle erschrecken über seinen Anblick, weichen zurück und lassen ihn ehrerbietig mitten durch. Er kommt in einem wachen Traume wie eines Nachtwandlers. – Sein Anzug und seine Gestalt zeigen noch die Unordnung, worein ihn die gehabte Ohnmacht versetzt hat. Mit langsamen Schritten geht er an den anwesenden Granden vorbei, sieht jeden starr an, ohne einen einzigen wahrzunehmen. Endlich bleibt er gedankenvoll stehen, die Augen zur Erde gesenkt, bis seine Gemütsbewegung nach und nach laut wird.)

König.

Gib diesen Toten mir heraus![1] Ich muß
Ihn wieder haben.

Domingo (leise zum Herzog von Alba).

Reden Sie ihn an.

König (wie oben).

Er dachte klein von mir und starb. Ich muß
Ihn wieder haben. Er muß anders von
Mir denken.

Alba (nähert sich mit Furcht).

Sire –

König.

Wer redet hier?

(Er sieht lange im ganzen Kreise herum.)

Hat man
Vergessen, wer ich bin? Warum nicht auf
Den Knieen vor mir, Kreatur? Noch bin
Ich König. Unterwerfung will ich sehen.
Setzt alles mich hintan, weil einer mich
Verachtet hat?

Alba.

Nichts mehr von ihm, mein König!

---

[1] Angeredet ist die Ewigkeit oder das Grab.

Ein neuer Feind, bedeutender als dieser,
Steht auf im Herzen Ihres Reichs.

Feria.

Prinz Karlos –

König.

Er hatte einen Freund, der in den Tod
Gegangen ist für ihn – für ihn! Mit mir
Hätt' er ein Königreich geteilt! – Wie er
Auf mich heruntersah! So stolz sieht man
Von Thronen nicht herunter. War's nicht sichtbar,
Wie viel er sich mit der Erob'rung wußte?
Was er verlor, gestand sein Schmerz. So wird
Um nichts Vergängliches geweint. – Daß er noch lebte!
Ich gäb' ein Indien dafür. Trostlose Allmacht,
Die nicht einmal in Gräber ihren Arm
Verlängern, eine kleine Übereilung
Mit Menschenleben nicht verbessern kann!
Die Toten stehen nicht mehr auf. Wer darf
Mir sagen, daß ich glücklich bin? Im Grabe
Wohnt einer, der mir Achtung vorenthalten.
Was gehn die Lebenden mich an? Ein Geist,
Ein freier Mann stand auf in diesem ganzen
Jahrhundert – einer – er verachtet mich
Und stirbt.

Alba.

So lebten wir umsonst! – Laßt uns
Zu Grabe gehen, Spanier! Auch noch
Im Tode raubt uns dieser Mensch das Herz
Des Königs!

König.

(Er setzt sich nieder, den Kopf auf den Arm gestützt.)

Wär' er mir also gestorben!
Ich hab' ihn lieb gehabt, sehr lieb. Er war
Mir teuer wie ein Sohn. In diesem Jüngling
Ging mir ein neuer, schön'rer Morgen auf.
Wer weiß, was ich ihm aufbehalten! Er
War meine erste Liebe. Ganz Europa
Verfluche mich! Europa mag mir fluchen.
Von diesem hab' ich Dank verdient.

Domingo.

Durch welche
Bezauberung –

König.

Und wem bracht' er dies Opfer?
Dem Knaben, meinem Sohne? Nimmermehr.
Ich glaub' es nicht. Für einen Knaben stirbt
Ein Posa nicht. Der Freundschaft arme Flamme
Füllt eines Posa Herz nicht aus. Das schlug
Der ganzen Menschheit. Seine Neigung war
Die Welt mit allen kommenden Geschlechtern.
Sie zu vergnügen[1] fand er einen Thron –
Und geht vorüber? Diesen Hochverrat
An seiner Menschheit sollte Posa sich
Vergeben? Nein. Ich kenn' ihn besser. Nicht
Den Philipp opfert er dem Karlos, nur
Den alten Mann dem Jüngling, seinem Schüler.
Des Vaters untergeh'nde Sonne lohnt[2]
Das neue Tagwerk nicht mehr. Das verspart man
Dem nahen Aufgang seines Sohns. – O, es ist klar!
Auf meinen Hintritt wird gewartet.

Alba.

Lesen Sie
In diesen Briefen die Bekräftigung.

König (steht auf).

Er könnte sich verrechnet haben. Noch,
Noch bin ich. Habe Dank, Natur. Ich fühle
In meinen Sehnen Jünglingskraft. Ich will
Ihn zum Gelächter machen. Seine Tugend
Sei eines Träumers Hirngespinst gewesen.
Er sei gestorben als ein Thor. Sein Sturz
Erdrücke seinen Freund und sein Jahrhundert!
Laß sehen, wie man mich entbehrt. Die Welt
Ist noch auf einen Abend mein. Ich will
Ihn nützen, diesen Abend, daß nach mir
Kein Pflanzer mehr in zehen Menschenaltern
Auf dieser Brandstatt ernten soll. Er brachte

[1] Vgl. V. 4828 u. S. 72, Anm. 1.
[2] Vgl. dasselbe Bild, S. 206, Anm. 1 und 2, sowie unten Vers 5083.

Der Menschheit, seinem Götzen, mich zum Opfer;
Die Menschheit büße mir für ihn! – Und jetzt –
Mit seiner Puppe fang' ich an.

(Zum Herzog von Alba.)

Was war's
Mit dem Infanten? Wiederholt es mir. Was lehren
Mich diese Briefe?

Alba.

Diese Briefe, Sire,
Enthalten die Verlassenschaft des Marquis
Von Posa an Prinz Karl.

König

(durchläuft die Papiere, wobei er von allen Umstehenden scharf beobachtet wird. Nachdem er eine Zeitlang gelesen, legt er sie weg und geht stillschweigend durch das Zimmer).

Man rufe mir
Den Inquisitor Kardinal. Ich lass'
Ihn bitten, eine Stunde mir zu schenken.

(Einer von den Granden geht hinaus. Der König nimmt die Papiere wieder, liest fort und legt sie abermals weg.)

In dieser Nacht also?

Taxis.

Schlag zwei Uhr soll
Die Post vor dem Kartäuserkloster halten.

Alba.

Und Leute, die ich ausgesendet, sahen
Verschied'nes Reis'geräte, an dem Wappen
Der Krone kenntlich, nach dem Kloster tragen.

Feria.

Auch sollen große Summen auf den Namen
Der Königin bei maurischen Agenten
Betrieben worden sein, in Brüssel zu
Erheben.

König.

Wo verließ man den Infanten?

Alba.

Beim Leichnam des Maltesers.

König.

Ist noch Licht im Zimmer
Der Königin?

Alba.

Dort ist alles still. Auch hat
Sie ihre Kammerfrauen zeitiger,
Als sonsten zu geschehen pflegt, entlassen.
Die Herzogin von Arkos, die zuletzt
Aus ihrem Zimmer ging, verließ sie schon
In tiefem Schlafe.

Ein Offizier von der Leibwache tritt herein, zieht den Herzog von Feria auf die Seite und spricht leise mit ihm. Dieser wendet sich betreten zum Herzog von Alba, andre drängen sich hinzu, und es entsteht ein Gemurmel.

Feria, Taxis, Domingo (zugleich).

Sonderbar!

König.

Was gibt es?

Feria.

Eine Nachricht, Sire, die kaum
Zu glauben ist –

Domingo.

Zween Schweizer, die soeben
Von ihrem Posten kommen, melden – es
Ist lächerlich, es nachzusagen.

König.

Nun?

Alba.

Daß in dem linken Flügel des Palasts
Der Geist des Kaisers sich erblicken lassen
Und mit beherztem, feierlichem Schritt an ihnen
Vorbeigegangen. Eben diese Nachricht
Bekräft'gen alle Wachen, die durch diesen
Pavillon verbreitet stehn, und setzen
Hinzu, daß die Erscheinung in den Zimmern
Der Königin verschwunden.

König.

Und in welcher
Gestalt erschien er?

Offizier.

In dem nämlichen
Gewand, das er zum letztenmal in Justi
Als Hieronymitermönch getragen.

König.
Als Mönch? Und also haben ihn die Wachen
Im Leben noch gekannt? Denn woher wußten
Sie sonst, daß es der Kaiser war?

Offizier.
Daß es
Der Kaiser müsse sein, bewies das Zepter,
Das er in Händen trug.

Domingo.
Auch will man ihn
Schon öfters, wie die Sage geht, in dieser
Gestalt gesehen haben.

König.
Angeredet hat
Ihn niemand?

Offizier.
Niemand unterstand sich.
Die Wachen sprachen ihr Gebet und ließen
Ihn ehrerbietig mitten durch.

König.
Und in den Zimmern
Der Königin verlor sich die Erscheinung?

Offizier.
Im Vorgemach der Königin.

(Allgemeines Stillschweigen.)

König (wendet sich schnell um).
Wie sagt ihr?

Alba.
Sire, wir sind stumm.

König
(nach einigem Besinnen zu dem Offizier).
Laßt meine Garden unter
Die Waffen treten und jedweden Zugang
Zu diesem Flügel sperren. Ich bin lüstern,
Ein Wort mit diesem Geist zu reden.

(Der Offizier geht ab. Gleich darauf ein Page.)

Page.
Sire!
Der Inquisitor Kardinal.

König (zu den Anwesenden).
Verlaßt uns.

(Der Kardinal Großinquisitor, ein Greis von neunzig Jahren und blind, auf einen Stab gestützt und von zwei Dominikanern geführt. Wie er durch ihre Reihen geht, werfen sich alle Granden vor ihm nieder und berühren den Saum seines Kleides. Er erteilt ihnen den Segen. Alle entfernen sich.)

Zehnter Auftritt.

Der König und **der Großinquisitor.**
(Ein langes Stillschweigen.)

Großinquisitor.
Steh'
Ich vor dem König?

König.
Ja.

Großinquisitor.
Ich war mir's nicht mehr
Vermutend.

König.
Ich erneure einen Auftritt
Vergang'ner Jahre. Philipp, der Infant,
Holt Rat bei seinem Lehrer.

Großinquisitor.
Rat bedurfte
Mein Zögling Karl, Ihr großer Vater, niemals.[1]

König.
Um so viel glücklicher war er. Ich habe
Gemordet, Kardinal, und keine Ruhe –

Großinquisitor.
Weswegen haben Sie gemordet?

König.
Ein
Betrug, der ohne Beispiel ist –

Großinquisitor.
Ich weiß ihn.

---

[1] Er war nie in einer so peinvollen Lage wie jetzt Philipp, weil er sich nie eine solche Unbesonnenheit zu schulden kommen ließ.

König.

Was wisset ihr?[1] Durch wen? Seit wann?

Großinquisitor.

Seit Jahren,
Was Sie seit Sonnenuntergang.

König (mit Befremdung).

Ihr habt
Von diesem Menschen schon gewußt?

Großinquisitor.

Sein Leben
Liegt angefangen und beschlossen in
Der Santa Casa heiligen Registern.[2]

König.

Und er ging frei herum?

Großinquisitor.

Das Seil, an dem
Er flatterte, war lang, doch unzerreißbar.

König.

Er war schon außer meines Reiches Grenzen.

Großinquisitor.

Wo er sein mochte, war ich auch.

König (geht unwillig auf und nieder).

Man wußte,
In wessen Hand ich war – Warum versäumte man,
Mich zu erinnern?

Großinquisitor.

Diese Frage geb' ich
Zurücke – Warum fragten Sie nicht an,
Da Sie in dieses Menschen Arm sich warfen?
Sie kannten ihn! Ein Blick entlarvte Ihnen
Den Ketzer. – Was vermochte Sie, dies Opfer
Dem heil'gen Amt zu unterschlagen? Spielt
Man so mit uns? Wenn sich die Majestät
Zur Hehlerin erniedrigt – hinter unserm Rücken
Mit unsern schlimmsten Feinden sich versteht,

---

[1] Die Anrede ist nachher beinahe stets du. Daher ist hier und Vers 5154 nicht der Kardinal allein, sondern die Inquisition überhaupt angeredet.

[2] Jedes Inquisitionsgericht hatte ein Verzeichnis oder Register der Personen, gegen die ein Verdacht der Ketzerei vorlag. *Santa casa* (heiliges Haus) hießen eigentlich die Gefängnisse der Inquisition, hier ist darunter der Hauptsitz des Großinquisitors verstanden.

Was wird mit uns? Darf *Einer* Gnaden finden,
Mit welchem Rechte wurden Hunderttausend
Geopfert?

König.

Er ist auch geopfert.

Großinquisitor.

Nein!
Er ist ermordet – ruhmlos! frevelhaft! Das Blut,
Das unsrer Ehre glorreich fließen sollte,
Hat eines Meuchelmörders Hand verspritzt.
Der Mensch war unser – Was befugte *Sie*,
Des Ordens heil'ge Güter anzutasten?
Durch uns zu sterben, war er da. Ihn schenkte
Der Notdurft[1] dieses Zeitenlaufes Gott,
In seines Geistes feierlicher Schändung
Die prahlende Vernunft zur Schau zu führen.
Das war mein überlegter Plan. Nun liegt
Sie hingestreckt, die Arbeit vieler Jahre!
Wir sind bestohlen, und Sie haben nichts
Als blut'ge Hände.

König.

Leidenschaft riß mich
Dahin. Vergib mir.

Großinquisitor.

Leidenschaft? – Antwortet
Mir Philipp, der Infant? Bin ich allein
Zum alten Mann geworden? – Leidenschaft!
(Mit unwilligem Kopfschütteln.)
Gib die Gewissen frei in deinen Reichen,
Wenn du in deinen Ketten gehst.

König.

Ich bin
In diesen Dingen noch ein Neuling. Habe
Geduld mit mir.

Großinquisitor.

Nein! Ich bin nicht mit Ihnen
Zufrieden. – Ihren ganzen vorigen
Regentenlauf zu lästern! Wo war damals
Der Philipp, dessen feste Seele wie

[1] Dem Bedürfnis.

Der Angelstern am Himmel unverändert
Und ewig um sich selber treibt? War eine ganze
Vergangenheit versunken hinter Ihnen?
War in dem Augenblick die Welt nicht mehr
Die nämliche, da Sie die Hand ihm boten?
Gift nicht mehr Gift? War zwischen Gut und Übel
Und Wahr und Falsch die Scheidewand gefallen?
Was ist ein Vorsatz, was Beständigkeit,
Was Männertreue, wenn in einer lauen
Minute eine sechzigjähr'ge Regel
Wie eines Weibes Laune schmilzt?

König.

Ich sah in seine Augen – Halte mir
Den Rückfall in die Sterblichkeit zu gut.
Die Welt hat einen Zugang weniger
Zu deinem Herzen. Deine Augen sind erloschen.

Großinquisitor.

Was sollte Ihnen dieser Mensch? Was konnte
Er Neues Ihnen vorzuzeigen haben,
Worauf Sie nicht bereitet waren? Kennen
Sie Schwärmersinn und Neuerung so wenig?
Der Weltverbess'rer prahlerische Sprache
Klang Ihrem Ohr so ungewohnt? Wenn das
Gebäude Ihrer Überzeugung schon
Von Worten fällt – mit welcher Stirne, muß
Ich fragen, schrieben Sie das Bluturteil
Der hunderttausend schwachen Seelen, die
Den Holzstoß für nichts Schlimmeres bestiegen?

König.

Mich lüstete nach einem Menschen. Diese
Domingo –

Großinquisitor.

Wozu Menschen? Menschen sind
Für Sie nur Zahlen, weiter nichts. Muß ich
Die Elemente der Monarchenkunst
Mit meinem grauen Schüler überhören?
Der Erde Gott verlerne zu bedürfen,
Was ihm verweigert werden kann. – Wenn Sie
Um Mitgefühle wimmern, haben Sie
Der Welt nicht Ihresgleichen zugestanden?

Und welche Rechte, möcht' ich wissen, haben
Sie aufzuweisen über Ihresgleichen?

König (wirft sich in den Sessel).

Ich bin ein kleiner Mensch, ich fühl's – Du foderst
Von dem Geschöpf, was nur der Schöpfer leistet.

Großinquisitor.

Nein, Sire. Mich hintergeht man nicht. Sie sind
Durchschaut – Uns wollten Sie entfliehen,
Des Ordens schwere Ketten drücken Sie;
Sie wollten frei und einzig sein.

(Er hält inne. Der König schweigt.)

Wir sind gerochen – Danken Sie der Kirche,
Die sich begnügt, als Mutter Sie zu strafen.
Die Wahl, die man Sie blindlings treffen lassen,
War Ihre Züchtigung. Sie sind belehrt.
Jetzt kehren Sie zu uns zurück – Stünd' ich
Nicht jetzt vor Ihnen – beim lebend'gen Gott!
Sie wären morgen so vor mir gestanden.

König.

Nicht diese Sprache! Mäßige dich, Priester!
Ich duld' es nicht. Ich kann in diesem Ton
Nicht mit mir sprechen hören.

Großinquisitor.

Warum rufen Sie
Den Schatten Samuels herauf?[1] – Ich gab
Zwei Könige dem span'schen Thron und hoffte,
Ein fest gegründet Werk zu hinterlassen.
Verloren seh' ich meines Lebens Frucht,
Don Philipp selbst erschüttert mein Gebäude.
Und jetzo, Sire – Wozu bin ich gerufen?
Was soll ich hier? – Ich bin nicht willens, diesen
Besuch zu wiederholen.

König.

Eine Arbeit noch,
Die letzte – dann magst du in Frieden scheiden.
Vorbei sei das Vergang'ne, Friede sei
Geschlossen zwischen uns – Wir sind versöhnt?

---

[1] Der Schatten Samuels, den Saul durch die Hexe von Endor heraufbeschwor (1. Sam. 28), verkündigte diesem, der Herr werde ihm das Reich entreißen, „darum, daß er der Stimme des Herrn nicht gehorchet und den Grimm seines Zornes nicht ausgerichtet habe wider Amalek".

Großinquisitor.
Wenn Philipp sich in Demut beugt.

König (nach einer Pause).
Mein Sohn
Sinnt auf Empörung.

Großinquisitor.
Was beschließen Sie?

König.
Nichts – oder alles.

Großinquisitor.
Und was heißt hier alles?

König.
Ich lass' ihn fliehen, wenn ich ihn
Nicht sterben lassen kann.

Großinquisitor.
Nun, Sire?

König.
Kannst du mir einen neuen Glauben gründen,
Der eines Kindes blut'gen Mord verteidigt?

Großinquisitor.
Die ewige Gerechtigkeit zu sühnen,
Starb an dem Holze Gottes Sohn.

König.
Du willst
Durch ganz Europa diese Meinung pflanzen?

Großinquisitor.
So weit, als man das Kreuz verehrt.

König.
Ich frevle
An der Natur – auch diese mächt'ge Stimme
Willst du zum Schweigen bringen?

Großinquisitor.
Vor dem Glauben
Gilt keine Stimme der Natur.

König.
Ich lege
Mein Richteramt in deine Hände – Kann
Ich ganz zurücke treten?

Großinquisitor.
Geben Sie
Ihn mir.

König.
Es ist mein einz'ger Sohn – Wem hab' ich
Gesammelt?

Großinquisitor.
Der Verwesung lieber als
Der Freiheit.

König (steht auf).
Wir sind einig. Kommt.

Großinquisitor.
Wohin?

König.
Aus meiner Hand das Opfer zu empfangen.
(Er führt ihn hinweg.)

Zimmer der Königin.

Letzter Auftritt.

Karlos. Die Königin. Zuletzt **der König** mit **Gefolge.**

Karlos
(in einem Mönchsgewand, eine Maske vor dem Gesichte, die er eben jetzt abnimmt, unter dem Arme ein bloßes Schwert. Es ist ganz finster. Er nähert sich einer Thüre, welche geöffnet wird. Die Königin tritt heraus im Nachtkleide mit einem brennenden Licht. Karlos läßt sich vor ihr auf ein Knie nieder).
Elisabeth!

Königin
(mit stiller Wehmut auf seinem Anblick verweilend).
So sehen wir uns wieder!

Karlos.
So sehen wir uns wieder!
(Stillschweigen.)

Königin (sucht sich zu fassen).
Stehn Sie auf. Wir wollen
Einander nicht erweichen, Karl. Nicht durch
Ohnmächt'ge Thränen will der große Tote
Gefeiert werden. Thränen mögen fließen
Für klein're Leiden! – Er hat sich geopfert
Für *Sie*! Mit seinem teuern Leben
Hat er das Ihrige erkauft – Und dieses Blut
Wär' einem Hirngespinst geflossen? – Karlos!

Ich selber habe gutgesagt für Sie.
Auf meine Bürgschaft schied er freudiger
Von hinnen. Werden Sie zur Lügnerin
Mich machen?

Karlos (mit Begeisterung).

Einen Leichenstein will ich
Ihm setzen, wie noch keinem Könige
Geworden – über seiner Asche blühe
Ein Paradies!

Königin.

So hab' ich Sie gewollt!
Das war die große Meinung seines Todes!
Mich wählte er zu seines letzten Willens
Vollstreckerin. Ich mahne Sie. Ich werde
Auf die Erfüllung dieses Eides halten.
– Und noch ein anderes Vermächtnis legte
Der Sterbende in meine Hand – ich gab ihm
Mein Wort – und – warum soll ich es verschweigen?
Er übergab mir seinen Karl – Ich trotze
Dem Schein – ich will vor Menschen nicht mehr zittern,
Will einmal kühn sein wie ein Freund. Mein Herz
Soll reden. Tugend nannt' er unsre Liebe?
Ich glaub' es ihm und will mein Herz nicht mehr –

Karlos.

Vollenden Sie nicht, Königin – Ich habe
In einem langen, schweren Traum gelegen.
Ich liebte – Jetzt bin ich erwacht. Vergessen
Sei das Vergang'ne! Hier sind Ihre Briefe
Zurück. Vernichten Sie die meinen. Fürchten
Sie keine Wallung mehr von mir. Es ist
Vorbei. Ein reines Feuer hat mein Wesen
Geläutert. Meine Leidenschaft wohnt in den Gräbern
Der Toten. Keine sterbliche Begierde
Teilt diesen Busen mehr.

(Nach einem Stillschweigen ihre Hand fassend.)

Ich kam, um Abschied
Zu nehmen – Mutter, endlich seh' ich ein,
Es *gibt* ein höher, wünschenswerter Gut,
Als dich besitzen – eine kurze Nacht
Hat meiner Jahre trägen Lauf beflügelt,

Frühzeitig mich zum Mann gereift. Ich habe
Für dieses Leben keine Arbeit mehr
Als die Erinnerung an ihn! Vorbei
Sind alle meine Ernten[1] –

(Er nähert sich der Königin, welche das Gesicht verhüllt.)

Sagen Sie
Mir gar nichts, Mutter?

Königin.

Kehren Sie sich nicht
An meine Thränen, Karl – Ich kann nicht anders –
Doch, glauben Sie mir, ich bewundre Sie.

Karlos.

Sie waren unsers Bundes einzige
Vertraute – Unter diesem Namen werden
Sie auf der ganzen Welt das Teuerste
Mir bleiben. Meine Freundschaft kann ich Ihnen
So wenig als noch gestern meine Liebe
Verschenken an ein andres Weib[2] – Doch heilig
Sei mir die königliche Witwe, führt
Die Vorsicht mich auf diesen Thron.

(**Der König,** begleitet vom **Großinquisitor** und seinen Granden, erscheint im Hintergrunde, ohne bemerkt zu werden.)

Jetzt geh' ich
Aus Spanien und sehe meinen Vater
Nicht wieder – nie in diesem Leben wieder.
Ich schätz' ihn nicht mehr. Ausgestorben ist
In meinem Busen die Natur – Sei'n Sie
Ihm wieder Gattin. Er hat einen Sohn
Verloren. Treten Sie in Ihre Pflichten
Zurück – Ich eile, mein bedrängtes Volk
Zu retten von Tyrannenhand. Madrid
Sieht nur als König oder nie mich wieder.
Und jetzt zum letzten Lebewohl! (Er küßt sie.)

Königin.

O Karl!

---

[1] Karlos kann nur meinen, daß er für sich, für sein persönliches Glück, keine Arbeit mehr habe und keine Ernten erwarte, weil eben „keine sterbliche Begierde" mehr in ihm lebe. Denn für sein Volk will er ja gerade jetzt die ernsteste Arbeit übernehmen, wenn anders über Posas Asche „ein Paradies blühen" soll.

[2] Ich kann ewig keinen teurern Freund haben als Sie, so wie ich mir gestern noch keine andere Geliebte denken konnte.

Was machen Sie aus mir? – Ich darf mich nicht
Empor zu dieser Männergröße wagen;
Doch fassen und bewundern kann ich Sie.

Karlos.

Bin ich nicht stark, Elisabeth? Ich halte
In meinen Armen Sie und wanke nicht.
Von dieser Stelle hätten mich noch gestern
Des nahen Todes Schrecken nicht gerissen.

(Er verläßt sie.)

Das ist vorbei. Jetzt trotz' ich jedem Schicksal
Der Sterblichkeit. Ich hielt Sie in den Armen
Und wankte nicht. – Still! Hörten Sie nicht etwas?

(Eine Uhr schlägt.)

Königin.

Nichts hör' ich als die fürchterliche Glocke,
Die uns zur Trennung lautet.

Karlos.

Gute Nacht denn, Mutter.
Aus Gent empfangen Sie den ersten Brief
Von mir, der das Geheimnis unsers Umgangs
Laut machen soll.[1] Ich gehe, mit Don Philipp
Jetzt einen öffentlichen Gang zu thun.
Von nun an, will ich, sei nichts Heimliches
Mehr unter uns. Sie brauchen nicht das Auge
Der Welt zu scheuen. – Dies hier sei mein letzter
Betrug.

(Er will nach der Maske greifen. Der König steht zwischen ihnen.)

König.

Es ist dein letzter!

(Die Königin fällt ohnmächtig nieder.)

Karlos

(eilt auf sie zu und empfängt sie mit den Armen).

Ist sie tot?
O Himmel und Erde!

König

(kalt und still zum Großinquisitor).

Kardinal, ich habe
Das Meinige gethan. Thun Sie das Ihre.

(Er geht ab.)

[1] Denn es ist nichts in unserm Umgang, was das Auge der Welt zu scheuen brauchte.

Maria Stuart.

Ein Trauerspiel.

Personen.

Elisabeth, Königin von England.
Maria Stuart, Königin von Schottland, Gefangne in England.
Robert Dudley, Graf von Leicester.
Georg Talbot, Graf von Shrewsbury.
Wilhelm Cecil, Baron von Burleigh, Großschatzmeister.
Graf von Kent.
Wilhelm Davison, Staatssekretär.
Amias Paulet, Ritter, Hüter der Maria.
Mortimer, sein Neffe.
Graf Aubespine, französischer Gesandter.
Graf Bellievre, außerordentlicher Botschafter von Frankreich.
Okelly, Mortimers Freund.
Drugeon Drury, zweiter Hüter der Maria.
Melvil, ihr Haushofmeister.
Burgoyn, ihr Arzt.
Hanna Kennedy, ihre Amme.
Margareta Kurl, ihre Kammerfrau.
Sheriff der Grafschaft.
Offizier der Leibwache.
Französische und **englische Herren.**
Trabanten.
Hofdiener der Königin von England.
Diener und **Dienerinnen** der Königin von Schottland.

Erster Aufzug.

Im Schloß zu Fotheringhay.[1]

Ein Zimmer.

Erster Auftritt.

Hanna Kennedy, Amme der Königin von Schottland, in heftigem Streit mit **Paulet**[2], der im Begriff ist, einen Schrank zu öffnen. **Drugeon Drury,** sein Gehilfe, mit Brecheisen.

Kennedy.

Was macht Ihr, Sir? Welch neue Dreistigkeit!
Zurück von diesem Schrank!

Paulet.

Wo kam der Schmuck her?
Vom obern Stock ward er herabgeworfen;
Der Gärtner hat bestochen werden sollen[3]
Mit diesem Schmuck. – Fluch über Weiberlist!
Trotz meiner Aufsicht, meinem scharfen Suchen
Noch Kostbarkeiten, noch geheime Schätze!
(Sich über den Schrank machend.)
Wo das gesteckt hat, liegt noch mehr!

Kennedy.

Zurück, Verwegner!
Hier liegen die Geheimnisse der Lady.

Paulet.

Die eben such' ich. (Schriften hervorziehend.)

---

[1] Fotheringay, Fotheringai, Fortheringay, ein Kastell in Northamptonshire, war Marias Aufenthaltsort seit dem 25. September 1586. Eine stürmische Szene zwischen der Gefangenen und Paulet, die sich am 9. September 1586 in Chartley zutrug, scheint Schiller zu diesem ersten Auftritt angeregt zu haben.

[2] Amias Paulet war Marias Kerkermeister seit 1585.

[3] Er hat Marias Brief an Graf Leicester bringen sollen.

Kennedy.

Unbedeutende
Papiere, bloße Übungen der Feder,
Des Kerkers traur'ge Weile zu verkürzen.

Paulet.

In müß'ger Weile schafft der böse Geist.

Kennedy.

Es sind französische Schriften.

Paulet.

Desto schlimmer!
Die Sprache redet Englands Feind.

Kennedy.

Konzepte
Von Briefen an die Königin von England.

Paulet.

Die überliefr' ich – Sieh! Was schimmert hier?

(Er hat einen geheimen Ressort geöffnet und zieht aus einem verborgnen Fach Geschmeide hervor.)

Ein königliches Stirnband, reich an Steinen,
Durchzogen mit den Lilien von Frankreich!

(Er gibt es seinem Begleiter.)

Verwahrt's, Drury! Legt's zu dem übrigen!

(Drury geht ab.)

Kennedy.

O schimpfliche Gewalt, die wir erleiden!

Paulet.

Solang' sie noch besitzt, kann sie noch schaden,
Denn alles wird Gewehr[1] in ihrer Hand.

Kennedy.

Seid gütig, Sir! Nehmt nicht den letzten Schmuck
Aus unserm Leben weg! Die Jammervolle
Erfreut der Anblick alter Herrlichkeit,
Denn alles andre habt Ihr uns entrissen.

Paulet.

Es liegt in guter Hand. Gewissenhaft
Wird es zu seiner Zeit zurückgegeben!

---

[1] Waffe.

Kennedy.

Wer sieht es diesen kahlen Wänden an,
Daß eine Königin hier wohnt? Wo ist
Die Himmeldecke über ihrem Sitz?
Muß sie den zärtlich weich gewöhnten Fuß
Nicht auf gemeinen, rauhen Boden setzen?
Mit grobem Zinn, die schlecht'ste Edelfrau
Würd' es verschmähn, bedient man ihre Tafel.

Paulet.

So speiste sie zu Sterlyn ihren Gatten,
Da sie aus Gold mit ihrem Buhlen trank.[1]

Kennedy.

Sogar des Spiegels kleine Notdurft mangelt.

Paulet.

Solang' sie noch ihr eitles Bild beschaut,
Hört sie nicht auf, zu hoffen und zu wagen.

Kennedy.

An Büchern fehlt's, den Geist zu unterhalten.

Paulet.

Die Bibel ließ man ihr, das Herz zu bessern.

Kennedy.

Selbst ihre Laute ward ihr weggenommen.

Paulet.

Weil sie verbuhlte Lieder drauf gespielt.

Kennedy.

Ist das ein Schicksal für die Weicherzogne,
Die in der Wiege Königin schon war,
Am üpp'gen Hof der Medicäerin[2]
In jeder Freuden Fülle aufgewachsen?
Es sei genug, daß man die Macht ihr nahm,
Muß man die armen Flitter ihr mißgönnen?

---

[1] Bei der am 17. Dezember 1566 zu Stirling (Sterlyn ist die französische Form des Namens) im südlichen Schottland gefeierten Taufe ihres Sohnes Jakob I. blieb Marias Gatte Darnley, von ihr vernachlässigt, dem Mahle fern und entfloh noch während der Festlichkeiten nach Glasgow. Dagegen wurde Graf Bothwell von der Königin sehr ausgezeichnet. Daß diese ihrem Gatten zinnernes statt des Silbergeschirrs vorgesetzt habe, ist nicht erwiesen.

[2] Gemeint ist Katharina von Medici, die Gemahlin Heinrichs II. von Frankreich, die Marias Erziehung geleitet hatte.

In großes Unglück lehrt ein edles Herz
Sich endlich finden; aber wehe thut's,
Des Lebens kleine Zierden zu entbehren.

Paulet.

Sie wenden nur das Herz dem Eiteln zu,
Das in sich gehen und bereuen soll.
Ein üppig lastervolles Leben büßt sich
In Mangel und Erniedrigung allein.

Kennedy.

Wenn ihre zarte Jugend sich verging,
Mag sie's mit Gott abthun und ihrem Herzen,
In England ist kein Richter über sie.

Paulet.

Sie wird gerichtet, wo sie frevelte.

Kennedy.

Zum Freveln fesseln sie zu enge Bande.

Paulet.

Doch wußte sie aus diesen engen Banden
Den Arm zu strecken in die Welt, die Fackel
Des Bürgerkrieges in das Reich zu schleudern
Und gegen unsre Königin, die Gott
Erhalte, Meuchelrotten zu bewaffnen.
Erregte sie aus diesen Mauern nicht
Den Böswicht Parry und den Babington
Zu der verfluchten That des Königsmords?
Hielt dieses Eisengitter sie zurück,
Das edle Herz des Norfolk zu umstricken?[1]
Für sie geopfert, fiel das beste Haupt
Auf dieser Insel unterm Henkerbeil –
Und schreckte dieses jammervolle Beispiel

[1] Thomas Howard, vierter Herzog von Norfolk, einer der vornehmsten und reichsten protestantischen Edelleute Englands, hatte um die Hand Marias angehalten. Da er, anstatt Elisabeths Zustimmung zu finden, gefangen gesetzt wurde, beteiligte er sich an Ridolfis Plan einer gewaltsamen Befreiung Marias, wurde jedoch ergriffen und am 2. Juni 1572 hingerichtet. Demselben Schicksal verfielen später James Throckmorton, dessen Schiller nicht gedenkt, *Dr.* William Parry, ein Rechtsgelehrter aus Wales (Februar 1585), und Babington, ein reicher junger Mann aus Derbyshire (26. September 1586). Babington hatte mit dem Offizier Savage, Chidioc Tichbourne und anderen Gleichgesinnten in der That die Ermordung Elisabeths geplant, doch ohne daß Maria diesem Vorhaben nachweislich nahe gestanden hätte. Vgl. die Einleitung.

Die Rasenden zurück, die sich wetteifernd
Um ihrentwillen in den Abgrund stürzen?
Die Blutgerüste füllen sich für sie
Mit immer neuen Todesopfern an,
Und das wird nimmer enden, bis sie selbst,
Die Schuldigste, darauf geopfert ist.
– O Fluch dem Tag, da dieses Landes Küste
Gastfreundlich diese Helena[1] empfing!

Kennedy.

Gastfreundlich hätte England sie empfangen?
Die Unglückselige, die seit dem Tag,
Da sie den Fuß gesetzt in dieses Land,
Als eine Hilfeflehende, Vertriebne
Bei der Verwandten[2] Schutz zu suchen kam,
Sich wider Völkerrecht und Königswürde
Gefangen sieht, in enger Kerkerhaft
Der Jugend schöne Jahre muß vertrauern –
Die jetzt, nachdem sie alles hat erfahren,
Was das Gefängnis Bittres hat, gemeinen
Verbrechern gleich, vor des Gerichtes Schranken
Gefodert wird und schimpflich angeklagt
Auf Leib und Leben – eine Königin!

Paulet.

Sie kam ins Land als eine Mörderin,
Verjagt von ihrem Volk, des Throns entsetzt,
Den sie mit schwerer Greuelthat geschändet.
Verschworen kam sie gegen Englands Glück,
Der spanischen Maria[3] blut'ge Zeiten
Zurückzubringen, Engelland katholisch
Zu machen, an den Franzmann zu verraten.
Warum verschmähte sie's, den Edimburger
Vertrag[4] zu unterschreiben, ihren Anspruch

[1] Weil sie ebenso schön und ebenso verderblich ist wie die Tochter des Zeus, um die der Trojanische Krieg entbrannte.

[2] Als Enkelin der Margareta Tudor, der ältesten Schwester Heinrichs VIII., war Maria mit Elisabeth, der Tochter Heinrichs, nahe verwandt.

[3] Maria die Katholische, Elisabeths Vorgängerin, war bekanntlich Tochter der spanischen Katharina und Gemahlin des spanischen Königs Philipp II.

[4] Nach dem Edinburger Vertrag vom 6. Juli 1560 hätte Maria ihren Ansprüchen auf den englischen Königstitel entsagen und der protestantischen Religion in Schottland staatlichen Schutz gewähren müssen. Doch unterzeichnete sie den Vertrag nicht.

An England aufzugeben und den Weg
Aus diesem Kerker schnell sich aufzuthun
Mit einem Federstrich? Sie wollte lieber
Gefangen bleiben, sich mißhandelt sehn,
Als dieses Titels leerem Prunk entsagen.
Weswegen that sie das? Weil sie den Ränken
Vertraut, den bösen Künsten der Verschwörung,
Und unheilspinnend diese ganze Insel
Aus ihrem Kerker zu erobern hofft.

Kennedy.

Ihr spottet, Sir. – Zur Härte fügt Ihr noch
Den bittern Hohn! Sie hegte solche Träume,
Die hier lebendig eingemauert lebt,
Zu der kein Schall des Trostes, keine Stimme
Der Freundschaft aus der lieben Heimat dringt,
Die längst kein Menschenangesicht mehr schaute
Als ihrer Kerkermeister finstre Stirn,
Die erst seit kurzem einen neuen Wächter
Erhielt in Eurem rauhen Anverwandten,
Von neuen Stäben sich umgittert sieht –

Paulet.

Kein Eisengitter schützt vor ihrer List.
Weiß ich, ob diese Stäbe nicht durchfeilt,
Nicht dieses Zimmers Boden, diese Wände,
Von außen fest, nicht hohl von innen sind
Und den Verrat einlassen, wenn ich schlafe?
Fluchvolles Amt, das mir geworden ist,
Die unheilbrütend Listige zu hüten!
Vom Schlummer jagt die Furcht mich auf; ich gehe
Nachts um wie ein gequälter Geist, erprobe
Des Schlosses Riegel und der Wächter Treu'
Und sehe zitternd jeden Morgen kommen,
Der meine Furcht wahr machen kann. Doch wohl mir!
Wohl! Es ist Hoffnung, daß es bald nun endet.
Denn lieber möcht' ich der Verdammten Schar,
Wachstehend an der Höllenpforte, hüten
Als diese ränkevolle Königin.

Kennedy.

Da kommt sie selbst!

Paulet.

Den Christus in der Hand,
Die Hoffart und die Weltlust in dem Herzen.

Zweiter Auftritt.

Maria im Schleier, ein Kruzifix in der Hand. **Die Vorigen.**

Kennedy (ihr entgegeneilend).

O Königin! Man tritt uns ganz mit Füßen,
Der Tyrannei, der Härte wird kein Ziel,
Und jeder neue Tag häuft neue Leiden
Und Schmach auf dein gekröntes Haupt.

Maria.

Fass' dich!
Sag' an, was neu geschehen ist!

Kennedy.

Sieh her!
Dein Pult ist aufgebrochen, deine Schriften,
Dein einz'ger Schatz, den wir mit Müh' gerettet,
Der letzte Rest von deinem Brautgeschmeide
Aus Frankreich ist in seiner Hand. Du hast nun
Nichts Königliches mehr, bist ganz beraubt.

Maria.

Beruhige dich, Hanna! Diese Flitter machen
Die Königin nicht aus. Man kann uns niedrig
Behandeln, nicht erniedrigen. Ich habe
In England mich an viel gewöhnen lernen,
Ich kann auch das verschmerzen. Sir, Ihr habt Euch
Gewaltsam zugeeignet, was ich Euch
Noch heut zu übergeben willens war.
Bei diesen Schriften findet sich ein Brief,
Bestimmt für meine königliche Schwester
Von England. – Gebt mir Euer Wort, daß Ihr
Ihn redlich an sie selbst wollt übergeben
Und nicht in Burleighs ungetreue Hand!

Paulet.

Ich werde mich bedenken, was zu thun ist.

Maria.

Ihr sollt den Inhalt wissen, Sir. Ich bitte
In diesem Brief um eine große Gunst –
– Um eine Unterredung mit ihr selbst,
Die ich mit Augen nie gesehn. – Man hat mich
Vor ein Gericht von Männern vorgefodert,
Die ich als meinesgleichen nicht erkennen,
Zu denen ich kein Herz mir fassen kann.
Elisabeth ist meines Stammes, meines
Geschlechts und Ranges – ihr allein, der Schwester,
Der Königin, der Frau kann ich mich öffnen.

Paulet.

Sehr oft, Mylady, habt Ihr Euer Schicksal
Und Eure Ehre Männern anvertraut,
Die Eurer Achtung minder würdig waren.

Maria.

Ich bitte noch um eine zweite Gunst,
Unmenschlichkeit allein kann mir sie weigern.
Schon lange Zeit entbehr' ich im Gefängnis
Der Kirche Trost[1], der Sakramente Wohlthat,
Und die mir Kron' und Freiheit hat geraubt,
Die meinem Leben selber droht, wird mir
Die Himmelsthüre nicht verschließen wollen.

Paulet.

Auf Euren Wunsch wird der Dechant des Orts[2] –

Maria (unterbricht ihn lebhaft).

Ich will nichts vom Dechanten. Einen Priester
Von meiner eignen Kirche fodre ich.
– Auch Schreiber und Notarien verlang' ich,
Um meinen letzten Willen aufzusetzen.
Der Gram, das lange Kerkerelend nagt
An meinem Leben. Meine Tage sind
Gezählt, befürcht' ich, und ich achte mich
Gleich einer Sterbenden.

Paulet.

Da thut Ihr wohl,
Das sind Betrachtungen, die Euch geziemen.

[1] Am 21. Januar 1587 entfernte man Marias Almosenier du Préau von ihr.
[2] Es war ein *Dr.* Fletcher, Dechant von Peterborough.

Maria.

Und weiß ich, ob nicht eine schnelle Hand
Des Kummers langsames Geschäft beschleunigt?
Ich will mein Testament aufsetzen, will
Verfügung treffen über das, was mein ist.

Paulet.

Die Freiheit habt Ihr. Englands Königin
Will sich mit Eurem Raube nicht bereichern.

Maria.

Man hat von meinen treuen Kammerfrauen,
Von meinen Dienern mich getrennt. – Wo sind sie?
Was ist ihr Schicksal? Ihrer Dienste kann ich
Entraten; doch beruhigt will ich sein,
Daß die Getreu'n nicht leiden und entbehren.

Paulet.

Für Eure Diener ist gesorgt. (Er will gehen.)

Maria.

Ihr geht, Sir? Ihr verlaßt mich abermals
Und ohne mein geängstigt, fürchtend Herz
Der Qual der Ungewißheit zu entladen?
Ich bin, dank Eurer Späher Wachsamkeit,
Von aller Welt geschieden, keine Kunde
Gelangt zu mir durch diese Kerkermauern,
Mein Schicksal liegt in meiner Feinde Hand.
Ein peinlich langer Monat ist vorüber,
Seitdem die vierzig Kommissarien[1]
In diesem Schloß mich überfallen, Schranken
Errichtet, schnell, mit unanständiger Eile,
Mich unbereitet, ohne Anwalts Hilfe,
Vor ein noch nie erhört Gericht gestellt,
Auf schlau gefaßte schwere Klagepunkte
Mich, die Betäubte, Überraschte, flugs
Aus dem Gedächtnis Rede stehen lassen –
Wie Geister kamen sie und schwanden wieder.
Seit diesem Tage schweigt mir jeder Mund;
Ich such' umsonst in Eurem Blick zu lesen,

---

[1] Es waren 46 Kommissare. Anfang Oktober trafen sie in Fotheringhay ein, am 14. fand das erste Verhör statt, am 25. traten sie nach kurzer Pause in der Sternkammer zu London wieder zusammen, am 31. sprachen sie das Schuldig.

Ob meine Unschuld, meiner Freunde Eifer,
Ob meiner Feinde böser Rat gesiegt.
Brecht endlich Euer Schweigen – laßt mich wissen,
Was ich zu fürchten, was zu hoffen habe.

Paulet (nach einer Pause).

Schließt Eure Rechnung mit dem Himmel ab.

Maria.

Ich hoff' auf seine Gnade, Sir – und hoffe
Auf strenges Recht von meinen ird'schen Richtern.

Paulet.

Recht soll Euch werden. Zweifelt nicht daran.

Maria.

Ist mein Prozeß entschieden, Sir?

Paulet.

Ich weiß nicht.

Maria.

Bin ich verurteilt?

Paulet.

Ich weiß nichts, Mylady.

Maria.

Man liebt hier, rasch zu Werk zu gehn. Soll mich
Der Mörder[1] überfallen wie die Richter?

Paulet.

Denkt immerhin, es sei so, und er wird Euch
In bess'rer Fassung dann als diese finden.

Maria.

Nichts soll mich in Erstaunen setzen, Sir,
Was ein Gerichtshof in Westminsterhall,
Den Burleighs Haß und Hattons[2] Eifer lenkt,
Zu urteln sich erdreiste – weiß ich doch,
Was Englands Königin wagen darf zu thun.

Paulet.

Englands Beherrscher brauchen nichts zu scheuen
Als ihr Gewissen und ihr Parlament.
Was die Gerechtigkeit gesprochen, furchtlos,
Vor aller Welt wird es die Macht vollziehn.

---

[1] Hier ist der Scharfrichter gemeint.
[2] Der königliche Vizekämmerer Sir Christopher Hatton.

Dritter Auftritt.

Die Vorigen. Mortimer, Paulets Neffe, tritt herein und, ohne der Königin einige Aufmerksamkeit zu bezeugen, zu Paulet.

Mortimer.

Man sucht Euch, Oheim.

(Er entfernt sich auf eben die Weise. Die Königin bemerkt es mit Unwillen und wendet sich zu Paulet, der ihm folgen will.)

Maria.

Sir, noch eine Bitte.
Wenn Ihr mir was zu sagen habt – von Euch
Ertrag' ich viel, ich ehre Euer Alter.
Den Übermut des Jünglings trag' ich nicht,
Spart mir den Anblick seiner rohen Sitten!

Paulet.

Was ihn Euch widrig macht, macht mir ihn wert.
Wohl ist es keiner von den weichen Thoren,
Die eine falsche Weiberthräne schmelzt –
Er ist gereist, kommt aus Paris und Reims
Und bringt sein treu altenglisch Herz zurück;
Lady, an dem ist Eure Kunst verloren! (Geht ab.)

Vierter Auftritt.

Maria. Kennedy.

Kennedy.

Darf Euch der Rohe das ins Antlitz sagen!
O, es ist hart!

Maria (in Nachdenken verloren).

Wir haben in den Tagen unsers Glanzes
Dem Schmeichler ein zu willig Ohr geliehn;
Gerecht ist's, gute Kennedy, daß wir
Des Vorwurfs ernste Stimme nun vernehmen.

Kennedy.

Wie? so gebeugt, so mutlos, teure Lady?
Wart Ihr doch sonst so froh, Ihr pflegtet mich zu trösten,
Und eher mußt' ich Euren Flattersinn
Als Eure Schwermut schelten.

Maria.

Ich erkenn' ihn –
Es ist der blut'ge Schatten König Darnleys,
Der zürnend aus dem Gruftgewölbe steigt,
Und er wird nimmer Friede mit mir machen,
Bis meines Unglücks Maß erfüllet ist.

Kennedy.

Was für Gedanken –

Maria.

Du vergissest, Hanna –
Ich aber habe ein getreu Gedächtnis –
Der Jahrstag[1] dieser unglückseligen That
Ist heute abermals zurückgekehrt,
Er ist's, den ich mit Buß' und Fasten feire.

Kennedy.

Schickt endlich diesen bösen Geist zur Ruh'.
Ihr habt die That mit jahrelanger Reu',
Mit schweren Leidensproben abgebüßt.
Die Kirche, die den Löseschlüssel hat
Für jede Schuld, der Himmel hat vergeben.

Maria.

Frischblutend steigt die längst vergebne Schuld
Aus ihrem leichtbedeckten Grab empor!
Des Gatten rachefoderndes Gespenst
Schickt keines Messedieners Glocke, kein
Hochwürdiges in Priesters Hand zur Gruft.

Kennedy.

Nicht Ihr habt ihn gemordet! Andre thaten's!

Maria.

Ich wußte drum. Ich ließ die That geschehn
Und lockt' ihn schmeichelnd in das Todesnetz.

Kennedy.

Die Jugend mildert Eure Schuld. Ihr wart
So zarten Alters noch.

Maria.

So zart – und lud
Die schwere Schuld auf mein so junges Leben.

---

[1] Darnleys Ermordung fand in der Nacht vom 9. auf den 10. Februar (1567), Marias Hinrichtung bereits am 8. Februar (1587) statt. Schiller hat beides in dichterischer Absicht auf denselben Tag verlegt.

Kennedy.

Ihr wart durch blutige Beleidigung
Gereizt und durch des Mannes Übermut,
Den Eure Liebe aus der Dunkelheit
Wie eine Götterhand hervorgezogen,
Den Ihr durch Euer Brautgemach zum Throne
Geführt, mit Eurer blühenden Person
Beglückt und Eurer angestammten Krone.
Konnt' er vergessen, daß sein prangend Los
Der Liebe großmutsvolle Schöpfung war?
Und doch vergaß er's, der Unwürdige,
Beleidigte mit niedrigem Verdacht,
Mit rohen Sitten Eure Zärtlichkeit,
Und widerwärtig wurd' er Euren Augen.
Der Zauber schwand, der Euren Blick getäuscht,
Ihr floht erzürnt des Schändlichen Umarmung
Und gabt ihn der Verachtung preis. – Und er –
Versucht' er's, Eure Gunst zurückzurufen?
Bat er um Gnade? Warf er sich bereuend
Zu Euren Füßen, Besserung versprechend?
Trotz bot Euch der Abscheuliche – der Euer
Geschöpf war, Euren König wollt' er spielen,
Vor Euren Augen ließ er Euch den Liebling,
Den schönen Sänger Rizzio, durchbohren –
Ihr rächtet blutig nur die blut'ge That.

Maria.

Und blutig wird sie auch an mir sich rächen,
Du sprichst mein Urteil aus, da du mich tröstest.

Kennedy.

Da Ihr die That geschehn ließt, wart Ihr nicht
Ihr selbst, gehörtet Euch nicht selbst. Ergriffen
Hatt' Euch der Wahnsinn blinder Liebesglut,
Euch unterjocht dem furchtbaren Verführer,
Dem unglücksel'gen Bothwell. – Über Euch
Mit übermüt'gem Männerwillen herrschte
Der Schreckliche, der Euch, durch Zaubertränke,
Durch Höllenkünste das Gemüt verwirrend,
Erhitzte –

Maria.

Seine Künste waren keine andre
Als seine Männerkraft und meine Schwachheit.

Kennedy.

Nein, sag' ich. Alle Geister der Verdammnis
Mußt' er zu Hilfe rufen, der dies Band
Um Eure hellen Sinne wob. Ihr hattet
Kein Ohr mehr für der Freundin Warnungsstimme,
Kein Aug' für das, was wohlanständig war.
Verlassen hatte Euch die zarte Scheu
Der Menschen; Eure Wangen, sonst der Sitz
Schamhaft errötender Bescheidenheit,
Sie glühten nur vom Feuer des Verlangens.
Ihr warft den Schleier des Geheimnisses
Von Euch; des Mannes keckes Laster hatte
Auch Eure Blödigkeit besiegt; Ihr stelltet
Mit dreister Stirne Eure Schmach zur Schau.
Ihr ließt das königliche Schwert von Schottland
Durch ihn, den Mörder, dem des Volkes Flüche
Nachschallten, durch die Gassen Edimburgs
Vor Euch hertragen im Triumph, umringtet
Mit Waffen Euer Parlament, und hier,
Im eignen Tempel der Gerechtigkeit,
Zwangt Ihr mit frechem Possenspiel die Richter,
Den Schuldigen des Mordes loszusprechen –
Ihr gingt noch weiter – Gott!

Maria.

Vollende nur:
Und reicht' ihm meine Hand vor dem Altare!

Kennedy.

O laßt ein ewig Schweigen diese That
Bedecken! Sie ist schauderhaft, empörend,
Ist einer ganz Verlornen wert. – Doch Ihr seid keine
Verlorene – ich kenn' Euch ja, ich bin's,
Die Eure Kindheit auferzogen. Weich
Ist Euer Herz gebildet, offen ist's
Der Scham – der Leichtsinn nur ist Euer Laster.
Ich wiederhol' es: es gibt böse Geister,
Die in des Menschen unverwahrter Brust

Sich augenblicklich ihren Wohnplatz nehmen,
Die schnell in uns das Schreckliche begehn
Und, zu der Höll' entfliehend, das Entsetzen
In dem befleckten Busen hinterlassen.
Seit dieser That, die Euer Leben schwärzt,
Habt Ihr nichts Lasterhaftes mehr begangen.
Ich bin ein Zeuge Eurer Besserung.
Drum fasset Mut! Macht Friede mit Euch selbst!
Was Ihr auch zu bereuen habt: in England
Seid Ihr nicht schuldig; nicht Elisabeth,
Nicht Englands Parlament ist Euer Richter.
Macht ist's, die Euch hier unterdrückt; vor diesen
Anmaßlichen Gerichtshof dürft Ihr Euch
Hinstellen mit dem ganzen Mut der Unschuld.

Maria.

Wer kommt?

(Mortimer zeigt sich an der Thüre.)

Kennedy.

Es ist der Neffe. Geht hinein.

Fünfter Auftritt.

Die Vorigen. Mortimer, scheu hereintretend.

Mortimer (zur Amme).

Entfernt Euch, haltet Wache vor der Thür,
Ich habe mit der Königin zu reden.

Maria (mit Ansehn).

Hanna, du bleibst.

Mortimer.

Habt keine Furcht, Mylady. Lernt mich kennen.

(Er überreicht ihr eine Karte.)

Maria

(sieht sie an und fährt bestürzt zurück).

Ha! Was ist das?

Mortimer (zur Amme).

Geht, Dame Kennedy.
Sorgt, daß mein Oheim uns nicht überfalle!

Maria

(zur Amme, welche zaudert und die Königin fragend ansieht).

Geh! Geh! Thu', was er sagt!

(Die Amme entfernt sich mit Zeichen der Verwunderung.)

Sechster Auftritt.

Mortimer. Maria.

Maria.

Von meinem Oheim,
Dem Kardinal von Lothringen[1], aus Frankreich! (liest.)
„Traut dem Sir Mortimer, der Euch dies bringt,
Denn keinen treuern Freund habt Ihr in England.“

(Mortimern mit Erstaunen ansehend.)

Ist's möglich? Ist's kein Blendwerk, das mich täuscht?
So nahe find' ich einen Freund und wähnte mich
Verlassen schon von aller Welt – find' ihn
In Euch, dem Neffen meines Kerkermeisters,
In dem ich meinen schlimmsten Feind –

Mortimer (sich ihr zu Füßen werfend).

Verzeihung
Für diese verhaßte Larve, Königin,
Die mir zu tragen Kampf genug gekostet,
Doch der ich's danke, daß ich mich Euch nahen,
Euch Hilfe und Errettung bringen kann.

Maria.

Steht auf. – Ihr überrascht mich, Sir – ich kann
So schnell nicht aus der Tiefe meines Elends
Zur Hoffnung übergehen. – Redet, Sir –
Macht mir dies Glück begreiflich, daß ich's glaube.

Mortimer (steht auf).

Die Zeit verrinnt. Bald wird mein Oheim hier sein,
Und ein verhaßter Mensch begleitet ihn.
Eh' Euch ihr Schreckensauftrag überrascht,
Hört an, wie Euch der Himmel Rettung schickt.

Maria.

Er schickt sie durch ein Wunder seiner Allmacht!

Mortimer.

Erlaubt, daß ich von mir beginne.

Maria.

Redet, Sir!

---

[1] Herzog Karl von Guise, Kardinal von Lothringen und Erzbischof von Reims, starb 1574, also 12 Jahre vor der Zeit, in der die Dichtung hier steht.

Mortimer.

Ich zählte zwanzig Jahre, Königin,
In strengen Pflichten war ich aufgewachsen,
In finsterm Haß des Papsttums aufgesäugt,
Als mich die unbezwingliche Begierde
Hinaustrieb auf das feste Land. Ich ließ
Der Puritaner dumpfe Predigtstuben,
Die Heimat hinter mir, in schnellem Lauf
Durchzog ich Frankreich, das gepriesene
Italien mit heißem Wunsche suchend.
Es war die Zeit des großen Kirchenfests,
Von Pilgerscharen wimmelten die Wege,
Bekränzt war jedes Gottesbild, es war,
Als ob die Menschheit auf der Wandrung wäre,
Wallfahrend nach dem Himmelreich. – Mich selbst
Ergriff der Strom der glaubenvollen Menge
Und riß mich in das Weichbild Roms. –
Wie ward mir, Königin,
Als mir der Säulen Pracht und Siegesbogen
Entgegenstieg, des Kolosseums Herrlichkeit
Den Staunenden umfing, ein hoher Bildnergeist
In seine heitre Wunderwelt mich schloß!
Ich hatte nie der Künste Macht gefühlt:
Es haßt die Kirche, die mich auferzog,
Der Sinne Reiz, kein Abbild duldet sie,
Allein das körperlose Wort verehrend.
Wie wurde mir, als ich ins Innre nun
Der Kirchen trat und die Musik der Himmel
Herunterstieg und der Gestalten Fülle
Verschwenderisch aus Wand und Decke quoll,
Das Herrlichste und Höchste, gegenwärtig,
Vor den entzückten Sinnen sich bewegte,
Als ich sie selbst nun sah, die Göttlichen,
Den Gruß des Engels, die Geburt des Herrn,
Die heil'ge Mutter, die herabgestiegne
Dreifaltigkeit, die leuchtende Verklärung –
Als ich den Papst drauf sah in seiner Pracht
Das Hochamt halten und die Völker segnen.
O, was ist Goldes, was Juwelen Schein,
Womit der Erde Könige sich schmücken!

Nur e r ist mit dem Göttlichen umgeben.
Ein wahrhaft Reich, der Himmel ist sein Haus,
Denn nicht von dieser Welt sind diese Formen.

Maria.

O, schonet mein! Nicht weiter! Höret auf,
Den frischen Lebensteppich vor mir aus
Zu breiten. – Ich bin elend und gefangen.

Mortimer.

Auch ich war's, Königin! und mein Gefängnis
Sprang auf, und frei auf einmal fühlte sich
Der Geist, des Lebens schönen Tag begrüßend.
Haß schwur ich nun dem engen, dumpfen Buch,
Mit frischem Kranz die Schläfe mir zu schmücken,
Mich fröhlich an die Fröhlichen zu schließen.
Viel edle Schotten drängten sich an mich
Und der Franzosen muntre Landsmannschaften.
Sie brachten mich zu Eurem edeln Oheim,
Dem Kardinal von Guise. – Welch ein Mann!
Wie sicher, klar und männlich groß! – Wie ganz
Geboren, um die Geister zu regieren!
Das Muster eines königlichen Priesters,
Ein Fürst der Kirche, wie ich keinen sah!

Maria.

Ihr habt sein teures Angesicht gesehn,
Des vielgeliebten, des erhabnen Mannes,
Der meiner zarten Jugend Führer war.
O redet mir von ihm! Denkt er noch mein?
Liebt ihn das Glück, blüht ihm das Leben noch,
Steht er noch herrlich da, ein Fels der Kirche?

Mortimer.

Der Treffliche ließ selber sich herab,
Die hohen Glaubenslehren mir zu deuten
Und meines Herzens Zweifel zu zerstreun.
Er zeigte mir, daß grübelnde Vernunft
Den Menschen ewig in der Irre leitet,
Daß seine Augen sehen müssen, was
Das Herz soll glauben, daß ein sichtbar Haupt
Der Kirche notthut, daß der Geist der Wahrheit

Geruht hat auf den Sitzungen der Väter[1].
Die Wahnbegriffe meiner kind'schen Seele,
Wie schwanden sie vor seinem siegenden
Verstand und vor der Suada[2] seines Mundes!
Ich kehrte in der Kirche Schoß zurück,
Schwur meinen Irrtum ab in seine Hände.

Maria.

So seid Ihr einer jener Tausende,
Die er mit seiner Rede Himmelskraft,
Wie der erhabne Prediger des Berges
Ergriffen und zum ew'gen Heil geführt!

Mortimer.

Als ihn des Amtes Pflichten bald darauf
Nach Frankreich riefen, sandt' er mich nach Reims,
Wo die Gesellschaft Jesu, fromm geschäftig,
Für Englands Kirche Priester auferzieht.[3]
Den edeln Schotten Morgan[4] fand ich hier,
Auch Euren treuen Leßley, den gelehrten
Bischof von Roße[5], die auf Frankreichs Boden
Freudlose Tage der Verbannung leben.
Eng schloß ich mich an diese Würdigen
Und stärkte mich im Glauben. – Eines Tags,
Als ich mich umsah in des Bischofs Wohnung,
Fiel mir ein weiblich Bildnis in die Augen
Von rührend wundersamem Reiz; gewaltig
Ergriff es mich in meiner tiefsten Seele,
Und, des Gefühls nicht mächtig, stand ich da.
Da sagte mir der Bischof: „Wohl mit Recht
Mögt Ihr gerührt bei diesem Bilde weilen.
Die schönste aller Frauen, welche leben,
Ist auch die jammernswürdigste von allen,

---

[1] Auf den Konzilen.

[2] Beredsamkeit; auch als Göttin der überzeugenden Rede gedacht.

[3] Das 1575 in Reims errichtete und unter der Leitung des *Dr.* William Allen stehende Seminar gehörte nicht den Jesuiten an, bildete aber in der That Priester aus, die alle bestimmt waren, als Missionare nach England zu gehen.

[4] Thomas Morgan (kein Schotte, sondern Waliser) war 1573 nach Frankreich geflohen, als seine Teilnahme an der Verschwörung des *Dr.* Parry entdeckt worden war.

[5] Lesley (Leslie, Lesly), Bischof von Roß, hatte 1573 als Teilnehmer an Norfolks Verschwörung England verlassen müssen, und damit hatte Maria einen ihrer treuesten Anhänger verloren.

Um unsers Glaubens willen duldet sie,
Und Euer Vaterland ist's, wo sie leidet."

Maria.

Der Redliche! Nein, ich verlor nicht alles,
Da solcher Freund im Unglück mir geblieben.

Mortimer.

Drauf fing er an, mit herzerschütternder
Beredsamkeit mir Euer Märtyrtum
Und Eurer Feinde Blutgier abzuschildern.
Auch Euern Stammbaum wies er mir, er zeigte
Mir Eure Abkunft von dem hohen Hause
Der Tudor, überzeugte mich, daß Euch
Allein gebührt, in Engelland zu herrschen,
Nicht dieser Afterkönigin, gezeugt
In ehebrecherischem Bett, die Heinrich,
Ihr Vater, selbst verwarf als Bastardtochter.
Nicht seinem einz'gen Zeugnis wollt' ich traun,
Ich holte Rat bei allen Rechtsgelehrten,
Viel alte Wappenbücher schlug ich nach,
Und alle Kundige, die ich befragte,
Bestätigten mir Eures Anspruchs Kraft.
Ich weiß nunmehr, daß Euer gutes Recht
An England Euer ganzes Unrecht ist,
Daß Euch dies Reich als Eigentum gehört,
Worin Ihr schuldlos als Gefangne schmachtet.

Maria.

O dieses unglücksvolle Recht! Es ist
Die einz'ge Quelle aller meiner Leiden.

Mortimer.

Um diese Zeit kam mir die Kunde zu,
Daß Ihr aus Talbots Schloß[1] hinweggeführt
Und meinem Oheim übergeben worden –
Des Himmels wundervolle Rettungshand
Glaubt' ich in dieser Fügung zu erkennen.
Ein lauter Ruf des Schicksals war sie mir,

[1] Zu Sheffield. Von dort war sie nach Tuthbury, Chertsey, Tixal und endlich nach Fotheringhay gebracht worden. George Talbot, Graf von Shrewsbury, war von 1568 bis Ende 1584 Marias Hüter gewesen.

Das meinen Arm gewählt, Euch zu befreien.
Die Freunde stimmen freudig bei, es gibt
Der Kardinal mir seinen Rat und Segen
Und lehrt mich der Verstellung schwere Kunst.
Schnell ward der Plan entworfen, und ich trete
Den Rückweg an ins Vaterland, wo ich,
Ihr wißt's, vor zehen Tagen bin gelandet.
(Er hält inne.)
Ich sah Euch, Königin – Euch selbst!
Nicht Euer Bild! – O, welchen Schatz bewahrt
Dies Schloß! Kein Kerker! Eine Götterhalle,
Glanzvoller als der königliche Hof
Von England. – O des Glücklichen, dem es
Vergönnt ist, eine Luft mit Euch zu atmen!
Wohl hat sie recht, die Euch so tief verbirgt!
Aufstehen würde Englands ganze Jugend,
Kein Schwert in seiner Scheide müßig bleiben
Und die Empörung mit gigantischem Haupt
Durch diese Friedensinsel schreiten, sähe
Der Britte seine Königin!

Maria.

Wohl ihr,
Säh' jeder Britte sie mit Euren Augen!

Mortimer.

Wär' er wie ich ein Zeuge Eurer Leiden,
Der Sanftmut Zeuge und der edlen Fassung,
Womit Ihr das Unwürdige erduldet!
Denn geht Ihr nicht aus allen Leidensproben
Als eine Königin hervor? Raubt Euch
Des Kerkers Schmach von Eurem Schönheitsglanze?
Euch mangelt alles, was das Leben schmückt,
Und doch umfließt Euch ewig Licht und Leben.
Nie setz' ich meinen Fuß auf diese Schwelle,
Daß nicht mein Herz zerrissen wird von Qualen,
Nicht von der Lust entzückt, Euch anzuschauen! –
Doch furchtbar naht sich die Entscheidung, wachsend
Mit jeder Stunde dringet die Gefahr;
Ich darf nicht länger säumen – Euch nicht länger
Das Schreckliche verbergen –

Maria.

Ist mein Urteil
Gefällt? Entdeckt mir's frei! Ich kann es hören.

Mortimer.

Es ist gefällt. Die zweiundvierzig Richter haben
Ihr Schuldig ausgesprochen über Euch. Das Haus
Der Lords und der Gemeinen, die Stadt London
Bestehen heftig dringend auf des Urteils
Vollstreckung; nur die Königin säumt noch
– Aus arger List, daß man sie nötige,
Nicht aus Gefühl der Menschlichkeit und Schonung.

Maria (mit Fassung).

Sir Mortimer, Ihr überrascht mich nicht,
Erschreckt mich nicht. Auf solche Botschaft war ich
Schon längst gefaßt. Ich kenne meine Richter.
Nach den Mißhandlungen, die ich erlitten,
Begreif' ich wohl, daß man die Freiheit mir
Nicht schenken kann. – Ich weiß, wo man hinaus will.
In ew'gem Kerker will man mich bewahren
Und meine Rache, meinen Rechtsanspruch
Mit mir verscharren in Gefängnisnacht.

Mortimer.

Nein, Königin – o nein! nein! Dabei steht man
Nicht still. Die Tyrannei begnügt sich nicht,
Ihr Werk nur halb zu thun. Solang' Ihr lebt,
Lebt auch die Furcht der Königin von England.
Euch kann kein Kerker tief genug begraben,
Nur Euer Tod versichert ihren Thron.

Maria.

Sie könnt' es wagen, mein gekröntes Haupt
Schmachvoll auf einen Henkerblock zu legen?

Mortimer.

Sie wird es wagen. Zweifelt nicht daran.

Maria.

Sie könnte s o die eigne Majestät
Und aller Könige im Staube wälzen?
Und fürchtet sie die Rache Frankreichs nicht?

Mortimer.

Sie schließt mit Frankreich einen ew'gen Frieden,
Dem Duc von Anjou schenkt sie Thron und Hand.[1]

Maria.

Wird sich der König Spaniens nicht waffnen?

Mortimer.

Nicht eine Welt in Waffen fürchtet sie,
Solang' sie Frieden hat mit ihrem Volke.

Maria.

Den Britten wollte sie dies Schauspiel geben?

Mortimer.

Dies Land, Mylady, hat in letzten Zeiten
Der königlichen Frauen mehr vom Thron
Herab aufs Blutgerüste steigen sehn.
Die eigne Mutter der Elisabeth[2]
Ging diesen Weg und Katharina Howard[3];
Auch Lady Gray[4] war ein gekröntes Haupt.

Maria (nach einer Pause).

Nein, Mortimer! Euch blendet eitle Furcht,
Es ist die Sorge Eures treuen Herzens,
Die Euch vergebne Schrecknisse erschafft.
Nicht das Schafott ist's, das ich fürchte, Sir.
Es gibt noch andre Mittel, stillere,
Wodurch sich die Beherrscherin von England
Vor meinem Anspruch Ruhe schaffen kann.
Eh' sich ein Henker für mich findet, wird
Noch eher sich ein Mörder dingen lassen.
– Das ist's, wovor ich zittre, Sir, und nie
Setz' ich des Bechers Rand an meine Lippen,
Daß nicht ein Schauder mich ergreift, er könnte
Kredenzt sein von der Liebe meiner Schwester.

Mortimer.

Nicht offenbar noch heimlich soll's dem Mord

---

[1] 1570 hatte der Bruder Heinrichs III. von Frankreich, der erst neunzehnjährige Herzog Franz von Anjou (gest. schon 1584), um die Hand Elisabeths angehalten, doch zerschlug sich der Plan an dem Verlangen der Königin, der Duc solle zur anglikanischen Kirche übertreten.

[2] Anna Boleyn.

[3] Ebenfalls eine der Gemahlinnen Heinrichs VIII.

[4] Enkelin einer Schwester Heinrichs VIII., die zur Königin ausgerufen, aber durch die katholische Maria hingerichtet wurde.

Gelingen, Euer Leben anzutasten.
Seid ohne Furcht! Bereitet ist schon alles.
Zwölf edle Jünglinge des Landes sind
In meinem Bündnis, haben heute früh
Das Sakrament darauf empfangen, Euch
Mit starkem Arm aus diesem Schloß zu führen.
Graf Aubespine, der Abgesandte Frankreichs,
Weiß um den Bund, er bietet selbst die Hände,
Und sein Palast ist's, wo wir uns versammeln.

Maria.

Ihr macht mich zittern, Sir – doch nicht für Freude.
Mir fliegt ein böses Ahnden durch das Herz.
Was unternehmt Ihr? Wißt Ihr's? Schrecken Euch
Nicht Babingtons, nicht Tichburns[1] blut'ge Häupter,
Auf Londons Brücke warnend aufgesteckt?
Nicht das Verderben der Unzähligen,
Die ihren Tod in gleichem Wagstück fanden
Und meine Ketten schwerer nur gemacht?
Unglücklicher, verführter Jüngling – flieht!
Flieht, wenn's noch Zeit ist – wenn der Späher Burleigh
Nicht jetzt schon Kundschaft hat von Euch, nicht schon
In Eure Mitte den Verräter mischte.
Flieht aus dem Reiche schnell! Marien Stuart
Hat noch kein Glücklicher beschützt.

Mortimer.

Mich schrecken
Nicht Babingtons, nicht Tichburns blut'ge Häupter,
Auf Londons Brücke warnend aufgesteckt,
Nicht das Verderben der unzähl'gen andern,
Die ihren Tod in gleichem Wagstück fanden;
Sie fanden auch darin den ew'gen Ruhm,
Und Glück schon ist's, für Eure Rettung sterben.

Maria.

Umsonst! Mich rettet nicht Gewalt, nicht List.
Der Feind ist wachsam, und die Macht ist sein.
Nicht Paulet nur und seiner Wächter Schar,
Ganz England hütet meines Kerkers Thore.

---

[1] Vgl. S. 270, Anm.

Der freie Wille der Elisabeth allein
Kann sie mir aufthun.

Mortimer.

O, das hoffet nie!

Maria.

Ein einz'ger Mann lebt, der sie öffnen kann.

Mortimer.

O nennt mir diesen Mann –

Maria.

Graf Lester.

Mortimer (tritt erstaunt zurück).

Lester!
Graf Lester! – Euer blutigster Verfolger,
Der Günstling der Elisabeth – von diesem –

Maria.

Bin ich zu retten, ist's allein durch ihn.
– Geht zu ihm. Öffnet Euch ihm frei,
Und zur Gewähr, daß ich's bin, die Euch sendet,
Bringt ihm dies Schreiben. Es enthält mein Bildnis.

(Sie zieht ein Papier aus dem Busen, Mortimer tritt zurück und zögert, es anzunehmen.)

Nehmt hin. Ich trag' es lange schon bei mir,
Weil Eures Oheims strenge Wachsamkeit
Mir jeden Weg zu ihm gehemmt – Euch sandte
Mein guter Engel –

Mortimer.

Königin – dies Rätsel –
Erklärt es mir –

Maria.

Graf Lester wird's Euch lösen.
Vertraut ihm, er wird Euch vertraun. – Wer kommt?

Kennedy (eilfertig eintretend).

Sir Paulet naht mit einem Herrn vom Hofe.

Mortimer.

Es ist Lord Burleigh. Faßt Euch, Königin!
Hört es mit Gleichmut an, was er Euch bringt!

(Er entfernt sich durch eine Seitenthür. Kennedy folgt ihm.)

Siebenter Auftritt.

Maria. Lord Burleigh, Großschatzmeister von England, und **Ritter Paulet.**

Paulet.

Ihr wünschtet heut' Gewißheit Eures Schicksals;
Gewißheit bringt Euch Seine Herrlichkeit,
Mylord von Burleigh. Tragt sie mit Ergebung!

Maria.

Mit Würde, hoff' ich, die der Unschuld ziemt.

Burleigh.

Ich komme als Gesandter des Gerichts.

Maria.

Lord Burleigh leiht dienstfertig dem Gerichte,
Dem er den Geist geliehn, nun auch den Mund.

Paulet.

Ihr sprecht, als wüßtet Ihr bereits das Urteil.

Maria.

Da es Lord Burleigh bringt, so weiß ich es.
– Zur Sache, Sir!

Burleigh.

Ihr habt Euch dem Gericht
Der Zweiundvierzig unterworfen, Lady –

Maria.

Verzeiht, Mylord, daß ich Euch gleich zu Anfang
Ins Wort muß fallen. – Unterworfen hätt' ich mich
Dem Richterspruch der Zweiundvierzig, sagt Ihr?
Ich habe keineswegs mich unterworfen.
Nie konnt' ich das – ich konnte meinem Rang,
Der Würde meines Volks und meines Sohnes
Und aller Fürsten nicht so viel vergeben.
Verordnet ist im englischen Gesetz,
Daß jeder Angeklagte durch Geschworne
Von seinesgleichen soll gerichtet werden.
Wer in der Committee ist meinesgleichen?
Nur Könige sind meine Peers.

Burleigh.

Ihr hörtet

Die Klagartikel an, ließt Euch darüber
Vernehmen vor Gerichte –

Maria.

Ja, ich habe mich
Durch Hattons arge List[1] verleiten lassen,
Bloß meiner Ehre wegen und im Glauben
An meiner Gründe siegende Gewalt
Ein Ohr zu leihen jenen Klagepunkten
Und ihren Ungrund darzuthun. – Das that ich
Aus Achtung für die würdigen Personen
Der Lords, nicht für ihr Amt, das ich verwerfe.

Burleigh.

Ob Ihr sie anerkennt, ob nicht, Mylady,
Das ist nur eine leere Förmlichkeit,
Die des Gerichtes Lauf nicht hemmen kann.
Ihr atmet Englands Luft, genießt den Schutz,
Die Wohlthat des Gesetzes, und so seid Ihr
Auch seiner Herrschaft Unterthan.

Maria.

Ich atme
Die Luft in einem englischen Gefängnis.
Heißt das in England leben, der Gesetze
Wohlthat genießen? Kenn' ich sie doch kaum!
Nie hab' ich eingewilligt, sie zu halten.
Ich bin nicht dieses Reiches Bürgerin,
Bin eine freie Königin des Auslands.

Burleigh.

Und denkt Ihr, daß der königliche Name
Zum Freibrief dienen könne, blut'ge Zwietracht
In fremdem Lande straflos auszusäen?
Wie stünd' es um die Sicherheit der Staaten,
Wenn das gerechte Schwert der Themis nicht
Die schuld'ge Stirn des königlichen Gastes
Erreichen könnte wie des Bettlers Haupt?

---

[1] Hatton hatte gesagt, Maria würde sich, wenn sie sich dem Verhör nicht unterziehe, des einzigen Mittels berauben, ihre Unschuld zu erhärten.

Maria.

Ich will mich nicht der Rechenschaft entziehn,
Die Richter sind es nur, die ich verwerfe.

Burleigh.

Die Richter! Wie, Mylady? Sind es etwa
Vom Pöbel aufgegriffene Verworfne,
Schamlose Zungendrescher, denen Recht
Und Wahrheit feil ist, die sich zum Organ
Der Unterdrückung willig dingen lassen?
Sind's nicht die ersten Männer dieses Landes,
Selbständig g'nug, um wahrhaft sein zu dürfen,
Um über Fürstenfurcht und niedrige
Bestechung weit erhaben sich zu sehn?
Sind's nicht dieselben, die ein edles Volk
Frei und gerecht regieren, deren Namen
Man nur zu nennen braucht, um jeden Zweifel,
Um jeden Argwohn schleunig stumm zu machen?
An ihrer Spitze steht der Völkerhirte,
Der fromme Primas von Canterbury[1],
Der weise Talbot, der des Siegels wahret,
Und Howard[2], der des Reiches Flotten führt.
Sagt! Konnte die Beherrscherin von England
Mehr thun, als aus der ganzen Monarchie
Die Edelsten auslesen und zu Richtern
In diesem königlichen Streit bestellen?
Und wär's zu denken, daß Parteienhaß
Den Einzelnen bestäche – können vierzig
Erles'ne Männer sich in einem Spruche
Der Leidenschaft vereinigen?

Maria (nach einigem Stillschweigen).

Ich höre staunend die Gewalt des Mundes,
Der mir von je so unheilbringend war –
Wie werd' ich mich, ein ungelehrtes Weib,
Mit so kunstfert'gem Redner messen können!
Wohl! Wären diese Lords, wie Ihr sie schildert,
Verstummen müßt' ich, hoffnungslos verloren
Wär' meine Sache, sprächen sie mich schuldig.

---

[1] Erzbischof John Witgift.
[2] Der Lord-High-Admiral Charles Howard.

Doch diese Namen, die Ihr preisend nennt,
Die mich durch ihr Gewicht zermalmen sollen,
Mylord, ganz andere Rollen seh' ich sie
In den Geschichten dieses Landes spielen.
Ich sehe diesen hohen Adel Englands,
Des Reiches majestätischen Senat,
Gleich Sklaven des Serails den Sultanslaunen
Heinrichs des Achten, meines Großohms, schmeicheln.
Ich sehe dieses edle Oberhaus,
Gleich feil mit den erkäuflichen Gemeinen,
Gesetze prägen und verrufen, Ehen
Auflösen, binden, wie der Mächtige
Gebietet, Englands Fürstentöchter heute
Enterben, mit dem Bastardnamen schänden
Und morgen sie zu Königinnen krönen.[1]
Ich sehe diese würd'gen Peers mit schnell
Vertauschter Überzeugung unter vier
Regierungen den Glauben viermal ändern[2] –

Burleigh.

Ihr nennt Euch fremd in Englands Reichsgesetzen,
In Englands Unglück seid Ihr sehr bewandert.

Maria.

Und das sind meine Richter! Lord Schatzmeister!
Ich will gerecht sein gegen Euch. Seid Ihr's
Auch gegen mich! Man sagt, Ihr meint es gut
Mit diesem Staat, mit Eurer Königin,
Seid unbestechlich, wachsam, unermüdet –
Ich will es glauben. Nicht der eigne Nutzen
Regiert Euch, Euch regiert allein der Vorteil
Des Souveräns, des Landes. Eben darum
Mißtraut Euch, edler Lord, daß nicht der Nutzen
Des Staats Euch als Gerechtigkeit erscheine.
Nicht zweifl' ich dran, es sitzen neben Euch
Noch edle Männer unter meinen Richtern.

---

[1] 1535 mußte das Parlament ein neues Erbfolgegesetz annehmen, es 1536 dahin umändern, daß Elisabeth als Bastard vom Throne ausgeschlossen blieb, aber auch diese Bestimmung 1544 wieder umstoßen und Elisabeths Recht auf die Krone bestätigen.

[2] Unter Heinrich VIII., der sich gegen den Papst erklärte, unter Eduard IV., der die Reformation einführte, unter Maria, die den Katholizismus wiederherstellte, und unter Elisabeth, die die anglikanische Kirche gründete.

Doch sie sind Protestanten[1], Eiferer
Für Englands Wohl und sprechen über mich,
Die Königin von Schottland, die Papistin!
Es kann der Britte gegen den Schotten nicht
Gerecht sein, ist ein uralt Wort. – Drum ist
Herkömmlich seit der Väter grauen Zeit,
Daß vor Gericht kein Britte gegen den Schotten,
Kein Schotte gegen jenen zeugen darf.
Die Not gab dieses seltsame Gesetz;
Ein tiefer Sinn wohnt in den alten Bräuchen,
Man muß sie ehren, Mylord – die Natur
Warf diese beiden feur'gen Völkerschaften
Auf dieses Brett im Ozean; ungleich
Verteilte sie's und hieß sie darum kämpfen.
Der Tweede[2] schmales Bette trennt allein
Die heft'gen Geister; oft vermischte sich
Das Blut der Kämpfenden in ihren Wellen.
Die Hand am Schwerte, schauen sie sich drohend
Von beiden Ufern an seit tausend Jahren.
Kein Feind bedränget Engelland, dem nicht
Der Schotte sich zum Helfer zugesellte;
Kein Bürgerkrieg entzündet' Schottlands Städte,
Zu dem der Britte nicht den Zunder trug.
Und nicht erlöschen wird der Haß, bis endlich
Ein Parlament sie brüderlich vereint,
Ein Zepter waltet durch die ganze Insel.

Burleigh.

Und eine Stuart sollte dieses Glück
Dem Reich gewähren?

Maria.

Warum soll ich's leugnen?
Ja, ich gesteh's, daß ich die Hoffnung nährte,
Zwei edle Nationen unterm Schatten
Des Ölbaums frei und fröhlich zu vereinen.
Nicht ihres Völkerhasses Opfer glaubt' ich
Zu werden; ihre lange Eifersucht,

[1] Nicht alle Richter Marias waren Protestanten gewesen.
[2] Der Tweed, der in seinem Unterlaufe die südöstliche Grenze zwischen England und Schottland bildet.

Der alten Zwietracht unglücksel'ge Glut
Hofft' ich auf ew'ge Tage zu ersticken
Und, wie mein Ahnherr Richmond[1] die zwei Rosen
Zusammenband nach blut'gem Streit, die Kronen
Schottland und England friedlich zu vermählen.

Burleigh.

Auf schlimmem Weg verfolgtet Ihr dies Ziel,
Da Ihr das Reich entzünden, durch die Flammen
Des Bürgerkriegs zum Throne steigen wolltet.

Maria.

Das wollt' ich nicht – beim großen Gott des Himmels!
Wann hätt' ich d a s gewollt? Wo sind die Proben?

Burleigh.

Nicht Streitens wegen kam ich her. Die Sache
Ist keinem Wortgefecht mehr unterworfen.
Es ist erkannt durch vierzig Stimmen gegen zwei,
Daß Ihr die Akte vom vergangnen Jahr[2]
Gebrochen, dem Gesetz verfallen seid.
Es ist verordnet im vergangnen Jahr:
„Wenn sich Tumult im Königreich erhübe
Im Namen und zum Nutzen irgend einer
Person, die Rechte vorgibt an die Krone,
Daß man gerichtlich gegen sie verfahre,
Bis in den Tod die Schuldige verfolge."
Und da bewiesen ist –

Maria.

Mylord von Burleigh!
Ich zweifle nicht, daß ein Gesetz, ausdrücklich
Auf m i c h gemacht, verfaßt, m i c h zu verderben,
Sich gegen mich wird brauchen lassen. – Wehe
Dem armen Opfer, wenn derselbe Mund,
Der das Gesetz gab, auch das Urteil spricht!
Könnt Ihr es leugnen, Lord, daß jene Akte
Zu meinem Untergang ersonnen ist?

---

[1] H e i n r i c h V I I. v o n R i c h m o n d, mütterlicherseits ein Abkömmling der Lancaster, heiratete 1485 die älteste Tochter Eduards IV. aus dem Hause York und vereinigte so beide Geschlechter.

[2] Die 1584 vom Parlament angenommene Bill verweigerte demjenigen jeden Anspruch an die englische Krone, zu dessen gunsten etwa die Königin ermordet oder eine Invasion unternommen werden würde.

Burleigh.

Zu Eurer Warnung sollte sie gereichen,
Zum Fallstrick habt Ihr selber sie gemacht,
Den Abgrund saht Ihr, der vor Euch sich aufthat,
Und, treu gewarnet, stürztet Ihr hinein.
Ihr wart mit Babington, dem Hochverräter,
Und seinen Mordgesellen einverstanden,
Ihr hattet Wissenschaft von allem, lenktet
Aus Eurem Kerker planvoll die Verschwörung.

Maria.

Wann hätt' ich das gethan? Man zeige mir
Die Dokumente auf!

Burleigh.

Die hat man Euch
Schon neulich vor Gerichte vorgewiesen.

Maria.

Die Kopien, von fremder Hand geschrieben![1]
Man bringe die Beweise mir herbei,
Daß ich sie selbst diktiert, daß ich sie so
Diktiert, gerade so, wie man gelesen!

Burleigh.

Daß es dieselben sind, die er empfangen,
Hat Babington vor seinem Tod bekannt.

Maria.

Und warum stellte man ihn mir nicht lebend
Vor Augen? Warum eilte man so sehr,
Ihn aus der Welt zu fördern, eh' man ihn
Mir Stirne gegen Stirne vorgeführt?

Burleigh.

Auch Eure Schreiber, Kurl und Nau, erhärten
Mit einem Eid, daß es die Briefe seien,
Die sie aus Eurem Munde niederschrieben.

Maria.

Und auf das Zeugnis meiner Hausbedienten
Verdammt man mich? Auf Treu' und Glauben derer,
Die mich verraten, ihre Königin,
Die in demselben Augenblick die Treu'
Mir brachen, da sie gegen mich gezeugt?

---

[1] Ein gewisser Philipps hatte sie geschrieben, der ein Meister im Fälschen von Namen und Schriftzügen gewesen sein soll.

Burleigh.

Ihr selbst erklärtet sonst den Schotten Kurl
Für einen Mann von Tugend und Gewissen.

Maria.

So kannt' ich ihn – doch eines Mannes Tugend
Erprobt allein die Stunde der Gefahr.
Die Folter konnt' ihn ängstigen, daß er
Aussagte und gestand, was er nicht wußte.
Durch falsches Zeugnis glaubt' er sich zu retten,
Und mir, der Königin, nicht viel zu schaden.

Burleigh.

Mit einem freien Eid hat er's beschworen.

Maria.

Vor meinem Angesichte nicht! – Wie, Sir?
Das sind zwei Zeugen, die noch beide leben!
Man stelle sie mir gegenüber, lasse sie
Ihr Zeugnis mir ins Antlitz wiederholen!
Warum mir eine Gunst, ein Recht verweigern,
Das man dem Mörder nicht versagt? Ich weiß
Aus Talbots Munde, meines vor'gen Hüters,
Daß unter dieser nämlichen Regierung
Ein Reichsschluß durchgegangen, der befiehlt,
Den Kläger dem Beklagten vorzustellen.
Wie? Oder hab' ich falsch gehört? – Sir Paulet!
Ich hab' Euch stets als Biedermann erfunden,
Beweist es jetzo! Sagt mir auf Gewissen,
Ist's nicht so? Gibt's kein solch Gesetz in England?

Paulet.

So ist's, Mylady. Das ist bei uns Rechtens.
Was wahr ist, muß ich sagen.

Maria.

Nun, Mylord!
Wenn man mich denn so streng nach englischem Recht
Behandelt, wo dies Recht mich unterdrückt,
Warum dasselbe Landesrecht umgehen,
Wenn es mir Wohlthat werden kann? – Antwortet!
Warum ward Babington mir nicht vor Augen
Gestellt, wie das Gesetz befiehlt? Warum
Nicht meine Schreiber, die noch beide leben?

Burleigh.

Ereifert Euch nicht, Lady! Euer Einverständnis
Mit Babington ist's nicht allein –

Maria.

Es ist's
Allein, was mich dem Schwerte des Gesetzes
Bloßstellt, wovon ich mich zu rein'gen habe.
Mylord! Bleibt bei der Sache! Beugt nicht aus!

Burleigh.

Es ist bewiesen, daß Ihr mit Mendoza,
Dem spanischen Botschafter, unterhandelt –

Maria (lebhaft).

Bleibt bei der Sache, Lord!

Burleigh.

Daß Ihr Anschläge
Geschmiedet, die Religion des Landes
Zu stürzen, alle Könige Europens
Zum Krieg mit England aufgeregt –

Maria.

Und wenn ich's
Gethan? Ich hab' es nicht gethan. – Jedoch
Gesetzt, ich that's! – Mylord, man hält mich hier
Gefangen wider alle Völkerrechte.
Nicht mit dem Schwerte kam ich in dies Land,
Ich kam herein als eine Bittende,
Das heil'ge Gastrecht fodernd, in den Arm
Der blutsverwandten Königin mich werfend –
Und so ergriff mich die Gewalt, bereitete
Mir Ketten, wo ich Schutz gehofft. – Sagt an!
Ist mein Gewissen gegen diesen Staat
Gebunden? Hab' ich Pflichten gegen England?
Ein heilig Zwangsrecht üb' ich aus, da ich
Aus diesen Banden strebe, Macht mit Macht
Abwende, alle Staaten dieses Weltteils
Zu meinem Schutz aufrühre und bewege.
Was irgend nur in einem guten Krieg
Recht ist und ritterlich, das darf ich üben.
Den Mord allein, die heimlich blut'ge That,
Verbietet mir mein Stolz und mein Gewissen:

Mord würde mich beflecken und entehren.
Entehren, sag' ich – keinesweges mich
Verdammen, einem Rechtsspruch unterwerfen.
Denn nicht vom Rechte, von Gewalt allein
Ist zwischen mir und Engelland die Rede.

Burleigh (bedeutend).

Nicht auf der Stärke schrecklich Recht beruft Euch,
Mylady! Es ist der Gefangenen nicht günstig.

Maria.

Ich bin die Schwache, sie die Mächt'ge. – Wohl,
Sie brauche die Gewalt, sie töte mich,
Sie bringe ihrer Sicherheit das Opfer.
Doch sie gestehe dann, daß sie die Macht
Allein, nicht die Gerechtigkeit geübt.
Nicht vom Gesetze borge sie das Schwert,
Sich der verhaßten Feindin zu entladen,
Und kleide nicht in heiliges Gewand
Der rohen Stärke blutiges Erkühnen.
Solch Gaukelspiel betrüge nicht die Welt!
Ermorden lassen kann sie mich, nicht richten!
Sie geb' es auf, mit des Verbrechens Früchten
Den heil'gen Schein der Tugend zu vereinen.
Und was sie i s t, das wage sie zu scheinen!

(Sie geht ab.)

Achter Auftritt.

Burleigh. Paulet.

Burleigh.

Sie trotzt uns – wird uns trotzen, Ritter Paulet,
Bis an die Stufen des Schafotts. – Dies stolze Herz
Ist nicht zu brechen. – Überraschte sie
Der Urtelspruch? Saht Ihr sie eine Thräne
Vergießen? Ihre Farbe nur verändern?
Nicht unser Mitleid ruft' sie an. Wohl kennt sie
Den Zweifelmut der Königin von England,
Und unsre Furcht ist's, was sie mutig macht.

Paulet.

Lord Großschatzmeister! Dieser eitle Trotz wird schnell
Verschwinden, wenn man ihm den Vorwand raubt.
Es sind Unziemlichkeiten vorgegangen
In diesem Rechtsstreit, wenn ich's sagen darf.
Man hätte diesen Babington und Tichburn
Ihr in Person vorführen, ihre Schreiber
Ihr gegenüberstellen sollen.

Burleigh (schnell).

Nein!
Nein, Ritter Paulet! Das war nicht zu wagen.
Zu groß ist ihre Macht auf die Gemüter
Und ihrer Thränen weibliche Gewalt.
Ihr Schreiber Kurl, ständ' er ihr gegenüber,
Käm' es dazu, das Wort nun auszusprechen,
An dem ihr Leben hängt – er würde zaghaft
Zurückziehn, sein Geständnis widerrufen –

Paulet.

So werden Englands Feinde alle Welt
Erfüllen mit gehässigen Gerüchten,
Und des Prozesses festliches Gepräng'
Wird als ein kühner Frevel nur erscheinen.

Burleigh.

Dies ist der Kummer unsrer Königin. –
Daß diese Stifterin des Unheils doch
Gestorben wäre, ehe sie den Fuß
Auf Englands Boden setzte!

Paulet.

Dazu sag' ich Amen.

Burleigh.

Daß Krankheit sie im Kerker aufgerieben!

Paulet.

Viel Unglück hätt' es diesem Land erspart.

Burleigh.

Doch, hätt' auch gleich ein Zufall der Natur
Sie hingerafft – wir hießen doch die Mörder.

Paulet.

Wohl wahr. Man kann den Menschen nicht verwehren,
Zu denken, was sie wollen.

Burleigh.

Zu beweisen wär's
Doch nicht und würde weniger Geräusch erregen –

Paulet.

Mag es Geräusch erregen! Nicht der laute,
Nur der gerechte Tadel kann verletzen.

Burleigh.

O! auch die heilige Gerechtigkeit
Entflieht dem Tadel nicht. Die Meinung hält es
Mit dem Unglücklichen, es wird der Neid
Stets den obsiegend Glücklichen verfolgen.
Das Richterschwert, womit der Mann sich ziert,
Verhaßt ist's in der Frauen Hand. Die Welt
Glaubt nicht an die Gerechtigkeit des Weibes,
Sobald ein Weib das Opfer wird. Umsonst,
Daß wir, die Richter, nach Gewissen sprachen!
Sie hat der Gnade königliches Recht,
Sie muß es brauchen; unerträglich ist's,
Wenn sie den strengen Lauf läßt dem Gesetze.

Paulet.

Und also –

Burleigh (rasch einfallend).

Also soll sie leben? Nein!
Sie darf nicht leben! Nimmermehr! Dies, eben
Dies ist's, was unsre Königin beängstigt,
Warum der Schlaf ihr Lager flieht. – Ich lese
In ihren Augen ihrer Seele Kampf,
Ihr Mund wagt ihre Wünsche nicht zu sprechen;
Doch vielbedeutend fragt ihr stummer Blick:
„Ist unter allen meinen Dienern keiner,
Der die verhaßte Wahl mir spart, in ew'ger Furcht
Auf meinem Thron zu zittern oder grausam
Die Königin, die eigne Blutsverwandte,
Dem Beil zu unterwerfen?"

Paulet.

Das ist nun die Notwendigkeit, steht nicht zu ändern.

Burleigh.

Wohl stünd's zu ändern, meint die Königin,
Wenn sie nur aufmerksamre Diener hätte.

Paulet.

Aufmerksame?

Burleigh.

Die einen stummen Auftrag
Zu deuten wissen.

Paulet.

Einen stummen Auftrag!

Burleigh.

Die, wenn man ihnen eine gift'ge Schlange
Zu hüten gab, den anvertrauten Feind
Nicht wie ein heilig teures Kleinod hüten.

Paulet (bedeutungsvoll).

Ein hohes Kleinod ist der gute Name,
Der unbescholtne Ruf der Königin,
Den kann man nicht zu wohl bewachen, Sir!

Burleigh.

Als man die Lady von dem Shrewsbury
Wegnahm und Ritter Paulets Hut vertraute,
Da war die Meinung –

Paulet.

Ich will hoffen, Sir,
Die Meinung war, daß man den schwersten Auftrag
Den reinsten Händen übergeben wollte.
Bei Gott! Ich hätte dieses Schergenamt
Nicht übernommen, dächt' ich nicht, daß es
Den besten Mann in England foderte.
Laßt mich nicht denken, daß ich's etwas anderm
Als meinem reinen Rufe schuldig bin.

Burleigh.

Man breitet aus, sie schwinde, läßt sie kränker
Und kränker werden, endlich still verscheiden;
So stirbt sie in der Menschen Angedenken –
Und Euer Ruf bleibt rein.

Paulet.

Nicht mein Gewissen.

Burleigh.

Wenn Ihr die eigne Hand nicht leihen wollt,
So werdet Ihr der fremden doch nicht wehren –

Paulet (unterbricht ihn).

Kein Mörder soll sich ihrer Schwelle nahn,
Solang' die Götter meines Dachs sie schützen.
Ihr Leben ist mir heilig, heil'ger nicht
Ist mir das Haupt der Königin von England.
Ihr seid die Richter. Richtet! Brecht den Stab,
Und wenn es Zeit ist, laßt den Zimmerer
Mit Axt und Säge kommen, das Gerüst
Aufschlagen – für den Sheriff und den Henker
Soll meines Schlosses Pforte offen sein.
Jetzt ist sie zur Bewahrung mir vertraut,
Und seid gewiß, ich werde sie bewahren,
Daß sie nichts Böses thun soll noch erfahren!

(Gehen ab.)

Zweiter Aufzug.

Der Palast zu Westminster.[1]

Erster Auftritt.

Der **Graf von Kent** und **Sir William Davison**[2] begegnen einander.

Davison.

Seid Ihr's, Mylord von Kent? Schon vom Turnierplatz
Zurück, und ist die Festlichkeit zu Ende?

Kent.

Wie? Wohntet Ihr dem Ritterspiel nicht bei?

Davison.

Mich hielt mein Amt.

Kent.

Ihr habt das schönste Schauspiel
Verloren, Sir, das der Geschmack ersonnen
Und edler Anstand ausgeführt – denn wißt,
Es wurde vorgestellt die keusche Festung
Der Schönheit, wie sie vom Verlangen
Berennt wird. – Der Lord Marschall[3], Oberrichter,
Der Seneschall[4] nebst zehen andern Rittern
Der Königin verteidigten die Festung,
Und Frankreichs Kavaliere griffen an.
Voraus erschien ein Herold, der das Schloß
Auffoderte in einem Madrigale,

---

[1] Westminster-Hall, der alte Londoner Parlamentspalast.
[2] Geheimsekretär und Mitglied des geheimen Rates, einer der Richter Marias.
[3] Shrewsbury; er war zugleich Oberrichter in Adelsangelegenheiten.
[4] Leicester.

Und von dem Wall antwortete der Kanzler[1].
Drauf spielte das Geschütz, und Blumensträuße,
Wohlriechend köstliche Essenzen wurden
Aus niedlichen Feldstücken abgefeuert.
Umsonst! Die Stürme wurden abgeschlagen,
Und das Verlangen mußte sich zurückziehn.

Davison.

Ein Zeichen böser Vorbedeutung, Graf,
Für die französische Brautwerbung.

Kent.

Nun, nun, das war ein Scherz. – Im Ernste, denk' ich,
Wird sich die Festung endlich doch ergeben.

Davison.

Glaubt Ihr? Ich glaub' es nimmermehr.

Kent.

Die schwierigsten Artikel sind bereits
Berichtigt und von Frankreich zugestanden.
Monsieur[2] begnügt sich, in verschlossener
Kapelle seinen Gottesdienst zu halten
Und öffentlich die Reichsreligion
Zu ehren und zu schützen. – Hättet Ihr den Jubel
Des Volks gesehn, als diese Zeitung sich verbreitet!
Denn dieses war des Landes ew'ge Furcht,
Sie möchte sterben ohne Leibeserben
Und England wieder Papstes Fesseln tragen,
Wenn ihr die Stuart auf dem Throne folgte.

Davison.

Der Furcht kann es entledigt sein. – Sie geht
Ins Brautgemach, die Stuart geht zum Tode.

Kent.

Die Königin kommt!

---

[1] Der Lordkanzler Thomas Bromley.
[2] Als ältester Bruder des Königs führte Franz von Anjou diesen Titel.

Zweiter Auftritt.

Die **Vorigen. Elisabeth,** von **Leicester** geführt. **Graf Aubespine, Bellievre, Graf Shrewsbury, Lord Burleigh** mit noch andern französischen und englischen Herren treten auf.

Elisabeth (zu Aubespine).

Graf, ich beklage diese edeln Herrn,
Die ihr galanter Eifer über Meer
Hieher geführt, daß sie die Herrlichkeit
Des Hofs von S. Germain[1] bei mir vermissen.
Ich kann so prächt'ge Götterfeste nicht
Erfinden als die königliche Mutter
Von Frankreich. Ein gesittet fröhlich Volk,
Das sich, so oft ich öffentlich mich zeige,
Mit Segnungen um meine Sänfte drängt,
Dies ist das Schauspiel, das ich fremden Augen
Mit ein'gem Stolze zeigen kann. Der Glanz
Der Edelfräulein, die im Schönheitsgarten
Der Katharina blühn, verbärge nur
Mich selber und mein schimmerlos Verdienst.

Aubespine.

Nur e i n e Dame zeigt Westminsterhof
Dem überraschten Fremden – aber alles,
Was an dem reizenden Geschlecht entzückt,
Stellt sich versammelt dar in dieser einen.

Bellievre.

Erhabne Majestät von Engelland,
Vergönne, daß wir unsern Urlaub nehmen
Und Monsieur, unsern königlichen Herrn,
Mit der ersehnten Freudenpost beglücken.
Ihn hat des Herzens heiße Ungeduld
Nicht in Paris gelassen, er erwartet
Zu Amiens die Boten seines Glücks,
Und bis nach Calais reichen seine Posten,
Das Jawort, das dein königlicher Mund
Aussprechen wird, mit Flügelschnelligkeit
Zu seinem trunknen Ohre hinzutragen.

---

[1] St.-Germain-en-Laye, wo sich der französische Hof gern aufzuhalten pflegte.

Elisabeth.

Graf Bellievre, dringt nicht weiter in mich!
Nicht Zeit ist's jetzt, ich wiederhol' es Euch,
Die freud'ge Hochzeitfackel anzuzünden.
Schwarz hängt der Himmel über diesem Land,
Und besser ziemte mir der Trauerflor
Als das Gepränge bräutlicher Gewänder.
Denn nahe droht ein jammervoller Schlag
Mein Herz zu treffen und mein eignes Haus.

Bellievre.

Nur dein Versprechen gib uns, Königin;
In frohern Tagen folge die Erfüllung.

Elisabeth.

Die Könige sind nur Sklaven ihres Standes,
Dem eignen Herzen dürfen sie nicht folgen.
Mein Wunsch war's immer, unvermählt zu sterben,
Und meinen Ruhm hätt' ich darein gesetzt,
Daß man dereinst auf meinem Grabstein läse:
„Hier ruht die jungfräuliche Königin."
Doch meine Unterthanen wollen's nicht,
Sie denken jetzt schon fleißig an die Zeit,
Wo ich dahin sein werde. – Nicht genug,
Daß j e t z t der Segen dieses Land beglückt,
Auch ihrem künft'gen Wohl soll ich mich opfern,
Auch meine jungfräuliche Freiheit soll ich,
Mein höchstes Gut, hingeben für mein Volk,
Und der Gebieter wird mir aufgedrungen.
Es zeigt mir dadurch an, daß ich ihm nur
Ein Weib bin, und ich meinte doch regiert
Zu haben wie ein Mann und wie ein König.
Wohl weiß ich, daß man Gott nicht dient, wenn man
Die Ordnung der Natur verläßt, und Lob
Verdienen sie, die vor mir hier gewaltet,
Daß sie die Klöster aufgethan[1] und tausend
Schlachtopfer einer falsch verstandnen Andacht
Den Pflichten der Natur zurückgegeben.
Doch eine Königin, die ihre Tage

[1] Heinrich VIII. und Eduard VI. hatten viele englische Klöster aufgehoben.

Nicht ungenützt in müßiger Beschauung
Verbringt, die unverdrossen, unermüdet
Die schwerste aller Pflichten übt, *die* sollte
Von dem Naturzweck ausgenommen sein,
Der eine Hälfte des Geschlechts der Menschen
Der andern unterwürfig macht –

Aubespine.

Jedwede Tugend, Königin, hast du
Auf deinem Thron verherrlicht, nichts ist übrig,
Als dem Geschlechte, dessen Ruhm du bist,
Auch noch in seinen eigensten Verdiensten
Als Muster vorzuleuchten. Freilich lebt
Kein Mann auf Erden, der es würdig ist,
Daß du die Freiheit ihm zum Opfer brächtest.
Doch wenn Geburt, wenn Hoheit, Heldentugend
Und Männerschönheit einen Sterblichen
Der Ehre würdig machen, so –

Elisabeth.

Kein Zweifel,
Herr Abgesandter, daß ein Ehebündnis
Mit einem königlichen Sohne Frankreichs
Mich ehrt. Ja, ich gesteh' es unverhohlen,
Wenn es sein *muß* – wenn ich's nicht ändern kann,
Dem Dringen meines Volkes nachzugeben –
Und es wird stärker sein als ich, befürcht' ich –
So kenn' ich in Europa keinen Fürsten,
Dem ich mein höchstes Kleinod, meine Freiheit,
Mit minderm Widerwillen opfern würde.
Laßt dies Geständnis Euch Genüge thun!

Bellievre.

Es ist die schönste Hoffnung, doch es ist
Nur eine Hoffnung, und mein Herr wünscht mehr –

Elisabeth.

Was wünscht er?

(Sie zieht einen Ring vom Finger und betrachtet ihn nachdenkend.)

Hat die Königin doch nichts
Voraus vor dem gemeinen Bürgerweibe!
Das gleiche Zeichen weist auf gleiche Pflicht,

Auf gleiche Dienstbarkeit. – Der Ring macht Ehen,
Und Ringe sind's, die eine Kette machen.
– Bringt Seiner Hoheit dies Geschenk. – Es ist
Noch keine Kette, bindet mich noch nicht;
Doch kann ein Reif draus werden, der mich bindet.

Bellievre

(kniet nieder, den Ring empfangend).

In seinem Namen, große Königin,
Empfang' ich knieend dies Geschenk und drücke
Den Kuß der Huldigung auf meiner Fürstin Hand.

Elisabeth

(zum Grafen Leicester, den sie während der letzten Rede unverwandt betrachtet hat).

Erlaubt, Mylord!

(Sie nimmt ihm das blaue Band[1] ab und hängt es dem Bellievre um.)

Bekleidet Seine Hoheit
Mit diesem Schmuck, wie ich Euch hier damit
Bekleide und in meines Ordens Pflichten nehme.
Honny soit qui mal y pense! – Es schwinde
Der Argwohn zwischen beiden Nationen,
Und ein vertraulich Band umschlinge fortan
Die Kronen Frankreich und Brittannien!

Aubespine.

Erhabne Königin, dies ist ein Tag
Der Freude! Möcht' er's allen sein, und möchte
Kein Leidender auf dieser Insel trauern!
Die Gnade glänzt auf deinem Angesicht.
O daß ein Schimmer ihres heitern Lichts
Auf eine unglücksvolle Fürstin fiele,
Die Frankreich und Brittannien gleich nahe
Angeht –

Elisabeth.

Nicht weiter, Graf! Vermengen wir
Nicht zwei ganz unvereinbare Geschäfte!
Wenn Frankreich ernstlich meinen Bund verlangt
Muß es auch meine Sorgen mit mir teilen
Und meiner Feinde Freund nicht sein. –

[1] Des Hosenbandordens.

Aubespine.

Unwürdig
In deinen eignen Augen würd' es handeln,
Wenn es die Unglückselige, die Glaubens-
Verwandte und die Witwe seines Königs
In diesem Bund vergäße. – Schon die Ehre,
Die Menschlichkeit verlangt –

Elisabeth.

In diesem Sinn
Weiß ich sein Fürwort nach Gebühr zu schätzen.
Frankreich erfüllt die Freundespflicht; mir wird
Verstattet sein, als Königin zu handeln.

(Sie neigt sich gegen die französischen Herrn, welche sich mit den übrigen Lords ehrfurchtsvoll entfernen.)

Dritter Auftritt.

Elisabeth. Leicester. Burleigh. Talbot.

(Die Königin setzt sich.)

Burleigh.

Ruhmvolle Königin! Du krönest heut
Die heißen Wünsche deines Volks. Nun erst
Erfreun wir uns der segenvollen Tage,
Die du uns schenkst, da wir nicht zitternd mehr
In eine stürmevolle Zukunft schauen.
Nur e i n e Sorge kümmert noch dies Land,
Ein Opfer ist's, das alle Stimmen fodern.
Gewähr' auch dieses, und der heut'ge Tag
Hat Englands Wohl auf immerdar gegründet.

Elisabeth.

Was wünscht mein Volk noch? Sprecht, Mylord!

Burleigh.

Es fordert
Das Haupt der Stuart. – Wenn du deinem Volk
Der Freiheit köstliches Geschenk, das teuer
Erworbne Licht der Wahrheit willst versichern,
So muß s i e nicht mehr sein. – Wenn wir nicht ewig
Für dein kostbares Leben zittern sollen,
So muß die Feindin untergehn! – Du weißt es,

Nicht alle deine Britten denken gleich,
Noch viele heimliche Verehrer zählt
Der röm'sche Götzendienst auf dieser Insel.
Die alle nähren feindliche Gedanken;
Nach dieser Stuart steht ihr Herz, sie sind
Im Bunde mit den lothringischen Brüdern[1],
Den unversöhnten Feinden deines Namens.
Dir ist von dieser wütenden Partei
Der grimmige Vertilgungskrieg geschworen,
Den man mit falschen Höllenwaffen führt.
Zu Reims, dem Bischofssitz des Kardinals,
Dort ist das Rüsthaus, wo sie Blitze schmieden;
Dort wird der Königsmord gelehrt – von dort
Geschäftig senden sie nach deiner Insel
Die Missionen aus, entschloss'ne Schwärmer,
In allerlei Gewand vermummt – von dort
Ist schon der dritte Mörder ausgegangen,
Und unerschöpflich, ewig neu erzeugen
Verborgne Feinde sich aus diesem Schlunde.
– Und in dem Schloß zu Fotheringhay sitzt
Die Ate[2] dieses ew'gen Kriegs, die mit
Der Liebesfackel dieses Reich entzündet.
Für sie, die schmeichelnd jedem Hoffnung gibt,
Weiht sich die Jugend dem gewissen Tod. –
Sie zu befreien, ist die Losung; sie
Auf deinen Thron zu setzen, ist der Zweck.
Denn dies Geschlecht der Lothringer erkennt
Dein heilig Recht nicht an, du heißest ihnen
Nur eine Räuberin des Throns, gekrönt
Vom Glück! Sie waren's, die die Thörichte
Verführt, sich Englands Königin zu schreiben.
Kein Friede ist mit ihr und ihrem Stamm!
Du mußt den Streich erleiden oder führen.
Ihr Leben ist dein Tod, ihr Tod dein Leben!

Elisabeth.

Mylord! Ein traurig Amt verwaltet Ihr.

---

[1] Heinrich, Ludwig und Karl von Guise, die Söhne des 1563 meuchlings erschossenen Franz von Guise.

[2] Die Göttin der Verblendung oder Bethörung, die den Menschen ins Verderben führt.

Ich kenne Eures Eifers reinen Trieb,
Weiß, daß gediegne Weisheit aus Euch redet;
Doch diese Weisheit, welche Blut befiehlt,
Ich hasse sie in meiner tiefsten Seele.
Sinnt einen mildern Rat aus! – Edler Lord
Von Shrewsbury! Sagt Ihr uns Eure Meinung!

Talbot.

Du gabst dem Eifer ein gebührend Lob,
Der Burleighs treue Brust beseelt. – Auch mir,
Strömt es mir gleich nicht so beredt vom Munde,
Schlägt in der Brust kein minder treues Herz.
Mögst du noch lange leben, Königin,
Die Freude deines Volks zu sein, das Glück
Des Friedens diesem Reiche zu verlängern!
So schöne Tage hat dies Eiland nie
Gesehn, seit eigne Fürsten es regieren.
Mög' es sein Glück mit seinem Ruhme nicht
Erkaufen! Möge Talbots Auge wenigstens
Geschlossen sein, wenn dies geschieht!

Elisabeth.

Verhüte Gott, daß wir den Ruhm befleckten!

Talbot.

Nun dann, so wirst du auf ein ander Mittel sinnen,
Dies Reich zu retten – denn die Hinrichtung
Der Stuart ist ein ungerechtes Mittel.
Du kannst das Urteil über die nicht sprechen,
Die dir nicht unterthänig ist.

Elisabeth.

So irrt
Mein Staatsrat und mein Parlament, im Irrtum
Sind alle Richterhöfe dieses Landes,
Die mir dies Recht einstimmig zuerkannt –

Talbot.

Nicht Stimmenmehrheit ist des Rechtes Probe,
England ist nicht die Welt, dein Parlament
Nicht der Verein der menschlichen Geschlechter.
Dies heut'ge England ist das künft'ge nicht,
Wie's das vergangne nicht mehr ist. – Wie sich

Die Neigung anders wendet, also steigt
Und fällt des Urteils wandelbare Woge.
Sag' nicht, du müssest der Notwendigkeit
Gehorchen und dem Dringen deines Volks!
Sobald du willst, in jedem Augenblick
Kannst du erproben, daß dein Wille frei ist.
Versuch's! Erkläre, daß du Blut verabscheust,
Der Schwester Leben willst gerettet sehn,
Zeig' denen, die dir anders raten wollen,
Die Wahrheit deines königlichen Zorns!
Schnell wirst du die Notwendigkeit verschwinden
Und Recht in Unrecht sich verwandeln sehn.
Du selbst mußt richten, du allein. Du kannst dich
Auf dieses unstet schwanke Rohr nicht lehnen.
Der eignen Milde folge du getrost!
Nicht Strenge legte Gott ins weiche Herz
Des Weibes – und die Stifter dieses Reichs,
Die auch dem Weib die Herrscherzügel gaben,
Sie zeigten an, daß Strenge nicht die Tugend
Der Könige soll sein in diesem Lande.

Elisabeth.

Ein warmer Anwalt ist Graf Shrewsbury
Für meine Feindin und des Reichs. Ich ziehe
Die Räte vor, die meine Wohlfahrt lieben.

Talbot.

Man gönnt ihr keinen Anwalt, niemand wagt's,
Zu ihrem Vorteil sprechend, deinem Zorn
Sich bloßzustellen. – So vergönne mir,
Dem alten Manne, den am Grabesrand
Kein irdisch Hoffen mehr verführen kann,
Daß ich die Aufgegebene beschütze.
Man soll nicht sagen, daß in deinem Staatsrat
Die Leidenschaft, die Selbstsucht eine Stimme
Gehabt, nur die Barmherzigkeit geschwiegen.
Verbündet hat sich alles wider sie,
Du selber hast ihr Antlitz nie gesehn,
Nichts spricht in deinem Herzen für die Fremde.
– Nicht ihrer Schuld red' ich das Wort. Man sagt,
Sie habe den Gemahl ermorden lassen;

Wahr ist's, daß sie den Mörder eh'lichte.
Ein schwer Verbrechen! – Aber es geschah
In einer finster unglücksvollen Zeit,
Im Angstgedränge bürgerlichen Kriegs,
Wo sie, die Schwache, sich umrungen sah
Von heftig dringenden Vasallen, sich
Dem mutvoll Stärksten in die Arme warf –
Wer weiß, durch welcher Künste Macht besiegt?
Denn ein gebrechlich Wesen ist das Weib.

Elisabeth.

Das Weib ist nicht schwach. Es gibt starke Seelen
In dem Geschlecht. – Ich will in meinem Beisein
Nichts von der Schwäche des Geschlechtes hören.

Talbot.

Dir war das Unglück eine strenge Schule.
Nicht seine Freudenseite kehrte dir
Das Leben zu. Du sahest keinen Thron
Von ferne, nur das Grab zu deinen Füßen.
Zu Woodstock war's und in des Towers Nacht,
Wo dich der gnäd'ge Vater dieses Landes[1]
Zur ersten Pflicht durch Trübsal auferzog.[2]
Dort suchte dich der Schmeichler nicht. Früh lernte,
Vom eiteln Weltgeräusche nicht zerstreut,
Dein Geist sich sammeln, denkend in sich gehn
Und dieses Lebens wahre Güter schätzen.
– Die Arme rettete kein Gott. Ein zartes Kind
Ward sie verpflanzt nach Frankreich, an den Hof
Des Leichtsinns, der gedankenlosen Freude.
Dort in der Feste ew'ger Trunkenheit
Vernahm sie nie der Wahrheit ernste Stimme.
Geblendet ward sie von der Laster Glanz
Und fortgeführt vom Strome des Verderbens.
Ihr ward der Schönheit eitles Gut zu teil,
Sie überstrahlte blühend alle Weiber,
Und durch Gestalt nicht minder als Geburt – –

[1] *Gott.*

[2] Als Elisabeth in ihrem dritten Jahre ihre Mutter verloren hatte (Anna Boleyn starb bekanntlich auf dem Schafott), begann ihre Leidenszeit. Von ihrem Vater Heinrich VIII. wurde sie anfänglich als Bastard verstoßen und erst später anerkannt, von ihrer Schwester Maria mehrfach in Haft gesetzt.

Elisabeth.

Kommt zu Euch selbst, Mylord von Shrewsbury!
Denkt, daß wir hier im ernsten Rate sitzen!
Das müssen Reize sondergleichen sein,
Die einen Greis in solches Feuer setzen.
– Mylord von Lester! Ihr allein schweigt still?
Was ihn beredt macht, bindet's Euch die Zunge?

Leicester.

Ich schweige für Erstaunen, Königin,
Daß man dein Ohr mit Schrecknissen erfüllt,
Daß diese Märchen, die in Londons Gassen
Den gläub'gen Pöbel ängsten, bis herauf
In deines Staatsrats heitre Mitte steigen
Und weise Männer ernst beschäftigen.
Verwunderung ergreift mich, ich gesteh's,
Daß diese länderlose Königin
Von Schottland, die den eignen kleinen Thron
Nicht zu behaupten wußte, ihrer eignen
Vasallen Spott, der Auswurf ihres Landes,
Dein Schrecken wird auf einmal im Gefängnis!
– Was, beim Allmächt'gen, machte sie dir furchtbar?
Daß sie dies Reich in Anspruch nimmt? Daß dich
Die Guisen nicht als Königin erkennen?
Kann dieser Guisen Widerspruch das Recht
Entkräften, das Geburt dir gab, der Schluß
Der Parlamente dir bestätigte?
Ist *sie* durch Heinrichs letzten Willen[1] nicht
Stillschweigend abgewiesen? Und wird England,
So glücklich im Genuß des neuen Lichts,
Sich der Papistin in die Arme werfen?
Von dir, der angebeteten Monarchin,
Zu Darnleys Mörderin hinüberlaufen?
Was wollen diese ungestümen Menschen,
Die dich noch lebend mit der Erbin quälen,
Dich nicht geschwind genug vermählen können,
Um Staat und Kirche von Gefahr zu retten?
Stehst du nicht blühend da in Jugendkraft,
Welkt jene nicht mit jedem Tag zum Grabe?

[1] Bei der Regelung der Erbfolge überging Heinrich das Haus Stuart.

Bei Gott! Du wirst, ich hoff's, noch viele Jahre
Auf ihrem Grabe wandeln, ohne daß
Du selber sie hinabzustürzen brauchtest –

Burleigh.

Lord Lester hat nicht immer so geurteilt.

Leicester.

Wahr ist's, ich habe selber meine Stimme
Zu ihrem Tod gegeben im Gericht.
Im Staatsrat sprech' ich anders. Hier ist nicht
Die Rede von dem Recht, nur von dem Vorteil.
Ist's jetzt die Zeit, von ihr Gefahr zu fürchten,
Da Frankreich sie verläßt, ihr einz'ger Schutz,
Da du den Königssohn mit deiner Hand
Beglücken willst, die Hoffnung eines neuen
Regentenstammes diesem Lande blüht?
Wozu sie also töten? Sie ist tot!
Verachtung ist der wahre Tod. Verhüte,
Daß nicht das Mitleid sie ins Leben rufe!
Drum ist mein Rat: Man lasse die Sentenz,
Die ihr das Haupt abspricht, in voller Kraft
Bestehn! Sie lebe – aber unterm Beile
Des Henkers lebe sie, und schnell, wie sich
Ein Arm für sie bewaffnet, fall' es nieder.

Elisabeth (steht auf).

Mylords, ich hab' nun eure Meinungen
Gehört und sag' euch Dank für euren Eifer.
Mit Gottes Beistand, der die Könige
Erleuchtet, will ich eure Gründe prüfen
Und wählen, was das Bessere mir dünkt.

Vierter Auftritt.

Die **Vorigen. Ritter Paulet** mit **Mortimern.**

Elisabeth.

Da kommt Amias Paulet. Edler Sir,
Was bringt Ihr uns?

Paulet.

Glorwürd'ge Majestät!
Mein Neffe, der ohnlängst von weiten Reisen

Zurückgekehrt, wirft sich zu deinen Füßen
Und leistet dir sein jugendlich Gelübde.
Empfange du es gnadenvoll und laß
Ihn wachsen in der Sonne deiner Gunst!

Mortimer (läßt sich auf ein Knie nieder).

Lang lebe meine königliche Frau,
Und Glück und Ruhm bekröne ihre Stirne!

Elisabeth.

Steht auf! Seid mir willkommen, Sir, in England!
Ihr habt den großen Weg[1] gemacht, habt Frankreich
Bereist und Rom und Euch zu Reims verweilt.
Sagt mir denn an, was spinnen unsre Feinde?

Mortimer.

Ein Gott verwirre sie und wende rückwärts
Auf ihrer eignen Schützen Brust die Pfeile,
Die gegen meine Königin gesandt sind!

Elisabeth.

Saht Ihr den Morgan und den ränkespinnenden
Bischof von Roße?

Mortimer.

Alle schottische
Verbannte lernt' ich kennen, die zu Reims
Anschläge schmieden gegen diese Insel.
In ihr Vertrauen stahl ich mich, ob ich
Etwa von ihren Ränken was entdeckte.

Paulet.

Geheime Briefe hat man ihm vertraut,
In Ziffern, für die Königin von Schottland,
Die er mit treuer Hand uns überliefert.

Elisabeth.

Sagt, was sind ihre neuesten Entwürfe?

Mortimer.

Es traf sie alle wie ein Donnerstreich,
Daß Frankreich sie verläßt, den festen Bund
Mit England schließt; jetzt richten sie die Hoffnung
Auf Spanien.

---

[1] *The great tour,* die übliche Reise nach Frankreich und Italien, die die jungen reichen Engländer zu machen pflegten.

Elisabeth.

So schreibt mir Walsingham[1].

Mortimer.

Auch eine Bulle, die Papst Sixtus jüngst
Vom Vatikane gegen dich geschleudert[2],
Kam eben an zu Reims, als ich's verließ;
Das nächste Schiff bringt sie nach dieser Insel.

Leicester.

Vor solchen Waffen zittert England nicht mehr.

Burleigh.

Sie werden furchtbar in des Schwärmers Hand.

Elisabeth (Mortimern forschend ansehend).

Man gab Euch schuld, daß Ihr zu Reims die Schulen
Besucht und Euren Glauben abgeschworen?

Mortimer.

Die Miene gab ich mir, ich leugn' es nicht,
So weit ging die Begierde, dir zu dienen!

Elisabeth

(zu Paulet, der ihr Papiere überreicht).

Was zieht Ihr da hervor?

Paulet.

Es ist ein Schreiben,
Das dir die Königin von Schottland sendet.

Burleigh (hastig darnach greifend).

Gebt mir den Brief!

Paulet (gibt das Papier der Königin).

Verzeiht, Lord Großschatzmeister!
In meiner Königin selbsteigne Hand
Befahl sie mir den Brief zu übergeben.
Sie sagt mir stets, ich sei ihr Feind. Ich bin
Nur ihrer Laster Feind; was sich verträgt
Mit meiner Pflicht, mag ich ihr gern erweisen.

(Die Königin hat den Brief genommen. Während sie ihn liest, sprechen Mortimer und Leicester einige Worte heimlich miteinander[3].)

---

[1] Gemeint ist der Staatssekretär Walsingham, der Entdecker von Babingtons Verschwörung, der damals freilich nicht in Frankreich, sondern in England war. 1581 war er am französischen Hofe gewesen.

[2] Sixtus V. erneuerte den Bannfluch, den zuerst Papst Pius V. bereits 1570 gegen Elisabeth erlassen hatte.

[3] Mortimer bittet Leicester um eine geheime Unterredung. Vgl. den Anfang des 8. Auftritts.

Burleigh (zu Paulet).

Was kann der Brief enthalten? Eitle Klagen,
Mit denen man das mitleidsvolle Herz
Der Königin verschonen soll.

Paulet.

Was er
Enthält, hat sie mir nicht verhehlt. Sie bittet
Um die Vergünstigung, das Angesicht
Der Königin zu sehen.

Burleigh (schnell).

Nimmermehr!

Talbot.

Warum nicht? Sie erfleht nichts Ungerechtes.

Burleigh.

Die Gunst des königlichen Angesichts
Hat sie verwirkt, die Mordanstifterin,
Die nach dem Blut der Königin gedürstet.
Wer's treu mit seiner Fürstin meint, der kann
Den falsch verräterischen Rat nicht geben.

Talbot.

Wenn die Monarchin sie beglücken will,
Wollt Ihr der Gnade sanfte Regung hindern?

Burleigh.

Sie ist verurteilt! Unterm Beile liegt
Ihr Haupt. Unwürdig ist's der Majestät,
Das Haupt zu sehen, das dem Tod geweiht ist.
Das Urteil kann nicht mehr vollzogen werden,
Wenn sich die Königin ihr genahet hat,
Denn Gnade bringt die königliche Nähe –

Elisabeth

(nachdem sie den Brief gelesen, ihre Thränen trocknend).

Was ist der Mensch! Was ist das Glück der Erde!
Wie weit ist diese Königin gebracht,
Die mit so stolzen Hoffnungen begann,
Die auf den ält'sten Thron der Christenheit[1]
Berufen worden, die in ihrem Sinn
Drei Kronen schon aufs Haupt zu setzen meinte!
Welch andre Sprache führt sie jetzt als damals,

[1] Der Papst hatte Frankreich als ältestes christliches Königreich anerkannt.

Da sie das Wappen Englands angenommen
Und von den Schmeichlern ihres Hofs sich Königin
Der zwei brittann'schen Inseln nennen ließ!
– Verzeiht, Mylords, es schneidet mir ins Herz,
Wehmut ergreift mich, und die Seele blutet,
Daß Irdisches nicht fester steht, das Schicksal
Der Menschheit, das entsetzliche, so nahe
An meinem eignen Haupt vorüberzieht.

Talbot.

O Königin! Dein Herz hat Gott gerührt.
Gehorche dieser himmlischen Bewegung!
Schwer büßte sie fürwahr die schwere Schuld,
Und Zeit ist's, daß die harte Prüfung ende!
Reich' ihr die Hand, der Tiefgefallenen!
Wie eines Engels Lichterscheinung steige
In ihres Kerkers Gräbernacht hinab –

Burleigh.

Sei standhaft, große Königin! Laß nicht
Ein lobenswürdig menschliches Gefühl
Dich irre führen. Raube dir nicht selbst
Die Freiheit, das Notwendige zu thun.
Du kannst sie nicht begnadigen, nicht retten.
So lade nicht auf dich verhaßten Tadel,
Daß du mit grausam höhnendem Triumph
Am Anblick deines Opfers dich geweidet!

Leicester.

Laßt uns in unsern Schranken bleiben, Lords!
Die Königin ist weise, sie bedarf
Nicht unsers Rats, das Würdigste zu wählen.
Die Unterredung beider Königinnen
Hat nichts gemein mit des Gerichtes Gang.
Englands Gesetz, nicht der Monarchin Wille,
Verurteilt die Maria. Würdig ist's
Der großen Seele der Elisabeth,
Daß sie des Herzens schönem Triebe folge,
Wenn das Gesetz den strengen Lauf behält.

Elisabeth.

Geht, meine Lords! Wir werden Mittel finden,
Was Gnade fodert, was Notwendigkeit

Uns auferlegt, geziemend zu vereinen.
Jetzt – tretet ab!

(Die Lords gehen. An der Thüre ruft sie den Mortimer zurück.)

Sir Mortimer! Ein Wort!

Fünfter Auftritt.

Elisabeth. Mortimer.

Elisabeth

(nachdem sie ihn einige Augenblicke forschend mit den Augen gemessen).

Ihr zeigtet einen kecken Mut und seltne
Beherrschung Eurer selbst für Eure Jahre.
Wer schon so früh der Täuschung schwere Kunst
Ausübte, der ist mündig vor der Zeit,
Und er verkürzt sich seine Prüfungsjahre.
– Auf eine große Bahn ruft Euch das Schicksal.
Ich prophezei' es Euch, und mein Orakel
Kann ich zu Eurem Glücke selbst vollziehn.

Mortimer.

Erhabene Gebieterin, was ich
Vermag und bin, ist deinem Dienst gewidmet.

Elisabeth.

Ihr habt die Feinde Englands kennen lernen.
Ihr Haß ist unversöhnlich gegen mich
Und unerschöpflich ihre Blutentwürfe.
Bis diesen Tag zwar schützte mich die Allmacht,
Doch ewig wankt die Kron' auf meinem Haupt,
Solang' sie lebt, die ihrem Schwärmereifer
Den Vorwand leiht und ihre Hoffnung nährt.

Mortimer.

Sie lebt nicht mehr, sobald du es gebietest.

Elisabeth.

Ach, Sir! Ich glaubte, mich am Ziele schon
Zu sehn, und bin nicht weiter als am Anfang.
Ich wollte die Gesetze handeln lassen,
Die eigne Hand vom Blute rein behalten.
Das Urteil ist gesprochen. Was gewinn' ich?
Es muß vollzogen werden, Mortimer,

Und *ich* muß die Vollziehung anbefehlen!
Mich immer trifft der Haß der That. Ich muß
Sie eingestehn und kann den Schein nicht retten.
Das ist das Schlimmste!

Mortimer.

Was bekümmert dich
Der böse Schein bei der gerechten Sache?

Elisabeth.

Ihr kennt die Welt nicht, Ritter. Was man *scheint*,
Hat jedermann zum Richter, was man *ist*, hat keinen.
Von meinem Rechte überzeug' ich niemand,
So muß ich Sorge tragen, daß mein Anteil
An ihrem Tod in ew'gem Zweifel bleibe.
Bei solchen Thaten doppelter Gestalt[1]
Gibt's keinen Schutz als in der Dunkelheit.
Der schlimmste Schritt ist, den man eingesteht,
Was man nicht aufgibt, hat man nie verloren.

Mortimer (ausforschend).

Dann wäre wohl das beste –

Elisabeth (schnell).

Freilich wär's
Das beste – O, mein guter Engel spricht
Aus Euch. Fahrt fort, vollendet, werter Sir!
Euch ist es Ernst, Ihr dringet auf den Grund,
Seid ein ganz andrer Mann als Euer Oheim –

Mortimer (betroffen).

Entdecktest du dem Ritter deinen Wunsch?

Elisabeth.

Mich reuet, daß ich's that.

Mortimer.

Entschuldige
Den alten Mann. Die Jahre machen ihn
Bedenklich. Solche Wagestücke fodern
Den kecken Mut der Jugend –

Elisabeth (schnell).

Darf ich Euch –

---

[1] D. h. bei Thaten, die sich verschieden, als gerecht oder ungerecht, beurteilen lassen.

Mortimer.

Die Hand will ich dir leihen, rette du
Den Namen, wie du kannst –

Elisabeth.

Ja, Sir! wenn Ihr
Mich eines Morgens mit der Botschaft wecktet:
„Maria Stuart, deine blut'ge Feindin,
Ist heute Nacht verschieden!"

Mortimer.

Zählt auf mich!

Elisabeth.

Wann wird mein Haupt sich ruhig schlafen legen?

Mortimer.

Der nächste Neumond ende deine Furcht.

Elisabeth.

– Gehabt Euch wohl, Sir! Laßt es Euch nicht leid thun,
Daß meine Dankbarkeit den Flor der Nacht
Entlehnen muß – Das Schweigen ist der Gott
Der Glücklichen – Die engsten Bande sind's,
Die zärtesten, die das Geheimnis stiftet! (Sie geht ab.)

Sechster Auftritt.

Mortimer (allein).

Geh, falsche, gleisnerische Königin!
Wie du die Welt, so täusch' ich dich. Recht ist's,
Dich zu verraten, eine gute That!
Seh' ich aus wie ein Mörder? Lasest du
Ruchlose Fertigkeit auf meiner Stirn?
Trau' nur auf *meinen* Arm und halte *deinen*
Zurück! Gib dir den frommen Heuchelschein
Der Gnade vor der Welt! Indessen du
Geheim auf meine Mörderhilfe hoffst,
So werden wir zur Rettung Frist gewinnen!
Erhöhen willst du mich – zeigst mir von ferne
Bedeutend einen kostbarn Preis – und wärst
Du selbst der Preis und deine Frauengunst!
Wer bist du, Ärmste, und was kannst du geben?

Mich locket nicht des eiteln Ruhmes Geiz!
Bei ihr nur ist des Lebens Reiz,
Um sie in ew'gem Freudenchore schweben
Der Anmut Götter und der Jugendlust,
Das Glück der Himmel ist an ihrer Brust –
Du hast nur tote Güter zu vergeben!
Das eine Höchste, was das Leben schmückt,
Wenn sich ein Herz, entzückend und entzückt,
Dem Herzen schenkt in süßem Selbstvergessen,
Die Frauenkrone hast du nie besessen,
Nie hast du liebend einen Mann beglückt!
– Ich muß den Lord erwarten, ihren Brief
Ihm übergeben. Ein verhaßter Auftrag!
Ich habe zu dem Höflinge kein Herz.
Ich selber kann sie retten, ich allein,
Gefahr und Ruhm und auch der Preis sei mein!
(Indem er gehen will, begegnet ihm Paulet.)

Siebenter Auftritt.

Mortimer. Paulet.

Paulet.

Was sagte dir die Königin?

Mortimer.

Nichts, Sir.
Nichts – von Bedeutung.

Paulet (fixiert ihn mit ernstem Blick).

Höre, Mortimer!
Es ist ein schlüpfrig glatter Grund, auf den
Du dich begeben. Lockend ist die Gunst
Der Könige, nach Ehre geizt die Jugend.
– Laß dich den Ehrgeiz nicht verführen!

Mortimer.

Wart Ihr's nicht selbst, der an den Hof mich brachte?

Paulet.

Ich wünschte, daß ich's nicht gethan. Am Hofe
Ward unsers Hauses Ehre nicht gesammelt.

Steh fest, mein Neffe! Kaufe nicht zu teuer!
Verletze dein Gewissen nicht!

Mortimer.

Was fällt Euch ein? Was für Besorgnisse!

Paulet.

Wie groß dich auch die Königin zu machen
Verspricht – trau' ihrer Schmeichelrede nicht!
Verleugnen wird sie dich, wenn du gehorcht,
Und, ihren eignen Namen rein zu waschen,
Die Blutthat rächen, die sie selbst befahl.

Mortimer.

Die Blutthat, sagt Ihr?

Paulet.

Weg mit der Verstellung!
Ich weiß, was dir die Königin angesonnen,
Sie hofft, daß deine ruhmbegier'ge Jugend
Willfähr'ger sein wird als mein starres Alter.
Hast du ihr zugesagt? Hast du?

Mortimer.

Mein Oheim!

Paulet.

Wenn du's gethan hast, so verfluch' ich dich,
Und dich verwerfe –

Leicester (kommt).

Werter Sir, erlaubt
Ein Wort mit Eurem Neffen! Die Monarchin
Ist gnadenvoll gesinnt für ihn, sie will,
Daß man ihm die Person der Lady Stuart
Uneingeschränkt vertraue – Sie verläßt sich
Auf seine Redlichkeit –

Paulet.

Verläßt sich – Gut!

Leicester.

Was sagt Ihr, Sir?

Paulet.

Die Königin verläßt sich
Auf ihn, und ich, Mylord, verlasse mich
Auf mich und meine beiden offnen Augen. (Er geht ab.)

Achter Auftritt.

Leicester. Mortimer.

Leicester (verwundert).

Was wandelte den Ritter an?

Mortimer.

Ich weiß es nicht – Das unerwartete
Vertrauen, das die Königin mir schenkt –

Leicester (ihn forschend ansehend).

Verdient Ihr, Ritter, daß man Euch vertraut?

Mortimer (ebenso).

Die Frage thu' ich Euch, Mylord von Lester.

Leicester.

Ihr hattet mir was ingeheim zu sagen.

Mortimer.

Versichert mir erst, daß ich's wagen darf.

Leicester.

Wer gibt mir die Versicherung für Euch?
– Laßt Euch mein Mißtraun nicht beleidigen!
Ich seh' Euch zweierlei Gesichter zeigen
An diesem Hofe – Eins darunter ist
Notwendig falsch; doch welches ist das wahre?

Mortimer.

Es geht mir ebenso mit Euch, Graf Lester.

Leicester.

Wer soll nun des Vertrauens Anfang machen?

Mortimer.

Wer das Geringere zu wagen hat.

Leicester.

Nun, der seid Ihr!

Mortimer.

Ihr seid es, Euer Zeugnis,
Des vielbedeutenden, gewalt'gen Lords,
Kann mich zu Boden schlagen, meins vermag
Nichts *gegen Euren Rang und Eure* Gunst.

Leicester.

Ihr irrt Euch, Sir. In allem andern bin ich
Hier mächtig, nur in diesem zarten Punkt,

Den ich jetzt Eurer Treu' preisgeben soll,
Bin ich der schwächste Mann an diesem Hof,
Und ein verächtlich Zeugnis kann mich stürzen.

Mortimer.

Wenn sich der allvermögende Lord Lester
So tief zu mir herunterläßt, ein solch
Bekenntnis mir zu thun, so darf ich wohl
Ein wenig höher denken von mir selbst
Und ihm in Großmut ein Exempel geben.

Leicester.

Geht mir voran im Zutraun, ich will folgen.

Mortimer

(den Brief schnell hervorziehend).

Dies sendet Euch die Königin von Schottland.

Leicester

(schrickt zusammen und greift hastig darnach).

Sprecht leise, Sir! – Was seh' ich! Ach! Es ist
Ihr Bild!

(Küßt es und betrachtet es mit stummem Entzücken.)

Mortimer

(der ihn während des Lesens scharf beobachtet).

Mylord, nun glaub' ich Euch.

Leicester

(nachdem er den Brief schnell durchlaufen).

Sir Mortimer! Ihr wißt des Briefes Inhalt?

Mortimer.

Nichts weiß ich.

Leicester.

Nun! Sie hat Euch ohne Zweifel
Vertraut –

Mortimer.

Sie hat mir nichts vertraut. Ihr würdet
Dies Rätsel mir erklären, sagte sie.
Ein Rätsel ist es mir, daß Graf von Lester,
Der Günstling der Elisabeth, Mariens
Erklärter Feind und ihrer Richter einer,
Der Mann sein soll, von dem die Königin
In ihrem Unglück Rettung hofft. – Und dennoch
Muß dem so sein, denn Eure Augen sprechen
Zu deutlich aus, was Ihr für sie empfindet.

Leicester.

Entdeckt mir selbst erst, wie es kommt, daß Ihr
Den feur'gen Anteil nehmt an ihrem Schicksal,
Und was Euch ihr Vertraun erwarb.

Mortimer.

Mylord,
Das kann ich Euch mit wenigem erklären.
Ich habe meinen Glauben abgeschworen
Zu Rom und steh' im Bündnis mit den Guisen.
Ein Brief des Erzbischofs zu Reims hat mich
Beglaubigt bei der Königin von Schottland.

Leicester.

Ich weiß von Eurer Glaubensänderung,
Sie ist's, die mein Vertrauen zu Euch weckte.
Gebt mir die Hand! Verzeiht mir meinen Zweifel!
Ich kann der Vorsicht nicht zu viel gebrauchen,
Denn Walsingham und Burleigh hassen mich,
Ich weiß, daß sie mir laurend Netze stellen.
Ihr konntet ihr Geschöpf und Werkzeug sein,
Mich in das Garn zu ziehn –

Mortimer.

Wie kleine Schritte
Geht ein so großer Lord an diesem Hof!
Graf, ich beklag' Euch.

Leicester.

Freudig werf' ich mich
An die vertraute Freundesbrust, wo ich
Des langen Zwangs mich endlich kann entladen.
Ihr seid verwundert, Sir, daß ich so schnell
Das Herz geändert gegen die Maria.
Zwar in der That haßt' ich sie nie – der Zwang
Der Zeiten machte mich zu ihrem Gegner.
Sie war mir zugedacht seit langen Jahren,
Ihr wißt's, eh' sie die Hand dem Darnley gab,
Als noch der Glanz der Hoheit sie umlachte.
Kalt stieß ich damals dieses Glück von mir[1],

[1] Das entspricht nicht ganz der geschichtlichen Wirklichkeit. Maria hatte Elisabeths Vorschlag, sie solle Leicester zum Gatten nehmen, als ihrer Würde widersprechend zurückgewiesen.

Jetzt im Gefängnis, an des Todes Pforten
Such' ich sie auf, und mit Gefahr des Lebens.

Mortimer.

Das heißt großmütig handeln.

Leicester.

Die Gestalt
Der Dinge, Sir, hat sich indes verändert.
Mein Ehrgeiz war es, der mich gegen Jugend
Und Schönheit fühllos machte. Damals hielt ich
Mariens Hand für mich zu klein, ich hoffte
Auf den Besitz der Königin von England.

Mortimer.

Es ist bekannt, daß sie Euch allen Männern
Vorzog –

Leicester.

So schien es, edler Sir – und nun, nach zehn
Verlornen Jahren[1] unverdross'nen Werbens,
Verhaßten Zwangs – O Sir, mein Herz geht auf!
Ich muß des langen Unmuts mich entladen –
Man preist mich glücklich – Wüßte man, was es
Für Ketten sind, um die man mich beneidet! –
Nachdem ich zehen bittre Jahre lang
Dem Götzen ihrer Eitelkeit geopfert,
Mich jedem Wechsel ihrer Sultanslaunen
Mit Sklavendemut unterwarf, das Spielzeug
Des kleinen grillenhaften Eigensinns,
Geliebkost jetzt von ihrer Zärtlichkeit
Und jetzt mit sprödem Stolz zurückgestoßen,
Von ihrer Gunst und Strenge gleich gepeinigt,
Wie ein Gefangener vom Argusblick
Der Eifersucht gehütet, ins Verhör
Genommen wie ein Knabe, wie ein Diener
Gescholten – o, die Sprache hat kein Wort
Für diese Hölle! –

Mortimer.

Ich beklag' Euch, Graf.

---

[1] In Wahrheit hatte das Liebesverhältnis Leicesters und Elisabeths bereits länger als 30 Jahre gedauert.

Leicester.

Täuscht mich am Ziel der Preis! Ein andrer kommt,
Die Frucht des teuren Werbens mir zu rauben.
An einen jungen, blühenden Gemahl
Verlier' ich meine lang besess'nen Rechte!
Heruntersteigen soll ich von der Bühne,
Wo ich so lange als der Erste glänzte.
Nicht ihre Hand allein, auch ihre Gunst
Droht mir der neue Ankömmling zu rauben.
Sie ist ein Weib, und er ist liebenswert.

Mortimer.

Er ist Kathrinens Sohn. In guter Schule
Hat er des Schmeichelns Künste ausgelernt.

Leicester.

So stürzen meine Hoffnungen – Ich suche
In diesem Schiffbruch meines Glücks ein Brett
Zu fassen – und mein Auge wendet sich
Der ersten schönen Hoffnung wieder zu.
Mariens Bild in ihrer Reize Glanz
Stand neu vor mir, Schönheit und Jugend traten
In ihre vollen Rechte wieder ein,
Nicht kalter Ehrgeiz mehr, das Herz verglich,
Und ich empfand, welch Kleinod ich verloren.
Mit Schrecken seh' ich sie in tiefes Elend
Herabgestürzt, gestürzt durch mein Verschulden.
Da wird in mir die Hoffnung wach, ob ich
Sie jetzt noch retten könnte und besitzen.
Durch eine treue Hand gelingt es mir,
Ihr mein verändert Herz zu offenbaren,
Und dieser Brief, den Ihr mir überbracht,
Versichert mir, daß sie verzeiht, sich mir
Zum Preise schenken will, wenn ich sie rette.

Mortimer.

Ihr thatet aber nichts zu ihrer Rettung!
Ihr ließt geschehn, daß sie verurteilt wurde,
Gabt Eure Stimme selbst zu ihrem Tod!
Ein Wunder muß geschehn – Der Wahrheit Licht
Muß mich, den Neffen ihres Hüters, rühren,
Im Vatikan zu Rom muß ihr der Himmel

Den unverhofften Retter zubereiten,
Sonst fand sie nicht einmal den Weg zu Euch.

Leicester.

Ach, Sir, es hat mir Qualen g'nug gekostet!
Um selbe Zeit ward sie von Talbots Schloß
Nach Fotheringhay weggeführt, der strengen
Gewahrsam Eures Oheims anvertraut.
Gehemmt ward jeder Weg zu ihr; ich mußte
Fortfahren vor der Welt, sie zu verfolgen.
Doch denket nicht, daß ich sie leidend hätte
Zum Tode gehen lassen! Nein, ich hoffte
Und hoffe noch, das Äußerste zu hindern,
Bis sich ein Mittel zeigt, sie zu befrein.

Mortimer.

Das ist gefunden – Lester, Euer edles
Vertraun verdient Erwiderung. Ich will sie
Befreien, darum bin ich hier, die Anstalt
Ist schon getroffen; Euer mächt'ger Beistand
Versichert uns den glücklichen Erfolg.

Leicester.

Was sagt Ihr? Ihr erschreckt mich. Wie? Ihr wolltet –

Mortimer.

Gewaltsam aufthun will ich ihren Kerker,
Ich hab' Gefährten, alles ist bereit –

Leicester.

Ihr habt Mitwisser und Vertraute! Weh' mir!
In welches Wagnis reißt Ihr mich hinein!
Und diese wissen auch um mein Geheimnis?

Mortimer.

Sorgt nicht! Der Plan ward ohne Euch entworfen,
Ohn' Euch wär' er vollstreckt, bestünde sie
Nicht drauf, Euch ihre Rettung zu verdanken.

Leicester.

So könnt Ihr mich für ganz gewiß versichern,
Daß in dem Bund mein Name nicht genannt ist?

Mortimer.

Verlaßt Euch drauf! Wie? So bedenklich, Graf,
Bei einer Botschaft, die Euch Hilfe bringt?

Ihr wollt die Stuart retten und besitzen,
Ihr findet Freunde, plötzlich, unerwartet,
Vom Himmel fallen Euch die nächsten Mittel –
Doch zeigt Ihr mehr Verlegenheit als Freude?

Leicester.

Es ist nichts mit Gewalt. Das Wagestück
Ist zu gefährlich.

Mortimer.

Auch das Säumen ist's!

Leicester.

Ich sag' Euch, Ritter, es ist nicht zu wagen.

Mortimer (bitter).

Nein, nicht für Euch, der sie *besitzen* will!
Wir wollen sie bloß *retten* und sind nicht so
Bedenklich –

Leicester.

Junger Mann, Ihr seid zu rasch
In so gefährlich dornenvoller Sache.

Mortimer.

Ihr – sehr bedacht in solchem Fall der Ehre.

Leicester.

Ich seh' die Netze, die uns rings umgeben.

Mortimer.

Ich fühle Mut, sie alle zu durchreißen.

Leicester.

Tollkühnheit, Raserei ist dieser Mut.

Mortimer.

Nicht Tapferkeit ist diese Klugheit, Lord.

Leicester.

Euch lüstet's wohl, wie Babington zu enden?

Mortimer.

Euch nicht, des Norfolks Großmut nachzuahmen.

Leicester.

Norfolk hat seine Braut nicht heimgeführt.

Mortimer.

Er hat bewiesen, daß er's würdig war.

Leicester.

Wenn *wir* verderben, reißen wir sie nach.

Mortimer.

Wenn wir uns schonen, wird sie nicht gerettet.

Leicester.

Ihr überlegt nicht, hört nicht, werdet alles
Mit heftig blindem Ungestüm zerstören,
Was auf so guten Weg geleitet war.

Mortimer.

Wohl auf den guten Weg, den Ihr gebahnt?
Was habt Ihr denn gethan, um sie zu retten?
– Und wie? Wenn ich nun Bube g'nug gewesen,
Sie zu ermorden, wie die Königin
Mir anbefahl, wie sie zu dieser Stunde
Von mir erwartet – Nennt mir doch die Anstalt,
Die Ihr gemacht, ihr Leben zu erhalten!

Leicester (erstaunt).

Gab Euch die Königin diesen Blutbefehl?

Mortimer.

Sie irrte sich in mir, wie sich Maria
In Euch.

Leicester.

Und Ihr habt zugesagt? Habt Ihr?

Mortimer.

Damit sie andre Hände nicht erkaufe,
Bot ich die meinen an.

Leicester.

Ihr thatet wohl.
Dies kann uns Raum verschaffen. Sie verläßt sich
Auf Euren blut'gen Dienst, das Todesurteil
Bleibt unvollstreckt, und wir gewinnen Zeit –

Mortimer (ungeduldig).

Nein, wir verlieren Zeit!

Leicester.

Sie zählt auf Euch,
So minder wird sie Anstand nehmen, sich
Den Schein der Gnade vor der Welt zu geben.
Vielleicht, daß ich durch List sie überrede,
Das Angesicht der Gegnerin zu sehn,
Und dieser Schritt muß ihr die Hände binden.
Burleigh hat recht. Das Urteil kann nicht mehr

Vollzogen werden, wenn sie sie gesehn.
– Ja, ich versuch' es, alles biet' ich auf –

Mortimer.

Und was erreicht Ihr dadurch? Wenn sie sich
In mir getäuscht sieht, wenn Maria fortfährt,
Zu leben – ist nicht alles wie zuvor?
Frei wird sie niemals! Auch das Mildeste,
Was kommen kann, ist ewiges Gefängnis.
Mit einer kühnen That müßt Ihr doch enden,
Warum wollt Ihr nicht gleich damit beginnen?
In Euren Händen ist die Macht, Ihr bringt
Ein Heer zusammen, wenn Ihr nur den Adel
Auf Euren vielen Schlössern waffnen wollt!
Maria hat noch viel verborgne Freunde;
Der Howard[1] und der Percy[2] edle Häuser,
Ob ihre Häupter gleich gestürzt, sind noch
An Helden reich, sie harren nur darauf,
Daß ein gewalt'ger Lord das Beispiel gebe!
Weg mit Verstellung! Handelt öffentlich!
Verteidigt als ein Ritter die Geliebte,
Kämpft einen edeln Kampf um sie! Ihr seid
Herr der Person der Königin von England,
Sobald Ihr wollt. Lockt sie auf Eure Schlösser,
Sie ist Euch oft dahin gefolgt. Dort zeigt ihr
Den Mann! Sprecht als Gebieter! Haltet sie
Verwahrt, bis sie die Stuart freigegeben!

Leicester.

Ich staune, ich entsetze mich – Wohin
Reißt Euch der Schwindel? – Kennt Ihr diesen Boden?
Wißt Ihr, wie's steht an diesem Hof, wie eng
Dies Frauenreich die Geister hat gebunden?
Sucht nach dem Heldengeist, der eh'mals wohl
In diesem Land sich regte – Unterworfen
Ist alles unterm Schlüssel eines Weibes
Und jedes Mutes Federn abgespannt.

---

[1] Aus ihrem Geschlecht entstammte Katharina, Heinrichs VIII. Gemahlin, die dieser hatte hinrichten lassen. 1572 fiel das Haupt Thomas Howards, des vierten Herzogs von Norfolk.

[2] Die Percies waren in Norfolks Verschwörung verwickelt. 1572 wurde Thomas Percy hingerichtet.

Folgt meiner Leitung! Wagt nichts unbedachtsam!
– Ich höre kommen, geht!

Mortimer.

Maria hofft!
Kehr' ich mit leerem Trost zu ihr zurück?

Leicester.

Bringt ihr die Schwüre meiner ew'gen Liebe!

Mortimer.

Bringt ihr die selbst! Zum Werkzeug ihrer Rettung
Bot ich mich an, nicht Euch zum Liebesboten!

(Er geht ab.)

Neunter Auftritt.

Elisabeth. Leicester.

Elisabeth.

Wer ging da von Euch weg? Ich hörte sprechen.

Leicester

(sich auf ihre Rede schnell und erschrocken umwendend).

Es war Sir Mortimer.

Elisabeth.

Was ist Euch, Lord?
So ganz betreten?

Leicester (faßt sich).

– Über deinen Anblick!
Ich habe dich so reizend nie gesehn.
Geblendet steh' ich da von deiner Schönheit.
– Ach!

Elisabeth.

Warum seufzt Ihr?

Leicester.

Hab' ich keinen Grund
Zu seufzen? Da ich deinen Reiz betrachte,
Erneut sich mir der namenlose Schmerz
Des drohenden Verlustes.

Elisabeth.

Was verliert Ihr?

Leicester.

Dein Herz, dein liebenswürdig Selbst verlier' ich.
Bald wirst du in den jugendlichen Armen
Des feurigen Gemahls dich glücklich fühlen,
Und ungeteilt wird er dein Herz besitzen.
Er ist von königlichem Blut, das bin
Ich nicht; doch Trotz sei aller Welt geboten,
Ob einer lebt auf diesem Erdenrund,
Der mehr Anbetung für dich fühlt als ich.
Der Duc von Anjou hat dich nie gesehn,
Nur deinen Ruhm und Schimmer kann er lieben,
Ich liebe dich. Wärst du die ärmste Hirtin,
Ich als der größte Fürst der Welt geboren,
Zu deinem Stand würd' ich heruntersteigen,
Mein Diadem zu deinen Füßen legen.

Elisabeth.

Beklag' mich, Dudley, schilt mich nicht! – Ich darf ja
Mein Herz nicht fragen. Ach! das hätte anders
Gewählt. Und wie beneid' ich andre Weiber,
Die das erhöhen dürfen, was sie lieben.
So glücklich bin ich nicht, daß ich dem Manne,
Der mir vor allen teuer ist, die Krone
Aufsetzen kann! Der Stuart ward's vergönnt,
Die Hand nach ihrer Neigung zu verschenken!
Die hat sich jegliches erlaubt, sie hat
Den vollen Kelch der Freuden ausgetrunken.

Leicester.

Jetzt trinkt sie auch den bittern Kelch des Leidens.

Elisabeth.

Sie hat der Menschen Urteil nichts geachtet.
Leicht wurd' es ihr, zu leben, nimmer lud sie
Das Joch sich auf, dem ich mich unterwarf.
Hätt' ich doch auch Ansprüche machen können,
Des Lebens mich, der Erde Lust zu freun;
Doch zog ich strenge Königspflichten vor.
Und doch gewann sie aller Männer Gunst,
Weil sie sich nur befliß, ein Weib zu sein,
Und um sie buhlt die Jugend und das Alter.

So sind die Männer. Lüstlinge sind alle!
Dem Leichtsinn eilen sie, der Freude zu
Und schätzen nichts, was sie verehren müssen.
Verjüngte sich nicht dieser Talbot selbst,
Als er auf ihren Reiz zu reden kam?

Leicester.

Vergib es ihm! Er war ihr Wächter einst,
Die List'ge hat mit Schmeicheln ihn bethört.

Elisabeth.

Und ist's denn wirklich wahr, daß sie so schön ist?
So oft mußt' ich die Larve rühmen hören.
Wohl möcht' ich wissen, was zu glauben ist.
Gemälde schmeicheln, Schilderungen lügen,
Nur meinen eignen Augen würd' ich traun.
– Was schaut Ihr mich so seltsam an?

Leicester.

Ich stellte
Dich in Gedanken neben die Maria.
– Die Freude wünscht' ich mir, ich berg' es nicht,
Wenn es ganz ingeheim geschehen könnte,
Der Stuart gegenüber dich zu sehn!
Dann solltest du erst deines ganzen Siegs
Genießen! Die Beschämung gönnt' ich ihr,
Daß sie mit eignen Augen – denn der Neid
Hat scharfe Augen – überzeugt sich sähe,
Wie sehr sie auch an Adel der Gestalt
Von dir besiegt wird, der sie so unendlich
In jeder andern würd'gen Tugend weicht.

Elisabeth.

Sie ist die Jüngere an Jahren.

Leicester.

Jünger!
Man sieht's ihr nicht an. Freilich ihre Leiden!
Sie mag wohl vor der Zeit gealtert haben.
Ja, und was ihre Kränkung bittrer machte,
Das wäre, dich als Braut zu sehn! Sie hat
Des Lebens schöne Hoffnung hinter sich,
Dich sähe sie dem Glück entgegenschreiten!
Und als die Braut des Königssohns von Frankreich,

Da sie sich stets so viel gewußt, so stolz
Gethan mit der französischen Vermählung,
Noch jetzt auf Frankreichs mächt'ge Hilfe pocht!

Elisabeth (nachlässig hinwerfend).

Man peinigt mich ja, sie zu sehn.

Leicester (lebhaft).

Sie fodert's
Als eine Gunst, gewähr' es ihr als Strafe!
Du kannst sie auf das Blutgerüste führen,
Es wird sie minder peinigen, als sich
Von deinen Reizen ausgelöscht zu sehn.
Dadurch ermordest du sie, wie sie dich
Ermorden wollte. – Wenn sie deine Schönheit
Erblickt, durch Ehrbarkeit bewacht, in Glorie
Gestellt durch einen unbefleckten Tugendruf,
Den sie, leichtsinnig buhlend, von sich warf,
Erhoben durch der Krone Glanz und jetzt
Durch zarte Bräutlichkeit geschmückt – dann hat
Die Stunde der Vernichtung ihr geschlagen.
Ja – wenn ich jetzt die Augen auf dich werfe –
Nie warst du, nie zu einem Sieg der Schönheit
Gerüsteter als eben jetzt. – Mich selbst
Hast du umstrahlt wie eine Lichterscheinung,
Als du vorhin ins Zimmer tratest. – Wie?
Wenn du gleich jetzt, jetzt, wie du bist, hinträtest
Vor sie, du findest keine schönre Stunde –

Elisabeth.

Jetzt – nein – nein – jetzt nicht, Lester! – Nein, das muß ich
Erst wohl bedenken – mich mit Burleigh –

Leicester (lebhaft einfallend).

Burleigh!
Der denkt allein auf deinen Staatsvorteil;
Auch deine Weiblichkeit hat ihre Rechte,
Der zarte Punkt gehört vor dein Gericht,
Nicht vor des Staatsmanns – ja, auch Staatskunst will es,
Daß du sie siehst, die öffentliche Meinung
Durch eine That der Großmut dir gewinnest!
Magst du nachher dich der verhaßten Feindin,
Auf welche Weise dir's gefällt, entladen!

Elisabeth.

Nicht wohlanständig wär' mir's, die Verwandte
Im Mangel und in Schmach zu sehn. Man sagt,
Daß sie nicht königlich umgeben sei,
Vorwerfend wär' mir ihres Mangels Anblick.

Leicester.

Nicht ihrer Schwelle brauchst du dich zu nahn.
Hör' meinen Rat! Der Zufall hat es eben
Nach Wunsch gefügt. Heut ist das große Jagen,
An Fotheringhay führt der Weg vorbei,
Dort kann die Stuart sich im Park ergehn,
Du kommst ganz wie von ohngefähr dahin,
Es darf nichts als vorher bedacht erscheinen,
Und wenn es dir zuwider, redest du
Sie gar nicht an –

Elisabeth.

Begeh' ich eine Thorheit,
So ist es Eure, Lester, nicht die meine.
Ich will Euch heute keinen Wunsch versagen,
Weil ich von meinen Unterthanen allen
Euch heut am wehesten gethan.
(Ihn zärtlich ansehend.)
Sei's eine Grille nur von Euch. Dadurch
Gibt Neigung sich ja kund, daß sie bewilligt
Aus freier Gunst, was sie auch nicht gebilligt.
(Leicester stürzt zu ihren Füßen, der Vorhang fällt.)

Dritter Aufzug.

Gegend in einem Park, vorn mit Bäumen besetzt, hinten eine weite Aussicht.

Erster Auftritt.

Maria tritt in schnellem Lauf hinter Bäumen hervor. **Hanna Kennedy** folgt langsam.

Kennedy.

Ihr eilet ja, als wenn Ihr Flügel hättet!
So kann ich Euch nicht folgen, wartet doch!

Maria.

Laß mich der neuen Freiheit genießen,
Laß mich ein Kind sein, sei es mit,
Und auf dem grünen Teppich der Wiesen
Prüfen den leichten, geflügelten Schritt.
Bin ich dem finstern Gefängnis entstiegen?
Hält sie mich nicht mehr, die traurige Gruft?
Laß mich in vollen, in durstigen Zügen
Trinken die freie, die himmlische Luft!

Kennedy.

O meine teure Lady! Euer Kerker
Ist nur um ein klein Weniges erweitert.
Ihr seht nur nicht die Mauer, die uns einschließt,
Weil sie der Bäume dicht Gesträuch versteckt.

Maria.

O Dank, Dank diesen freundlich grünen Bäumen,
Die meines Kerkers Mauern mir verstecken!
Ich will mich frei und glücklich träumen,
Warum aus meinem süßen Wahn mich wecken?

Umfängt mich nicht der weite Himmelsschoß?
Die Blicke, frei und fessellos,
Ergehen sich in ungemess'nen Räumen.
Dort, wo die grauen Nebelberge[1] ragen,
Fängt meines Reiches Grenze an,
Und diese Wolken, die nach Mittag jagen,
Sie suchen Frankreichs fernen Ozean.
Eilende Wolken, Segler der Lüfte!
Wer mit euch wanderte, mit euch schiffte!
Grüßet mir freundlich mein Jugendland!
Ich bin gefangen, ich bin in Banden,
Ach, ich hab' keinen andern Gesandten!
Frei in Lüften ist eure Bahn,
Ihr seid nicht dieser Königin unterthan.

Kennedy.

Ach, teure Lady! Ihr seid außer Euch,
Die langentbehrte Freiheit macht Euch schwärmen.

Maria.

Dort legt ein Fischer den Nachen an![2]
Dieses elende Werkzeug könnte mich retten,
Brächte mich schnell zu befreundeten Städten.
Spärlich nährt es den dürftigen Mann.
Beladen wollt' ich ihn reich mit Schätzen,
Einen Zug sollt' er thun, wie er keinen gethan,
Das Glück sollt' er finden in seinen Netzen,
Nähm' er mich ein in den rettenden Kahn.

Kennedy.

Verlorne Wünsche! Seht Ihr nicht, daß uns
Von ferne dort die Spähertritte folgen?
Ein finster grausames Verbot scheucht jedes
Mitleidige Geschöpf aus unserm Wege.

Maria.

Nein, gute Hanna! Glaub' mir, nicht umsonst
Ist meines Kerkers Thor geöffnet worden.

---

[1] Sie meint das Cheviotgebirge, das sie von Fotheringhay aus freilich nur im Geiste sehen kann.

[2] Im Jahre 1567, von den schottischen Großen auf dem mitten in einem See gelegenen Schlosse Lochleven gefangen gehalten, wurde Maria von dem achtzehnjährigen Grafen Douglas in einem Kahne gerettet. Ebenso legte sie ein Jahr später ihre Fahrt nach England in einem einfachen Fischerboote zurück.

Die kleine Gunst ist mir des größern Glücks
Verkünderin. Ich irre nicht. Es ist
Der Liebe thät'ge Hand, der ich sie danke,
Lord Lesters mächt'gen Arm erkenn' ich drin.
Allmählich will man mein Gefängnis weiten,
Durch Kleineres zum Größern mich gewöhnen,
Bis ich das Antlitz dessen endlich schaue,
Der mir die Bande löst auf immerdar.

Kennedy.

Ach, ich kann diesen Widerspruch nicht reimen!
Noch gestern kündigt man den Tod Euch an,
Und heute wird Euch plötzlich solche Freiheit.
Auch denen, hört' ich sagen, wird die Kette
Gelöst, auf die die ew'ge Freiheit wartet.

Maria.

Hörst du das Hifthorn? Hörst du's klingen,
Mächtigen Rufes durch Feld und Hain?
Ach, auf das mutige Roß mich zu schwingen,
An den fröhlichen Zug mich zu reihn!
Noch mehr! O, die bekannte Stimme,
Schmerzlich süßer Erinnerung voll!
Oft vernahm sie mein Ohr mit Freuden
Auf des Hochlands bergigten Heiden,
Wenn die tobende Jagd erscholl.

Zweiter Auftritt.

Paulet. Die **Vorigen.**

Paulet.

Nun! Hab' ich's endlich recht gemacht, Mylady?
Verdien' ich einmal Euern Dank?

Maria.

Wie, Ritter?
Seid Ihr's, der diese Gunst mir ausgewirkt?
Ihr seid's?

Paulet.

Warum soll ich's nicht sein? Ich war
Am Hof, ich überbrachte Euer Schreiben –

Maria.

Ihr übergabt es? Wirklich, thatet Ihr's?
Und diese Freiheit, die ich jetzt genieße,
Ist eine Frucht des Briefs –

Paulet (mit Bedeutung).

Und nicht die einz'ge!
Macht Euch auf eine größ're noch gefaßt!

Maria.

Auf eine größ're, Sir? Was meint Ihr damit?

Paulet.

Ihr hörtet doch die Hörner –

Maria (zurückfahrend, mit Ahndung).

Ihr erschreckt mich!

Paulet.

Die Königin jagt in dieser Gegend.

Maria.

Was?

Paulet.

In wenig Augenblicken steht sie vor Euch.

Kennedy

(auf Maria zueilend, welche zittert und hinzusinken droht).

Wie wird Euch, teure Lady? Ihr verblaßt.

Paulet.

Nun! Ist's nun nicht recht? War's nicht Eure Bitte?
Sie wird Euch früher gewährt, als Ihr gedacht.
Ihr wart sonst immer so geschwinder Zunge,
Jetzt bringet Eure Worte an, jetzt ist
Der Augenblick, zu reden!

Maria.

O, warum hat man mich nicht vorbereitet?
Jetzt bin ich nicht darauf gefaßt, jetzt nicht.
Was ich mir als die höchste Gunst erbeten,
Dünkt mir jetzt schrecklich, fürchterlich. – Komm, Hanna,
Führ' mich ins Haus, daß ich mich fasse, mich
Erhole –

Paulet.

Bleibt! Ihr müßt sie hier erwarten.
Wohl, wohl mag's Euch beängstigen, ich glaub's,
Vor Eurem Richter zu erscheinen.

Dritter Auftritt.

Graf Shrewsbury zu den **Vorigen.**

Maria.

Es ist nicht darum! Gott, mir ist ganz anders
Zu Mut'. – Ach, edler Shrewsbury! Ihr kommt,
Vom Himmel mir ein Engel zugesendet!
– Ich kann sie nicht sehn! Rettet, rettet mich
Von dem verhaßten Anblick –

Shrewsbury.

Kommt zu Euch, Königin! Faßt Euren Mut
Zusammen! Das ist die entscheidungsvolle Stunde.

Maria.

Ich habe drauf geharret – jahrelang
Mich drauf bereitet, alles hab' ich mir
Gesagt und ins Gedächtnis eingeschrieben,
Wie ich sie rühren wollte und bewegen!
Vergessen plötzlich, ausgelöscht ist alles,
Nichts lebt in mir in diesem Augenblick
Als meiner Leiden brennendes Gefühl.
In blut'gen Haß gewendet wider sie
Ist mir das Herz, es fliehen alle guten
Gedanken, und, die Schlangenhaare schüttelnd,
Umstehen mich die finstern Höllengeister.

Shrewsbury.

Gebietet Eurem wild empörten Blut,
Bezwingt des Herzens Bitterkeit! Es bringt
Nicht gute Frucht, wenn Haß dem Haß begegnet.
Wie sehr auch Euer Inn'res widerstrebe,
Gehorcht der Zeit und dem Gesetz der Stunde!
Sie ist die Mächtige, demütigt Euch!

Maria.

Vor ihr! Ich kann es nimmermehr.

Shrewsbury.

Thut's dennoch!
Sprecht ehrerbietig, mit Gelassenheit!
Ruft ihre Großmut an, trotzt nicht, jetzt nicht
Auf Euer Recht, jetzo ist nicht die Stunde!

Maria.

Ach, mein Verderben hab' ich mir erfleht,
Und mir zum Fluche wird mein Flehn erhört!
Nie hätten wir uns sehen sollen, niemals!
Daraus kann nimmer, nimmer Gutes kommen!
Eh' mögen Feu'r und Wasser sich in Liebe
Begegnen und das Lamm den Tiger küssen. –
Ich bin zu schwer verletzt – sie hat zu schwer
Beleidigt. – Nie ist zwischen uns Versöhnung!

Shrewsbury.

Seht sie nur erst von Angesicht!
Ich sah es ja, wie sie von Eurem Brief
Erschüttert war, ihr Auge schwamm in Thränen.
Nein, sie ist nicht gefühllos, hegt Ihr selbst
Nur besseres Vertrauen! – Darum eben
Bin ich vorausgeeilt, damit ich Euch
In Fassung setzen und ermahnen möchte.

Maria (seine Hand ergreifend).

Ach, Talbot, Ihr wart stets mein Freund. – Daß ich
In Eurer milden Haft geblieben wäre!
Es ward mir hart begegnet, Shrewsbury!

Shrewsbury.

Vergeßt jetzt alles! Darauf denkt allein,
Wie Ihr sie unterwürfig wollt empfangen!

Maria.

Ist Burleigh auch mit ihr, mein böser Engel?

Shrewsbury.

Niemand begleitet sie als Graf von Lester.

Maria.

Lord Lester?

Shrewsbury.

Fürchtet nichts von ihm! Nicht er
Will Euren Untergang. – Sein Werk ist es,
Daß Euch die Königin die Zusammenkunft
Bewilligt.

Maria.

Ach! Ich wußt' es wohl!

Shrewsbury.

Was sagt Ihr?

Paulet.

Die Königin kommt.

(Alles weicht auf die Seite; nur Maria bleibt, auf die Kennedy gelehnt.)

Vierter Auftritt.

Die **Vorigen. Elisabeth. Graf Leicester. Gefolge.**

Elisabeth (zu Leicester).

Wie heißt der Landsitz?

Leicester.

Fotheringhayschloß.

Elisabeth (zu Shrewsbury).

Schickt unser Jagdgefolg' voraus nach London.
Das Volk drängt allzuheftig in den Straßen,
Wir suchen Schutz in diesem stillen Park.

(Talbot entfernt das Gefolge. Sie fixiert mit den Augen die Maria, indem sie zu Paulet weiter spricht.)

Mein gutes Volk liebt mich zu sehr. Unmäßig,
Abgöttisch sind die Zeichen seiner Freude,
So ehrt man einen Gott, nicht einen Menschen.

Maria

(welche diese Zeit über halb ohnmächtig auf die Amme gelehnt war, erhebt sich jetzt, und ihr Auge begegnet dem gespannten Blick der Elisabeth. Sie schaudert zusammen und wirft sich wieder an der Amme Brust.)

O Gott, aus diesen Zügen spricht kein Herz!

Elisabeth.

Wer ist die Lady?

(Ein allgemeines Schweigen.)

Leicester.

– Du bist zu Fotheringhay, Königin.

Elisabeth

(stellt sich überrascht und erstaunt, einen finstern Blick auf Leicestern richtend).

Wer hat mir das gethan? Lord Lester!

Leicester.

Es ist geschehen, Königin – und nun
Der Himmel deinen Schritt hieher gelenkt,
So laß die Großmut und das Mitleid siegen!

Shrewsbury.

Laß dich erbitten, königliche Frau,
Dein Aug' auf die Unglückliche zu richten,
Die hier vergeht vor deinem Anblick.

(Maria rafft sich zusammen und will auf die Elisabeth zugehen, steht aber auf halbem Wege schaudernd still; ihre Gebärden drücken den heftigsten Kampf aus.)

Elisabeth.

Wie, Mylords?
Wer war es denn, der eine Tiefgebeugte
Mir angekündigt? Eine Stolze find' ich,
Vom Unglück keineswegs geschmeidigt.

Maria.

Sei's!
Ich will mich auch noch diesem unterwerfen.
Fahr' hin, ohnmächt'ger Stolz der edeln Seele!
Ich will vergessen, wer ich bin und was
Ich litt; ich will vor ihr mich niederwerfen,
Die mich in diese Schmach herunterstieß.

(Sie wendet sich gegen die Königin.)

Der Himmel hat für Euch entschieden, Schwester!
Gekrönt vom Sieg ist Euer glücklich Haupt,
Die Gottheit bet' ich an, die Euch erhöhte!

(Sie fällt vor ihr nieder.)

Doch seid auch Ihr nun edelmütig, Schwester!
Laßt mich nicht schmachvoll liegen! Eure Hand
Streckt aus, reicht mir die königliche Rechte,
Mich zu erheben von dem tiefen Fall!

Elisabeth (zurücktretend).

Ihr seid an Eurem Platz, Lady Maria!
Und dankend preis' ich meines Gottes Gnade,
Der nicht gewollt, daß ich zu Euren Füßen
So liegen sollte, wie Ihr jetzt zu meinen.

Maria (mit steigendem Affekt).

Denkt an den Wechsel alles Menschlichen!
Es leben Götter, die den Hochmut rächen!
Verehret, fürchtet sie, die Schrecklichen,
Die mich zu Euren Füßen niederstürzen! –
Um dieser fremden Zeugen willen ehrt
In mir Euch selbst! Entweihet, schändet nicht
Das Blut der Tudor, das in meinen Adern

Wie in den Euren fließt! – O Gott im Himmel!
Steht nicht da, schroff und unzugänglich wie
Die Felsenklippe, die der Strandende,
Vergeblich ringend, zu erfassen strebt.
Mein Alles hängt, mein Leben, mein Geschick
An meiner Worte, meiner Thränen Kraft,
Löst mir das Herz, daß ich das Eure rühre!
Wenn Ihr mich anschaut mit dem Eisesblick,
Schließt sich das Herz mir schaudernd zu, der Strom
Der Thränen stockt, und kaltes Grausen fesselt
Die Flehensworte mir im Busen an.

Elisabeth (kalt und streng).

Was habt Ihr mir zu sagen, Lady Stuart?
Ihr habt mich sprechen wollen. Ich vergesse
Die Königin, die schwer beleidigte,
Die fromme Pflicht der Schwester zu erfüllen,
Und meines Anblicks Trost gewähr' ich Euch.
Dem Trieb der Großmut folg' ich, setze mich
Gerechtem Tadel aus, daß ich so weit
Heruntersteige – denn Ihr wißt,
Daß Ihr mich habt ermorden lassen wollen.

Maria.

Womit soll ich den Anfang machen, wie
Die Worte klüglich stellen, daß sie Euch
Das Herz ergreifen, aber nicht verletzen?
O Gott, gib meiner Rede Kraft und nimm
Ihr jeden Stachel, der verwunden könnte!
Kann ich doch für mich selbst nicht sprechen, ohne Euch
Schwer zu verklagen, und das will ich nicht.
– Ihr habt an mir gehandelt, wie nicht recht ist,
Denn ich bin eine Königin wie Ihr,
Und Ihr habt als Gefangne mich gehalten.
Ich kam zu Euch als eine Bittende,
Und Ihr, des Gastrechts heilige Gesetze,
Der Völker heilig Recht in mir verhöhnend,
Schloßt mich in Kerkermauern ein; die Freunde,
Die Diener werden grausam mir entrissen,
Unwürd'gem Mangel werd' ich preisgegeben,
Man stellt mich vor ein schimpfliches Gericht –

Nichts mehr davon! Ein ewiges Vergessen
Bedecke, was ich Grausames erlitt.
– Seht! Ich will alles eine Schickung nennen,
Ihr seid nicht schuldig, ich bin auch nicht schuldig,
Ein böser Geist stieg aus dem Abgrund auf,
Den Haß in unsern Herzen zu entzünden,
Der unsre zarte Jugend schon entzweit.
Er wuchs mit uns, und böse Menschen fachten
Der unglücksel'gen Flamme Atem zu,
Wahnsinn'ge Eiferer bewaffneten
Mit Schwert und Dolch die unberuf'ne Hand. –
Das ist das Fluchgeschick der Könige,
Daß sie, entzweit, die Welt in Haß zerreißen
Und jeder Zwietracht Furien entfesseln.
– Jetzt ist kein fremder Mund mehr zwischen uns,
(Nähert sich ihr zutraulich und mit schmeichelndem Ton.)
Wir stehn einander selbst nun gegenüber.
Jetzt, Schwester, redet! Nennt mir meine Schuld,
Ich will Euch völliges Genügen leisten.
Ach, daß Ihr damals mir Gehör geschenkt,
Als ich so dringend Euer Auge suchte!
Es wäre nie so weit gekommen, nicht
An diesem traur'gen Ort geschähe jetzt
Die unglückselig traurige Begegnung.

Elisabeth.

Mein guter Stern bewahrte mich davor,
Die Natter an den Busen mir zu legen.
– Nicht die Geschicke, Euer schwarzes Herz
Klagt an, die wilde Ehrsucht Eures Hauses.
Nichts Feindliches war zwischen uns geschehn,
Da kündigte mir Euer Ohm, der stolze,
Herrschwüt'ge Priester, der die freche Hand
Nach allen Kronen streckt, die Fehde an,
Bethörte Euch, mein Wappen anzunehmen,
Euch meine Königstitel zuzueignen,
Auf Tod und Leben in den Kampf mit mir
Zu gehn. – Wen rief er gegen mich nicht auf?
Der Priester Zungen und der Völker Schwert,
Des frommen Wahnsinns fürchterliche Waffen,
Hier selbst, im Friedenssitze meines Reichs,

Blies er mir der Empörung Flammen an –
Doch Gott ist mit mir, und der stolze Priester
Behält das Feld nicht. – Meinem Haupte war
Der Streich gedrohet, und das Eure fällt!

Maria.

Ich steh' in Gottes Hand. Ihr werdet Euch
So blutig Eurer Macht nicht überheben –

Elisabeth.

Wer soll mich hindern? Euer Oheim gab
Das Beispiel allen Königen der Welt,
Wie man mit seinen Feinden Frieden macht.
Die Sankt Barthelemi sei meine Schule![1]
Was ist mir Blutsverwandtschaft, Völkerrecht?
Die Kirche trennet aller Pflichten Band,
Den Treubruch heiligt sie, den Königsmord,
Ich übe nur, was Eure Priester lehren.
Sagt! Welches Pfand gewährte mir für Euch[2],
Wenn ich großmütig Eure Bande löste?
Mit welchem Schloß verwahr' ich Eure Treue,
Das nicht Sankt Peters Schlüssel öffnen kann?
Gewalt nur ist die einz'ge Sicherheit,
Kein Bündnis ist mit dem Gezücht der Schlangen.

Maria.

O, das ist Euer traurig finstrer Argwohn!
Ihr habt mich stets als eine Feindin nur
Und Fremdlingin betrachtet. Hättet Ihr
Zu Eurer Erbin mich erklärt, wie mir
Gebührt, so hätten Dankbarkeit und Liebe
Euch eine treue Freundin und Verwandte
In mir erhalten.

Elisabeth.

Draußen, Lady Stuart,
Ist Eure Freundschaft, Euer Haus; das Papsttum,
Der Mönch ist Euer Bruder. – Euch zur Erbin
Erklären! Der verräterische Fallstrick!

---

[1] Der Hugenottenmord in der Bartholomäusnacht (24. August 1572), zu welchem die Königin-Mutter Katharina den schwachen Karl IX. bestimmte, ist vornehmlich auf den Einfluß der Guisen zurückzuführen.

[2] Leistete mir für Euch Bürgschaft.

Daß Ihr bei meinem Leben noch mein Volk
Verführtet, eine listige Armida[1],
Die edle Jugend meines Königreichs
In Eurem Buhlernetze schlau verstricktet –
Daß alles sich der neu aufgeh'nden Sonne
Zuwendete, und ich –

Maria.

Regiert in Frieden!
Jedwedem Anspruch auf dies Reich entsag' ich.
Ach, meines Geistes Schwingen sind gelähmt,
Nicht Größe lockt mich mehr – Ihr habt's erreicht,
Ich bin nur noch der Schatten der Maria.
Gebrochen ist in langer Kerkerschmach
Der edle Mut – Ihr habt das Äußerste an mir
Gethan, habt mich zerstört in meiner Blüte!
– Jetzt macht ein Ende, Schwester! Sprecht es aus,
Das Wort, um dessentwillen Ihr gekommen,
Denn nimmer will ich glauben, daß Ihr kamt,
Um Euer Opfer grausam zu verhöhnen.
Sprecht dieses Wort aus! Sagt mir: „Ihr seid frei,
Maria! Meine Macht habt Ihr gefühlt,
Jetzt lernet meinen Edelmut verehren!"
Sagt's, und ich will mein Leben, meine Freiheit
Als ein Geschenk aus Eurer Hand empfangen.
– Ein Wort macht alles ungeschehn. Ich warte
Darauf. O, laßt mich's nicht zu lang' erharren!
Weh' Euch, wenn Ihr mit diesem Wort nicht endet!
Denn wenn Ihr jetzt nicht segenbringend, herrlich,
Wie eine Gottheit von mir scheidet – Schwester!
Nicht um dies ganze reiche Eiland, nicht
Um alle Länder, die das Meer umfaßt,
Möcht' ich vor Euch so stehn wie Ihr vor mir!

Elisabeth.

Bekennt Ihr endlich Euch für überwunden?
Ist's aus mit Euren Ränken? Ist kein Mörder
Mehr unterweges? Will kein Abenteurer
Für Euch die traur'ge Ritterschaft mehr wagen?
– Ja, es ist aus, Lady Maria. Ihr verführt

[1] Die bekannte Verführerin in Tassos „Befreitem Jerusalem".

Mir keinen mehr. Die Welt hat andre Sorgen.
Es lüstet keinen, Euer – vierter Mann
Zu werden – denn Ihr tötet Eure Freier[1]
Wie Eure Männer!

Maria (auffahrend).

Schwester! Schwester!
O Gott! Gott! Gib mir Mäßigung!

Elisabeth

(sieht sie lange mit einem Blick stolzer Verachtung an).

Das also sind die Reizungen, Lord Lester,
Die ungestraft kein Mann erblickt, daneben
Kein andres Weib sich wagen darf zu stellen!
Fürwahr! *Der* Ruhm war wohlfeil zu erlangen,
Es kostet nichts, die *allgemeine* Schönheit
Zu sein, als die *gemeine* sein für *alle*!

Maria.

Das ist zu viel!

Elisabeth (höhnisch lachend).

Jetzt zeigt Ihr Euer wahres
Gesicht, bis jetzt war's nur die Larve.

Maria

(von Zorn glühend, doch mit einer edeln Würde).

Ich habe menschlich, jugendlich gefehlt,
Die Macht[2] verführte mich, ich hab' es nicht
Verheimlicht und verborgen, falschen Schein
Hab' ich verschmäht mit königlichem Freimut.
Das Ärgste weiß die Welt von mir, und ich
Kann sagen, ich bin besser als mein Ruf.
Weh' Euch, wenn sie von Euren Thaten einst
Den Ehrenmantel zieht, womit Ihr gleißend
Die wilde Glut verstohlner Lüste deckt!
Nicht Ehrbarkeit habt Ihr von Eurer Mutter
Geerbt; man weiß, um welcher Tugend willen
Anna von Boulen das Schafott bestiegen.[3]

Shrewsbury

(tritt zwischen beide Königinnen).

O Gott des Himmels! Muß es dahin kommen!

---

1 Elisabeth denkt an Norfolk.
2 Ihre königliche Macht.
3 Heinrich VIII. zieh sie des Ehebruchs.

Ist das die Mäßigung, die Unterwerfung,
Lady Maria?

Maria.

Mäßigung! Ich habe
Ertragen, was ein Mensch ertragen kann.
Fahr' hin, lammherzige Gelassenheit!
Zum Himmel fliehe, leidende Geduld!
Spreng' endlich deine Bande, tritt hervor
Aus deiner Höhle, langverhaltner Groll!
Und *du*, der dem gereizten Basilisk
Den Mordblick gab, leg' auf die Zunge mir
Den gift'gen Pfeil –

Shrewsbury.

O, sie ist außer sich!
Verzeih' der Rasenden, der schwer Gereizten!

(Elisabeth, für Zorn sprachlos, schießt wütende Blicke auf Marien.)

Leicester

(in der heftigsten Unruhe, sucht die Elisabeth hinwegzuführen).

Höre
Die Wütende nicht an! Hinweg, hinweg
Von diesem unglücksel'gen Ort!

Maria.

Der Thron von England ist durch einen Bastard
Entweiht, der Britten edelherzig Volk
Durch eine list'ge Gauklerin betrogen.
– Regierte Recht, so läget *Ihr* vor mir
Im Staube jetzt, denn *ich* bin Euer König.

(Elisabeth geht schnell ab, die Lords folgen ihr in der höchsten Bestürzung.)

Fünfter Auftritt.

Maria. Kennedy.

Kennedy.

O, was habt Ihr gethan! Sie geht in Wut!
Jetzt ist es aus, und alle Hoffnung schwindet.

Maria (noch ganz außer sich).

Sie geht in Wut! Sie trägt den Tod im Herzen!

(Der Kennedy um den Hals fallend.)

O, wie mir wohl ist, Hanna! Endlich, endlich,
Nach Jahren der Erniedrigung, der Leiden
Ein Augenblick der Rache, des Triumphs!
Wie Bergeslasten fällt's von meinem Herzen,
Das Messer stieß ich in der Feindin Brust.

Kennedy.

Unglückliche! Der Wahnsinn reißt Euch hin,
Ihr habt die Unversöhnliche verwundet.
Sie führt den Blitz, sie ist die Königin,
Vor ihrem Buhlen habt Ihr sie verhöhnt!

Maria.

Vor Lesters Augen hab' ich sie erniedrigt!
Er sah es, er bezeugte meinen Sieg,
Wie ich sie niederschlug von ihrer Höhe,
Er stand dabei, mich stärkte seine Nähe!

Sechster Auftritt.

Mortimer zu den **Vorigen.**

Kennedy.

O Sir! Welch ein Erfolg –

Mortimer.

Ich hörte alles.

(Gibt der Amme ein Zeichen, sich auf ihren Posten zu begeben, und tritt näher. Sein ganzes Wesen drückt eine heftige, leidenschaftliche Stimmung aus.)

Du hast gesiegt! Du tratst sie in den Staub,
Du warst die Königin, *sie* der Verbrecher.
Ich bin entzückt von deinem Mut, ich bete
Dich an, wie eine Göttin groß und herrlich
Erscheinst du mir in diesem Augenblick.

Maria.

Ihr spracht mit Lestern, überbrachtet ihm
Mein Schreiben, mein Geschenk – O redet, Sir!

Mortimer

(mit glühenden Blicken sie betrachtend).

Wie dich der edle königliche Zorn
Umglänzte, deine Reize mir verklärte!
Du bist das schönste Weib auf dieser Erde!

Maria.

Ich bitt' Euch, Sir! Stillt meine Ungeduld!
Was spricht Mylord? O sagt, was darf ich hoffen?

Mortimer.

Wer? Er? Das ist ein Feiger, Elender!
Hofft nichts von ihm, verachtet ihn, vergeßt ihn!

Maria.

Was sagt Ihr?

Mortimer.

Er Euch retten und besitzen!
Er Euch! Er soll es wagen! Er! Mit mir
Muß er auf Tod und Leben darum kämpfen!

Maria.

Ihr habt ihm meinen Brief nicht übergeben?
– O, dann ist's aus!

Mortimer.

Der Feige liebt das Leben.
Wer dich will retten und die Seine nennen,
Der muß den Tod beherzt umarmen können.

Maria.

Er will nichts für mich thun?

Mortimer.

Nichts mehr von ihm!
Was kann *er* thun, und was bedarf man sein?
Ich will dich retten, ich allein![1]

Maria.

Ach, was vermögt Ihr!

Mortimer.

Täuschet Euch nicht mehr,
Als ob es noch wie gestern mit Euch stünde!
So wie die Königin jetzt von Euch ging,
Wie dies Gespräch sich wendete, ist alles
Verloren, jeder Gnadenweg gesperrt.
Der That bedarf's jetzt, Kühnheit muß entscheiden,

---

[1] D. h. ohne Leicester; die Mitwirkung seiner Freunde dagegen hat er selbst erbeten.

Für alles werde alles frisch gewagt,
Frei müßt Ihr sein, noch eh' der Morgen tagt.

Maria.

Was sprecht Ihr? Diese Nacht! Wie ist das möglich?

Mortimer.

Hört, was beschlossen ist! Versammelt hab' ich
In heimlicher Kapelle die Gefährten;
Ein Priester hörte unsre Beichte an,
Ablaß ist uns erteilt für alle Schulden,
Die wir begingen, Ablaß im voraus
Für alle, die wir noch begehen werden.
Das letzte Sakrament empfingen wir,
Und fertig sind wir zu der letzten Reise.

Maria.

O, welche fürchterliche Vorbereitung!

Mortimer.

Dies Schloß ersteigen wir in dieser Nacht,
Der Schlüssel bin ich mächtig. Wir ermorden
Die Hüter, reißen dich aus deiner Kammer
Gewaltsam, sterben muß von unsrer Hand,
Daß niemand überbleibe, der den Raub
Verraten könne, jede lebende Seele.

Maria.

Und Drury, Paulet, meine Kerkermeister?
O, eher werden sie ihr letztes Blut –

Mortimer.

Von meinem Dolche fallen sie zuerst!

Maria.

Was? Euer Oheim, Euer zweiter Vater?

Mortimer.

Von meinen Händen stirbt er. Ich ermord' ihn.

Maria.

O blut'ger Frevel!

Mortimer.

Alle Frevel sind
Vergeben im voraus. Ich kann das Ärgste
Begehen, und ich will's.

Maria.

O schrecklich, schrecklich!

Mortimer.

Und müßt' ich auch die Königin durchbohren,
Ich hab' es auf die Hostie geschworen.

Maria.

Nein, Mortimer! Eh' so viel Blut um mich –

Mortimer.

Was ist mir alles Leben gegen dich
Und meine Liebe! Mag der Welten Band
Sich lösen, eine zweite Wasserflut
Herwogend alles Atmende verschlingen!
– Ich achte nichts mehr! Eh' ich dir entsage,
Eh' nahe sich das Ende aller Tage.

Maria (zurücktretend).

Gott! Welche Sprache, Sir, und – welche Blicke!
– Sie schrecken, sie verscheuchen mich.

Mortimer

(mit irren Blicken und im Ausdruck des stillen Wahnsinns).

Das Leben ist
Nur *ein* Moment, der Tod ist auch nur *einer*!
– Man schleife mich nach Tyburn[1], Glied für Glied
Zerreiße man mit glüh'nder Eisenzange,

(indem er heftig auf sie zugeht mit ausgebreiteten Armen)

Wenn ich dich, Heißgeliebte, umfange –

Maria (zurücktretend).

Unsinniger, zurück! –

Mortimer.

An dieser Brust,
Auf diesem liebeatmenden Munde –

Maria.

Um Gottes willen, Sir! Laßt mich hineingehn!

Mortimer.

Der ist ein Rasender, der nicht das Glück
Festhält in unauflöslicher Umarmung,
Wenn es ein Gott in seine Hand gegeben.
Ich will dich retten, kost' es tausend Leben!
Ich rette dich, ich will es, doch, so wahr
Gott lebt! ich schwör's, ich will dich auch besitzen.

[1] Bis 1783 öffentliche Richtstätte.

Maria.

O, will kein Gott, kein Engel mich beschützen?
Furchtbares Schicksal! Grimmig schleuderst du
Von einem Schrecknis mich dem andern zu.
Bin ich geboren, nur die Wut zu wecken?
Verschwört sich Haß und Liebe, mich zu schrecken?

Mortimer.

Ja, glühend, wie sie hassen, lieb' ich dich!
Sie wollen dich enthaupten, diesen Hals,
Den blendend weißen, mit dem Beil durchschneiden.
O, weihe du dem Lebensgott der Freuden,
Was du dem Hasse blutig opfern mußt!
Mit diesen Reizen, die nicht dein mehr sind,
Beselige den glücklichen Geliebten!
Die schöne Locke, dieses seidne Haar,
Verfallen schon den finstern Todesmächten,
Gebrauch's, den Sklaven ewig zu umflechten!

Maria.

O, welche Sprache muß ich hören! Sir!
Mein Unglück sollt' Euch heilig sein, mein Leiden,
Wenn es mein königliches Haupt nicht ist.

Mortimer.

Die Krone ist von deinem Haupt gefallen,
Du hast nichts mehr von ird'scher Majestät,
Versuch' es, laß dein Herrscherwort erschallen,
Ob dir ein Freund, ein Retter aufersteht.
Nichts blieb dir als die rührende Gestalt,
Der hohen Schönheit göttliche Gewalt,
Die läßt mich alles wagen und vermögen,
Die treibt dem Beil des Henkers mich entgegen –

Maria.

O, wer errettet mich von seiner Wut?

Mortimer.

Verwegner Dienst belohnt sich auch verwegen!
Warum versprützt der Tapfere sein Blut?
Ist Leben doch des Lebens höchstes Gut!
Ein Rasender, der es umsonst verschleudert!
Erst will ich ruhn an seiner wärmsten Brust –

(Er preßt sie heftig an sich.)

Maria.

O, muß ich Hilfe rufen gegen den Mann,
Der mein Erretter –

Mortimer.

Du bist nicht gefühllos;
Nicht kalter Strenge klagt die Welt dich an,
Dich kann die heiße Liebesbitte rühren,
Du hast den Sänger Rizzio beglückt,
Und jener Bothwell durfte dich entführen.

Maria.

Vermessener!

Mortimer.

Er war nur dein Tyrann!
Du zittertest vor ihm, da du ihn liebtest!
Wenn nur der Schrecken dich gewinnen kann,
Beim Gott der Hölle! –

Maria.

Laßt mich! Raset Ihr?

Mortimer.

Erzittern sollst du auch vor mir!

Kennedy (hereinstürzend).

Man naht. Man kommt. Bewaffnet Volk erfüllt
Den ganzen Garten.

Mortimer
(auffahrend und zum Degen greifend).

Ich beschütze dich!

Maria.

O Hanna, rette mich aus seinen Händen!
Wo find' ich Ärmste einen Zufluchtsort?
Zu welchem Heiligen soll ich mich wenden?
Hier ist Gewalt und drinnen ist der Mord.

(Sie flieht dem Hause zu, Kennedy folgt.)

Siebenter Auftritt.

Mortimer. Paulet und **Drury**, welche außer sich hereinstürzen. **Gefolge** eilt über die Szene.

Paulet.

Verschließt die Pforten! Zieht die Brücken auf!

Mortimer.

Oheim, was ist's?

Paulet.

Wo ist die Mörderin?
Hinab mit ihr ins finsterste Gefängnis!

Mortimer.

Was gibt's? Was ist geschehn?

Paulet.

Die Königin!
Verfluchte Hände! Teuflisches Erkühnen!

Mortimer.

Die Königin! Welche Königin?

Paulet.

Von England!
Sie ist ermordet auf der Londner Straßen!

(Eilt ins Haus.)

Achter Auftritt.

Mortimer, gleich darauf **Okelly**[1].

Mortimer.

Bin ich im Wahnwitz? Kam nicht eben jemand
Vorbei und rief, die Königin sei ermordet?
Nein, nein, mir träumte nur. Ein Fieberwahn
Bringt mir als wahr und wirklich vor den Sinn,
Was die Gedanken gräßlich mir erfüllt.
Wer kommt? Es ist Okell'. So schreckenvoll!

Okelly (hereinstürzend).

Flieht, Mortimer! Flieht! Alles ist verloren.

---

[1] Richtiger O'Kelly (irländischer Name).

Mortimer.

Was ist verloren?

Okelly.

Fragt nicht lange! Denkt
Auf schnelle Flucht!

Mortimer.

Was gibt's denn?

Okelly.

Sauvage[1] führte
Den Streich, der Rasende.

Mortimer.

So ist es wahr?

Okelly.

Wahr, wahr! O rettet Euch!

Mortimer.

Sie ist ermordet,
Und auf den Thron von England steigt Maria!

Okelly.

Ermordet? Wer sagt das?

Mortimer.

Ihr selbst!

Okelly.

Sie lebt,
Und ich und Ihr, wir alle sind des Todes!

Mortimer.

Sie lebt!

Okelly.

Der Stoß ging fehl, der Mantel fing ihn auf,
Und Shrewsbury entwaffnete den Mörder.

Mortimer.

Sie lebt!

Okelly.

Lebt, um uns alle zu verderben!
Kommt, man umzingelt schon den Park.

Mortimer.

Wer hat
Das Rasende gethan?

[1] Offenbar schwebte Schiller der historische Savage (s. S. 270, Anm.) vor.

Okelly.

Der Barnabit[1]
Aus Toulon war's, den Ihr in der Kapelle
Tiefsinnig sitzen saht, als uns der Mönch
Das Anathem[2] ausdeutete, worin
Der Papst die Königin mit dem Fluch belegt.
Das Nächste, Kürzeste wollt' er ergreifen,
Mit einem kecken Streich die Kirche Gottes
Befrein, die Martyrkrone sich erwerben.
Dem Priester nur vertraut' er seine That,
Und auf dem Londner Weg ward sie vollbracht.

Mortimer

(nach einem langen Stillschweigen).

O, dich verfolgt ein grimmig wütend Schicksal,
Unglückliche! Jetzt – ja, jetzt mußt du sterben,
Dein Engel selbst bereitet deinen Fall.

Okelly.

Sagt! Wohin wendet Ihr die Flucht? Ich gehe,
Mich in des Nordens Wäldern zu verbergen.

Mortimer.

Flieht hin, und Gott geleite Eure Flucht!
Ich bleibe. Noch versuch' ich's, sie zu retten,
Wo nicht, auf ihrem Sarge mir zu betten.

(Gehen ab zu verschiedenen Seiten.)

[1] Die Barnabiten waren regulierte Chorherren, genannt nach der ihnen bei ihrer Bestätigung 1533 zugewiesenen Kirche des heiligen Barnabas.

[2] Der große Bann, die Exkommunikation. Gedacht ist an die oben (S. 320) erwähnte Bannbulle.

Vierter Aufzug.

Vorzimmer.

Erster Auftritt.

Graf Aubespine, Kent und **Leicester.**

Aubespine.

Wie steht's um Ihro Majestät? Mylords,
Ihr seht mich noch ganz außer mir für Schrecken.
Wie ging das zu? Wie konnte das in Mitte
Des allertreusten Volks geschehen?

Leicester.

Es geschah
Durch keinen aus dem Volke. Der es that,
War Eures Königs Unterthan, ein Franke.

Aubespine.

Ein Rasender gewißlich!

Kent.

Ein Papist,
Graf Aubespine!

Zweiter Auftritt.

Vorige. Burleigh im Gespräch mit **Davison.**

Burleigh.

Sogleich muß der Befehl
Zur Hinrichtung verfaßt und mit dem Siegel
Versehen werden. Wenn er ausgefertigt,
Wird er der Königin zur Unterschrift
Gebracht. Geht! Keine Zeit ist zu verlieren.

Davison.

Es soll geschehn. (Geht ab.)

Aubespine (Burleigh entgegen).

Mylord, mein treues Herz
Teilt die gerechte Freude dieser Insel.
Lob sei dem Himmel, der den Mörderstreich
Gewehrt von diesem königlichen Haupt!

Burleigh.

Er sei gelobt, der unsrer Feinde Bosheit
Zu schanden machte!

Aubespine.

Mög' ihn Gott verdammen,
Den Thäter dieser fluchenswerten That!

Burleigh.

Den Thäter und den schändlichen Erfinder.

Aubespine (zu Kent).

Gefällt es Eurer Herrlichkeit, Lordmarschall,
Bei Ihro Majestät mich einzuführen,
Daß ich den Glückwunsch meines Herrn und Königs
Zu ihren Füßen schuldigst niederlege –

Burleigh.

Bemüht Euch nicht, Graf Aubespine!

Aubespine (offizios[1]).

Ich weiß,
Lord Burleigh, was mir obliegt.

Burleigh.

Euch liegt ob,
Die Insel auf das schleunigste zu räumen.

Aubespine (tritt erstaunt zurück).

Was? Wie ist das?

Burleigh.

Der heilige Charakter
Beschützt Euch heute noch und morgen nicht mehr.

Aubespine.

Und was ist mein Verbrechen?

Burleigh.

Wenn ich es
Genannt, so ist es nicht mehr zu vergeben.

---

[1] Dienstbeflissen.

Aubespine.

Ich hoffe, Lord, das Recht der Abgesandten –

Burleigh.

Schützt – Reichsverräter nicht.

Leicester und Kent.

Ha! Was ist das?

Aubespine.

Mylord
Bedenkt Ihr wohl –

Burleigh.

Ein Paß, von Eurer Hand
Geschrieben, fand sich in des Mörders Tasche.

Kent.

Ist's möglich?

Aubespine.

Viele Pässe teil' ich aus,
Ich kann der Menschen Innres nicht erforschen.

Burleigh.

In Eurem Hause beichtete der Mörder.

Aubespine.

Mein Haus ist offen.

Burleigh.

Jedem Feinde Englands.

Aubespine.

Ich fodre Untersuchung.

Burleigh.

Fürchtet sie!

Aubespine.

In meinem Haupt ist mein Monarch verletzt,
Zerreißen wird er das geschlossne Bündnis.

Burleigh.

Zerrissen schon hat es die Königin,
England wird sich mit Frankreich nicht vermählen.
Mylord von Kent! Ihr übernehmet es,
Den Grafen sicher an das Meer zu bringen.
Das aufgebrachte Volk hat sein Hotel
Gestürmt, wo sich ein ganzes Arsenal
Von Waffen fand; es droht, ihn zu zerreißen,

Wie er sich zeigt; verberget ihn, bis sich
Die Wut gelegt – Ihr haftet für sein Leben!

Aubespine.

Ich gehe, ich verlasse dieses Land,
Wo man der Völker Recht mit Füßen tritt
Und mit Verträgen spielt – doch mein Monarch
Wird blut'ge Rechenschaft –

Burleigh.

Er hole sie!

(Kent und Aubespine gehen ab.)

Dritter Auftritt.

Leicester und **Burleigh.**

Leicester.

So löst Ihr selbst das Bündnis wieder auf,
Das Ihr geschäftig unberufen knüpftet.
Ihr habt um England wenig Dank verdient,
Mylord, die Mühe konntet Ihr Euch sparen.

Burleigh.

Mein Zweck war gut. Gott leitete es anders.
Wohl dem, der sich nichts Schlimmeres bewußt ist!

Leicester.

Man kennt Cecils geheimnisreiche Miene,
Wenn er die Jagd auf Staatsverbrechen macht.
– Jetzt, Lord, ist eine gute Zeit für Euch.
Ein ungeheurer Frevel ist geschehn,
Und noch umhüllt Geheimnis seine Thäter.
Jetzt wird ein Inquisitionsgericht
Eröffnet. Wort' und Blicke werden abgewogen,
Gedanken selber vor Gericht gestellt.
Da seid Ihr der allwicht'ge Mann, der Atlas
Des Staats, ganz England liegt auf Euren Schultern.

Burleigh.

In Euch, Mylord, erkenn' ich meinen Meister,
Denn solchen Sieg, als Eure Rednerkunst
Erfocht, hat meine nie davongetragen.

Leicester.

Was meint Ihr damit, Lord?

Burleigh.

Ihr wart es doch, der hinter meinem Rücken
Die Königin nach Fotheringhayschloß
Zu locken wußte?

Leicester.

Hinter Eurem Rücken!
Wann scheuten meine Thaten Eure Stirn?

Burleigh.

Die Königin hättet Ihr nach Fotheringhay
Geführt? Nicht doch! Ihr habt die Königin
Nicht hingeführt! – Die Königin war es,
Die so gefällig war, Euch hinzuführen.

Leicester.

Was wollt Ihr damit sagen, Lord?

Burleigh.

Die edle
Person, die Ihr die Königin dort spielen ließt,
Der herrliche Triumph, den Ihr der arglos
Vertrauenden bereitet! – Güt'ge Fürstin!
So schamlos frech verspottete man dich,
So schonungslos wardst du dahingegeben!
– Das also ist die Großmut und die Milde,
Die Euch im Staatsrat plötzlich angewandelt!
Darum ist diese Stuart ein so schwacher,
Verachtungswerter Feind, daß es der Müh'
Nicht lohnt, mit ihrem Blut sich zu beflecken!
Ein feiner Plan! Fein zugespitzt! Nur schade,
Zu fein geschärfet, daß die Spitze brach!

Leicester.

Nichtswürdiger! Gleich folgt mir! An dem Throne
Der Königin sollt Ihr mir Rede stehn.

Burleigh.

Dort trefft Ihr mich. – Und sehet zu, Mylord,
Daß Euch dort die Beredsamkeit nicht fehle! (Geht ab.)

Vierter Auftritt.

Leicester allein, darauf **Mortimer.**

Leicester.

Ich bin entdeckt! ich bin durchschaut – Wie kam
Der Unglückselige auf meine Spuren?
Weh' mir, wenn er Beweise hat! Erfährt
Die Königin, daß zwischen mir und der Maria
Verständnisse gewesen – Gott! Wie schuldig
Steh' ich vor ihr! Wie hinterlistig treulos
Erscheint mein Rat, mein unglückseliges
Bemühn, nach Fotheringhay sie zu führen!
Grausam verspottet sieht sie sich von mir,
An die verhaßte Feindin sich verraten!
O, nimmer, nimmer kann sie das verzeihn!
Vorherbedacht wird alles nun erscheinen,
Auch diese bittre Wendung des Gesprächs,
Der Gegnerin Triumph und Hohngelächter,
Ja, selbst die Mörderhand, die blutig, schrecklich,
Ein unerwartet ungeheures Schicksal,
Dazwischen kam, werd' ich bewaffnet haben!
Nicht Rettung seh' ich, nirgends! Ha! Wer kommt?

Mortimer

(kommt in der heftigsten Unruhe und blickt scheu umher).

Graf Lester! Seid Ihr's? Sind wir ohne Zeugen?

Leicester.

Unglücklicher, hinweg! Was sucht Ihr hier?

Mortimer.

Man ist auf unsrer Spur, auf Eurer auch;
Nehmt Euch in acht!

Leicester.

Hinweg! hinweg!

Mortimer.

Man weiß,
Daß bei dem Grafen Aubespine geheime
Versammlung war –

Leicester.

Was kümmert's mich?

Mortimer.

Daß sich der Mörder
Dabei befunden –

Leicester.

Das ist Eure Sache!
Verwegener! Was unterfangt Ihr Euch,
In Euren blut'gen Frevel mich zu flechten?
Verteidigt Eure bösen Händel selbst!

Mortimer.

So hört mich doch nur an!

Leicester (in heftigem Zorn).

Geht in die Hölle!
Was hängt Ihr Euch, gleich einem bösen Geist,
An meine Fersen? Fort! Ich kenn' Euch nicht,
Ich habe nichts gemein mit Meuchelmördern.

Mortimer.

Ihr wollt nicht hören. Euch zu warnen komm' ich,
Auch Eure Schritte sind verraten –

Leicester.

Ha!

Mortimer.

Der Großschatzmeister war zu Fotheringhay
Sogleich, nachdem die Unglücksthat geschehn war,
Der Königin Zimmer wurden streng durchsucht,
Da fand sich –

Leicester.

Was?

Mortimer.

Ein angefangner Brief
Der Königin an Euch –

Leicester.

Die Unglücksel'ge!

Mortimer.

Worin sie Euch auffodert, Wort zu halten,
Euch das Versprechen ihrer Hand erneuert,
Des Bildnisses gedenkt –

Leicester.

Tod und Verdammnis!

Mortimer.

Lord Burleigh hat den Brief!

Leicester.

Ich bin verloren!

(Er geht während der folgenden Rede Mortimers verzweiflungsvoll auf und nieder.)

Mortimer.

Ergreift den Augenblick! Kommt ihm zuvor!
Errettet Euch, errettet sie – Schwört Euch
Heraus, ersinnt Entschuldigungen, wendet
Das Ärgste ab! Ich selbst kann nichts mehr thun.
Zerstreut sind die Gefährten, auseinander
Gesprengt ist unser ganzer Bund. Ich eile
Nach Schottland, neue Freunde dort zu sammeln,
An Euch ist's jetzt, versucht, was Euer Ansehn,
Was eine kecke Stirn vermag!

Leicester

(steht still, plötzlich besonnen).

Das will ich.

(Er geht nach der Thüre, öffnet sie und ruft:)

Heda! Trabanten!

(Zu dem Offizier, der mit Bewaffneten hereintritt:)

Diesen Staatsverräter
Nehmt in Verwahrung und bewacht ihn wohl!
Die schändlichste Verschwörung ist entdeckt,
Ich bringe selbst der Königin die Botschaft. (Er geht ab.)

Mortimer

(steht anfangs starr für Erstaunen, faßt sich aber bald und sieht Leicestern mit einem Blick der tiefsten Verachtung nach).

Ha, Schändlicher! – Doch ich verdiene das!
Wer hieß mich auch dem Elenden vertrauen?
Weg über meinen Nacken schreitet er,
Mein Fall muß ihm die Rettungsbrücke bauen.
– So rette dich! Verschlossen bleibt mein Mund,
Ich will dich nicht in mein Verderben flechten.
Auch nicht im Tode mag ich deinen Bund.
Das Leben ist das einz'ge Gut des Schlechten.

(Zu dem Offizier der Wache, der hervortritt, um ihn gefangen zu nehmen:)

Was willst du, feiler Sklav' der Tyrannei?
Ich spotte deiner, ich bin frei!

(Einen Dolch ziehend.)

Offizier.

Er ist bewehrt – Entreißt ihm seinen Dolch!

(Sie dringen auf ihn ein, er erwehrt sich ihrer.)

Mortimer.

Und frei im letzten Augenblicke soll
Mein Herz sich öffnen, meine Zunge lösen!
Fluch und Verderben euch, die ihren Gott
Und ihre wahre Königin verraten!
Die von der irdischen Maria sich
Treulos wie von der himmlischen gewendet,
Sich dieser Bastardkönigin verkauft –

Offizier.

Hört Ihr die Läst'rung? Auf! Ergreifet ihn!

Mortimer.

Geliebte! Nicht erretten konnt' ich dich,
So will ich dir ein männlich Beispiel geben.
Maria, heil'ge, bitt' für mich
Und nimm mich zu dir in dein himmlisch Leben!

(Er durchsticht sich mit dem Dolch und fällt der Wache in die Arme.)

Fünfter Auftritt.

Zimmer der Königin.

Elisabeth, einen Brief in der Hand. **Burleigh.**

Elisabeth.

Mich hinzuführen! Solchen Spott mit mir
Zu treiben! Der Verräter! Im Triumph
Vor seiner Buhlerin mich aufzuführen!
O, so ward noch kein Weib betrogen, Burleigh!

Burleigh.

Ich kann es noch nicht fassen, wie es ihm,
Durch welche Macht, durch welche Zauberkünste
Gelang, die Klugheit meiner Königin
So sehr zu überraschen.

Elisabeth.

O, ich sterbe
Für Scham! Wie mußt' er meiner Schwäche spotten!
S i e glaubt' ich zu erniedrigen und war,
Ich selber, ihres Spottes Ziel!

Burleigh.

Du siehst nun ein, wie treu ich dir geraten!

Elisabeth.

O ich bin schwer dafür gestraft, daß ich
Von Eurem weisen Rate mich entfernt!
Und sollt' ich ihm nicht glauben? In den Schwüren
Der treusten Liebe einen Fallstrick fürchten?
Wem darf ich traun, wenn er mich hinterging?
Er, den ich groß gemacht vor allen Großen,
Der mir der Nächste stets am Herzen war,
Dem ich verstattete, an diesem Hof
Sich wie der Herr, der König zu betragen!

Burleigh.

Und zu derselben Zeit verriet er dich
An diese falsche Königin von Schottland!

Elisabeth.

O, sie bezahle mir's mit ihrem Blut!
– Sagt! Ist das Urteil abgefaßt?

Burleigh.

Es liegt
Bereit, wie du befohlen.

Elisabeth.

Sterben soll sie!
Er soll sie fallen sehn und nach ihr fallen.
Verstoßen hab' ich ihn aus meinem Herzen,
Fort ist die Liebe, Rache füllt es ganz.
So hoch er stand, so tief und schmählich sei
Sein Sturz! Er sei ein Denkmal meiner Strenge,
Wie er ein Beispiel meiner Schwäche war.
Man führ' ihn nach dem Tower; ich werde Peers
Ernennen, die ihn richten. Hingegeben
Sei er der ganzen Strenge des Gesetzes.

Burleigh.

Er wird sich zu dir drängen, sich rechtfert'gen –

Elisabeth.

Wie kann er sich rechtfert'gen? Überführt
Ihn nicht der Brief? O, sein Verbrechen ist
Klar wie der Tag!

Burleigh.

Doch du bist mild und gnädig,
Sein Anblick, seine mächt'ge Gegenwart –

Elisabeth.

Ich will ihn nicht sehn. Niemals, niemals wieder!
Habt Ihr Befehl gegeben, daß man ihn
Zurückweist, wenn er kommt?

Burleigh.

So ist's befohlen!

Page (tritt ein).

Mylord von Lester!

Königin.

Der Abscheuliche!
Ich will ihn nicht sehn. Sagt ihm, daß ich ihn
Nicht sehen will.

Page.

Das wag' ich nicht dem Lord
Zu sagen, und er würde mir's nicht glauben.

Königin.

So hab' ich ihn erhöht, daß meine Diener
Vor seinem Ansehn mehr als meinem zittern!

Burleigh (zum Pagen).

Die Königin verbiet' ihm, sich zu nahn!

(Page geht zögernd ab.)

Königin (nach einer Pause).

Wenn's dennoch möglich wäre – Wenn er sich
Rechtfert'gen könnte! – Sagt mir, könnt' es nicht
Ein Fallstrick sein, den mir Maria legte,
Mich mit dem treusten Freunde zu entzweien?
O, sie ist eine abgefeimte Bübin!
Wenn sie den Brief nur schrieb, mir gift'gen Argwohn
Ins Herz zu streun, ihn, den sie haßt, ins Unglück
Zu stürzen –

Burleigh.

Aber, Königin, erwäge –

Sechster Auftritt.

Vorige. Leicester.

Leicester

(reißt die Thür mit Gewalt auf und tritt mit gebietrischem Wesen herein).

Den Unverschämten will ich sehn, der mir
Das Zimmer meiner Königin verbietet.

Elisabeth.

Ha, der Verwegene!

Leicester.

Mich abzuweisen!
Wenn sie für einen Burleigh sichtbar ist,
So ist sie's auch für mich!

Burleigh.

Ihr seid sehr kühn, Mylord,
Hier wider die Erlaubnis einzustürmen.

Leicester.

Ihr seid sehr frech, Lord, hier das Wort zu nehmen.
Erlaubnis! Was? Es ist an diesem Hofe
Niemand, durch dessen Mund Graf Lester sich
Erlauben und verbieten lassen kann!

(Indem er sich der Elisabeth demütig nähert.)

Aus meiner Königin eignem Mund will ich –

Elisabeth (ohne ihn anzusehen).

Aus meinem Angesicht, Nichtswürdiger!

Leicester.

Nicht meine gütige Elisabeth,
Den Lord vernehm' ich, meinen Feind, in diesen
Unholden Worten. – Ich berufe mich auf meine
Elisabeth – du liehest ihm dein Ohr,
Das Gleiche fodr' ich.

Elisabeth.

Redet, Schändlicher!
Vergrößert Euren Frevel! Leugnet ihn!

Leicester.

Laßt diesen Überlästigen sich erst
Entfernen. – Tretet ab, Mylord! – Was ich

Mit meiner Königin zu verhandeln habe,
Braucht keinen Zeugen. Geht!

Elisabeth (zu Burleigh).

Bleibt! Ich befehl' es.

Leicester.

Was soll der Dritte zwischen dir und mir?
Mit meiner angebeteten Monarchin
Hab' ich's zu thun – die Rechte meines Platzes
Behaupt' ich – es sind heil'ge Rechte!
Und ich bestehe drauf, daß sich der Lord
Entferne!

Elisabeth.

Euch geziemt die stolze Sprache!

Leicester.

Wohl ziemt sie mir, denn ich bin der Beglückte,
Dem deine Gunst den hohen Vorzug gab,
Das hebt mich über ihn und über alle!
Dein Herz verlieh mir diesen stolzen Rang,
Und was die Liebe gab, werd' ich, bei Gott!
Mit meinem Leben zu behaupten wissen.
Er geh' – und zweier Augenblicke nur
Bedarf's, mich mit dir zu verständigen.

Elisabeth.

Ihr hofft umsonst, mich listig zu beschwatzen.

Leicester.

Beschwatzen konnte dich der Plauderer,
Ich aber will zu deinem Herzen reden,
Und was ich im Vertraun auf deine Gunst
Gewagt, will ich auch nur vor deinem Herzen
Rechtfertigen. – Kein anderes Gericht
Erkenn' ich über mir als deine Neigung!

Elisabeth.

Schamloser! Eben diese ist's, die Euch zuerst
Verdammt. – Zeigt ihm den Brief, Mylord!

Burleigh.

Hier ist er!

Leicester

(durchläuft den Brief, ohne die Fassung zu verändern).

Das ist der Stuart Hand!

Elisabeth.
Lest und verstummt!

Leicester (nachdem er gelesen, ruhig).
Der Schein ist gegen mich; doch darf ich hoffen,
Daß ich nicht nach dem Schein gerichtet werde.

Elisabeth.
Könnt Ihr es leugnen, daß Ihr mit der Stuart
In heimlichem Verständnis wart, ihr Bildnis
Empfingt, ihr zur Befreiung Hoffnung machtet?

Leicester.
Leicht wäre mir's, wenn ich mich schuldig fühlte,
Das Zeugnis einer Feindin zu verwerfen.
Doch frei ist mein Gewissen; ich bekenne,
Daß sie die Wahrheit schreibt!

Elisabeth.
Nun denn,
Unglücklicher!

Burleigh.
Sein eigner Mund verdammt ihn.

Elisabeth.
Aus meinen Augen! In den Tower – Verräter!

Leicester.
Der bin ich nicht. Ich hab' gefehlt, daß ich
Aus diesem Schritt dir ein Geheimnis machte;
Doch redlich war die Absicht, es geschah,
Die Feindin zu erforschen, zu verderben!

Elisabeth.
Elende Ausflucht!

Burleigh.
Wie, Mylord? Ihr glaubt –

Leicester.
Ich habe ein gewagtes Spiel gespielt,
Ich weiß; und nur Graf Lester durfte sich
An diesem Hofe solcher That erkühnen.
Wie ich die Stuart hasse, weiß die Welt.
Der Rang, den ich bekleide, das Vertrauen,
Wodurch die Königin mich ehrt, muß jeden Zweifel
In meine treue Meinung niederschlagen.

Wohl darf der Mann, den deine Gunst vor allen
Auszeichnet, einen eignen kühnen Weg
Einschlagen, seine Pflicht zu thun.

Burleigh.

Warum,
Wenn's eine gute Sache war, verschwiegt Ihr?

Leicester.

Mylord! Ihr pflegt zu schwatzen, eh' Ihr handelt,
Und seid die Glocke Eurer Thaten. Das
Ist Eure Weise, Lord, die meine ist,
Erst handeln und dann reden!

Burleigh.

Ihr redet jetzo, weil Ihr müßt.

Leicester

(ihn stolz und höhnisch mit den Augen messend).

Und Ihr
Berühmt Euch, eine wundergroße That
Ins Werk gerichtet, Eure Königin
Gerettet, die Verräterei entlarvt
Zu haben. – Alles wißt Ihr, Eurem Scharfblick
Kann nichts entgehen, meint Ihr. – Armer Prahler!
Trotz Eurer Spürkunst war Maria Stuart
Noch heute frei, wenn ich es nicht verhindert.

Burleigh.

Ihr hättet –

Leicester.

Ich, Mylord. Die Königin
Vertraute sich dem Mortimer, sie schloß
Ihr Innerstes ihm auf, sie ging so weit,
Ihm einen blut'gen Auftrag gegen die Maria
Zu geben, da der Oheim sich mit Abscheu
Von einem gleichen Antrag abgewendet. –
Sagt! Ist es nicht so?

(Königin und Burleigh sehen einander betroffen an.)

Burleigh.

Wie gelangtet Ihr
Dazu?

Leicester.

Ist's nicht so? – Nun, Mylord! Wo hattet
Ihr Eure tausend Augen, nicht zu sehn,
Daß dieser Mortimer Euch hinterging?
Daß er ein wütender Papist, ein Werkzeug
Der Guisen, ein Geschöpf der Stuart war,
Ein keck entschlossner Schwärmer, der gekommen,
Die Stuart zu befrein, die Königin
Zu morden –

Elisabeth (mit dem äußersten Erstaunen).

Dieser Mortimer!

Leicester.

Er war's, durch den
Maria Unterhandlung mit mir pflog,
Den ich auf diesem Wege kennen lernte.
Noch heute sollte sie aus ihrem Kerker
Gerissen werden, diesen Augenblick
Entdeckte mir's sein eigner Mund; ich ließ ihn
Gefangen nehmen, und in der Verzweiflung,
Sein Werk vereitelt, sich entlarvt zu sehn,
Gab er sich selbst den Tod!

Elisabeth.

O, ich bin unerhört
Betrogen. – Dieser Mortimer!

Burleigh.

Und jetzt
Geschah das? Jetzt, nachdem ich Euch verlassen?

Leicester.

Ich muß um meinetwillen sehr beklagen,
Daß es dies Ende mit ihm nahm. Sein Zeugnis,
Wenn er noch lebte, würde mich vollkommen
Gereinigt, aller Schuld entledigt haben.
Drum übergab ich ihn des Richters Hand.
Die strengste Rechtsform sollte meine Unschuld
Vor aller Welt bewähren und besiegeln.

Burleigh.

Er tötete sich, sagt Ihr. Er sich selber? Oder
Ihr ihn?

Leicester.

Unwürdiger Verdacht! Man höre
Die Wache ab, der ich ihn übergab!
(Er geht an die Thür und ruft hinaus. Der Offizier der Leibwache tritt herein.)
Erstattet Ihrer Majestät Bericht,
Wie dieser Mortimer umkam!

Offizier.

Ich hielt die Wache
Im Vorsaal, als Mylord die Thüre schnell
Eröffnete und mir befahl, den Ritter
Als einen Staatsverräter zu verhaften.
Wir sahen ihn hierauf in Wut geraten,
Den Dolch ziehn unter heftiger Verwünschung
Der Königin und, eh' wir's hindern konnten,
Ihn in die Brust sich stoßen, daß er tot
Zu Boden stürzte.

Leicester.

Es ist gut. Ihr könnt
Abtreten, Sir! Die Königin weiß genug!
(Offizier geht ab.)

Elisabeth.

O, welcher Abgrund von Abscheulichkeiten!

Leicester.

Wer war's nun, der dich rettete? War es
Mylord von Burleigh? Wußt' er die Gefahr,
Die dich umgab? War *er's*, der sie von dir
Gewandt? – Dein treuer Lester war dein Engel!

Burleigh.

Graf! Dieser Mortimer starb Euch sehr gelegen.

Elisabeth.

Ich weiß nicht, was ich sagen soll. Ich glaub' Euch
Und glaub' Euch nicht! Ich denke, Ihr seid schuldig
Und seid es nicht! O die Verhaßte, die
Mir all dies Weh bereitet!

Leicester.

Sie muß sterben.
Jetzt stimm' ich selbst für ihren Tod. Ich riet

Dir an, das Urteil unvollstreckt zu lassen,
Bis sich aufs neu' ein Arm für sie erhübe.
Dies ist geschehn – und ich bestehe drauf,
Daß man das Urteil ungesäumt vollstrecke.

Burleigh.

Ihr rietet dazu? Ihr!

Leicester.

So sehr es mich
Empört, zu einem Äußersten zu greifen,
Ich sehe nun und glaube, daß die Wohlfahrt
Der Königin dies blut'ge Opfer heischt:
Drum trag' ich darauf an, daß der Befehl
Zur Hinrichtung gleich ausgefertigt werde!

Burleigh (zur Königin).

Da es Mylord so treu und ernstlich meint,
So trag' ich darauf an, daß die Vollstreckung
Des Richterspruchs ihm übertragen werde.

Leicester.

Mir?

Burleigh.

Euch. Nicht besser könnt Ihr den Verdacht,
Der jetzt noch auf Euch lastet, widerlegen,
Als wenn Ihr *sie*, die Ihr geliebt zu haben
Beschuldigt werdet, selbst enthaupten lasset.

Elisabeth

(Leicestern mit den Augen fixierend).

Mylord rät gut. So sei's, und dabei bleib' es.

Leicester.

Mich sollte billig meines Ranges Höh'
Von einem Auftrag dieses traur'gen Inhalts
Befrein, der sich in jedem Sinne besser
Für einen Burleigh ziemen mag als mich.
Wer seiner Königin so nahe steht,
Der sollte nichts Unglückliches vollbringen.
Jedoch, um meinen Eifer zu bewähren,
Um meiner Königin genugzuthun,
Begeb' ich mich des Vorrechts meiner Würde
Und übernehme die verhaßte Pflicht.

Elisabeth.

Lord Burleigh teile sie mit Euch!
(Zu diesem.)
Tragt Sorge,
Daß der Befehl gleich ausgefertigt werde.
(Burleigh geht. Man hört draußen ein Getümmel.)

Siebenter Auftritt.

Graf von Kent zu den **Vorigen.**

Elisabeth.

Was gibt's, Mylord von Kent? Was für ein Auflauf
Erregt die Stadt? – Was ist es?

Kent.

Königin,
Es ist das Volk, das den Palast umlagert,
Es fodert heftig dringend, dich zu sehn.

Elisabeth.

Was will mein Volk?

Kent.

Der Schrecken geht durch London,
Dein Leben sei bedroht, es gehen Mörder
Umher, vom Papste wider dich gesendet,
Verschworen seien die Katholischen,
Die Stuart aus dem Kerker mit Gewalt
Zu reißen und zur Königin auszurufen.
Der Pöbel glaubt's und wütet. Nur das Haupt
Der Stuart, das noch heute fällt, kann ihn
Beruhigen.

Elisabeth.

Wie? Soll mir Zwang geschehn?

Kent.

Sie sind entschlossen, eher nicht zu weichen,
Bis du das Urteil unterzeichnet hast.

Achter Auftritt.

Burleigh und **Davison** mit einer Schrift.[1] Die **Vorigen.**

Elisabeth.

Was bringt Ihr, Davison?

Davison (nähert sich, ernsthaft).

Du hast befohlen,
O Königin –

Elisabeth.

Was ist's?

(Indem sie die Schrift ergreifen will, schauert sie zusammen und fährt zurück.)

O Gott!

Burleigh.

Gehorche
Der Stimme des Volks, sie ist die Stimme Gottes.

Elisabeth

(unentschlossen mit sich selbst kämpfend).

O meine Lords! Wer sagt mir, ob ich wirklich
Die Stimme meines ganzen Volks, die Stimme
Der Welt vernehme? Ach, wie sehr befürcht' ich,
Wenn ich dem Wunsch der Menge nun gehorcht,
Daß eine ganz verschied'ne Stimme sich
Wird hören lassen – ja, daß eben die,
Die jetzt gewaltsam zu der That mich treiben,
Mich, wenn's vollbracht ist, strenge tadeln werden!

Neunter Auftritt.

Graf Shrewsbury zu den **Vorigen.**

Shrewsbury (kommt in großer Bewegung).

Man will dich übereilen, Königin!
O halte fest, sei standhaft!

(Indem er Davison mit der Schrift gewahr wird.)

Oder ist es
Geschehen? Ist es wirklich? Ich erblicke

[1] Am 20. Dezember 1586 war das Hinrichtungsdokument entworfen worden, am 1. Februar 1587 wurde es Elisabeth übergeben.

Ein unglückselig Blatt in dieser Hand.
Das komme meiner Königin jetzt nicht
Vor Augen.

Elisabeth.

Edler Shrewsbury! Man zwingt mich.

Shrewsbury.

Wer kann dich zwingen? Du bist Herrscherin,
Hier gilt es, deine Majestät zu zeigen!
Gebiete Schweigen jenen rohen Stimmen,
Die sich erdreisten, deinem Königswillen
Zwang anzuthun, dein Urteil zu regieren!
Die Furcht, ein blinder Wahn bewegt das Volk.
Du selbst bist außer dir, bist schwer gereizt,
Du bist ein Mensch, und jetzt kannst du nicht richten.

Burleigh.

Gerichtet ist schon längst. Hier ist kein Urteil
Zu *fällen*, zu *vollziehen* ist's.

Kent

(der sich bei Shrewsburys Eintritt entfernt hat, kommt zurück).

Der Auflauf wächst, das Volk ist länger nicht
Zu bändigen.

Elisabeth (zu Shrewsbury).

Ihr seht, wie sie mich drängen!

Shrewsbury.

Nur Aufschub fordr' ich. Dieser Federzug
Entscheidet deines Lebens Glück und Frieden.
Du hast es jahrelang bedacht, soll dich
Der Augenblick im Sturme mit sich führen?
Nur kurzen Aufschub! Sammle dein Gemüt!
Erwarte eine ruhigere Stunde!

Burleigh (heftig).

Erwarte, zögre, säume, bis das Reich
In Flammen steht, bis es der Feindin endlich
Gelingt, den Mordstreich wirklich zu vollführen!
Dreimal hat ihn ein Gott von dir entfernt;
Heut hat er *nahe* dich berührt, noch einmal
Ein Wunder hoffen, hieße Gott versuchen.

Shrewsbury.

Der Gott, der dich durch seine Wunderhand
Viermal erhielt, der heut dem schwachen Arm

Des Greisen Kraft gab, einen Wütenden
Zu überwält'gen – *er* verdient Vertrauen!
Ich will die Stimme der Gerechtigkeit
Jetzt nicht erheben, jetzt ist nicht die Zeit,
Du kannst in diesem Sturme sie nicht hören.
Dies *eine* nur vernimm! Du zitterst jetzt
Vor dieser lebenden Maria. Nicht
Die Lebende hast du zu fürchten. Zittre vor
Der Toten, der Enthaupteten! Sie wird
Vom Grab erstehen, eine Zwietrachtsgöttin,
Ein Rachegeist in deinem Reich herumgehn
Und deines Volkes Herzen von dir wenden.
Jetzt *haßt* der Britte die Gefürchtete,
Er wird sie *rächen*, wenn sie nicht mehr ist.
Nicht mehr die Feindin seines Glaubens, nur
Die Enkeltochter seiner Könige,
Des Hasses Opfer und der Eifersucht
Wird er in der Bejammerten erblicken!
Schnell wirst du die Veränderung erfahren.
Durchziehe London, wenn die blut'ge That
Geschehen, zeige dich dem Volk, das sonst
Sich jubelnd um dich her ergoß, du wirst
Ein andres England sehn, ein andres Volk,
Denn dich umgibt nicht mehr die herrliche
Gerechtigkeit, die alle Herzen dir
Besiegte! Furcht, die schreckliche Begleitung
Der Tyrannei, wird schaudernd vor dir herziehn
Und jede Straße, wo du gehst, veröden.
Du hast das Letzte, Äußerste gethan,
Welch Haupt steht fest, wenn dieses heil'ge fiel?

Elisabeth.

Ach, Shrewsbury! Ihr habt mir heut das Leben
Gerettet, habt des Mörders Dolch von mir
Gewendet. – Warum ließet Ihr ihm nicht
Den Lauf? So wäre jeder Streit geendigt,
Und alles Zweifels ledig, rein von Schuld,
Läg' ich in meiner stillen Gruft! Fürwahr,
Ich bin des Lebens und des Herrschens müd'.
Muß eine von uns Königinnen fallen,
Damit die andre lebe – und es ist

Nicht anders, das erkenn' ich – kann denn ich
Nicht die sein, welche weicht? Mein Volk mag wählen,
Ich geb' ihm seine Majestät zurück.
Gott ist mein Zeuge, daß ich nicht für mich,
Nur für das Beste meines Volks gelebt.
Hofft es von dieser schmeichlerischen Stuart,
Der jüngern Königin, glücklichere Tage,
So steig' ich gern von diesem Thron und kehre
In Woodstocks stille Einsamkeit zurück,
Wo meine anspruchlose Jugend lebte[1],
Wo ich, vom Tand der Erdengröße fern,
Die Hoheit in mir selber fand. – Bin ich
Zur Herrscherin doch nicht gemacht! Der Herrscher
Muß hart sein können, und mein Herz ist weich.
Ich habe diese Insel lange glücklich
Regiert, weil ich nur brauchte zu beglücken.
Es kommt die erste schwere Königspflicht,
Und ich empfinde meine Ohnmacht –

Burleigh.

Nun bei Gott!
Wenn ich so ganz unkönigliche Worte
Aus meiner Königin Mund vernehmen muß,
So wär's Verrat an meiner Pflicht, Verrat
Am Vaterlande, länger stillzuschweigen.
– Du sagst, du liebst dein Volk mehr als dich selbst;
Das zeige jetzt! Erwähle nicht den Frieden
Für dich und überlass' das Reich den Stürmen.
– Denk' an die Kirche! Soll mit dieser Stuart
Der alte Aberglaube wiederkehren?
Der Mönch aufs neu' hier herrschen, der Legat
Aus Rom gezogen kommen, unsre Kirchen
Verschließen, unsre Könige entthronen?[2]
– Die Seelen aller deiner Unterthanen,
Ich fordre sie von dir. – Wie du jetzt handelst,
Sind sie gerettet oder sind verloren.
Hier ist nicht Zeit zu weichlichem Erbarmen,

[1] Im Schlosse Woodstock, Grafschaft Oxford, war Elisabeth „zur ernsten Pflicht durch Trübsal“ erzogen worden (vgl. Aufzug II, Auftritt 3).

[2] Burleigh denkt daran, daß König Johann ohne Land 1213 sein England aus den Händen eines päpstlichen Legaten als Lehen empfangen mußte.

Des Volkes Wohlfahrt ist die höchste Pflicht;
Hat Shrewsbury das Leben dir gerettet,
So will *ich* England retten – das ist mehr!

Elisabeth.

Man überlasse mich mir selbst! Bei Menschen ist
Nicht Rat noch Trost in dieser großen Sache.
Ich trage sie dem höhern Richter vor.
Was der mich lehrt, das will ich thun. – Entfernt euch,
Mylords!

(Zu Davison.)

Ihr, Sir, könnt in der Nähe bleiben!

(Die Lords gehen ab. Shrewsbury allein bleibt noch einige Augenblicke vor der Königin stehen mit bedeutungsvollem Blick, dann entfernt er sich langsam mit einem Ausdruck des tiefsten Schmerzes.)

Zehnter Auftritt.

Elisabeth (allein).

O Sklaverei des Volksdiensts! Schmähliche
Knechtschaft! – Wie bin ich's müde, diesem Götzen
Zu schmeicheln, den mein Innerstes verachtet!
Wann soll ich frei auf diesem Throne stehn?
Die Meinung muß ich ehren, um das Lob
Der Menge buhlen, einem Pöbel muß ich's
Recht machen, dem der Gaukler nur gefällt.
O, der ist noch nicht König, der der Welt
Gefallen muß! Nur der ist's, der bei seinem Thun
Nach keines Menschen Beifall braucht zu fragen.
Warum hab' ich Gerechtigkeit geübt,
Willkür gehaßt mein Leben lang, daß ich
Für diese erste unvermeidliche
Gewaltthat selbst die Hände mir gefesselt?
Das Muster, das ich selber gab, verdammt mich!
War ich tyrannisch, wie die spanische
Maria war, mein Vorfahr auf dem Thron, ich könnte
Jetzt ohne Tadel Königsblut versprützen!
Doch war's denn meine eigne freie Wahl,
Gerecht zu sein? Die allgewaltige
Notwendigkeit, die auch das freie Wollen
Der Könige zwingt, gebot mir diese Tugend.

Umgeben rings von Feinden, hält mich nur
Die Volksgunst auf dem angefochtnen Thron.
Mich zu vernichten, streben alle Mächte
Des festen Landes. Unversöhnlich schleudert
Der röm'sche Papst den Bannfluch auf mein Haupt,
Mit falschem Bruderkuß verrät mich Frankreich,
Und offnen, wütenden Vertilgungskrieg
Bereitet mir der Spanier auf den Meeren.[1]
So steh' ich kämpfend gegen eine Welt,
Ein wehrlos Weib! Mit hohen Tugenden
Muß ich die Blöße meines Rechts bedecken,
Den Flecken meiner fürstlichen Geburt,
Wodurch der eigne Vater mich geschändet.
Umsonst bedeck' ich ihn. – Der Gegner Haß
Hat ihn entblößt und stellt mir diese Stuart,
Ein ewig drohendes Gespenst, entgegen.
Nein, diese Furcht soll endigen!
Ihr Haupt soll fallen! Ich will Frieden haben!
– Sie ist die Furie meines Lebens, mir,
Ein Plagegeist, vom Schicksal angeheftet.
Wo ich mir eine Freude, eine Hoffnung
Gepflanzt, da liegt die Höllenschlange mir
Im Wege. Sie entreißt mir den Geliebten,
Den Bräut'gam raubt sie mir! Maria Stuart
Heißt jedes Unglück, das mich niederschlägt!
Ist s i e aus den Lebendigen vertilgt,
Frei bin ich wie die Luft auf den Gebirgen.
(Stillschweigen.)
Mit welchem Hohn sie auf mich niedersah,
Als sollte mich der Blick zu Boden blitzen!
Ohnmächtige! Ich führe bessre Waffen,
Sie treffen tödlich, und du bist nicht mehr!
(Mit raschem Schritt nach dem Tische gehend und die Feder ergreifend.)
Ein Bastard bin ich dir? – Unglückliche!
Ich bin es nur, solang' du lebst und atmest.
Der Zweifel meiner fürstlichen Geburt,
Er ist getilgt, sobald ich d i c h vertilge.

[1] Gedacht ist an die Armada, die freilich erst 1588 gegen England zog.

Sobald dem Britten keine Wahl mehr bleibt,
Bin ich im echten Ehebett geboren!

(Sie unterschreibt mit einem raschen, festen Federzug, läßt dann die Feder fallen und tritt mit einem Ausdruck des Schreckens zurück. Nach einer Pause klingelt sie.)

Eilfter Auftritt.

Elisabeth. Davison.

Elisabeth.

Wo sind die andern Lords?

Davison.

Sie sind gegangen,
Das aufgebrachte Volk zur Ruh' zu bringen.
Das Toben war auch augenblicks gestillt,
Sobald der Graf von Shrewsbury sich zeigte.
„Der ist's! Das ist er!" riefen hundert Stimmen,
„Der rettete die Königin! Hört ihn,
Den bravsten Mann in England!" Nun begann
Der edle Talbot und verwies dem Volk
In sanften Worten sein gewaltsames
Beginnen, sprach so kraftvoll überzeugend,
Daß alles sich besänftigte und still
Vom Platze schlich.

Elisabeth.

Die wankelmüt'ge Menge,
Die jeder Wind herumtreibt! Wehe dem,
Der auf dies Rohr sich lehnet! – Es ist gut,
Sir Davison. Ihr könnt nun wieder gehn.

(Wie sich jener nach der Thüre gewendet.)

Und dieses Blatt – nehmt es zurück – ich leg's
In Eure Hände.

Davison

(wirft einen Blick in das Papier und erschrickt).

Königin! Dein Name!
Du hast entschieden?

Elisabeth.

– Unterschreiben sollt' ich.
Ich hab's gethan. Ein Blatt Papier entscheidet
Noch nicht, ein Name tötet nicht.

Davison.

Dein Name, Königin, unter *dieser* Schrift
Entscheidet alles, tötet, ist ein Strahl
Des Donners, der geflügelt trifft. – Dies Blatt
Befiehlt den Kommissarien, dem Sheriff,
Nach Fotheringhayschloß sich steh'nden Fußes
Zur Königin von Schottland zu verfügen,
Den Tod ihr anzukündigen und schnell,
Sobald der Morgen tagt, ihn zu vollziehn.
Hier ist kein Aufschub! Jene hat gelebt,
Wenn ich dies Blatt aus meinen Händen gebe.

Elisabeth.

Ja, Sir! Gott legt ein wichtig, groß Geschick
In Eure schwachen Hände. Fleht ihn an,
Daß er mit seiner Weisheit Euch erleuchte!
Ich geh' und überlass' Euch Eurer Pflicht.

(Sie will gehen.)

Davison (tritt ihr in den Weg).

Nein, meine Königin! Verlaß mich nicht,
Eh' du mir deinen Willen kundgethan!
Bedarf es hier noch einer andern Weisheit,
Als dein Gebot buchstäblich zu befolgen?
– Du legst dies Blatt in meine Hand, daß ich
Zu schleuniger Vollziehung es befördre?

Elisabeth.

Das werdet Ihr nach *Eurer* Klugheit –

Davison

(schnell und erschrocken einfallend).

Nicht
Nach meiner! Das verhüte Gott! Gehorsam
Ist meine ganze Klugheit. Deinem *Diener*
Darf hier nichts zu entscheiden übrigbleiben.
Ein klein Versehn wär' hier ein Königsmord,
Ein unabsehbar ungeheures Unglück.
Vergönne mir, in dieser großen Sache
Dein blindes Werkzeug willenlos zu sein.
In klare Worte fasse deine Meinung:
Was soll mit diesem Blutbefehl geschehn?

Elisabeth.

– Sein Name spricht es aus.

Davison.

So willst du, daß er gleich vollzogen werde?

Elisabeth (zögernd).

Das *sag'* ich nicht und zittre, es zu denken.

Davison.

Du willst, daß ich ihn länger noch bewahre?

Elisabeth (schnell).

Auf Eure Gefahr! Ihr haftet für die Folgen.

Davison.

Ich? Heil'ger Gott! – Sprich, Königin! *Was* willst du?

Elisabeth (ungeduldig).

Ich will, daß dieser unglücksel'gen Sache
Nicht mehr gedacht soll werden, daß ich endlich
Will Ruhe davor haben und auf ewig.

Davison.

Es kostet dir ein einzig Wort. O sage,
Bestimme, was mit dieser Schrift soll werden!

Elisabeth.

Ich *hab's* gesagt, und quält mich nun nicht weiter!

Davison.

Du hättest es gesagt? Du hast mir nichts
Gesagt. – O, es gefalle meiner Königin,
Sich zu erinnern.

Elisabeth (stampft auf den Boden).

Unerträglich!

Davison.

Habe Nachsicht
Mit mir! Ich kam seit wenig Monden erst
In dieses Amt![1] Ich kenne nicht die Sprache
Der Höfe und der Könige. – In schlicht
Einfacher Sitte bin ich aufgewachsen.
Drum habe du Geduld mit deinem Knecht!
Laß dich das Wort nicht reu'n, das mich belehrt,
Mich klar macht über meine Pflicht –

(Er nähert sich ihr in flehender Stellung, sie kehrt ihm den Rücken zu, er steht in Verzweiflung, dann spricht er mit entschlossnem Ton:)

---

[1] Davison, früher englischer Gesandter an auswärtigen Höfen, war in der That noch nicht lange Staatssekretär.

Nimm dies Papier zurück! Nimm es zurück!
Es wird mir glühend Feuer in den Händen.
Nicht mich erwähle, dir in diesem furchtbaren
Geschäft zu dienen!

Elisabeth.

Thut, was Eures Amts ist!

(Sie geht ab.)

Zwölfter Auftritt.

Davison, gleich darauf **Burleigh.**

Davison.

Sie geht! Sie läßt mich ratlos, zweifelnd stehn
Mit diesem fürchterlichen Blatt – Was thu' ich?
Soll ich's bewahren? Soll ich's übergeben?

(Zu Burleigh, der hereintritt.)

O gut, gut, daß Ihr kommt, Mylord! Ihr seid's,
Der mich in dieses Staatsamt eingeführt.
Befreiet mich davon! Ich übernahm es,
Unkundig seiner Rechenschaft. Laßt mich
Zurückgehn in die Dunkelheit, wo Ihr
Mich fandet, ich gehöre nicht auf diesen Platz –

Burleigh.

Was ist Euch, Sir? Faßt Euch! Wo ist das Urteil?
Die Königin ließ Euch rufen.

Davison.

Sie verließ mich
In heft'gem Zorn. O ratet mir! Helft mir!
Reißt mich aus dieser Höllenangst des Zweifels!
Hier ist das Urteil – es ist unterschrieben.

Burleigh (hastig).

Ist es? O gebt! Gebt her!

Davison.

Ich darf nicht.

Burleigh.

Was?

Davison.

Sie hat mir ihren Willen noch nicht deutlich –

Burleigh.

Nicht deutlich! Sie hat unterschrieben. Gebt!

Davison.

Ich soll's vollziehen lassen – soll es *nicht*
Vollziehen lassen – Gott! Weiß ich, was ich soll?

Burleigh (heftiger dringend).

Gleich, augenblicks sollt Ihr's vollziehen lassen.
Gebt her! Ihr seid verloren, wenn Ihr säumt.

Davison.

Ich bin verloren, wenn ich's übereile.

Burleigh.

Ihr seid ein Thor, Ihr seid von Sinnen! Gebt!

(Er entreißt ihm die Schrift und eilt damit ab.)

Davison (ihm nacheilend).

Was macht Ihr? Bleibt! Ihr stürzt mich ins Verderben!

Fünfter Aufzug.

Die Szene ist das Zimmer des ersten Aufzugs.

Erster Auftritt.

Hanna Kennedy, in tiefe Trauer gekleidet, mit verweinten Augen und einem großen, aber stillen Schmerz, ist beschäftigt, Pakete und Briefe zu versiegeln. Oft unterbricht sie der Jammer in ihrem Geschäft, und man sieht sie dazwischen still beten. **Paulet** und **Drury,** gleichfalls in schwarzen Kleidern, treten ein; ihnen folgen viele **Bediente,** welche goldne und silberne Gefäße, Spiegel, Gemälde und andere Kostbarkeiten tragen und den Hintergrund des Zimmers damit anfüllen. Paulet überliefert der Amme ein Schmuckkästchen nebst einem Papier und bedeutet ihr durch Zeichen, daß es ein Verzeichnis der gebrachten Dinge enthalte. Beim Anblick dieser Reichtümer erneuert sich der Schmerz der Amme, sie versinkt in ein tiefes Trauern, indem jene sich still wieder entfernen. **Melvil**[1] tritt ein.

Kennedy
(schreit auf, sobald sie ihn gewahr wird).

Melvil! Ihr seid es! Euch erblick' ich wieder!

Melvil.

Ja, treue Kennedy, wir sehn uns wieder!

Kennedy.

Nach langer, langer, schmerzenvoller Trennung!

Melvil.

Ein unglückselig schmerzvoll Wiedersehn!

Kennedy.

O Gott! Ihr kommt –

Melvil.

Den letzten, ewigen
Abschied von meiner Königin zu nehmen.

[1] Andrew Melvil und sein Bruder James hatten Maria viele Jahre lang treu gedient und für sie gewirkt. Andrew war am 21. Januar 1587 aus der näheren Umgebung der Gefangenen entfernt worden.

Kennedy.

Jetzt endlich, jetzt, am Morgen ihres Todes,
Wird ihr die langentbehrte Gegenwart
Der Ihrigen vergönnt. – O teurer Sir,
Ich will nicht fragen, wie es Euch erging,
Euch nicht die Leiden nennen, die wir litten,
Seitdem man Euch von unsrer Seite riß.
Ach, dazu wird wohl einst die Stunde kommen!
O Melvil! Melvil! Mußten wir's erleben,
Den Anbruch dieses Tags zu sehn!

Melvil.

Laßt uns
Einander nicht erweichen! Weinen will ich,
Solang' noch Leben in mir ist; nie soll
Ein Lächeln diese Wangen mehr erheitern,
Nie will ich dieses nächtliche Gewand
Mehr von mir legen. Ewig will ich trauern,
Doch heute will ich standhaft sein. – Versprecht
Auch Ihr mir, Euren Schmerz zu mäßigen! –
Und wenn die andern alle der Verzweiflung
Sich trostlos überlassen, lasset u n s
Mit männlich edler Fassung ihr vorangehn
Und ihr ein Stab sein auf dem Todesweg!

Kennedy.

Melvil! Ihr seid im Irrtum, wenn Ihr glaubt,
Die Königin bedürfe unsers Beistands,
Um standhaft in den Tod zu gehn! Sie selber ist's,
Die uns das Beispiel edler Fassung gibt.
Seid ohne Furcht! Maria Stuart wird
Als eine Königin und Heldin sterben.

Melvil.

Nahm sie die Todespost mit Fassung auf?
Man sagt, daß sie nicht vorbereitet war.

Kennedy.

Das war sie nicht. Ganz andre Schrecken waren's,
Die meine Lady ängstigten. Nicht vor dem Tod,
Vor dem Befreier zitterte Maria.
– Freiheit war uns verheißen. Diese Nacht
Versprach uns Mortimer von hier wegzuführen,

Und zwischen Furcht und Hoffnung, zweifelhaft,
Ob sie dem kecken Jüngling ihre Ehre
Und fürstliche Person vertrauen dürfe,
Erwartete die Königin den Morgen.
– Da wird ein Auflauf in dem Schloß, ein Pochen
Schreckt unser Ohr und vieler Hämmer Schlag.
Wir glauben die Befreier zu vernehmen,
Die Hoffnung winkt, der süße Trieb des Lebens
Wacht unwillkürlich, allgewaltig auf –
Da öffnet sich die Thür – Sir Paulet ist's,
Der uns verkündigt – daß – die Zimmerer
Zu unsern Füßen das Gerüst aufschlagen!

(Sie wendet sich ab, von heftigem Schmerz ergriffen.)

Melvil.

Gerechter Gott! O sagt mir, wie ertrug
Maria diesen fürchterlichen Wechsel?

Kennedy

(nach einer Pause, worin sie sich wieder etwas gefaßt hat).

Man löst sich nicht allmählich von dem Leben!
Mit e i n e m Mal, schnell, augenblicklich muß
Der Tausch geschehen zwischen Zeitlichem
Und Ewigem, und Gott gewährte meiner Lady
In diesem Augenblick, der Erde Hoffnung
Zurückzustoßen mit entschlossner Seele
Und glaubenvoll den Himmel zu ergreifen.
Kein Merkmal bleicher Furcht, kein Wort der Klage
Entehrte meine Königin. – Dann erst,
Als sie Lord Lesters schändlichen Verrat
Vernahm, das unglückselige Geschick
Des werten Jünglings, der sich ihr geopfert,
Des alten Ritters tiefen Jammer sah,
Dem seine letzte Hoffnung starb durch sie,
Da flossen ihre Thränen: nicht das eigne Schicksal,
Der fremde Jammer preßte sie ihr ab.

Melvil.

Wo ist sie jetzt? Könnt Ihr mich zu ihr bringen?

Kennedy.

Den Rest der Nacht durchwachte sie mit Beten,
Nahm von den teuern Freunden schriftlich Abschied

Und schrieb ihr Testament mit eigner Hand.
Jetzt pflegt sie einen Augenblick der Ruh',
Der letzte Schlaf erquickt sie.

Melvil.

Wer ist bei ihr?

Kennedy.

Ihr Leibarzt Burgoyn[1] und ihre Frauen.

Zweiter Auftritt.

Margareta Kurl zu den **Vorigen.**

Kennedy.

Was bringt Ihr, Mistreß? Ist die Lady wach?

Kurl (ihre Thränen trocknend).

Schon angekleidet. – Sie verlangt nach Euch.

Kennedy.

Ich komme.

(Zu Melvil, der sie begleiten will.)

Folgt mir nicht, bis ich die Lady
Auf Euren Anblick vorbereitet.

(Geht hinein.)

Kurl.

Melvil!
Der alte Haushofmeister!

Melvil.

Ja, der bin ich!

Kurl.

O, dieses Haus braucht keines Meisters mehr!
– Melvil! Ihr kommt von London. Wißt Ihr mir
Von meinem Manne nichts zu sagen?

Melvil.

Er wird auf freien Fuß gesetzt, sagt man,
Sobald –

Kurl.

Sobald die Königin nicht mehr ist!
O der nichtswürdig schändliche Verräter!

---

[1] Richtiger: Bourgoing.

Er ist der Mörder dieser teuren Lady,
Sein Zeugnis, sagt man, habe sie verurteilt.

Melvil.

So ist's.

Kurl.

O, seine Seele sei verflucht
Bis in die Hölle! Er hat falsch gezeugt –

Melvil.

Mylady Kurl! Bedenket Eure Reden!

Kurl.

Beschwören will ich's vor Gerichtes Schranken,
Ich will es ihm ins Antlitz wiederholen,
Die ganze Welt will ich damit erfüllen.
Sie stirbt unschuldig.

Melvil.

O, das gebe Gott!

Dritter Auftritt.

Burgoyn zu den **Vorigen.** Hernach **Hanna Kennedy.**

Burgoyn (erblickt Melvil).

O Melvil!

Melvil (ihn umarmend).

Burgoyn!

Burgoyn (zu Margareta Kurl).

Besorget einen Becher
Mit Wein für unsre Lady! Machet hurtig!

(Kurl geht ab.)

Melvil.

Wie? Ist der Königin nicht wohl?

Burgoyn.

Sie fühlt sich stark, sie täuscht ihr Heldenmut,
Und keiner Speise glaubt sie zu bedürfen!
Doch ihrer wartet noch ein schwerer Kampf,
Und ihre Feinde sollen sich nicht rühmen,
Daß Furcht des Todes ihre Wangen bleichte,
Wenn die Natur aus Schwachheit unterliegt.

Melvil (zur Amme, die hereintritt).

Will sie mich sehn?

Kennedy.

Gleich wird sie selbst hier sein.
– Ihr scheint Euch mit Verwundrung umzusehn,
Und Eure Blicke fragen mich: Was soll
Das Prachtgerät in diesem Ort des Todes?
– O Sir! Wir litten Mangel, da wir lebten,
Erst mit dem Tode kommt der Überfluß zurück.

Vierter Auftritt.

Vorige. Zwei andre Kammerfrauen der Maria, gleichfalls in Trauerkleidern. Sie brechen bei Melvils Anblick in laute Thränen aus.

Melvil.

Was für ein Anblick! Welch ein Wiedersehn!
Gertrude! Rosamund!

Zweite Kammerfrau.

Sie hat uns von sich
Geschickt. Sie will zum letztenmal allein
Mit Gott sich unterhalten.

(Es kommen noch zwei weibliche Bediente, wie die vorigen in Trauer, die mit stummen Gebärden ihren Jammer ausdrücken.)

Fünfter Auftritt.

Margareta Kurl zu den **Vorigen.** Sie trägt einen goldnen Becher mit Wein und setzt ihn auf den Tisch, indem sie sich bleich und zitternd an einen Stuhl hält.

Melvil.

Was ist Euch, Mistreß? Was entsetzt Euch so?

Kurl.

O Gott!

Burgoyn.

Was habt Ihr?

Kurl.

Was mußt' ich erblicken!

Melvil.

Kommt zu Euch! Sagt uns, was es ist!

Kurl.

Als ich
Mit diesem Becher Wein die große Treppe
Heraufstieg, die zur untern Halle führt,
Da that die Thür sich auf – ich sah hinein –
Ich sah – o Gott!

Melvil.

Was saht Ihr? Fasset Euch!

Kurl.

Schwarz überzogen waren alle Wände,
Ein groß Gerüst, mit schwarzem Tuch beschlagen,
Erhob sich von dem Boden, mitten drauf
Ein schwarzer Block, ein Kissen und daneben
Ein blankgeschliffnes Beil. – Voll Menschen war
Der Saal, die um das Mordgerüst sich drängten
Und, heiße Blutgier in dem Blick, das Opfer
Erwarteten.

Die Kammerfrauen.

O, Gott sei unsrer Lady gnädig!

Melvil.

Faßt euch! Sie kommt!

Sechster Auftritt.

Die Vorigen. Maria. Sie ist weiß und festlich gekleidet, am Halse trägt sie an einer Kette von kleinen Kugeln ein Agnus Dei[1], ein Rosenkranz hängt am Gürtel herab, sie hat ein Kruzifix in der Hand und ein Diadem in den Haaren, ihr großer schwarzer Schleier ist zurückgeschlagen. Bei ihrem Eintritt weichen die Anwesenden zu beiden Seiten zurück und drücken den heftigsten Schmerz aus. Melvil ist mit einer unwillkürlichen Bewegung auf die Knie gesunken.

Maria

(mit ruhiger Hoheit im ganzen Kreise herumsehend).

Was klagt ihr? Warum weint ihr? Freuen solltet
Ihr euch mit mir, daß meiner Leiden Ziel
Nun endlich naht, daß meine Bande fallen,
Mein Kerker aufgeht und die frohe Seele sich
Auf Engelsflügeln schwingt zur ew'gen Freiheit.
Da, als ich in die Macht der stolzen Feindin
Gegeben war, Unwürdiges erduldend,

---

[1] Hostienförmige Wachs- oder Metallplatte, die auf der einen Seite das Lamm Gottes, auf der andern einen Heiligen trägt.

Was einer freien großen Königin
Nicht ziemt, da war es Zeit, um mich zu weinen!
– Wohlthätig, heilend nahet mir der Tod,
Der ernste Freund! Mit seinen schwarzen Flügeln
Bedeckt er meine Schmach. – Den Menschen adelt,
Den tiefst gesunkenen, das letzte Schicksal.
Die Krone fühl' ich wieder auf dem Haupt,
Den würd'gen Stolz in meiner edeln Seele.

(Indem sie einige Schritte weiter vortritt.)

Wie? Melvil hier? – Nicht also, edler Sir!
Steht auf! Ihr seid zu Eurer Königin
Triumph, zu ihrem Tode nicht gekommen.
Mir wird ein Glück zu teil, wie ich es nimmer
Gehoffet, daß mein Nachruhm doch nicht ganz
In meiner Feinde Händen ist, daß doch
Ein Freund mir, ein Bekenner meines Glaubens
Als Zeuge dasteht in der Todesstunde.
– Sagt, edler Ritter, wie erging es Euch
In diesem feindlichen, unholden Lande,
Seitdem man Euch von meiner Seite riß?
Die Sorg' um Euch hat oft mein Herz bekümmert.

Melvil.

Mich drückte sonst kein Mangel als der Schmerz
Um dich und meine Ohnmacht, dir zu dienen!

Maria.

Wie steht's um Didier, meinen alten Kämmrer?[1]
Doch der Getreue schläft wohl lange schon
Den ew'gen Schlaf, denn er war hoch an Jahren.

Melvil.

Gott hat ihm diese Gnade nicht erzeigt,
Er lebt, um deine Jugend zu begraben.

Maria.

Daß mir vor meinem Tode noch das Glück
Geworden wäre, ein geliebtes Haupt
Der teuern Blutsverwandten zu umfassen!
Doch ich soll sterben unter Fremdlingen,
Nur eure Thränen soll ich fließen sehn!

---

[1] Ihr Kämmerer Didier Sifflard soll bei der Hinrichtung zugegen gewesen sein.

– Melvil, die letzten Wünsche für die Meinen
Leg' ich in Eure treue Brust. – Ich segne
Den allerchristlichsten König[1], meinen Schwager,
Und Frankreichs ganzes königliches Haus. –
Ich segne meinen Öhm, den Kardinal,
Und Heinrich Guise, meinen edlen Vetter.[2]
Ich segne auch den Papst, den heiligen
Statthalter Christi, der mich wieder segnet,
Und den kathol'schen König[3], der sich edelmütig
Zu meinem Retter, meinem Rächer anbot. –
Sie alle stehn in meinem Testament,
Sie werden die Geschenke meiner Liebe,
Wie arm sie sind, darum gering nicht achten.

(Sich zu ihren Dienern wendend.)

Euch hab' ich meinem königlichen Bruder
Von Frankreich[4] anempfohlen, er wird sorgen
Für euch, ein neues Vaterland euch geben.
Und ist euch meine letzte Bitte wert,
Bleibt nicht in England, daß der Britte nicht
Sein stolzes Herz an eurem Unglück weide,
Nicht die im Staube seh', die mir gedient.
Bei diesem Bildnis des Gekreuzigten
Gelobet mir, dies unglücksel'ge Land
Alsbald, wenn ich dahin bin, zu verlassen!

Melvil (berührt das Kruzifix).

Ich schwöre dir's im Namen dieser aller.

Maria.

Was ich, die Arme, die Beraubte, noch besaß,
Worüber mir vergönnt ist, frei zu schalten,
Das hab' ich unter euch verteilt; man wird,
Ich hoff' es, meinen letzten Willen ehren.
Auch was ich auf dem Todeswege trage,
Gehöret euch – vergönnet mir noch einmal
Der Erde Glanz auf meinem Weg zum Himmel!

(Zu den Fräulein.)

Dir, meine Alix, Gertrud, Rosamund,
Bestimm' ich meine Perlen, meine Kleider,

---

[1] Alter Beiname der französischen Könige.
[2] Der Oheim war schon tot, Heinrich von Guise war damals Kardinal.
[3] Der König von Spanien, der den Titel *rex catholicus* führte.
[4] Heinrich III., hier „Bruder", oben richtiger „Schwager" genannt.

Denn eure Jugend freut sich noch des Putzes.
Du, Margareta, hast das nächste Recht
An meine Großmut, denn ich lasse dich
Zurück als die Unglücklichste von allen.
Daß ich des Gatten Schuld an dir nicht räche,
Wird mein Vermächtnis offenbaren. – Dich,
O meine treue Hanna, reizet nicht
Der Wert des Goldes, nicht der Steine Pracht,
Dir ist das höchste Kleinod mein Gedächtnis.
Nimm dieses Tuch! Ich hab's mit eigner Hand
Für dich gestickt in meines Kummers Stunden
Und meine heißen Thränen eingewoben.
Mit diesem Tuch wirst du die Augen mir verbinden,
Wenn es so weit ist. – Diesen letzten Dienst
Wünsch' ich von meiner Hanna zu empfangen.

Kennedy.

O Melvil! Ich ertrag' es nicht!

Maria.

Kommt alle!
Kommt und empfangt mein letztes Lebewohl!
(Sie reicht ihre Hände hin, eins nach dem andern fällt ihr zu Füßen und küßt die dargebotne Hand unter heftigem Weinen.)

Leb' wohl, Margreta! – Alix, lebe wohl! –
Dank, Burgoyn, für Eure treuen Dienste! –
Dein Mund brennt heiß, Gertrude. – Ich bin viel
Gehasset worden, doch auch viel geliebt!
Ein edler Mann beglücke meine Gertrud,
Denn Liebe fodert dieses glüh'nde Herz! –
Bertha, du hast das bessre Teil erwählt,
Die keusche Braut des Himmels willst du werden.
O eile, dein Gelübde zu vollziehn!
Betrüglich sind die Güter dieser Erden!
Das lern' an deiner Königin! – Nichts weiter!
Lebt wohl! Lebt wohl! Lebt ewig wohl!
(Sie wendet sich schnell von ihnen; alle bis auf Melvil entfernen sich.)

Siebenter Auftritt.

Maria. Melvil.

Maria.

Ich habe alles Zeitliche berichtigt
Und hoffe, keines Menschen Schuldnerin
Aus dieser Welt zu scheiden. – Eins nur ist's,
Melvil, was der beklemmten Seele noch
Verwehrt, sich frei und freudig zu erheben.

Melvil.

Entdecke mir's! Erleichtre deine Brust,
Dem treuen Freund vertraue deine Sorgen!

Maria.

Ich stehe an dem Rand der Ewigkeit,
Bald soll ich treten vor den höchsten Richter,
Und noch hab' ich den Heil'gen nicht versöhnt.
Versagt ist mir der Priester meiner Kirche.
Des Sakramentes heil'ge Himmelspeise
Verschmäh' ich aus den Händen falscher Priester.
Im Glauben meiner Kirche will ich sterben,
Denn der allein ist's, welcher selig macht.

Melvil.

Beruhige dein Herz! Dem Himmel gilt
Der feurig fromme Wunsch statt des Vollbringens.
Tyrannenmacht kann nur die Hände fesseln,
Des Herzens Andacht hebt sich frei zu Gott;
Das Wort ist tot, der Glaube macht lebendig.

Maria.

Ach Melvil! Nicht allein genug ist sich
Das Herz, ein irdisch Pfand bedarf der Glaube,
Das hohe Himmlische sich zuzueignen.
Drum ward der Gott zum Menschen und verschloß
Die unsichtbaren himmlischen Geschenke
Geheimnisvoll in einem sichtbarn Leib.
– Die Kirche ist's, die heilige, die hohe,
Die zu dem Himmel uns die Leiter baut;
Die allgemeine, die kathol'sche heißt sie,
Denn nur der Glaube aller stärkt den Glauben.

Wo Tausende anbeten und verehren,
Da wird die Glut zur Flamme, und beflügelt
Schwingt sich der Geist in alle Himmel auf.
– Ach, die Beglückten, die das froh geteilte
Gebet versammelt in dem Haus des Herrn!
Geschmückt ist der Altar, die Kerzen leuchten,
Die Glocke tönt, der Weihrauch ist gestreut,
Der Bischof steht im reinen Meßgewand,
Er faßt den Kelch, er segnet ihn, er kündet
Das hohe Wunder der Verwandlung an,
Und niederstürzt dem gegenwärt'gen Gotte
Das gläubig überzeugte Volk. – Ach! Ich
Allein bin ausgeschlossen, nicht zu mir
In meinen Kerker dringt der Himmelsegen.

Melvil.

Er dringt zu dir! Er ist dir nah'! Vertraue
Dem Allvermögenden – der dürre Stab
Kann Zweige treiben in des Glaubens Hand!
Und der die Quelle aus dem Felsen schlug,
Kann dir im Kerker den Altar bereiten,
Kann d i e s e n Kelch, die irdische Erquickung,
Dir schnell in eine himmlische verwandeln.

(Er ergreift den Kelch, der auf dem Tische steht.)

Maria.

Melvil! Versteh' ich Euch? Ja! Ich versteh' Euch!
Hier ist kein Priester, keine Kirche, kein
Hochwürdiges – doch der Erlöser spricht:
„Wo zwei versammelt sind in meinem Namen,
Da bin ich gegenwärtig unter ihnen."
Was weiht den Priester ein zum Mund des Herrn?
Das reine Herz, der unbefleckte Wandel.
– So seid I h r mir, auch ungeweiht, ein Priester,
Ein Bote Gottes, der mir Frieden bringt.
– Euch will ich meine letzte Beichte thun,
Und Euer Mund soll mir das Heil verkünden.

Melvil.

Wenn dich das Herz so mächtig dazu treibt,
So wisse, Königin, daß dir zum Troste
Gott auch ein Wunder wohl verrichten kann.

Hier sei kein Priester, sagst du, keine Kirche,
Kein Leib des Herrn? – Du irrest dich. Hier ist
Ein Priester, und ein Gott ist hier zugegen.

(Er entblößt bei diesen Worten das Haupt, zugleich zeigt er ihr eine Hostie in einer goldenen Schale.)

– Ich bin ein Priester; deine letzte Beichte
Zu hören, dir auf deinem Todesweg
Den Frieden zu verkündigen, hab' ich
Die sieben Weih'n[1] auf meinem Haupt empfangen,
Und diese Hostie überbring' ich dir
Vom heil'gen Vater, die er selbst geweihet.

Maria.

O, so muß an der Schwelle selbst des Todes
Mir noch ein himmlisch Glück bereitet sein!
Wie ein Unsterblicher auf goldnen Wolken
Herniederfährt, wie den Apostel[2] einst
Der Engel führte aus des Kerkers Banden,
Ihn hält kein Riegel, keines Hüters Schwert,
Er schreitet mächtig durch verschlossne Pforten,
Und im Gefängnis steht er glänzend da –
So überrascht mich hier der Himmelsbote,
Da jeder ird'sche Retter mich getäuscht!
– Und Ihr, mein Diener einst, seid jetzt der Diener
Des höchsten Gottes und sein heil'ger Mund!
Wie Eure Kniee sonst vor mir sich beugten,
So lieg' ich jetzt im Staub vor Euch.

(Sie sinkt vor ihm nieder.)

Melvil

(indem er das Zeichen des Kreuzes über sie macht).

Im Namen
Des Vaters und des Sohnes und des Geistes!
Maria, Königin! Hast du dein Herz
Erforschet, schwörst du und gelobest du,
Wahrheit zu beichten vor dem Gott der Wahrheit?

Maria.

Mein Herz liegt offen da vor dir und ihm.

---

[1] Der eigentlichen Priesterweihe gehen vier niedere und zwei höhere Weihen voraus.

[2] Petrus.

Melvil.

Sprich, welcher Sünde zeiht dich dein Gewissen,
Seitdem du Gott zum letztenmal versöhnt?

Maria.

Von neid'schem Hasse war mein Herz erfüllt,
Und Rachgedanken tobten in dem Busen.
Vergebung hofft' ich Sünderin von Gott
Und konnte nicht der Gegnerin vergeben.

Melvil.

Bereuest du die Schuld und ist's dein ernster
Entschluß, versöhnt aus dieser Welt zu scheiden?

Maria.

So wahr ich hoffe, daß mir Gott vergebe.

Melvil.

Welch andrer Sünde klagt das Herz dich an?

Maria.

Ach, nicht durch *Haß* allein, durch sünd'ge *Liebe*
Noch mehr hab' ich das höchste Gut beleidigt.
Das eitle Herz ward zu dem Mann[1] gezogen,
Der treulos mich verlassen und betrogen!

Melvil.

Bereuest du die Schuld, und hat dein Herz
Vom eiteln Abgott sich zu Gott gewendet?

Maria.

Es war der schwerste Kampf, den ich bestand;
Zerrissen ist das letzte ird'sche Band.

Melvil.

Welch andrer Schuld verklagt dich dein Gewissen?

Maria.

Ach, eine frühe Blutschuld, längst gebeichtet,
Sie kehrt zurück mit neuer Schreckenskraft
Im Augenblick der letzten Rechenschaft
Und wälzt sich schwarz mir vor des Himmels Pforten:
Den König, meinen Gatten, ließ ich morden,
Und dem Verführer schenkt' ich Herz und Hand!
Streng büßt' ich's ab mit allen Kirchenstrafen,
Doch in der Seele will der Wurm nicht schlafen.

---

[1] Leicester.

Melvil.

Verklagt das Herz dich keiner andern Sünde,
Die du noch nicht gebeichtet und gebüßt?

Maria.

Jetzt weißt du alles, was mein Herz belastet.

Melvil.

Denk' an die Nähe des Allwissenden!
Der Strafen denke, die die heil'ge Kirche
Der mangelhaften Beichte droht! Das ist
Die Sünde zu dem ew'gen Tod, denn das
Ist wider seinen heil'gen Geist gefrevelt.

Maria.

So schenke mir die ew'ge Gnade Sieg
Im letzten Kampf, als ich dir wissend nichts verschwieg.

Melvil.

Wie? Deinem Gott verhehlst du das Verbrechen,
Um dessentwillen dich die Menschen strafen?
Du sagst mir nichts von deinem blut'gen Anteil
An Babingtons und Parrys Hochverrat?
Den zeitlichen Tod stirbst du für diese That,
Willst du auch noch den ew'gen dafür sterben?

Maria.

Ich bin bereit, zur Ewigkeit zu gehn;
Noch eh' sich der Minutenzeiger wendet,
Werd' ich vor meines Richters Throne stehn;
Doch wiederhol' ich's: meine Beichte ist vollendet.

Melvil.

Erwäg' es wohl! Das Herz ist ein Betrüger.
Du hast vielleicht mit list'gem Doppelsinn
Das Wort vermieden, das dich schuldig macht,
Obgleich der Wille das Verbrechen teilte.
Doch wisse, keine Gaukelkunst berückt
Das Flammenauge, das ins Innre blickt!

Maria.

Ich habe alle Fürsten aufgeboten,
Mich aus unwürd'gen Banden zu befrein;
Doch nie hab' ich durch Vorsatz oder That
Das Leben meiner Feindin angetastet.

Melvil.

So hätten deine Schreiber falsch gezeugt?

Maria.

Wie ich gesagt, so ist's. Was jene zeugten,
Das richte Gott!

Melvil.

So steigst du, überzeugt
Von deiner Unschuld, auf das Blutgerüste?

Maria.

Gott würdigt mich, durch diesen unverdienten Tod
Die frühe schwere Blutschuld abzubüßen.

Melvil (macht den Segen über sie).

So gehe hin und sterbend büße sie!
Sink', ein ergebnes Opfer, am Altare!
Blut kann versöhnen, was das Blut verbrach,
Du fehltest nur aus weiblichem Gebrechen,
Dem sel'gen Geiste folgen nicht die Schwächen
Der Sterblichkeit in die Verklärung nach.
Ich aber künde dir kraft der Gewalt,
Die mir verliehen ist, zu lösen und zu binden,
Erlassung an von allen deinen Sünden!
Wie du geglaubet, so geschehe dir! (Er reicht ihr die Hostie.)
Nimm hin den Leib, er ist für dich geopfert!

(Er ergreift den Kelch, der auf dem Tische steht, konsekriert ihn mit stillem Gebet, dann reicht er ihr denselben. Sie zögert, ihn anzunehmen, und weist ihn mit der Hand zurück.)

Nimm hin das Blut, es ist für dich vergossen!
Nimm hin! Der Papst erzeigt dir diese Gunst!
Im Tode noch sollst du das höchste Recht
Der Könige, das priesterliche, üben![1]

(Sie empfängt den Kelch.)

Und wie du jetzt dich in dem ird'schen Leib
Geheimnisvoll mit deinem Gott verbunden,
So wirst du dort in seinem Freudenreich,
Wo keine Schuld mehr sein wird und kein Weinen,
Ein schön verklärter Engel, dich
Auf ewig mit dem Göttlichen vereinen.

(Er setzt den Kelch nieder. Auf ein Geräusch, das gehört wird, bedeckt er sich das *Haupt und geht* an die Thüre; Maria bleibt in stiller Andacht auf den Knien liegen.)

---

[1] Die Könige von Frankreich hatten das Recht, an ihrem Krönungstage das Abendmahl unter beiderlei Gestalt zu genießen.

Melvil (zurückkommend).
Dir bleibt ein harter Kampf noch zu bestehn.
Fühlst du dich stark genug, um jede Regung
Der Bitterkeit, des Hasses zu besiegen?

Maria.
Ich fürchte keinen Rückfall. Meinen Haß
Und meine Liebe hab' ich Gott geopfert.

Melvil.
Nun, so bereite dich, die Lords von Lester
Und Burleigh zu empfangen! Sie sind da.

Achter Auftritt.

Die Vorigen. Burleigh. Leicester und **Paulet.** Leicester bleibt ganz in der Entfernung stehen, ohne die Augen aufzuschlagen. Burleigh, der seine Fassung beobachtet, tritt zwischen ihn und die Königin.

Burleigh.
Ich komme, Lady Stuart, Eure letzten
Befehle zu empfangen.

Maria.
Dank, Mylord!

Burleigh.
Es ist der Wille meiner Königin,
Daß Euch nichts Billiges verweigert werde.

Maria.
Mein Testament nennt meine letzten Wünsche.
Ich hab's in Ritter Paulets Hand gelegt
Und bitte, daß es treu vollzogen werde.

Paulet.
Verlaßt Euch drauf.

Maria.
Ich bitte, meine Diener ungekränkt
Nach Schottland zu entlassen oder Frankreich,
Wohin sie selber wünschen und begehren.

Burleigh.
Es sei, wie Ihr es wünscht.

Maria.
Und weil mein Leichnam
Nicht in geweihter Erde ruhen soll,

So dulde man, daß dieser treue Diener
Mein Herz nach Frankreich bringe zu den Meinen.
– Ach, es war immer dort!

Burleigh.

Es soll geschehn.
Habt Ihr noch sonst –

Maria.

Der Königin von England
Bringt meinen schwesterlichen Gruß. Sagt ihr,
Daß ich ihr meinen Tod von ganzem Herzen
Vergebe, meine Heftigkeit von gestern
Ihr reuevoll abbitte. Gott erhalte sie
Und schenk' ihr eine glückliche Regierung!

Burleigh.

Sprecht! Habt Ihr noch nicht bessern Rat erwählt?
Verschmäht Ihr noch den Beistand des Dechanten?

Maria.

Ich bin mit meinem Gott versöhnt. – Sir Paulet!
Ich hab' Euch schuldlos vieles Weh bereitet,
Des Alters Stütze Euch geraubt. – O laßt
Mich hoffen, daß Ihr meiner nicht mit Haß
Gedenket –

Paulet (gibt ihr die Hand).

Gott sei mit Euch! Gehet hin im Frieden!

Neunter Auftritt.

Die Vorigen. Hanna Kennedy und die andern **Frauen** der Königin dringen herein mit Zeichen des Entsetzens; ihnen folgt der **Sheriff,** einen weißen Stab in der Hand, hinter demselben sieht man durch die offen bleibende Thüre **gewaffnete Männer.**

Maria.

Was ist dir, Hanna? Ja, nun ist es Zeit!
Hier kommt der Sheriff, uns zum Tod zu führen.
Es muß geschieden sein! Lebt wohl! Lebt wohl!
(Ihre Frauen hängen sich an sie mit heftigem Schmerz; zu Melvil:)
Ihr, werter Sir, und meine treue Hanna
Sollt mich auf diesem letzten Gang begleiten.
Mylord, versagt mir diese Wohlthat nicht!

Burleigh.

Ich habe dazu keine Vollmacht.

Maria.

Wie?
Die kleine Bitte könntet Ihr mir weigern?
Habt Achtung gegen mein Geschlecht! Wer soll
Den letzten Dienst mir leisten! Nimmermehr
Kann es der Wille meiner Schwester sein,
Daß mein Geschlecht in mir beleidigt werde,
Der Männer rohe Hände mich berühren!

Burleigh.

Es darf kein Weib die Stufen des Gerüstes
Mit Euch besteigen. – Ihr Geschrei und Jammern –

Maria.

Sie soll nicht jammern! Ich verbürge mich
Für die gefaßte Seele meiner Hanna!
Seid gütig, Lord! O trennt mich nicht im Sterben
Von meiner treuen Pflegerin und Amme!
Sie trug auf ihren Armen mich ins Leben,
Sie leite mich mit sanfter Hand zum Tod.

Paulet (zu Burleigh).

Laßt es geschehn!

Burleigh.

Es sei.

Maria.

Nun hab' ich nichts mehr
Auf dieser Welt –

(Sie nimmt das Kruzifix und küßt es.)

Mein Heiland! Mein Erlöser!
Wie du am Kreuz die Arme ausgespannt,
So breite sie jetzt aus, mich zu empfangen!

(Sie wendet sich, zu gehen; in diesem Augenblick begegnet ihr Auge dem Grafen Leicester, der bei ihrem Aufbruch unwillkürlich aufgefahren und nach ihr hingesehen. – Bei diesem Anblick zittert Maria, die Knie versagen ihr, sie ist im Begriff, hinzusinken; da ergreift sie Graf Leicester und empfängt sie in seinen Armen. Sie sieht ihn eine Zeitlang ernst und schweigend an; er kann ihren Blick nicht aushalten; endlich spricht sie:)

Ihr haltet Wort, Graf Lester. – Ihr verspracht
Mir Euren Arm, aus diesem Kerker mich
Zu führen, und Ihr leihet mir ihn jetzt!

(Er steht wie vernichtet. Sie fährt mit sanfter Stimme fort.)

Ja, Lester, und nicht bloß
Die Freiheit wollt' ich Eurer Hand verdanken.
Ihr solltet mir die Freiheit teuer machen;
An Eurer Hand, beglückt durch Eure Liebe,
Wollt' ich des neuen Lebens mich erfreun.
Jetzt, da ich auf dem Weg bin, von der Welt
Zu scheiden und ein sel'ger Geist zu werden,
Den keine ird'sche Neigung mehr versucht,
Jetzt, Lester, darf ich ohne Schamerröten
Euch die besiegte Schwachheit eingestehn. –
Lebt wohl, und wenn Ihr könnt, so lebt beglückt!
Ihr durftet werben um zwei Königinnen,
Ein zärtlich liebend Herz habt Ihr verschmäht,
Verraten, um ein stolzes zu gewinnen.
Kniet zu den Füßen der Elisabeth!
Mög' Euer Lohn nicht Eure Strafe werden!
Lebt wohl! – Jetzt hab' ich nichts mehr auf der Erden!

(Sie geht ab, der Sheriff voraus, Melvil und die Amme ihr zur Seite. Burleigh und Paulet folgen, die übrigen sehen ihr jammernd nach, bis sie verschwunden ist; dann entfernen sie sich durch die zwei andern Thüren.)

Zehnter Auftritt.

Leicester (allein zurückbleibend).

Ich lebe noch! Ich trag' es, noch zu leben!
Stürzt dieses Dach nicht sein Gewicht auf mich?
Thut sich kein Schlund auf, das elendeste
Der Wesen zu verschlingen? Was hab' ich
Verloren! Welche Perle warf ich hin!
Welch Glück der Himmel hab' ich weggeschleudert!
– Sie geht dahin, ein schon verklärter Geist,
Und mir bleibt die Verzweiflung der Verdammten.
– Wo ist mein Vorsatz hin, mit dem ich kam,
Des Herzens Stimme fühllos zu ersticken?
Ihr fallend Haupt zu sehn mit unbewegten Blicken?
Weckt mir ihr Anblick die erstorbne Scham?
Muß sie im Tod mit Liebesbanden mich umstricken?
– Verworfener, dir steht es nicht mehr an,
In zartem Mitleid weibisch hinzuschmelzen.
Der Liebe Glück liegt nicht auf deiner Bahn,

Mit einem eh'rnen Harnisch angethan
Sei deine Brust! Die Stirne sei ein Felsen!
Willst du den Preis der Schandthat nicht verlieren,
Dreist mußt du sie behaupten und vollführen!
Verstumme, Mitleid! Augen, werdet Stein!
Ich seh' sie fallen, ich will Zeuge sein.

(Er geht mit entschlossnem Schritt der Thüre zu, durch welche Maria gegangen, bleibt aber auf der Mitte des Weges stehen.)

Umsonst! Umsonst! Mich faßt der Hölle Grauen,
Ich kann, ich kann das Schreckliche nicht schauen,
Kann sie nicht sterben sehen. – Horch! Was war das?
Sie sind schon unten. – Unter meinen Füßen
Bereitet sich das fürchterliche Werk.
Ich höre Stimmen – Fort! Hinweg! Hinweg
Aus diesem Haus des Schreckens und des Todes!

(Er will durch eine andre Thür entfliehen, findet sie aber verschlossen und fährt zurück.)

Wie? Fesselt mich ein Gott an diesen Boden?
Muß ich anhören, was mir anzuschauen graut?
Die Stimme des Dechanten – Er ermahnet sie –
– Sie unterbricht ihn[1] – Horch! – Laut betet sie –
Mit fester Stimme – Es wird still – Ganz still!
Nur schluchzen hör' ich und die Weiber weinen –
Sie wird entkleidet – Horch! Der Schemel wird
Gerückt – Sie kniet aufs Kissen – legt das Haupt –

(Nachdem er die letzten Worte mit steigender Angst gesprochen und eine Weile innegehalten, sieht man ihn plötzlich mit einer zuckenden Bewegung zusammenfahren und ohnmächtig niedersinken, zugleich erschallt von unten herauf ein dumpfes Getöse von Stimmen, welches lange forthallt.)

Elfter Auftritt.

Das zweite Zimmer des vierten Aufzugs.

Elisabeth

(tritt aus einer Seitenthüre, ihr Gang und ihre Gebärden drücken die heftigste Unruhe aus).

Noch niemand hier – Noch keine Botschaft – Will es
Nicht Abend werden? Steht die Sonne fest

[1] Bei der Hinrichtung wollte man Maria den schon einmal abgewiesenen Dechanten Fletcher von Peterborough von neuem aufdrängen, aber wiederum verbat sie sich seinen priesterlichen Beistand.

In ihrem himmlischen Lauf? Ich soll noch länger
Auf dieser Folter der Erwartung liegen.
– Ist es geschehen? Ist es nicht? – Mir graut
Vor beidem, und ich wage nicht zu fragen.
Graf Lester zeigt sich nicht, auch Burleigh nicht,
Die ich ernannt, das Urteil zu vollstrecken.
Sind sie von London abgereist – dann ist's
Geschehn; der Pfeil ist abgedrückt, er fliegt,
Er trifft, er hat getroffen; gält's mein Reich,
Ich kann ihn nicht mehr halten. – Wer ist da?

Zwölfter Auftritt.

Elisabeth. Ein Page.

Elisabeth.

Du kommst allein zurück – Wo sind die Lords?

Page.

Mylord von Lester und der Großschatzmeister –

Elisabeth (in der höchsten Spannung).

Wo sind sie?

Page.

Sie sind nicht in London.

Elisabeth.

Nicht?
– Wo sind sie denn?

Page.

Das wußte niemand mir zu sagen.
Vor Tages Anbruch hätten beide Lords
Eilfertig und geheimnisvoll die Stadt
Verlassen.

Elisabeth (lebhaft ausbrechend).

Ich bin Königin von England!

(Auf und nieder gehend in der höchsten Bewegung.)

Geh! Rufe mir – nein, bleibe! – Sie ist tot!
Jetzt endlich hab' ich Raum auf dieser Erde.
– Was zittr' ich? Was ergreift mich diese Angst?
Das Grab deckt meine Furcht, und wer darf sagen,
Ich hab's gethan? Es soll an Thränen mir

Nicht fehlen, die Gefallne zu beweinen! (Zum Pagen.)
Stehst du noch hier? – Mein Schreiber Davison
Soll augenblicklich sich hierher verfügen.
Schickt nach dem Grafen Shrewsbury! – Da ist
Er selbst! (Page geht ab.)

Dreizehnter Auftritt.

Elisabeth. Graf Shrewsbury.

Elisabeth.

Willkommen, edler Lord! Was bringt Ihr?
Nichts Kleines kann es sein, was Euren Schritt
So spät hierher führt.

Shrewsbury.

Große Königin,
Mein sorgenvolles Herz, um deinen Ruhm
Bekümmert, trieb mich heute nach dem Tower,
Wo Kurl und Nau, die Schreiber der Maria,
Gefangen sitzen; denn noch einmal wollt' ich
Die Wahrheit ihres Zeugnisses erproben.
Bestürzt, verlegen weigert sich der Leutnant
Des Turms[1], mir die Gefangenen zu zeigen;
Durch Drohung nur verschafft' ich mir den Eintritt.
– Gott, welcher Anblick zeigte mir sich da!
Das Haar verwildert, mit des Wahnsinns Blicken,
Wie ein von Furien Gequälter lag
Der Schotte Kurl auf seinem Lager. – Kaum
Erkennt mich der Unglückliche, so stürzt er
Zu meinen Füßen – schreiend, meine Knie
Umklammernd, mit Verzweiflung wie ein Wurm
Vor mir gekrümmt – fleht er mich an, beschwört mich,
Ihm seiner Königin Schicksal zu verkünden;
Denn ein Gerücht, daß sie zum Tod verurteilt sei,
War in des Towers Klüfte eingedrungen.
Als ich ihm das bejahet nach der Wahrheit,
Hinzugefügt, daß es *sein* Zeugnis sei,
Wodurch sie sterbe, sprang er wütend auf,

[1] Der Kommandant des Towers.

Fiel seinen Mitgefangnen an, riß ihn
Zu Boden mit des Wahnsinns Riesenkraft,
Ihn zu erwürgen strebend. Kaum entrissen wir
Den Unglücksel'gen seines Grimmes Händen.
Nun kehrt' er gegen sich die Wut, zerschlug
Mit grimm'gen Fäusten sich die Brust, verfluchte sich
Und den Gefährten allen Höllengeistern.
Er habe falsch gezeugt, die Unglücksbriefe
An Babington, die er als echt beschworen,
Sie seien falsch, er habe andre Worte
Geschrieben, als die Königin diktiert,
Der Böswicht Nau hab' ihn dazu verleitet.
Drauf rannt' er an das Fenster, riß es auf
Mit wütender Gewalt, schrie in die Gassen
Hinab, daß alles Volk zusammenlief,
Er sei der Schreiber der Maria, sei
Der Böswicht, der sie fälschlich angeklagt,
Er sei verflucht, er sei ein falscher Zeuge!

Elisabeth.

Ihr sagtet selbst, daß er von Sinnen war.
Die Worte eines Rasenden, Verrückten
Beweisen nichts.

Shrewsbury.

Doch dieser Wahnsinn selbst
Beweiset desto mehr! O Königin,
Laß dich beschwören, übereile nichts,
Befiehl, daß man von neuem untersuche!

Elisabeth.

Ich will es thun – weil Ihr es wünschet, Graf,
Nicht, weil ich glauben kann, daß meine Peers
In dieser Sache übereilt gerichtet.
Euch zur Beruhigung erneure man
Die Untersuchung. – Gut, daß es noch Zeit ist!
An unsrer königlichen Ehre soll
Auch nicht der Schatten eines Zweifels haften.

Vierzehnter Auftritt.

Davison zu den **Vorigen.**

Elisabeth.

Das Urteil, Sir, das ich in Eure Hand
Gelegt – wo ist's?

Davison (im höchsten Erstaunen).

Das Urteil?

Elisabeth.

Das ich gestern
Euch in Verwahrung gab –

Davison.

Mir in Verwahrung?

Elisabeth.

Das Volk bestürmte mich, zu unterzeichnen,
Ich mußt' ihm seinen Willen thun, ich that's,
Gezwungen that ich's, und in Eure Hände
Legt' ich die Schrift, ich wollte Zeit gewinnen.
Ihr wißt, was ich Euch sagte – Nun! Gebt her!

Shrewsbury.

Gebt, werter Sir! Die Sachen liegen anders;
Die Untersuchung muß erneuert werden.

Davison.

Erneuert? – Ewige Barmherzigkeit!

Elisabeth.

Bedenkt Euch nicht so lang'! Wo ist die Schrift?

Davison (in Verzweiflung).

Ich bin gestürzt, ich bin ein Mann des Todes!

Elisabeth (hastig einfallend).

Ich will nicht hoffen, Sir –

Davison.

Ich bin verloren!
Ich hab' sie nicht mehr.

Elisabeth.

Wie? Was?

Shrewsbury.

Gott im Himmel!

Davison.

Sie ist in Burleighs Händen – schon seit gestern.

Elisabeth.

Unglücklicher! So habt Ihr mir gehorcht?
Befahl ich Euch nicht streng, sie zu verwahren?

Davison.

Das hast du nicht befohlen, Königin.

Elisabeth.

Willst du mich Lügen strafen, Elender?
Wann hieß ich dir die Schrift an Burleigh geben?

Davison.

Nicht in bestimmten, klaren Worten – aber –

Elisabeth.

Nichtswürdiger! Du wagst es, meine Worte
Zu deuten? Deinen eignen blut'gen Sinn
Hineinzulegen? – Wehe dir, wenn Unglück
Aus dieser eigenmächt'gen That erfolgt,
Mit deinem Leben sollst du mir's bezahlen!
– Graf Shrewsbury, Ihr sehet, wie mein Name
Gemißbraucht wird.

Shrewsbury.

Ich sehe – O mein Gott!

Elisabeth.

Was sagt Ihr?

Shrewsbury.

Wenn der Squire sich dieser That
Vermessen hat auf eigene Gefahr
Und ohne deine Wissenschaft gehandelt,
So muß er vor den Richterstuhl der Peers
Gefodert werden, weil er deinen Namen
Dem Abscheu aller Zeiten preisgegeben.

Letzter Auftritt.

Die Vorigen. Burleigh, zuletzt **Kent.**

Burleigh

(beugt ein Knie vor der Königin).

Lang' lebe meine königliche Frau,
Und mögen alle Feinde dieser Insel
Wie diese Stuart enden!

(Shrewsbury verhüllt sein Gesicht, Davison ringt verzweiflungsvoll die Hände.)

Elisabeth.

Redet, Lord!
Habt Ihr den tödlichen Befehl von mir
Empfangen?

Burleigh.

Nein, Gebieterin! Ich empfing ihn
Von Davison.

Elisabeth.

Hat Davison ihn Euch
In meinem Namen übergeben?

Burleigh.

Nein!
Das hat er nicht –

Elisabeth.

Und Ihr vollstrecktet ihn,
Rasch, ohne meinen Willen erst zu wissen?
Das Urteil war gerecht, die Welt kann uns
Nicht tadeln; aber Euch gebührte nicht,
Der Milde unsres Herzens vorzugreifen –
Drum seid verbannt von unserm Angesicht!

(Zu Davison.)

Ein strengeres Gericht erwartet Euch,
Der seine Vollmacht frevelnd überschritten,
Ein heilig anvertrautes Pfand veruntreut.
Man führ' ihn nach dem Tower![1] Es ist mein Wille,
Daß man auf Leib und Leben ihn verklage.
– Mein edler Talbot! Euch allein hab' ich
Gerecht erfunden unter meinen Räten.
Ihr sollt fortan mein Führer sein, mein Freund –

---

[1] Historisch. Erst Jakob I. begnadigte ihn.

Shrewsbury.

Verbanne deine treusten Freunde nicht,
Wirf sie nicht ins Gefängnis, die für dich
Gehandelt haben, die jetzt für dich schweigen.
– Mir aber, große Königin, erlaube,
Daß ich das Siegel, das du mir zwölf Jahre
Vertraut, zurück in deine Hände gebe.

Elisabeth (betroffen).

Nein, Shrewsbury! Ihr werdet mich jetzt nicht
Verlassen, jetzt –

Shrewsbury.

Verzeih', ich bin zu alt,
Und diese grade Hand, sie ist zu starr,
Um deine neuen Thaten zu versiegeln.

Elisabeth.

Verlassen wollte mich der Mann, der mir
Das Leben rettete?

Shrewsbury.

Ich habe wenig
Gethan. – Ich habe deinen edlern Teil
Nicht retten können. Lebe, herrsche glücklich!
Die Gegnerin ist tot. Du hast von nun an
Nichts mehr zu fürchten, brauchst nichts mehr zu achten.

(Geht ab.)

Elisabeth
(zum Grafen Kent, der hereintritt).

Graf Lester komme her!

Kent.

Der Lord läßt sich
Entschuldigen, er ist zu Schiff nach Frankreich.

(Sie bezwingt sich und steht mit ruhiger Fassung da. Der Vorhang fällt.)

Wilhelm Tell.

Schauspiel.

Personen.

Hermann Geßler, Reichsvogt in Schwyz und Uri.
Werner, Freiherr von **Attinghausen,** Bannerherr.
Ulrich von Rudenz, sein Neffe.

Werner Stauffacher **Konrad Hunn** **Itel Reding** **Hans auf der Mauer** **Jörg im Hofe** **Ulrich der Schmied** **Jost von Weiler**	Landleute aus Schwyz.
Walther Fürst **Wilhelm Tell** **Rösselmann,** der Pfarrer **Petermann,** der Sigrist **Kuoni,** der Hirte **Werni,** der Jäger **Ruodi,** der Fischer	aus Uri.
Arnold vom Melchthal **Konrad Baumgarten** **Meier von Sarnen** **Struth von Winkelried** **Klaus von der Flüe** **Burkhart am Bühel** **Arnold von Sewa**	aus Unterwalden.

Pfeifer von Luzern.
Kunz von Gersau.
Jenni, Fischerknabe.
Seppi, Hirtenknabe.
Gertrud, Stauffachers Gattin.
Hedwig, Tells Gattin, Fürsts Tochter.
Bertha von Bruneck, eine reiche Erbin.

Armgart, **Mechthild**, **Elsbeth**, **Hildegard** – Bäuerinnen.
Walther, **Wilhelm** – Tells Knaben.
Frießhardt, **Leuthold** – Söldner.
Rudolf der Harras, Geßlers Stallmeister.
Johannes Parricida, Herzog von Schwaben.
Stüssi, der Flurschütz.
Der Stier von Uri.
Ein Reichsbote.
Fronvogt.
Meister Steinmetz, Gesellen und **Handlanger.**
Öffentlicher Ausrufer.
Barmherzige Brüder.
Geßlerische und **Landenbergische Reiter.**
Viele **Landleute, Männer** und **Weiber** aus den Waldstätten.

Erster Aufzug.

Erste Szene.

Hohes Felsenufer des Vierwaldstättersees, Schwyz gegenüber.[1]

Der See macht eine Bucht ins Land, eine Hütte ist unweit dem Ufer, **Fischerknabe** fährt sich in einem Kahn. Über den See hinweg sieht man die grünen Matten, Dörfer und Höfe von Schwyz im hellen Sonnenschein liegen. Zur Linken des Zuschauers zeigen sich die Spitzen des Haken[2], mit Wolken umgeben; zur Rechten im fernen Hintergrund sieht man die Eisberge[3]. Noch ehe der Vorhang aufgeht, hört man den Kuhreihen und das harmonische Geläut der Herdenglocken, welches sich auch bei eröffneter Szene noch eine Zeitlang fortsetzt.

Fischerknabe (singt im Kahn).
(Melodie des Kuhreihens.[4])

Es lächelt der See, er ladet zum Bade,
Der Knabe schlief ein am grünen Gestade,
Da hört er ein Klingen
Wie Flöten so süß,
Wie Stimmen der Engel
Im Paradies.
Und wie er erwachet in seliger Lust,
Da spülen die Wasser ihm um die Brust.

---

[1] Die Szene spielt in Uri, da Fischer, Hirt und Jäger Urner sind, also etwa an der vorspringenden Ecke des Seeufers nicht weit von Treib, Brunnen gegenüber.

[2] Gebirgsstock nordöstlich von Schwyz, zu dem der große und der kleine Mythen gerechnet wurden, zwei kahle Felspyramiden von bedeutender Höhe.

[3] Der Richtung nach ist etwa an den Glärnisch zu denken, dessen Schneefelder man freilich von dort aus nicht sieht.

[4] Einfache, schweizerisch volksmäßige Melodie, ohne Worte in lauten, schwellenden Tönen gesungen, die über die Höhen und durch die Thäler widerhallen; ursprünglich diente er dazu, die Kühe zum Melken herbeizulocken. Er wird auch auf dem Alphorn geblasen.

Und es ruft aus den Tiefen:
Lieb Knabe, bist mein!
Ich locke den Schläfer,
Ich zieh' ihn herein.

Hirte

(auf dem Berge).
(Variation des Kuhreihens.)

Ihr Matten, lebt wohl,
Ihr sonnigen Weiden!
Der Senne muß scheiden,
Der Sommer ist hin.[1]
Wir fahren zu Berg, wir kommen wieder,
Wenn der Kuckuck ruft, wenn erwachen die Lieder,
Wenn mit Blumen die Erde sich kleidet neu,
Wenn die Brünnlein fließen im lieblichen Mai.
Ihr Matten, lebt wohl,
Ihr sonnigen Weiden!
Der Senne muß scheiden,
Der Sommer ist hin.

Alpenjäger

(erscheint gegenüber auf der Höhe des Felsen).
(Zweite Variation.)

Es donnern die Höhen, es zittert der Steg,
Nicht grauet dem Schützen auf schwindlichtem Weg;
Er schreitet verwegen
Auf Feldern von Eis,
Da pranget kein Frühling,
Da grünet kein Reis;
Und unter den Füßen ein neblichtes Meer,
Erkennt er die Städte der Menschen nicht mehr,
Durch den Riß nur der Wolken
Erblickt er die Welt,
Tief unter den Wassern[2]
Das grünende Feld.

(Die Landschaft verändert sich, man hört ein dumpfes Krachen von den Bergen, Schatten von Wolken laufen über die Gegend.)

---

[1] Es ist Ende Oktober, vgl. zu 146. In Wirklichkeit kehren die Herden schon Ende August zurück.

[2] Gemeint sind natürlich wieder die Wolken, die oben ein „neblichtes Meer" hießen.

Ruodi[1], der Fischer, kommt aus der Hütte. **Werni,** der Jäger, steigt vom Felsen. **Kuoni,** der Hirt, kommt mit dem Melknapf auf der Schulter; **Seppi,** sein Handbube, folgt ihm.

Ruodi.

Mach' hurtig, Jenni! Zieh' die Naue[2] ein!
Der graue Thalvogt[3] kommt, dumpf brüllt der Firn[4],
Der Mythenstein[5] zieht seine Haube an,
Und kalt her bläst es aus dem Wetterloch;
Der Sturm, ich mein', wird da sein, eh' wir's denken.

Kuoni.

's kommt Regen, Fährmann. Meine Schafe fressen
Mit Begierde Gras, und Wächter scharrt die Erde.

Werni.

Die Fische springen, und das Wasserhuhn
Taucht unter. Ein Gewitter ist im Anzug.

Kuoni (zum Buben).

Lug', Seppi, ob das Vieh sich nicht verlaufen.

Seppi.

Die braune Lisel kenn' ich am Geläut'.

Kuoni.

So fehlt uns keine mehr, die geht am weitsten.

Ruodi.

Ihr habt ein schön Geläute, Meister Hirt.

Werni.

Und schmuckes Vieh. Ist's Euer eignes, Landsmann?

Kuoni.

Bin nit so reich – 's ist meines gnäd'gen Herrn,
Des Attinghäusers, und mir zugezählt.

Ruodi.

Wie schön der Kuh das Band zu Halse steht!

---

[1] Die Namen in schweizerischer Abkürzung und Aussprache: Ruodi ist Rudolf, Werni Werner, Kuoni Kunz oder Konrad, Seppi Joseph, Jenni Johann.

[2] Schweizerischer Ausdruck für Schiff (*navis*); hier vom Kahne des Fischers.

[3] Personifizierende Bezeichnung der grauen Nebel- und Wolkenmassen, die dem Regen und Sturm voraufgehen.

[4] Der alte, hart und körnig gewordene Schnee, der beim Sturm dröhnt und kracht. Vgl. 597.

[5] Gemeint sind die Mythen (vgl. S. 289, Anm. 2), die, wie oben gesagt, „mit Wolken umgeben" sind. Die Bezeichnung „Mythenstein" ist hier eine Verwechselung, vgl. zu 726.

Kuoni.

Das weiß sie auch, daß sie den Reihen führt,
Und nähm' ich ihr's, sie hörte auf zu fressen.

Ruodi.

Ihr seid nicht klug! Ein unvernünft'ges Vieh –

Werni.

Ist bald gesagt. Das Tier hat auch Vernunft,
Das wissen w i r, die wir die Gemsen jagen.
Die stellen klug, wo sie zur Weide gehn,
'ne Vorhut aus, die spitzt das Ohr und warnet
Mit heller Pfeife, wenn der Jäger naht.

Ruodi (zum Hirten).

Treibt Ihr jetzt heim?

Kuoni.

Die Alp[1] ist abgeweidet.

Werni.

Glücksel'ge Heimkehr, Senn!

Kuoni.

Die wünsch' ich Euch.
Von Eurer Fahrt kehrt sich's nicht immer wieder.

Ruodi.

Dort kommt ein Mann in voller Hast gelaufen.

Werni.

Ich kenn' ihn, 's ist der Baumgart von Alzellen[2].

Konrad Baumgarten atemlos hereinstürzend.

Baumgarten.

Um Gottes willen, Fährmann, Euren Kahn!

Ruodi.

Nun, nun, was gibt's so eilig?

Baumgarten.

Bindet los!
Ihr rettet mich vom Tode! Setzt mich über!

Kuoni.

Landsmann, was habt Ihr?

---

[1] Bergwiese, Weide. Das Wort wird in der Schweiz nur so gebraucht, nie als Bezeichnung des Gebirges.

[2] Dorf in Unterwalden, etwa zwei Meilen südlich vom See.

Werni.
Wer verfolgt Euch denn?

Baumgarten (zum Fischer).
Eilt, eilt, sie sind mir dicht schon an den Fersen!
Des Landvogts Reiter kommen hinter mir;
Ich bin ein Mann des Tods, wenn sie mich greifen.

Ruodi.
Warum verfolgen Euch die Reisigen?

Baumgarten.
Erst rettet mich, und dann steh' ich Euch Rede.

Werni.
Ihr seid mit Blut befleckt, was hat's gegeben?

Baumgarten.
Des Kaisers Burgvogt, der auf Roßberg saß –

Kuoni.
Der Wolfenschießen![1] Läßt Euch der verfolgen?

Baumgarten.
Der schadet nicht mehr, ich hab' ihn erschlagen.

Alle (fahren zurück).
Gott sei Euch gnädig! Was habt Ihr gethan?

Baumgarten.
Was jeder freie Mann an meinem Platz!
Mein gutes Hausrecht hab' ich ausgeübt
Am Schänder meiner Ehr' und meines Weibes.

Kuoni.
Hat Euch der Burgvogt an der Ehr' geschädigt?

Baumgarten.
Daß er sein bös Gelüsten nicht vollbracht,
Hat Gott und meine gute Axt verhütet.

Werni.
Ihr habt ihm mit der Axt den Kopf zerspalten?

Kuoni.
O laßt uns alles hören, Ihr habt Zeit,
Bis er den Kahn vom Ufer losgebunden.

[1] Nach dem Ort dieses Namens in Unterwalden so genannt.

Baumgarten.

Ich hatte Holz gefällt im Wald, da kommt
Mein Weib gelaufen in der Angst des Todes.
Der Burgvogt lieg' in meinem Haus, er hab'
Ihr anbefohlen, ihm ein Bad zu rüsten.
Drauf hab' er Ungebührliches von ihr
Verlangt, sie sei entsprungen, mich zu suchen.
Da lief ich frisch hinzu, so wie ich war,
Und mit der Axt hab' ich ihm 's Bad gesegnet.

Werni.

Ihr thatet wohl, kein Mensch kann Euch drum schelten.

Kuoni.

Der Wüterich! Der hat nun seinen Lohn!
Hat's lang' verdient ums Volk von Unterwalden.

Baumgarten.

Die That ward ruchtbar; mir wird nachgesetzt –
Indem wir sprechen – Gott – verrinnt die Zeit –

(Es fängt an zu donnern.)

Kuoni.

Frisch, Fährmann! Schaff' den Biedermann hinüber!

Ruodi.

Geht nicht. Ein schweres Ungewitter ist
Im Anzug. Ihr müßt warten.

Baumgarten.

Heil'ger Gott!
Ich kann nicht warten. Jeder Aufschub tötet –

Kuoni (zum Fischer).

Greif' an mit Gott! Dem Nächsten muß man helfen;
Es kann uns allen Gleiches ja begegnen.

(Brausen und Donnern.)

Ruodi.

Der Föhn ist los; ihr seht, wie hoch der See geht;
Ich kann nicht steuern gegen Sturm und Wellen.

Baumgarten (umfaßt seine Kniee).

So helf' Euch Gott, wie Ihr Euch mein erbarmet!

Werni.

Es geht ums Leben, sei barmherzig, Fährmann!

Kuoni.

's ist ein Hausvater und hat Weib und Kinder!
(Wiederholte Donnerschläge.)

Ruodi.

Was? Ich hab' auch ein Leben zu verlieren,
Hab' Weib und Kind daheim wie er. Seht hin,
Wie's brandet, wie es wogt und Wirbel zieht
Und alle Wasser aufrührt in der Tiefe.
Ich wollte gern den Biedermann erretten;
Doch es ist rein unmöglich, ihr seht selbst.

Baumgarten (noch auf den Knien).

So muß ich fallen in des Feindes Hand,
Das nahe Rettungsufer im Gesichte!
Dort liegt's! Ich kann's erreichen mit den Augen,
Hinüberdringen kann der Stimme Schall,
Da ist der Kahn, der mich hinübertrüge,
Und muß hier liegen, hülflos, und verzagen!

Kuoni.

Seht, wer da kommt!

Werni.

Es ist der Tell aus Bürglen[1].

Tell mit der Armbrust.

Tell.

Wer ist der Mann, der hier um Hülfe fleht?

Kuoni.

's ist ein Alzeller Mann; er hat sein' Ehr'
Verteidigt und den Wolfenschieß erschlagen,
Des Königs Burgvogt, der auf Roßberg saß.
Des Landvogts Reiter sind ihm auf den Fersen.
Er fleht den Schiffer um die Überfahrt;
Der fürcht sich vor dem Sturm und will nicht fahren.

Ruodi.

Da ist der Tell, er führt das Ruder auch,
Der soll mir's zeugen, ob die Fahrt zu wagen.

Tell.

Wo's not thut, Fährmann, läßt sich alles wagen.
(Heftige Donnerschläge, der See rauscht auf.)

---

[1] Kleiner Ort in Uri am Bache Schächen, der in die Reuß fließt.

Ruodi.

Ich soll mich in den Höllenrachen stürzen?
Das thäte keiner, der bei Sinnen ist.

Tell.

Der brave Mann denkt an sich selbst zuletzt.
Vertrau' auf Gott und rette den Bedrängten!

Ruodi.

Vom sichern Port läßt sich's gemächlich raten.
Da ist der Kahn und dort der See! Versucht's!

Tell.

Der See kann sich, der Landvogt nicht erbarmen.
Versuch' es, Fährmann!

Hirten und **Jäger.**

Rett' ihn! Rett' ihn! Rett' ihn!

Ruodi.

Und wär's mein Bruder und mein leiblich Kind,
Es kann nicht sein; 's ist heut Simons und Judä[1],
Da rast der See und will sein Opfer haben.

Tell.

Mit eitler Rede wird hier nichts geschafft;
Die Stunde dringt, dem Mann muß Hülfe werden.
Sprich, Fährmann, willst du fahren?

Ruodi.

Nein, nicht ich!

Tell.

In Gottes Namen denn! Gib her den Kahn!
Ich will's mit meiner schwachen Kraft versuchen.

Kuoni.

Ha, wackrer Tell!

Werni.

Das gleicht dem Weidgesellen!

Baumgarten.

Mein Retter seid Ihr und mein Engel, Tell!

Tell.

Wohl aus des Vogts Gewalt errett' ich Euch.
Aus Sturmes Nöten muß ein andrer helfen.

---

[1] Der 28. Oktober (1307).

Doch besser ist's, Ihr fallt in Gottes Hand
Als in der Menschen.

(Zu dem Hirten.)

Landsmann, tröstet Ihr
Mein Weib, wenn mir was Menschliches begegnet.
Ich hab' gethan, was ich nicht lassen konnte.

(Er springt in den Kahn.)

Kuoni (zum Fischer).

Ihr seid ein Meister Steuermann. Was sich
Der Tell getraut, das konntet *Ihr* nicht wagen?

Ruodi.

Wohl bessre Männer thun's dem Tell nicht nach,
Es gibt nicht zwei, wie der ist, im Gebirge.

Werni

(ist auf den Fels gestiegen).

Er stößt schon ab. Gott helf' dir, braver Schwimmer!
Sieh, wie das Schifflein auf den Wellen schwankt!

Kuoni (am Ufer).

Die Flut geht drüber weg – ich seh's nicht mehr.
Doch halt, da ist es wieder! Kräftiglich
Arbeitet sich der Wackre durch die Brandung.

Seppi.

Des Landvogts Reiter kommen angesprengt!

Kuoni.

Weiß Gott, sie sind's! Das war Hülf' in der Not.

Ein Trupp Landenbergischer Reiter.

Erster Reiter.

Den Mörder gebt heraus, den ihr verborgen!

Zweiter.

Des Wegs kam er, umsonst verhehlt ihr ihn.

Kuoni und **Ruodi.**

Wen meint ihr, Reiter?

Erster Reiter (entdeckt den Nachen).

Ha, was seh' ich? Teufel!

Werni (oben).

Ist's der im Nachen, den ihr sucht? – Reit zu!
Wenn ihr frisch beilegt, holt ihr ihn noch ein.

Zweiter.

Verwünscht! Er ist entwischt.

Erster (zum Hirten und Fischer).

Ihr habt ihm fortgeholfen!
Ihr sollt uns büßen! Fallt in ihre Herde!
Die Hütte reißet ein, brennt und schlagt nieder!

(Eilen fort.)

Seppi (stürzt nach).

O meine Lämmer!

Kuoni (folgt).

Weh mir, meine Herde!

Werni.

Die Wütriche!

Ruodi (ringt die Hände).

Gerechtigkeit des Himmels!
Wann wird der Retter kommen diesem Lande?

(Folgt ihnen.)

Zweite Szene.

Zu Steinen[1] in Schwyz, eine Linde vor des Stauffachers Hause an der Landstraße nächst der Brücke.

Werner Stauffacher, Pfeifer von Luzern[2] kommen im Gespräch.

Pfeifer.

Ja, ja, Herr Stauffacher, wie ich Euch sagte,
Schwört nicht zu Östreich, wenn ihr's könnt vermeiden.
Haltet fest am Reich und wacker wie bisher.
Gott schirme euch bei eurer alten Freiheit!

(Drückt ihm herzlich die Hand und will gehen.)

Stauffacher.

Bleibt doch, bis meine Wirtin kommt! Ihr seid
Mein Gast zu Schwyz, ich in Luzern der Eure.

---

[1] Eine halbe Meile westlich von dem Flecken Schwyz, an dem kleinen Lowerzer See.

[2] Dies war seit 1291 österreichisch. Pfeifers Warnung beruht also auf Erfahrung.

Pfeifer.

Viel Dank! Muß heute Gersau[1] noch erreichen.
Was ihr auch Schweres mögt zu leiden haben
Von eurer Vögte Geiz und Übermut,
Tragt's in Geduld! Es kann sich ändern, schnell,
Ein andrer Kaiser kann ans Reich gelangen.
Seid ihr erst Österreichs, seid ihr's auf immer.

Er geht ab. Stauffacher setzt sich kummervoll auf eine Bank unter der Linde. So findet ihn **Gertrud**, seine Frau, die sich neben ihn stellt und ihn eine Zeitlang schweigend betrachtet.

Gertrud.

So ernst, mein Freund? Ich kenne dich nicht mehr.
Schon viele Tage seh' ich's schweigend an,
Wie finstrer Trübsinn deine Stirne furcht.
Auf deinem Herzen drückt ein still Gebresten.
Vertrau' es mir! Ich bin dein treues Weib,
Und meine Hälfte fodr' ich deines Grams.
(Stauffacher reicht ihr die Hand und schweigt.)
Was kann dein Herz beklemmen? sag' es mir!
Gesegnet ist dein Fleiß, dein Glücksstand blüht,
Voll sind die Scheunen, und der Rinder Scharen,
Der glatten Pferde wohlgenährte Zucht
Ist von den Bergen glücklich heimgebracht
Zur Winterung in den bequemen Ställen.
Da steht dein Haus, reich wie ein Edelsitz;
Von schönem Stammholz ist es neu gezimmert
Und nach dem Richtmaß ordentlich gefügt;
Von vielen Fenstern glänzt es wohnlich, hell;
Mit bunten Wappenschildern ist's bemalt
Und weisen Sprüchen, die der Wandersmann
Verweilend liest und ihren Sinn bewundert.

Stauffacher.

Wohl steht das Haus gezimmert und gefügt,
Doch ach – es wankt der Grund, auf den wir bauten.

Gertrud.

Mein Werner, sage, wie verstehst du das?

---

[1] Namhafter Ort am See, von Steinen etwa anderthalb Meilen entfernt.

Stauffacher.

Vor dieser Linde saß ich jüngst wie heut,
Das schön Vollbrachte freudig überdenkend,
Da kam daher von Küßnacht, seiner Burg,
Der Vogt mit seinen Reisigen geritten.
Vor diesem Hause hielt er wundernd an;
Doch ich erhub mich schnell, und unterwürfig,
Wie sich's gebührt, trat ich dem Herrn entgegen,
Der uns des Kaisers richterliche Macht
Vorstellt im Lande. „Wessen ist dies Haus?"
Fragt' er bösmeinend, denn er wußt' es wohl.
Doch schnell besonnen ich entgegn' ihm so:
„Dies Haus, Herr Vogt, ist meines Herrn, des Kaisers,
Und Eures und mein Lehen." Da versetzt' er:
„Ich bin Regent im Land an Kaisers Statt
Und will nicht, daß der Bauer Häuser baue
Auf seine eigne Hand und also frei
Hinleb', als ob er Herr wär' in dem Lande.
Ich werd' mich unterstehn, Euch das zu wehren."
Dies sagend, ritt er trutziglich von dannen;
Ich aber blieb mit kummervoller Seele,
Das Wort bedenkend, das der Böse sprach.

Gertrud.

Mein lieber Herr und Ehewirt! Magst du
Ein redlich Wort von deinem Weib vernehmen?
Des edeln Ibergs Tochter rühm' ich mich,
Des vielerfahrnen Manns. Wir Schwestern saßen,
Die Wolle spinnend, in den langen Nächten,
Wenn bei dem Vater sich des Volkes Häupter
Versammelten, die Pergamente[1] lasen
Der alten Kaiser und des Landes Wohl
Bedachten in vernünftigem Gespräch.
Aufmerkend hört' ich da manch kluges Wort,
Was der Verständ'ge denkt, der Gute wünscht,
Und still im Herzen hab' ich mir's bewahrt.
So höre denn und acht' auf meine Rede,
Denn, was dich preßte, sieh, das wußt' ich längst.
Dir grollt der Landvogt, möchte gern dir schaden,

[1] Die von den alten Kaisern verliehenen Freiheitsbriefe. Vgl. zu 1216.

Denn du bist ihm ein Hindernis, daß sich
Der Schwyzer nicht dem neuen Fürstenhaus
Will unterwerfen, sondern treu und fest
Beim Reich beharren, wie die würdigen
Altvordern es gehalten und gethan.
Ist's nicht so, Werner? Sag' es, wenn ich lüge!

Stauffacher.

So ist's, das ist des Geßlers Groll auf mich.

Gertrud.

Er ist dir neidisch, weil du glücklich wohnst,
Ein freier Mann auf deinem eignen Erb';
Denn er hat keins. Vom Kaiser selbst und Reich
Trägst du dies Haus zu Lehn; du darfst es zeigen,
So gut der Reichsfürst seine Länder zeigt;
Denn über dir erkennst du keinen Herrn
Als nur den Höchsten in der Christenheit[1].
Er ist ein jüngrer Sohn nur seines Hauses,
Nichts nennt er sein als seinen Rittermantel,
Drum sieht er jedes Biedermannes Glück
Mit scheelen Augen gift'ger Mißgunst an.
Dir hat er längst den Untergang geschworen.
Noch stehst du unversehrt – willst du erwarten,
Bis er die böse Lust an dir gebüßt?
Der kluge Mann baut vor.

Stauffacher.

Was ist zu thun?

Gertrud (tritt näher).

So höre meinen Rat! Du weißt, wie hier
Zu Schwyz sich alle Redlichen beklagen
Ob dieses Landvogts Geiz und Wüterei.
So zweifle nicht, daß sie dort drüben auch
In Unterwalden und im Urner Land
Des Dranges müd' sind und des harten Jochs;
Denn wie der Geßler hier, so schafft es frech
Der Landenberger drüben überm See.
Es kommt kein Fischerkahn zu uns herüber,
Der nicht ein neues Unheil und Gewalt-

[1] Den Kaiser.

Beginnen von den Vögten uns verkündet.
Drum thät' es gut, daß eurer etliche,
Die's redlich meinen, still zu Rate gingen,
Wie man des Drucks sich möcht' erledigen:
So acht' ich wohl, Gott wird euch nicht verlassen
Und der gerechten Sache gnädig sein.
Hast du in Uri keinen Gastfreund, sprich,
Dem du dein Herz magst redlich offenbaren?

Stauffacher.

Der wackern Männer kenn' ich viele dort,
Und angesehen große Herrenleute[1],
Die mir geheim sind und gar wohl vertraut.
(Er steht auf.)
Frau, welchen Sturm gefährlicher Gedanken
Weckst du mir in der stillen Brust! Mein Innerstes
Kehrst du ans Licht des Tages mir entgegen,
Und was ich mir zu denken still verbot,
Du sprichst's mit leichter Zunge kecklich aus.
Hast du auch wohl bedacht, was du mir rätst?
Die wilde Zwietracht und den Klang der Waffen
Rufst du in dieses friedgewohnte Thal.
Wir wagten es, ein schwaches Volk der Hirten,
In Kampf zu gehen mit dem Herrn der Welt?
Der gute Schein nur ist's, worauf sie warten,
Um loszulassen auf dies arme Land
Die wilden Horden ihrer Kriegesmacht,
Darin zu schalten mit des Siegers Rechten
Und unterm Schein gerechter Züchtigung
Die alten Freiheitsbriefe zu vertilgen.

Gertrud.

Ihr seid auch Männer, wisset eure Axt[2]
Zu führen, und dem Mutigen hilft Gott!

Stauffacher.

O Weib! Ein furchtbar wütend Schrecknis ist
Der Krieg; die Herde schlägt er und den Hirten.

---

[1] So heißen die reichen Grundbesitzer, die freie Herren sind. Der Gegensatz ist: eigne Leute, V. 1081.

[2] Die Streitaxt, die alte Waffe des deutschen Fußvolks.

Gertrud.

Ertragen muß man, was der Himmel sendet;
Unbilliges erträgt kein edles Herz.

Stauffacher.

Dies Haus erfreut dich, das wir neu erbauten.
Der Krieg, der ungeheure, brennt es nieder.

Gertrud.

Wüßt' ich mein Herz an zeitlich Gut gefesselt,
Den Brand wärf' ich hinein mit eigner Hand.

Stauffacher.

Du glaubst an Menschlichkeit! Es schont der Krieg
Auch nicht das zarte Kindlein in der Wiege.

Gertrud.

Die Unschuld hat im Himmel einen Freund.
Sieh vorwärts, Werner, und nicht hinter dich!

Stauffacher.

Wir Männer können tapfer fechtend sterben,
Welch Schicksal aber wird das eure sein?

Gertrud.

Die letzte Wahl steht auch dem Schwächsten offen,
Ein Sprung von dieser Brücke macht mich frei.

Stauffacher (stürzt in ihre Arme).

Wer solch ein Herz an seinen Busen drückt,
Der kann für Herd und Hof mit Freuden fechten,
Und keines Königs Heermacht fürchtet er.
Nach Uri fahr' ich steh'nden Fußes gleich.
Dort lebt ein Gastfreund mir, Herr Walther Fürst,
Der über diese Zeiten denkt wie ich.
Auch find' ich dort den edeln Bannerherrn[1]
Von Attinghaus; obgleich von hohem Stamm,
Liebt er das Volk und ehrt die alten Sitten.
Mit ihnen beiden pfleg' ich Rats[2], wie man
Der Landesfeinde mutig sich erwehrt.
Leb' wohl! Und weil ich fern bin, führe du
Mit klugem Sinn das Regiment des Hauses!

---

[1] Anführer im Kriege, der die Landesfahne trug.

[2] Betreffs Attinghausens ändert er seine Absicht auf Melchthals Widerspruch 693 f.

Dem Pilger, der zum Gotteshause wallt,
Dem frommen Mönch, der für sein Kloster sammelt,
Gib reichlich und entlass' ihn wohlgepflegt.
Stauffachers Haus verbirgt sich nicht. Zu äußerst
Am offnen Heerweg steht's, ein wirtlich Dach
Für alle Wandrer, die des Weges fahren.

Indem sie nach dem Hintergrund abgehen, tritt **Wilhelm Tell** mit Baumgarten vorn auf die Szene.

Tell (zu Baumgarten).

Ihr habt jetzt meiner weiter nicht von nöten.
Zu jenem Hause gehet ein, dort wohnt
Der Stauffacher, ein Vater der Bedrängten.
Doch sieh, da ist er selber. Folgt mir, kommt!

(Gehen auf ihn zu; die Szene verwandelt sich.)

Dritte Szene.

Öffentlicher Platz bei Altorf.[1]

Auf einer Anhöhe im Hintergrund sieht man eine Feste bauen, welche schon so weit gediehen, daß sich die Form des Ganzen darstellt. Die hintere Seite ist fertig, an der vordern wird eben gebaut, das Gerüste steht noch, an welchem die Werkleute auf- und niedersteigen; auf dem höchsten Dach hängt der Schieferdecker. Alles ist in Bewegung und Arbeit.

Fronvogt. Meister Steinmetz. Gesellen und **Handlanger.**

Fronvogt

(mit dem Stabe, treibt die Arbeiter).

Nicht lang' gefeiert! Frisch! Die Mauersteine
Herbei! Den Kalk, den Mörtel zugefahren!
Wenn der Herr Landvogt kommt, daß er das Werk
Gewachsen sieht! – Das schlendert wie die Schnecken.

(Zu zwei Handlangern, welche tragen.)

Heißt das geladen? Gleich das Doppelte!
Wie die Tagdiebe ihre Pflicht bestehlen!

Erster Gesell.

Das ist doch hart, daß wir die Steine selbst
Zu unserm Twing[2] und Kerker sollen fahren.

---

[1] Hauptort des Kantons Uri, eine halbe Stunde südlich vom See.

[2] Hier im Sinne einer Zwingburg. Das Wort bedeutet eigentlich den rechtlichen Zwang, die Gerichtsbarkeit, die der Eigentümer in seinem Bezirk auszuüben befugt war.

Fronvogt.

Was murret ihr? Das ist ein schlechtes Volk,
Zu nichts anstellig, als das Vieh zu melken
Und faul herumzuschlendern auf den Bergen.

Alter Mann (ruht aus).

Ich kann nicht mehr.

Fronvogt (schüttelt ihn).

Frisch, Alter, an die Arbeit!

Erster Gesell.

Habt Ihr denn gar kein Eingeweid', daß Ihr
Den Greis, der kaum sich selber schleppen kann,
Zum harten Frondienst treibt?

Meister Steinmetz und **Gesellen.**

's ist himmelschreiend!

Fronvogt.

Sorgt ihr für euch! Ich thu', was meines Amts.

Zweiter Gesell.

Fronvogt, wie wird die Feste denn sich nennen,
Die wir da baun?

Fronvogt.

Zwing Uri soll sie heißen;
Denn unter dieses Joch wird man euch beugen.

Gesellen.

Zwing Uri!

Fronvogt.

Nun, was gibt's dabei zu lachen?

Zweiter Gesell.

Mit diesem Häuslein wollt ihr Uri zwingen?

Erster Gesell.

Laß sehn, wieviel man solcher Maulwurfshaufen
Muß über'nander setzen, bis ein Berg
Draus wird wie der geringste nur in Uri!

(Fronvogt geht nach dem Hintergrund.)

Meister Steinmetz.

Den Hammer werf' ich in den tiefsten See,
Der mir gedient bei diesem Fluchgebäude.

Tell und **Stauffacher** kommen.[1]

Stauffacher.

O hätt' ich nie gelebt, um das zu schauen!

Tell.

Hier ist nicht gut sein. Laßt uns weiter gehn!

Stauffacher.

Bin ich zu Uri, in der Freiheit Land?

Meister Steinmetz.

O Herr, wenn Ihr die Keller erst gesehn
Unter den Türmen! Ja, wer d i e bewohnt,
Der wird den Hahn nicht fürder krähen hören.

Stauffacher.

O Gott!

Steinmetz

Seht diese Flanken, diese Strebepfeiler,
Die stehn wie für die Ewigkeit gebaut!

Tell.

Was Hände bauten, können Hände stürzen.
(Nach den Bergen zeigend.)
Das Haus der Freiheit hat uns Gott gegründet.

Man hört eine Trommel, es kommen Leute, die einen Hut auf einer Stange tragen, ein **Ausrufer** folgt ihnen, Weiber und Kinder dringen tumultuarisch nach.

Erster Gesell.

Was will die Trommel? Gebet acht!

Meister Steinmetz.

Was für
Ein Faßnachtsaufzug, und was soll der Hut?

Ausrufer.

In des Kaisers Namen! Höret!

Gesellen.

Still doch! Höret!

Ausrufer.

Ihr sehet diesen Hut, Männer von Uri!
Aufrichten wird man ihn auf hoher Säule[2],

---

[1] Es sind etwa drei Meilen von Steinen nach Altorf.

[2] Er wird aber nachher auf einer Stange aufgerichtet, wie er hier gebracht wird. Vgl. III, 3.

Mitten in Altorf an dem höchsten Ort,
Und dieses ist des Landvogts Will' und Meinung:
Dem Hut soll gleiche Ehre wie ihm selbst geschehn.
Man soll ihn mit gebognem Knie und mit
Entblößtem Haupt verehren. Daran will
Der König die Gehorsamen erkennen.
Verfallen ist mit seinem Leib und Gut
Dem Könige, wer das Gebot verachtet.

(Das Volk lacht laut auf, die Trommel wird gerührt, sie gehen vorüber.)

Erster Gesell.

Welch neues Unerhörtes hat der Vogt
Sich ausgesonnen! Wir 'nen Hut verehren?
Sagt! Hat man je vernommen von dergleichen?

Meister Steinmetz.

Wir unsre Kniee beugen einem Hut!
Treibt er sein Spiel mit ernsthaft würd'gen Leuten?

Erster Gesell.

Wär's noch die kaiserliche Kron'! So ist's
Der Hut von Österreich[1]; ich sah ihn hangen
Über dem Thron, wo man die Lehen gibt!

Meister Steinmetz.

Der Hut von Österreich! Gebt acht, es ist
Ein Fallstrick, uns an Östreich zu verraten!

Gesellen.

Kein Ehrenmann wird sich der Schmach bequemen.

Meister Steinmetz.

Kommt, laßt uns mit den andern Abred' nehmen!

(Sie gehen nach der Tiefe.)

Tell (zum Stauffacher).

Ihr wisset nun Bescheid. Lebt wohl, Herr Werner!

Stauffacher.

Wo wollt Ihr hin? O eilt nicht so von dannen!

Tell.

Mein Haus entbehrt des Vaters. Lebet wohl!

Stauffacher.

Mir ist das Herz so voll, mit Euch zu reden.

---

[1] Der Herzogshut.

Tell.

Das schwere Herz wird nicht durch Worte leicht.

Stauffacher.

Doch könnten Worte uns zu Thaten führen.

Tell.

Die einz'ge That ist jetzt Geduld und Schweigen.

Stauffacher.

Soll man ertragen, was unleidlich ist?

Tell.

Die schnellen Herrscher sind's, die kurz regieren.
Wenn sich der Föhn erhebt aus seinen Schlünden,
Löscht man die Feuer aus[1], die Schiffe suchen
Eilends den Hafen, und der mächt'ge Geist
Geht ohne Schaden spurlos über die Erde.
Ein jeder lebe still bei sich daheim;
Dem Friedlichen gewährt man gern den Frieden.

Stauffacher.

Meint Ihr?

Tell.

Die Schlange sticht nicht ungereizt.
Sie werden endlich doch von selbst ermüden,
Wenn sie die Lande ruhig bleiben sehn.

Stauffacher.

Wir könnten viel, wenn wir zusammenstünden.

Tell.

Beim Schiffbruch hilft der einzelne sich leichter.

Stauffacher.

So kalt verlaßt Ihr die gemeine Sache?

Tell.

Ein jeder zählt nur sicher auf sich selbst.

Stauffacher.

Verbunden werden auch die Schwachen mächtig.

Tell.

Der Starke ist am mächtigsten allein.

---

[1] Dies ist noch jetzt in der Schweiz gesetzliche Vorschrift, besonders in Uri.

Stauffacher.

So kann das Vaterland auf Euch nicht zählen,
Wenn es verzweiflungsvoll zur Notwehr greift?

Tell (gibt ihm die Hand).

Der Tell holt ein verlornes Lamm vom Abgrund
Und sollte seinen Freunden sich entziehen?
Doch was ihr thut, laßt mich aus eurem Rat!
Ich kann nicht lange prüfen oder wählen;
Bedürft ihr meiner zu bestimmter That,
Dann ruft den Tell, es soll an mir nicht fehlen.

(Gehen ab zu verschiedenen Seiten. Ein plötzlicher Auflauf entsteht um das Gerüste.)

Meister Steinmetz (eilt hin).

Was gibt's?

Erster Gesell (kommt vor, rufend).

Der Schieferdecker ist vom Dach gestürzt.

Bertha mit Gefolge.

Bertha (stürzt herein).

Ist er zerschmettert? Rennet, rettet, helft!
Wenn Hülfe möglich, rettet, hier ist Gold!

(Wirft ihr Geschmeide unter das Volk.)

Meister.

Mit eurem Golde! Alles ist euch feil
Um Gold: wenn ihr den Vater von den Kindern
Gerissen und den Mann von seinem Weibe
Und Jammer habt gebracht über die Welt,
Denkt ihr's mit Golde zu vergüten. Geht!
Wir waren frohe Menschen, eh' ihr kamt;
Mit euch ist die Verzweiflung eingezogen.

Bertha

(zu dem Fronvogt, der zurückkommt).

Lebt er?

(Fronvogt gibt ein Zeichen des Gegenteils.)

O unglücksel'ges Schloß, mit Flüchen
Erbaut, und Flüche werden dich bewohnen!

(Geht ab.)

Vierte Szene.

Walther Fürsts Wohnung.

Walther Fürst und **Arnold von Melchthal** treten zugleich ein von verschiedenen Seiten.

Melchthal.

Herr Walther Fürst –

Walther Fürst.

Wenn man uns überraschte!
Bleibt, wo Ihr seid! Wir sind umringt von Spähern.

Melchthal.

Bringt Ihr mir nichts von Unterwalden? Nichts
Von meinem Vater? Nicht ertrag' ich's länger,
Als ein Gefangner müßig hier zu liegen.
Was hab' ich denn so Sträfliches gethan,
Um mich gleich einem Mörder zu verbergen?
Dem frechen Buben, der die Ochsen mir,
Das trefflichste Gespann, vor meinen Augen
Weg wollte treiben auf des Vogts Geheiß,
Hab' ich den Finger mit dem Stab gebrochen.

Walther Fürst.

Ihr seid zu rasch. Der Bube war des Vogts;
Von Eurer Obrigkeit war er gesendet.
Ihr wart in Straf' gefallen, mußtet Euch,
Wie schwer sie war, der Buße schweigend fügen.

Melchthal.

Ertragen sollt' ich die leichtfert'ge Rede
Des Unverschämten, wenn der Bauer Brot
Wollt' essen, mög' er selbst am Pfluge ziehn?
In die Seele schnitt mir's, als der Bub' die Ochsen,
Die schönen Tiere, von dem Pfluge spannte;
Dumpf brüllten sie, als hätten sie Gefühl
Der Ungebühr, und stießen mit den Hörnern.
Da übernahm mich der gerechte Zorn,
Und meiner selbst nicht Herr, schlug ich den Boten.

Walther Fürst.

O, kaum bezwingen wir das eigne Herz;
Wie soll die rasche Jugend sich bezähmen?

Melchthal.

Mich jammert nur der Vater. Er bedarf
So sehr der Pflege, und sein Sohn ist fern.
Der Vogt ist ihm gehässig, weil er stets
Für Recht und Freiheit redlich hat gestritten.
Drum werden sie den alten Mann bedrängen,
Und niemand ist, der ihn vor Unglimpf schütze.
Werde mit mir, was will, ich muß hinüber.

Walther Fürst.

Erwartet nur und faßt Euch in Geduld,
Bis Nachricht uns herüberkommt vom Walde.[1] –
Ich höre klopfen, geht! Vielleicht ein Bote
Vom Landvogt. Geht hinein! Ihr seid in Uri
Nicht sicher vor des Landenbergers Arm,
Denn die Tyrannen reichen sich die Hände.

Melchthal.

Sie lehren uns, was w i r thun sollten!

Walther Fürst.

Geht!
Ich ruf' Euch wieder, wenn's hier sicher ist.

(Melchthal geht hinein.)

Der Unglückselige, ich darf ihm nicht
Gestehen, was mir Böses schwant. Wer klopft?
So oft die Thüre rauscht, erwart' ich Unglück.
Verrat und Argwohn lauscht in allen Ecken;
Bis in das Innerste der Häuser dringen
Die Boten der Gewalt; bald thät' es not,
Wir hätten Schloß und Riegel an den Thüren.

Er öffnet und tritt erstaunt zurück, da **Werner Stauffacher** hereintritt.

Was seh' ich? Ihr, Herr Werner! Nun, bei Gott!
Ein werter, teurer Gast – kein bessrer Mann
Ist über diese Schwelle noch gegangen.
Seid hoch willkommen unter meinem Dach!
Was führt Euch her? Was sucht Ihr hier in Uri?

Stauffacher (ihm die Hand reichend).

Die alten Zeiten und die alte Schweiz!

---

[1] Aus Unterwalden.

Walther Fürst.

Die bringt Ihr mit Euch. Sieh, mir wird so wohl,
Warm geht das Herz mir auf bei Eurem Anblick.
Setzt Euch, Herr Werner! Wie verließet Ihr
Frau Gertrud, Eure angenehme Wirtin,
Des weisen Ibergs hochverständ'ge Tochter?
Von allen Wandrern aus dem deutschen Land,
Die über Meinrads Zell[1] nach Welschland fahren,
Rühmt jeder Euer gastlich Haus. Doch sagt,
Kommt Ihr soeben frisch von Flüelen[2] her
Und habt Euch nirgend sonst noch umgesehn,
Eh' Ihr den Fuß gesetzt auf diese Schwelle?

Stauffacher (setzt sich).

Wohl ein erstaunlich neues Werk hab' ich
Bereiten sehen, das mich nicht erfreute.

Walther Fürst.

O Freund, da habt Ihr's gleich mit einem Blicke!

Stauffacher.

Ein solches ist in Uri nie gewesen.
Seit Menschendenken war kein Twinghof[3] hier,
Und fest war keine Wohnung als das Grab.

Walther Fürst.

Ein Grab der Freiheit ist's! Ihr nennt's mit Namen!

Stauffacher.

Herr Walther Fürst, ich will Euch nicht verhalten,
Nicht eine müß'ge Neugier führt mich her;
Mich drücken schwere Sorgen. Drangsal hab' ich
Zu Haus verlassen, Drangsal find' ich hier.
Denn ganz unleidlich ist's, was wir erdulden,
Und dieses Dranges ist kein Ziel zu sehn.
Frei war der Schweizer von uralters her,
Wir sind's gewohnt, daß man uns gut begegnet.

---

[1] Im Kanton Schwyz. Der heilige Meinrad wurde 861 in seiner Einsiedlerzelle von Räubern erschlagen. An derselben Stelle gründete Kaiser Otto I. das Kloster „Unserer lieben Frau bei den Einsiedlern", jetzt Einsiedeln genannt. Der Weg von hier nach dem Gotthard und Italien geht über Steinen und Schwyz.

[2] Landungsplatz für Altdorf, an der Südspitze des Sees.

[3] Vgl. zu 360.

Ein solches war im Lande nie erlebt,
Solang' ein Hirte trieb auf diesen Bergen.

Walther Fürst.

Ja, es ist ohne Beispiel, wie sie's treiben.
Auch unser edler Herr von Attinghausen,
Der noch die alten Zeiten hat gesehn,
Meint selber, es sei nicht mehr zu ertragen.

Stauffacher.

Auch drüben unterm Wald geht Schweres vor,
Und blutig wird's gebüßt. Der Wolfenschießen,
Des Kaisers Vogt, der auf dem Roßberg hauste,
Gelüsten trug er nach verbotner Frucht;
Baumgartens Weib, der haushält zu Alzellen,
Wollt' er zu frecher Ungebühr mißbrauchen,
Und mit der Axt hat ihn der Mann erschlagen.

Walther Fürst.

O, die Gerichte Gottes sind gerecht!
Baumgarten, sagt Ihr? Ein bescheidner Mann!
Er ist gerettet doch und wohl geborgen?

Stauffacher.

Euer Eidam hat ihn übern See geflüchtet;
Bei mir zu Steinen halt' ich ihn verborgen.
Noch Greulichers hat mir derselbe Mann
Berichtet, was zu Sarnen[1] ist geschehn.
Das Herz muß jedem Biedermanne bluten.

Walther Fürst (aufmerksam).

Sagt an, was ist's?

Stauffacher.

Im Melchthal[2], da, wo man
Eintritt bei Kerns, wohnt ein gerechter Mann,
Sie nennen ihn den Heinrich von der Halden,
Und seine Stimm' gilt was in der Gemeinde.

Walther Fürst.

Wer kennt ihn nicht? Was ist's mit ihm? Vollendet!

---

[1] Hauptort von Unterwalden mit Landenbergs Burg.
[2] Thal des Baches Melch, mit der Ortschaft Melchthal; am Eingang liegt Kerns, eine halbe Stunde von Sarnen.

Stauffacher.

Der Landenberger büßte[1] seinen Sohn
Um kleinen Fehlers willen, ließ die Ochsen,
Das beste Paar, ihm aus dem Pfluge spannen.
Da schlug der Knab' den Knecht und wurde flüchtig.

Walther Fürst (in höchster Spannung).

Der Vater aber – sagt, wie steht's um den?

Stauffacher.

Den Vater läßt der Landenberger fodern,
Zur Stelle schaffen soll er ihm den Sohn,
Und da der alte Mann mit Wahrheit schwört,
Er habe von dem Flüchtling keine Kunde,
Da läßt der Vogt die Folterknechte kommen –

Walther Fürst
(springt auf und will ihn auf die andre Seite führen).

O still, nichts mehr!

Stauffacher (mit steigendem Ton).

„Ist mir der Sohn entgangen,
So hab' ich dich!" Läßt ihn zu Boden werfen,
Den spitz'gen Stahl ihm in die Augen bohren –

Walther Fürst.

Barmherz'ger Himmel!

Melchthal (stürzt heraus).

In die Augen, sagt Ihr?

Stauffacher
(erstaunt zu Walther Fürst).

Wer ist der Jüngling?

Melchthal
(faßt ihn mit krampfhafter Heftigkeit).

In die Augen? Redet!

Walther Fürst.

O der Bejammernswürdige!

Stauffacher.

Wer ist's?
(Da Walther Fürst ihm ein Zeichen gibt.)
Der Sohn ist's? Allgerechter Gott!

---

[1] Transitiv, wie 1561.

Melchthal.

Und ich
Muß ferne sein! In seine beiden Augen?

Walther Fürst.

Bezwinget Euch, ertragt es wie ein Mann!

Melchthal.

Um *meiner* Schuld, um *meines* Frevels willen!
– Blind also? Wirklich *blind* und *ganz* geblendet?

Stauffacher.

Ich sagt's. Der Quell des Sehns ist ausgeflossen,
Das Licht der Sonne schaut er niemals wieder.

Walther Fürst.

Schont seines Schmerzens!

Melchthal.

Niemals! Niemals wieder!

(Er drückt die Hand vor die Augen und schweigt einige Momente; dann wendet er sich von dem einen zu dem andern und spricht mit sanfter, von Thränen erstickter Stimme.)

O, eine edle Himmelsgabe ist
Das Licht des Auges! Alle Wesen leben
Vom Lichte, jedes glückliche Geschöpf –
Die Pflanze selbst kehrt freudig sich zum Lichte.
Und *er* muß sitzen, fühlend, in der Nacht,
Im ewig Finstern – ihn erquickt nicht mehr
Der Matten warmes Grün, der Blumen Schmelz,
Die roten Firnen kann er nicht mehr schauen.
Sterben ist nichts – doch *leben* und nicht *sehen*,
Das ist ein Unglück. Warum seht ihr mich
So jammernd an? Ich hab' zwei frische Augen
Und kann dem blinden Vater keines geben,
Nicht einen Schimmer von dem Meer des Lichts,
Das glanzvoll, blendend mir ins Auge dringt.

Stauffacher.

Ach, ich muß Euren Jammer noch vergrößern,
Statt ihn zu heilen. Er bedarf noch mehr!
Denn alles hat der Landvogt ihm geraubt;
Nichts hat er ihm gelassen als den Stab,
Um nackt und blind von Thür zu Thür zu wandern.

Melchthal.

Nichts als den Stab dem augenlosen Greis!
Alles geraubt und auch das Licht der Sonne,
Des Ärmsten allgemeines Gut! Jetzt rede
Mir keiner mehr von Bleiben, von Verbergen!
Was für ein feiger Elender bin ich,
Daß ich auf meine Sicherheit gedacht
Und nicht auf deine, dein geliebtes Haupt
Als Pfand gelassen in des Wütrichs Händen!
Feigherz'ge Vorsicht, fahre hin! Auf nichts
Als blutige Vergeltung will ich denken.
Hinüber will ich – keiner soll mich halten –
Des Vaters Auge von dem Landvogt fodern!
Aus allen seinen Reisigen heraus
Will ich ihn finden! Nichts liegt mir am Leben,
Wenn ich den heißen, ungeheuren Schmerz
In seinem Lebensblute kühle.

(Er will gehen.)

Walther Fürst.

Bleibt!
Was könnt Ihr gegen ihn? Er sitzt zu Sarnen
Auf seiner hohen Herrenburg und spottet
Ohnmächt'gen Zorns in seiner sichern Feste.

Melchthal.

Und wohnt' er droben auf dem Eispalast
Des Schreckhorns oder höher, wo die Jungfrau
Seit Ewigkeit verschleiert sitzt – ich mache
Mir Bahn zu ihm; mit zwanzig Jünglingen,
Gesinnt wie ich, zerbrech' ich seine Feste.
Und wenn mir niemand folgt, und wenn ihr alle,
Für eure Hütten bang und eure Herden,
Euch dem Tyrannenjoche beugt – die Hirten
Will ich zusammenrufen im Gebirg,
Dort unterm freien Himmelsdache, wo
Der Sinn noch frisch ist und das Herz gesund,
Das ungeheuer Gräßliche erzählen.

Stauffacher (zu Walther Fürst).

Es ist auf seinem Gipfel – wollen wir
Erwarten, bis das Äußerste –

Melchthal.

Welch Äußerstes
Ist noch zu fürchten, wenn der Stern des Auges
In seiner Höhle nicht mehr sicher ist?
Sind wir denn wehrlos? Wozu lernten wir
Die Armbrust spannen und die schwere Wucht
Der Streitaxt schwingen? Jedem Wesen ward
Ein Notgewehr in der Verzweiflungsangst.
Es stellt sich der erschöpfte Hirsch und zeigt
Der Meute sein gefürchtetes Geweih,
Die Gemse reißt den Jäger in den Abgrund[1],
Der Pflugstier selbst, der sanfte Hausgenoß
Des Menschen, der die ungeheure Kraft
Des Halses duldsam unters Joch gebogen,
Springt auf, gereizt, wetzt sein gewaltig Horn
Und schleudert seinen Feind den Wolken zu.

Walther Fürst.

Wenn die drei Lande dächten wie wir drei,
So möchten wir vielleicht etwas vermögen.

Stauffacher.

Wenn Uri ruft, wenn Unterwalden hilft,
Der Schwyzer wird die alten Bünde ehren.

Melchthal.

Groß ist in Unterwalden meine Freundschaft,
Und jeder wagt mit Freuden Leib und Blut,
Wenn er am andern einen Rücken hat
Und Schirm. O fromme Väter dieses Landes!
Ich stehe nur ein Jüngling zwischen euch,
Den Vielerfahrnen – meine Stimme muß
Bescheiden schweigen in der Landsgemeinde.
Nicht, weil ich jung bin und nicht viel erlebte,
Verachtet meinen Rat und meine Rede!
Nicht lüstern jugendliches Blut, mich treibt
Des höchsten Jammers schmerzliche Gewalt,
Was auch den Stein des Felsen muß erbarmen.
Ihr selbst seid Väter, Häupter eines Hauses,
Und wünscht euch einen tugendhaften Sohn,

[1] Dies ist allgemeiner Glaube in der Schweiz; vgl. 1500 f.

Der eures Hauptes heil'ge Locken ehre,
Und euch den Stern des Auges fromm bewache.
O, weil ihr selbst an eurem Leib und Gut
Noch nichts erlitten, eure Augen sich
Noch frisch und hell in ihren Kreisen regen,
So sei euch darum unsre Not nicht fremd.
Auch über euch hängt das Tyrannenschwert:
Ihr habt das Land von Östreich abgewendet;
Kein anderes war meines Vaters Unrecht,
Ihr seid in gleicher Mitschuld und Verdammnis.

Stauffacher (zu Walther Fürst).

Beschließet Ihr! Ich bin bereit, zu folgen.

Walther Fürst.

Wir wollen hören, was die edeln Herrn
Von Sillinen[1], von Attinghausen raten;
Ihr Name, denk' ich, wird uns Freunde werben.

Melchthal.

Wo ist ein Name in dem Waldgebirg
Ehrwürdiger als Eurer und der Eure?
An solcher Namen echte Währung glaubt
Das Volk, sie haben guten Klang im Lande.
Ihr habt ein reiches Erb' von Vätertugend
Und habt es selber reich vermehrt – was braucht's
Des Edelmanns? Laßt's uns allein vollenden!
Wären wir doch allein im Land! Ich meine,
Wir wollten uns schon selbst zu schirmen wissen.

Stauffacher.

Die Edeln drängt nicht gleiche Not mit uns.
Der Strom, der in den Niederungen wütet,
Bis jetzt hat er die Höh'n noch nicht erreicht.
Doch ihre Hülfe wird uns nicht entstehn[2],
Wenn sie das Land in Waffen erst erblicken.

Walther Fürst.

Wäre ein Obmann[3] zwischen uns und Östreich,
So möchte Recht entscheiden und Gesetz.

---

[1] Gewöhnlich Silenen, berühmte Adelsfamilie, deren alter Edelsitz unweit Amstäg im Reußthal lag.

[2] Fern stehen, fehlen. Vgl. S. 463, Anmerkung, und „Minna von Barnhelm" IV, 8: „Wenn sie Ernst sieht, kann mir ihre Vergebung nicht entstehen."

[3] Schiedsrichter, der über den Parteien steht.

Doch der uns unterdrückt, ist unser Kaiser
Und höchster Richter – so muß Gott uns helfen
Durch unsern Arm. Erforschet Ihr die Männer
Von Schwyz, ich will in Uri Freunde werben.
Wen aber senden wir nach Unterwalden?

Melchthal.

Mich sendet hin – wem läg' es näher an –

Walther Fürst.

Ich geb's nicht zu; Ihr seid mein Gast, ich muß
Für Eure Sicherheit gewähren.[1]

Melchthal.

Laßt mich!
Die Schliche kenn' ich und die Felsensteige;
Auch Freunde find' ich g'nug, die mich dem Feind
Verhehlen und ein Obdach gern gewähren.

Stauffacher.

Laßt ihn mit Gott hinübergehn. Dort drüben
Ist kein Verräter – so verabscheut ist
Die Tyrannei, daß sie kein Werkzeug findet.
Auch der Alzeller soll uns nid[2] dem Wald
Genossen werben und das Land erregen.

Melchthal.

Wie bringen wir uns sichre Kunde zu,
Daß wir den Argwohn der Tyrannen täuschen?

Stauffacher.

Wir könnten uns zu Brunnen oder Treib[3]
Versammeln, wo die Kaufmannsschiffe landen.

Walther Fürst.

So offen dürfen wir das Werk nicht treiben.
Hört meine Meinung! Links am See, wenn man
Nach Brunnen fährt, dem Mythenstein[4] grad' über,
Liegt eine Matte heimlich im Gehölz,

---

[1] Bürgen, vgl. zur „Braut von Mesina" 95.

[2] Unterwalden zerfällt durch den Kernwald in zwei Teile: ob dem Wald und nid dem Wald.

[3] Er nennt die beiden Orte, weil sie, rechts und links vom See, gerade in der Mitte der drei Landschaften liegen.

[4] Eine einzeln aus dem Wasser des Sees ragende turmähnliche Felsensäule (jetzt mit der Inschrift: „Dem Sänger Tells, Friedrich Schiller, die Urkantone. 1860."). Vgl. zu V. 39, wo dies kaum hundert Fuß hohe Riff nicht gemeint sein kann.

Das Rütli heißt sie bei dem Volk der Hirten,
Weil dort die Waldung ausgereutet ward.
Dort ist's, wo unsre Landmark und die Eure
(Zu Melchthal.)
Zusammengrenzen, und in kurzer Fahrt
(Zu Stauffacher.)
Trägt Euch der leichte Kahn von Schwyz herüber.
Auf öden Pfaden können wir dahin
Bei Nachtzeit wandern und uns still beraten.
Dahin mag jeder zehn vertraute Männer
Mitbringen, die herzeinig sind mit uns.
So können wir gemeinsam das Gemeine
Besprechen und mit Gott es frisch beschließen.

Stauffacher.

So sei's. Jetzt reicht mir Eure biedre Rechte,
Reicht Ihr die Eure her, und so wie wir
Drei Männer jetzo unter uns die Hände
Zusammenflechten, redlich, ohne Falsch,
So wollen wir drei Länder auch zu Schutz
Und Trutz zusammenstehn auf Tod und Leben.

Walther Fürst und **Melchthal.**

Auf Tod und Leben!
(Sie halten die Hände noch einige Pausen lang zusammengeflochten und schweigen.)

Melchthal.

Blinder alter Vater,
Du kannst den Tag der Freiheit nicht mehr schauen,
Du sollst ihn hören. Wenn von Alp zu Alp
Die Feuerzeichen flammend sich erheben,
Die festen Schlösser der Tyrannen fallen,
In deine Hütte soll der Schweizer wallen,
Zu deinem Ohr die Freudenkunde tragen,
Und hell in deiner Nacht soll es dir tagen!
(Sie gehen auseinander.)

Zweiter Aufzug.

Erste Szene.

Edelhof des Freiherrn von Attinghausen.

Ein gotischer Saal, mit Wappenschildern und Helmen verziert. **Der Freiherr,** ein Greis von fünfundachtzig Jahren, von hoher edler Statur, an einem Stabe, worauf ein Gemsenhorn, und in ein Pelzwams gekleidet. **Kuoni** und noch **sechs Knechte** stehen um ihn her mit Rechen und Sensen. – **Ulrich von Rudenz** tritt ein in Ritterkleidung.

Rudenz.

Hier bin ich, Oheim. Was ist Euer Wille?

Attinghausen.

Erlaubt, daß ich nach altem Hausgebrauch
Den Frühtrunk erst mit meinen Knechten teile.
(Er trinkt aus einem Becher, der dann in der Reihe herumgeht.)
Sonst war ich selber mit in Feld und Wald,
Mit meinem Auge ihren Fleiß regierend,
Wie sie mein Banner[1] führte in die Schlacht;
Jetzt kann ich nichts mehr als den Schaffner machen,
Und kommt die warme Sonne nicht zu mir,
Ich kann sie nicht mehr suchen auf den Bergen.
Und so in enger stets und engerm Kreis
Beweg' ich mich dem engesten und letzten,
Wo alles Leben still steht, langsam zu.
Mein Schatte bin ich nur, bald nur mein Name.

[1] Vgl. 336 „Bannerherr".

Kuoni

(zu Rudenz mit dem Becher).

Ich bring's Euch, Junker.

(Da Rudenz zaudert, den Becher zu nehmen.)

Trinket frisch! Es geht
Aus *einem* Becher und aus *einem* Herzen.

Attinghausen.

Geht, Kinder, und wenn's Feierabend ist,
Dann reden wir auch von des Lands Geschäften.

(Knechte gehen ab.)

Attinghausen und **Rudenz**.

Attinghausen.

Ich sehe dich gegürtet und gerüstet.
Du willst nach Altorf in die Herrenburg?

Rudenz.

Ja, Oheim, und ich darf nicht länger säumen.

Attinghausen (setzt sich).

Hast du's so eilig? Wie? Ist deiner Jugend
Die Zeit so karg gemessen, daß du sie
An deinem alten Oheim mußt ersparen?

Rudenz.

Ich sehe, daß Ihr meiner nicht bedürft,
Ich bin ein Fremdling nur in diesem Hause.

Attinghausen

(hat ihn lange mit den Augen gemustert).

Ja, leider bist du's! Leider ist die Heimat
Zur Fremde dir geworden! – Uly! Uly!
Ich kenne dich nicht mehr. In Seide prangst du,
Die Pfauenfeder[1] trägst du stolz zur Schau
Und schlägst den Purpurmantel[2] um die Schultern;
Den Landmann blickst du mit Verachtung an
Und schämst dich seiner traulichen Begrüßung.

---

[1] Pfauenfedern auf Helm oder Hut war österreichische Tracht. Johann von Müller erzählt, wer nach der Schlacht bei Sempach (1386) in der Schweiz die Pfauenfeder hätte tragen wollen, wäre umgebracht worden.

[2] Ebenfalls österreichische Tracht, da Rot die Farbe der österreichischen Herzöge war.

Rudenz.

Die Ehr', die ihm gebührt, geb' ich ihm gern;
Das Recht, das er sich nimmt, verweigr' ich ihm.

Attinghausen.

Das ganze Land liegt unterm schweren Zorn
Des Königs. Jedes Biedermannes Herz
Ist kummervoll ob der tyrannischen Gewalt,
Die wir erdulden. Dich allein rührt nicht
Der allgemeine Schmerz, dich siehet man
Abtrünnig von den Deinen auf der Seite
Des Landesfeindes stehen, unsrer Not
Hohnsprechend nach der leichten Freude jagen
Und buhlen um die Fürstengunst, indes
Dein Vaterland von schwerer Geißel blutet.

Rudenz.

Das Land ist schwer bedrängt – warum, mein Oheim?
Wer ist's, der es gestürzt in diese Not?
Es kostete ein einzig leichtes Wort,
Um augenblicks des Dranges los zu sein
Und einen gnäd'gen Kaiser zu gewinnen.
Weh ihnen, die dem Volk die Augen halten,
Daß es dem wahren Besten widerstrebt!
Um eignen Vorteils willen hindern sie,
Daß die Waldstätte nicht zu Östreich schwören,
Wie ringsum alle Lande doch gethan.
Wohl thut es ihnen, auf der Herrenbank
Zu sitzen mit dem Edelmann – den Kaiser
Will man zum Herrn, um keinen Herrn zu haben.

Attinghausen.

Muß ich das hören und aus deinem Munde!

Rudenz.

Ihr habt mich aufgefodert, laßt mich enden.
Welche Person ist's, Oheim, die Ihr selbst
Hier spielt? Habt Ihr nicht höhern Stolz, als hier
Landammann[1] oder Bannerherr zu sein
Und neben diesen Hirten zu regieren?
Wie? Ist's nicht eine rühmlichere Wahl,

[1] Landesamtmann.

Zu huldigen dem königlichen Herrn,
Sich an sein glänzend Lager anzuschließen,
Als Eurer eignen Knechte Pair zu sein
Und zu Gericht zu sitzen mit dem Bauer?

Attinghausen.

Ach Uly, Uly! Ich erkenne sie,
Die Stimme der Verführung! Sie ergriff
Dein offnes Ohr, sie hat dein Herz vergiftet!

Rudenz.

Ja, ich verberg' es nicht – in tiefer Seele
Schmerzt mich der Spott der Fremdlinge, die uns
Den Baurenadel schelten. Nicht ertrag' ich's,
Indes die edle Jugend ringsumher
Sich Ehre sammelt unter Habsburgs Fahnen,
Auf meinem Erb' hier müßig still zu liegen
Und bei gemeinem Tagewerk den Lenz
Des Lebens zu verlieren. Anderswo
Geschehen Thaten, eine Welt des Ruhms
Bewegt sich glänzend jenseits dieser Berge –
Mir rosten in der Halle Helm und Schild;
Der Kriegstrommete mutiges Getön,
Der Heroldsruf, der zum Turniere ladet,
Er dringt in diese Thäler nicht herein;
Nichts als den Kuhreihn und der Herdeglocken
Einförmiges Geläut vernehm' ich hier.

Attinghausen.

Verblendeter, vom eiteln Glanz verführt!
Verachte dein Geburtsland! Schäme dich
Der uralt frommen Sitte deiner Väter!
Mit heißen Thränen wirst du dich dereinst
Heim sehnen nach den väterlichen Bergen,
Und dieses Herdenreihens Melodie,
Die du in stolzem Überdruß verschmähst,
Mit Schmerzenssehnsucht wird sie dich ergreifen,
Wenn sie dir anklingt auf der fremden Erde.[1]
O, mächtig ist der Trieb des Vaterlands!

---

[1] Das Heimweh der Schweizer. Vgl. z. B. das Volkslied „Zu Straßburg auf der Schanz".

Die fremde falsche Welt ist nicht für dich;
Dort an dem stolzen Kaiserhof bleibst du
Dir ewig fremd mit deinem treuen Herzen!
Die Welt, sie fodert andre Tugenden,
Als du in diesen Thälern dir erworben.
Geh hin, verkaufe deine freie Seele,
Nimm Land zu Lehen, werd' ein Fürstenknecht,
Da du ein Selbstherr sein kannst und ein Fürst
Auf deinem eignen Erb' und freien Boden!
Ach Uly, Uly! Bleibe bei den Deinen!
Geh nicht nach Altorf! O verlaß sie nicht,
Die heil'ge Sache deines Vaterlands!
Ich bin der Letzte meines Stamms. Mein Name
Endet mit mir. Da hängen Helm und Schild;
Die werden sie mir in das Grab mitgeben.
Und muß ich denken bei dem letzten Hauch,
Daß du mein brechend Auge nur erwartest,
Um hinzugehn vor diesen neuen Lehenhof
Und meine edeln Güter, die ich frei
Von Gott empfing, von Östreich zu empfangen?

Rudenz.

Vergebens widerstreben wir dem König;
Die Welt gehört ihm, wollen wir allein
Uns eigensinnig steifen und verstocken,
Die Länderkette ihm zu unterbrechen,
Die er gewaltig rings um uns gezogen?
Sein sind die Märkte, die Gerichte, sein
Die Kaufmannsstraßen, und das Saumroß selbst,
Das auf dem Gotthard ziehet, muß ihm zollen.
Von seinen Ländern wie mit einem Netz
Sind wir umgarnet rings und eingeschlossen.
Wird uns das Reich beschützen? Kann es selbst
Sich schützen gegen Östreichs wachsende Gewalt?
Hilft Gott uns nicht, kein Kaiser kann uns helfen.
Was ist zu geben auf der Kaiser Wort,
Wenn sie in Geld- und Kriegesnot die Städte,
Die untern Schirm des Adlers sich geflüchtet,
Verpfänden dürfen und dem Reich veräußern?[1]

[1] Ein Beispiel solcher Verpfändung s. „Wallensteins Tod" 2583 ff.

Nein, Oheim! Wohlthat ist's und weise Vorsicht,
In diesen schweren Zeiten der Parteiung
Sich anzuschließen an ein mächtig Haupt.
Die Kaiserkrone geht von Stamm zu Stamm,
Die hat für treue Dienste kein Gedächtnis.
Doch um den mächt'gen Erbherrn wohl verdienen
Heißt Saaten in die Zukunft streun.

Attinghausen.

Bist du so weise,
Willst heller sehn als deine edeln Väter,
Die um der Freiheit kostbarn Edelstein
Mit Gut und Blut und Heldenkraft gestritten?
Schiff' nach *Luzern* hinunter, frage *dort*,
Wie Östreichs Herrschaft lastet auf den Ländern![1]
Sie werden kommen, unsre Schaf' und Rinder
Zu zählen, unsre Alpen abzumessen,
Den Hochflug und das Hochgewilde bannen[2]
In unsern freien Wäldern, ihren Schlagbaum
An unsre Brücken, unsre Thore setzen,
Mit unsrer Armut ihre Länderkäufe,
Mit unsrem Blute ihre Kriege zahlen.
Nein, wenn wir unser Blut dran setzen sollen,
So sei's *für uns*! Wohlfeiler kaufen wir
Die Freiheit als die Knechtschaft ein!

Rudenz.

Was können wir,
Ein Volk der Hirten, gegen Albrechts Heere?

Attinghausen.

Lern' dieses Volk der Hirten kennen, Knabe!
Ich kenn's, ich hab' es angeführt in Schlachten,
Ich hab' es fechten sehen bei Favenz.[3]

---

[1] Vgl. S. 298, Anm. 2.

[2] Man unterscheidet hohe und niedere Jagd. Zum Hochflug gehören Auer- und Birkwild, Fasanen, Trappen, Schwäne u. dgl., zum Hochwild Hirsche, Rehe, wilde Schweine, Bären u. ähnl. – „Bannen" eigentlich = festbinden, d. h. jeden andern von der Jagd ausschließen („Wildbann").

[3] Kaiser Friedrich II. eroberte 1241 nach langem Kampfe Faenza (*Faventia*) bei Ravenna. Die Schweizer hatten ihm dazu 600 „wohlgerüsteter Knechte" geschickt und erhielten darauf von ihm ihre Freiheitsbriefe, vgl. 1216. Der Freiherr von Attinghausen, jetzt 85 Jahre alt, hat diesen Kriegszug als achtzehnjähriger Jüngling mitgemacht.

Sie sollen kommen, uns ein Joch aufzwingen,
Das wir entschlossen sind, *nicht* zu ertragen!
O lerne fühlen, welches Stamms du bist!
Wirf nicht für eiteln Glanz und Flitterschein
Die echte Perle deines Wertes hin!
Das Haupt zu heißen eines *freien* Volks,
Das dir aus Liebe nur sich herzlich weiht,
Das treulich zu dir steht in Kampf und Tod –
Das sei dein Stolz, *des* Adels rühme dich!
Die angebornen Bande knüpfe fest;
Ans Vaterland, ans teure, schließ' dich an,
Das halte fest mit deinem ganzen Herzen!
Hier sind die starken Wurzeln deiner Kraft;
Dort in der fremden Welt stehst du allein,
Ein schwankes Rohr, das jeder Sturm zerknickt.
O komm, du hast uns lang' nicht mehr gesehn,
Versuch's mit uns nur *einen* Tag – nur heute
Geh nicht nach Altorf! Hörst du? Heute nicht,
Den *einen* Tag nur schenke dich den Deinen!
(Er faßt seine Hand.)

Rudenz.

Ich gab mein Wort – laßt mich – ich bin gebunden.

Attinghausen
(läßt seine Hand los, mit Ernst).

Du bist gebunden – ja, Unglücklicher,
Du bist's, doch nicht durch Wort und Schwur,
Gebunden bist du durch der Liebe Seile!
(Rudenz wendet sich weg.)
Verbirg dich, wie du willst! Das Fräulein ist's,
Bertha von Bruneck, die zur Herrenburg
Dich zieht, dich fesselt an des Kaisers Dienst.
Das Ritterfräulein willst du dir erwerben
Mit deinem Abfall von dem Land. Betrüg' dich nicht!
Dich anzulocken, zeigt man dir die Braut;
Doch deiner Unschuld ist sie nicht beschieden.

Rudenz.

Genug hab' ich gehört. Gehabt Euch wohl.
(Er geht ab.)

Attinghausen.

Wahnsinn'ger Jüngling, bleib'! – Er geht dahin!
Ich kann ihn nicht erhalten, nicht erretten.
So ist der Wolfenschießen abgefallen
Von seinem Land, so werden andre folgen,
Der fremde Zauber reißt die Jugend fort,
Gewaltsam strebend über unsre Berge.
O unglücksel'ge Stunde, da das Fremde
In diese still beglückten Thäler kam,
Der Sitten fromme Unschuld zu zerstören!
Das Neue dringt herein mit Macht, das Alte,
Das Würd'ge scheidet, andre Zeiten kommen,
Es lebt ein andersdenkendes Geschlecht.
Was thu' ich hier? Sie sind begraben alle,
Mit denen ich gewaltet und gelebt.
Unter der Erde schon liegt meine Zeit;
Wohl dem, der mit der neuen nicht mehr braucht zu leben!

(Geht ab.)

Zweite Szene.

Eine Wiese, von hohen Felsen und Wald umgeben.

Auf den Felsen sind Steige mit Geländern, auch Leitern, von denen man nachher die Landleute herabsteigen sieht. Im Hintergrunde zeigt sich der See, über welchem anfangs ein Mondregenbogen zu sehen ist. Den Prospekt schließen hohe Berge, hinter welchen noch höhere Eisgebirge ragen. Es ist völlig Nacht auf der Szene, nur der See und die weißen Gletscher leuchten im Mondenlicht.

Melchthal, Baumgarten, Winkelried, Meier von Sarnen, Burkhart am Bühel, Arnold von Sewa, Klaus von der Flüe[1] und noch vier andere **Landleute,** alle bewaffnet.

Melchthal (noch hinter der Szene).

Der Bergweg öffnet sich, nur frisch mir nach!
Den Fels erkenn' ich und das Kreuzlein drauf;
Wir sind am Ziel, hier ist das Rütli.

(Treten auf mit Windlichtern.)

Winkelried.

Horch!

---

[1] Bühel = Hügel (Goethe, „Johanna Sebus": „Zum Bühl ist's noch trocken" u. s. w.); Flüe oder Fluh = Felsenwand; vgl. auch 2194.

Sewa.

Ganz leer.

Meier.

's ist noch kein Landmann da. Wir sind
Die ersten auf dem Platz, wir Unterwaldner.

Melchthal.

Wie weit ist's in der Nacht?

Baumgarten.

Der Feuerwächter
Vom Selisberg[1] hat eben Zwei gerufen.

(Man hört in der Ferne läuten.)

Meier.

Still! Horch!

Am Bühel.

Das Mettenglöcklein in der Waldkapelle
Klingt hell herüber aus dem Schwyzerland.

Von der Flüe.

Die Luft ist rein und trägt den Schall so weit.

Melchthal.

Gehn einige und zünden Reisholz an,
Daß es loh brenne, wenn die Männer kommen.

(Zwei Landleute gehen.)

Sewa.

's ist eine schöne Mondennacht. Der See
Liegt ruhig da als wie ein ebner Spiegel.

Am Bühel.

Sie haben eine leichte Fahrt.

Winkelried (zeigt nach dem See).

Ha, seht!
Seht dorthin! Seht ihr nichts?

Meier.

Was denn? – Ja, wahrlich!
Ein Regenbogen mitten in der Nacht!

Melchthal.

Es ist das Licht des Mondes, das ihn bildet.

---

[1] Dorf westlich über dem Rütli, benannt nach dem kleinen See („Seeli").

Von der Flüe.

Das ist ein seltsam wunderbares Zeichen!
Es leben viele, die das nicht gesehn.

Sewa.

Er ist doppelt; seht, ein blässerer steht drüber.

Baumgarten.

Ein Nachen fährt soeben drunter weg.

Melchthal.

Das ist der Stauffacher mit seinem Kahn;
Der Biedermann läßt sich nicht lang' erwarten.

(Geht mit Baumgarten nach dem Ufer.)

Meier.

Die Urner sind es, die am längsten säumen.

Am Bühel.

Sie müssen weit umgehen durchs Gebirg,
Daß sie des Landvogts Kundschaft hintergehen.

(Unterdessen haben die zwei Landleute in der Mitte des Platzes ein Feuer angezündet.)

Melchthal (am Ufer).

Wer ist da? Gebt das Wort!

Stauffacher (von unten).

Freunde des Landes.

Alle gehen nach der Tiefe, den Kommenden entgegen. Aus dem Kahn steigen **Stauffacher, Itel Reding, Hans auf der Mauer, Jörg im Hofe, Konrad Hunn, Ulrich der Schmied, Jost von Weiler** und noch drei andere Landleute, gleichfalls bewaffnet.

Alle (rufen).

Willkommen!

(Indem die übrigen in der Tiefe verweilen und sich begrüßen, kommt Melchthal mit Stauffacher vorwärts.)

Melchthal.

O Herr Stauffacher! Ich hab' ihn
Gesehn, der mich nicht wiedersehen konnte!
Die Hand hab' ich gelegt auf seine Augen,
Und glühend Rachgefühl hab' ich gesogen
Aus der erloschnen Sonne seines Blicks.

Stauffacher.

Sprecht nicht von Rache! Nicht Geschehnes rächen,
Gedrohtem Übel wollen wir begegnen.

Jetzt sagt, was Ihr im Unterwaldner Land
Geschafft und für gemeine Sach' geworben,
Wie die Landleute denken, wie Ihr selbst
Den Stricken des Verrats entgangen seid.

Melchthal.

Durch der Surennen[1] furchtbares Gebirg,
Auf weitverbreitet öden Eisesfeldern,
Wo nur der heisre Lämmergeier krächzt,
Gelangt' ich zu der Alpentrift, wo sich
Aus Uri und vom Engelberg die Hirten
Anrufend grüßen und gemeinsam weiden,
Den Durst mir stillend mit der Gletscher Milch[2],
Die in den Runsen schäumend niederquillt.
In den einsamen Sennhütten kehrt' ich ein,
Mein eigner Wirt und Gast, bis daß ich kam
Zu Wohnungen gesellig lebender Menschen.
Erschollen war in diesen Thälern schon
Der Ruf des neuen Greuels, der geschehn,
Und fromme Ehrfurcht schaffte mir mein Unglück
Vor jeder Pforte, wo ich wandernd klopfte.
Entrüstet fand ich diese graden Seelen
Ob dem gewaltsam neuen Regiment;
Denn so wie ihre Alpen fort und fort
Dieselben Kräuter nähren, ihre Brunnen
Gleichförmig fließen, Wolken selbst und Winde
Den gleichen Strich unwandelbar befolgen,
So hat die alte Sitte hier vom Ahn
Zum Enkel unverändert fortbestanden.
Nicht tragen sie verwegne Neuerung
Im altgewohnten gleichen Gang des Lebens.
Die harten Hände reichten sie mir dar,
Von den Wänden langten sie die rost'gen Schwerter,
Und aus den Augen blitzte freudiges
Gefühl des Muts, als ich die Namen nannte,
Die im Gebirg dem Landmann heilig sind,
Den Eurigen und Walther Fürsts. Was Euch

---

[1] Jetzt gewöhnlich, doch nicht durchweg, Súrenen mit kurzer Mittelsilbe gesprochen.

[2] So heißt das schäumende Wasser, das in schmalen Rinnen („Runsen") reißend schnell über die Gletscher hinströmt, von seiner bläulich-milchweißen Farbe.

Recht würde dünken, schwuren sie zu thun,
Euch schwuren sie bis in den Tod zu folgen.
So eilt' ich sicher unterm heil'gen Schirm
Des Gastrechts von Gehöfte zu Gehöfte,
Und als ich kam ins heimatliche Thal,
Wo mir die Vettern viel verbreitet wohnen,
Als ich den Vater fand, beraubt und blind,
Auf fremdem Stroh, von der Barmherzigkeit
Mildthät'ger Menschen lebend –

Stauffacher.

Herr im Himmel!

Melchthal.

Da weint' ich nicht! Nicht in ohnmächt'gen Thränen
Goß ich die Kraft des heißen Schmerzens aus;
In tiefer Brust wie einen teuren Schatz
Verschloß ich ihn und dachte nur auf Thaten.
Ich kroch durch alle Krümmen des Gebirgs,
Kein Thal war so versteckt, ich späht' es aus;
Bis an der Gletscher eisbedeckten Fuß
Erwartet' ich und fand bewohnte Hütten,
Und überall, wohin mein Fuß mich trug,
Fand ich den gleichen Haß der Tyrannei;
Denn bis an diese letzte Grenze selbst
Belebter Schöpfung, wo der starre Boden
Aufhört zu geben, raubt der Vögte Geiz.
Die Herzen alle dieses biedern Volks
Erregt' ich mit dem Stachel meiner Worte,
Und unser sind sie all' mit Herz und Mund.

Stauffacher.

Großes habt Ihr in kurzer Frist geleistet.

Melchthal.

Ich that noch mehr. Die beiden Festen sind's,
Roßberg und Sarnen, die der Landmann fürchtet;
Denn hinter ihren Felsenwällen schirmt
Der Feind sich leicht und schädiget das Land.
Mit eignen Augen wollt' ich es erkunden;
Ich war zu Sarnen und besah die Burg.

Stauffacher.

Ihr wagtet Euch bis in des Tigers Höhle?

Melchthal.

Ich war verkleidet dort in Pilgerstracht,
Ich sah den Landvogt an der Tafel schwelgen –
Urteilt, ob ich mein Herz bezwingen kann,
Ich sah den Feind, und ich erschlug ihn nicht.

Stauffacher.

Fürwahr, das Glück war Eurer Kühnheit hold.

(Unterdessen sind die andern Landleute vorwärts gekommen und nähern sich den beiden.)

Doch jetzo sagt mir, wer die Freunde sind
Und die gerechten Männer, die Euch folgten.
Macht mich bekannt mit ihnen, daß wir uns
Zutraulich nahen und die Herzen öffnen.

Meier.

Wer kennte Euch nicht, Herr, in den drei Landen?
Ich bin der Mei'r von Sarnen; dies hier ist
Mein Schwestersohn, der Struth von Winkelried.

Stauffacher.

Ihr nennt mir keinen unbekannten Namen.
Ein Winkelried war's, der den Drachen schlug
Im Sumpf bei Weiler und sein Leben ließ
In diesem Strauß.

Winkelried.

Das war mein Ahn, Herr Werner.

Melchthal (zeigt auf zwei Landleute).

Die wohnen hinterm Wald, sind Klosterleute
Vom Engelberg. Ihr werdet sie drum nicht
Verachten, weil sie eigne Leute sind
Und nicht wie wir frei sitzen auf dem Erbe.
Sie lieben 's Land, sind sonst auch wohl berufen.

Stauffacher (zu den beiden).

Gebt mir die Hand. Es preise sich, wer keinem
Mit seinem Leibe pflichtig ist auf Erden;
Doch Redlichkeit gedeiht in jedem Stande.

Konrad Hunn.

Das ist Herr Reding, unser Altlandammann.

Meier.

Ich kenn' ihn wohl. Er ist mein Widerpart,
Der um ein altes Erbstück mit mir rechtet.

– Herr Reding, wir sind Feinde vor Gericht;
Hier sind wir einig.

(Schüttelt ihm die Hand.)

Stauffacher.

Das ist brav gesprochen.

Winkelried.

Hört Ihr? Sie kommen. Hört das Horn von Uri![1]

(Rechts und links sieht man bewaffnete Männer mit Windlichtern die Felsen herabsteigen.)

Auf der Mauer.

Seht! Steigt nicht selbst der fromme Diener Gottes,
Der würd'ge Pfarrer, mit herab? Nicht scheut er
Des Weges Mühen und das Graun der Nacht,
Ein treuer Hirte für das Volk zu sorgen.

Baumgarten.

Der Sigrist[2] folgt ihm und Herr Walther Fürst;
Doch nicht den Tell erblick' ich in der Menge.

Walther Fürst, Rösselmann, der Pfarrer, **Petermann,** der Sigrist, **Kuoni,** der Hirt, **Werni,** der Jäger, **Ruodi,** der Fischer, und noch fünf andere **Landleute.** Alle zusammen, dreiunddreißig an der Zahl, treten vorwärts und stellen sich um das Feuer.

Walther Fürst.

So müssen wir auf unserm eignen Erb'
Und väterlichen Boden uns verstohlen
Zusammenschleichen, wie die Mörder thun,
Und bei der Nacht, die ihren schwarzen Mantel
Nur dem Verbrechen und der sonnenscheuen
Verschwörung leihet, unser gutes Recht
Uns holen, das doch lauter ist und klar
Gleichwie der glanzvoll offne Schoß des Tages.

Melchthal.

Laßt's gut sein! Was die dunkle Nacht gesponnen,
Soll frei und fröhlich an das Licht der Sonnen.

Rösselmann.

Hört, was mir Gott ins Herz gibt, Eidgenossen!
Wir stehen hier statt einer Landsgemeinde,

---

[1] Das uralte Signal Uris, ein Auerhorn, das im Kriege mitgeführt wurde; der Name Uri wird volkstümlich von Ur (Auerochs) abgeleitet.

[2] Schweizerisch so viel wie Sakristan (Meßdiener, Küster).

Und können gelten für ein ganzes Volk.
So laßt uns tagen nach den alten Bräuchen
Des Lands, wie wir's in ruhigen Zeiten pflegen;
Was ungesetzlich ist in der Versammlung,
Entschuldige die Not der Zeit. Doch Gott
Ist überall, wo man das Recht verwaltet,
Und unter seinem Himmel stehen wir.

Stauffacher.

Wohl, laßt uns tagen nach der alten Sitte;
Ist es gleich Nacht, so leuchtet unser Recht.

Melchthal.

Ist gleich die Zahl nicht voll, das Herz ist hier
Des ganzen Volks, die Besten sind zugegen.

Konrad Hunn.

Sind auch die alten Bücher nicht zur Hand,
Sie sind in unsre Herzen eingeschrieben.

Rösselmann.

Wohlan, so sei der Ring sogleich gebildet.
Man pflanze auf die Schwerter der Gewalt!

Auf der Mauer.

Der Landesammann nehme seinen Platz,
Und seine Weibel stehen ihm zur Seite!

Sigrist.

Es sind der Völker dreie. Welchem nun
Gebührt's, das Haupt zu geben der Gemeinde?

Meier.

Um diese Ehr' mag Schwyz mit Uri streiten;
Wir Unterwaldner stehen frei zurück.

Melchthal.

Wir stehn zurück; wir sind die Flehenden,
Die Hülfe heischen von den mächt'gen Freunden.

Stauffacher.

So nehme Uri denn das Schwert; sein Banner
Zieht bei den Römerzügen uns voran.

Walther Fürst.

Des Schwertes Ehre werde Schwyz zu teil,
Denn seines Stammes rühmen wir uns alle.

Rösselmann.

Den edlen Wettstreit laßt mich freundlich schlichten:
Schwyz soll im Rat, Uri im Felde führen.

Walther Fürst
(reicht dem Stauffacher die Schwerter[1]).

So nehmt!

Stauffacher.

Nicht mir, dem Alter sei die Ehre.

Im Hofe.

Die meisten Jahre zählt Ulrich der Schmied.

Auf der Mauer.

Der Mann ist wacker, doch nicht freien Stands;
Kein eigner Mann kann Richter sein in Schwyz.

Stauffacher.

Steht nicht Herr Reding hier, der Altlandammann?
Was suchen wir noch einen Würdigern?

Walther Fürst.

Er sei der Ammann und des Tages Haupt!
Wer dazu stimmt, erhebe seine Hände.
(Alle heben die rechte Hand auf.)

Reding (tritt in die Mitte).

Ich kann die Hand nicht auf die Bücher legen;
So schwör' ich droben bei den ew'gen Sternen,
Daß ich mich nimmer will vom Recht entfernen.

(Man richtet die zwei Schwerter vor ihm auf, der Ring bildet sich um ihn her, Schwyz hält die Mitte, rechts stellt sich Uri und links Unterwalden. Er steht auf sein Schlachtschwert gestützt.)

Was ist's, das die drei Völker des Gebirgs
Hier an des Sees unwirtlichem Gestade
Zusammenführte in der Geisterstunde?
Was soll der Inhalt sein des neuen Bunds,
Den wir hier unterm Sternenhimmel stiften?

Stauffacher (tritt in den Ring).

Wir stiften keinen neuen Bund; es ist
Ein uralt Bündnis nur von Väter Zeit,
Das wir erneuern. Wisset, Eidgenossen!

---

[1] Die er zu diesem Zwecke mitgebracht hat.

Ob uns der See, ob uns die Berge scheiden
Und jedes Volk sich für sich selbst regiert,
So sind wir eines Stammes doch und Bluts,
Und eine Heimat ist's, aus der wir zogen.

Winkelried.

So ist es wahr, wie's in den Liedern[1] lautet,
Daß wir von fern her in das Land gewallt?
O teilt's uns mit, was Euch davon bekannt,
Daß sich der neue Bund am alten stärke!

Stauffacher.

Hört, was die alten Hirten sich erzählen.
Es war ein großes Volk hinten im Lande
Nach Mitternacht, das litt von schwerer Teurung.
In dieser Not beschloß die Landsgemeinde,
Daß je der zehnte Bürger nach dem Los
Der Väter Land verlasse. Das geschah.
Und zogen aus, wehklagend, Männer und Weiber,
Ein großer Heerzug, nach der Mittagsonne,
Mit dem Schwert sich schlagend durch das deutsche Land,
Bis an das Hochland dieser Waldgebirge.
Und eher nicht ermüdete der Zug,
Bis daß sie kamen in das wilde Thal,
Wo jetzt die Muotta[2] zwischen Wiesen rinnt.
Nicht Menschenspuren waren hier zu sehen,
Nur eine Hütte stand am Ufer einsam,
Da saß ein Mann und wartete der Fähre.
Doch heftig wogete der See und war
Nicht fahrbar; da besahen sie das Land
Sich näher und gewahrten schöne Fülle
Des Holzes und entdeckten gute Brunnen
Und meinten, sich im lieben Vaterland
Zu finden. Da beschlossen sie zu bleiben,
Erbaueten den alten Flecken Schwyz
Und hatten manchen sauren Tag, den Wald
Mit weitverschlungnen Wurzeln auszuroden.
Drauf als der Boden nicht mehr Gnügen that

[1] Gemeint ist das im Haslithal noch im Volke lebende sog. „Ostfriesenlied", worin die Einwanderung aus dem Lande der Schweden erzählt wird.

[2] Sie fließt von Osten her bei Brunnen in den See.

Der Zahl des Volks, da zogen sie hinüber
Zum schwarzen Berg[1], ja bis ans Weißland[2] hin,
Wo, hinter ew'gem Eiseswall verborgen,
Ein andres Volk in andern Zungen spricht.
Den Flecken Stanz erbauten sie am Kernwald,
Den Flecken Altorf in dem Thal der Reuß.
Doch blieben sie des Ursprungs stets gedenk;
Aus all den fremden Stämmen, die seitdem
In Mitte ihres Lands sich angesiedelt,
Finden die Schwyzer Männer sich heraus,
Es gibt das Herz, das Blut sich zu erkennen.
(Reicht rechts und links die Hand hin.)

Auf der Mauer.

Ja, wir sind eines Herzens, eines Bluts!

Alle (sich die Hände reichend).

Wir sind ein Volk, und einig wollen wir handeln.

Stauffacher.

Die andern Völker tragen fremdes Joch,
Sie haben sich dem Sieger unterworfen.
Es leben selbst in unsern Landesmarken
Der Sassen viel, die fremde Pflichten tragen,
Und ihre Knechtschaft erbt auf ihre Kinder.
Doch wir, der alten Schweizer echter Stamm,
Wir haben stets die Freiheit uns bewahrt.
Nicht unter Fürsten bogen wir das Knie,
Freiwillig wählten wir den Schirm der Kaiser.

Rösselmann.

Frei wählten wir des Reiches Schutz und Schirm,
So steht's bemerkt in Kaiser Friedrichs Brief[3].

Stauffacher.

Denn herrenlos ist auch der Freiste nicht.
Ein Oberhaupt muß sein, ein höchster Richter,
Wo man das Recht mag schöpfen in dem Streit.
Drum haben unsre Väter für den Boden,

---

[1] Der Brünig (Brauneck). Vgl. 2903.

[2] Das Oberhaslithal, so genannt nach seinen Gletschern und Schneefeldern.

[3] Er wurde ausgestellt vor Favenz (s. zu 912) im Dezember 1241 und spricht bestimmt aus, daß die Schweizer nur Kaiser und Reich Gehorsam schulden, mit der ausdrücklichen Begründung: „*Sponte nostrum et imperii dominium elegistis*".

Den sie der alten Wildnis abgewonnen,
Die Ehr' gegönnt dem Kaiser, der den Herrn
Sich nennt der deutschen und der welschen Erde,
Und wie die andern Freien seines Reichs
Sich ihm zu edelm Waffendienst gelobt;
Denn dieses ist der Freien einz'ge Pflicht,
Das Reich zu schirmen, das sie selbst beschirmt.

Melchthal.

Was drüber ist, ist Merkmal eines Knechts.

Stauffacher.

Sie folgten, wenn der Heribann erging,
Dem Reichspanier und schlugen seine Schlachten.
Nach Welschland zogen sie gewappnet mit,
Die Römerkron' ihm auf das Haupt zu setzen.
Daheim regierten sie sich fröhlich selbst
Nach altem Brauch und eigenem Gesetz;
Der höchste Blutbann[1] war allein des Kaisers.
Und dazu ward bestellt ein großer Graf,
Der hatte seinen Sitz nicht in dem Lande.
Wenn Blutschuld kam, so rief man ihn herein,
Und unter offnem Himmel, schlicht und klar,
Sprach er das Recht und ohne Furcht der Menschen.
Wo sind hier Spuren, daß wir Knechte sind?
Ist einer, der es anders weiß, der rede!

Im Hofe.

Nein, so verhält sich alles, wie Ihr sprecht,
Gewaltherrschaft ward nie bei uns geduldet.

Stauffacher.

Dem Kaiser selbst versagten wir Gehorsam,
Da er das Recht zu Gunst der Pfaffen bog.[2]
Denn als die Leute von dem Gotteshaus
Einsiedeln uns die Alp in Anspruch nahmen,

---

[1] Gericht über Blutthaten, wo es sich um Leben und Tod handelt; Bann = gesetzliche Befugnis, vgl. bannen 901.

[2] Kaiser Heinrich V., 1114. Da sich die Schwyzer an seine Entscheidung nicht kehrten, wiederholte Konrad III. den Rechtsspruch unter Androhung der Acht. Da traten die drei Waldstätte wirklich aus dem Reichsverband, in den sie sich jedoch schon unter Friedrich Barbarossa wieder aufnehmen ließen.

Die wir beweidet seit der Väter Zeit,
Der Abt herfürzog einen alten Brief,
Der ihm die herrenlose Wüste schenkte –
Denn unser Dasein hatte man verhehlt –
Da sprachen wir: „Erschlichen ist der Brief!
Kein Kaiser kann, was unser ist, verschenken;
Und wird uns Recht versagt vom Reich, wir können
In unsern Bergen auch des Reichs entbehren."
So sprachen unsre Väter. Sollen *wir*
Des neuen Joches Schändlichkeit erdulden,
Erleiden von dem fremden Knecht, was uns
In seiner Macht kein Kaiser durfte bieten?
Wir haben diesen Boden uns *erschaffen*
Durch unsrer Hände Fleiß, den alten Wald,
Der sonst der Bären wilde Wohnung war,
Zu einem Sitz für Menschen umgewandelt;
Die Brut des Drachen haben wir getötet,
Der aus den Sümpfen giftgeschwollen stieg;
Die Nebeldecke haben wir zerrissen,
Die ewig grau um diese Wildnis hing,
Den harten Fels gesprengt, über den Abgrund
Dem Wandersmann den sichern Steg geleitet;
Unser ist durch tausendjährigen Besitz
Der Boden – und der fremde Herrenknecht
Soll kommen dürfen und uns Ketten schmieden
Und Schmach anthun auf unsrer eignen Erde?
Ist keine Hülfe gegen solchen Drang?

(Eine große Bewegung unter den Landleuten.)

Nein, eine Grenze hat Tyrannenmacht.
Wenn der Gedrückte nirgends Recht kann finden,
Wenn unerträglich wird die Last – greift er
Hinauf getrosten Mutes in den Himmel
Und holt herunter seine ew'gen Rechte,
Die droben hangen unveräußerlich
Und unzerbrechlich wie die Sterne selbst.
Der alte Urstand der Natur kehrt wieder,
Wo Mensch dem Menschen gegenübersteht;
Zum letzten Mittel, wenn kein andres mehr
Verfangen will, ist ihm das Schwert gegeben.
Der Güter höchstes dürfen wir verteid'gen

Gegen Gewalt – wir stehn vor unser Land,
Wir stehn vor unsre Weiber, unsre Kinder!

Alle (an ihre Schwerter schlagend).

Wir stehn vor unsre Weiber, unsre Kinder!

Rösselmann (tritt in den Ring).

Eh' ihr zum Schwerte greift, bedenkt es wohl!
Ihr könnt es friedlich mit dem Kaiser schlichten.
Es kostet euch ein Wort, und die Tyrannen,
Die euch jetzt schwer bedrängen, schmeicheln euch.
Ergreift, was man euch oft geboten hat,
Trennt euch vom Reich, erkennet Östreichs Hoheit –

Auf der Mauer.

Was sagt der Pfarrer? Wir zu Östreich schwören!

Am Bühel.

Hört ihn nicht an!

Winkelried.

Das rät uns ein Verräter,
Ein Feind des Landes!

Reding.

Ruhig, Eidgenossen!

Sewa.

Wir Östreich huldigen, nach solcher Schmach!

Von der Flüe.

Wir uns abtrotzen lassen durch Gewalt,
Was wir der Güte weigerten!

Meier.

Dann wären
Wir Sklaven und verdienten, es zu sein!

Auf der Mauer.

Der sei gestoßen aus dem Recht der Schweizer,
Wer von Ergebung spricht an Österreich!
Landammann, ich bestehe drauf, dies sei
Das erste Landsgesetz, das wir hier geben.

Melchthal.

So sei's. Wer von Ergebung spricht an Östreich,
Soll rechtlos sein und aller Ehren bar,
Kein Landmann nehm' ihn auf an seinem Feuer.

Alle (heben die rechte Hand auf).
Wir wollen es, das sei Gesetz!

Reding (nach einer Pause).
Es ist's.

Rösselmann.
Jetzt seid ihr frei, ihr seid's durch dies Gesetz.
Nicht durch Gewalt soll Österreich ertrotzen,
Was es durch freundlich Werben nicht erhielt –

Jost von Weiler.
Zur Tagesordnung, weiter!

Reding.
Eidgenossen!
Sind alle sanften Mittel auch versucht?
Vielleicht weiß es der König nicht; es ist
Wohl gar sein Wille nicht, was wir erdulden.
Auch dieses Letzte sollten wir versuchen,
Erst unsre Klage bringen vor sein Ohr,
Eh' wir zum Schwerte greifen. Schrecklich immer,
Auch in gerechter Sache, ist Gewalt.
Gott hilft nur dann, wenn Menschen nicht mehr helfen.

Stauffacher (zu Konrad Hunn).
Nun ist's an Euch, Bericht zu geben. Redet!

Konrad Hunn.
Ich war zu Rheinfeld[1] an des Kaisers Pfalz,
Wider der Vögte harten Druck zu klagen,
Den Brief zu holen unsrer alten Freiheit,
Den jeder neue König sonst bestätigt.
Die Boten vieler Städte fand ich dort,
Vom schwäb'schen Lande und vom Lauf des Rheins,
Die all' erhielten ihre Pergamente
Und kehrten freudig wieder in ihr Land.
Mich, *euren* Boten, wies man an die Räte,
Und die entließen mich mit leerem Trost:
Der Kaiser habe diesmal keine Zeit;
Er würde sonst einmal wohl an uns denken.
Und als ich traurig durch die Säle ging

[1] Städtchen in Aargau, s. 2967.

Der Königsburg, da sah ich Herzog Hansen[1]
In einem Erker weinend stehn, um ihn
Die edeln Herrn von Wart und Tegerfeld,
Die riefen mir und sagten: „Helft euch selbst!
Gerechtigkeit erwartet nicht vom König!
Beraubt er nicht des eignen Bruders Kind
Und hinterhält ihm sein gerechtes Erbe?
Der Herzog fleht' ihn um sein Mütterliches,
Er habe seine Jahre voll, es wäre
Nun Zeit, auch Land und Leute zu regieren.
Was ward ihm zum Bescheid? Ein Kränzlein setzt' ihm
Der Kaiser auf: Das sei die Zier der Jugend."

Auf der Mauer.

Ihr habt's gehört. Recht und Gerechtigkeit
Erwartet nicht vom Kaiser! Helft euch selbst!

Reding.

Nichts andres bleibt uns übrig. Nun gebt Rat,

Walther Fürst (tritt in den Ring).

Abtreiben wollen wir verhaßten Zwang,
Die alten Rechte, wie wir sie ererbt
Von unsern Vätern, wollen wir bewahren,
Nicht ungezügelt nach dem Neuen greifen.
Dem Kaiser bleibe, was des Kaisers ist;
Wer einen Herrn hat, dien' ihm pflichtgemäß.

Meier.

Ich trage Gut von Österreich zu Lehen.

Walther Fürst.

Ihr fahret fort, Östreich die Pflicht zu leisten.

Jost von Weiler.

Ich steure an die Herrn von Rappersweil[2].

Walther Fürst.

Ihr fahret fort, zu zinsen und zu steuern.

Rösselmann.

Der großen Frau zu Zürch[3] bin ich vereidet.

---

[1] Herzog Johannes von Schwaben, später Parricida genannt.
[2] Rapperschwyl am Züricher See.
[3] Die Äbtissin des dortigen überaus reichen und mächtigen Frauenmünsters.

Walther Fürst.
Ihr gebt dem Kloster, was des Klosters ist.

Stauffacher.
Ich trage keine Lehen als des Reichs.

Walther Fürst.
Was sein muß, das geschehe, doch nicht drüber.
Die Vögte wollen wir mit ihren Knechten
Verjagen und die festen Schlösser brechen;
Doch, wenn es sein mag, ohne Blut. Es sehe
Der Kaiser, daß wir notgedrungen nur
Der Ehrfurcht fromme Pflichten abgeworfen.
Und sieht er uns in unsern Schranken bleiben,
Vielleicht besiegt er staatsklug seinen Zorn;
Denn bill'ge Furcht erwecket sich ein Volk
Das mit dem Schwerte in der Faust sich mäßigt.

Reding.
Doch lasset hören! Wie vollenden wir's?
Es hat der Feind die Waffen in der Hand,
Und nicht fürwahr in Frieden wird er weichen.

Stauffacher.
Er wird's, wenn er in Waffen uns erblickt;
Wir überraschen ihn, eh' er sich rüstet.

Meier.
Ist bald gesprochen, aber schwer gethan.
Uns ragen in dem Land zwei feste Schlösser,
Die geben Schirm dem Feind und werden furchtbar,
Wenn uns der König in das Land sollt' fallen.
Roßberg und Sarnen muß bezwungen sein,
Eh' man ein Schwert erhebt in den drei Landen.

Stauffacher.
Säumt man so lang', so wird der Feind gewarnt;
Zu viele sind's, die das Geheimnis teilen.

Meier.
In den Waldstätten find't sich kein Verräter.

Rösselmann.
Der Eifer auch, der gute, kann verraten.

Walther Fürst.

Schiebt man es auf, so wird der Twing vollendet
In Altorf, und der Vogt befestigt sich.

Meier.

Ihr denkt an euch.

Sigrist.

Und ihr seid ungerecht.

Meier (auffahrend).

Wir ungerecht! Das darf uns Uri bieten!

Reding.

Bei eurem Eide, Ruh'!

Meier.

Ja, wenn sich Schwyz
Versteht mit Uri, müssen wir wohl schweigen.

Reding.

Ich muß euch weisen[1] vor der Landsgemeinde,
Daß ihr mit heft'gem Sinn den Frieden stört!
Stehn wir nicht alle für dieselbe Sache?

Winkelried.

Wenn wir's verschieben bis zum Fest des Herrn,
Dann bringt's die Sitte mit, daß alle Sassen
Dem Vogt Geschenke bringen auf das Schloß.
So können zehen Männer oder zwölf
Sich unverdächtig in der Burg versammeln,
Die führen heimlich spitz'ge Eisen mit,
Die man geschwind kann an die Stäbe stecken,
Denn niemand kommt mit Waffen in die Burg.
Zunächst im Wald hält dann der große Haufe,
Und wenn die andern glücklich sich des Thors
Ermächtiget, so wird ein Horn geblasen,
Und jene brechen aus dem Hinterhalt.
So wird das Schloß mit leichter Arbeit unser.

Melchthal.

Den Roßberg übernehm' ich zu ersteigen,
Denn eine Dirn' des Schlosses ist mir hold,
Und leicht bethör' ich sie, zum nächtlichen

[1] Zurechtweisen.

Besuch die schwanke Leiter mir zu reichen;
Bin ich droben erst, zieh' ich die Freunde nach.

Reding.

Ist's aller Wille, daß verschoben werde?
(Die Mehrheit erhebt die Hand.)

Stauffacher (zählt die Stimmen).

Es ist ein Mehr von zwanzig gegen zwölf.

Walther Fürst.

Wenn am bestimmten Tag die Burgen fallen,
So geben wir von einem Berg zum andern
Das Zeichen mit dem Rauch; der Landsturm wird
Aufgeboten, schnell, im Hauptort jedes Landes.
Wenn dann die Vögte sehn der Waffen Ernst,
Glaubt mir, sie werden sich des Streits begeben
Und gern ergreifen friedliches Geleit,
Aus unsern Landesmarken zu entweichen.

Stauffacher.

Nur mit dem Geßler fürcht' ich schweren Stand,
Furchtbar ist er mit Reisigen umgeben;
Nicht ohne Blut räumt er das Feld, ja selbst
Vertrieben bleibt er furchtbar noch dem Land.
Schwer ist's und fast gefährlich, ihn zu schonen.

Baumgarten.

Wo's halsgefährlich ist, da stellt *mich* hin!
Dem Tell verdank' ich mein gerettet Leben.
Gern schlag' ich's in die Schanze für das Land,
Mein' Ehr' hab' ich beschützt, mein Herz befriedigt.

Reding.

Die Zeit bringt Rat. Erwartet's in Geduld!
Man muß dem Augenblick auch was vertrauen. –
Doch seht, indes wir nächtlich hier noch tagen,
Stellt auf den höchsten Bergen schon der Morgen
Die glüh'nde Hochwacht aus! Kommt, laßt uns scheiden,
Eh' uns des Tages Leuchten überrascht.

Walther Fürst.

Sorgt nicht, die Nacht weicht langsam aus den Thälern.
(Alle haben unwillkürlich die Hüte abgenommen und betrachten mit stiller Sammlung die Morgenröte.)

Rösselmann.

Bei diesem Licht, das uns zuerst begrüßt
Von allen Völkern, die tief unter uns
Schwer atmend wohnen in dem Qualm der Städte,
Laßt uns den Eid des neuen Bundes schwören!
Wir wollen sein ein einzig Volk von Brüdern,
In keiner Not uns trennen und Gefahr!

(Alle sprechen es nach mit erhobenen drei Fingern.)

Wir wollen frei sein, wie die Väter waren,
Eher den Tod, als in der Knechtschaft leben!

(Wie oben.)

Wir wollen trauen auf den höchsten Gott
Und uns nicht fürchten vor der Macht der Menschen!

(Wie oben. Die Landleute umarmen einander.)

Stauffacher.

Jetzt gehe jeder seines Weges still
Zu seiner Freundschaft und Genoßsame[1].
Wer Hirt ist, wintre ruhig seine Herde
Und werb' im stillen Freunde für den Bund.
Was noch bis dahin muß erduldet werden,
Erduldet's! Laßt die Rechnung der Tyrannen
Anwachsen, bis ein Tag die allgemeine
Und die besondre Schuld auf einmal zahlt.
Bezähme jeder die gerechte Wut
Und spare für das Ganze seine Rache,
Denn Raub begeht am allgemeinen Gut,
Wer selbst sich hilft in seiner eignen Sache.

(Indem sie zu drei verschiednen Seiten in größter Ruhe abgehen, fällt das Orchester mit einem prachtvollen Schwung ein; die leere Szene bleibt noch eine Zeitlang offen und zeigt das Schauspiel der aufgehenden Sonne über den Eisgebirgen.)

[1] Genossenschaft, Freundschaft. Der Kanton Uri ist noch heute in Genoßsame eingeteilt.

Dritter Aufzug.

Erste Szene.

Hof vor Tells Hause.

Er ist mit der Zimmeraxt, **Hedwig** mit einer häuslichen Arbeit beschäftigt. **Walther** und **Wilhelm** in der Tiefe spielen mit einer kleinen Armbrust.

Walther (singt).

Mit dem Pfeil, dem Bogen
Durch Gebirg und Thal
Kommt der Schütz gezogen
Früh am Morgenstrahl.

Wie im Reich der Lüfte
König ist der Weih,
Durch Gebirg und Klüfte
Herrscht der Schütze frei.

Ihm gehört das Weite,
Was sein Pfeil erreicht;
Das ist seine Beute,
Was da kreucht und fleugt.

(Kommt gesprungen.)

Der Strang ist mir entzwei. Mach' mir ihn, Vater.

Tell.

Ich nicht. Ein rechter Schütze hilft sich selbst.

(Knaben entfernen sich.)

Hedwig.

Die Knaben fangen zeitig an zu schießen.

Tell.

Früh übt sich, was ein Meister werden will.

Hedwig.

Ach, wollte Gott, sie lernten's nie!

Tell.

Sie sollen alles lernen. Wer durchs Leben
Sich frisch will schlagen, muß zu Schutz und Trutz
Gerüstet sein.

Hedwig.

Ach, es wird keiner seine Ruh'
Zu Hause finden.

Tell.

Mutter, ich kann's auch nicht.
Zum Hirten hat Natur mich nicht gebildet,
Rastlos muß ich ein flüchtig Ziel verfolgen.
Dann erst genieß' ich meines Lebens recht,
Wenn ich mir's jeden Tag aufs neu' erbeute.

Hedwig.

Und an die Angst der Hausfrau denkst du nicht,
Die sich indessen, deiner wartend, härmt.
Denn mich erfüllt's mit Grausen, was die Knechte
Von euren Wagefahrten sich erzählen.
Bei jedem Abschied zittert mir das Herz,
Daß du mir nimmer werdest wiederkehren.
Ich sehe dich, im wilden Eisgebirg
Verirrt, von einer Klippe zu der andern
Den Fehlsprung thun, seh', wie die Gemse dich
Rückspringend mit sich in den Abgrund reißt[1],
Wie eine Windlawine[2] dich verschüttet,
Wie unter dir der trügerische Firn
Einbricht und du hinabsinkst, ein lebendig
Begrabner, in die schauerliche Gruft.
Ach, den verwegnen Alpenjäger hascht
Der Tod in hundert wechselnden Gestalten!
Das ist ein unglückseliges Gewerb,
Das halsgefährlich führt am Abgrund hin!

---

[1] Vgl. zu 650.

[2] Eine Lawine aus lockerem, frischem Schnee, einen gewaltigen Windstoß erzeugend, der alles niederreißt.

Tell.

Wer frisch umherspäht mit gesunden Sinnen,
Auf Gott vertraut und die gelenke Kraft,
Der ringt sich leicht aus jeder Fahr und Not;
Den schreckt der Berg nicht, der darauf geboren.
(Er hat seine Arbeit vollendet, legt das Gerät hinweg.)
Jetzt, mein' ich, hält das Thor auf Jahr und Tag.
Die Axt im Haus erspart den Zimmermann.
(Nimmt den Hut.)

Hedwig.

Wo gehst du hin?

Tell.

Nach Altorf zu dem Vater.[1]

Hedwig.

Sinnst du auch nichts Gefährliches? Gesteh' mir's!

Tell.

Wie kommst du darauf, Frau?

Hedwig.

Es spinnt sich etwas
Gegen die Vögte.[2] Auf dem Rütli ward
Getagt, ich weiß, und du bist auch im Bunde.

Tell.

Ich war nicht mit dabei – doch werd' ich mich
Dem Lande nicht entziehen, wenn es ruft.

Hedwig.

Sie werden dich hinstellen, wo Gefahr ist;
Das Schwerste wird dein Anteil sein wie immer.

Tell.

Ein jeder wird besteuert nach Vermögen.

Hedwig.

Den Unterwaldner hast du auch im Sturme
Über den See geschafft – ein Wunder war's,
Daß ihr entkommen – dachtest du denn gar nicht
An Kind und Weib?

---

[1] D. h. Schwiegervater, Walther Fürst.

[2] Zwischen dem 2. und 3. Aufzug liegen nach der Überlieferung elf Tage, vom 8. bis 19. November.

Tell.

Lieb Weib, ich dacht' an euch;
Drum rettet' ich den Vater seinen Kindern.

Hedwig.

Zu schiffen in dem wüt'gen See! Das heißt
Nicht Gott vertrauen, das heißt Gott versuchen!

Tell.

Wer gar zu viel bedenkt, wird wenig leisten.

Hedwig.

Ja, du bist gut und hilfreich, dienest allen,
Und wenn du selbst in Not kommst, hilft dir keiner.

Tell.

Verhüt' es Gott, daß ich nicht Hülfe brauche!

(Er nimmt die Armbrust und Pfeile.)

Hedwig.

Was willst du mit der Armbrust? Laß sie hier!

Tell.

Mir fehlt der Arm, wenn mir die Waffe fehlt.

(Die Knaben kommen zurück.)

Walther.

Vater, wo gehst du hin?

Tell.

Nach Altorf, Knabe,
Zum Ehni[1] – willst du mit?

Walther.

Ja freilich will ich.

Hedwig.

Der Landvogt ist jetzt dort. Bleib' weg von Altorf!

Tell.

Er geht, noch heute.

Hedwig.

Drum laß ihn erst fort sein!
Gemahn' ihn nicht an dich, du weißt, er grollt uns.

Tell.

Mir soll sein böser Wille nicht viel schaden.
Ich thue recht und scheue keinen Feind.

---

[1] Großvater, Verkleinerungsform von Ahne.

Hedwig.

Die recht thun, eben die haßt er am meisten.

Tell.

Weil er nicht an sie kommen kann. Mich wird
Der Ritter wohl in Frieden lassen, mein' ich.

Hedwig.

So, weißt du das?

Tell.

Es ist nicht lange her,
Da ging ich jagen durch die wilden Gründe
Des Schächenthals auf menschenleerer Spur;
Und da ich einsam einen Felsensteig
Verfolgte, wo nicht auszuweichen war,
Denn über mir hing schroff die Felswand her,
Und unten rauschte fürchterlich der Schächen,

(Die Knaben drängen sich rechts und links an ihn und sehen mit gespannter Neugier an ihm hinauf.)

Da kam der Landvogt gegen mich daher,
Er ganz allein mit mir, der auch allein war,
Bloß Mensch zu Mensch, und neben uns der Abgrund.
Und als der Herre mein ansichtig ward
Und mich erkannte, den er kurz zuvor
Um kleiner Ursach' willen schwer gebüßt,
Und sah mich mit dem stattlichen Gewehr
Daher geschritten kommen, da verblaßt' er,
Die Knie' versagten ihm, ich sah es kommen,
Daß er jetzt an die Felswand würde sinken.
Da jammerte mich sein, ich trat zu ihm
Bescheidentlich und sprach: „Ich bin's, Herr Landvogt".
Er aber konnte keinen armen Laut
Aus seinem Munde geben. Mit der Hand nur
Winkt' er mir schweigend, meines Wegs zu gehn.
Da ging ich fort und sandt' ihm sein Gefolge.

Hedwig.

Er hat vor dir gezittert! Wehe dir!
Daß du ihn schwach gesehn, vergibt er nie.

Tell.

Drum meid' ich ihn, und er wird m i c h nicht suchen.

Hedwig.

Bleib' heute nur dort weg! Geh lieber jagen!

Tell.

Was fällt dir ein?

Hedwig.

Mich ängstigt's. Bleibe weg.

Tell.

Wie kannst du dich so ohne Ursach' quälen?

Hedwig.

Weil's keine Ursach' hat – Tell, bleibe hier!

Tell.

Ich hab's versprochen, liebes Weib, zu kommen.

Hedwig.

Mußt du, so geh – nur lasse mir den Knaben!

Walther.

Nein, Mütterchen. Ich gehe mit dem Vater.

Hedwig.

Wälty, verlassen willst du deine Mutter?

Walther.

Ich bring' dir auch was Hübsches mit vom Ehni.

(Geht mit dem Vater.)

Wilhelm.

Mutter, ich bleibe bei dir!

Hedwig (umarmt ihn).

Ja, du bist
Mein liebes Kind, du bleibst mir noch allein!

(Sie geht an das Hofthor und folgt den Abgehenden lange mit den Augen.)

Zweite Szene.

Eine eingeschlossene wilde Waldgegend, Staubbäche stürzen von den Felsen.

Bertha im Jagdkleid. Gleich darauf **Rudenz.**

Bertha.

Er folgt mir. Endlich kann ich mich erklären.

Rudenz (tritt rasch ein).

Fräulein, jetzt endlich find' ich Euch allein.
Abgründe schließen rings umher uns ein;

In dieser Wildnis fürcht' ich keinen Zeugen,
Vom Herzen wälz' ich dieses lange Schweigen –

Bertha.

Seid Ihr gewiß, daß uns die Jagd nicht folgt?

Rudenz.

Die Jagd ist dort hinaus. Jetzt oder nie!
Ich muß den teuren Augenblick ergreifen,
Entschieden sehen muß ich mein Geschick,
Und sollt' es mich auf ewig von Euch scheiden.
O waffnet Eure güt'gen Blicke nicht
Mit dieser finstern Strenge! Wer bin ich,
Daß ich den kühnen Wunsch zu Euch erhebe?
Mich hat der Ruhm noch nicht genannt; ich darf
Mich in die Reih' nicht stellen mit den Rittern,
Die siegberühmt und glänzend Euch umwerben.
Nichts hab' ich als mein Herz voll Treu' und Liebe.

Bertha (ernst und streng).

Dürft Ihr von Liebe reden und von Treue,
Der treulos wird an seinen nächsten Pflichten?
(Rudenz tritt zurück.)
Der Sklave Österreichs, der sich dem Fremdling
Verkauft, dem Unterdrücker seines Volks?

Rudenz.

Von Euch, mein Fräulein, hör' ich diesen Vorwurf?
Wen such' ich denn als Euch auf jener Seite?

Bertha.

Mich denkt Ihr auf der Seite des Verrats
Zu finden? Eher wollt' ich meine Hand
Dem Geßler selbst, dem Unterdrücker, schenken
Als dem naturvergessnen Sohn der Schweiz,
Der sich zu seinem Werkzeug machen kann!

Rudenz.

O Gott, was muß ich hören!

Bertha.

Wie? Was liegt
Dem guten Menschen näher als die Seinen?
Gibt's schönre Pflichten für ein edles Herz,

Als ein Verteidiger der Unschuld sein,
Das Recht des Unterdrückten zu beschirmen?
Die Seele blutet mir um Euer Volk;
Ich leide m i t ihm, denn ich muß es lieben,
Das so bescheiden ist und doch voll Kraft;
Es zieht mein ganzes Herz mich zu ihm hin;
Mit jedem Tage lern' ich's mehr verehren.
Ihr aber, den Natur und Ritterpflicht
Ihm zum geborenen Beschützer gaben,
Und der's v e r l ä ß t, der treulos übertritt
Zum Feind und Ketten schmiedet seinem Land,
Ihr seid's, der mich verletzt und kränkt; ich muß
Mein Herz bezwingen, daß ich Euch nicht hasse.

Rudenz.

Will ich denn nicht das Beste meines Volks?
Ihm unter Östreichs mächt'gem Zepter nicht
Den Frieden –

Bertha.

Knechtschaft wollt Ihr ihm bereiten!
Die Freiheit wollt Ihr aus dem letzten Schloß,
Das ihr noch auf der Erde blieb, verjagen.
Das Volk versteht sich besser auf sein Glück;
Kein Schein verführt sein sicheres Gefühl.
Euch haben sie das Netz ums Haupt geworfen –

Rudenz.

Bertha! Ihr haßt mich, Ihr verachtet mich!

Bertha.

Thät' ich's, mir wäre besser! Aber d e n
Verachtet s e h e n und verachtungswert,
Den man gern lieben möchte –

Rudenz.

Bertha! Bertha!
Ihr zeiget mir das höchste Himmelsglück
Und stürzt mich tief in e i n e m Augenblick.

Bertha.

Nein, nein, das Edle ist nicht ganz erstickt
In Euch! Es schlummert nur, ich will es wecken.

Ihr müßt Gewalt ausüben an Euch selbst,
Die angestammte Tugend zu ertöten.
Doch wohl Euch, sie ist mächtiger als Ihr,
Und trotz Euch selber seid Ihr gut und edel!

Rudenz.

Ihr glaubt an mich? O Bertha, alles läßt
Mich Eure Liebe sein und werden!

Bertha.

Seid,
Wozu die herrliche Natur Euch machte!
Erfüllt den Platz, wohin sie Euch gestellt!
Zu Eurem Volke steht und Eurem Lande
Und kämpft für Euer heilig Recht!

Rudenz.

Weh mir!
Wie kann ich Euch erringen, Euch besitzen,
Wenn ich der Macht des Kaisers widerstrebe?
Ist's der Verwandten mächt'ger Wille nicht,
Der über Eure Hand tyrannisch waltet?

Bertha.

In den Waldstätten liegen meine Güter,
Und ist der Schweizer frei, so bin auch ich's.[1]

Rudenz.

Bertha, welch einen Blick thut Ihr mir auf!

Bertha.

Hofft nicht, durch Östreichs Gunst mich zu erringen!
Nach meinem Erbe strecken sie die Hand,
Das will man mit dem großen Erb' vereinen.
Dieselbe Ländergier, die Eure Freiheit
Verschlingen will, sie drohet auch der meinen.
O Freund, zum Opfer bin ich ausersehn,
Vielleicht um einen Günstling zu belohnen –
Dort, wo die Falschheit und die Ränke wohnen,
Hin an den Kaiserhof will man mich ziehn;
Dort harren mein verhaßter Ehe Ketten;
Die Liebe nur – die Eure kann mich retten!

---

[1] Trotzdem ist sie erst kürzlich hergekommen. Vgl. 1623. Auch der Meister Steinmetz 456 f. und Attinghausen 939 betrachten sie als eine Fremde.

Rudenz.

Ihr könntet Euch entschließen, hier zu leben,
In meinem Vaterlande mein zu sein?
O Bertha, all mein Sehnen in das Weite,
Was war es als ein Streben nur nach Euch?
Euch sucht' ich einzig auf dem Weg des Ruhms,
Und all mein Ehrgeiz war nur meine Liebe.
Könnt Ihr mit mir Euch in dies wilde Thal
Einschließen und der Erde Glanz entsagen –
O, dann ist meines Strebens Ziel gefunden;
Dann mag der Strom der wildbewegten Welt
Ans sichre Ufer dieser Berge schlagen!
Kein flüchtiges Verlangen hab' ich mehr
Hinaus zu senden in des Lebens Weiten.
Dann mögen diese Felsen um uns her
Die undurchdringlich feste Mauer breiten,
Und dies verschlossne sel'ge Thal allein
Zum Himmel offen und gelichtet sein!

Bertha.

Jetzt bist du ganz, wie dich mein ahnend Herz
Geträumt, mich hat mein Glaube nicht betrogen!

Rudenz.

Fahr' hin, du eitler Wahn, der mich bethört!
Ich soll das Glück in meiner Heimat finden.
Hier, wo der Knabe fröhlich aufgeblüht,
Wo tausend Freudespuren mich umgeben,
Wo alle Quellen mir und Bäume leben,
Im Vaterland willst du die Meine werden!
Ach, wohl hab' ich es stets geliebt! Ich fühl's,
Es fehlte mir zu jedem Glück der Erden.

Bertha.

Wo wär' die sel'ge Insel aufzufinden,
Wenn sie nicht hier ist in der Unschuld Land?
Hier, wo die alte Treue heimisch wohnt,
Wo sich die Falschheit noch nicht hingefunden,
Da trübt kein Neid die Quelle unsers Glücks,
Und ewig hell entfliehen uns die Stunden.
Da seh' ich d i c h im echten Männerwert,

Den Ersten von den Freien und den Gleichen,
Mit reiner, freier Huldigung verehrt,
Groß, wie ein König wirkt in seinen Reichen.

Rudenz.

Da seh' ich dich, die Krone aller Frauen,
In weiblich reizender Geschäftigkeit
In meinem Haus den Himmel mir erbauen
Und, wie der Frühling seine Blumen streut,
Mit schöner Anmut mir das Leben schmücken
Und alles rings beleben und beglücken!

Bertha.

Sieh, teurer Freund, warum ich trauerte,
Als ich dies höchste Lebensglück dich selbst
Zerstören sah. – Weh mir! Wie stünd's um mich,
Wenn ich dem stolzen Ritter müßte folgen,
Dem Landbedrücker, auf sein finstres Schloß!
Hier ist kein Schloß. Mich scheiden keine Mauern
Von einem Volk, das ich beglücken kann.

Rudenz.

Doch wie mich retten, wie die Schlinge lösen,
Die ich mir thöricht selbst ums Haupt gelegt?

Bertha.

Zerreiße sie mit männlichem Entschluß!
Was auch draus werde – steh zu deinem Volk!
Es ist dein angeborner Platz.

(Jagdhörner in der Ferne.)

Die Jagd
Kommt näher. Fort, wir müssen scheiden! Kämpfe
Fürs Vaterland, du kämpfst für deine Liebe!
Es ist e i n Feind, vor dem wir alle zittern,
Und e i n e Freiheit macht uns alle frei!

(Gehen ab.)

Dritte Szene.

Wiese bei Altorf.

Im Vordergrund Bäume, in der Tiefe der Hut auf einer Stange. Der Prospekt wird begrenzt durch den Bannberg[1], über welchem ein Schneegebirg emporragt.

Frießhardt und **Leuthold** halten Wache.

Frießhardt.

Wir passen auf umsonst. Es will sich niemand
Heran begeben und dem Hut sein' Reverenz
Erzeigen. 's war doch sonst wie Jahrmarkt hier;
Jetzt ist der ganze Anger wie verödet,
Seitdem der Popanz auf der Stange hängt.

Leuthold.

Nur schlecht Gesindel läßt sich sehn und schwingt
Uns zum Verdrieße die zerlumpten Mützen.
Was rechte Leute sind, die machen lieber
Den langen Umweg um den halben Flecken[2],
Eh' sie den Rücken beugen vor dem Hut.

Frießhardt.

Sie müssen über diesen Platz, wenn sie
Vom Rathaus kommen um die Mittagstunde.
Da meint' ich schon, 'nen guten Fang zu thun,
Denn keiner dachte dran, den Hut zu grüßen.
Da sieht's der Pfaff, der Rösselmann – kam just
Von einem Kranken her – und stellt' sich hin
Mit dem Hochwürdigen, grad' vor die Stange.
Der Sigrist mußte mit dem Glöcklein schellen;
Da fielen all' aufs Knie, ich selber mit,
Und grüßten die Monstranz, doch nicht den Hut.

Leuthold.

Höre, Gesell, es fängt mir an zu deuchten,
Wir stehen hier am Pranger vor dem Hut;
's ist doch ein Schimpf für einen Reitersmann,
Schildwach' zu stehn vor einem leeren Hut,
Und jeder rechte Kerl muß uns verachten.

---

[1] So genannt, weil es streng verboten ist, die Bäume dort zu fällen, die den Ort gegen die Lawinen schützen. Vgl. 1775 ff.

[2] So werden sie es im ersten Aufzug verabredet haben, vgl. 414.

Die Reverenz zu machen einem Hut,
Es ist doch, traun, ein närrischer Befehl!

Frießhardt.

Warum nicht einem leeren, hohlen Hut?
Bückst du dich doch vor manchem hohlen Schädel.

Hildegard, Mechthild und **Elsbeth** treten auf mit Kindern und stellen sich um die Stange.

Leuthold.

Und du bist auch so ein dienstfert'ger Schurke
Und brächtest wackre Leute gern ins Unglück.
Mag, wer da will, am Hut vorübergehn,
Ich drück' die Augen zu und seh' nicht hin.

Mechthild.

Da hängt der Landvogt! Habt Respekt, ihr Buben!

Elsbeth.

Wollt's Gott, er ging' und ließ' uns seinen Hut;
Es sollte drum nicht schlechter stehn ums Land!

Frießhardt (verscheucht sie).

Wollt ihr vom Platz! Verwünschtes Volk der Weiber!
Wer fragt nach euch? Schickt eure Männer her,
Wenn sie der Mut sticht, dem Befehl zu trotzen!
(Weiber gehen.)

Tell mit der Armbrust tritt auf, den Knaben an der Hand führend; sie gehen an dem Hut vorbei gegen die vordere Szene, ohne darauf zu achten.

Walther

(zeigt nach dem Bannberg).

Vater, ist's wahr, daß auf dem Berge dort
Die Bäume bluten, wenn man einen Streich
Drauf führte mit der Axt?

Tell.

Wer sagt das, Knabe?

Walther.

Der Meister Hirt erzählt's. Die Bäume seien
Gebannt, sagt er, und wer sie schädige,
Dem wachse seine Hand heraus zum Grabe.

Tell.

Die Bäume sind gebannt, das ist die Wahrheit.
Siehst du die Firnen dort, die weißen Hörner,
Die hoch bis in den Himmel sich verlieren?

Walther.

Das sind die Gletscher, die des Nachts so donnern
Und uns die Schlaglawinen niedersenden.

Tell.

So ist's, und die Lawinen hätten längst
Den Flecken Altorf unter ihrer Last
Verschüttet, wenn der Wald dort oben nicht
Als eine Landwehr sich dagegen stellte.

Walther (nach einigem Besinnen).

Gibt's Länder, Vater, wo nicht Berge sind?

Tell.

Wenn man hinuntersteigt von unsern Höhen
Und immer tiefer steigt den Strömen nach,
Gelangt man in ein großes, ebnes Land,
Wo die Waldwasser nicht mehr brausend schäumen,
Die Flüsse ruhig und gemächlich ziehn;
Da sieht man frei nach allen Himmelsräumen,
Das Korn wächst dort in langen schönen Auen,
Und wie ein Garten ist das Land zu schauen.

Walther.

Ei, Vater, warum steigen wir denn nicht
Geschwind hinab in dieses schöne Land,
Statt daß wir uns hier ängstigen und plagen?

Tell.

Das Land ist schön und gütig wie der Himmel;
Doch, die's bebauen, sie genießen nicht
Den Segen, den sie pflanzen.

Walther.

Wohnen sie
Nicht frei wie du auf ihrem eignen Erbe?

Tell.

Das Feld gehört dem Bischof und dem König.

Walther.

So dürfen sie doch frei in Wäldern jagen?

Tell.

Dem Herrn gehört das Wild und das Gefieder.

Walther.

Sie dürfen doch frei fischen in dem Strom?

Tell.

Der Strom, das Meer, das Salz gehört dem König.

Walther.

Wer *ist* der König denn, den alle fürchten?

Tell.

Es ist der eine, der sie schützt und nährt.

Walther.

Sie können sich nicht mutig selbst beschützen?

Tell.

Dort darf der Nachbar nicht dem Nachbar trauen.

Walther.

Vater, es wird mir eng im weiten Land;
Da wohn' ich lieber unter den Lawinen.

Tell.

Ja, wohl ist's besser, Kind, die Gletscherberge
Im Rücken haben als die bösen Menschen.

(Sie wollen vorübergehen.)

Walther.

Ei, Vater, sieh den Hut dort auf der Stange!

Tell.

Was kümmert uns der Hut? Komm, laß uns gehen!

(Indem er abgehen will, tritt ihm Frießhardt mit vorgehaltener Pike entgegen.)

Frießhardt.

In des Kaisers Namen! Haltet an und steht!

Tell (greift in die Pike).

Was wollt Ihr? Warum haltet Ihr mich auf?

Frießhardt.

Ihr habt's Mandat verletzt, Ihr müßt uns folgen.

Leuthold.

Ihr habt dem Hut nicht Reverenz bewiesen.

Tell.

Freund, laß mich gehen.

Frießhardt.

Fort, fort ins Gefängnis!

Walther.

Den Vater ins Gefängnis! Hülfe! Hülfe!
(In die Szene rufend.)
Herbei, ihr Männer! Gute Leute, helft!
Gewalt! Gewalt! Sie führen ihn gefangen!

Rösselmann, der Pfarrer, und **Petermann,** der Sigrist, kommen herbei mit drei andern Männern.

Sigrist.

Was gibt's?

Rösselmann.

Was legst du Hand an diesen Mann?

Frießhardt.

Er ist ein Feind des Kaisers, ein Verräter!

Tell (faßt ihn heftig).

Ein Verräter, ich!

Rösselmann.

Du irrst dich, Freund. Das ist
Der Tell, ein Ehrenmann und guter Bürger.

Walther
(erblickt Walther Fürsten und eilt ihm entgegen).

Großvater, hilf! Gewalt geschieht dem Vater!

Frießhardt.

Ins Gefängnis, fort!

Walther Fürst (herbeieilend).

Ich leiste Bürgschaft, haltet!
Um Gottes willen, Tell, was ist geschehen?

Melchthal und **Stauffacher** kommen.

Frießhardt.

Des Landvogts oberherrliche Gewalt
Verachtet er und will sie nicht erkennen.

Stauffacher.

Das hätt' der Tell gethan?

Melchthal.

Das lügst du, Bube!

Leuthold.

Er hat dem Hut nicht Reverenz bewiesen.

Walther Fürst.

Und darum soll er ins Gefängnis? Freund,
Nimm meine Bürgschaft an und laß ihn ledig.

Frießhardt.

Bürg' du für dich und deinen eignen Leib!
Wir thun, was unsers Amtes. Fort mit ihm!

Melchthal (zu den Landleuten).

Nein, das ist schreiende Gewalt! Ertragen wir's,
Daß man ihn fortführt, frech, vor unsern Augen?

Sigrist.

Wir sind die Stärkern. Freunde, duldet's nicht!
Wir haben einen Rücken an den andern.

Frießhardt.

Wer widersetzt sich dem Befehl des Vogts?

Noch drei Landleute (herbeieilend).

Wir helfen euch! Was gibt's? Schlagt sie zu Boden!

Hildegard, Mechthild und **Elsbeth** kommen zurück.

Tell.

Ich helfe mir schon selbst. Geht, gute Leute!
Meint ihr, wenn ich die Kraft gebrauchen wollte,
Ich würde mich vor ihren Spießen fürchten?

Melchthal (zu Frießhardt).

Wag's, ihn aus unsrer Mitte wegzuführen!

Walther Fürst und **Stauffacher.**

Gelassen! Ruhig!

Frießhardt (schreit).

Aufruhr und Empörung!

(Man hört Jagdhörner.)

Weiber.

Da kommt der Landvogt!

Frießhardt (erhebt die Stimme).

Meuterei! Empörung!

Stauffacher.

Schrei, bis du berstest, Schurke!

Rösselmann und **Melchthal.**

Willst du schweigen?

Frießhardt (ruft noch lauter).

Zu Hülf', zu Hülf' den Dienern des Gesetzes!

Walther Fürst.

Das ist der Vogt! Weh uns, was wird das werden?

Geßler zu Pferd, den Falken auf der Faust, **Rudolf der Harras**[1], **Bertha** und **Rudenz,** ein großes Gefolge von bewaffneten Knechten, welche einen Kreis von Piken um die ganze Szene schließen.

Rudolf der Harras.

Platz, Platz dem Landvogt!

Geßler.

Treibt sie auseinander!
Was läuft das Volk zusammen? Wer ruft Hilfe?

(Allgemeine Stille.)

Wer war's? Ich will es wissen.

(Zu Frießhardt.)

Du tritt vor!
Wer bist du, und was hältst du diesen Mann?

(Er gibt den Falken einem Diener.)

Frießhardt.

Gestrenger Herr, ich bin dein Waffenknecht
Und wohlbestellter Wächter bei dem Hut.
Diesen Mann ergriff ich über frischer That,
Wie er dem Hut den Ehrengruß versagte.
Verhaften wollt' ich ihn, wie du befahlst,
Und mit Gewalt will ihn das Volk entreißen.

Geßler (nach einer Pause).

Verachtest du so deinen Kaiser, Tell,
Und mich, der hier an seiner Statt gebietet,
Daß du die Ehr' versagst dem Hut, den ich
Zur Prüfung des Gehorsams aufgehangen?
Dein böses Trachten hast du mir verraten.

---

[1] D. h. Stallmeister (*haracium* im mittelalterlichen Latein = das Gestüt).

Tell.

Verzeiht mir, lieber Herr! Aus Unbedacht,
Nicht aus Verachtung Eurer ist's geschehn.
Wär' ich besonnen, hieß' ich nicht der Tell[1].
Ich bitt' um Gnad', es soll nicht mehr begegnen.

Geßler (nach einigem Stillschweigen).

Du bist ein Meister auf der Armbrust, Tell,
Man sagt, du nähmst es auf mit jedem Schützen?

Walther Tell.

Und das muß wahr sein, Herr – 'nen Apfel schießt
Der Vater dir vom Baum auf hundert Schritte.

Geßler.

Ist das dein Knabe, Tell?

Tell.

Ja, lieber Herr.

Geßler.

Hast du der Kinder mehr?

Tell.

Zwei Knaben, Herr.

Geßler.

Und welcher ist's, den du am meisten liebst?

Tell.

Herr, beide sind sie mir gleich liebe Kinder.

Geßler.

Nun, Tell! Weil du den Apfel triffst vom Baume
Auf hundert Schritte, so wirst du deine Kunst
Vor mir bewähren müssen. Nimm die Armbrust –
Du hast sie gleich zur Hand – und mach' dich fertig,
Einen Apfel von des Knaben Kopf zu schießen.
Doch will ich raten, ziele gut, daß du
Den Apfel treffest auf den ersten Schuß;
Denn fehlst du ihn, so ist dein Kopf verloren.

(Alle geben Zeichen des Schreckens.)

Tell.

Herr, welches Ungeheure sinnet Ihr
Mir an? Ich soll vom Haupte meines Kindes –

---

[1] Der Name wird von „talen“ = kindisch reden oder thun, abgeleitet. Tschudi läßt ihn sagen: „Wär' ich witzig, so hieß' ich nit der Tell.“

Nein, nein doch, lieber Herr, das kömmt Euch nicht
Zu Sinn – verhüt's der gnäd'ge Gott! – das könnt Ihr
Im Ernst von einem Vater nicht begehren!

Geßler.

Du wirst den Apfel schießen von dem Kopf
Des Knaben. Ich begehr's und will's.

Tell.

Ich soll
Mit meiner Armbrust auf das liebe Haupt
Des eignen Kindes zielen? Eher sterb' ich!

Geßler.

Du schießest oder stirbst mit deinem Knaben.

Tell.

Ich soll der Mörder werden meines Kinds?
Herr, Ihr habt keine Kinder, wisset nicht,
Was sich bewegt in eines Vaters Herzen.

Geßler.

Ei Tell, du bist ja plötzlich so besonnen!
Man sagte mir, daß du ein Träumer seist
Und dich entfernst von andrer Menschen Weise.
Du liebst das Seltsame – drum hab' ich jetzt
Ein eigen Wagstück für dich ausgesucht.
Ein andrer wohl bedächte sich – du drückst
Die Augen zu und greifst es herzhaft an.

Bertha.

Scherzt nicht, o Herr, mit diesen armen Leuten!
Ihr seht sie bleich und zitternd stehn. So wenig
Sind sie Kurzweils gewohnt aus Eurem Munde.

Geßler.

Wer sagt Euch, daß ich scherze?
(Greift nach einem Baumzweige, der über ihn herhängt.)
Hier ist der Apfel.
Man mache Raum – er nehme seine Weite,
Wie's Brauch ist – achtzig Schritte geb' ich ihm –
Nicht weniger, noch mehr. Er rühmte sich,
Auf ihrer hundert seinen Mann zu treffen.
Jetzt, Schütze, triff und fehle nicht das Ziel!

Rudolf der Harras.

Gott, das wird ernsthaft. Falle nieder, Knabe,
Es gilt, und fleh' den Landvogt um dein Leben!

Walther Fürst
(beiseite zu Melchthal, der kaum seine Ungeduld bezwingt).

Haltet an Euch, ich fleh' Euch drum, bleibt ruhig!

Bertha (zum Landvogt).

Laßt es genug sein, Herr! Unmenschlich ist's,
Mit eines Vaters Angst also zu spielen.
Wenn dieser arme Mann auch Leib und Leben
Verwirkt' durch seine leichte Schuld, bei Gott!
Er hätte jetzt zehnfachen Tod empfunden.
Entlaßt ihn ungekränkt in seine Hütte,
Er hat Euch kennen lernen; dieser Stunde
Wird er und seine Kindeskinder denken.

Geßler.

Öffnet die Gasse! – Frisch! Was zauderst du?
Dein Leben ist verwirkt, ich kann dich töten;
Und sieh, ich lege gnädig dein Geschick
In deine eigne kunstgeübte Hand.
Der kann nicht klagen über harten Spruch,
Den man zum Meister seines Schicksals macht.
Du rühmst dich deines sichern Blicks. Wohlan!
Hier gilt es, Schütze, deine Kunst zu zeigen;
Das Ziel ist würdig, und der Preis ist groß!
Das Schwarze treffen in der Scheibe, das
Kann auch ein andrer; der ist mir der Meister,
Der seiner Kunst gewiß ist überall,
Dems Herz nicht in die Hand tritt noch ins Auge.

Walther Fürst
(wirft sich vor ihm nieder).

Herr Landvogt, wir erkennen Eure Hoheit,
Doch lasset Gnad' vor Recht ergehen, nehmt
Die Hälfte meiner Habe, nehmt sie ganz,
Nur dieses Gräßliche erlasset einem Vater!

Walther Tell.

Großvater, knie' nicht vor dem falschen Mann!
Sagt, wo ich hinstehn soll; ich fürcht' mich nicht.

Der Vater trifft den Vogel ja im Flug,
Er wird nicht fehlen auf das Herz des Kindes.

Stauffacher.

Herr Landvogt, rührt Euch nicht des Kindes Unschuld?

Rösselmann.

O denket, daß ein Gott im Himmel ist,
Dem Ihr müßt Rede stehn für Eure Thaten.

Geßler (zeigt auf den Knaben).

Man bind' ihn an die Linde dort!

Walther Tell.

Mich binden!
Nein, ich will nicht gebunden sein. Ich will
Still halten wie ein Lamm und auch nicht atmen.
Wenn ihr mich bindet, nein, so kann ich's nicht,
So werd' ich toben gegen meine Bande.

Rudolf der Harras.

Die Augen nur laß dir verbinden, Knabe!

Walther Tell.

Warum die Augen? Denket Ihr, ich fürchte
Den Pfeil von Vaters Hand? Ich will ihn fest
Erwarten und nicht zucken mit den Wimpern.
Frisch, Vater, zeig's, daß du ein Schütze bist!
Er glaubt dir's nicht, er denkt uns zu verderben –
Dem Wütrich zum Verdrusse schieß und triff!

(Er geht an die Linde, man legt ihm den Apfel auf.)

Melchthal (zu den Landleuten).

Was? Soll der Frevel sich vor unsern Augen
Vollenden? Wozu haben wir geschworen?

Stauffacher.

Es ist umsonst. Wir haben keine Waffen;
Ihr seht den Wald von Lanzen um uns her.

Melchthal.

O hätten wir's mit frischer That vollendet!
Verzeih's Gott denen, die zum Aufschub rieten![1]

---

[1] Das waren gerade seine Landsleute, die Unterwaldner, und auch er selbst widersprach durchaus nicht. Vgl. 1401 ff.

Geßler (zu Tell).

Ans Werk! Man führt die Waffen nicht vergebens.
Gefährlich ist's, ein Mordgewehr zu tragen,
Und auf den Schützen springt der Pfeil zurück.
Dies stolze Recht, das sich der Bauer nimmt,
Beleidiget den höchsten Herrn des Landes.
Gewaffnet sei niemand, als wer gebietet.
Freut's Euch, den Pfeil zu führen und den Bogen,
Wohl, so will ich das Ziel Euch dazu geben.

Tell

(spannt die Armbrust und legt den Pfeil auf).

Öffnet die Gasse! Platz!

Stauffacher.

Was, Tell? Ihr wolltet – nimmermehr! Ihr zittert,
Die Hand erbebt Euch, Eure Kniee wanken –

Tell (läßt die Armbrust sinken).

Mir schwimmt es vor den Augen!

Weiber.

Gott im Himmel!

Tell (zum Landvogt).

Erlasset mir den Schuß! Hier ist mein Herz!
(Er reißt die Brust auf.)
Ruft Eure Reisigen und stoßt mich nieder!

Geßler.

Ich will dein Leben nicht, ich will den Schuß.
Du kannst ja alles, Tell, an nichts verzagst du;
Das Steuerruder führst du wie den Bogen;
Dich schreckt kein Sturm, wenn es zu retten gilt.
Jetzt, Retter, hilf dir selbst – du rettest alle!

(Tell steht in fürchterlichem Kampf, mit den Händen zuckend und die rollenden Augen bald auf den Landvogt, bald zum Himmel gerichtet. Plötzlich greift er in seinen Köcher, nimmt einen zweiten Pfeil heraus und steckt ihn in seinen Goller. Der Landvogt bemerkt alle diese Bewegungen.)

Walther Tell (unter der Linde).

Vater, schieß zu! Ich fürcht' mich nicht.

Tell.

Es muß!

(Er rafft sich zusammen und legt an.)

Rudenz

(der die ganze Zeit über in der heftigsten Spannung gestanden und mit Gewalt an sich gehalten, tritt hervor).

Herr Landvogt, weiter werdet Ihr's nicht treiben,
Ihr werdet nicht! Es war nur eine Prüfung –
Den Zweck habt Ihr erreicht. Zu weit getrieben,
Verfehlt die Strenge ihres weisen Zwecks,
Und allzu straff gespannt zerspringt der Bogen.

Geßler.

Ihr schweigt, bis man Euch aufruft.

Rudenz.

Ich will reden!
Ich darf's! Des Königs Ehre ist mir heilig;
Doch solches Regiment muß Haß erwerben.
Das ist des Königs Wille nicht – ich darf's
Behaupten – solche Grausamkeit verdient
Mein Volk nicht; dazu habt Ihr keine Vollmacht.

Geßler.

Ha, Ihr erkühnt Euch?

Rudenz.

Ich hab' still geschwiegen
Zu allen schweren Thaten, die ich sah;
Mein sehend Auge hab' ich zugeschlossen,
Mein überschwellend und empörtes Herz
Hab' ich hinabgedrückt in meinen Busen.
Doch länger schweigen wär' Verrat zugleich
An meinem Vaterland und an dem Kaiser.

Bertha

(wirft sich zwischen ihn und den Landvogt).

O Gott, Ihr reizt den Wütenden noch mehr.

Rudenz.

Mein Volk verließ ich, meinen Blutsverwandten
Entsagt' ich, alle Bande der Natur
Zerriß ich, um an Euch mich anzuschließen.
Das Beste aller glaubt' ich zu befördern,
Da ich des Kaisers Macht befestigte.
Die Binde fällt von meinen Augen – schaudernd
Seh' ich an einen Abgrund mich geführt.

Mein freies Urteil habt Ihr irr' geleitet,
Mein redlich Herz verführt; ich war daran,
Mein Volk in bester Meinung zu verderben.

Geßler.

Verwegner, diese Sprache deinem Herrn?

Rudenz.

Der Kaiser ist mein Herr, nicht Ihr. Frei bin ich
Wie Ihr geboren, und ich messe mich
Mit Euch in jeder ritterlichen Tugend.
Und stündet Ihr nicht hier in Kaisers Namen,
Den ich verehre, selbst wo man ihn schändet,
Den Handschuh wärf' ich vor Euch hin, Ihr solltet
Nach ritterlichem Brauch mir Antwort geben.
Ja, winkt nur Euren Reisigen! Ich stehe
Nicht wehrlos da wie die –

(Auf das Volk zeigend.)

Ich hab' ein Schwert,
Und wer mir naht –

Stauffacher (ruft).

Der Apfel ist gefallen!

(Indem sich alle nach dieser Seite gewendet und Bertha zwischen Rudenz und den Landvogt sich geworfen, hat Tell den Pfeil abgedrückt.)

Rösselmann.

Der Knabe lebt!

Viele Stimmen.

Der Apfel ist getroffen!

(Walther Fürst schwankt und droht zu sinken, Bertha hält ihn.)

Geßler (erstaunt).

Er hat geschossen? Wie? Der Rasende!

Bertha.

Der Knabe lebt! Kommt zu Euch, guter Vater!

Walther Tell

(kommt mit dem Apfel gesprungen).

Vater, hier ist der Apfel! Wußt' ich's ja,
Du würdest deinen Knaben nicht verletzen!

Tell

(stand mit vorgebognem Leib, als wollt' er dem Pfeil folgen – die Armbrust entsinkt seiner Hand. Wie er den Knaben kommen sieht, eilt er ihm mit ausgebreiteten Armen entgegen und hebt ihn mit heftiger Inbrunst zu seinem Herzen hinauf; in dieser Stellung sinkt er kraftlos zusammen. Alle stehen gerührt).

Bertha.

O güt'ger Himmel!

Walther Fürst (zu Vater und Sohn).

Kinder, meine Kinder!

Stauffacher.

Gott sei gelobt!

Leuthold.

Das war ein Schuß! Davon
Wird man noch reden in den spätsten Zeiten.

Rudolf der Harras.

Erzählen wird man von dem Schützen Tell,
Solang' die Berge stehn auf ihrem Grunde.

(Reicht dem Landvogt den Apfel.)

Geßler.

Bei Gott! der Apfel mitten durch geschossen!
Es war ein Meisterschuß, ich muß ihn loben.

Rösselmann.

Der Schuß war gut, doch wehe dem, der ihn
Dazu getrieben, daß er Gott versuchte!

Stauffacher.

Kommt zu Euch, Tell, steht auf, Ihr habt Euch männlich
Gelöst und frei könnt Ihr nach Hause gehen.

Rösselmann.

Kommt, kommt und bringt der Mutter ihren Sohn!

(Sie wollen ihn wegführen.)

Geßler.

Tell, höre!

Tell (kommt zurück).

Was befehlt Ihr, Herr?

Geßler.

Du stecktest
Noch einen zweiten Pfeil zu dir – ja, ja,
Ich sah es wohl – was meintest du damit?

Tell (verlegen).

Herr, das ist also bräuchlich bei den Schützen.

Geßler.

Nein, Tell, die Antwort lass' ich dir nicht gelten;
Es wird was anders wohl bedeutet haben.

Sag' mir die Wahrheit frisch und fröhlich, Tell;
Was es auch sei, dein Leben sichr' ich dir.
Wozu der zweite Pfeil?

Tell.

Wohlan, o Herr,
Weil Ihr mich meines Lebens habt gesichert,
So will ich Euch die Wahrheit gründlich sagen.

(Er zieht den Pfeil aus dem Goller und sieht den Landvogt mit einem furchtbaren Blick an.)

Mit diesem zweiten Pfeil durchschoß ich – Euch,
Wenn ich mein liebes Kind getroffen hätte,
Und Eurer, wahrlich, hätt' ich nicht gefehlt.

Geßler.

Wohl, Tell! Des Lebens hab' ich dich gesichert;
Ich gab mein Ritterwort, das will ich halten.
Doch weil ich deinen bösen Sinn erkannt,
Will ich dich führen lassen und verwahren,
Wo weder Mond noch Sonne dich bescheint,
Damit ich sicher sei vor deinen Pfeilen.
Ergreift ihn, Knechte! Bindet ihn!

(Tell wird gebunden.)

Stauffacher.

Wie, Herr?
So könntet Ihr an einem Manne handeln,
An dem sich Gottes Hand sichtbar verkündigt?

Geßler.

Laß sehn, ob sie ihn zweimal retten wird!
Man bring' ihn auf mein Schiff! Ich folge nach
Sogleich, ich selbst will ihn nach Küßnacht führen.

Rösselmann.

Das dürft Ihr nicht, das darf der Kaiser nicht,
Das widerstreitet unsern Freiheitsbriefen![1]

Geßler.

Wo sind sie? Hat der Kaiser sie bestätigt?
Er hat sie nicht bestätigt! Diese Gunst
Muß erst erworben werden durch Gehorsam.

---

[1] Vgl. zu 1216. Insbesondere war darin verboten, jemand außerhalb des Landes gefangen zu führen, wie hier nach Küßnacht, welches, am Nordende des Sees gelegen, damals noch nicht zum Kanton Schwyz gehörte.

Rebellen seid ihr alle gegen Kaisers
Gericht und nährt verwegene Empörung.
Ich kenn' euch alle, ich durchschau' euch ganz;
Den nehm' ich jetzt heraus aus eurer Mitte,
Doch alle seid ihr teilhaft seiner Schuld.
Wer klug ist, lerne schweigen und gehorchen.

(Er entfernt sich, Bertha, Rudenz, Harras und Knechte folgen, Frießhardt und Leuthold bleiben zurück.)

Walther Fürst (in heftigem Schmerz).

Es ist vorbei; er hat's beschlossen, mich
Mit meinem ganzen Hause zu verderben.

Stauffacher (zum Tell).

O warum mußtet Ihr den Wütrich reizen!

Tell.

Bezwinge sich, wer meinen Schmerz gefühlt!

Stauffacher.

O, nun ist alles, alles hin! Mit Euch
Sind wir gefesselt alle und gebunden.

Landleute (umringen den Tell).

Mit Euch geht unser letzter Trost dahin.

Leuthold (nähert sich).

Tell, es erbarmt mich – doch ich muß gehorchen.

Tell.

Lebt wohl!

Walther Tell
(sich mit heftigem Schmerz an ihn schmiegend).

O Vater, Vater, lieber Vater!

Tell
(hebt die Arme zum Himmel).

Dort droben ist dein Vater! Den ruf' an!

Stauffacher.

Tell, sag' ich Eurem Weibe nichts von Euch?

Tell
(hebt den Knaben mit Inbrunst an seine Brust).

Der Knab' ist unverletzt; mir wird Gott helfen.

(Reißt sich schnell los und folgt den Waffenknechten.)

Vierter Aufzug.

Erste Szene.

Östliches[1] Ufer des Vierwaldstättersees.

Die seltsam gestalteten schroffen Felsen im Westen schließen den Prospekt. Der See ist bewegt, heftiges Rauschen und Tosen, dazwischen Blitze und Donnerschläge.

Kunz von Gersau. Fischer und **Fischerknabe.**

Kunz.

Ich sah's mit Augen an, Ihr könnt mir's glauben;
's ist alles so geschehn, wie ich Euch sagte.

Fischer.

Der Tell gefangen abgeführt nach Küßnacht,
Der beste Mann im Land, der bravste Arm,
Wenn's einmal gelten sollte für die Freiheit!

Kunz.

Der Landvogt führt ihn selbst den See herauf;
Sie waren eben dran, sich einzuschiffen,
Als ich von Flüelen abfuhr; doch der Sturm,
Der eben jetzt im Anzug ist, und der
Auch mich gezwungen, eilends hier zu landen,
Mag ihre Abfahrt wohl verhindert haben.

Fischer.

Der Tell in Fesseln, in des Vogts Gewalt!
O glaubt, er wird ihn tief genug vergraben,
Daß er des Tages Licht nicht wieder sieht!

[1] Gegenüber dem Schauplatz der ersten Szene, doch etwas südlicher. Der Fischer Ruodi hat also auch hier eine Hütte, 2128.

Denn fürchten muß er die gerechte Rache
Des freien Mannes, den er schwer gereizt.

Kunz.

Der Altlandammann auch, der edle Herr
Von Attinghausen, sagt man, lieg' am Tode.

Fischer.

So bricht der letzte Anker unsrer Hoffnung!
Der war es noch allein, der seine Stimme
Erheben durfte für des Volkes Rechte.

Kunz.

Der Sturm nimmt überhand. Gehabt Euch wohl!
Ich nehme Herberg in dem Dorf; denn heut
Ist doch an keine Abfahrt mehr zu denken.

(Geht ab.)

Fischer.

Der Tell gefangen und der Freiherr tot!
Erheb' die freche Stirne, Tyrannei,
Wirf alle Scham hinweg! Der Mund der Wahrheit
Ist stumm, das seh'nde Auge[1] ist geblendet,
Der Arm, der retten sollte, ist gefesselt!

Knabe.

Es hagelt schwer, kommt in die Hütte, Vater!
Es ist nicht kommlich[2], hier im Freien hausen.

Fischer.

Raset, ihr Winde, flammt herab, ihr Blitze,
Ihr Wolken berstet, gießt herunter, Ströme
Des Himmels, und ersäuft das Land! Zerstört
Im Keim die ungeborenen Geschlechter!
Ihr wilden Elemente, werdet Herr!
Ihr Bären, kommt, ihr alten Wölfe wieder
Der großen Wüste, euch gehört das Land!
Wer wird hier leben wollen ohne Freiheit?

Knabe.

Hört, wie der Abgrund tost, der Wirbel brüllt!
So hat's noch nie gerast in diesem Schlunde.

---

[1] Gemeint ist Rudenz, vgl. 840 und 2006. Von seiner Sinnesänderung weiß der Fischer noch nichts.

[2] Behaglich, passend (bekommlich).

Fischer.

Zu zielen auf des eignen Kindes Haupt,
Solches ward keinem Vater noch geboten!
Und die Natur soll nicht in wildem Grimm
Sich drob empören? O, mich soll's nicht wundern,
Wenn sich die Felsen bücken in den See,
Wenn jene Zacken, jene Eisestürme,
Die nie auftauten seit dem Schöpfungstag,
Von ihren hohen Kulmen niederschmelzen,
Wenn die Berge brechen, wenn die alten Klüfte
Einstürzen, eine zweite Sündflut alle
Wohnstätten der Lebendigen verschlingt!

(Man hört läuten.)

Knabe.

Hört Ihr, sie läuten droben auf dem Berg.
Gewiß hat man ein Schiff in Not gesehn
Und zieht die Glocke, daß gebetet werde.

(Steigt auf eine Anhöhe.)

Fischer.

Wehe dem Fahrzeug, das, jetzt unterwegs,
In dieser furchtbarn Wiege wird gewiegt!
Hier ist das Steuer unnütz und der Steurer,
Der Sturm ist Meister, Wind und Welle spielen
Ball mit dem Menschen. Da ist nah' und fern
Kein Busen, der ihm freundlich Schutz gewährte.
Handlos[1] und schroff ansteigend starren ihm
Die Felsen, die unwirtlichen, entgegen
Und weisen ihm nur ihre steinern schroffe Brust.

Knabe (deutet links).

Vater, ein Schiff! Es kommt von Flüelen her.

Fischer.

Gott helf' den armen Leuten! Wenn der Sturm
In dieser Wasserkluft sich erst verfangen,
Dann rast er um sich mit des Raubtiers Angst,
Das an des Gitters Eisenstäbe schlägt;
Die Pforte sucht er heulend sich vergebens,

---

[1] Ohne Handhabe, woran man sich festhalten könnte.

Denn ringsum schränken ihn die Felsen ein,
Die himmelhoch den engen Paß vermauren.
(Er steigt auf die Anhöhe.)

Knabe.

Es ist das Herrenschiff von Uri, Vater,
Ich kenn's am roten Dach[1] und an der Fahne.

Fischer.

Gerichte Gottes! Ja, er ist es selbst,
Der Landvogt, der da fährt! Dort schifft er hin
Und führt im Schiffe sein Verbrechen mit!
Schnell hat der Arm des Rächers ihn gefunden,
Jetzt kennt er über sich den stärkern Herrn.
Diese Wellen geben nicht auf seine Stimme,
Diese Felsen bücken ihre Häupter nicht
Vor seinem Hute – Knabe, bete nicht,
Greif' nicht dem Richter in den Arm!

Knabe.

Ich bete für den Landvogt nicht – ich bete
Für den Tell, der auf dem Schiff sich mit befindet.

Fischer.

O Unvernunft des blinden Elements!
Mußt du, um einen Schuldigen zu treffen,
Das Schiff mitsamt dem Steuermann verderben?

Knabe.

Sieh, sieh, sie waren glücklich schon vorbei
Am Buggisgrat[2]; doch die Gewalt des Sturms
Der von dem Teufelsmünster widerprallt,
Wirft sie zum großen Axenberg zurück.
Ich seh' sie nicht mehr.

Fischer.

Dort ist das Hackmesser,
Wo schon der Schiffe mehrere gebrochen.
Wenn sie nicht weislich dort vorüberlenken,
So wird das Schiff zerschmettert an der Fluh[3],

---

[1] Rot ist Österreichs Farbe; vgl. zu 782.

[2] Der Buggisgrat, das Hackmesser und die beiden Axen sind Felsen am östlichen Ufer, das Teufelsmünster am westlichen.

[3] S. Seite 328, Anm. 1.

Die sich gähstotzig[1] absenkt in die Tiefe.
Sie haben einen guten Steuermann
Am Bord: könnt' einer retten, wär's der Tell;
Doch dem sind Arm und Hände ja gefesselt.

Wilhelm Tell mit der Armbrust.

(Er kommt mit raschen Schritten, blickt erstaunt umher und zeigt die heftigste Bewegung. Wenn er mitten auf der Szene ist, wirft er sich nieder, die Hände zu der Erde und dann zum Himmel ausbreitend.)

Knabe (bemerkt ihn).

Sieh, Vater, wer der Mann ist, der dort kniet!

Fischer.

Er faßt die Erde an mit seinen Händen
Und scheint wie außer sich zu sein.

Knabe (kommt vorwärts).

Was seh' ich? Vater! Vater, kommt und seht!

Fischer (nähert sich).

Wer ist es? Gott im Himmel! Was? Der Tell?
Wie kommt Ihr hierher? Redet!

Knabe.

Wart Ihr nicht
Dort auf dem Schiff gefangen und gebunden?

Fischer.

Ihr wurdet nicht nach Küßnacht abgeführt?

Tell (steht auf).

Ich bin befreit.

Fischer und **Knabe.**

Befreit! O Wunder Gottes!

Knabe.

Wo kommt Ihr her?

Tell.

Dort aus dem Schiffe.

Fischer.

Was?

Knabe (zugleich).

Wo ist der Landvogt?

---

[1] Stotzig ist schweizerisch = senkrecht abfallend (eigentlich abgeschnitten, vgl. Stotz, ein abgehauener Baumstumpf, Band II, S. 69).

Tell.

Auf den Wellen treibt er.

Fischer.

Ist's möglich? Aber Ihr? Wie seid Ihr hier?
Seid Euren Banden und dem Sturm entkommen?

Tell.

Durch Gottes gnäd'ge Fürsehung. Hört an!

Fischer und **Knabe.**

O redet, redet!

Tell.

Was in Altorf sich
Begeben, wißt Ihr's?

Fischer.

Alles weiß ich, redet!

Tell.

Daß mich der Landvogt fahen ließ und binden,
Nach seiner Burg zu Küßnacht wollte führen?

Fischer.

Und sich mit Euch nach Flüelen eingeschifft,
Wir wissen alles. Sprecht, wie Ihr entkommen!

Tell.

Ich lag im Schiff, mit Stricken fest gebunden,
Wehrlos, ein aufgegebner Mann. Nicht hofft' ich,
Das frohe Licht der Sonne mehr zu sehn,
Der Gattin und der Kinder liebes Antlitz,
Und trostlos blickt' ich in die Wasserwüste –

Fischer.

O armer Mann!

Tell.

So fuhren wir dahin,
Der Vogt, Rudolf der Harras und die Knechte.
Mein Köcher aber mit der Armbrust lag
Am hintern Gransen[1] bei dem Steuerruder.
Und als wir an die Ecke jetzt gelangt
Beim kleinen Axen, da verhängt' es Gott,
Daß solch ein grausam mördrisch Ungewitter
Gählings herfürbrach aus des Gotthards Schlünden,

---

1 Schiffsschnabel, vorn und hinten.

Daß allen Ruderern das Herz entsank,
Und meinten alle, elend zu ertrinken.
Da hört' ich's, wie der Diener einer sich
Zum Landvogt wendet' und die Worte sprach:
„Ihr sehet Eure Not und unsre, Herr,
Und daß wir all' am Rand des Todes schweben.
Die Steuerleute aber wissen sich
Für großer Furcht nicht Rat und sind des Fahrens
Nicht wohl berichtet. Nun aber ist der Tell
Ein starker Mann und weiß, ein Schiff zu steuern.
Wie, wenn wir sein jetzt brauchten in der Not?"
Da sprach der Vogt zu mir: „Tell, wenn du dir's
Getrautest, uns zu helfen aus dem Sturm,
So möcht' ich dich der Bande wohl entled'gen."
Ich aber sprach: „Ja, Herr, mit Gottes Hülfe
Getrau' ich mir's und helf' uns wohl hiedannen."
So ward ich meiner Bande los und stand
Am Steuerruder und fuhr redlich[1] hin;
Doch schielt' ich seitwärts, wo mein Schießzeug lag,
Und an dem Ufer merkt' ich scharf umher,
Wo sich ein Vorteil aufthät' zum Entspringen.
Und wie ich eines Felsenriffs gewahre,
Das abgeplattet vorsprang in den See –

Fischer.

Ich kenn's, es ist am Fuß des großen Axen,
Doch nicht für möglich acht' ich's – so gar steil
Geht's an – vom Schiff es springend abzureichen.

Tell.

Schrie ich den Knechten, handlich zuzugehn[2],
Bis daß wir vor die Felsenplatte kämen;
Dort, rief ich, sei das Ärgste überstanden.
Und als wir sie frisch rudernd bald erreicht,
Fleh' ich die Gnade Gottes an und drücke,
Mit allen Leibeskräften angestemmt,
Den hintern Gransen an die Felswand hin.

---

[1] Tüchtig, ordentlich. Vgl. in Goethes „Götz" I „rechtschaffen hungrig sein".

[2] Sich tüchtig ans Rudern zu machen. Der Ausdruck ist aus Mißverständnis von Tschudis Worten entstanden: „Schry den Knechten zu, daß sie hantlich zugind", d. h. zögen.

Jetzt schnell mein Schießzeug fassend, schwing' ich selbst
Hochspringend auf die Platte mich hinauf,
Und mit gewalt'gem Fußstoß hinter mich
Schleudr' ich das Schifflein in den Schlund der Wasser –
Dort mag's, wie Gott will, auf den Wellen treiben!
So bin ich hier, gerettet aus des Sturms
Gewalt und aus der schlimmeren der Menschen.

Fischer.

Tell, Tell, ein sichtbar Wunder hat der Herr
An Euch gethan; kaum glaub' ich's meinen Sinnen.
Doch saget! Wo gedenket Ihr jetzt hin?
Denn Sicherheit ist nicht für Euch, wofern
Der Landvogt lebend diesem Sturm entkommt.

Tell.

Ich hört' ihn sagen, da ich noch im Schiff
Gebunden lag, er woll' bei Brunnen landen
Und über Schwyz nach seiner Burg mich führen.

Fischer.

Will er den Weg dahin zu Lande nehmen?

Tell.

Er denkt's.

Fischer.

O so verbergt Euch ohne Säumen!
Nicht zweimal hilft Euch Gott aus seiner Hand.

Tell.

Nennt mir den nächsten Weg nach Arth[1] und Küßnacht.

Fischer.

Die offne Straße zieht sich über Steinen;
Doch einen kürzern Weg und heimlichern
Kann Euch mein Knabe über Lowerz[2] führen.

Tell (gibt ihm die Hand).

Gott lohn' Euch Eure Gutthat! Lebet wohl!
(Geht und kehrt wieder um.)
Habt Ihr nicht auch im Rütli mitgeschworen?
Mir deucht, man nannt' Euch mir.

---

1 An der Südspitze des Zuger Sees.
2 Vgl. S. 228, Anm. 1.

Fischer.

Ich war dabei
Und hab' den Eid des Bundes mit beschworen.

Tell.

So eilt nach Bürglen, thut die Lieb' mir an!
Mein Weib verzagt um mich; verkündet ihr,
Daß ich gerettet sei und wohl geborgen.

Fischer.

Doch wohin sag' ich ihr, daß Ihr geflohn?

Tell.

Ihr werdet meinen Schwäher bei ihr finden
Und andre, die im Rütli mitgeschworen.
Sie sollen wacker sein und gutes Muts:
Der Tell sei frei und seines Armes mächtig;
Bald werden sie ein Weitres von mir hören.

Fischer.

Was habt Ihr im Gemüt? Entdeckt mir's frei!

Tell.

Ist es gethan, wird's auch zur Rede kommen.

(Geht ab.)

Fischer.

Zeig' ihm den Weg, Jenny! Gott steh' ihm bei!
Er führt's zum Ziel, was er auch unternommen.

(Geht ab.)

Zweite Szene.

Edelhof zu Attinghausen.

Der Freiherr, in einem Armsessel, sterbend. **Walther Fürst, Stauffacher, Melchthal** und **Baumgarten** um ihn beschäftigt. **Walther Tell** knieend vor dem Sterbenden.

Walther Fürst.

Es ist vorbei mit ihm, er ist hinüber.

Stauffacher.

Er liegt nicht wie ein Toter. Seht, die Feder
Auf seinen Lippen regt sich! Ruhig ist
Sein Schlaf, und friedlich lächeln seine Züge.

(Baumgarten geht an die Thür und spricht mit jemand.)

Walther Fürst (zu Baumgarten).

Wer ist's?

Baumgarten (kommt zurück).

Es ist Frau Hedwig, Eure Tochter;
Sie will Euch sprechen, will den Knaben sehn.

(Walther Tell richtet sich auf.)

Walther Fürst.

Kann ich sie trösten? Hab' ich selber Trost?
Häuft alles Leiden sich auf meinem Haupt?

Hedwig (hereindringend).

Wo ist mein Kind? Laßt mich, ich muß es sehn!

Stauffacher.

Faßt Euch, bedenkt, daß Ihr im Haus des Todes!

Hedwig (stürzt auf den Knaben).

Mein Wälthy! O, er lebt mir!

Walther Tell (hängt an ihr).

Arme Mutter!

Hedwig.

Ist's auch gewiß? Bist du mir unverletzt?

(Betrachtet ihn mit ängstlicher Sorgfalt.)

Und ist es möglich? Konnt' er auf dich zielen?
Wie konnt' er's? O, er hat kein Herz – er konnte
Den Pfeil abdrücken auf sein eignes Kind!

Walther Fürst.

Er that's mit Angst, mit schmerzzerrissner Seele;
Gezwungen that er's, denn es galt das Leben.

Hedwig.

O, hätt' er eines Vaters Herz, eh' er's
Gethan, er wäre tausendmal gestorben!

Stauffacher.

Ihr solltet Gottes gnäd'ge Schickung preisen,
Die es so gut gelenkt!

Hedwig.

Kann ich vergessen,
Wie's hätte kommen können? Gott des Himmels!
Und lebt' ich achtzig Jahr' – ich seh' den Knaben ewig

Gebunden[1] stehn, den Vater auf ihn zielen,
Und ewig fliegt der Pfeil mir in das Herz.

Melchthal.

Frau, wüßtet Ihr, wie ihn der Vogt gereizt![2]

Hedwig.

O rohes Herz der Männer! Wenn ihr Stolz
Beleidigt wird, dann achten sie nichts mehr;
Sie setzen in der blinden Wut des Spiels[3]
Das Haupt des Kindes und das Herz der Mutter!

Baumgarten.

Ist Eures Mannes Los nicht hart genug,
Daß Ihr mit schwerem Tadel ihn noch kränkt?
Für seine Leiden habt Ihr kein Gefühl?

Hedwig

(kehrt sich nach ihm um und sieht ihn mit einem großen Blick an).

Hast du nur Thränen für des Freundes Unglück?
Wo waret ihr[4], da man den Trefflichen
In Bande schlug? Wo war da eure Hülfe?
Ihr sahet zu, ihr ließt das Gräßliche geschehn;
Geduldig littet ihr's, daß man den Freund
Aus eurer Mitte führte. Hat der Tell
Auch so an euch gehandelt? Stand er auch
Bedauernd da, als hinter dir die Reiter
Des Landvogts drangen, als der wüt'ge See
Vor dir erbrauste? Nicht mit müß'gen Thränen
Beklagt' er dich, in den Nachen sprang er, Weib
Und Kind vergaß er und befreite dich!

Walther Fürst.

Was konnten wir zu seiner Rettung wagen,
Die kleine Zahl, die unbewaffnet war?

---

[1] So stellt sich ihre erregte Phantasie den Vorgang vor, der ihr offenbar nur in großen Zügen erzählt worden ist.

[2] Tell handelte durchaus nicht aus persönlicher Gereiztheit, sondern unter dem Zwang der Umstände. Diese falsche Auffassung ist bezeichnend für Melchthals Charakter.

[3] Auch hier ist sie über die Vorgänge falsch berichtet. Vgl. besonders 1900.

[4] Baumgarten selbst war nicht zugegen.

Hedwig

(wirft sich an seine Brust).

O Vater! Und auch du hast ihn verloren!
Das Land, wir alle haben ihn verloren!
Uns allen fehlt er, ach, wir fehlen ihm!
Gott rette seine Seele vor Verzweiflung!
Zu ihm hinab ins öde Burgverlies
Dringt keines Freundes Trost. Wenn er erkrankte!
Ach, in des Kerkers feuchter Finsternis
Muß er erkranken. Wie die Alpenrose
Bleicht und verkümmert in der Sumpfesluft,
So ist für ihn kein Leben als im Licht
Der Sonne, in dem Balsamstrom der Lüfte.
Gefangen! Er! Sein Atem ist die Freiheit;
Er kann nicht leben in dem Hauch der Grüfte!

Stauffacher.

Beruhigt Euch! Wir alle wollen handeln,
Um seinen Kerker aufzuthun.

Hedwig.

Was könnt ihr schaffen ohne ihn? Solang'
Der Tell noch frei war, ja, da war noch Hoffnung,
Da hatte noch die Unschuld einen Freund,
Da hatte einen Helfer der Verfolgte.
Euch alle rettete[1] der Tell – ihr alle
Zusammen könnt nicht seine Fesseln lösen!

(Der Freiherr erwacht.)

Baumgarten.

Er regt sich, still!

Attinghausen (sich aufrichtend).

Wo ist er?

Stauffacher.

Wer?

Attinghausen.

Er fehlt mir,
Verläßt mich in dem letzten Augenblick.

Stauffacher.

Er meint den Junker. Schickte man nach ihm?

[1] Würde gerettet haben.

Walther Fürst.

Es ist nach ihm gesendet. Tröstet Euch!
Er hat sein Herz gefunden, er ist unser.

Attinghausen.

Hat er gesprochen für sein Vaterland?

Stauffacher.

Mit Heldenkühnheit.

Attinghausen.

Warum kommt er nicht,
Um meinen letzten Segen zu empfangen?
Ich fühle, daß es schleunig mit mir endet.

Stauffacher.

Nicht also, edler Herr! Der kurze Schlaf
Hat Euch erquickt, und hell ist Euer Blick.

Attinghausen.

Der Schmerz ist Leben, er verließ mich auch.
Das Leiden ist, so wie die Hoffnung, aus.
(Er bemerkt den Knaben.)
Wer ist der Knabe?

Walther Fürst.

Segnet ihn, o Herr!
Er ist mein Enkel und ist vaterlos.
(Hedwig sinkt mit dem Knaben vor dem Sterbenden nieder.)

Attinghausen.

Und vaterlos lass' ich euch alle, alle
Zurück. Weh mir, daß meine letzten Blicke
Den Untergang des Vaterlands gesehn!
Mußt' ich des Lebens höchstes Maß erreichen,
Um ganz mit allen Hoffnungen zu sterben?

Stauffacher (zu Walther Fürst).

Soll er in diesem finstern Kummer scheiden?
Erhellen wir ihm nicht die letzte Stunde
Mit schönem Strahl der Hoffnung? – Edler Freiherr,
Erhebet Euren Geist! Wir sind nicht ganz
Verlassen, sind nicht rettungslos verloren.

Attinghausen.

Wer soll euch retten?

Walther Fürst.

Wir uns selbst. Vernehmt!
Es haben die drei Lande sich das Wort
Gegeben, die Tyrannen zu verjagen.
Geschlossen ist der Bund, ein heil'ger Schwur
Verbindet uns. Es wird gehandelt werden,
Eh' noch das Jahr den neuen Kreis beginnt.
Euer Staub wird ruhn in einem freien Lande.

Attinghausen.

O saget mir, geschlossen ist der Bund?

Melchthal.

Am gleichen Tage werden alle drei
Waldstätte sich erheben. Alles ist
Bereit und das Geheimnis wohlbewahrt
Bis jetzt, obgleich viel Hunderte es teilen.
Hohl ist der Boden unter den Tyrannen,
Die Tage ihrer Herrschaft sind gezählt,
Und bald ist ihre Spur nicht mehr zu finden.

Attinghausen.

Die festen Burgen aber in den Landen?

Melchthal.

Sie fallen alle an dem gleichen Tag.

Attinghausen.

Und sind die Edeln dieses Bunds teilhaftig?

Stauffacher.

Wir harren ihres Beistands, wenn es gilt;
Jetzt aber hat der Landmann nur geschworen.

Attinghausen

(richtet sich langsam in die Höhe, mit großem Erstaunen).

Hat sich der Landmann solcher That verwogen
Aus eignem Mittel, ohne Hülf' der Edeln,
Hat er der eignen Kraft so viel vertraut –
Ja, dann bedarf es unserer nicht mehr,
Getröstet können wir zu Grabe steigen,
Es lebt n a c h uns – durch andre Kräfte will
Das Herrliche der Menschheit sich erhalten.

(Er legt seine Hand auf das Haupt des Kindes, das vor ihm auf den Knien liegt.)

Aus diesem Haupte, wo der Apfel lag,
Wird euch die neue, bessre Freiheit grünen;
Das Alte stürzt, es ändert sich die Zeit,
Und neues Leben blüht aus den Ruinen.

Stauffacher (zu Walther Fürst).

Seht, welcher Glanz sich um sein Aug' ergießt!
Das ist nicht das Erlöschen der Natur,
Das ist der Strahl schon eines neuen Lebens.

Attinghausen.

Der Adel steigt von seinen alten Burgen
Und schwört den Städten seinen Bürgereid;
Im Üchtland[1] schon, im Thurgau hat's begonnen,
Die edle Bern erhebt ihr herrschend Haupt,
Freiburg ist eine sichre Burg der Freien,
Die rege Zürich waffnet ihre Zünfte
Zum kriegerischen Heer. Es bricht die Macht
Der Könige sich an ihren ew'gen Wällen –

(Er spricht das Folgende mit dem Ton eines Sehers, seine Rede steigt bis zur Begeisterung.)

Die Fürsten seh' ich und die edeln Herrn
In Harnischen herangezogen kommen.
Ein harmlos Volk von Hirten zu bekriegen.
Auf Tod und Leben wird gekämpft[2], und herrlich
Wird mancher Paß[3] durch blutige Entscheidung.
Der Landmann stürzt sich mit der nackten Brust,
Ein freies Opfer, in die Schar der Lanzen![4]
Er bricht sie, und des Adels Blüte fällt,
Es hebt die Freiheit siegend ihre Fahne.

(Walther Fürsts und Stauffachers Hände fassend.)

Drum haltet fest zusammen – fest und ewig –
Kein Ort der Freiheit sei dem andern fremd –
Hochwachten stellet aus auf euren Bergen,

---

[1] Das Land von den Juraseen bis zur Aar, mit der Stadt Freiburg.

[2] Gedacht ist vornehmlich an die siegreichen Kämpfe der Schweizer bei Morgarten 1315, bei Sempach 1386, Näfels 1388, Granson und Murten gegen Karl den Kühnen 1476.

[3] Bei Morgarten.

[4] Gemeint ist die Heldenthat Arnolds von Winkelried bei Sempach.

Daß sich der Bund zum Bunde rasch versammle –
Seid einig – einig – einig –

(Er fällt in das Kissen zurück, seine Hände halten entseelt noch die andern gefaßt. Fürst und Stauffacher betrachten ihn noch eine Zeitlang schweigend; dann treten sie hinweg, jeder seinem Schmerz überlassen. Unterdessen sind die Knechte still hereingedrungen, sie nähern sich mit Zeichen eines stillern oder heftigern Schmerzens, einige knien bei ihm nieder und weinen auf seine Hand; während dieser stummen Szene wird die Burgglocke geläutet.)

Rudenz zu den **Vorigen.**

Rudenz (rasch eintretend).

Lebt er? O saget, kann er mich noch hören?

Walther Fürst

(deutet hin mit weggewandtem Gesicht).

Ihr seid jetzt unser Lehensherr und Schirmer,
Und dieses Schloß hat einen andern Namen.

Rudenz

(erblickt den Leichnam und steht von heftigem Schmerz ergriffen).

O güt'ger Gott! Kommt meine Reu' zu spät?
Konnt' er nicht wen'ge Pulse länger leben,
Um mein geändert Herz zu sehn?
Verachtet hab' ich seine treue Stimme,
Da er noch wandelte im Licht! Er ist
Dahin, ist fort auf immerdar und läßt mir
Die schwere, unbezahlte Schuld! – O saget!
Schied er dahin im Unmut gegen mich?

Stauffacher.

Er hörte sterbend noch, was Ihr gethan,
Und segnete den Mut, mit dem Ihr spracht!

Rudenz

(kniet an dem Toten nieder).

Ja, heil'ge Reste eines teuren Mannes!
Entseelter Leichnam! Hier gelob' ich dir's
In deine kalte Totenhand: zerrissen
Hab' ich auf ewig alle fremden Bande,
Zurückgegeben bin ich meinem Volk;
Ein Schweizer bin ich, und ich will es sein
Von ganzer Seele!

(Aufstehend.)

Trauert um den Freund,
Den Vater aller, doch verzaget nicht!
Nicht bloß sein Erbe ist mir zugefallen,

Es steigt sein Herz, sein Geist auf mich herab,
Und leisten soll euch meine frische Jugend,
Was euch sein greises Alter schuldig blieb.
Ehrwürd'ger Vater, gebt mir Eure Hand!
Gebt mir die Eurige! Melchthal, auch Ihr!
Bedenkt Euch nicht! O wendet Euch nicht weg!
Empfanget meinen Schwur und mein Gelübde!

Walther Fürst.

Gebt ihm die Hand! Sein wiederkehrend Herz
Verdient Vertraun.

Melchthal.

Ihr habt den Landmann nichts geachtet.
Sprecht, wessen soll man sich zu Euch versehn?

Rudenz.

O denket nicht des Irrtums meiner Jugend!

Stauffacher (zu Melchthal).

„Seid einig!" war das letzte Wort des Vaters.
Gedenket dessen!

Melchthal.

Hier ist meine Hand!
Des Bauern Handschlag, edler Herr, ist auch
Ein Manneswort! Was ist der Ritter ohne uns?
Und unser Stand ist älter als der Eure.

Rudenz.

Ich ehr' ihn, und mein Schwert soll ihn beschützen.

Melchthal.

Der Arm, Herr Freiherr, der die harte Erde
Sich unterwirft und ihren Schoß befruchtet,
Kann auch des Mannes Brust beschützen.

Rudenz.

Ihr
Sollt *meine* Brust, ich will die *eure* schützen,
So sind wir einer durch den andern stark. –
Doch wozu reden, da das Vaterland
Ein Raub noch ist der fremden Tyrannei?
Wenn erst der Boden rein ist von dem Feind,
Dann wollen wir's in Frieden schon vergleichen.

(Nachdem er einen Augenblick inne gehalten.)

Ihr schweigt? Ihr habt mir nichts zu sagen? Wie?
Verdien' ich's noch nicht, daß ihr mir vertraut?
So muß ich wider euren Willen mich
In das Geheimnis eures Bundes drängen.
Ihr habt getagt, geschworen auf dem Rütli,
Ich weiß – weiß alles, was ihr dort verhandelt,
Und was mir nicht von euch vertrauet ward,
Ich hab's bewahrt gleich wie ein heilig Pfand.
Nie war ich meines Landes Feind, glaubt mir,
Und niemals hätt' ich gegen euch gehandelt. –
Doch übel thatet ihr, es zu verschieben,
Die Stunde dringt, und rascher That bedarf's –
Der Tell ward schon das Opfer eures Säumens –

Stauffacher.

Das Christfest abzuwarten, schwuren wir.

Rudenz.

Ich war nicht dort, ich hab' nicht mitgeschworen.
Wartet ihr ab, ich handle!

Melchthal.

Was? Ihr wolltet –

Rudenz.

Des Landes Vätern zähl' ich mich jetzt bei,
Und meine erste Pflicht ist, euch zu schützen.

Walther Fürst.

Der Erde diesen teuren Staub zu geben,
Ist Eure nächste Pflicht und heiligste.

Rudenz.

Wenn wir das Land befreit, dann legen wir
Den frischen Kranz des Siegs ihm auf die Bahre.
O Freunde! Eure Sache nicht allein,
Ich habe meine eigne auszufechten
Mit dem Tyrannen. Hört und wißt! Verschwunden
Ist meine Bertha, heimlich weggeraubt
Mit kecker Frevelthat aus unsrer Mitte!

Stauffacher.

Solcher Gewaltthat hätte der Tyrann
Wider die freie Edle sich verwogen?

Rudenz.

O meine Freunde! Euch versprach ich Hülfe,
Und ich zuerst muß sie von euch erflehn.
Geraubt, entrissen ist mir die Geliebte;
Wer weiß, wo sie der Wütende verbirgt,
Welcher Gewalt sie frevelnd sich erkühnen,
Ihr Herz zu zwingen zum verhaßten Band!
Verlaßt mich nicht, o helft mir, sie erretten!
Sie liebt euch, o sie hat's verdient ums Land,
Daß alle Arme sich für sie bewaffnen!

Walther Fürst.

Was wollt Ihr unternehmen?

Rudenz.

Weiß ich's? Ach,
In dieser Nacht, die ihr Geschick umhüllt,
In dieses Zweifels ungeheurer Angst,
Wo ich nichts Festes zu erfassen weiß,
Ist mir nur dieses in der Seele klar:
Unter den Trümmern der Tyrannenmacht
Allein kann sie hervorgegraben werden;
Die Festen alle müssen wir bezwingen,
Ob wir vielleicht in ihren Kerker dringen.

Melchthal.

Kommt, führt uns an! Wir folgen Euch. Warum
Bis morgen sparen, was wir heut vermögen?
Frei war der Tell, als wir im Rütli schwuren,
Das Ungeheure war noch nicht geschehen.
Es bringt die Zeit ein anderes Gesetz;
Wer ist so feig, der jetzt noch könnte zagen?

Rudenz

(zu Stauffacher und Walther Fürst).

Indes bewaffnet und zum Werk bereit,
Erwartet ihr der Berge Feuerzeichen;
Denn schneller, als ein Botensegel fliegt,
Soll euch die Botschaft unsers Siegs erreichen.
Und seht ihr leuchten die willkommnen Flammen,
Dann auf die Feinde stürzt wie Wetters Strahl
Und brecht den Bau der Tyrannei zusammen!

(Gehen ab.)

Dritte Szene.

Die hohle Gasse bei Küßnacht.

Man steigt von hinten zwischen Felsen herunter, und die Wanderer werden, ehe sie auf der Szene erscheinen, schon von der Höhe gesehen. Felsen umschließen die ganze Szene; auf einem der vordersten ist ein Vorsprung mit Gesträuch bewachsen.

Tell
(tritt auf mit der Armbrust).

Durch diese hohle Gasse muß er kommen;
Es führt kein andrer Weg nach Küßnacht. Hier
Vollend' ich's. Die Gelegenheit ist günstig.
Dort der Holunderstrauch verbirgt mich ihm,
Von dort herab kann ihn mein Pfeil erlangen,
Des Weges Enge wehret den Verfolgern.
Mach' deine Rechnung mit dem Himmel, Vogt!
Fort mußt du, deine Uhr ist abgelaufen.

Ich lebte still und harmlos, das Geschoß
War auf des Waldes Tiere nur gerichtet,
Meine Gedanken waren rein von Mord.
Du hast aus meinem Frieden mich heraus
Geschreckt, in gärend Drachengift hast du
Die Milch der frommen Denkart mir verwandelt;
Zum Ungeheuren hast du mich gewöhnt.
Wer sich des Kindes Haupt zum Ziele setzte,
Der kann auch treffen in das Herz des Feinds.

Die armen Kindlein, die unschuldigen,
Das treue Weib muß ich vor deiner Wut
Beschützen, Landvogt! – Da, als ich den Bogenstrang
Anzog, als mir die Hand erzitterte,
Als du mit grausam teufelischer Lust
Mich zwangst, aufs Haupt des Kindes anzulegen,
Als ich ohnmächtig flehend rang vor dir –
Damals gelobt' ich mir in meinem Innern
Mit furchtbarm Eidschwur, den nur Gott gehört,
Daß meines nächsten Schusses erstes Ziel
Dein Herz sein sollte. Was ich mir gelobt
In jenes Augenblickes Höllenqualen,
Ist eine heil'ge Schuld, ich will sie zahlen.

Du bist mein Herr und meines Kaisers Vogt;
Doch nicht der Kaiser hätte sich erlaubt,
Was du. Er sandte dich in diese Lande,
Um Recht zu sprechen – strenges, denn er zürnet –
Doch nicht, um mit der mörderischen Lust
Dich jedes Greuels straflos zu erfrechen;
Es lebt ein Gott, zu strafen und zu rächen.

Komm du hervor, du Bringer bittrer Schmerzen,
Mein teures Kleinod jetzt, mein höchster Schatz!
Ein Ziel will ich dir geben, das bis jetzt
Der frommen Bitte undurchdringlich war,
Doch dir soll es nicht widerstehn. – Und du,
Vertraute Bogensehne, die so oft
Mir treu gedient hat in der Freude Spielen,
Verlaß mich nicht im fürchterlichen Ernst!
Nur jetzt noch halte fest, du treuer Strang,
Der mir so oft den herben Pfeil beflügelt!
Entränn' er jetzo kraftlos meinen Händen,
Ich habe keinen zweiten zu versenden.

(Wanderer gehen über die Szene.)

Auf dieser Bank von Stein will ich mich setzen,
Dem Wanderer zur kurzen Ruh' bereitet.
Denn hier ist keine Heimat – jeder treibt
Sich an dem andern rasch und fremd vorüber
Und fraget nicht nach seinem Schmerz. Hier geht
Der sorgenvolle Kaufmann und der leicht
Geschürzte Pilger, der andächt'ge Mönch,
Der düstre Räuber und der heitre Spielmann,
Der Säumer mit dem schwer beladnen Roß,
Der ferne herkommt von der Menschen Ländern,
Denn jede Straße führt ans End' der Welt.
Sie alle ziehen ihres Weges fort
An ihr Geschäft – und meines ist der Mord!

(Setzt sich.)

Sonst, wenn der Vater auszog, liebe Kinder,
Da war ein Freuen, wenn er wiederkam;
Denn niemals kehrt' er heim, er bracht' euch etwas,
War's eine schöne Alpenblume, war's

Ein seltner Vogel oder Ammonshorn[1],
Wie es der Wandrer findet auf den Bergen.
Jetzt geht er einem andern Weidwerk nach,
Am wilden Weg sitzt er mit Mordgedanken;
Des Feindes Leben ist's, worauf er lauert.
Und doch an euch nur denkt er, lieben Kinder,
Auch jetzt – euch zu verteid'gen, eure holde Unschuld
Zu schützen vor der Rache des Tyrannen,
Will er zum Morde jetzt den Bogen spannen.

(Steht auf.)

Ich laure auf ein edles Wild. Läßt sich's
Der Jäger nicht verdrießen, tagelang
Umherzustreifen in des Winters Strenge,
Von Fels zu Fels den Wagesprung zu thun,
Hinan zu glimmen an den glatten Wänden,
Wo er sich anleimt mit dem eignen Blut[2],
Um ein armselig Grattier[3] zu erjagen!
Hier gilt es einen köstlicheren Preis,
Das Herz des Todfeinds, der mich will verderben.

(Man hört von ferne eine heitere Musik, welche sich nähert.)

Mein ganzes Leben lang hab' ich den Bogen
Gehandhabt, mich geübt nach Schützenregel;
Ich habe oft geschossen in das Schwarze
Und manchen schönen Preis mir heimgebracht
Vom Freudenschießen. Aber heute will ich
Den Meisterschuß thun und das Beste[4] mir
Im ganzen Umkreis des Gebirgs gewinnen.

Eine Hochzeit zieht über die Szene und durch den Hohlweg hinauf. Tell betrachtet sie, auf seinen Bogen gelehnt. **Stüssi,** der Flurschütz, gesellt sich zu ihm.

Stüssi.

Das ist der Klostermei'r[5] von Mörlischachen,
Der hier den Brautlauf[6] hält – ein reicher Mann,

---

[1] Eine versteinerte, einem Widderhorn ähnliche Schnecke, benannt nach Jupiter Ammon, der mit Widderhörnern abgebildet wurde.

[2] Es wird erzählt, daß sich der Gemsjäger mit dem Messer in die Fußsohle schneide, damit das Blut ihn vor dem Ausgleiten bewahre.

[3] Gemsen, die sich auf den höchsten Felsenspitzen (Graten) aufhalten, im Gegensatz zum Waldtier.

[4] Feststehende Bezeichnung des höchsten Siegespreises beim Wettschießen.

[5] Verwalter des Klosterguts.

[6] Einholung und Heimführung der Braut.

Er hat wohl zehen Senten[1] auf den Alpen.
Die Braut holt er jetzt ab zu Imisee,
Und diese Nacht wird hoch geschwelgt zu Küßnacht.
Kommt mit! ’s ist jeder Biedermann geladen.

Tell.

Ein ernster Gast stimmt nicht zum Hochzeithaus.

Stüssi.

Drückt Euch ein Kummer, werft ihn frisch vom Herzen!
Nehmt mit, was kommt; die Zeiten sind jetzt schwer;
Drum muß der Mensch die Freude leicht ergreifen.
Hier wird gefreit und anderswo begraben.

Tell.

Und oft kommt gar das eine zu dem andern.

Stüssi.

So geht die Welt nun. Es gibt allerwegen
Unglücks genug. Ein Ruffi ist gegangen[2]
Im Glarner Land und eine ganze Seite
Vom Glärnisch eingesunken.

Tell.

Wanken auch
Die Berge selbst? Es steht nichts fest auf Erden.

Stüssi.

Auch anderswo vernimmt man Wunderdinge.
Da sprach ich einen, der von Baden[3] kam.
Ein Ritter wollte zu dem König reiten,
Und unterwegs begegnet ihm ein Schwarm
Von Hornissen; die fallen auf sein Roß,
Daß es für Marter tot zu Boden sinkt
Und er zu Fuße ankommt bei dem König.

Tell.

Dem Schwachen ist sein Stachel auch gegeben.

Armgart kommt mit mehreren Kindern und stellt sich an den Eingang des Hohlwegs.

Stüssi.

Man deutet’s auf ein großes Landesunglück,
Auf schwere Thaten wider die Natur.

---

1 Sente ist die Herde Kühe, die ein Senne unter sich hat.
2 Ein Bergsturz ist geschehen.
3 Städtchen an der Limmat im Kanton Aargau.

Tell.

Dergleichen Thaten bringet jeder Tag,
Kein Wunderzeichen braucht sie zu verkünden.

Stüssi.

Ja, wohl dem, der sein Feld bestellt in Ruh'
Und ungekränkt daheim sitzt bei den Seinen.

Tell.

Es kann der Frömmste nicht im Frieden bleiben,
Wenn es dem bösen Nachbar nicht gefällt.

(Tell sieht oft mit unruhiger Erwartung nach der Höhe des Weges.)

Stüssi.

Gehabt Euch wohl – Ihr wartet hier auf jemand?

Tell.

Das thu' ich.

Stüssi.

Frohe Heimkehr zu den Euren!
Ihr seid aus Uri? Unser gnäd'ger Herr,
Der Landvogt, wird noch heut von dort erwartet.

Wanderer (kommt).

Den Vogt erwartet heut nicht mehr. Die Wasser
Sind ausgetreten von dem großen Regen,
Und alle Brücken hat der Strom zerrissen.

(Tell steht auf.)

Armgart (kommt vorwärts).

Der Landvogt kommt nicht?

Stüssi.

Sucht Ihr was an ihn?

Armgart.

Ach freilich!

Stüssi.

Warum stellet Ihr Euch denn
In dieser hohlen Gass' ihm in den Weg?

Armgart.

Hier weicht er mir nicht aus, er muß mich hören.

Frießhardt

(kommt eilfertig den Hohlweg herab und ruft in die Szene).

Man fahre aus dem Weg! Mein gnäd'ger Herr,
Der Landvogt, kommt dicht hinter mir geritten.

(Tell geht ab.)

Armgart (lebhaft).

Der Landvogt kommt!

(Sie geht mit ihren Kindern nach der vordern Szene. Geßler und Rudolf der Harras zeigen sich zu Pferd auf der Höhe des Wegs.)

Stüssi (zum Frießhardt).

Wie kamt ihr durch das Wasser,
Da doch der Strom die Brücken fortgeführt?

Frießhardt.

Wir haben mit dem See gefochten, Freund,
Und fürchten uns vor keinem Alpenwasser.

Stüssi.

Ihr wart zu Schiff in dem gewalt'gen Sturm?

Frießhardt.

Das waren wir. Mein Lebtag denk' ich dran!

Stüssi.

O bleibt, erzählt!

Frießhardt.

Laßt mich, ich muß voraus,
Den Landvogt muß ich in der Burg verkünden. (Ab.)

Stüssi.

Wär'n gute Leute auf dem Schiff gewesen,
In Grund gesunken wär's mit Mann und Maus;
Dem Volk kann weder Wasser bei noch Feuer.

(Er sieht sich um.)

Wo kam der Weidmann hin, mit dem ich sprach?

(Geht ab.)

Geßler und **Rudolf der Harras** zu Pferd.

Geßler.

Sagt, was Ihr wollt, ich bin des Kaisers Diener
Und muß drauf denken, wie ich ihm gefalle.
Er hat mich nicht ins Land geschickt, dem Volk
Zu schmeicheln und ihm sanft zu thun – Gehorsam
Erwartet er; der Streit ist, ob der Bauer
Soll Herr sein in dem Lande oder der Kaiser.

Armgart.

Jetzt ist der Augenblick! Jetzt bring' ich's an!

(Nähert sich furchtsam.)

Geßler.

Ich hab' den Hut nicht aufgesteckt zu Altorf
Des Scherzes wegen, oder um die Herzen
Des Volks zu prüfen; diese kenn' ich längst.
Ich hab' ihn aufgesteckt, daß sie den Nacken
Mir lernen beugen, den sie aufrecht tragen.
Das Unbequeme hab' ich hingepflanzt
Auf ihren Weg, wo sie vorbeigehn müssen,
Daß sie drauf stoßen mit dem Aug' und sich
Erinnern ihres Herrn, den sie vergessen.

Rudolf.

Das Volk hat aber doch gewisse Rechte –

Geßler.

Die abzuwägen ist jetzt keine Zeit!
Weitschicht'ge Dinge sind im Werk und Werden;
Das Kaiserhaus will wachsen; was der Vater
Glorreich begonnen, will der Sohn vollenden.
Dies kleine Volk ist uns ein Stein im Weg –
So oder so – es muß sich unterwerfen.

(Sie wollen vorüber. Die Frau wirft sich vor dem Landvogt nieder.)

Armgart.

Barmherzigkeit, Herr Landvogt! Gnade! Gnade!

Geßler.

Was dringt Ihr Euch auf offner Straße mir
In Weg? Zurück!

Armgart.

Mein Mann liegt im Gefängnis,
Die armen Waisen schrein nach Brot – habt Mitleid,
Gestrenger Herr, mit unserm großen Elend!

Rudolf.

Wer seid Ihr? Wer ist Euer Mann?

Armgart.

Ein armer
Wildheuer, guter Herr, vom Rigiberge,
Der überm Abgrund weg das freie Gras
Abmähet von den schroffen Felsenwänden,
Wohin das Vieh sich nicht getraut zu steigen.

Rudolf (zum Landvogt).

Bei Gott, ein elend und erbärmlich Leben!
Ich bitt' Euch, gebt ihn los, den armen Mann!
Was er auch Schweres mag verschuldet haben,
Strafe genug ist sein entsetzlich Handwerk.

(Zu der Frau.)

Euch soll Recht werden. Drinnen auf der Burg
Nennt Eure Bitte – hier ist nicht der Ort.

Armgart.

Nein, nein, ich weiche nicht von diesem Platz,
Bis mir der Vogt den Mann zurückgegeben!
Schon in den sechsten Mond liegt er im Turm
Und harret auf den Richterspruch vergebens.

Geßler.

Weib, wollt Ihr mir Gewalt anthun? Hinweg!

Armgart.

Gerechtigkeit, Landvogt! Du bist der Richter
Im Lande an des Kaisers Statt und Gottes.
Thu' deine Pflicht! So du Gerechtigkeit
Vom Himmel hoffest, so erzeig' sie uns!

Geßler.

Fort! Schafft das freche Volk mir aus den Augen!

Armgart

(greift in die Zügel des Pferdes).

Nein, nein, ich habe nichts mehr zu verlieren.
Du kommst nicht von der Stelle, Vogt, bis du
Mir Recht gesprochen! Falte deine Stirne,
Rolle die Augen, wie du willst! Wir sind
So grenzenlos unglücklich, daß wir nichts
Nach deinem Zorn mehr fragen –

Geßler.

Weib, mach' Platz,
Oder mein Roß geht über dich hinweg.

Armgart.

Laß es über mich dahin gehn! Da –

(Sie reißt ihre Kinder zu Boden und wirft sich mit ihnen ihm in den Weg.)

Hier lieg' ich

Mit meinen Kindern – laß die armen Waisen
Von deines Pferdes Huf zertreten werden!
Es ist das Ärgste nicht, was du gethan!

Rudolf.

Weib, seid Ihr rasend?

Armgart (heftiger fortfahrend).

Tratest du doch längst
Das Land des Kaisers unter deine Füße!
O, ich bin nur ein Weib. Wär' ich ein Mann,
Ich wüßte wohl was Besseres, als hier
Im Staub zu liegen!

(Man hört die vorige Musik wieder auf der Höhe des Wegs, aber gedämpft.)

Geßler.

Wo sind meine Knechte?
Man reiße sie von hinnen, oder ich
Vergesse mich und thue, was mich reuet.

Rudolf.

Die Knechte können nicht hindurch, o Herr!
Der Hohlweg ist gesperrt durch eine Hochzeit.

Geßler.

Ein allzu milder Herrscher bin ich noch
Gegen dies Volk – die Zungen sind noch frei,
Es ist noch nicht ganz, wie es soll, gebändigt.
Doch es soll anders werden, ich gelob' es:
Ich will ihn brechen, diesen starren Sinn,
Den kecken Geist der Freiheit will ich beugen.
Ein neu Gesetz will ich in diesen Landen
Verkündigen – ich will –

(Ein Pfeil durchbohrt ihn; er fährt mit der Hand ans Herz und will sinken. Mit matter Stimme.)

Gott sei mir gnädig!

Rudolf.

Herr Landvogt – Gott, was ist das? Woher kam das?

Armgart (auffahrend).

Mord! Mord! Er taumelt, sinkt! Er ist getroffen!
Mitten ins Herz hat ihn der Pfeil getroffen!

Rudolf (springt vom Pferde).

Welch gräßliches Ereignis – Gott – Herr Ritter –
Ruft die Erbarmung Gottes an! Ihr seid
Ein Mann des Todes!

Geßler.

Das ist Tells Geschoß.

(Ist vom Pferd herab dem Rudolf Harras in den Arm gegleitet und wird auf der Bank niedergelassen.)

Tell

(erscheint oben auf der Höhe des Felsen).

Du kennst den Schützen, suche keinen andern!
Frei sind die Hütten, sicher ist die Unschuld
Vor dir, du wirst dem Lande nicht mehr schaden.

(Verschwindet von der Höhe. Volk stürzt herein.)

Stüssi (voran).

Was gibt es hier? Was hat sich zugetragen?

Armgart.

Der Landvogt ist von einem Pfeil durchschossen.

Volk (im Hereinstürzen).

Wer ist erschossen?

(Indem die Vordersten von dem Brautzug auf die Szene kommen, sind die Hintersten noch auf der Höhe, und die Musik geht fort.)

Rudolf der Harras.

Er verblutet sich.

Fort, schaffet Hilfe! Setzt dem Mörder nach!
Verlorner Mann, so muß es mit dir enden;
Doch meine Warnung wolltest du nicht hören!

Stüssi.

Bei Gott, da liegt er bleich und ohne Leben!

Viele Stimmen.

Wer hat die That gethan?

Rudolf der Harras.

Rast dieses Volk,
Daß es dem Mord Musik macht? Laßt sie schweigen!

(Musik bricht plötzlich ab, es kommt noch mehr Volk nach.)

Herr Landvogt, redet, wenn Ihr könnt! Habt Ihr
Mir nichts mehr zu vertraun?

(Geßler gibt Zeichen mit der Hand, die er mit Heftigkeit wiederholt, da sie nicht gleich verstanden werden.)

Wo soll ich hin?

Nach Küßnacht? – Ich versteh' Euch nicht – o werdet
Nicht ungeduldig – laßt das Irdische!
Denkt jetzt, Euch mit dem Himmel zu versöhnen!

(Die ganze Hochzeitgesellschaft umsteht den Sterbenden mit einem fühllosen Grausen.)

Stüssi.

Sieh, wie er bleich wird – jetzt, jetzt tritt der Tod
Ihm an das Herz – die Augen sind gebrochen.

Armgart (hebt ein Kind empor).

Seht, Kinder, wie ein Wüterich verscheidet!

Rudolf der Harras.

Wahnsinnige Weiber, habt ihr kein Gefühl,
Daß ihr den Blick an diesem Schrecknis weidet?
Helft, leget Hand an! Steht mir niemand bei,
Den Schmerzenspfeil ihm aus der Brust zu ziehn?

Weiber (treten zurück).

Wir ihn berühren, welchen Gott geschlagen?

Rudolf der Harras.

Fluch treff' euch und Verdammnis!

(Zieht das Schwert.)

Stüssi (fällt ihm in den Arm).

Wagt es, Herr!
Eu'r Walten hat ein Ende. Der Tyrann
Des Landes ist gefallen. Wir erdulden
Keine Gewalt mehr. Wir sind freie Menschen.

Alle (tumultuarisch).

Das Land ist frei!

Rudolf der Harras.

Ist es dahin gekommen?
Endet die Furcht so schnell und der Gehorsam?

(Zu den Waffenknechten, die hereindringen.)

Ihr seht die grausenvolle That des Mords,
Die hier geschehen – Hilfe ist umsonst.
Vergeblich ist's, dem Mörder nachzusetzen.
Uns drängen andre Sorgen – auf, nach Küßnacht,
Daß wir dem Kaiser seine Feste retten!
Denn aufgelöst in diesem Augenblick

Sind aller Ordnung, aller Pflichten Bande,
Und keines Mannes Treu' ist zu vertrauen.

(Indem er mit den Waffenknechten abgeht, erscheinen **sechs barmherzige Brüder.**)

Armgart.

Platz! Platz! Da kommen die barmherz'gen Brüder.

Stüssi.

Das Opfer liegt – die Raben steigen nieder.

Barmherzige Brüder

(schließen einen Halbkreis um den Toten und singen im tiefen Ton).

Rasch tritt der Tod den Menschen an,
Es ist ihm keine Frist gegeben;
Es stürzt ihn mitten in der Bahn,
Es reißt ihn fort vom vollen Leben.
Bereitet oder nicht, zu gehen,
Er muß vor seinen Richter stehen!

(Indem die letzten Zeilen wiederholt werden, fällt der Vorhang.)

Fünfter Aufzug.

Erste Szene.

Öffentlicher Platz bei Altorf.

Im Hintergrunde rechts die Feste Zwing Uri mit dem noch stehenden Baugerüste wie in der dritten Szene des ersten Aufzugs; links eine Aussicht in viele Berge hinein, auf welchen allen Signalfeuer brennen. Es ist eben Tagesanbruch, Glocken ertönen aus verschiedenen Fernen.

Ruodi, Kuoni, Werni, Meister Steinmetz und viele andere **Landleute,** auch **Weiber** und **Kinder.**

Ruodi.

Seht ihr die Feuersignale auf den Bergen?

Steinmetz.

Hört ihr die Glocken drüben überm Wald?

Ruodi.

Die Feinde sind verjagt.

Steinmetz.

Die Burgen sind erobert.

Ruodi.

Und wir im Lande Uri dulden noch
Auf unserm Boden das Tyrannenschloß?
Sind wir die letzten, die sich frei erklären?

Steinmetz.

Das Joch soll stehen, das uns zwingen wollte?
Auf, reißt es nieder!

Alle.

Nieder! Nieder! Nieder!

Ruodi.

Wo ist der Stier von Uri?[1]

Stier von Uri.

Hier. Was soll ich?

Ruodi.

Steigt auf die Hochwacht, blast in Euer Horn,
Daß es weitschmetternd in die Berge schalle
Und, jedes Echo in den Felsenklüften
Aufweckend, schnell die Männer des Gebirgs
Zusammenrufe!

(Stier von Uri geht ab.)

Walther Fürst kommt.

Walther Fürst.

Haltet, Freunde! Haltet!
Noch fehlt uns Kunde, was in Unterwalden
Und Schwyz geschehen. Laßt uns Boten erst
Erwarten.

Ruodi.

Was erwarten? Der Tyrann
Ist tot, der Tag der Freiheit ist erschienen.

Steinmetz.

Ist's nicht genug an diesen flammenden Boten,
Die ringsherum auf allen Bergen leuchten?

Ruodi.

Kommt alle, kommt, legt Hand an, Männer und Weiber!
Brecht das Gerüste! Sprengt die Bogen! Reißt
Die Mauern ein! Kein Stein bleib' auf dem andern.

Steinmetz.

Gesellen, kommt! Wir haben's aufgebaut,
Wir wissen's zu zerstören.

Alle.

Kommt! Reißt nieder!

(Sie stürzen sich von allen Seiten auf den Bau.)

Walther Fürst.

Es ist im Lauf. Ich kann sie nicht mehr halten.

[1] Vgl. zu 1092.

Melchthal und **Baumgarten** kommen.

Melchthal.

Was? Steht die Burg noch, und Schloß Sarnen liegt
In Asche und der Roßberg ist gebrochen?

Walther Fürst.

Seid Ihr es, Melchthal? Bringt Ihr uns die Freiheit?
Sagt! Sind die Lande alle rein vom Feind?

Melchthal (umarmt ihn).

Rein ist der Boden. Freut Euch, alter Vater!
In diesem Augenblicke, da wir reden,
Ist kein Tyrann mehr in der Schweizer Land.

Walther Fürst.

O sprecht, wie wurdet Ihr der Burgen mächtig?

Melchthal.

Der Rudenz war es, der das Sarner Schloß
Mit mannlich kühner Wagethat gewann.
Den Roßberg hatt' ich nachts zuvor erstiegen.
Doch höret, was geschah. Als wir das Schloß
Vom Feind geleert, nun freudig angezündet,
Die Flamme prasselnd schon zum Himmel schlug,
Da stürzt der Diethelm, Geßlers Bub, hervor
Und ruft, daß die Bruneckerin verbrenne.

Walther Fürst.

Gerechter Gott!

(Man hört die Balken des Gerüstes stürzen.)

Melchthal.

Sie war es selbst, war heimlich
Hier eingeschlossen auf des Vogts Geheiß.
Rasend erhub sich Rudenz, denn wir hörten
Die Balken schon, die festen Pfosten stürzen
Und aus dem Rauch hervor den Jammerruf
Der Unglückseligen.

Walther Fürst.

Sie ist gerettet?

Melchthal.

Da galt Geschwindsein und Entschlossenheit!
Wär' er nur unser Edelmann gewesen,

Wir hätten unser Leben wohl geliebt;
Doch er war unser Eidgenoß, und Bertha
Ehrte das Volk. So setzten wir getrost
Das Leben dran und stürzten in das Feuer.

Walther Fürst.

Sie ist gerettet?

Melchthal.

Sie ist's. Rudenz und ich,
Wir trugen sie selbander aus den Flammen,
Und hinter uns fiel krachend das Gebälk.
Und jetzt, als sie gerettet sich erkannte,
Die Augen aufschlug zu dem Himmelslicht,
Jetzt stürzte mir der Freiherr an das Herz,
Und schweigend ward ein Bündnis jetzt beschworen,
Das, fest gehärtet in des Feuers Glut,
Bestehen wird in allen Schicksalsproben.

Walther Fürst.

Wo ist der Landenberg?

Melchthal.

Über den Brünig[1].
Nicht lag's an mir, daß er das Licht der Augen
Davontrug, der den Vater mir geblendet.
Nach jagt' ich ihm, erreicht' ihn auf der Flucht
Und riß ihn zu den Füßen meines Vaters.
Geschwungen über ihm war schon das Schwert;
Von der Barmherzigkeit des blinden Greises
Erhielt er flehend das Geschenk des Lebens.
Urfehde[2] schwur er, nie zurückzukehren.
Er wird sie halten; unsern Arm hat er
Gefühlt.

Walther Fürst.

Wohl Euch, daß Ihr den reinen Sieg
Mit Blute nicht geschändet!

Kinder

(eilen mit Trümmern des Gerüstes über die Szene).

Freiheit! Freiheit!

(Das Horn von Uri wird mit Macht geblasen.)

---

[1] Der Paß, der aus Unterwalden in den Kanton Bern führt. Vgl. zu 1194.

[2] Das eidliche Versprechen, sich niemals zu rächen. Hier ist also der Sinn des Wortes ein wenig erweitert.

Walther Fürst.

Seht, welch ein Fest! Des Tages werden sich
Die Kinder spät als Greise noch erinnern.

(Mädchen bringen den Hut auf einer Stange getragen; die ganze Szene füllt sich mit Volk an.)

Ruodi.

Hier ist der Hut, dem wir uns beugen mußten.

Baumgarten.

Gebt uns Bescheid, was damit werden soll!

Walther Fürst.

Gott! unter diesem Hute stand mein Enkel.

Mehrere Stimmen.

Zerstört das Denkmal der Tyrannenmacht!
Ins Feuer mit ihm!

Walther Fürst.

Nein, laßt ihn aufbewahren!
Der Tyrannei mußt' er zum Werkzeug dienen,
Er soll der Freiheit ewig Zeichen sein.

(Die Landleute, Männer, Weiber und Kinder stehen und sitzen auf den Balken des zerbrochenen Gerüstes malerisch gruppiert in einem großen Halbkreis umher.)

Melchthal.

So stehen wir nun fröhlich auf den Trümmern
Der Tyrannei, und herrlich ist's erfüllt,
Was wir im Rütli schwuren, Eidgenossen.

Walther Fürst.

Das Werk ist angefangen, nicht vollendet.
Jetzt ist uns Mut und feste Eintracht not;
Denn seid gewiß, nicht säumen wird der König,
Den Tod zu rächen seines Vogts und den
Vertriebnen mit Gewalt zurückzuführen.

Melchthal.

Er zieh' heran mit seiner Heeresmacht!
Ist aus dem Innern doch der Feind verjagt;
Dem Feind von außen wollen wir begegnen.

Ruodi.

Nur wen'ge Pässe öffnen ihm das Land,
Die wollen wir mit unsern Leibern decken.

Baumgarten.

Wir sind vereinigt durch ein ewig Band,
Und seine Heere sollen uns nicht schrecken!

Rösselmann und **Stauffacher** kommen.

Rösselmann (im Eintreten).

Das sind des Himmels furchtbare Gerichte.

Landleute.

Was gibt's?

Rösselmann.

In welchen Zeiten leben wir!

Walther Fürst.

Sagt an, was ist es? Ha, seid Ihr's, Herr Werner?
Was bringt Ihr uns?

Landleute.

Was gibt's?

Rösselmann.

Hört und erstaunet!

Stauffacher.

Von einer großen Furcht sind wir befreit –

Rösselmann.

Der Kaiser ist ermordet.

Walther Fürst.

Gnäd'ger Gott!

(Landleute machen einen Aufstand und umdrängen den Stauffacher.)

Alle.

Ermordet! Was? Der Kaiser! Hört! Der Kaiser!

Melchthal.

Nicht möglich! Woher kam euch diese Kunde?

Stauffacher.

Es ist gewiß. Bei Bruck fiel König Albrecht
Durch Mörders Hand; ein glaubenwerter Mann,
Johannes Müller[1], bracht' es von Schaffhausen.

Walther Fürst.

Wer wagte solche grauenvolle That?

---

[1] Der Name ist gewählt im Andenken an den Geschichtschreiber Johann von Müller (1752–1809), dessen „Geschichten Schweizerischer Eidgenossenschaft" eine Hauptquelle Schillers waren.

Stauffacher.

Sie wird noch grauenvoller durch den Thäter.
Es war sein Neffe, seines Bruders Kind,
Herzog Johann von Schwaben, der's vollbrachte.

Melchthal.

Was trieb ihn zu der That des Vatermords?

Stauffacher.

Der Kaiser hielt das väterliche Erbe
Dem ungeduldig Mahnenden zurück;
Es hieß, er denk', ihn ganz darum zu kürzen,
Mit einem Bischofshut ihn abzufinden.
Wie dem auch sei, der Jüngling öffnete
Der Waffenfreunde bösem Rat sein Ohr,
Und mit den edeln Herrn von Eschenbach,
Von Tegerfelden, von der Wart und Palm
Beschloß er, da er Recht nicht konnte finden,
Sich Rach' zu holen mit der eignen Hand.

Walther Fürst.

O sprecht, wie ward das Gräßliche vollendet?

Stauffacher.

Der König ritt herab vom Stein[1] zu Baden,
Gen Rheinfeld, wo die Hofstatt war, zu ziehn,
Mit ihm die Fürsten Hans und Leopold
Und ein Gefolge hochgeborner Herren.
Und als sie kamen an die Reuß, wo man
Auf einer Fähre sich läßt übersetzen,
Da drängten sich die Mörder in das Schiff,
Daß sie den Kaiser vom Gefolge trennten.
Drauf als der Fürst durch ein geackert Feld
Hinreitet – eine alte große Stadt
Soll drunter liegen aus der Heiden Zeit[2] –
Die alte Feste Habsburg im Gesicht,
Wo seines Stammes Hoheit ausgegangen,
Stößt Herzog Hans den Dolch ihm in die Kehle,
Rudolf von Palm durchrennt ihn mit dem Speer,

[1] Eine feste Burg bei Baden (vgl. zu 2670), oft Sitz der österreichischen Herzöge.

[2] Vindonissa, berühmte Grenzstadt der Römer gegen die Germanen, 594 zerstört.

Und Eschenbach zerspaltet ihm das Haupt,
Daß er heruntersinkt in seinem Blut,
Gemordet von den Seinen auf dem Seinen.
Am andern Ufer sahen sie die That;
Doch durch den Strom geschieden, konnten sie
Nur ein ohnmächtig Wehgeschrei erheben;
Am Wege aber saß ein armes Weib,
In ihrem Schoß verblutete der Kaiser.

Melchthal.

So hat er nur sein frühes Grab gegraben,
Der unersättlich alles wollte haben!

Stauffacher.

Ein ungeheurer Schrecken ist im Land umher,
Gesperrt sind alle Pässe des Gebirgs,
Jedweder Stand verwahret seine Grenzen;
Die alte Zürich selbst schloß ihre Thore,
Die dreißig Jahr' lang offen standen, zu,
Die Mörder fürchtend und noch mehr – die Rächer.
Denn mit des Bannes Fluch bewaffnet, kommt
Der Ungarn Königin, die strenge Agnes,
Die nicht die Milde kennet ihres zarten
Geschlechts, des Vaters königliches Blut
Zu rächen an der Mörder ganzem Stamm,
An ihren Knechten, Kindern, Kindeskindern,
Ja an den Steinen ihrer Schlösser selbst.
Geschworen hat sie, ganze Zeugungen
Hinabzusenden in des Vaters Grab,
In Blut sich wie in Maientau zu baden.

Melchthal.

Weiß man, wo sich die Mörder hingeflüchtet?

Stauffacher.

Sie flohen alsbald nach vollbrachter That
Auf fünf verschiednen Straßen auseinander
Und trennten sich, um nie sich mehr zu sehn.
Herzog Johann soll irren im Gebirge.

Walther Fürst.

So trägt die Unthat ihnen keine Frucht!
Rache trägt keine Frucht! Sich selbst ist sie

Die fürchterliche Nahrung, ihr Genuß
Ist Mord und ihre Sättigung das Grausen.

Stauffacher.

Den Mördern bringt die Unthat nicht Gewinn;
Wir aber brechen mit der reinen Hand
Des blut'gen Frevels segenvolle Frucht.
Denn einer großen Furcht sind wir entledigt:
Gefallen ist der Freiheit größter Feind,
Und, wie verlautet, wird das Zepter gehn
Aus Habsburgs Haus zu einem andern Stamm;
Das Reich will seine Wahlfreiheit behaupten.

Walther Fürst und **mehrere.**

Vernahmt Ihr was?

Stauffacher.

Der Graf von Luxemburg[1]
Ist von den mehrsten Stimmen schon bezeichnet.

Walther Fürst.

Wohl uns, daß wir beim Reiche treu gehalten!
Jetzt ist zu hoffen auf Gerechtigkeit.

Stauffacher.

Dem neuen Herrn thun tapfre Freunde not;
Er wird uns schirmen gegen Östreichs Rache.

(Die Landleute umarmen einander.)

Sigrist mit einem **Reichsboten.**

Sigrist.

Hier sind des Landes würd'ge Oberhäupter.

Rösselmann und **mehrere.**

Sigrist, was gibt's?

Sigrist.

Ein Reichsbot' bringt dies Schreiben.

Alle (zu Walther Fürst).

Erbrecht und leset!

Walther Fürst (liest).

„Den bescheidnen Männern
Von Uri, Schwyz und Unterwalden bietet
Die Königin Elsbeth Gnad' und alles Gutes."

---

[1] Er wurde nach Albrechts Tode als Heinrich VII. wirklich Kaiser.

Viele Stimmen.

Was will die Königin? Ihr Reich ist aus.

Walther Fürst (liest).

„In ihrem großen Schmerz und Witwenleid,
Worein der blut'ge Hinscheid ihres Herrn
Die Königin versetzt, gedenkt sie noch
Der alten Treu' und Lieb' der Schwyzerlande."

Melchthal.

In ihrem Glück hat sie das nie gethan.

Rösselmann.

Still! Lasset hören!

Walther Fürst (liest).

„Und sie versieht sich zu dem treuen Volk,
Daß es gerechten Abscheu werde tragen
Vor den verfluchten Thätern dieser That.
Darum erwartet sie von den drei Landen,
Daß sie den Mördern nimmer Vorschub thun,
Vielmehr getreulich dazu helfen werden,
Sie auszuliefern in des Rächers Hand,
Der Lieb' gedenkend und der alten Gunst,
Die sie von Rudolfs Fürstenhaus empfangen."

(Zeichen des Unwillens unter den Landleuten.)

Viele Stimmen.

Der Lieb' und Gunst!

Stauffacher.

Wir haben Gunst empfangen von dem Vater;
Doch wessen rühmen wir uns von dem Sohn?
Hat er den Brief der Freiheit uns bestätigt,
Wie *vor* ihm alle Kaiser doch gethan?
Hat er gerichtet nach gerechtem Spruch
Und der bedrängten Unschuld Schutz verliehn?
Hat er auch nur die Boten wollen hören,
Die wir in unsrer Angst zu ihm gesendet?
Nicht eins von diesem allen hat der König
An uns gethan, und hätten wir nicht selbst
Uns Recht verschafft mit eigner mut'ger Hand,
Ihn rührte unsre Not nicht an. Ihm Dank?
Nicht Dank hat er gesät in diesen Thälern.
Er stand auf einem hohen Platz, er konnte

Ein Vater seiner Völker sein; doch ihm
Gefiel es, nur zu sorgen für die Seinen.
Die er gemehrt hat, mögen um ihn weinen!

Walther Fürst.

Wir wollen nicht frohlocken seines Falls,
Nicht des empfangnen Bösen jetzt gedenken,
Fern sei's von uns! Doch daß wir rächen sollten
Des Königs Tod, der nie uns Gutes that,
Und die verfolgen, die uns nie betrübten,
Das ziemt uns nicht und will uns nicht gebühren.
Die Liebe will ein freies Opfer sein;
Der Tod entbindet von erzwungnen Pflichten.
Ihm haben wir nichts weiter zu entrichten.

Melchthal.

Und weint die Königin in ihrer Kammer,
Und klagt ihr wilder Schmerz den Himmel an,
So seht Ihr hier ein angstbefreites Volk
Zu eben diesem Himmel dankend flehen.
Wer Thränen ernten will, muß Liebe säen.

(Reichsbote geht ab.)

Stauffacher (zu dem Volk).

Wo ist der Tell? Soll er allein uns fehlen,
Der unsrer Freiheit Stifter ist? Das Größte
Hat er gethan, das Härteste erduldet.
Kommt alle, kommt, nach seinem Haus zu wallen,
Und rufet Heil dem Retter von uns allen!

(Alle gehen ab.)

Zweite Szene.

Tells Hausflur.

Ein Feuer brennt auf dem Herd. Die offenstehende Thüre zeigt ins Freie.

Hedwig. Walther und **Wilhelm.**

Hedwig.

Heut kommt der Vater. Kinder, liebe Kinder!
Er lebt, ist frei, und wir sind frei und alles!
Und euer Vater ist's, der's Land gerettet!

Walther.

Und ich bin auch dabei gewesen, Mutter!
Mich muß man auch mit nennen. Vaters Pfeil
Ging mir am Leben hart vorbei, und ich
Hab' nicht gezittert.

Hedwig (umarmt ihn).

Ja du bist mir wieder
Gegeben! Zweimal hab' ich dich geboren!
Zweimal litt ich den Mutterschmerz um dich!
Es ist vorbei – ich hab' euch beide, beide!
Und heute kommt der liebe Vater wieder!

Ein Mönch erscheint an der Hausthüre.

Wilhelm.

Sieh, Mutter, sieh! Dort steht ein frommer Bruder;
Gewiß wird er um eine Gabe flehn.

Hedwig.

Führ' ihn herein, damit wir ihn erquicken;
Er fühl's, daß er ins Freudenhaus gekommen.

(Geht hinein und kommt bald mit einem Becher wieder.)

Wilhelm (zum Mönch).

Kommt, guter Mann. Die Mutter will Euch laben.

Walther.

Kommt, ruht Euch aus und geht gestärkt von dannen.

Mönch

(scheu umherblickend, mit zerstörten Zügen).

Wo bin ich? Saget an, in welchem Lande?

Walther.

Seid Ihr verirret, daß Ihr das nicht wißt?
Ihr seid zu Bürglen, Herr, im Lande Uri,
Wo man hineingeht in das Schächenthal.

Mönch (zur Hedwig, welche zurückkommt).

Seid Ihr allein? Ist Euer Herr zu Hause?

Hedwig.

Ich erwart' ihn eben – doch was ist Euch, Mann?
Ihr seht nicht aus, als ob Ihr Gutes brächtet. –
Wer Ihr auch seid, Ihr seid bedürftig, nehmt!

(Reicht ihm den Becher.)

Mönch.

Wie auch mein lechzend Herz nach Labung schmachtet,
Nichts rühr' ich an, bis Ihr mir zugesagt –

Hedwig.

Berührt mein Kleid nicht, tretet mir nicht nah,
Bleibt ferne stehn, wenn ich Euch hören soll!

Mönch.

Bei diesem Feuer, das hier gastlich lodert,
Bei Eurer Kinder teurem Haupt, das ich
Umfasse –

(Ergreift die Knaben.)

Hedwig.

Mann, was sinnet Ihr? Zurück
Von meinen Kindern! Ihr seid kein Mönch! Ihr seid
Es nicht! Der Friede wohnt in diesem Kleide;
In Euren Zügen wohnt der Friede nicht.

Mönch.

Ich bin der Unglückseligste der Menschen.

Hedwig.

Das Unglück spricht gewaltig zu dem Herzen,
Doch Euer Blick schnürt mir das Innre zu.

Walther (aufspringend).

Mutter, der Vater!

(Eilt hinaus.)

Hedwig.

O mein Gott!

(Will nach, zittert und hält sich an.)

Wilhelm (eilt nach).

Der Vater!

Walther (draußen).

Da bist du wieder!

Wilhelm (draußen).

Vater, lieber Vater!

Tell (draußen).

Da bin ich wieder. Wo ist eure Mutter?

(Treten herein.)

Walther.

Da steht sie an der Thür und kann nicht weiter;
So zittert sie für Schrecken und für Freude.

Tell.

O Hedwig, Hedwig! Mutter meiner Kinder!
Gott hat geholfen, uns trennt kein Tyrann mehr.

Hedwig (an seinem Halse).
O Tell, Tell! Welche Angst litt ich um dich!
(Mönch wird aufmerksam.)

Tell.
Vergiß sie jetzt und lebe nur der Freude!
Da bin ich wieder! Das ist meine Hütte!
Ich stehe wieder auf dem Meinigen!

Wilhelm.
Wo aber hast du deine Armbrust, Vater?
Ich seh' sie nicht.

Tell.
Du wirst sie nie mehr sehn.
An heil'ger Stätte ist sie aufbewahrt;
Sie wird hinfort zu keiner Jagd mehr dienen.

Hedwig.
O Tell, Tell!
(Tritt zurück, läßt seine Hand los.)

Tell.
Was erschreckt dich, liebes Weib?

Hedwig.
Wie – wie kommst du mir wieder? Diese Hand,
Darf ich sie fassen? Diese Hand – o Gott!

Tell (herzlich und mutig).
Hat euch verteidigt und das Land gerettet;
Ich darf sie frei hinauf zum Himmel heben.
(Mönch macht eine rasche Bewegung, er erblickt ihn.)
Wer ist der Bruder hier?

Hedwig.
Ach, ich vergaß ihn!
Sprich du mit ihm, mir graut in seiner Nähe.

Mönch (tritt näher).
Seid Ihr der Tell, durch den der Landvogt fiel?

Tell.
Der bin ich, ich verberg' es keinem Menschen.

Mönch.
Ihr seid der Tell! Ach, es ist Gottes Hand,
Die unter Euer Dach mich hat geführt!

Tell (mißt ihn mit den Augen).
Ihr seid kein Mönch! Wer seid Ihr?

Mönch.

Ihr erschlugt
Den Landvogt, der Euch Böses that. Auch ich
Hab' einen Feind erschlagen, der mir Recht
Versagte – er war Euer Feind wie meiner –
Ich hab' das Land von ihm befreit.

Tell (zurückfahrend).

Ihr seid –
Entsetzen! Kinder, Kinder, geht hinein!
Geh, liebes Weib! Geh, geh! – Unglücklicher!
Ihr wäret –

Hedwig.

Gott, wer ist es?

Tell.

Frage nicht!
Fort, fort! Die Kinder dürfen es nicht hören.
Geh aus dem Hause – weit hinweg – du darfst
Nicht unter *einem* Dach mit diesem wohnen.

Hedwig.

Weh mir, was ist das? Kommt!

(Geht mit den Kindern.)

Tell (zu dem Mönch).

Ihr seid der Herzog
Von Österreich – Ihr seid's! Ihr habt den Kaiser
Erschlagen, Euern Ohm und Herrn!

Johannes Parricida.

Er war
Der Räuber meines Erbes.

Tell.

Euern Ohm
Erschlagen, Euern Kaiser! Und Euch trägt
Die Erde noch? Euch leuchtet noch die Sonne?

Parricida.

Tell, hört mich, eh' Ihr –

Tell.

Von dem Blute triefend
Des Vatermordes und des Kaisermords,
Wagst du zu treten in mein reines Haus?

Du wagst's, dein Antlitz einem guten Menschen
Zu zeigen und das Gastrecht zu begehren?

Parricida.

Bei Euch hofft' ich Barmherzigkeit zu finden;
Auch Ihr nahmt Rach' an Euerm Feind.

Tell.

Unglücklicher!
Darfst du der Ehrsucht blut'ge Schuld vermengen
Mit der gerechten Notwehr eines Vaters?
Hast du der Kinder liebes Haupt verteidigt?
Des Herdes Heiligtum beschützt? Das schrecklichste,
Das letzte von den Deinen abgewehrt?
Zum Himmel heb' ich meine reinen Hände,
Verfluche dich und deine That! Gerächt
Hab' ich die heilige Natur, die du
Geschändet – nichts teil' ich mit dir – gemordet
Hast du, ich hab' mein Teuerstes verteidigt.

Parricida.

Ihr stoßt mich von Euch, trostlos, in Verzweiflung?

Tell.

Mich faßt ein Grausen, da ich mit dir rede.
Fort! Wandle deine fürchterliche Straße!
Laß rein die Hütte, wo die Unschuld wohnt!

Parricida (wendet sich zu gehen).

So kann ich, und so will ich nicht mehr leben!

Tell.

Und doch erbarmt mich deiner – Gott des Himmels!
So jung[1], von solchem adeligen Stamm,
Der Enkel Rudolfs, meines Herrn und Kaisers,
Als Mörder flüchtig, hier an meiner Schwelle,
Des armen Mannes, flehend und verzweifelnd –
(Verhüllt sich das Gesicht.)

Parricida.

O wenn Ihr weinen könnt, laßt mein Geschick
Euch jammern; es ist fürchterlich – ich bin
Ein Fürst – ich war's – ich konnte glücklich werden,
Wenn ich der Wünsche Ungeduld bezwang.

---

[1] Parricida war in der That erst achtzehn Jahre alt.

Der Neid zernagte mir das Herz – ich sah
Die Jugend meines Vetters Leopold
Gekrönt mit Ehre und mit Land belohnt
Und mich, der gleiches Alters mit ihm war,
In sklavischer Unmündigkeit gehalten –

Tell.

Unglücklicher, wohl kannte dich dein Ohm,
Da er dir Land und Leute weigerte!
Du selbst mit rascher, wilder Wahnsinnsthat
Rechtfertigst furchtbar seinen weisen Schluß.
Wo sind die blut'gen Helfer deines Mords?

Parricida.

Wohin die Rachegeister sie geführt;
Ich sah sie seit der Unglücksthat nicht wieder.

Tell.

Weißt du, daß dich die Acht verfolgt, daß du
Dem Freund verboten und dem Feind erlaubt[1]?

Parricida.

Darum vermeid' ich alle offne Straßen;
An keine Hütte wag' ich anzupochen,
Der Wüste kehr' ich meine Schritte zu.
Mein eignes Schrecknis, irr' ich durch die Berge
Und fahre schaudernd vor mir selbst zurück,
Zeigt mir ein Bach mein unglückselig Bild.
O wenn Ihr Mitleid fühlt und Menschlichkeit –
(Fällt vor ihm nieder.)

Tell (abgewendet).

Steht auf! Steht auf!

Parricida.

Nicht, bis Ihr mir die Hand gereicht zur Hülfe.

Tell.

Kann ich Euch helfen? Kann's ein Mensch der Sünde?
Doch stehet auf! Was Ihr auch Gräßliches
Verübt – Ihr seid ein Mensch – ich bin es auch;
Vom Tell soll keiner ungetröstet scheiden –
Was ich vermag, das will ich thun.

---

[1] Stehender Ausdruck der Achtserklärung; so auch (nach Tschudi) in der Acht Heinrichs VII. gegen die Mörder.

Parricida

(aufspringend und seine Hand mit Heftigkeit ergreifend).

O Tell!
Ihr rettet meine Seele von Verzweiflung.

Tell.

Laßt meine Hand los! Ihr müßt fort. Hier könnt
Ihr unentdeckt nicht bleiben, könnt entdeckt
Auf Schutz nicht rechnen. Wo gedenkt Ihr hin?
Wo hofft Ihr Ruh' zu finden?

Parricida.

Weiß ich's? Ach!

Tell.

Hört, was mir Gott ins Herz gibt! Ihr müßt fort
Ins Land Italien nach Sankt Peters Stadt.
Dort werft Ihr Euch dem Papst zu Füßen, beichtet
Ihm Eure Schuld und löset Eure Seele.

Parricida.

Wird er mich nicht dem Rächer überliefern?

Tell.

Was er Euch thut, das nehmet an von Gott.

Parricida.

Wie komm' ich in das unbekannte Land?
Ich bin des Wegs nicht kundig, wage nicht
Zu Wanderern die Schritte zu gesellen.

Tell.

Den Weg will ich Euch nennen, merket wohl!
Ihr steigt hinauf, dem Strom der Reuß entgegen,
Die wildes Laufes von dem Berge stürzt –

Parricida (erschrickt).

Seh' ich die Reuß? Sie floß bei meiner That.

Tell.

Am Abgrund geht der Weg, und viele Kreuze
Bezeichnen ihn, errichtet zum Gedächtnis
Der Wanderer, die die Lawine begraben.

Parricida.

Ich fürchte nicht die Schrecken der Natur,
Wenn ich des Herzens wilde Qualen zähme.

Tell.

Vor jedem Kreuze fallet hin und büßet
Mit heißen Reuethränen Eure Schuld.
Und seid Ihr glücklich durch die Schreckensstraße[1],
Sendet der Berg nicht seine Windeswehen
Auf Euch herab von dem beeisten Joch,
So kommt Ihr auf die *Brücke*, welche *stäubet*.[2]
Wenn sie nicht einbricht unter Eurer Schuld,
Wenn Ihr sie glücklich hinter Euch gelassen,
So reißt ein schwarzes *Felsenthor*[3] sich auf –
Kein Tag hat's noch erhellt – da geht Ihr durch,
Es führt Euch in ein heitres *Thal* der Freude.[4]
Doch schnellen Schritts müßt Ihr vorüber eilen;
Ihr dürft nicht weilen, wo die Ruhe wohnt.

Parricida.

O Rudolf, Rudolf! Königlicher Ahn!
So zieht dein Enkel ein auf deines Reiches Boden!

Tell.

So immer steigend kommt Ihr auf die Höhen
Des Gotthards, wo die ew'gen Seen sind,
Die von des Himmels Strömen selbst sich füllen.
Dort nehmt Ihr Abschied von der deutschen Erde,
Und muntern Laufs führt Euch ein andrer Strom
Ins Land Italien hinab, Euch das gelobte.

(Man hört den Kuhreihen von vielen Alphörnern geblasen.)

Ich höre Stimmen. Fort!

Hedwig (eilt herein).

Wo bist du, Tell?
Der Vater kommt! Es nahn im frohen Zug
Die Eidgenossen alle –

Parricida (verhüllt sich).

Wehe mir!
Ich darf nicht weilen bei den Glücklichen.

---

[1] Das obere Reußthal, die Schöllenenschlucht. Vgl. hier und mit dem Folgenden das „Berglied", Bd. I, S. 310.

[2] Die Teufelsbrücke, die von dem Wassersturz der Reuß fortwährend mit Schaum bespritzt wird.

[3] Das sogenannte Urner Loch, ein Tunnel von etwa 70 m Länge, der allerdings erst 1707 angelegt wurde.

[4] Das liebliche Thal von Urseren oder Andermatt.

Tell.

Geh, liebes Weib! Erfrische diesen Mann,
Belad' ihn reich mit Gaben, denn sein Weg
Ist weit, und keine Herberg' findet er.
Eile! Sie nahn.

Hedwig.

Wer ist es?

Tell.

Forsche nicht!
Und wenn er geht, so wende deine Augen,
Daß sie nicht sehen, welchen Weg er wandelt!

Parricida geht auf den Tell zu mit einer raschen Bewegung; dieser aber bedeutet ihn mit der Hand und geht. Wenn beide zu verschiedenen Seiten abgegangen, verändert sich der Schauplatz, und man sieht in der

Letzten Szene

den ganzen Thalgrund vor Tells Wohnung nebst den Anhöhen, welche ihn einschließen, mit Landleuten besetzt, welche sich zu einem Ganzen gruppieren. Andere kommen über einen hohen Steg, der über den Schächen führt, gezogen. Walther Fürst mit den beiden Knaben, Melchthal und Stauffacher kommen vorwärts; andre drängen nach; wie Tell heraustritt, empfangen ihn alle mit lautem Frohlocken.

Alle.

Es lebe Tell, der Schütz und der Erretter!

Indem sich die vordersten um den Tell drängen und ihn umarmen, erscheinen noch **Rudenz** und **Bertha,** jener die Landleute, diese die Hedwig umarmend. Die Musik vom Berge begleitet diese stumme Szene. Wenn sie geendigt, tritt Bertha in die Mitte des Volks.

Bertha.

Landleute! Eidgenossen! Nehmt mich auf
In euern Bund, die erste Glückliche,
Die Schutz gefunden in der Freiheit Land.
In eure tapfre Hand leg' ich mein Recht,
Wollt ihr als eure Bürgerin mich schützen?

Landleute.

Das wollen wir mit Gut und Blut.

Bertha.

Wohlan!
So reich' ich diesem Jüngling meine Rechte,
Die freie Schweizerin dem freien Mann!

Rudenz.

Und frei erklär' ich alle meine Knechte!

(Indem die Musik von neuem rasch einfällt, fällt der Vorhang.)

Nachwort zu dieser Ausgabe

Der vorliegende Band der Studienkreis-Edition mit Friedrich von Schillers Dramen *Die Räuber, Kabale und Liebe, Don Karlos, Infant von Spanien, Maria Stuart* sowie *Wilhelm Tell* versteht sich als Nachfolgepublikation der 1999 in dieser Reihe erschienenen Veröffentlichung von Johann Wolfgang von Goethes Werken *Die Leiden des jungen Werther, Iphigenie auf Tauris, Faust I* und *Faust II.* Anlässlich des 200. Todestages Friedrich von Schillers im Jahre 2005 sollen die in den Sekundarstufen der deutschen Schulen bevorzugt gelesenen Schiller'schen Dramen mit diesem Band neu ediert werden, wobei der Herausgeber davon ausgeht, dass – wie beim Goethe-Band – kaum ein Schüler oder eine Schülerin gleich allen abgedruckten Werken im Unterricht begegnen wird. Die vorliegende Textsammlung stellt daher eine Veröffentlichung mit Angebotscharakter dar, die dem Benutzer ermöglichen soll, sich über den in der Schule behandelten Stoff hinaus mit Friedrich von Schillers Texten zu beschäftigen.

Grundlage dieses Bandes der Studienkreis-Edition mit den fünf abgedruckten Dramen Friedrich von Schillers ist die 1895 erschienene Ausgabe vom Bibliographischen Institut Leipzig und Wien, die in der Reihe *Meyers Klassiker-Ausgaben* veröffentlicht wurde und die der Pädagoge und Gymnasialdirektor Ludwig Ernst Joachim Bellermann (1836–1915) erarbeitet hat. Die vierzehn Bände seiner kritisch durchgesehenen und erläuterten Ausgabe enthalten Schillers sämtliche Werke (Gedichte, Dramen, erzählende Dichtungen, geschichtliche Werke, philosophische Abhandlungen und poetische Übersetzungen), wobei *Die Räuber* sowie *Kabale und Liebe* im zweiten Band, *Don Karlos, Infant von Spanien* sowie *Maria Stuart* im dritten Band und *Wilhelm Tell* im fünften Band enthalten sind. Ähnlich wie in der so genannten *Weimarer Ausgabe,* die als Grundlage des Goethe-Bandes der Studienkreis-Edition den Ruf genießt, als historisch-kritische Ausgabe auf der Basis der *vollständigen Ausgabe letzter Hand* erarbeitet worden zu sein, greift die Textherstellung in der Bellermann'schen Schiller-Ausgabe auf diejenige Quelle zurück, die – so der Herausgeber in seinem Vorwort des ersten Bandes – als der letzte nachweisbare Wille des

Dichters zu gelten hat. So sind Sprache und Ausdruck nirgends geändert, „nur die rein äußerliche, den *Laut* des Wortes nicht berührende Schreibung ist nach der [1895] üblichen Orthographie geregelt worden"; zusätzlich hat Bellermann nur noch im Bereich der Interpunktion gelegentlich von seinen Quellen abweichen müssen, weil Schiller selbst darauf keine grundsätzliche Sorgfalt verwandt hat. Soweit es drucktechnisch möglich ist, gibt der vorliegende Band der Studienkreis-Edition die Bellermann'sche Ausgabe inklusive aller Hervorhebungen und Variationen im Satzspiegel text-, seiten- und zeilenidentisch wieder, ist also ein Neudruck, der – ohne jede unserem 21. Jahrhundert entsprechende Änderung von Rechtschreibung und Zeichensetzung und ohne jede weitere Modernisierung – lediglich den Fraktursatz in eine dem heutigen Leser vertraute Antiquaschrift überführt; dass dabei offenkundige Druckfehler beseitigt worden sind, ist selbstverständlich.

Ludwig Bellermann hat den Schiller'schen Texten Erläuterungen hinzugefügt, die – wie er in seinem Vorwort schreibt – einerseits Einzelheiten erklären sollen, „die dem gebildeten, aber nicht gelehrten Leser nicht immer gegenwärtig sein dürften, außerdem aber bei schwierigeren Dichtungen das Verständnis fördern, sei es durch Besprechung einzelner Stellen, sei es durch Hinweis auf den Grundgedanken und Zusammenhang". Die Studienkreis-Edition hat diese Erläuterungen übernommen, nicht hingegen die umfangreichen, jedem Drama vorangestellten Einleitungen Bellermanns, seine Anmerkungen am Ende eines jeden Bandes sowie ergänzenden Informationen zu unterschiedlichen Lesarten, die den Rahmen dieser Ausgabe gesprengt hätten. Was ebenfalls beibehalten worden ist, sind der Zeilenzähler der Bellermann'schen Ausgabe sowie deren Seitenzahlen der jeweiligen Bände am oberen linken oder rechten Seitenrand, die die durchlaufende Paginierung der Studienkreis-Edition am unteren Seitenrand ergänzen; Verweise in den als Fußnoten auftauchenden Erläuterungen, die sich naturgemäß immer auf die originale Ausgabe beziehen, können somit gegebenenfalls nachgeschlagen werden. Aus diesem Grund ist auch die Zählweise der Zeilenzähler nicht harmonisiert worden, so dass in *Die Räuber* sowie *Kabale und Liebe* die Zählung auf jeder Seite neu beginnt, in den anderen drei Dramen hingegen fortlaufend ist. Auch auf eine terminologische Vereinheitlichung ist aufgrund der gleichen Überlegungen verzichtet worden, so dass sich zum Beispiel *Die Räuber* in Akte und Szenen gliedern, *Wilhelm Tell* hingegen in Aufzüge und Szenen, *Maria Stuart* in Aufzüge und Auftritte und schließlich *Don Karlos, Infant von Spanien* in Akte und Auftritte. Grundsätzlich gilt für die Studienkreis-Edition, so nah wie möglich am Original zu bleiben, was allerdings auch zur Folge hat, dass bestimmte Inkonsequenzen Bellermanns, so beispielsweise auch die Verwendung der unterschiedlichen Bezeichnungen *Eilfter Auftritt* und *Elfter Auftritt* im vierten beziehungsweise fünften Aufzug von *Maria Stuart*, mitgetragen werden müssen.

Werk und Wirkung Friedrich von Schillers im Allgemeinen

Schon von seinen Zeitgenossen wurde Johann Christoph Friedrich von Schiller – geboren am 10.11.1759 in Marbach am Neckar, 1802 in den Adelsstand erhoben und bereits am 09.05.1805 45-jährig in Weimar gestorben – sowohl enthusiastisch gefeiert als auch heftig angegriffen. Neben Johann Wolfgang von Goethe stellt er den zweiten Pfeiler der deutschen klassischen dramatischen Dichtung dar, der nach seinem frühen Tod aufgrund volkstümlicher Mythenbildung schnell zum Objekt kultischer Verehrung wurde. Ein Blick in die heute geltenden *Deutsch*-Lehrpläne der deutschen Schulen mit Sekundarstufenunterricht verrät, dass viele seiner Werke auch 200 Jahre nach seinem Tod unumstritten zum allgemeinen Bildungsgut gerechnet werden, wenn auch die Kanonisierung obligatorischer Schullektüre kontinuierlich abzunehmen scheint. Einerseits ist es die Vielfalt der behandelten Themen, andererseits aber auch die Prägnanz der sprachlichen Gestaltung, die die Schiller'schen Werke kennzeichnen und die seine Texte zu einer Quelle sprichwörtlicher Redensarten für alle Gelegenheiten machen; Schiller selbst wurde zum Vorbild verschiedenster politischer Bewegungen und Ideologien, die den Dichter – dem jeweiligen historischen Kontext entsprechend – zu einem Vorkämpfer für Demokratie und Freiheit, für die nationalstaatliche Einigung Deutschlands, für die völkische Ideologie oder auch für einen so genannten humanistischen Sozialismus emporstilisierten. Literarische und philosophische Auseinandersetzungen mit Schiller verliefen einerseits parallel mit politisch-ideologischen Vereinnahmungen seiner historischen, ethischen und ästhetischen Konzeptionen, andererseits zeigen sie aber auch ein ähnlich widersprüchliches Bild wie zu den Lebzeiten des Dichters und reichen von der Verehrung des *Freiheitsdichters* Schiller durch die Autoren des Vormärz bis hin zur Verhöhnung durch Friedrich Wilhelm Nietzsche.

Hilfreich für die erste Gewinnung eines Überblicks über das Werk und die Wirkung Friedrich von Schillers ist zunächst eine telegrammartige Zusammenstellung der wichtigsten Eckdaten, wie sie *Die deutsche Literatur – Ein Abriß in Text und Darstellung* liefert:

„Geboren 10. November 1759 in Marbach (Württemberg), gestorben 9. Mai 1805 in Weimar. Auf Befehl des Herzogs Karl Eugen Besuch der Militärschule auf der Solitude. Studium der Rechte und der Medizin unter strenger militärischer Zucht. Literarische Einflüsse: Klopstock, Lessings *Emilia Galotti* und Dramen des Sturm und Drang. Wegen der sensationellen Uraufführung der *Räuber* in Mannheim 1782 und einer ungenehmigten Reise dorthin erhielt Schiller Arreststrafe und Schreibverbot. Flucht nach Mannheim. 1783/84 Theaterdichter des Nationaltheaters in Mannheim. 1783 *Die Verschwörung des Fiesko zu Genua* (Trauerspiel); 1784 *Kabale und Liebe* (Trauerspiel). 1785 auf Einladung Christian Gottfried Körners nach Leipzig, hier Hymne *An die Freude* und Arbeit am *Don Carlos*. Überwindung seiner sozialkritischen Sturm-und-Drang-Periode. 1787 Übersiedlung nach Weimar. 1787 *Don Carlos* (Trauerspiel), inzwischen umgeformt zum vollendeten idealistischen Jambendrama. Umgang mit Herder, Wieland, Charlotte von Kalb. 1787–92 historische Arbeiten. 1789 Professur für Geschichte in Jena (Antrittsrede: *Was heißt und zu welchem Ende studiert man Universalgeschichte?*). 1790 Verheiratung mit Charlotte von Lengefeld, 1791 schwere Lungentuberkulose. Aufgabe der Lehrtätigkeit. 1791–93 *Geschichte des dreißigjährigen Krieges*. 1792–96 ästhetische und philosophische Studien, besonders Kant. Daraus Neubegründung seiner Kunstauffassung (*Über Anmut und Würde*, 1793). 1794 Freundschaft mit Wilhelm von Humboldt und Bündnis mit Goethe. 1795/96 philosophische Gedankenlyrik. 1795 *Über die ästhetische Erziehung des Menschen*; 1795/96 *Über naive und sentimentalische Dichtung*; 1795–97 Herausgabe der „Horen"; 1797 *Xenien* zusammen mit Goethe. 1797/98 Balladenjahr. 1799 Umzug nach Weimar. 1799 *Wallenstein*-Trilogie beendet. 1800 *Maria Stuart* (Trauerspiel); 1801 *Die Jungfrau von Orleans* (Trauerspiel); 1803 *Die Braut von Messina* (Trauerspiel); 1804

Wilhelm Tell (Schauspiel). Die Arbeit an dem Trauerspiel *Demetrius* wurde durch den Tod abgebrochen." (Otto F. Best u. a. [Hrsg.], *Die deutsche Literatur – Ein Abriß in Text und Darstellung*, Band 7: Klassik [hrsgeg. von Gabriele Wirsich-Irwin], Stuttgart 1998, S. 61 f.)

Was die im Einzelnen schwer nachzuweisenden literarischen Traditionslinien Schillers anbelangt, so macht die Fachliteratur zumindest eine indirekte Beeinflussung Schillers u. a. der Balladendichtung und der historischen Epik und Dramatik des 19. und des frühen 20. Jahrhunderts aus. Die russische Literatur empfing über Fjodor Michajlowitsch Dostojewskij wichtige Impulse, namhafte deutsche Literaten des 20. Jahrhunderts waren Bertolt Brecht und Thomas Mann. Hinsichtlich der für diesen Band der Studienkreis-Edition wichtigen Schiller'schen Dramen ist festzuhalten, dass Schillers Schauspiele im Repertoire der deutschsprachigen Bühnen ständig präsent gewesen sind, wenn auch einzelne deutliche Höhepunkte in den Gedenkjahren 1859 (100. Geburtstag), 1905 (100. Todestag), 1955 (150. Todestag) und 1959 (200. Geburtstag) zu verzeichnen waren, was für 2005 ebenfalls zu erwarten ist. Auch haben in der Vergangenheit die Akzentsetzungen der Aufführungen divergiert, die sich in der zeitbedingten Vorliebe für bestimmte Stücke ebenso ablesen ließen wie in den Versuchen, mit Hilfe von Techniken der Verfremdung, Aktualisierung oder Entheroisierung den klassischen Texten neue und vermeintlich zeitgemäßere Aussagen und Facetten abzugewinnen. Einigkeit besteht in der heutigen Literatur jedenfalls darüber, Schiller als *geborenen Dramatiker* zu bezeichnen und ihn in einer Welt diktatorischer Willkür als *Dichter der Freiheit und Menschenwürde* zu betrachten – nicht „weil er die ‚Schaubühne als eine moralische Anstalt' sah, als eine ‚Gerichtsbarkeit, wo das Gebiet der weltlichen Gesetze endigt', sondern weil sein immer bewegtes dramatisches Geblüt darüber hinaus wirkliches Bühnenleben, wirkliche Bühnengestalten zu schaffen vermochte" (Felix Emmel, *rororo-Schauspielführer*, Reinbek 1968, S. 155). Dem heutigen Leser mag sein Pathos teilweise fremd anmuten, doch ändert das „nichts an dem hohen geistigen Feuer [seines] Gesamtwerkes, das so viele Generationen (auch im Ausland) begeistert hat" (ebenda, S. 156). Schiller war sich darüber bewusst, dass eine bloße Verkündung von Moral und Gesetz unwirksam bliebe und dass erst die sichtbare Darstellung im Theater Wirksamkeit besaß.

Unabhängig davon, dass die fünf vorab abgedruckten Dramen dieses Bandes der Studienkreis-Edition im Folgenden noch näher kommentiert werden, vermag an dieser Stelle eine kritische Würdigung des Werks und der Wirkung Friedrich von Schillers nur rudimentär zu bleiben. Zu breit gefächert ist sein Wirken gewesen, als dass es hier erschöpfend vorgestellt werden könnte – die Fülle seiner Dramen, Gedichte, Erzählungen, aber auch seiner geschichtlichen und philosophischen Abhandlungen sowie Übersetzungen und Briefe kann nur auf breitem Raum adäquat dargestellt werden. Walther Killy ist in seinem Schlusswort zu einem seitenlangen Eintrag über Friedrich von Schiller in seinem *Literaturlexikon* unbedingt zuzustimmen, wenn er sagt: „Als Dramatiker hat Schiller nie aufgehört, Regisseure und Schauspieler herauszufordern. Seine Dichtung strahlte nicht nur auf andere Länder (England, Frankreich, Italien und vor allem Rußland), sondern auch auf die anderen Künste (Oper, Lied, Malerei, Skulptur) aus. Mit seinen philosophischen Arbeiten beeinflußte er (und sei es auch im kritischen Widerspruch) von Wilhelm von Humboldt, Hegel, Hölderlin, Novalis, Friedrich Schlegel, Nietzsche über Brecht, Lukács und Marcuse bis in unsere Tage die ästhetische Diskussion." (Walther Killy [Hrsg.], *Literaturlexikon: Autoren und Werke deutscher Sprache*, Band 10, Gütersloh/München 1991, S. 240)

Dem Andenken Friedrich von Schillers ist eine Vielzahl von Kultur- und Literaturpreisen gewidmet, so beispielsweise der *Große Schiller-Preis* der Schweizer Schiller-Stiftung, die *Schillerpreise* der Städte Mannheim und Marbach am Neckar, wo sich auch das *Schiller-Nationalmuseum* mit der größten ständigen Schausammlung von Lebens- und Wirkungszeugnissen Schillers befindet, sowie der *Schiller-Gedächtnispreis* des Landes Baden-Württemberg, der nach seiner Stiftung 1955 zunächst alle zwei, seit 1959 alle drei Jahre am Geburtstag des Dichters verliehen wird.

Die Räuber

Den Anfang der vorliegenden Textsammlung macht Schillers dramatischer Erstling *Die Räuber*, der neben Goethes *Götz von Berlichingen* zu den bedeutsamsten Dramen des Sturm und Drang gerechnet wird. Für die genialische Gefühlsunmittelbarkeit, wie sie für diese Epoche typisch war, ist die dramatische Darbietungsform die angemessenste und darum bevorzugte Ausdrucksweise, weshalb es auch der Titel des 1777 uraufgeführten Dramas *Sturm und Drang* von Friedrich Maximilian Klinger gewesen ist, der der Zeit ihren Namen gab.

Hatte Goethe mit seinen frühen Dramen *Götz von Berlichingen* (1773 erschienen), *Clavigo* (1774 uraufgeführt) und *Stella* (1775 entstanden) das Theater des Sturm und Drang eröffnet, so hat es Schiller mit seinen Jugenddramen *Die Räuber* (1781 anonym erschienen), *Die Verschwörung des Fiesco zu Genua* (1783 uraufgeführt) und *Kabale und Liebe* (1784 uraufgeführt) vollendet. Schiller, der nach dem Wunsch seiner Eltern Theologe werden sollte, der aber vom Herzog Karl Eugen zum Besuch der Militär-Akademie in Stuttgart verpflichtet wurde, hatte unter strengen Vorschriften sieben Jahre in dieser Bildungskaserne verbracht. Es war den Zöglingen der Karlsschule das Lesen schöngeistiger Literatur verboten gewesen, doch handelte Schiller nicht danach und las u. a. Christian Friedrich Daniel Schubarts Erzählung *Zur Geschichte des menschlichen Herzens* aus dem Jahre 1775, die als eine seiner benutzten Quellen ihn – beflügelt vom Hass gegen Karl Eugen – dazu anregte, *Die Räuber* zu schreiben. Der Autor war noch sehr jung, und so zeigt sich in diesem Schauspiel die Handschrift des Revolutionärs, der aus der Haltung des Oppositionellen heraus sein Werk geschrieben hat:

„In den *Räubern* verkörpern die feindlichen Brüder Karl und Franz Moor den guten und den bösen Menschen. Karl ist der verlorene Sohn, der nach jugendlich ausschweifenden Studienjahren zu seinem Vater und seiner Braut heimkehren möchte. Franz, wie Shakespeares Richard III., ist der gekränkte Zweitgeborene, der mit kalter Überlegung und zynischer List einen Keil zwischen den gemütvollen Karl und seinen guten Vater treibt. Durch seines Bruders gefälschte Briefe verkennt Karl die Liebe seines Vaters; und von der Enttäuschung niedergeschlagen, zweifelt er gleich an der ganzen Menschheit und ihrer sittlichen Ordnung. Er wird zum Räuberhauptmann, um Gerechtigkeit walten zu lassen, wo immer er kann. Doch die Untaten seiner Bande verstricken ihn in so tiefe Schuld, daß am Ende eine Umkehr unmöglich scheint. Erst nachdem er die List seines Bruders und seinen eigenen tragischen Irrtum eingesehen hat, gewinnt Karl die innere Freiheit, sich im eigenen Untergang von der Räuberbande zu lösen. Karl ist endlich bereit, die unvollkommene irdische Ordnung als Stellvertreterin einer höheren Ordnung anzuerkennen [...]. [Sein] politisch-revolutionärer Aufbruch gegen die Tyrannen wird mit dem Einlenken in [eine] fromme idealistische Privatlösung zurückgenommen." (Kurt Rothmann, *Kleine Geschichte der deutschen Literatur*, Stuttgart 1978, S. 101)

Der Sekundärliteratur zufolge wusste Schiller mit den *Räubern* die wesentlichsten geistigen Strömungen seiner Zeit in ein Werk zu bannen; das Stück sei symptomatisch für die Haltung der Schiller'schen Generation in Deutschland zum politischen Umsturz. Die Kritik an der erstarrten, kraftlosen Gesellschaft, wie sie vor Karl von Moor schon Goethes ebenso dynamischer wie selbstbewusster Götz formuliert hatte, mündete in die Anerkennung einer idealen sittlichen Weltordnung, die dem Einzelnen revolutionäres Handeln verbot. Das Aufbegehren findet ohnehin nur in Worten statt und wird am Ende als räuberisches Unwesen diskriminiert: „Götz und Karl Moor sind Spiegelbilder bürgerlicher Ohnmacht, als literarische Figuren konzipiert, den realen Verzicht auf politisch veränderndes Eingreifen zu rechtfertigen." (Winfried Freund, *Deutsche Literatur*, Köln ^{2}2000, S. 71)

Obwohl der letzte Akt die Moralvorstellungen des Publikums bestätigte, herrschte in dem Moment, als der Vorhang fiel, Verwirrung im Theater: „Rollende Augen, geballte Fäuste, heisere Aufschreie im Zuschauerraum. Fremde Menschen fielen einander in die Arme. Frauen wankten, einer Ohnmacht nahe, zur Tür. Es war eine allgemeine Aufregung wie im Chaos, aus dessen Nebeln eine neue Schöpfung hervorbricht" (Joachim Bark u. a. [Hrsg.], *Epochen der deutschen Literatur*, Stuttgart 1989, S. 49). Die Uraufführung des Schiller'schen Erstlingswerkes wurde 1782 in Mannheim als ein beispielloses Ereignis in der Geschichte der deutschen Bühnendichtung gefeiert. Dennoch oder gerade deshalb erhielt der junge Dichter wegen seiner unerlaubten Reise dorthin von Karl Eugen 14 Tage Arrest, worauf Schiller sich an Schubart erinnerte, den der Herzog wegen dessen respektloser Kritik an Adel und Geistlichkeit zu dem Zeitpunkt bereits über vier Jahre unrechtmäßig gefangen hielt, und aus Württemberg floh. Bis heute hat sich das Schauspiel, von dem Schiller selbst gesagt haben soll, dass es ihn Familie und Vaterland gekostet habe, auf dem Theater behauptet, obwohl die Forschung die mangelnde innere Verbindung von rebellischer Räubergeschichte und Familientragödie schon früh bemängelte. Wenn auch die heutige Zeit eine Wirkung, wie sie das oben abgedruckte Zitat beschreibt, nicht mehr kennt, was allein schon an der – im 21. Jahrhundert für viele schwer genießbaren – erhitzten Sprache Schillers liegt, die er in den *Räubern* noch benutzt hat, so gilt das Stück nach den vorhandenen Schauspielführern noch immer als ein Drama, dessen *echter Überschwang der Jugend* und *heißer Atem* den Zuschauer nach wie vor in seinen Bann schlagen.

Kabale und Liebe

Neben Friedrich Hebbels dem Poetischen Realismus zugeschriebenen Stück *Maria Magdalena* aus dem Jahre 1844 und Gotthold Ephraim Lessings zuvor erschienenen Dramen *Emilia Galotti* von 1772 sowie *Miß Sara Sampson* von 1755 gehört Schillers 1784 in Frankfurt am Main uraufgeführtes Werk *Kabale und Liebe* zu den großen vier deutschen bürgerlichen Trauerspielen. In Deutschland war das frühe bürgerliche Trauerspiel eine Gattung der Empfindsamkeit, was auch in England so gewesen ist, doch ist für die deutsche Entwicklung daran zu erinnern, dass hier die Bindung der Personen an ihren Beruf und Stand und an ein entsprechendes standestypisches Denken oder gar an emanzipatorisches bürgerliches Standesbewusstsein zunächst ebenso fehlte wie eine gesellschaftskritische Tendenz. *Bürgerlich* war das frühe deutsche bürgerliche Trauerspiel vielmehr im Sinne von *mitmenschlich-privat-moralisch-gefühlvoll*; eine indirekte soziologische Bedeutung hat es allerdings insofern gehabt, als das mit diesen Begriffen bezeichnete Ethos das der aufstrebenden Mittelschicht der fünfziger und sechziger Jahre des 18. Jahrhunderts war (vgl. Karl S. Guthke, *Das deutsche bürgerliche Trauerspiel*, Stuttgart ⁴1984, S. 50 f.).

Den Anfang machte also der junge Lessing mit dem Stück *Miß Sara Sampson*, das als Prototyp des empfindsamen bürgerlichen Trauerspiels „von ganz und gar privatem, menschlich-mitmenschlichem statt heroisch-geschichtlichem und gesellschaftlich-staatlichem Gehalt" (Karl S. Guthke, *Gotthold Ephraim Lessing*, Stuttgart ³1979, S. 31) gilt. Schon mit *Emilia Galotti* verließ Lessing aber diese Richtung, und so muss sein zweites bürgerliches Trauerspiel als ein stark sozialpolitisch ausgerichtetes Stück eingeordnet werden, das in der Literaturkritik überwiegend als Anklage gegen den fürstlichen Absolutismus und seine Ständegesellschaft interpretiert wird – unabhängig davon, ob Emilias Vater Odoardo darüber hinaus als Sinnbild für Integrität und sittliche Kraft des

Bürgertums, als Beispiel für charakterliche Schwäche und moralisches Versagen oder als Verkörperung einer Anklage der als Tugend missverstandenen bürgerlichen Passivität gedeutet wird. Schillers *Kabale und Liebe* folgt dieser Richtung, wurde dieses bürgerliche Trauerspiel doch lange Zeit einzig als ein politisches Stück mit sozialrevolutionärer Tendenz interpretiert, und zwar in zweierlei Hinsicht: „einmal als Protest gegen die korrupte und gesetzlos repressive Obrigkeit, als ‚Dolchstoß in das Herz des Absolutismus' [...], zum anderen als Verurteilung der Ständegesellschaft und Verteidigung ‚des Rechts des Menschen auf Liebe gegen die Standesvorurteile der herrschenden Klasse' [...], wodurch Schiller sich zum Wortführer des unterdrückten Bürgertums gegen das korrupte Feudalregime" (Guthke 1984, a. a. O., S. 84) machte. Das Werk hat sich seinen Namen gemacht als Aufschrei der geknechteten Menschennatur gegen die Tyrannei und die Willkür eines Absolutismus, der – verführt von seiner Lasterhaftigkeit und von seinem Machtwahn – jedes Recht des Menschen vergewaltigt. Besonders in der berühmten Kammerdiener-Szene (2. Akt, 2. Szene), in der der alte Kammerdiener des Fürsten Lady Milford und ihrer Kammerjungfer Sophie begegnet und in der er von den Machenschaften des Präsidenten von Walter berichtet, wird Schillers scharfe Zeitkritik offenbar, indem er den Verkauf von 7000 Landeskindern als Soldaten nach Amerika anprangert und die aus solchen verbrecherischen Einkünften finanzierte luxuriöse Mätressenwirtschaft enthüllt, die vom Blut des Volkes lebt.

Inzwischen findet man neben dieser politisch-soziologisch ausgerichteten Interpretation von *Kabale und Liebe* als revolutionäres Anklagestück auch andere Auslegungen, die von der Gleichsetzung dieses Dramas mit einer *Charakter-Tragödie einer unbedingten Liebe* bis hin zum Verständnis dieses Werkes als *im Grunde theologisch orientierter Tragödie des endlichen Menschen* reichen. Nach dieser Ansicht hat der Standesgegensatz, wie er von Luise und Ferdinand verkörpert wird, seine notwendige Funktion darin, gewissermaßen einen Riss in der Welt zu exemplifizieren, der schließlich zur Theodizeefrage und weiter zur Anklage auch gegen Gott führt; die Tragödie zeige die ganze Wahrheit der religiösen und sozialen Wirklichkeit, die Gesellschaftskritik am Adel wie am Kleinbürgertum sei religiös fundiert:

„Die Erfahrung der Liebe bedeutet für Ferdinand und Luise das religiöse Erlebnis des Paradieses; das übergreifende theologische

Thema der Tragödie ist demgemäß, daß die zeitgenössische Wirklichkeit gemessen und geprüft wird an jener religiösen Utopie, die in der Liebe momentan wirklich geworden war. Solche ‚Examination der Gegenwart am Maß des Paradieses' enthüllt aber ‚die Tragik des verlorenen Paradieses'. Veranschaulicht wird dieser gebrechliche Welt- und Gesellschaftszustand konkret und zeitgeschichtlich naheliegend durch die Standesschranken. Sie illustrieren die ‚Kluft zwischen Paradies und Wirklichkeit'. So sind Charaktertragödie der unbedingten Liebe und Tragödie des Ständekonflikts eng aufeinander bezogen und überdies in eine übergreifende religiöse Fragestellung eingespannt." (Guthke 1984, a.a.O., S. 85f.)

Unabhängig davon, welcher Auslegung der heutige Leser zustimmen mag, ist es gerade diese Unterschiedlichkeit der möglichen Interpretationen, die zur Bedeutung von Schillers *Kabale und Liebe* beigetragen und möglicherweise dazu geführt hat, dass dieses Stück in den einschlägigen Schauspielführern und Literaturlexika vielfach als das gelungenste bürgerliche Trauerspiel der deutschen Literatur bezeichnet wird.

Don Karlos, Infant von Spanien

Die besondere Domäne Schillers liegt im Geschichtsdrama. Zwar stellt seine bedeutendste Leistung als Dramatiker die 1798 und 1799 in Weimar uraufgeführte *Wallenstein*-Tragödie mit den Teilen *Wallensteins Lager*, *Die Piccolomini* und *Wallensteins Tod* dar, doch auch sein 1787 in Hamburg vorgestellter *Don Karlos*, heute in Anlehnung an die spanische Orthographie meist *Don Carlos* geschrieben, erfuhr große Bedeutung, denn des Dichters Begabung, historische Perspektiven aufzureißen und dramatisch zu gestalten, tritt in diesem Stück zum ersten Mal deutlich hervor. Inhaltlich steht *Don Karlos* zwar den Schiller'schen Jugenddramen wie den *Räubern* oder *Kabale und Liebe* noch recht nahe, doch der Schritt zum historischen Drama der Klassik muss als bereits vollzogen angesehen werden: Der Konflikt des Protagonisten beschränkt sich nicht auf einen moralisch-familiären Raum, dafür wird die rigide Dichotomie von Gut und Böse aufgehoben und in den Antagonismus zweier historischer Positionen überführt. Fünf Jahre benötigte Schiller für das Verfassen des *Don Karlos*, was neben der Tatsache, dass er in den darauffolgenden elf Jahren überhaupt keine Dramen schrieb, als ein Indiz dafür angesehen werden mag, wie schwierig für ihn der Übergang von den Sturm-und-Drang-Dramen seiner Jugendzeit zu den historischen Dramen der Klassik war.

In dem in Versform abgefassten *Don Karlos*, der den Sturm und Drang also erstmals hinter sich lässt, gelingt es dem Verfasser, historisches Geschehen unter einem ideellen Blickwinkel zu begreifen: Das Stück gilt als ein Manifest der Menschenrechte, das – zwei Jahre vor der Französischen Revolution von 1789 – ein neues Zeitalter der Brüderlichkeit und Gedankenfreiheit ohne Schrekkensherrschaft und Blutrausch fordert. Es beginnt zwar als eine Liebestragödie des Infanten und seiner Stiefmutter, doch schon bald entwickelt sich das *Individualdrama* durch das couragierte Auftreten des Marquis von Posa zum überpersönlichen *Ideendrama*, wenngleich dieser vor allem von der älteren Germanistik geprägte Begriff von der neueren Forschung abgelehnt wird, die eher einen Übergang von der *Familiengeschichte* zum *politischen Staatsdrama* konstatiert, wenn man nicht überhaupt in der Behauptung der Freundschaft oder in der Familientragödie den Kern des dramatischen Geschehens sehen wolle. Posa tritt jedenfalls gegen jene Figuren an, die wie Philipp II., dessen Beichtvater Domingo, Herzog von Alba oder der Großinquisitor des Königreichs noch gegen ein Zeitalter freier Humanität eingestellt sind, und verlässt auch in dem Moment, in dem sein Freund Karlos aufgrund seiner Verliebtheit die politischen Ziele aus den Augen zu verlieren droht, nicht seinen Kurs, wenn er dies auch mit seinem Leben bezahlt, was Ludwig Bellermann in seiner Einleitung zum Stück wie folgt interpretiert:

„Besonders bemerkenswert ist in diesem dramatischen Bau die Bedeutung, die Posas Tod für beide Handlungsreihen besitzt. Für die Liebeshandlung war die ernste, endgültige Entsagung und Selbstüberwindung des Prinzen das notwendige Ziel, und nur Posas Opferung ist es, die die anfangs schwache Seele des Helden zu solcher Kraft des sittlichen Entschlusses erhebt. Für das politische Drama muß diejenige Stelle der wichtigste Wendepunkt sein, an der die hohen Bestrebungen der beiden Freunde unabänderlich gescheitert sind und somit der *tragische* Ausgang entschieden ist, d.h. das Ereignis, wodurch der Versuch, den König zu gewinnen, endgültig zu schanden wird; es ist dies wiederum Posas Opfertod, da durch ihn Philipps Vertrauen in Haß und fanatische Wut umschlägt. Der dramatische Zusammenhang ist an dieser Stelle wahrhaft bewundernswert: die jugendliche Seele des Prinzen wird zur Entsagung geführt; er bändigt die Leidenschaft und erhält erst dadurch die Kraft, sich dem andern Ziel voll zu widmen. Daß er sich zu dieser ‚Männergröße' emporzurichten vermag, wird nur durch den ungeheuren Eindruck von Posas Tod erreicht; dieser Tod aber ist anderseits gerade der tragische Wendepunkt für dasselbe politische Ziel, für das er den Prinzen befähigen soll. Hierauf beruht der außerordentliche Eindruck erhabener Tragik am Schluß des Stückes. Wir sehen den Prinzen plötzlich zum Manne gestählt vor uns, innerlich geläutert und gerüstet, jetzt wirklich der Schöpfer eines goldenen Alters zu werden, und gerade, was diese Wandlung in ihm bewirkt hat, ist zugleich die Ursache, daß wir in demselben Augenblick den Tod hinter ihm stehen sehen, der dies alles vernichtet."

Die Figur des Marquis von Posa, die in den ersten Fassungen Schillers eine kaum betonte Rolle besitzt und die erst in der vollständigen Buchfassung von 1787 nicht mehr als bloßer Vermittler zwischen Don Karlos und seinem Vater erscheint, sondern deren Gestalt und Schicksal selbst tragische Züge annehmen, wird in den zeitgenössischen Rezensionen anfangs scharf kritisiert – auch die komplizierte Verquickung verschiedener Handlungslinien im *Don Karlos* wurde gerügt, was ebenso für die grundsätzlich mangelnde Einheit in diesem *dramatischen Gedicht*, als das es im Untertitel bezeichnet wird, gilt. In seinen 1788 in Wielands *Teutschem Merkur* erschienenen *Zwölf Briefen über Don Karlos* verteidigte Schiller sein Drama, dem im Übrigen angesichts des sehr freizügigen Umgangs des Dichters mit den historischen Fakten auch zu bescheinigen ist, dass eine historisch-vergleichende Analyse zum Verständnis des Stückes wenig beiträgt. Immerhin soll der geschichtlich bezeugte Don Carlos, Sohn des spanischen Königs Philipp II., der von 1556 bis 1598 regierte, in seiner Schwiegermutter die einzige ihm vertrauenswürdige Person gesehen haben, wenn auch von einer Liebesbeziehung nichts bekannt ist. Er plante die Ermordung des von ihm gehassten Vaters, doch das Vorhaben wurde entdeckt, und er starb schließlich 1568 im Gefängnis.

Maria Stuart

Während Schiller 1782 mit seinen *Räubern* einen Griff in die deutsche Wirklichkeit unternommen hatte, ging er mit *Maria Stuart* ähnlich weit in die Geschichte zurück, wie er es im *Don Karlos* getan hatte. Und wenn er für seine großen historischen Dramen in der Nachfolge der *Wallenstein*-Trilogie auch keinen ausgearbeiteten Gesamtplan zugrunde gelegt hatte, der sie als Teile einer umfassenden künstlerischen Absicht ausgewiesen hätte, so kann man ihnen doch die gemeinsame Grundidee entnehmen, dass ihr Autor beabsichtigte, „mit ihnen nichts Geringeres als das Drama des politischen Lebens in seinen Haupttendenzen auf die Schaubühne zu bringen, die für ihn schon immer der Ort war, wo die Rechtshändel der Menschheit zur Darstellung gelangen sollen" (Gert Ueding, *Friedrich Schiller*, München 1990, S. 109).

Wie *Don Karlos* wird auch das 1800 in Weimar uraufgeführte Trauerspiel *Maria Stuart* von der tragischen Verflechtung des Einzelnen mit der Geschichte bestimmt. Das klassisch streng komponierte Drama, – dessen 1. Aufzug (Exposition) und 5. Aufzug (Finale) im Zeichen Marias stehen, dessen 2. von aufsteigender und 4. von abfallender Handlung geprägter Aufzug Elisabeth in den Mittelpunkt stellen und dessen 3. genau im Zentrum des Stückes liegender Aufzug mit dem Gespräch der beiden Königinnen die so genannte Peripetie, also den Scheitelpunkt der dramatischen Handlung, enthält, auf dem der Umschlag in die Katastrophe erfolgt –, beschreibt, wie im Machtkampf der Königinnen Elisabeth den politischen Kampf davonträgt, indem sie ihre Rivalin Maria nach der gescheiterten Aussprache hinrichten lässt. Moralische Siegerin ist aber am Ende Maria, „die das über sie verhängte Schicksal annimmt, das Unausweichliche in freier Willensentscheidung bejaht und so die Freiheit der ‚schönen Seele' zurückgewinnt" (Freund ^{2}2000, a. a. O., S. 89). Sie ist bereit, das unverdiente Todesurteil als Sühne für die Schuld am Tode ihres zweiten Gatten anzunehmen, und geht im äußeren Glanz ihrer Schönheit und mit der Würde ethischer Selbstüberwindung zum Schafott. Elisabeth hingegen hat für ihren Triumph mit dem Preis persönlicher Isolation und der Einsamkeit zu zahlen. Sie, die zum Schein ihrer Unschuld jenen Sekretär, dem sie das Todesurteil überließ, bestraft, wird von ihrem einzigen getreuen Rat verlassen, und als sie nach ihrem Geliebten fragt, heißt es in den längst zum geflügelten Wort avancierten Schlussversen: *Der Lord läßt sich / Entschuldigen, er ist zu Schiff nach Frankreich.* Schiller ist nicht der Erste gewesen, der das Schicksal der schottischen Königin, die nach ihrer langen Gefangenschaft als Thronrivalin der Königin Elisabeth I. von England hingerichtet wurde, dramatisiert hat – vielmehr war ihr Leben vorher schon auf sehr unterschiedliche Weise nachgezeichnet worden, wobei die Heldin nicht nur als katholische Märtyrerin, sondern auch als schöne Verführerin dargestellt worden ist.

Der Sekundärliteratur zufolge kann *Maria Stuart* als ein Ausdruck zeittypischen Glaubens an eine ausgleichende Kraft der Geschichte gedeutet werden, denn mit der Protagonistin stirbt zwar *nur* eine Mörderin, aber indem diese für etwas hingerichtet wird, was sie nicht begangen hat, richtet sie zugleich ihre Rivalin. Im Laufe seines Lebens war Schiller immer mehr dazu gelangt, die geschichtlichen Tatsachen als ein Stück Schicksal zu empfinden. Diese geschichtlichen Notwendigkeiten, so tragisch sie auch sein mögen, wollen von dem Menschen aber nicht einfach hingenommen werden: „Sie rufen ihn vielmehr zu eigener sittlicher Entscheidung auf. So wehrt sich Maria Stuart mit allen ihren Kräften gegen ihre Verurteilung. Alle Lebensinstinkte werden eingesetzt, um das ihr drohende Schicksal abzuwenden. Erst als das restlos scheitert, erfolgt ihre große Läuterung durch das Leiden, und sie gelangt zu einem freiwilligen Auf-sich-Nehmen ihres Todes" (Emmel 1968, a.a.O., S. 171). In einem erhabenen Willensakt erhebt sich Maria zur *schönen Seele*, der die moralische Pflicht, nämlich die verzeihende, versöhnliche Haltung gegenüber Elisabeth, kein Zwang, sondern Neigung ist.

Dieser Entwicklung des sinnlich-sittlichen Konflikts aufseiten Marias entspricht auch das Bauprinzip des Dramas, denn die politischen Ereignisse und das Gerichtsverfahren gehen der Tragödie voraus, so dass sich in der Handlung alles darum dreht, ob das Urteil vollzogen wird oder ob Elisabeth von ihrem königlichen Recht der Begnadigung Gebrauch machen wird: „Das Drama beginnt mit der Verurteilung Marias, und handlungsmäßig geht es nur noch darum, wie Maria sich zu dem Urteil stellt und ob es auch vollzogen wird. So weisen Schillers dramaturgische Grundbegriffe auf eine eigentümliche Verkürzung der Handlung, die sich darauf konzentriert, wie der handelnde Mensch unter dem ‚Zwang der Umstände' leidet, sich entscheidet und bewährt" (Klaus L. Berghahn, *Schiller: Ansichten eines Idealisten*, Frankfurt/M. 1986, S. 73). Die dramaturgische Perfektion, mit der Schiller seine Tragödie anlegte, ist daher auch bereits seit der Uraufführung gerühmt worden, er selbst äußerte sich dazu in aller Offenheit gegenüber Goethe wie folgt: entscheidend sei, „daß man die Katastrophe gleich in den ersten Szenen sieht [... und,] indem die Handlung des Stücks sich davon wegzubewegen scheint, ihr immer näher und näher geführt wird. An der Furcht des Aristoteles fehlt es also nicht und das Mitleiden wird sich auch schon finden." (Manfred Beetz [Hrsg.], *Briefwechsel zwischen Schiller und Goethe in den Jahren 1794 bis 1805*, München/Wien 1990, S. 705)

Wilhelm Tell

Das letzte der in dieser Studienkreis-Edition zum Abdruck gebrachten Schiller'schen Werke ist auch das letzte vollendete Drama des Dichters: das Schauspiel *Wilhelm Tell*, das 1804, ein Jahr vor seinem Tod, in Weimar uraufgeführt wurde. Seit 1791 war Schiller bereits durch eine Lungenentzündung geschwächt, weshalb er in seinen letzten 15 Lebensjahren wiederholt gesundheitlich beeinträchtigt gewesen ist, und als er 1805 starb, nannte der Sektionsbefund eine völlige Schädigung der inneren Organe als Todesursache. Zunehmend hatte er die engen Verhältnisse in Weimar als Bedrückung empfunden, denen er sich zu entziehen jedoch nicht mehr die Kraft besessen hatte.

Immerhin gelang Schiller mit *Wilhelm Tell*, an dem er zwischen August 1803 und Februar 1804 kaum mehr als sechs Wochen geschrieben haben soll, ein Drama, das in der Literatur nicht nur als *Gipfel deutscher klassischer Dramatik* gilt, sondern das auch als *größtes Freiheitsdrama der Deutschen* schlechthin bezeichnet wird, ja das als ein *eruptives Naturschauspiel des Aufstandes, in dem es um Freiheit im Sinne unverrückbarer Menschenrechte geht*, eingeordnet wird und das als ein *Fanal der Demokratie wider alle Unterdrückung und Verletzung der Menschenwürde* interpretiert wird. Es thematisiert den Zusammenschluss und die Erhebung der Schweizer Urkantone Schwyz, Uri und Unterwalden zur Wahrung ihrer Freiheit im Jahre 1291, als Albrecht von Österreich ihr Gebiet der österreichischen Hausmacht einverleiben wollte, wobei jedoch die legendenhaften Attribute des Tell'schen Apfelschusses, des Geßlerhutes und des Rütlischwurs nicht belegt sind, obwohl sie bereits früh in Schweizer Chroniken und Volksliedern erscheinen. Ohne die Schweiz je selbst betreten zu haben, hat Schiller sich in einzigartiger Weise in das Wesen ihrer Menschen und Landschaft eingefühlt und sich mit Hilfe von Spezialkarten der

Schweiz, Schweizer Reisebeschreibungen, Unterlagen zur Geschichte der Schweiz sowie Informationen zum Schauplatz des Schweizer Aufstandes das nötige Hintergrundwissen erworben. Auch soll Goethe, der die erfolgreiche Uraufführung des Werkes leitete, Schiller zur Bearbeitung der *Tell*-Sage, die im 18. Jahrhundert zum allgemeinen Bildungsgut gehört haben dürfte, angeregt haben, doch divergieren die Angaben zum Umfang dieser Anregung in der verfügbaren Literatur zur Entstehungsgeschichte dieses Dramas erheblich.

Wilhelm Tell schildert die Schicksalsverbundenheit eines Volkes, die sich aus mehreren Wurzeln ergibt: der Geschichte, dem politischen Geschehen und der Heimatliebe. Wenn sich auch Tell von der Masse des Volkes absondert (*Der Starke ist am mächtigsten allein*; 1. Aufzug, 3. Szene), so steht er doch für sein leidendes Volk und fühlt sich mit ihm herausgefordert, als er von Geßler gezwungen wird, den Apfel vom Haupt seines Sohnes zu schießen; es ist das Schicksal, das ihn aus der Gemeinschaft herausgegriffen und ihm die entscheidende Tat auferlegt hat. Schamlose Despotie scheint nun den Tyrannenmord zu justifizieren, zumal dann, wenn man das ewige Recht auf Freiheit, die die Grundlage menschlicher Würde und Selbstbestimmung ist, im Willen Gottes selbst verankert sieht. Immerhin sieht die Forschung im *Tell* nicht nur eine Zustimmung Schillers zur Französischen Revolution, sondern auch ihre Ablehnung: Die Idee der Selbstbestimmung wird gleichermaßen am überzeugenden Beispiel eines Einzelnen, nämlich Tells, und am wenig überzeugenden Verhalten der Versammelten auf dem Rütli gezeigt. Damit thematisiert Schiller – wie schon in den *Räubern* – schließlich auch einmal mehr die Problematik des Selbsthelfers, der hier allerdings im Gegensatz zu Karl von Moor nicht in eine Welt außerhalb der Ordnung gerät, „sondern vielmehr durch sein Eingreifen Geschichte als Heilsgeschichte offenbart" (Walter Jens [Hrsg.], *Kindlers neues Literatur-Lexikon* [Studienausgabe], Band 14, München 1996, S. 955).

Wilhelm Tell gehört zu den am häufigsten aufgeführten Dramen Schillers. Der Literatur zufolge wurde dabei je nach dem historischen Kontext der Akzent entweder mehr auf die soziale oder aber auf die nationale Problematik gelegt. Eine moderne und unkonventionelle Bearbeitung des Stoffes hat Max Frisch mit seiner Erzählung *Wilhelm Tell für die Schule* aus dem Jahre 1971 vorgelegt, wobei seine witzige Neufassung des *Tell*-Stoffes die Schiller'sche

Deutung stark ironisiert und zugleich den an ihn anschließenden nationalkritischen Mythos vom Schweizer Freiheitskampf demontiert. Schließlich bleibt festzustellen, dass kein Schiller'sches Drama mehr der vielen – zu Beginn dieses Nachworts bereits angesprochenen – sprichwörtlich gewordenen Redensarten enthält, für die dieser Dichter bekannt ist, als *Willhelm Tell.* Die sentenzartigen Weisheiten reichen von dem legendären *Es kann der Frömmste nicht im Frieden bleiben, / Wenn es dem bösen Nachbar nicht gefällt* (4. Aufzug, 3. Szene) über die nicht minder bekannten Aussprüche *Früh übt sich, was ein Meister werden will* (3. Aufzug, 1. Szene) und *Die Axt im Haus erspart den Zimmermann* (3. Aufzug, 1. Szene) bis hin zum häufig zitierten *Der kluge Mann baut vor* (1. Aufzug, 2. Szene). Wenn das Schauspiel *Wilhelm Tell* die Wirkungsgeschichte Schillers also einerseits dadurch mitbestimmte, ihn als politisch engagierten Dichter zu begreifen, bei dem sich die Fähigkeit dichterischer Geschichtsschau und ein mit ihr einhergehender, das ganze Leben durchlodernder Freiheitswille als zwei sich komplementär zueinander verhaltende Wesenszüge manifestieren, so begünstigte das Stück auch andererseits eine gewisse Trivialisierung des Schiller'schen Werkes, die über die Schule und nicht zuletzt über die zahlreich erschienenen *Zitatenschätze* bewirkt wurde.